全国高职高专教育“十二五”规划教材

经济法原理与实务

主　编　李友勇

副主编　张灵军

参　编　（以编写章节先后为序）

莫燕子　吴　雷　雷银枝

张　锴　朱　艳　吕一品

智　丽　许　康　张文芹

沙良永　张　松　陶海宏

东南大学出版社

·南京·

内 容 简 介

本教材以高职高专应用型人才培养为目标，着力培养学生分析问题、解决问题的能力，帮助学生在职业岗位中将经济法的基本理论转化为解决现实经济问题的能力。本教材将经济法的内容分为四编共十八章：第一、二章介绍经济法的基础理论知识；第三章至第五章介绍经济法主体制度；第六章至第十二章介绍市场规制法律制度；第十三章至第十八章主要介绍宏观调控法律制度。为了增强教学过程的实践性、职业性和开放性的目的，教材配以案例导入、案例分析、相关链接等新颖的形式使抽象的理论知识通俗化，简明化，激发学生的学习趣味和提高教材的可读性。并且每章都配有知识目标、能力目标和技能训练，使学习的目的更具有针对性、指导性和可操作性。本教材适合高职院校法律类、财经类、管理类等专业的学生使用，同时也可供从事经济法律实务工作的人员及法律工作者学习参考。

图书在版编目(CIP)数据

经济法原理与实务/李友勇主编. —南京：东南大学出版社，2011. 12

ISBN 978-7-5641-3151-7

Ⅰ. ①经… Ⅱ. ①李… Ⅲ. ①经济法—中国—高等学校—教材 Ⅳ. ①D922. 29

中国版本图书馆 CIP 数据核字(2011)第 249732 号

经济法原理与实务

出版发行：东南大学出版社
社　　址：南京四牌楼 2 号　**邮编**：210096
出 版 人：江建中
网　　址：http//www. seupress. com
经　　销：全国各地新华书店
印　　刷：南京师范大学印刷厂
开　　本：787mm×1092mm　1/16
印　　张：26. 5
字　　数：650 千字
版　　次：2011 年 12 月第 1 版
印　　次：2011 年 12 月第 1 次印刷
印　　数：1—3000 册
书　　号：ISBN 978-7-5641-3151-7
定　　价：45. 00 元

本社图书若有印装质量问题，请直接与读者服务部联系。电话(传真)：025—83792328

前言

经济法是我国社会主义法律体系中的一个独立法律部门，是调整市场规制关系和宏观调控关系的法律制度。在我国社会主义市场经济的建立与完善过程中，特别是2008年世界金融危机爆发以来，经济法对社会经济的调控功能和作用日益显现。

本教材立足于高职高专教育教学改革，全面贯彻教育部[2006]16号文件所倡导的"根据技术领域和职业岗位（群）的任职要求，参照相关的职业资格标准，改革课程体系和教学内容"的精神，坚持理论"必需、够用"的原则。以注重培养学生综合实践能力为核心，围绕职业岗位（群）所必需的经济法理论知识和职业技能，结合经济法课程教学的规律和特点，将经济法基本原理与经济法律规范有机结合起来，用简明的语言来阐述经济法的基本原理和具体规则。与其他同类教材相比，本教材在编写上着力体现以下特色：

第一，知识的实用性。根据高职高专人才培养目标、就业岗位和职业资格考试的要求，以必须、够用为原则，将经济法的基本理论贯穿于具体的法律制度中，重在提高学生分析、解决问题的能力，实现了"双证"知识的有机融合，使教材更符合高等职业教育的需要。

第二，内容的时新性。为保证本教材的适应性，在编写中注意吸收经济法理论界最新的研究成果和经济法立法的最新动态，具体的经济法制度均以新修订或新颁布的法律法规为版本编写而成，使教材与时代发展同步。

第三，体例的新颖性。为了突出应用性，每章开篇明确了知识目标和能力目标，以案例导入为背景将本章的主要内容囊括其中，便于学生对本章的内容有一个概括性了解，正文穿插了"相关链接"、"典型案例"与"案例分析"，使教材内容通俗易懂，章节后设计了技能训练，帮助学生理解和巩固所学知识，体现了"学、用、做"一体化的教学理念。

第四，教材具有通用性。本教材根据市场经济内在运行规律对经济法需求与满足的关系，阐明了经济法体系的逻辑构成，体现了经济法学自身的科学性与系统性，因而可以作为高职高专院校法律类、财经类、管理类等专业教材，也可以作为高等专科院校、成人高校、民办高校相关专业教学用书，还可作为企事业单位职业岗位培训及其他从事法律实务工作人员的参考用书。

全书由淮南联合大学李友勇担任主编、张灵军担任副主编。淮南联合大学莫燕子、雷银枝、张锴、智丽、许康、张文芹、张松，河南信阳农业高等专科学校朱艳、吕一品，无锡商业职业技术学院沙良永，北京邮电大学世纪学院陶海宏参加编写。具体编写分工如下：李友勇（第一章、第六章、第八章、第十六章），莫燕子（第二章、第十八章第一节），吴雷（第三章、第四章、第十四章），雷银枝（第五章），张锴（第七章），朱艳、吕一品（第九章），智丽（第十章），许康（第十一章），张文芹（第十二章），沙良永（第十三章），张灵军（第十五章），张松（第十七章），陶海宏（第十八章第二、三、四、五节）。全书由李友勇修改、统稿、定稿。

本教材是由李友勇老师主持的 2010 年安徽省高等学校省级教学质量与教学改革工程项目《工学结合模式下法律文秘专业课程建设与开发研究》课题成果之一，得到了安徽省教育厅有关处室领导的大力支持和课题科研基金的资助，在此致以诚挚的谢意。在教材的编写过程中，参考了大量的同类教材和有关论著、论文资料，参编老师所在学校领导和系部同仁也给予了鼎力帮助，在此一并谨表谢意。

尽管编者力求整个教材的科学性、实用性、先进性，但毕竟经济法涉及的领域相当广泛，而且有关理论尚有争议，加之时间仓促，编者的水平有限，本书的疏漏和错误在所难免，期望读者批评指正，同仁不吝赐教，以便在今后的教材修订中吸纳各家良言，使本教材更好地服务于高职高专教学之所需。

编　者

2011 年 10 月

目录

第一编　经济法总论……1
第一章　经济法基础理论……2
第一节　经济法的概念与调整对象……3
第二节　经济法的产生与发展……7
第三节　经济法的性质和地位……14
第四节　经济法的特征和基本原则……17
第五节　经济法的渊源与体系……21
第二章　经济法律关系……27
第一节　经济法律关系的概述……27
第二节　经济法律关系的构成要素……29
第三节　经济法律关系的运行……37
第二编　经济法主体制度……44
第三章　经济法主体制度的基本原理……45
第一节　经济法主体概述……46
第二节　经济法主体资格……49
第三节　经济法主体的权利和义务……51
第四节　经济法主体的法律责任……53
第四章　市场管理主体……58
第一节　市场管理主体概述……59
第二节　市场管理主体的行为原则与法律责任……60
第五章　市场经济活动主体……66
第一节　公司法律制度……67
第二节　企业国有资产法律制度……83
第三节　合伙企业法律制度……89
第四节　外商投资企业法律制度……96
第三编　市场规制法……105
第六章　市场规制法的基本原理……106
第一节　市场规制法的概念与调整对象……107
第二节　市场规制法的理论基础……109
第三节　市场规制法的性质与地位……111

第四节　市场规制法的基本原则和调整机制…… 112
第五节　市场规制法体系…… 116
第七章　反不正当竞争法律制度…… 120
第一节　反不正当竞争法概述…… 121
第二节　不正当竞争行为的法律规制…… 126
第三节　反不正当竞争法的实施…… 135
第八章　反垄断法…… 140
第一节　反垄断法概述…… 142
第二节　禁止垄断协议制度…… 147
第三节　滥用市场支配地位行为的规制…… 153
第四节　经营者集中行为规制…… 158
第五节　滥用行政权力排除、限制竞争行为规制…… 163
第六节　反垄断法的实施…… 166
第九章　消费者权益保护法律制度…… 171
第一节　消费者权益保护法概述…… 172
第二节　消费者的权利…… 174
第三节　经营者的义务…… 179
第四节　消费者权益的保护…… 182
第五节　争议的解决与法律责任…… 185
第十章　产品质量法律制度…… 192
第一节　产品质量法概述…… 193
第二节　产品质量监督管理…… 196
第三节　产品质量义务与产品质量责任…… 199
第四节　食品安全法律制度…… 204
第十一章　房地产市场法律制度…… 213
第一节　房地产法概述…… 214
第二节　房地产法的基本制度…… 216
第三节　违反房地产管理制度的法律责任…… 229
第十二章　会计法和审计法…… 232
第一节　会计法…… 233
第二节　审计法…… 244
第四编　宏观调控法…… 251
第十三章　宏观调控法概述…… 252
第一节　宏观调控法的基本原理…… 253
第二节　宏观调控法的基本原则…… 255

第三节　宏观调控法的调整方法……257

第四节　宏观调控权及其配置……258

第五节　宏观调控法律责任……259

第十四章　财政法律制度……262

第一节　财政法概述……263

第二节　预算法……266

第三节　国债法……269

第四节　政府采购法与财政转移支付法……271

第十五章　税收法律制度……275

第一节　税法概述……276

第二节　流转税……279

第三节　所得税法……296

第四节　税收征收管理法……305

第五节　税收争议的解决程序……310

第六节　税收法律责任……313

第十六章　金融法……318

第一节　金融法概述……319

第二节　金融调控法……322

第三节　商业银行法……336

第四节　金融监督管理法……343

第五节　证券法……356

第十七章　价格法……371

第一节　价格法概述……372

第二节　价格法的基本制度……374

第三节　违反价格法的法律责任……378

第十八章　产业政策法概述……381

第一节　产业政策法概述……382

第二节　产业结构法律制度……389

第三节　产业组织法律制度……391

第四节　产业技术法律制度……393

第五节　区域经济协调发展法律制度……395

参考答案……399

参考文献……415

第一编

经济法总论

第一章　经济法基础理论

知识目标

了解经济法的产生发展过程以及中西方经济法产生的原因与特殊性，掌握经济法的概念、特征、调整对象、基本原则。

能力目标

要求学生能够运用经济法的基础理论知识分析我国在不同时期出台的有关经济政策背景、施行的效果，从而增强自身参与市场经济活动的预见性。

案例导入：市场经济需要国家以有形之手弥补市场调节的缺陷

2008年以来，随着国际金融危机在全球的扩散和蔓延，金融危机对我国经济社会发展造成了较大冲击，我国外贸进出口大幅下降、经济增长速度持续下滑、失业率攀升。面对金融危机的严峻形势，党和政府审时度势，迅速出击，及时采取了一系列政策措施，包括4万亿投资，用于加快建设保障性安居工程、农村基础设施、铁路公路和机场等重大基础设施等；推进税费改革，实行结构性减税，以减轻企业和居民税收负担，推动投资消费需求；实施家电下乡和汽车下乡补贴等积极的财政政策。连续下调金融机构人民币存款准备金率，下调存贷款基准利率，取消了对商业银行信贷规划的约束，并引导商业银行扩大贷款总量等宽松的货币政策；提出包括汽车、钢铁、纺织、装备制造、船舶、电子信息、轻工、石化、有色金属、物流在内的十大产业振兴规划，并出台了一系列促进战略性新兴产业发展的政策措施。通过一系列政策的实施，保持了我国经济的平稳发展。

问：我国为什么要采取积极的财政政策和宽松的货币政策等措施来应对国际金融危机？

案例分析

市场经济是以市场对资源配置起决定性作用的经济体制。虽然市场机制在资源配置方面能够发挥有效作用，但它不是万能的，它不能解决全部经济问题，如市场不能解决经济总量的平衡、经济结构的调整、关系公共利益的基础设施的建设、公共产品的提供等等带有全局性的经济问题，这就需要市场以外的力量来加以弥补，这是国家干预市场经济和进行宏观调控的基础。就2008年世界金融危机来看，市场调节具有一定的滞后性，其本身不能保持国民经济总量的综合平衡和经济的稳定增长，在世界金融危机波及我国实体经济，导致出口贸易下降，部分企业停产和工人特别是大量农民工返乡，经济平稳较快增长放缓时，为抑制经济下滑，保持我国经济稳定增长，中央政府及时果断采取灵活审慎的宏观经济政策，应对复杂多变的形势，出台了旨在扩大内需促进经济增长的十大政策措施。通过4万亿投资，用于加快建设保障性安居工程、农村基础设施、铁路公路和机场等重大基础设施，扩大内需，一方面解决了市场本身不能有效提供公共产品和服务的缺陷，使保障性安居工程、农村基础设施、铁路公路和机场等重大基础设施得以建设，依此带动相关产业的发展，增加就业岗位，保障城乡居民收入增长，以刺激消费，保证了生产、流通、交换和分配四个环节有序平衡发展，从而避免经济衰退，熨平经济波动。另一方面下调金融机构人民币存款准备金率，下调存贷款基准利率，取消了对商业银行信贷规划的约束，通过扩大政府投资，带动民间投资，促进经济增长。通过宽松的货币政策和积极的财政政策的实施，如实施家电下乡和汽车下乡补贴，刺激国内消费，来保证生产与消费的整体平衡。通过扩大国内需求、促进产业调整和振兴规划、推进科技支撑经济发展等一系列政策措施，有力地促进经济平稳较快发展。由此可见，社会主义市场经济不仅需要发挥市场调节机制对资源配置的基础性作用，而且必须健全宏观调控体系，通过宏观调控干预生产运行，克服市场机制内在的缺陷，保证国民经济的协调运行和健康发展。而国家实行宏观调控主要依靠计划、财政、金融、税收、价格等手段，为防止国家干预经济的任意性，需要对国家干预经济的法治化。这就是经济法的任务。

第一节　经济法的概念与调整对象

一、经济法的概念

（一）经济法概念的演进

据史料记载，“经济法”一词最早可以追溯到 18 世纪中后期。1775 年法国著名的空想社会主义者摩莱里在其《自然法典》一书中首先提出来，在该书的第二部分“分配法或经济法”中，作者对自己所设想的未来公有制社会的“自然产品或人工产品的分配”作了规定，力图从分配上确立社会经济生活的主要原则，极力反对国内公社之间的买卖或交换。摩莱里所称的经济法或分配法与我们今天所讲的经济法在本质上有着相似之处，即国家对社会经济生活进行干预。

随后，同为法国空想社会主义代表人物的德萨米在 1843 年出版的《公有法典》一书中对“分配法和经济法”作了专章论述。他认为最好的分配方式是自由的、慷慨的、合理的、按比例的平均分配，且这种分配方式“只有伴随公有制而实现”。为此，德萨米认为“最重要的是，把庞大的民族集团或社会集团划分为许多公社”，然后“进行良好的经济管理”。德萨米的这些思想朦胧地体现了国家对社会经济生活进行干预的经济法本质。

1865 年法国小资产阶级激进派蒲鲁东在其《工人阶级的政治能力》一书中也提到“经济法”，并认为“经济法是政治法和民法的补充和必然产物。”看到了政治法和民法调整不了的经济关系，需要由经济法来调整。第一次触及经济法概念的一些本质特征。

在 20 世纪初，德国学者莱特在 1906 年创刊的《世界经济年鉴》中使用的“经济法”概念，用来概括当时德国有关世界经济的各种法规。1916 年德国名法学家梅德曼在《经济学字典》中也使用了“经济法”概念，他认为经济法是经济规律在法律上的反映，将有关经济法制的保护、监督卡特尔的法律称为经济法，从深层次上揭示了经济法产生的客观必然性。此后，“经济法”概念被许多国家的学者承认和接受，并在法学论著中使用。但在立法中直接以“经济法”命名的国家则是德国，如 1919 年颁布了《煤炭经济法》、《碳酸钾经济法》等。这些法律的共同特征是国家对社会经济的干预。

在英美国家，尽管在立法中和学术界很少使用“经济法”概念，但这些国家的经济法较为发达，而且对世界各国经济立法产生了深远影响。如美国在 19 世纪末 20 世纪初颁布的反垄断法，是现代经济法最初的典型表现形式，其反垄断法是建立市场经济国家制定有关竞争法的蓝本。20 世纪 30 年代罗斯福新政所颁布和实施的大量关于国家调节社会经济的法律，更是美国经济法体系完备的标志。

在我国，作为概念的“经济法”在 20 世纪 30 年代就已经传入国内，但对经济法进行研究始于 1979 年改革开放以后。在全国人民代表大会和国务院的文件中使用了“经济法”的概念，与此同时，在法学界也广泛地使用了“经济法”的概念，并就此展开了深入研究。

（二）经济法概念

关于经济法的概念，在我国目前还没有达成共识，主要存在以下几种学说：(1) 国家协调说，认为经济法是调整在国家协调本国经济运行过程中产生的经济关系的法律规范的总称；(2) 国家干预说，认为经济法是调整需要由国家干预的经济关系的法律规范的总称；(3) 国家调节说，认为经济法是调整在国家调节社会经济过程中发生的各种经济关系，促进社会经济实现国家意志预期目标的法律规范的总称；(4) 经济管理与市场运行关系说，认为经济法是国家为了保证社会主义市场经济的协调发展而制定的，有关调整经济管理关系和市场运行关系的法律规范的统一体；(5) 社会公共性说，认为经济法是调整发生在政府、政府经济管理机关和经济组织、公民个人之间的以社会公共性为根本特征的经济管理关系的法律规范的总和。

尽管这些学说措辞不同，有的使用“协调”、“干预”，有的使用“调节”、“管理”、“运行”，但它们却有共同之处，即国家介入社会经济生活。国家介入经济生活至少包括两个方面：干预和协调。因为在任何市场经济发达的国家，都存在着对社会经济生活的不同程度的干预，同时也需要国家对经济运行进行协调。无论是干预还是协调或管理，其出发点和归宿点都在于维护社会公共利益。我国实行的是社会主义市场经济，市场经济是在国家宏观调控下，发挥市场对资源配置起基础性作用的经济，因此，在我国强调经济法的干预和协调的精神，既反映了市场的主体地位，又肯定了国家的宏观调控作用。

基于这样的认识，可以给经济法下一个定义，即经济法是在现代市场经济条件下产生的，旨在保障市场调节机制正常运行和确认、规范政府调控市场经济运行行为的各种法律规范的总称。其目的是保障市场经济体制基础之上的国民经济的总体良性运行。这种良性运行具体表现为市场主体规范化、市场竞争有序化、经济运行稳定化等方面。相应地，经济法由市场主体法、市场规制法和宏观调控法组成，即所谓的“一体两翼”（经济法主体、市场规制法和宏观调控法两翼）。

这一概念包含以下几个方面的含义：(1) 经济法是调整经济关系的法律。(2) 经济法并不调整所有的经济关系，而是调整特定的经济关系，其调整的经济关系范围包括市场主体规制关系、市场规制关系和宏观调控关系，是国家干预市场经济活动的结果。这个范围将经济法与其他部门法调整的经济关系区别开来。(3) 经济法调整的经济关系与市场经济活动密切相联系。经济法调整的经济关系发生在现代市场经济条件下，因市场经济本身导致“市场失灵”等缺陷的存在，产生了经济法存在的需要，是为了克服市场经济的缺陷而产生和发展的。(4) 经济法不是法典，而是由众多的经济法律规范构成的体系，是按照一定的逻辑关系和分类方法对经济法律规范分门别类而组成的有机联系的整体，它是法的体系中的一个部门法。

二、经济法的调整对象

（一）经济法调整对象的含义

经济法的调整对象是指经济法所调整的经济关系。经济法对经济关系的调整，是通过具体的经济法律规范，以权利义务为调整机制设定行为模式和相应的后果，规范人们的行为，进而达到调整经济关系的目的。经济法不是调整所有的经济关系，而是调整特定的经济关系。这一特定经济关系既将经济法与其他法律部门调整的经济关系划分开，又使经济法调整的经济关系的范围具体化。

（二）经济法调整对象的范围

虽然我国经济法学界都认为经济法调整特定的经济关系，但对经济法的调整对象范围未达成共识。如国家协调说认为，经济法的调整对象为特定的经济关系，这种特定经济关系是在国家协调本国经济运行过程中发生的，具体包括企业组织管理关系、市场管理关系、宏观调控关系和社会保障关系。国家干预说认为，经济法的调整对象是指经济法应当促进、限制、取缔和保护的社会关系，亦经济法律规范效力所及的范围。包括市场主体调控关系、市场秩序调控关系、宏观经济调控关系和社会分配调控关系。国家调节说认为经济法的调整对象是在国家调节社会经济过程中发生的各种社会关系，简称国家经济调节关系或国家经济调节管理关系，具体包括市场障碍排除关系、国家投资经营管理关系和宏观调控关系。经济管理与市场运行关系说认为经济法的调整对象包括国家经济管理关系、市场运行关系、组织内部经济关系和涉外经济关系。社会公共性说认为，经济法的调整对象包括市场管理关系、宏观经济管理关系和对外经济管理关系。

本教材认为，对经济法调整对象范围的确定，取决于现代市场经济自身内在的规律对法律的要求。现代市场经济以价值规律为基础，通过供求机制、价格机制和竞争机制的相互关联，实现对资源的合理配置，但市场机制不是万能的，有可能发生市场失灵，需要国家从社会整体利益出发对市场干预和调控。这种干预和调控，以市场主体的自主自治为前提，对市场的适度干预和宏观调控，以弥补市场机制的缺陷。因此，经济法的调整范围是国家在对市场干预和调控过程中所产生的社会经济关系。具体包括：

1. 市场规制关系

建立社会主义市场经济，必须建立统一、开放、竞争、有序的市场体系，促进各种生产要素自由流动，充分发挥竞争机制的作用，保障经济的发展。但竞争过程中会不可避免地出现不正当竞争和垄断，侵害正当经营者的合法利益，扰乱社会经济秩序。如果仅依市场主体自我调节很难奏效，必须发挥市场的社会公共管理作用，即国家对市场的干预、管理。国家在市场管理过程中发生的经济关系简称市场规制关系，属于经济法调整内容。

2. 宏观调控关系

市场调节是自发的基础的调节，但对社会发展战略目标的选择、经济总量的平衡、重大结构和布局的调整、收入分配中公正与效益的兼顾、资源和环境保护等就需要国家的自觉调节、高层次的调节，即国家对经济的宏观调控。这种宏观调控，不是计划经济体制下的直接管理，而是依法间接干预。国家通过调控市场去引导企业，使企业的微观经济活动同宏观经济发展目标一致，以弥补市场调节的缺陷。宏观调控过程中发生的经济关系，我们简称为宏观经济调控关系，也属于经济法调整内容。

（三）经济法调整对象的特征

经济法作为调整以国家为一方主体同其他各方主体在市场经济运行中所发生的社会经济关系的法律规范，其调整对象具有以下显著的特征：

1. 经济法所调整的社会经济关系是有国家参与的、以国家为一方主体的经济关系。在这一经济关系中主体之间不是平等的关系，不是一种协商、自愿关系，而是一种管理关系，一种调整、规制关系，带有很明显的强制性。经济法的这一特征使之与以平等、自愿为原则，调整平等主体之间的民商事关系的民法和商法区别开来。

2. 经济法所调整的社会经济关系是以国家为一方主体与其他主体发生的经济关系。在这一关系中，作为一方主体，不论是国家行政机关还是国家权力机关，也不论是中央一级机关还是地方机关，它们都是代表国家维护社会公共利益行使权力。经济法的这一主体特征以及它所调整特定的经济关系的内容特征，使之与调整各级国家行政机关之间的行政管理关系的行政法相区别。

【案例 1-1】 经济法调整的社会关系必有一方主体是国家有关机关

甲企业是生产销售补品的著名企业，多年来投入该产品的广告费达 100 多万元，其产品主打品牌是“健胃松”。乙公司也生产销售补品，为了达到提高销售量，占有市场份额的目的，其产品名称定为“润肠露”，并在生产企业一栏使用了甲公司的名称和地址。消费者认为是甲公司生产的系列产品，纷纷购买了“润肠露”补品。甲公司得知后，要求工商行政管理部门查处乙公司的行为。问：工商行政管理部门基于什么理由查处乙公司的行为？

【案例分析】

本案中，甲公司作为著名企业，其生产销售的主打品牌“健胃松”获得了消费者的认可。乙公司为了达到提高销售量，占有市场份额的目的，在生产企业一栏使用了甲公司的名称和地址，属于违反诚实信用原则和公认的商业道德的不正当竞争行为，不仅损害了合法经营者甲公司的利益，也使消费者产生误购，侵害了消费者的权益，而且破坏了公平竞争的市场秩序。因此《反不正当竞争法》第 5 条禁止经营者采用下列不正当手段从事市场交易，损害竞争对手：(1) 假冒他人的注册商标；(2) 擅自使用知名商品特有的名称、包装、装潢，或者使用与知名商品近似的名称、包装、装潢，造成和他人的知名商品相混淆，使购买者误认为是该知名商品；(3) 擅自使用他人的企业名称或者姓名，引人误认为是他人的商品；(4) 在商品上伪造或者冒用认证标志、名优标志等质量标志，伪造产地，对商品质量作引人误解的虚假标示。为维护公平竞争的市场秩序，工商行政管理部门根据《反不正当竞争法》赋予的职权对乙公司进行查处，与经营者之间形成了竞争管理关系。由此可见，经济法调整的社会关系必有一方主体是国家有关机关。

第二节 经济法的产生与发展

一、经济法产生的原因

法是社会关系的反映,经济法的产生是以生产关系为核心的各种物质利益关系即经济关系的反映。促成经济法产生的直接原因是经济原因,同时经济理论、法学理论、政治制度、国家职能的转变等对经济法的产生也具有重要影响。

(一)经济法产生的经济条件

人类社会经济形态经过漫长的自然经济时代后,在近代进入资本主义商品经济时代。市场经济通过市场机制,利用市场的价格信号引导社会资源的合理配置,促进生产力的发展,但市场机制并不是万能的,有其弱点和消极作用,这就是通常所说的"市场失灵"。因市场失灵所引发的消极后果,如社会分配不公、生产的盲目性、垄断等靠市场自身无法加以克服,需要从市场外寻求解决的方法。因此,对经济法产生的经济条件可以从消除市场消极后果的手段上予以分析和理解。一般而言,市场缺陷有诸多表现,概括起来主要有:

1. 市场机制不能解决宏观经济总量的平衡问题。市场调节是一种事后调节,具有被动性和滞后性。从价格的形成、信号反馈到产品的生产需要经过一段时间。各个企业和个人掌握的信息不足和滞后,加上个体决策的盲目性,往往等到市场上供求严重失调才作出反应,从而造成社会经济周期性波动并导致经济总量失衡。此外,出于谋求最大的利润,市场主体常常投资于周期短、见效快、风险小的产业,造成产业结构不合理。这就需要政府通过制定指导性计划、调整产业结构、控制信贷、增加或减免税收等经济杠杆和法律手段,对市场进行宏观调控,以优化产业结构,减少经济波动,保持经济稳定,实现经济总量平衡。

2. 市场机制不能解决垄断和消弭其所生的弊害。有市场就有竞争,而自由竞争的结果必然导致垄断。基于个体的逐利性,市场主体为了追求自身利益最大化,一方面通过降低生产成本,取得有利的竞争地位;另一方面通过联合、合并和兼并,获得规模经济效益。这两方面都有可能形成垄断,而垄断又会阻碍自由、公平竞争,破坏市场调节机制,使其应有的调节功能不能充分、有效地发挥。在微观上,造成各经营者和消费者个体间利益关系不公平;在宏观上,会妨害市场机制对整个社会经济作用的发挥,以至引发社会经济总体结构失衡、运行阻滞。

3. 市场机制难以解决外部性问题。外部性是指由私人经济活动给交易当事人之外的他人生产或消费造成的外部影响或后果。外部性问题一般分为正外部性和负外部性两种:前者是当事人不付代价就可以获得来自外部的经济好处。如修建铁路或高速公路可以带来附近地价的上涨和农副产品价格的提高;后者当事人的经济活动造成外部主体经济损失而受害人得不到赔偿。如工厂排放污染物危害他人生产、生活。市场的外部性问题不可能通过市场机制自身来消除和解决,需要政府的权力介入,通过财政、税收、管制等政策措施,增加正外部性行为的收益和负外部性行为的成本,如对排污者征收排污费,以最大限度地减少负外部性。

4. 市场机制不能解决公共产品的生产和公共资源的有效利用。所谓公共产品,是现代经济学中一类物品或服务的概括，是指政府向居民提供的各种服务的总称，一个人对于这些产品的消费并未减少他人同样的消费或者享受利益。包括的范围很广，诸如国防、治安、司法、行政管理、经济调节、教育服务、科学技术服务、卫生保健服务、社会保障服务、环保等。公共产品具有两个特征：一是消费的非竞争性。某个人对一种物品的消费并不妨碍别的任何人对该物品的享受。二是提供的非排他性。对一种物品未付费的个人不可能被阻止享受该物品的好处。正因为公共物品具有上述特征，公共物品不能为私人所有或独占，在消费上不具有排他性，无人愿意为此支付费用或者说公共物品的提供者很难收回其投资成本，以至于公共物品无法提供市场机制加以解决，只能由政府通过征收税收和购买公共物品的方式来保障。

5. 市场机制造成收入分配不公。由于各市场主体的资源禀赋及其所处的地区、部门、单位等存在差别，通过市场竞争必然产生不同的结果，主要表现为收入的差别。当收入差距过大会形成社会分配的两极分化，将威胁到经济的稳定和社会的安全，这需要国家通过财政、税收、社会保障等手段介入社会分配领域，以减少失业人数，救济弱势群体，缩小贫富之间差距，减少社会动荡。

由于市场的唯利性、市场的反竞争性、市场机制的被动性和滞后性，以及市场对公共产品的无能为力等缺陷的存在，经西方国家市场经济发展的实践证明，单靠市场自身调节不仅历时较长，而且自发调节所带来的市场代价是巨大的，是社会无法承担的。因此，克服市场缺陷的力量只能来源于市场之外。经济学所揭示的市场失灵现象的存在为国家干预提供了存在依据，为经济法立法提供了社会经济条件，同时，市场失灵的表现形式在一定程度上也决定了国家干预的范围，是经济法立法确定国家干预市场的依据。

（二）经济法产生的理论条件

1. 经济学理论

古典经济学理论反对保护封建垄断的重商主义理论，主张自由放任，以亚当·斯密为代表的自由经济学反对国家干预，强调市场的自由放任。他认为，自由放任最能促进经济发展，最符合社会利益，最能调动人们的积极性、创造性和主动性；放任自由的自由竞争市场是最有效率的，是一种最好的经济体制，市场主体“受着一只看不见的手”的指导，去尽力达到一个并非他本意想要达到的目的。也并不因为并非出于本意，就对社会有害。他追求的利益，往往使他能比在真正处于本意的情况下更有效地促进社会的利益。“看不见的手”可以将各种资源合理配置，政府不应干预市场而应让其依循它们自己的努力去获取均衡。最好的政府就是做得最少的政府。亚当·斯密的自由放任主义经济理论适应了资本主义自由竞争的需要，逐步确立并成为官方制定经济政策的依据。

但是，社会经济并非像亚当·斯密所设想的个人财富的最大化就是社会财富的最大化，相反却是生产的社会化和生产资料的私人占有之间的矛盾日益突出，有产者的私人利益得到极大满足的同时，公共物品短缺、公共资源被破坏性使用、公共秩序受到侵害。自由放任的资本主义发展导致了1929年至1933年的资本主义世界经济危机的爆发，为了医治资本主义经济危机和解决就业问题，美国杰出的经济学家凯恩斯于1936年发表了《就业、利息与货币通论》，提出了国家干预经济的主张。其核心就是国家干预经济生活，借此刺激有效需求，即刺激消费和投资。在财政政策方面，在总需求大于总供给时，主张增税、减少财政支出，以减少投资和消费；在总需求小于总供给时，主张减税、增加财政支出，以扩大投资和消费。在货币政策方面，在萧条时期主张增加货币供应量，降低利息率以刺激投资；在高涨时期主张减少货币供应量，提高利息率以限制投资。西方主要国家战后20多年的时间里没有发生重大的经济衰退和凯恩斯的干预主义被政策化有着密不可分的关系。凯恩斯的干预主义为资本主义国家经济立法提供了充分的经济理论根据，以至于有的学者将其上升为经济法的本质特性，认为经济法就是干预法。

2. 法学理论条件

在自由经济理论支配下的社会是资本主义商品经济充分发展的社会，从16世纪到19世纪70年代，资本主义处于自由竞争时期。在这一时期，受自由竞争思潮及卢梭等人的自然法思想的影响，法律的主要任务是维护私人自治，即个人享有财产和缔结契约的绝对权力，国家的活动仅限于保障个人的这些权利并充担私人之间纠纷的裁决人，而不应干预个人的自由。因此，作为调整平等主体之间经济关系的民商法获得了极大的发展，1804年的《法国民法典》以罗马法为蓝本，把自有资本主义时期商品经济的规则上升为法律制度，确立了私有财产神圣不可侵犯、契约自由和过错责任原则，充分体现了自由资本主义时期市场经济的要求。但是到了19世纪末，民商法的自由主义精神和个体权利本位产生了不利的后果：

（1）无限制的所有权运动的结果造成社会的两极分化。在私有财产神圣原则的支配下，社会财富越来越集中到少数人手里，贫富分化日益严重。生产资料的私有制，不仅使个别生产的有组织性与整个社会大生产的无政府、无计划状态的矛盾加剧，引发生产过剩、社会投资结构失调和周期性经济危机，而且使劳资关系尖锐，资本家为了获取绝对剩余价值，利用延长劳动时间的办法，占有工人的剩余劳动价值。其结果是富者愈富，贫者愈贫，社会矛盾日益激化。

（2）无限制的自由竞争造成组织形态上的垄断对交易的不正当限制、方法上的不公平竞争和交易等新的事实。为了占据有利的竞争地位，企业特别是大企业独家或者以契约、投资等方式同其他企业联合起来，组成托拉斯或辛迪加等垄断组织，进行市场垄断或限制市场竞争，或者从事不正当竞争，如垄断高价或垄断低价，搭售交易，不正当利益引诱顾客等。垄断和不正当竞争使价值规律和市场调节机制无法发挥作用，成为经济发展的桎梏。

（3）契约自由从形式上的自由转变为实质的不自由。基于市场力的强弱不同，交易主体的合同自由受到极大挑战，垄断组织利用合同自由限制盘剥广大中小经营者和消费者，以契约或其他协同方式达成限制竞争的协议，消灭已存在的或潜在的竞争对手。在雇佣合同中，由于工人不占有财产，在雇佣关系中处于被动地位，工人被迫“自愿”接受种种苛刻条件，形式上自由的雇佣合同实质上是一种不自由的合同等等，不一而足。

为了消除传统民商法对市场调节机制的不足，民商法进行了自我修正，即对自由主义和个人权利本位的绝对化予以修正。修正后的民商法对个人权利和契约自由进行了适当限制，强调了个人义务和对社会的责任。但这种修正不可能突破其个人本位理念的束缚，致使其不能从根本上改变民法规范的任意性和调整方法的自治性，强调社会利益也不可能动摇民商法个人主义的哲学根基。所以，民商法的修正不能解决因生产社会化和整个社会发展而引起的个体和社会之间的矛盾，无法消除市场的盲目性和垄断性。要克服市场的盲目性和垄断性就必须运用国家公权力介入私人经济领域，运用国家“有形之手”对经济的运行加以适度干预和宏观调控。在充分保障市场经济优越性的前提下最大限度地消除市场机制的内在缺陷，创造有利于市场机制运作的市场秩序和环境，维护社会整体利益。经济法就是适应市场经济发展需要而产生的一个法律部门。

（三）国家职能的改变

由于市场机制固有的缺陷造成社会经济结构和运行上的严重后果是市场本身无法克服的，人们开始寻求市场以外的补救手段，只有国家才能担当起这一重任。因为国家作为社会的最高代表，最具权威性和最富有力量。在自由资本主义时期由于奉行自由放任的经济政策，反对国家对经济生活的干预，国家的职能以政治统治为中心，对内镇压敌对阶级和政治势力的反抗，对外抵御外来侵略，保护国家主权。国家处于社会经济生活的外部，国家的作用仅限于保障个人的权利，并充当解决经济生活纠纷的“仲裁人”，或称为“夜警国家”。随着19世纪末20世纪初资本主义完成了自由资本主义向垄断资本主义的过渡，生产社会化进程加快，经济关系复杂化，各种社会矛盾也日益加剧。为了维护社会整体利益，国家开始介入社会经济生活，国家职能开始从政治职能开始分化为政治职能、经济职能和社会职能并行结构形式。

1. 国家的社会职能增加。在失去了自律性的自由放任市场经济全面危机情势下，国家不得不担负其领导社会的责任。为避免经济发展的大起大落，国家开始从强调经济安全角度关注社会政治安全，随着经济垄断化的发展，要求立法反映“社会公共利益”、“社会福利”、“社会经济的健全稳定发展”、“社会责任”、“社会经济秩序”等，并将其强制性地规范化。如20世纪30年代“福利国家”的兴起标志着国家集体的责任新变化，政府保证公众享有最低标准的收入、营养、健康、住房、就业机会。这些保障以法律形式加以明确，并通过有效实施以缓和社会矛盾和社会冲突。至此，国家的“社会机能”与“阶级机能”分离了。

2. 国家的经济职能增加。生产专业化和社会化是国家发挥经济职能的主要依据。在社会化大生产条件下，社会分工和专业化进一步发展，社会经济运行具有新的特征：一是单个经济主体之间在全社会范围内形成了密不可分的依赖关系；另一方面社会经济运行复杂化使得市场主体无法把握发展的预期。同时专业化和社会分工发展使得市场经济超越国界，在全球市场形成国际分工和专业化生产，由此使国民经济运行更加复杂化。国家的职能不仅仅维持在建立国防和治安安全系统，还要为经济稳定发展创造外部条件。针对市场调节机制的缺陷，国家通过反对垄断和限制竞争以及其他不正当竞争予以排除，让市场调节机制能够恢复其作用。针对市场调节机制的滞后性和被动性，国家运用自己所掌握的情况和信息，并根据客观经济规律的认识，凭借手中所握有的政策手段和工具，对社会经济实行总体规划、指导、提供各种帮助和服务，即以国家计划——经济政策——调节手段为轴线的国家宏观调控体系。

当然，国家介入社会经济生活，并不是否定市场调节机制的作用，而是对市场调节机制固有缺陷的补救。为了保障国家干预经济生活规范化，防止国家权力的滥用，需要由法律加以确认。这就是经济法的任务。

二、资本主义国家经济法发展轨迹

经济法以独立法律部门的面貌出现，始于19世纪末20世纪初。经济法的产生以资本主义经济高度发展为基础，战争和经济危机为经济法的发展提供了客观条件。从历史发展轨迹看，资本主义经历了自由资本主义、私人垄断资本主义和国家垄断资本主义三个阶段。与之相应，调整经济的法律经历了民商法、市场规制法、市场规制法和宏观调控法相结合的一个发展演变过程。

(一)自由资本主义时期民商法的发展

18世纪后半期到19世纪70年代,西方各国资本主义制度基本形成。由于工业革命和机器大生产,商品经济得到迅速发展,市场经济成为社会经济的主要形式。但是,自由主义经济理论的倡导者亚当·斯密认为市场应成为社会经济秩序中起决定作用的因素,政府应当尽量减少对社会经济的干预,建立一种“经济人”和“无形之手”充分发挥作用的市场机制,这种市场机制就是一种完全竞争的经济模式。亚当·斯密的自由放任主义的确立,不仅成为官方制定经济政策的依据,而且在法学上确立为立法原则,即:私有财产神圣不可侵犯;契约自由原则;自己责任原则,或称过错责任原则。这三大原则在法学领域中确立了权利本位主义,确立了私法自治、私域独立的地位。这其实正是适应了资本主义自由竞争的需要,也是自由放任主义的体现。而表现在法学领域的变化就是诸法一体结构解体,一分为二,刑民分开。1804年《法国民法典》的诞生,标志着对社会经济关系民法调整模式的确立。在这一阶段,经济法并没有分化出来,因为经济生活中还没有产生这种需要,自由竞争要求的是经济领域中的放任、自由、自治,因此,民商法成为这个时期调整经济关系的基本法。

(二)私人垄断资本主义阶段的市场规制法的兴起

19世纪末20世纪初各主要资本主义国家相继进入私人垄断资本主义时期。由于无限制的自由竞争,极大地刺激了资本主义经济发展,但也出现了自由竞争的对立面——垄断组织。垄断妨碍了自由竞争的正常进行,引起了人们的普遍忧虑和不满,因为反对政治上的专制,同样也不能忍受经济上的独裁。于是,在美国各地不断爆发大规模的反对托拉斯群众性运动,要求国家出面干涉,颁布反垄断和限制竞争法的呼声日益高涨。1890年美国国会出台了《反对不法限制和垄断,保护交易和通商的法律》(即《谢尔曼法》),1914年又颁布了《克莱顿法》和《联邦贸易委员会法》,这些法律的特点就是突破了私域独立、私法自治的传统民法原则,是一种规定由国家直接介入私人经济的新型的法律,可以说这是经济法独立的先声,也是现代经济法最早的法律表现形式。

(三)国家垄断资本主义阶段的市场规制法和宏观调控法的结合

第一次世界大战期间,德国需要调整经济部署和发展生产以支持战争。战时又大力推行经济管制,将国家资本主义发展到顶峰。而战后,德国作为战败国,国内的经济处于崩溃的边缘,为了应对战后的危机,重建经济,德国的立宪会议首先通过了《魏玛宪法》,并根据这个宪法的精神先后颁布了一系列的政府干预经济的法律、法规。其中1919年颁布的《钾经济法》和《煤炭经济法》被认为是世界上最早的以经济法命名的法规。在这一时期,德国经济立法的内容基本有两项:一是干预市场,引导其向德国资产阶级许可的方向发展;二是大量投资组建国有企业直接参与经济,并从宏观上调控德国经济的总体运行,但主要是经济统制,并非真正现代意义上的宏观调控法。可以说,德国经济法在第一次世界大战前后初步形成了“市场规制法+宏观调控法”的体系。

1929年—1933年在资本主义世界发生了一场经济危机。危机充分暴露出资本主义社会所奉行的自由放任主义的弊端,以及生产社会化同无政府状态的矛盾,它使得许多国家的经济面临崩溃。于是,资本主义国家开始思考并转而对国民经济逐渐进行更为全面的总体性调节。最典型的就是美国的“罗斯福新政”。“罗斯福新政”是美国政府从经济全局出发,运用财政、税收、金融等手段参与经济生活,对国民经济进行间接的宏观调控。至此,美国在20世纪30年代就初步建立起比较完整的宏观调控法律体系,并与业已存在的市场规制法律体系共同构成了美国经济法体系。

二战结束以后，随着市场的国际化，除表现在地域性和国际性条约的出现和国际性协调行动的加强外，各国国内市场规制法的标准和许多作法也更加趋同。各国的经济进入高速增长时期，这一时期的经济特征是开放和自由化，但是各国的经济立法主要表现在经济结构和组织体制的规范化，以及通过经济计划对经济实行宏观调控上。如日本 1961 年制定了《农业基本法》、《农业现代化资金促进法》，1962 年制定了《石油业法》，1963 年制定了《中小企业基本法》、《中小企业现代化促进法》等，此外颁布了许多计划法规。德国 1967 年制定了《经济稳定与经济增长促进法》，作为国家经济政策的基本法。法国 1962 年开始的第四个经济计划，成为国家宏观经济计划。也就是说，宏观调控法的调整对象不再满足于财政、金融税收、价格等传统内容，而是开始将计划纳入其中，引导国民经济向其所希望的方向发展。凡此种种表明，二战后资本主义经济法体系在整个资本主义世界已经全面形成了，其基本格局仍然是 30 年代形成的“市场规制法＋宏观调控法”模式。

总之，经济法产生于 19 世纪末 20 世纪初，即资本主义从私人垄断到国家垄断的时期，并在以后的不同阶段得到发展，到 20 世纪 30 年代，成为与民商法、刑法、行政法并驾齐驱的独立法律力量，并随着社会的发展而不断赋予新的作用和功能，成为现代各国有效管理国民经济、保障经济健康运行的一个重要法律部门。

三、我国经济法的产生发展及其特点

（一）我国经济法的产生发展

1. 我国经济法的产生时期(从 1979 年到 1992)

1978 年 12 月，党的十一届三中作出“党和国家的工作重心转移到经济建设上来”的决议，实行对内改革、对外开放的政策。标志着我国社会主义经济建设进入了一个新的历史时期。

国家开始改革高度集中的计划经济体制，实行计划经济与市场调节相结合的体制，与之相适应的是国家经济管理模式也发生了明显变化，逐步重视价值规律和市场调节机制对国民经济运行的作用，重视用法律手段调控经济，颁布了大量的管理经济的法律法规。如《全民所有制工业企业法》、《中外合资经营企业法》、《中外合作经营企业法》等法律法规。虽然对国民经济管理提供了法律依据，但这一时期我国仍是计划经济为主、市场为辅的经济模式，由于没有市场经济作为基础，国家调控经济的手段仍以计划为主，不能解决效率与公平、个体营利性与社会公益性的矛盾，因而这一时期的有关经济立法不是真正意义上的经济法，但为 1992 年以后实质意义上的经济法的产生奠定了基础。

2. 我国经济法的发展成熟时期(从 1992 年至今)

1992 年，党的十四大确立了我国经济体制改革的目标是建立社会主义市场经济体制。1993 年的宪法修正案确立了“国家实行社会主义市场经济”的经济体制，将“国家加强经济立法和完善宏观调控”写入宪法。随着我国的经济体制和资源配置方式发生了重大变化，为了规范市场经济运行，国家围绕推进改革和建立社会主义市场经济法律体系颁布了大量的法律法规，先后出台了有关产业政策、财政、金融等宏观调控的法律法规以及有关市场规制方面的法律法规。

(1) 在市场主体方面：制定了《外资企业法》、《公司法》、《合伙企业法》、《个人独资企业法》、《乡镇企业法》、《商业银行法》、《保险法》等法律。

(2) 在市场规制方面:制定了《反不正当竞争法》、《产品质量法》、《消费者权益保护法》、《广告法》、《银行业监督管理法》、《反垄断法》等法律。

(3) 在宏观调控方面:制定了《预算法》、《个人所得税法》、《内资企业所得税法》、《外商投资企业和外国企业所得税法》、《税收征收管理法》、《政府采购法》、《人民银行法》等法律。1994 年我国实行财政税收体制改革,对中央与地方的财政收入、支出作了划分,国务院制定了有关增值税、营业税、消费税、资源税、企业所得税等税收暂行条例,全国人大常委会颁布了关于网上帖子企业和我国企业适用增值税、营业税、消费税等税收暂行条例的决定。2007 年为了实现内资企业和外资企业税负公平,保证企业公平竞争,统一了内外资企业所得税,制定了《企业所得税法》。

上述法律法规直接以弥补市场缺陷、维护社会公平、促进经济与社会发展良性发展为目的,与民商法、行政法相互补充,共同发展,致力于维护市场经济秩序,标志着我国经济法的体系初步形成并逐步完善。

(二) 我国经济法的特点

我国经济法的产生和发展与西方国家经济法的产生和发展不同,这种不同源于我国市场经济发育方式的特殊性、产生法律要求的动机的特殊性以及中西方政治制度、法律传统的异质性。

1. 市场经济发育方式的特殊性

西方国家的市场经济是由自由竞争的市场经济发展到市场调节与国家干预相结合的现代市场经济,其演进的过程是自然的。与此相适应,西方经济法则是在自由市场经济向垄断市场经济转变的过程中,在社会生活领域中经济条件不断成熟的背景下产生的。至于其具体途径,则为市场失灵——民商法无以弥补——为限制自由主义国家进行干预——经济法产生,其为市场经济内部不断完善的产物,属于自然演进型。

与西方国家市场经济发育方式不同,我国市场经济是从计划经济逐步转向市场经济的,市场发育方式导致我国经济法并非脱胎于自由竞争的市场经济,不是经济发展到一定阶段的水到渠成的产物,而是政府在推行体制改革与改革开放过程中作为'法制工程'的一部分,同时亦是国家作为主体在应对外部挑战与时代要求时的一种积极回应。所以我国经济法的产生属于政府推进型。

2. 产生法律要求的动机的特殊性

西方国家在发展市场经济的过程中,为保障自由主义的经济秩序,在法律上强调对政府行政权力的制约和限制,行政法发达,政府的行政职能与经济运行相对独立,政府充当"夜警"角色。到了垄断资本主义时期,因市场缺陷对社会经济造成重大影响并关系国家政权时,政府才开始介入经济法律领域,担当其经济管理的职能。因此,西方国家经济法对社会经济关系的调整,突破了民商法和行政法的调整范围,是为了保障政府对社会经济的适当干预而产生的,以民商法的存在为条件,是私法公法化的产物。

在我国,长期实行计划经济,政府是"全能政府",对经济实行高度集中和直接指令的控制,政府对社会经济的影响可以说事无巨细,无所不包。在市场经济转轨的过程中,一方面要通过政治经济体制改革,实现政企分开,培育市场主体,搞活微观经济,以形成受价值规律支配的市场调节机制,这就需要民商法确认市场主体资格,明确产权归属,规范市场交易的契约化,确保多元主体在市场价值规律的支配下开展竞争,实现资源的合理配置。另一方面市场经济固有的缺陷存在需要政府转变职能,以形成间接调控为主的国家干预机制,需要经济法对政府干预经济的范围、手段和程序加以法治化。因此，我国经济法对社会经济关系的调整，需要妥善处理好市场与政府的关系，既要确保民商法作为调节市场经济运行的基本法作用，保障市场作为资源配的基础性作用的发挥，又要用经济法把国家权力引入私人经济领域，对经济的整体运行加以调控和引导，最大限度消除市场缺陷引发的市场失灵，是公法私法化的过程。

3. 政治制度、法律传统背景的特殊性

西方的市场经济经历了自　　本主义、私人垄断资本主义和国家垄断资本主义这一自然发展过程，相对应的，各种调控经济行为的法律制度也不断孕育、分离、独立、成熟。经济法是在继刑法、民商法及行政法等法律资源基础上产生和发展，有着相对成熟的公民法律意识，其法律制度主要是对已有的社会关系和人们行为方式的认可。这样的法律在产生、发展及实施诸环节都形成了良性循环。

我国法律传统上以诸法合体、刑民不分。新中国成立后，一切以国家为本位的公法精神渗透到整个法学领域，缺乏公民法律意识和适应经济运行的民商法制度。改革开放后，经济法、民商法、行政法等大量法律法规都是由国家强制提供给社会的，目的是要重构社会，改变人们长期的行为方式。加之，我国历史上长期是一个自然经济、宗法专制和人治传统比较发达的国家，历史缺乏法治的传统及相应的法律文化氛围，这些都注定了我国经济法的产生、发展和实施需要经过相当长的时间才能走上良性轨道。

第三节　经济法的性质和地位

一、经济法的性质

经济法的性质，是指经济法的法域归属问题，即经济法在法律体系结构中是属于公法还是私法，抑或第三法域。

关于公法与私法的划分标准，大致有三种学说：一是利益说，即以规定国家事务及国家利益的法律是公法，规定私人利益的法律是私法；二是意思说，即以规范权力者及服从者的意思为内容的法律是公法，以规范平等者的意思为内容的法律是私法；三是主体说，即公法的主体至少有一方是国家或国家授予公权力的人，私法主体法律地位平等。将法律划分为公法和私法的意义在于揭示了社会生活中存在两类不同性质的关系——平等主体之间的、不需要国家公权力参与的关系与不平等主体之间的、需要国家公权力参与的关系，于是产生了作为不同调整手段的公法、私法。一般认为，公法包括宪法、刑法、行政法和程序法，私法包括民法和商法。

经济法的法域属性是指经济法应当纳入何种法域，是公法还是私法的问题。在法学界对经济法属于公法还是私法的问题有三种观点：一种观点认为经济法属于公法；第二种观点认为经济法中既有公法的内容，也有私法的内容，是横跨公法、私法两个领域的法；第三种观点认为经济法是相对于公法、私法两大法律领域而存在的第三法域。

总体来说，经济法具有公法的性质，兼具私法性质。因为：(1) 经济法调整的社会关系是非平等主体之间的社会关系。国家干预社会经济活动是以社会公共管理者身份出现的政府及其经济行政机关。并且，经济法对其社会关系的调整，需要借助行政权力。这些根本之处是经济法具有公法性质，并以其为主的根本原因。(2) 经济法调整的社会关系中，作为管理主体，除主要是政府及其经济行政机关外，还有社会经济团体。后者是民法通则所规定的社会团体法人。但法律规定它承担某些管理任务或政府授权它承担管理任务时，它便拥有了某些经济管理权限。换言之，它一方面是民事主体，一方面又可以在特定情况下成为经济法的管理主体。但就其本质而言，社会经济团体是私法的主体。再者，经济法基于对自由、公平竞争的市场秩序的维护，对于被违法行为的侵害者的救济，也规定了赔偿措施。无疑，这些都超出了公法的范围，具有了某些私法的性质。(3) 判断经济法的性质，主要着眼于它所调整的社会关系。就此而言，经济法并非是不分主次的混合体。因而也不必强调它是公法、私法之外的社会法，或者强调它是公法、私法之外的新的法域。而是应强调它是以公法性质为主，或者说，它基本上是公法。

二、经济法的地位

经济法的地位，是指经济法在法律体系中所处何种位置地位，以及它与相关部门法的关系问题。

(一) 经济法是一个独立的法律部门

是否具有特定的调整对象是划分法律部门的基本标准。法律的调整对象，一般是指某个法律部门所调整的社会关系或所规范的行为。经济法所调整的对象是一种特定的经济关系，调整国家干预社会经济过程中所发生的经济关系，即市场规制关系和宏观调控关系。这些经济关系有其自身的特征，可以与其他法律部门的调整对象区别开来。正是经济法的调整对象的特定性决定了经济法具有独立性，以独立的法律部门存在于法律体系之中。

(二) 经济法与相邻法律部门的关系

讨论经济法与相关法律的关系，明确它们之间的区别，其目的是为经济法自身的独立性及其在法律体系中的地位提供有力的证明。

1. 经济法与民法的关系

经济法与民法的关系密切，都调整经济关系，二者相互吸收相互补充，共同维护市场经济良性发展。作为独立的法律部门，经济法与民法仍存在以下区别：

(1) 调整对象不同。经济法主要调整在国家干预社会经济过程中所发生的经济关系，即市场规制关系和宏观调控关系。民法调整平等地位主体之间的财产关系和人身关系。虽然二者都调整经济关系，但经济法不调整属于民法的平等人身关系，民法不调整属于经济法的纵向经济关系。

(2) 调整经济关系的层次不同。民法侧重从微观和经济发展所需动力方面，通过保障自由交易以提高效率来促进人们的利益。经济法侧重从宏观和利益协调方面，通过保障自由竞争，减少社会经济震荡造成的破坏和优化经济结构，以此提高效率促进人们的利益。

(3) 价值取向不同。民法是典型的私法，强调意思自治，崇尚契约自由，旨在保护个体利益。民法对社会利益的维护是间接的，它主要通过民事主体之间的利益冲突来实现个人利益之间、个人利益与社会利益的平衡，而不是直接协调国家、社会和个人之间的利益。民法从尊重个人意思出发，对民事主体间的相互关系采取放任自由的态度，只是要求人们消极地不违反公共利益、社会秩序和善良风俗，而不是引导人们积极地维护它们。经济法则从社会公共利益出发，利用国家权力对一切不利于社会公共利益的市场行为予以限制，通过限制个人自由来争取社会主体自由，开展社会整体发展空间，以维护社会公共利益。

(4) 调整方法不同。民法主要在尊重民事主体意思自治的前提下采用权利的自律机制规范人们的行为,主要由任意性规范、授权性规范构成,少有强制性规范。任意性规范为主体提供一种选择,授权性规范则指明权利人可以取得何种资源即对人们的需要和利益予以确认,民事主体可以根据意思自治原则排除任意性规范的适用。经济法则是在国家意志的前提下采用权力的他律机制规范市场主体和政府的市场行为,主要由强制性规范或禁止性规范构成,通过强制禁止、限制某些经济行为,运用计划、经济政策和经济杠杆对社会各种经济活动主题进行引导和促进。

【案例1-2】 经济法与民法的调整对象不同

2002年S省某市建设委员会和市自来水公司联合下文,为统一居民用户水表规格,要求所有居民用户只能购买"鑫鑫"牌水表,否则将停止供水。该文引起了居民不满和有关水表生产厂家和销售商的不满。与此同时,该市山亭区某物业公司以水费亏损为由,将执行多年的"抄表到户、计量向用户收费"改为只抄单元总表,并强制要求居民轮流收费,否则就停止供水。问:本案中涉及哪些法律的适用问题?

【案例分析】

本案中S省某市建设委员会和市自来水公司联合下文,为统一居民用户水表规格,要求所有居民用户只能购买"鑫鑫"牌水表的行为,属于行政机关和公用企业滥用行政权力排除限制竞争的行为,其做法不仅损害居民用户的自主交易权,而且排斥其他水表生产商和销售商参与该市场竞争的公平竞争权,为反垄断法所禁止的垄断行为,因而应适用反垄断法对其加以制裁。该市山亭区某物业公司以水费亏损为由,将执行多年的"抄表到户、计量向用户收费"改为只抄单元总表,并强制要求居民轮流收费,属于平等主体之间基于合同关系而产生的争议,一方为居民用户,另一方为物业公司,因此,双方的纠纷是民事纠纷,应适用民法来调整。

2. 经济法与行政法的关系

行政法是调整国家管理机关在行政管理过程中形成的社会关系的行为规则。经济法与行政法对社会经济关系的调整都借助国家公权力,因而在性质上具有某些相同之处。二者在维护国家利益和社会公共利益都起到重要作用,但二者也存在较大的区别:

(1) 立法宗旨不同。经济法强调国家对经济的干预,以追求社会整体利益为立法宗旨,属于公私交融的社会法范畴;行政法则强调依法行政,以追求国家的政治利益为立法宗旨,属于公法范畴。

(2) 调整对象不同。经济法调整在国家干预社会经济过程中所发生的经济关系,即市场规制关系和宏观调控关系,是一种经济管理关系;行政法调整的是国家机关与公民、法人或其他组织之间因行政管理而产生的各种行政关系,是一种行政管理关系。尽管行政法也涉及某些经济领域,但主要是关于这些领域的治安、社会或其他行政管理,不涉及社会经济结构和运行等更深层次的解决问题。经济法通过授权经济管理部门依据经济法规定规范市场主体的行为,调整社会经济结构和运行,以保障社会经济健康有序发展。

(3) 调整方法不同。行政法主要采取命令与服从的行政调整方法。经济法的调整方法主要体现为各种调节或监管措施,除行政手段外大量采用经济政策、经济杠杆、奖励与惩罚等各种引导方法。

(4) 目的不同。行政法的任务和职能主要在于保障国家行政权运行的科学性、民主性和合法性,维护行政管理秩序。如上所述,行政法一般不注重影响社会经济结构和运行,不以特定的社会经济效益为其最终目的。经济法从其产生之初就旨在保障国民经济的良性运行。

第四节 经济法的特征和基本原则

一、经济法的特征

按照《现代汉语词典》的解释，特征是指事物可供识别的特殊征象或标志。诸如个性特征、本质特征。依此来解释经济法的特征，就是指经济法存在的识别性标志，它是经济法各组成部分的内在一致性、相似性，以及经济法与其他法律部门尤其是传统的民商法、行政法等部门法之间的差异性。一般而言，经济法的特征表现在以下几个方面：

（一）经济法具有经济性

经济法的经济性可以从经济法的作用领域、调整对象、调整目的、调整手段等诸多方面来看，其具有突出的经济性。

1. 从其产生和宗旨看，经济法是适应生产社会化的要求，弥补民商法等部门法对社会经济调整不足而产生的，是国家干预经济的产物。经济法干预经济的目的在于维护社会公共利益，实现经济自由与秩序、效率与公正、经济民主与经济集中的统一。

2. 从调整对象看，经济法的调整对象是国家干预社会经济过程中所发生的经济关系，即市场规制关系和宏观调控关系。从法律内容上讲，经济法同经济的关系更为密切，与经济基础的关系更直接。

3. 从调整手段看，经济法在充分尊重市场经济规律的前提下，运用宏观调控手段和市场规制手段，引导市场主体依法从事经济活动，实现综合效益和宏观经济的目标，并达到自身的各类调整目标。

（二）经济法具有行政主导性

经济法是国家对经济自觉调控和参与的产物，经济法在强制性、授权性和法的实现方面都表现出政府主导型特征，亦称为行政主导性。

（三）经济法具有综合性

由于经济法的调整对象是国家干预社会经济过程中所发生的经济关系，即市场规制关系和宏观调控关系，是一种经济管理关系。这种社会关系既包括市场规制关系，又包括宏观调控关系。前者既包括市场竞争关系，又包括消费者保护关系等；后者既包括总收入和总分配关系、货币供应与货币需求关系，又包括产业结构关系、计划关系等。这些经济关系既有可分性又是相互联系的。尽管它们对经济法的调整需求是多方面的，但都是为了建立和维护社会主义市场秩序。所以，社会经济生活所表现出的对经济法的调整需求是综合性。为了适应综合调整的需要，经济法也表现出综合性。

1. 调整范围的综合性。经济法是国家干预经济之法，其调整对象决定了其调整范围既包括市场规制关系又包括宏观调控关系。

2. 经济法律规范层次的综合性。经济法的调整范围由市场规制关系和宏观调控关系构成，作为调整这两类经济关系的法律规范就由市场规制法和宏观调控法两大类法律规范构成。在两大类法律规范下又由多层次的法律规范构成，表现为多层次的综合性。

3. 经济法调整方法的综合性。经济法调整方法的多维性是由经济法的任务和调整对象的性质和特点决定的。经济法的任务是在现代市场经济条件下，确立市场主体的法律地位，协调各方经济关系，平衡社会公共利益和个体利益，保障国民经济的健康发展。而经济法的调整对象的范围十分广泛，渗透到经济关系的各个方面，要协调社会整体利益，克服市场失灵，就需要经济法对经济关系进行整体、系统、全面和综合的调整。即经济法在调整经济关系时，既要采取禁止、命令等强制性规范方式，以保障国家对经济的干预；又需要采取任意性规范方式，特别是提倡性规范方式，以鼓励、引导各个社会经济主体的经济行为朝着国家预设的方向发展。

（四）经济法具有经济政策性

相对于其他部门法而言，经济法在整体上具有较强的政策性，经济法的政策性是由政策的灵活性和经济发展的复杂性决定的。其表现在以下两个方面：

1. 政策法律化。经济发展的中长期目标多以政策方式出现，政策内容是制定有关法律或采取相关措施的依据，在宏观调控法中体现最为明显，如计划法、产业政策法、金融法、财政税收法等。国民经济发展计划是一国政府行动的目标或政府行动的方案，一个国家可能没有单独制定计划法，如我国正在实施的《中华人民共和国国民经济和社会发展第十二个五年规划纲要》，即是法律化的政策。产业政策法通常只提供产业调整的法律原则，如扶持新产业、抑制夕阳产业等，但确定调整产业的范围及时间则由政府根据特定的经济结构以政策方式提出。这时的政策就是可以执行的法律。在市场规制法中，竞争法特别是反垄断法的政策性较为明显。这不仅表现在竞争法的制定、修改本身与国家的经济政策密切相关，而且表现在其执法和司法活动中也带有很强的政策性，同样的条文在不同国家以及不同国家的不同时期的执行情况可能有很大的差异。

2. 法律的政策化。法律的稳定性要求法律规范应将典型的经济关系固定下来，政策的灵活性能够适应特殊情况下的管理需要。经济法律趋向政策化的本质是经济干预法治化。这类经济法律制度的最大特点是法律条文多属于非规范性条文，调整的方法主要是倡导性方法而非强制性方法。在有关经济促进型的经济法中法律政策化特点非常明显。如我国《中小企业促进法》第 1 条规定，为了改善中小企业经营环境，促进中小企业健康发展，扩大城乡就业，发挥中小企业在国民经济和社会发展中的重要作用，制定本法。但该法对如何扶持中小企业发展，仅有原则性规定，至于如何拓宽中小企业融资渠道、资金援助、税收优惠等法律措施，需要各地根据经济状况来落实。

二、经济法的基本原则

（一）经济法基本原则的释义

任何法律部门除了有各种具体的规范外，还有体现于具体规范之中并指导这些规范的根本规则，即基本原则。经济法作为独立的法律部门，同样有其基本原则。

经济法基本原则，是指贯穿于经济立法、司法、执法和守法全过程之中，作为经济法规则基础的指导思想和原理。经济法基本原则由经济法律规范来确认和体现，但它又不是具体规范，而是一种不确定的原则性规定，贯穿于经济立法、司法、执法和守法全过程，具有普适性和约束力。因此，经济法基本原则具有立法准则、行为准则、执法准则和司法准则的功能。

经济法基本原则不同于经济法价值，法律价值是指在人（主体）与法（客体）的关系中体现出来的法律的积极意义或有用性。经济法价值，是指经济法所构筑的法律秩序的目标及其调整社会关系所应遵循的方向。经济法基本原则不同于经济法价值，主要体现于：(1) 经济法价值是经济法规则所欲实现或达致的目标，而经济法基本原则是经济法的规则或基础，其反映着经济法的价值。(2) 经济法价值体现和昭示了经济法的内在精神和宗旨，与经济法基本原则相比较，其更为抽象和一般。

经济法基本原则不同于经济法的调整方法。所谓经济法的调整方法是指由国家规定的可以以某种合理方式干预社会经济生活的方法。经济法的调整方法主要关注的是国家干预社会经济生活所使用的方法或手段，强调干预经济的手段或方法之合理性，而经济法基本原则着眼于对经济法具体规则的一种概括或总结，在某种意义上，可以认为是经济法具体规则的一种“实践纲领”。

(二) 经济法基本原则的内容

1. 适度干预原则

适度干预是指国家在遵循市场调节机制的基础性和保护自由竞争目的的原则上，依据实体性和程序性权力，运用经济、法律、行政手段对市场经济进行的干预。

适度干预原则之所以成为经济法的基本原则，一方面，经济法调整对象的范围决定了其应当成为经济法的一项基本原则。经济法主要是调整国家对社会经济生活进行干预而产生的社会关系的法。从自由资本主义时期发展到垄断资本主义时期，为了规避垄断带来的经济无序、负外部性、无效率性，国家干预逐渐兴起和发展。直到 20 世纪 60 年代国家全面干预主义导致了“滞涨”的出现，西方国家通过对凯恩斯主义的修正，新凯恩斯主义提出了“适度干预”，如克林顿政府的“第三条道路”。国家干预经济的发展与变迁过程正是经济法产生与发展以及相关理论孕育、确立、成熟的过程，也是国家适度干预原则的形成过程。另一方面，经济法所体现的国家干预并不是否定市场调节机制的作用，而是在坚持市场调节的基础上，强调政府代表国家对社会经济生活进行的必要规制和调控，以弥补市场机制的缺陷和预防市场机制的失灵。因而，国家适度干预是从属于市场调节。

适度干预原则体现国家通过宏观和微观措施，克服“市场失灵”实现有序竞争的经济秩序、经济效益、经济公平、经济民主、可持续发展等经济法价值。

2. 维护公平竞争原则

竞争是市场经济的原动力，它是商品生产者在食品生产和商品交换过程中为争取生产和销售的有利地位而展开的较量。市场经济以其竞争规律达到优胜劣汰，促进整个生产要素市场的合理流通，实现结构优化和资源合理配置的目的。竞争的结果就是使生产量和需求量相适应，实现供求平衡，这是经济健康、有序发展的必要条件。但是，市场主体在市场经济活动中，采取虚假、欺诈和其他违反商业道德的手段，损害国家、社会和竞争者合法利益，扰乱市场经济秩序的行为时有发生。因此，经济法应当将维护公平竞争，制止不正当竞争作为一项基本制度，使经济活动的主体在社会经济活动中以平等的身份，共同的外部条件和统一的行为准则进行竞争；着力创造公平、自由的竞争环境，维护公平竞争的市场经济秩序，保证公平竞争在最大范围和最大程度上实现。

维护公平竞争原则是经济法反映社会化市场经济的内在要求和价值理念的一项核心的、基础性的原则。维护公平竞争原则和制度的出现，是通过国家的“有形之手”来纠正市场之“看不见的手”所导致的弊端，同时又力求使“看不见的手”在最大范围内、最大程度上发挥作用的产物。其在宏观调控法和市场规制法中都有体现。

公平竞争原则的基本内涵和表现有:(1) 平等竞争,即指市场主体竞争机会均等、竞争条件平等和竞争手段正当等。由于市场不能自动实现竞争的公平,需要政府为市场主体营造并维护一个平等、公平、统一、有序的外部竞争环境,使各市场主体站在同一起跑线上。平等竞争环境在宏观调控领域主要通过税法制度和产业政策法律制度等来实现。如公平税负、统一税率等;在市场规制领域主要通过反不正当竞争法和反垄断法律制度来实现。如在竞争性行业或领域反对垄断,打破市场进入壁垒,实现公平竞争等。(2) 自由竞争和正当竞争。经济法通过两个方面的作用来实现这种目的:一是消极反对和禁止。即通过反对垄断和限制竞争,恢复和维护充分的自由竞争;通过反对不正当竞争,以使竞争合理、正当和适度。二是积极引导和促进。即国家在宏观调控政策和措施的决策、设计和实施中,必须从有利于自由、正当竞争出发。如国家通过诸如中小企业促进法之类的制度,有意识地培育并扶持一些稚弱的竞争主体,壮大其竞争实力,以维护竞争主体的多元化,确保竞争的自由和正当。

3. 维护社会公共利益原则

利益,通俗说就是好处,是指在一定的社会形式中满足社会成员存在、发展需要的客观对象。它由利益主体、主体需要和利益客体(或称为利益资源)三要素构成。根据其主体来划分,利益可分为个人利益、集体(团体)利益、国家利益、社会公共利益。法律的任务在于承认、确定、实现和保障利益,或者说以最小限度的阻碍和浪费来尽可能满足各种相互冲突的利益。法律不仅要对个体之间、个体与国家之间的利益关系进行调整,也应对个人、国家与社会公共利益之间的关系进行调整。不同的法律部门都是对特定利益的确认和保护,民商法调整的是的个体利益,行政法调整的是国家利益,虽然它们通过个体之间利益或个体与国家之间利益的调整,间接维护了社会公共利益,但因民商法、行政法的法律利益本位不同,决定了它们不可能对社会公共利益进行直接调整,需要在传统的法律部门之外形成新的法律对个人、国家与社会公共利益之间的关系调整,这个部门法就是经济法。

经济法中的"社会公共利益"是指不特定的大多数人的利益。其具体范围不仅涉及经济利益,还包括非经济利益,这些利益形态主要表现为有序的经济运行环境、良好的社会公德,以及稳定的社会秩序。

维护社会公共利益之所以成为经济法的一项基本原则,是由经济法的社会本位观决定的。经济法的社会本位,是指它在对经济关系的调整立足于社会整体,在任何情况下都以大多数人的意志和利益为重。

经济法对社会公共利益的维护主要通过经济法的调整方法从市场规制法和宏观调控法两个领域进行的。在市场规制法中,维护公共利益原则在竞争法中是通过维护正常的市场竞争机制和竞争秩序来实现的,反对垄断和限制竞争行为或不正当竞争行为,维护合理的市场竞争结构,保障实力不同的经营者都有公平、自由竞争的权利,并使消费者在正常的竞争中受益。通过消费者权益保护法和产品质量法对消费者实现倾斜保护,保障生产和消费的持续发展。在宏观调控法中,通过财政法和金融法来调控社会经济,促使社会经济总量平衡、结构合理、效益优化;通过税法来实现社会分配公平;通过产业政策法采取限制、扶持、鼓励等措施来调整优势产业与弱势产业、传统产业与新兴产业,使产业结构更合理,推动经济全面增长。

第五节　经济法的渊源与体系

一、经济法的渊源

(一) 经济法的渊源的含义

法的渊源,有形式渊源和实质渊源之分。法的形式渊源是指法律规范来源于何种法的形式,即法律规范的表现形式。法的实质渊源,则指法律规范的意志来源,即法律规范来源于谁的意志。

相应地,经济法的渊源也包括经济法的形式渊源和实质渊源。经济法的形式渊源,是指经济法来源于何种法的形式,即经济法律规范的表现形式。而经济法的实质渊源,则指经济法律规范来源于掌握国家政权的阶级的意志。我国作为成文法国家,法的渊源主要是成文的制定法,经济法当然也不例外。需要说明的是,如无特别说明,在法学中讲法的渊源,主要指法的形式渊源。因此,本书中所指称的经济法渊源,也是指经济法的形式渊源。

(二) 经济法渊源的种类

由于经济关系极其丰富、复杂,需要更多不同形式的法律规范加以调整,所以经济法的渊源更为广泛、多样。在我国经济法的渊源包括:

1. 宪法

宪法与经济法是根本法与普通法的关系。宪法作为经济法的渊源之一,是指经济法立法最根本的法律依据是宪法,经济法的指导思想、基本原则和基本法律制度直接源于宪法中的有关规定,不得与宪法的规定相抵触。经济法作为国家调节社会经济之法,它首先要确认国家有权介入社会经济生活进行调节管理,同时要确定国家实行的基本经济体制和经济管理体制,确定国家调节与市场调节的关系,国家调节的范围、程度和方式,并确定国家调节的基本原则和基本制度。所有这些内容都涉及国家基本职能和基本制度的重大问题,必须由宪法首先加以明确规定或作原则性规定。我国现行宪法,经过四次修订,其中对国家经济制度的相关修改占了绝大多数。

2. 法律

法律是由全国人民代表大会或全国人民代表大会常务委员会依据宪法制定的成文法,其效力仅次于宪法,是经济法的基本法律渊源,其内容涉及到国家调节社会经济的各个基本方面的法律问题。

3. 行政法规

根据《宪法》规定,国务院根据宪法和法律规定,可以制定行政法规,其中规范国家经济关系的行政法规是经济法的重要渊源,这类行政法规通常以“条例”、“规定”、“办法”等形式表现出来,其法律效力低于宪法和法律,但内容比宪法和法律具体。

4. 部门规章

部门规章是由国务院各部、各委员会、中国人民银行、审计署和具有行政管理职能的直属机构根据法律和国务院的行政法规,在本部门权限内制定的规范性文件,其效力低于法律和行政法规。构成经济法渊源的部门规章主要来自享有经济管理权限的部门,如国家发展与改革委员会、商务部、财政部、中国人民银行、审计署等国务院部门，以及国有资产管理委员会、海关总署、国家税务总局、国家工商行政管理总局、国家外汇管理局、银监会、保监会、证监会等国务院直属机构和直属事业单位。

5. 地方性法规、规章、自治条例和单行条例

地方性法规、规章是各省、自治区、直辖市人民代表大会及其常务委员会，省级人民政府所在地的市和国务院批准的较大的市的人民代表大会及其常务委员会；人民政府依据宪法和法律结合本地区的具体情况制定颁布的经济法律规范和政府规章，也是经济法的渊源范畴，但其仅在辖区内有效。

6. 司法解释

司法解释是指最高人民法院和最高人民检察院根据法律赋予法人职权，对审判工作和检察工作中具体应用法律所做出的具有普遍司法效力的解释。司法解释不同于判例法和判例，它不是在个案审判中产生的，而是就有关案件审理中具体适用法律提出的普遍性的指导意见，以规范性文件形式表现，实际上是最高审判机关的制定法，是经济司法的准绳，因此也是经济法的渊源。

7. 国际条约或协定

国际条约或协定是指我国同其他国家或国际组织缔结的双边或多边条约、协定等。经济的全球化使得一国的市场成为国际市场的不可分割的一部分，因而国家对本国经济的调节管理，必须考虑国际因素，一国的经济法广泛地涉及许多国际性立法。因此，有关国际性立法也构成本国经济法渊源的重要组成部分。需要说明的是，在多数情况下，有关国际法规范并不直接作为经济法的渊源，需要经过法定程序转化为国内法才能起到规范作用。

【案例 1-3】 经济法的适用

程某与中山房地产开发公司签订了一份商品房买卖合同，供自己结婚时作为新房使用。合同约定了商品房的交付期限、价款、套内面积，而且特别约定开发商无偿赠送 2 平方米的房屋面积，以酬谢购房者对中山房地产开发公司的支持。交房后，程某在装修时发现面积不仅小于购房合同约定的套内面积，而且开发商根本没有赠送 2 平方米的房屋面积。为此双方发生纠纷。问：该案处理时哪些法律可以适用？

【案例分析】

本案是商品房买卖合同，合同法是首先应当作为其法律适用的渊源之一；其次，程某为了生活需要而购买使用商品与中山房地产公司，形成了消费合同关系，因而其消费合同关系要受《消费者权益保护法》的特别保护，故消费者权益保护法是其法律适用的渊源之二；再次，根据本案案情，中山房地产开发公司约定无偿赠送 2 平方米的房屋面积，属于欺诈行为，根据《消费者权益保护法》第 49 条规定，经营者提供商品或者服务有欺诈行为的，应当按照消费者的要求增加赔偿其受到的损失，增加赔偿的金额为消费者购买商品的价款或者接受服务的费用的一倍。该法第 49 条是处理该案的主要法律依据。最后，尽管消费者权益保护法对消费者实现倾斜保护，但不能以遏制市场交易为目的，最终是要促进市场交易的顺利进行。因而双倍赔偿对大宗商品并非是绝对的。最高人民法院专门商品房买卖合同纠纷颁布了《关于审理商品房买卖合同纠纷案件适用法律若干问题的解释》，在什么情况下可以主张双倍赔偿应当根据具体情况而定，所以最高人民法院的司法解释也是处理该案的法律渊源。

相关链接：

最高人民法院关于审理商品房买卖合同纠纷案件适用法律若干问题的解释第十四条，

出卖人交付使用的房屋套内建筑面积或者建筑面积与商品房买卖合同约定面积不符，合同有约定的，按照约定处理；合同没有约定或者约定不明确的，按照以下原则处理：

（一）面积误差比绝对值在3%以内（含3%），按照合同约定的价格据实结算，买受人请求解除合同的，不予支持；

（二）面积误差比绝对值超出3%，买受人请求解除合同、返还已付购房款及利息的，应予支持。买受人同意继续履行合同，房屋实际面积大于合同约定面积的，面积误差比在3%以内（含3%）部分的房价款由买受人按照约定的价格补足，面积误差比超出3%部分的房价款由出卖人承担，所有权归买受人；房屋实际面积小于合同约定面积的，面积误差比在3%以内（含3%）部分的房价款及利息由出卖人返还买受人，面积误差比超过3%部分的房价款由出卖人双倍返还买受人。

二、经济法的体系

（一）经济法体系的基本认识

经济法体系是由经济法各子部门所组成的有机联系的统一整体。经济法部门是经济法体系的构成要素。虽然不同的经济法部门是由各自特定调整对象的不同类型的法律规范组成，但这些子部门应该是内外协调一致的，它们既要具备经济法的基本属性，体现国家调控经济的意志性，保证经济法与其他法律部门相协调，保证中国法律体系的和谐统一；又要具有特定的功能和作用，相互间能配合和补充，以保证经济法的独立存在和经济法整体作用的发挥。

经济法体系是由经济法规范的特殊性决定的，而经济法规范的特殊性又是由其社会关系参加者的意志行为所决定的。经济法作为市场经济的产物，从其产生就既不同于民商法，又不同于行政法，它以弥补传统民商法、行政法对市场经济的调控不足为己任，以规范国家对经济的干预行为为目标，以保证经济公平和社会公平为宗旨；它一方面限制市场主体的意思自治，强调社会公共利益，另一方面扩大政府的经济职权，强化国家对经济的干预。这类规范所体现的效益性、规制性是其他任何法律规范所不具备的。因此，对经济法体系的构建应当基于上述认识来展开。

（二）经济法体系的构成

经济法体系的结构，是指经济法体系究竟由哪些层次、哪些门类的经济法部门组成或构成。按照经济法调整的经济关系的结构内在联系，经济法的体系大致可以由确认经济法主体法律地位及资格取得的主体法、调整市场规制关系的市场规制法和调整宏观调控关系的宏观调控法三个部分组成。

1. 经济法主体法

经济法主体包括国家管理机关和市场主体。经济法主体中最重要的就是市场主体。建设社会主义市场经济必须首先塑造市场经济主体，建立现代企业制度。而塑造真正的市场经济主体正是经济法目前阶段的重要任务。经济法中的市场主体法是对市场主体的设立、变更、终止、内部管理与对外活动等方面进行具体规定的法律规范的总称。改革开放以来，我国市场主体立法成绩显著，已基本形成立体立法体系，其代表性立法有《全民所有制工业企业法》与《全民所有制工业企业转换经营机制条例》、《乡村集体所有制企业条例》和《城镇集体所有制企业条例》、《公司法》、《合伙企业法》和《个人独资企业法》；《中外合资经营企业法》、《中外合作经营企业法》、《外资企业法》、《商业银行法》、《保险法》等法律法规。

2. 市场规制法

市场规制法是调整在国家权力直接干预市场，调节市场结构，规范市场行为，维护市场秩序，保护和促进公平自由竞争的过程中产生的各种经济关系的法律规范的总称。简言之，市场规制法就是调整市场规制关系的法律规范的总称。

社会主义市场经济，必须建立统一开放的市场体系，各种生产要素自由流动，充分发挥竞争机制的作用，促进经济的发展。市场主体因受利益的驱动，在竞争过程中会不可避免地出现不正当竞争和垄断，侵害正当经营者的合法利益，扰乱社会经济秩序。为有效解决这些冲突，正确调整经济个体与社会整体的经济利益关系，就必须对经济个体完全的意思自治进行限制，制定市场规制法，以解决市场经济发展过程中出现的不正当竞争和垄断、公平与效率、个体营利性与社会公益性的矛盾和防止市场机制失灵。国家在市场规制过程中发生的经济关系简称市场规制关系，属于经济法调整内容。这方面法律有：反不正当竞争法、反垄断法、消费者权益保护法、产品质量法、房地产法、金融法（包括商业银行法、保险法、证券法等）、会计法和审计法。需要指出的是以上法律具有综合性，并非全部内容都属于市场规制法，其中也有些属于宏观调控法的范畴。为此，本教材将金融法放到第四编讲授。

3. 宏观调控法

宏观调控法是指对国家在对国民经济全局进行宏观调控中所形成的经济关系进行调整的各类法律规范的总称。我国的社会主义市场经济不是自由放任的市场经济，而是实行宏观调控的现代市场经济。宏观调控的主要任务是保持经济总量基本平衡，促进经济结构优化，引导国民经济持续健康发展，推动社会全面进步。国家通过调控市场去引导企业，使企业的微观经济活动同宏观经济发展目标一致，以弥补市场调节的缺陷。宏观调控过程中发生的经济关系，简称为宏观经济调控关系，也属于经济法调整内容。因此，宏观调控法律体系首先应当有政府宏观调控行为法。此外，适应宏观调控的需要，有一系列法律，如国民经济与社会发展计划法、财政法、预算法、中央银行法、税法、产业政策法、价格法等等。

本章小结

经济法是产生于市场经济基础之上的，体现国家干预经济的新兴法律部门，是综合运用国家权力或宏观调控手段，不断解决个体营利性与社会公益性矛盾，兼顾效率与公平，促进经济稳定增长和社会良性发展的法律规范系统。经济法的产生有其经济、法律理论等根源，它调整市场规制关系和宏观调控关系，其调整对象的特殊性决定了经济法对上述经济关系的调整的方法和原则不同于民商法和行政法，其作用在于通过法律手段调整保证和促进国家调节机制和市场调节机制的有机结合，而实现这种结合的法律方式就是市场规制法和宏观调控法。

技能训练

一、单项选择题

1. 下列对经济法调整对象的范围观点正确的是 （　　）

A. 经济法的调整对象是综合的

B. 经济法的调整对象是各种经济关系

C. 经济法没有特定的调整对象,其调整对象随实践的发展而发展

D. 经济法的调整对象与其他法的部门的调整对象是有区别的

2. 下列哪项是经济法的本位思想? ( )

A. 国家本位　B. 社会本位　C. 个人本位　D. 效益本位

3. 经济法的体系是指 ( )

A. 经济法律关系

B. 经济法概论体系

C. 经济法律关系体系和经济法概论体系的综合

D. 由多层次的,门类齐全的经济法部门组成的有机联系的统一整体

4. 下列关于经济法的基本原则说法不正确的是哪一项? ( )

A. 经济法的基本原则是必须遵循的根本准则

B. 经济法的基本原则是在国家协调本国经济运行过程中必须遵循的根本准则

C. 经济法的基本原则是贯穿于各种经济法律规范之中的根本准则

D. 经济法的基本原则是道德原则、政治原则、法律原则的结合

5. 国家对经济运行就行调控的主要手段是 ( )

A. 宏观调节　B. 微观调节　C. 法律手段　D. 行政手段

二、多项选择题

1. 下列各项中,属于我国经济法渊源的是 ( )

A. 宪法　B. 法律　C. 地方性法规　D. 判例法

2. 中国经济法的产生和发展与西方资本主义国家的经济法相比,有以下哪些特点 ( )

A. 中国经济法产生的社会经济条件特殊

B. 中国经济法产生的动机和要求特殊

C. 政府在经济发展中的地位和作用特殊

D. 中国经济法产生的法律基础特殊

3. 经济法之所以是独立的法律部门,是因为 ( )

A. 经济法具有特定的调整对象　B. 经济法的主体具有特殊性

C. 经济法具有单一的调整对象　D. 经济法的调整方法具有特殊性

4. 甲企业生产销售伪劣商品,致使多个消费者伤亡,甲企业可能承担的法律责任包括 ( )

A. 民事责任　B. 行政责任　C. 刑事责任　D. 违约责任

5. 下列各项中,属于经济法调整的有 ( )

A. 甲企业为了吸引顾客,捏造事实对乙企业的商品声誉进行诽谤

B. 某企业联合会发文要求会员企业对某个产品统一涨价,否则予以处罚

C. 为了防止地沟油流入市场,国家有关部门进行市场大检查

D. 为了增加生猪的投放量,国家对生猪养殖大户给予补贴

三、简答题

1. 简述经济法的特征。

2. 简述经济法的调整对象的特征。

3. 简述经济法与民法的关系。

4. 简述维护社会公共利益原则在经济法中的体现。

四、材料分析题

随着社会经济的进步与发展，城市私人小汽车使用量迅速增长。人们在享受小汽车带来的舒适、便利的同时，小汽车迅速发展也带来了诸多负面影响，如交通拥堵加剧、行车难停车更难、环境进一步恶化，对社会经济和人们生活质量产生了重要的影响。据有关调查，小汽车所排放的一氧化碳、氮氧化合物会诱发呼吸和心血管方面的疾病，产生的二氧化碳容易造成大气温室效应，城市里80%的噪声是由交通产生。据此，不少人指出，应采用合理的金融法、税法以及产业政策法措施调控汽车消费市场，这些措施包括汽车信贷规模、利率调节，消费信用控制，使汽油税反映污染、噪音等外部成本等等。结合以上材料，谈谈你对经济法的理解与认识。

第二章 经济法律关系

知识目标

了解经济法律关系的概念、特征,经济法律关系的保护方式。掌握经济法律关系的构成要素,经济法律关系的产生、变更和消灭。

能力目标

要求学生运用经济法律关系基本原理来分析主体之间是否形成经济法律关系,其主体、客体和内容是什么以及该采用何种方式更好地保护经济法律关系。

案例导入:经济法律关系的确认

2008年5月底,某市地方税务局稽查分局接到举报,称某市某矿建公司工程处有偷税嫌疑。经调查取证,发现该工程处少缴税226 487元。税务部门依据《中华人民共和国税收征收管理办法》的有关规定,责令该工程处补缴所偷税款,并处以50 000元的罚款。结合本案分析:什么是经济法律关系?本案所涉及的经济法律关系的构成如何?

案例分析

(1) 经济法律关系,是指经济法主体在进行经济管理和经济活动过程中所形成的,由经济法加以确认的经济权利和经济义务的关系。本案涉及的是税收法律关系,这一法律关系为宏观调控关系,属经济法律关系范畴。

(2) 经济法律关系由主体、客体和内容三个要素构成。本案中经济法律关系的主体分别是某矿建公司工程处和某市地方税务局。某矿建公司工程处是经济活动主体,直接参加经济活动;税收机关是经济管理主体,依法行使税收征管职能。对于该公司工程处而言,因其负有无条件纳税义务而成为税收法律关系的义务主体,地税局则依法成为行使征税职能的权利主体。其客体包括税收机关的经济管理行为和某矿建公司工程处的给付行为,没有这两种行为,主体的经济权利和经济义务就无法实现。其内容是税务局向矿建公司工程处征税,矿建公司工程处向税务局纳税。

第一节 经济法律关系的概述

一、经济法律关系的概念

法律关系是由法律规范确认的有关当事人之间的权利和义务关系。由于各种法律规范所调整的社会关系不同，因而形成了性质和内容各不相同的法律关系。

经济法律关系，是指在国家宏观调控下，对社会主义市场经济活动过程中所形成的以物质利益为内容的经济权利和经济义务关系。在社会经济生活的各个环节中，随时产生种种的经济关系，这些经济关系受经济法调整之后，就具有经济法律关系的性质，并受国家的法律保护，以保证社会经济生活的正常与稳定。具体地说其含义包含三点：

1. 经济法律关系是一种经济职权和经济职责，以及经济权利和经济义务关系。

2. 经济法律关系是依经济法律规范在有关经济法主体之间形成的权利和义务关系。

3. 经济法律关系是国家依法干预社会经济活动过程中发生的权利义务关系。

经济法律关系的范围是相当广泛的，其内容直接涉及国民经济的各个部门。因此，它具备自己的特征。

二、经济法律关系的特征

（一）主体的特征

经济法律关系的主体特征，主要表现在两个方面：一是由于经济法律关系是在经济管理活动过程中所产生的，因此，凡是与此有关的国家机关、企业、事业单位等，都可以作为经济法律关系的主体，并且它们在国民经济中的地位和作用是相适应的。但是，经济法律关系主体的一方，在很多情况下是国家经济管理机关。二是社会经济组织的内部机构，如职能科室、生产单位等，也是经济法律关系的主体，这就与行政法律关系和民事法律关系的主体区别开来了。

（二）内容的特征

任何一种法律关系都是权利和义务的结合，特定的经济权利和经济义务构成了特定的经济法律关系。经济法律关系中的权利义务是以物质利益为核心的，是在生产、交换、分配、消费的经济各个环节中，和在国家的宏观调控下一定的市场经济活动中所形成的法律关系。

（三）客体的特征

经济法的调整对象决定了国家宏观调控时的经济管理关系的客体是一种具体的管理对象，这就决定了管理对象是经济法律关系的最重要和最普遍的客体。

（四）形式的特征

经济法律关系它是以法定书面的形式表示的法律关系。之所以用书面形式，是为了维护这种法律关系的严肃性。这就是说，要用书面形式将经济法律关系当事人之间的经济权利和经济义务明确而肯定地记载下来，并由单位或负责人签名盖章。除此以外，依法需经鉴证、主管部门批准，或者银行备案的，还需要履行上述手续。

【案例 2-1】 经济法律关系与民事或行政法律关系的区别

江西省某县某厂假冒广州本田汽车有限责任公司名义，高价出售伪冒的劣质汽车零配件被本田汽车有限公司发现，诉至有关政府部门。有关部门责令某厂登报道歉，赔偿经济损失，并处罚款。

试分析本案中发生的主要法律关系的性质及其法律调整。

【案例分析】

本案的主要法律关系发生在有关政府部门和江西省某县某厂之间。这是经济法律关系，而不是民事或行政法律关系。

(1) 本案中有关政府部门和江西省某县某厂并不是两个平等的民事主体。因此，这种法律关系不能归纳为民事法律关系，它们之间产生的关系不能由民法来调整。

(2) 江西省某县某厂假冒行为是经济违法行为，具体来说它是违反了《反不正当竞争法》及相关的经济法律、法规的规定，有关政府因此履行了执法职能。从其执法的内容和结果可以看出，这种执法职能明显带有经济执法的色彩，有别于一般的行政执法，因此，不宜将其归纳为行政法律关系。

(3) 本案中，有关政府部门和江西某县某厂之间的法律关系应该界定为经济法律关系。具体来说，应归属于其中的市场管理关系。

三、经济法律关系与经济关系

经济法律关系，应当与经济法所调整的经济关系有所区别。首先，经济法律关系是经济法调整特定的经济关系后所确认的权利义务关系，而经济关系是客观存在的物质利益关系。前者属于上层建筑范畴；后者属于经济基础的范畴。其次，经济法律关系要靠法律来保障，经济关系靠客观经济规律来支配。最后，经济法律关系的存在以经济法的存在为前提；经济关系的存在，不以法的存在为前提，它是客观存在的。

第二节 经济法律关系的构成要素

经济法律关系的构成要素有主体、内容和客体三个要素。经济法律关系三要素是构成经济法律关系最基本、最必需的要素，三者紧密相连，缺一不可。主体是经济法律关系形成的启动者，是权利义务的承受者，有些主体的特殊性还常常决定着经济法律关系的性质，主体是构成经济法律关系的第一要素。经济权利和义务是经济法律关系的实体内容，是确定主体之间关系的性质和量度既是联系主体之间以及主体与客体之间的纽带。经济法律关系客体是经济法主体通过经济法律关系所追求的经济目标和经济利益。经济权利和义务也只有通过客体才能得到落实和体现。

一、经济法律关系的主体

(一) 经济法律关系主体的概念

经济法律关系主体是构成经济法律关系基本要素之一。所谓经济法律关系主体，是指在国民经济管理和经济组织的内部经营管理中，依法独立享受经济法律权利、承担经济法律义务的当事人。经济法律关系主体是构成经济法律关系的先决条件，它们参加经济法律关系的资格是由法律具体加以规定的。凡是国家进行经济管理以及参与经济组织经营管理活动的当事人，都可以成为经济法律关系的主体，享有经济法规定的经济权利和依法履行经济义务。可见经济法律关系主体是经济法律关系中最活跃、最积极的因素。

(二) 经济法律关系主体的特征

1. 范围的广泛性。在市场经济社会中，经济法主体数量庞大，类型丰富，这是主体经济利益性的外在化要求：通过对每种经济利益都有数种具体经济法主体加以代表、维护和追求，实现各种经济利益的和谐发展，才能最终达致经济法所要维护的社会公共利益的实现。

2. 地位的层级性。这里的层级性和层次性并不是完全等同的概念，层级更强调纵向位阶与横向位阶的统一。理解经济法主体层级性的时候,要清醒地认识到经济法主体地位“不平等”并非行使国家权力的需要使然,而是源自根据主体各自应当承担社会责任的大小由法律合理分配的需要,借用经济法“责权利相统一原则”的话说,就是要“以责定权,以责定利”。如果只看到经济法主体之间存在着管理和被管理的关系,而忽视了不同经济法主体之间的协作和竞争关系,便会有本末倒置的危险,动摇经济法主体制度存在的基石。

3. 角色的变动性。就具体的某个经济法主体而言,由于其在不同经济关系中“角色”的不同,也令其主体外在类型和内涵发生着各种交错和转换,比如一个主体既可能是经营者(相对于生产者而言),或者销售者(相对于消费者而言),又可能是竞争者(相对于其他竞争者而言),或者被调控者、被规制者(相对于政府而言),甚至是经过授权的行业管理者(相对于本行业其他经营者),等等。这除了是由经济关系的流动性和复杂性所造成外,主体在不同经济关系中所肩负的社会责任不同才是主体具有角色变动性的根本原因。

相关链接:

经济法主体的实践价值

经济法主体理论是构建成熟、完备的经济法基础理论体系的核心环节,与经济法的调整对象(调整哪些社会关系)、本质属性(与其他部门法有何根本区别)和理论原则(如何指导经济法的制定和实施)存在着逻辑上的紧密联系。经济法主体又是衔接经济法理论与实践的环节性要素:就经济法的制定过程而言,经济法主体的层级理论是建立和完善科学的经济法律体系和区分具体经济法律部门层级的基础;就经济法的实施过程而言,经济法主体的动态角色研究,能够使经济法理念原则得以正确适用,并改善经济法在法律实践中功能受限等问题,以规范和引导市场经济的健康发展。

(三) 经济法律关系主体的范围

1. 国家机关。国家机关包括国家权力机关和国家行政机关,它们在经济法律关系中起着宏观调控的作用。在整个国民经济中,国家经济管理机关的法律地位极为重要。主要是指国务院设置的国家计划委员会、国家体制改革委员会以及执行经济管理职能的其他各部、委。地方各级设立的相应机构,也是经济管理机关。它们都是经济法律关系主体的重要组成部分,处于决策、组织、指挥、监督等异常重要的地位。

国家经济管理机关的特征表现在:

(1) 国家经济管理机关是代表国家管理经济活动,其职权的行使体现国家的意志。但在法律程序上讲,它们是以自己的名义,独立地参加经济法律关系。当权力行使不当,其责任也得由行使权力的经济管理机关来承担。

(2) 国家经济管理机关尽管也是法人,但是它们在经济管理法律关系中不是以法人的身份出现,而是以经济管理者的身份出现。因此,它与对方当事人之间的关系不是一种平权关系。它们的职权范围所作出的决定,对方必须执行。

2. 企业。企业是自主经营、独立核算、自负盈亏的商品经济组织。它不仅是独立的利益主体,而且也是一个独立的投资主体和责任主体。企业按所有制形式,可以划分为以下几类:

(1) 全民所有制企业:包括工业企业、商业企业、交通运输企业和国有农、林、牧场等。

(2) 集体所有制企业:包括农村和城市的集体所有制企业。

(3) 私营企业:指由个人投资、雇佣一定数量的职工,经过工商部门登记认可的企业。

(4) 外商投资企业:包括中外合资企业、中外合作经营企业和外资企业。

作为经济法律关系主体的企业应具备以下条件:①经过有关国家机关审查、批准,或者依法成立,并且有自己的名称、组织机构和场所。②在服从国家计划和管理的前提下,拥有开展经济活动的财产或者经费,对该项财产或经费享有所有权或经营管理权。③能以自己的名义从事经济活动,享有权利,承担义务。④能以自己的名义参加经济争议的仲裁或诉讼活动。

(5) 经济联合体:是指两个或两个以上的单一企业,不受所有制和行业、部门、地区的限制,在经济合理、平等互利和坚持自愿原则的基础上建立起来的实行部分或全面统一经营管理的经济组织。经济联合体也存在各种形式,是我国经济体制改革中出现的一种新的经济组织形式,它有利于打破条块分割,扬长避短,发挥优势,互惠互利,共同发展;有利于促进企业组织结构、产业结构和地区布局的合理化;有利于形成和发展商品市场、资金市场和技术市场。

3. 事业单位和社会团体:是指依靠国家预算拨款的学校、科研和工会等单位。农村承包户、城乡个体工商户和公民农村承包户是农村合作经济组织的一个经营层次,它是农业生产承包合同的一方主体,因而,是经济法律关系的主体。城乡个体工商户是指经过工商登记、取得营业执照的,在城市和农村从事小型手工业生产、小规模商业活动、小规模公共服务事业、小型文化商品交流活动的个体劳动者。这些个体劳动者在自己的生产经营活动中要接受国家的指导、监督和管理,因而,他们也是经济法律关系的主体。公民作为经济法律关系的主体,主要是参加税收法律关系和劳动法律关系。有的参与社会主义市场经纪人活动。

4. 经济组织内部机构。经济法的一个重要任务,是要调整企业内部的管理关系和协作关系,以增强企业活力,提高经济效益。这就决定了企业内的职能科室和生产经营单位也是经济法律关系的主体。

5. 个体户与承包户。城乡居民从事个体经营活动,一般要在经济法律规范允许的范围内进行,他们依法申请营业执照后,从事工商经营的为个体户;城乡居民与其他经济组织签订承包合同,进行承包经营的为承包户。

6. 自然人。自然人在特定情况和条件下,也可以成为经济法律关系的主体,如在税收法律关系中。

【案例 2-2】 主体资格必须符合法律的规定

某厂实行内部承包经营责任制,工程师王某中标承包了三车间,与厂方签订了承包合同。合同中规定了三车间全年应完成的各项指标,同时也规定了厂部必须保证按时、按质、按量供应三车间全年的计划内原材料。

请问上述行为是否形成经济法律关系?上述行为是否形成民事法律关系?为什么?

【案例分析】

我国民法是调整平等主体的公民之间、法人之间、公民和法人之间的财产关系和人身关系的法律规范的总称。内部组织可以成为经济法律关系的主体,能够成为经济法律关系主体的内部组织主要是指企业、公司和其他经济组织的内部相对独立的单位,主要是企业等经济组织在实行各种经济责任制如承包、租赁经营责任制过程中出现的那些具有相对独立的地位和经济利益的内部组织。在本案中,工程师王某所代表的三车间很显然是属于这类内部组织。其有资格成为经济法律关系主体,且合同内容清楚,即双方的权利义务明确、具体。

所以，厂方与工程师王某所代表的三车间订立的承包合同是有效经济合同。

(四) 经济法律关系主体资格取得的方式

各类经济法律关系主体由于性质、职能、作用及各自的法律地位的差别，在主体资格取得的方式上也是不同的，大体有以下几种方式：

1. 根据法律、法规的规定或者有关国家机关的决定、命令和特别授权而取得。这是经济管理者主体取得经济法律关系主体资格的基本方式，即它们的成立是以宪法、法律和行政法规、地方性法规为依据的，这是它们设立的基本前提。

2. 通过核准登记注册的方式而取得。任何经营者要取得经济法律关系主体资格，必须到相应的工商行政管理机关办理设立的登记注册事项，经审查合格并发给营业执照，才取得经济法律关系主体资格。

3. 个人经营者按照法定程序取得进行某种经营活动的资格。目前主要包括以下几种类型：从事工商经营的为个体户；城乡居民与其他经济组织签订承包合同，进行承包经营的承包户以及个人合伙，在某些特殊经营活动领域，公民个人也可以成为经济法律关系的主体，如个人所得税法律关系中作为纳税主体的个人。

4. 因经营设立主机构，其内部组织或者分支机构派生取得。如前所述，企业经营者的内部组织或者分支机构也是经济法律关系的一种主体，但是其主体资格的取得，不同于上述三种情况。它们主体资格的取得方式是由于它们所依附的企业已取得了法律关系主体资格地位，它们是相应的企业经营者的所属机构，因主机构的设立而派生出自己的主体地位。

二、经济法律关系的内容

(一) 经济法律关系内容的概念

经济法律关系的内容，是指经济法主体享有的经济权利和承担的经济义务。经济法律关系内容反映着经济法律关系主体的具体要求，决定着经济法律关系的实质，因而，它是经济法律关系的基本要素。经济权利和经济义务是一致的，世界上没有无权利之义务，也没有无义务之权利。经济权利和经济义务共同处于经济法律关系的统一体中。随着经济体制的改革和国民经济的发展，越来越多的经济关系需要用经济法律的形式加以固定。因此，我国经济法主体享受着广泛的经济权利和承担着广泛的经济义务。

(二) 经济法律关系的具体内容

1. 经济管理权

经济管理权是一种综合性的经济权利，也是经济法律关系主体所享有的主要权利。经济管理权是管理者从事经济管理活动的依据。它实质上是我国法律赋予经济领导机关的经济职权。

(1) 决策权。这是指国家机构对未来经济的发展所作的选择和决定权。我国国家机构的决策权是由宪法和其他法律规定的。国务院是最高行政机关，它负责国民经济的管理工作。国务院有权编制和执行国民经济和社会发展计划和国家预算；县级以上各级人民政府有权依照法律规定的权限管理本行政区的经济工作，发布决定和命令。政府机构所作的决策，对未来的经济活动有直接的指导作用。但是，国民经济发展的最高决策机关是全国人民代表大会。因此，凡国民经济发展的大政方针、战略决策、长远规划、重大经济法律以及国民经济年度计划等，都须经全国人民代表大会审查批准。

(2) 命令权。这是指国家机关要求执行某一或某些事项的权力。命令权按其法律特征来说，是国家机关单方面的行为，相应的单位和人就负有遵守的义务，不执行命令，就要受到一定的制裁或强制执行。如命令清理在建基本建设项目，命令拆迁被征用土地上的建筑物等。

(3) 禁止权。这是指国家机关依法不允许相对人为某种行为的权力。凡是禁止的行为，经济法主体不能做，否则要追究有关人员的法律责任。如禁止乱涨价、乱摊派，禁止乱捕滥猎珍贵稀有野生动物等。

(4) 许可权。这是指国家机关依法对特定的人解除禁止的权力。如允许进口和出口某种商品，允许农民进行长途贩运，允许企业自销产品等。

(5) 批准权。这是指国家机关依法同意特定人取得某种法律资格或实施某种行为的权力。批准是一种具有补充性质的权力，即当事人的行为得不到国家机关的认可，则不能为该种行为。如批准企业成立、批准森林采伐限额等。

(6) 撤销权。这是指国家机关依法对某种法律资格予以取缔或消灭的权力。撤销是对特定人既得权利的取消，如吊销营业执照、取缔违法经营等。

(7) 免除权。这是指国家机关依法解除特定人的某种作为义务的权力。即按照法律规定，特定人本应承担某种义务，但由于出现了一定情况，而解除其该项义务。如税收的减免等。

(8) 审核权。这是指上级国家机关对所属单位的经济行为的合法性和真实性进行检查和认可的权力。如上级统计机关对下级统计机关的统计数字的真实性和合法性所进行的审查。

(9) 确认权。这是指国家机关依法宣告特定的法律事实或法律关系是否存在和有效的权力。确认权利的标的通常是指已经发生的事实或者关系。如工商行政管理部门和人民法院对经济合同有效、无效以及违约金和赔偿金额数的确认等。

(10) 协调权。这是指国家机关在促进横向经济联合中，协调地区、部门、企业之间的经济关系的权力。

(11) 检查权。这是指国家经济管理机关在其职权范围内，对经济法主体所进行特定经济活动的一种考察权。在国民经济活动中，运用这种权力也是国家对社会经济活动实现宏观调控的一种主要手段，如通过对财政税收的检查、对市场物价的检查、对海关进出口货物的检查以及对食品卫生的种种检查。来确保我国经济法规能切实地得到贯彻和执行。

(12) 监督权。这是指国家机关依法对再生产各个环节进行监察和督导的权力。监督可以涉及经济活动的各个方面，使被监督的单位有义务执行和改正。如财政监督、银行监督以及审计监督等。

2. 财产权

财产权是具有一定物质内容的，直接体现为经济利益的权利。所以财产权是具有直接的经济内容，并为经济利益所决定的权益。财产权在现实经济生活中主要包括所有权、经营权、承包权、债权等。所有权和经营权。所有权是指所有人依法对自己的财产享有占有、使用、收益和处分，并排除他人侵犯干涉的一种权利。它是财产所有关系的法律表现，即谁在法律上拥有财产的所有权，谁就是该项财产的主人。经营权是指财产经营人对生产资料在法律上的支配和使用，即经营管理的一种权利。所有权和经营权是两种重要的经济权。生产资料的所有者与经营者之间，是一种与所有权密切相连的责权利的关系。根据马克思主义的原理，所有权与经营权可以分离。国家不可能直接经营企业，而只能赋予每个全民企业以相对独立的法律地位，使社会对生产资料的所有关系通过每个企业对生产资料的实际经营来实现。没有对生产资料的直接经营，企业就不能发挥其活力，实现全社会和本企业的最大利益。这就决定了所有权与经营权是可以而且必须相分离的。两权分离的实质是"国家所有，企业经营"。我国两权分离的形式主要有以下四种：(1) 承包制——即承包经营责任制。它是在坚持企业的社会主义全民所有制的基础上，按照所有权与经营权分离的原则，以承包经营合同形式，确定国家与企业的责权利关系，使企业做到自主经营、自负盈亏的经营管理制度。承包经营责任制，实质上是国有资产关系，由行政化转向债权化的一种特殊形式。国有资产的债权化，是解决资产国有与企业经营之间矛盾的一条途径。国家所有权权能的转移，可以以债权作媒介，使所有权的各项权能得到落实。这样作为发包人的国家，仍然拥有企业的所有权，并凭借这种所有权，取得企业上缴的利润。承包制的适用范围，主要是大中型企业。(2) 租赁制——租赁制是企业主管机关代表国家将某一个企业出租给另一个企业或者集体和个人进行经营的制度。根据这个制度，所有者凭借所有权收取租金，承租者凭借租赁权取得一定的收益。租赁制的范围，主要是小型企业。(3) 股份制是指由国家、集体或者个人出资建立股份企业的制度。与承包制和租赁制相比，它是一种更能体现所有权和经营权相对分离的经营方式。所有者并不直接经营企业，但其凭借手中的股权，就能够取得相应的经济利益。作为直接经营者的股份企业，则可以独立自主地充分行使经营权。(4) 资产经营责任制是以资产评估、利益分享和经营责任为核心内容的、所有权和经营权相分离的一种责任制形式。资产评估后，在经营任期内，企业享有充分的经营自主权。这近似租赁制，但是由于企业投资所形成的新增资产金额计入企业中的固有资金，就使得它的经营权受到所有权的制约要比租赁制度更多些。资产经营责任任期满后，每一次新的资产评估都是所有权与经营权的结合，也是所有权对经营权的一种限制。

3. 请求权

请求权是指经济法律关系主体为实现经济利益而请求他方为一定行为或不为一定行为的权利。

经济法上的请求权是与经济管理关系有密切联系的一种权利。这种权利虽然不具有等价有偿的性质，但是，它与经济法主体的经济利益直接相关，因而，是我国经济法赋予经济法主体的一项重要权利。例如，在土地征用法律关系中，当事人对国家所造成的经济损失，有权请求补偿；在税收法律关系中，如果发生了不可抗力等原因，当事人有权要求国家减免税收。除此之外，单位和个人对国家经济管理机关的不当经济罚款，有权请求复议，以及人民群众有权依照规定向国家获得消费补贴等。

4. 经济义务

经济义务是经济法主体依法具有自己为一定行为和不为一定行为的责任。它的具体涵义是：(1) 义务主体要依据法律作出或不作出一定的行为，以保证国家利益和权利主体的权利的实现；(2) 义务主体只限制在经济法规定的范围内履行义务，对超出规定的要求有权拒绝履行；(3) 义务主体应自觉履行自己的经济义务，不履行或者不当履行，要承受法律的制裁，根据法律规定，经济法主体的经济义务主要包括：认真贯彻国家的方针政策，遵守国家的法律和法规，履行经济管理的职责，完成国家指令性计划，履行依法订立的经济协议和经济合同，依法缴纳税金，等等。

三、经济法律关系的客体

（一）经济法律关系客体的概念

经济法律关系的客体是指经济法律关系主体享有的经济权利和经济义务所共同指向的对象。客体是经济法律关系的构成要素之一，也是经济法律关系运行的最初目标和最终结果。没有客体的存在，经济权利和经济义务就会落空。所以经济法律关系客体始终是经济权利和经济义务的共同载体，它又能以质和量把具体的经济权利和经济义务反映出来。经济法律关系的客体涉及面广，种类也是多元化的。它既有各类具体的管理对象，又有物，也有精神财富。多元化的客体构成一个统一体，彼此既有机联系，又各自独立，都存在于社会商品经济关系之中。当然，并非一切的对象、中介抑或标的都可以作为经济法律关系客体。任何事物要成为经济法律关系客体，必须满足"最低限度的"特征或者说是标准：第一，有用性。任何客体最终都可以抽象为"利益"或者"利益载体"，而"利益"或"利益载体"正是社会主体所需要的。法律关系建立的目的，总是为了保护某种利益、获取某种利益或者分配转移某种利益。所以，只有对主体具有价值性的事物，主体才会围绕它发生冲突与纷争，这时才需要法律对其进行调整并对其明确权利归属。第二，可控性。亦即作为客体之对象事物必须能够为人类所控制、支配或部分控制、支配。如若不能为人类所控制，则不能为人类调控社会关系之工具的法律加以规制。第三，独立性。如果一事物不具有独立性而依附与他物而存在，意味着它在有用性上不能得到充分的展现，只能借助于依附之物才能得以全面的体现。如此，我们只需规制其依附之物就可以达到目的，而无需费尽心思对其进行调控。第四，社会性。社会是不断发展的，人类的认识也会随之发展，从而决定了作为法律关系客体的事物范围也不是固定不变的。其范围、种类、性质等方面在不同历史时期，在不同地域的认识是具有差异的。但其归根结底，是由社会生产力和社会发展水平所决定的。第五，法律性。即使具有上述特征，倘若未为法律所规制与调控，也是不能成为法律关系客体范畴的。法律性则是构成经济法律关系客体的特殊条件。

（二）经济法律关系客体的种类

经济法律关系客体的种类包括：

1. 物，指可以为人们控制和支配，具有一定经济价值并以物质形态表现出来的物体。一般物的分类为：流通物和限制流通物、特定物和种类物、主物和从物、原物和孳息（分为自然孳息、法定孳息）等。

2. 经济行为，经济行为是进行经济活动，能发生一定经济后果的行为。作为经济法律关系客体的经济行为，是引起经济权利、义务的发生、变更和终止的经济活动。作为经济法律关系客体的经济行为，是经济权利（权力）和经济义务所共同指向的作为或不作为。相互对应的经济权利（权力）和义务，通过这种行为的实施而同时得以实现。

由于国家经济职能的变化和民事关系的异化，社会化大生产条件下的经济活动，形成了民事关系以外的新型的经济法律关系客体—经济行为，它既包括经济组织等主体的经济行为，也包括国家和国家机关的经济行为。

（1）国家和政府的经济行为。政府机关是国家经济行为的具体承担者。政府的经济行为，是指政府这一国家权力执行机构所具有的经济职能性经济活动。政府作为经济行为的重要主体，一方面承担着对国民经济运行进行协调的经济职能，同时也充当一般的经济组织，直接参与经济活动。

第一，政府协调经济的行为。政府对社会经济的协调，主要有以下方面：经济组织行为，是政府机构充当对市场进行培育、对市场要素进行组织和对市场主体进行管理的组织者而实施的经济行为。经济调控行为，是政府运用各种经济杠杆，引导经济运行达到某一种预期状态而实施的经济行为。经济监督规制行为，是政府通过一定的经济监督部门和行政执法机关，对经济运行进行监督和检查，保护合法经营，打击非法交易，维护市场公平竞争秩序，市场秩序的健康有序。经济仲裁行为，是在经济活动中，商品生产者或经营者之间发生利益冲突或产生经济纠纷时，政府机构作为第三方居中裁判，协调当事人之间的经济利益关系，使市场交易关系和谐有序。政府指导和信息服务行为，是指政府通过信息的公开、发布、反馈等对经济运行进行非强制性的指导和影响。

第二，政府经营性经济行为。政府作为生产资料所有者在行使其财产所有权过程中的具体运作，主要有：国有资产经营行为。国有资产是指国家所有的，由经济组织使用的，并能给经济组织带来经济收益的一切资源。国有资产的形成，表明国家对经济的直接管理和不同程度的经营介入。国家对国有资产进行经营，是由社会主义基本经济制度决定的。政府机构的国有资产经营行为主要有资产投资行为和资产监管行为。国有资产投资行为主要是通过国有资产管理部门授权国有投资公司、国有银行和国有企业进行，投资的方向主要是关系国计民生的重要部门、私人资本无力投资或不愿投资的部门，以及其他在国民经济结构中占有重要地位的部门。政府采购行为。政府机构作为经济主体，其交易和消费行为主要包括：政府是用财政性资金采购货物、工程和服务，政府机构购买为执行其职能所必需的物质设备而进行的采购行为，政府部门为实现对经济结构的调整或引导而进行的采购行为。

(2) 市场主体的经济行为。市场主体的经济行为，就是直接从事市场经济活动的经济实体的具体生产经营行为。市场主体的经济行为可以分为一般性经济行为和组织性经济行为。一般性的经济行为，是指所有市场主体都进行的生产、销售等行为，包括市场主体进行的社会生产、分配、交换、消费等经济行为，这是经济主体最基本和最主要的经济活动。组织性经济行为，是专指具体经济组织的设立、变更、终止等涉及自身组织机构的活动。经济组织的设立、变更、终止、解散等行为，必须严格按照国家设置的强制性规范进行，这也是国家对经济组织管理和监督的基本环节。

3. 智力成果，是指人们创造的能够带来经济价值的脑力劳动成果。经济权利亦可能成为经济法律关系的客体，当某种经济权利成为另一经济权利的对象时，该经济权利就成为客体的组成部分。对于经济法律关系客体也可以按照其形式分为有形客体和无形客体，物属于有形的客体，而行为和智力成果并称为无形客体。根据我国经济法律法规的有关规定，经济法律关系的客体包括物、经济行为和非物质财富以及一些新时期出现的新的客体。

【案例 2-3】 经济法律关系的主体、客体、内容的确定

江苏金藤影视艺术有限公司与宁波浙汇文化传播中心在南京签订了一份《合同书》，约定宁波浙汇中心将电视剧《热血情恋》在北京、天津、重庆、山东等 7 大省市的电视播映权独家转让给江苏金藤公司，而由江苏金藤公司支付相应款项。试分析该经济法律的构成，分别写出主体、客体、内容。

【案例分析】

由案例来看，是属于转让电视播映权的合同，构成了买卖合同(《合同法》第 174、175 条)，所以合同双方是买卖合同法律关系。

该法律关系的主体是江苏金藤影视艺术有限公司、宁波浙汇文化传播中心；客体是电视播映权;内容是宁波浙汇文化传播中心将电视剧《热血情恋》在北京、天津、重庆、山东等7大省市的电视播映权独家转让给江苏金藤影视艺术有限公司,而江苏金藤影视艺术有限公司支付相应款项。

第三节 经济法律关系的运行

一、经济法律关系的产生、变更和消灭

经济法律关系的产生是指经济法主体之间形成一定的经济权利和经济义务关系。经济法律关系的产生,是由于一定的法律事实出现,受国家法律规范的确认,在经济法主体之间确立一定的经济权利和经济义务。

经济法律关系的变更是指经济法律关系的主体、内容和客体的变化。就主体而言,可以是主体享有的权利、义务的转移,也可以是主体数量的增减;就客体而言,可以是数量、质量及范围大小的变更;内容的变更是指经济法主体权利、义务的变更。

经济法关系的消灭是指经济法主体之间的经济权利和经济义务关系的消灭,有的是因为主体实现了权利,履行了义务而消灭,有的是经协商并履行法定的手续而消灭,还有的是因为经济法律关系中主体的消灭等原因而消灭。

经济法律关系的产生、变更和消灭包括三个条件:经济法律、法规,即经济法律关系产生、变更和终止的法律依据;经济法律关系主体,即经济权利和经济义务的承担者;经济,即法律、法规所规定的具体行为或事件。经济法律关系的产生、变更和消灭必须是以法律规定或客观存在的事实为依据,凡是经济法律规范确认并能够引起经济法律关系产生、变更和消灭的客观现象均是经济法律事实。并非一切客观事实都能够引起经济法律关系产生、变更和消灭,只有国家法律规范所确定的,能够引起经济法律关系产生、变更和消灭的客观事实才是经济法律事实。

二、经济法律事实的概念

经济法律关系的发生、变更和终止是由经济法律事实所引起的。所谓经济法律事实,是指能够引起经济法律关系发生、变更和终止的客观情况。经济法律关系则是经济法律事实的结果。根据经济法律事实对经济法主体的意志是否有关,可以将其分为行为和事件两类。

三、经济法律事实的分类

(一) 行为

行为是指以当事人的意志为转移的法律事实,它能引起经济法律关系的发生变更与终止。按其性质可以分为合法行为和违法行为。

1. 经济合法行为

(1) 经济管理行为。是指国家经济管理机关为了建立、变更、终止特定的经济管理法律关系所实施的职权行为。经济管理行为包括:下达计划的行为,征税的行为,登记各类经济事务的行为,对经济合同进行鉴证、审批、仲裁的行为等。可见经济管理行为是国家经济管理机关的职权行为,旨在建立、变更或终止特定的经济管理法律关系,同时经济管理行为必须符合国家的经济管理法律规范,否则行为就是无效的。

(2) 经营法律行为。是指经济组织为了建立、变更或终止特定的经营过程中的法律关系而实施的业务行为。它产生于对外经营和对内经营过程中。如签订以计划为前提的经济合同,企业承包和租赁合同,以及企业内部的承包合同的行为。可见经营法律行为是经济组织的业务行为,必须在核准的经营范围内按照所核准的经营方式实施;这种行为直接以盈利为目的,但要使这种商品经济的运行与宏观经济管理协调起来;这种行为不但要符合国家的有关经营法规,而且还得符合有关的政府指令。

(3) 经济仲裁、司法行为。经济仲裁、司法行为是指仲裁机关和审判机关按法定程序对当事人之间的经济纠纷进行调处的行为。经过调处能引起已有经济法律关系的变更和终止,也能引起未有经济法律关系的产生。

2. 经济合法行为的要件

(1) 内容必须合法是指行为要符合经济法律规范和党的方针政策的要求。只有这种行为才能出现主体希望实现的受法律保护的法律后果。

(2) 主体要有行为能力和权利能力。这是指行为人合格的问题,要求行为人具备一定的资格。国家经济管理机关的行为能力,只能由这个机关或者机关行政领导人才能行使。其权利能力,只限于国家赋予它的管理经济的权限。超出这种权限所为的行为,不能成为合法的经济行为。

(3) 体现民主集中和协调一致原则。在经济管理法律关系中,虽然是隶属性质,但仍然需要发扬经济民主,充分调动下属单位的积极性和主动性。因此协调一致是至关重要的。如果产生矛盾,应当服从全局,相互协调,妥善处理。在企业内部发生的经济法律关系中,也同样要体现上述原则。

(4) 必须具备法定形式。法律规定需要采用书面形式或者需要批准、鉴证、登记的,必须履行上述手续,才算合法行为。

3. 经济违法行为的种类

经济违法行为是指违反经济法规侵犯其他主体经济权利义务的行为。如污染环境、偷税漏税抗税、破坏自然资源哄抬物价、利用经济合同进行违法活动等行为。作为一种法律事实,能引起经济法律关系的发生、变更和终止,当事人应对自己的行为承担相应的法律后果。经济违法行为,就其社会危害程度,可分为触犯刑律的经济违法行为和一般经济违法行为。

(1) 触犯刑律的经济违法行为。这种行为直接破坏了社会主义经济秩序,对巩固社会主义经济制度,发展国民经济,改善人民的物质文化生活带来了极大的危害,所以应该受到刑事制裁。

(2) 一般经济违法行为。一般经济违法行为,可分为两种情况:第一、需要追究经济责任的违法行为。这种违法行为如一般偷税漏税、侵犯工业产权等行为;违反经济合同行为;一般的不正当竞争的行为。第二、需要追究行政责任的违法行为。这种违法行为通常发生在经济管理活动中。如一般渎职行为。

(二) 事件

事件是不以当事人意志为转移的客观事实,包括社会现象和自然现象。前者如军事行动;后者如自然灾害。在社会经济生活中,行为和事件这两类不同的经济法律事实,由于出现的原因不同,其社会效果和作用也有显著的差别。行为是以对社会产生积极的效果为主的,因此是处于主导和主动地位的经济法律事实;事件是以对社会产生消极作用为主的,因而是一种处在次要和被动地位的经济法律事实。

四、经济法律事实的后果

经济法律事实一经出现，即产生下列法律后果：

（一）发生经济法律关系

发生经济法律关系，即在主体间形成一定的权利义务关系。如签订经济合同的行为，就可以在经济关系主体之间形成监督和执行合同制式的权利和义务关系。

（二）变更经济法律关系

变更经济法律关系，即发生经济法律关系主体、客体与内容的变更。主体的变更可以是主体数目的增多或减少，也可能是主体的改变。客体的变更可以是范围的变更，也可以是性质的变更。经济法律关系的变更是受严格限制的，除国家计划改变或不可抗拒的原因外，一般不得改变，否则，要承担一定的法律责任。

（三）终止经济法律关系

终止经济法律关系，即主体间权利与义务的消失。如计划年度的终了和经济合同的履行等。

【案例 2-4】 法律事实可引起经济法律关系的产生、变更和解除

年初某农场与粮食收购部门订立购销合同一份。夏季来临，正值粮食收获季节。该农场所在地连日暴雨，大大影响了粮食的收割进度，并导致粮食减产。为此，该农场向粮食收购部门说明情况，并请求延期交货和减少供货数量。问：该农场未能如期按量交付粮食是否要承担不完全履行合同的法律责任？

【案例分析】

该购销合同的主体符合资格，内容合法，为合法有效的购销合同，受法律保护。本案中暴雨成灾是不可抗力，是引起法律关系变更的法律事实。因此，由于不可抗力导致粮食减产并影响收割进度，农场提出延期交货并减少供货数量符合法律规定，该购销合同应依法予以变更，同时，农场不承担未能如期按量交付粮食的违约责任。

五、经济法律关系的保护

经济法律关系的保护，就是严格监督经济法律关系主体正确地行使经济权利和切实履行经济义务。一方面，法律对主体合法的权益予以确认，如有侵权行为，法律要予以禁止并加以制裁；另一方面，法律严格监督主体切实履行义务，对不履行义务者实施各种强制措施。

（一）经济法律关系的保护机构

1. 审计机构

我国法律规定国家建立审计机构，这是加强财政经济管理的一项重要措施，是社会主义法制逐步健全的一个重要标志。对下列单位的财政、财务收支进行审计监督，发挥审计在宏观控制和管理中的监督作用，也是审计工作的中心任务。这些单位有：本级人民政府各部门和下级人民政府；国家金融机构；全民所有制企业事业单位和基本建设单位；国家给予财政拨款或者补贴的其他单位；有国家资产的中外合资经营企业、中外合作经营企业、国内联营企业和其他企业等。审计机构代表国家行使审计监督权，审计机构有权向被审计部门、单位，索取、调阅各种专题报告、账册、凭证、报表、预决算文本、经济合同等资料；有权指派由审计员和其他人员组成的检查组，到被审计部门、单位进行必要的财务检查和经济效益的检查；对阻挠、破坏审计工作的被审计单位，可以采取封存有关账册、资产等临时措施。国家保证审计活动的独立性，不受其他行政机关、社会团体和个人的干涉。审计裁决是审计检查的最终结论，审计裁决具有法律效力，当事人应认真执行。在审计过程中如发现需要追究刑事责任的，可移交司法部门进行审理。

2. 国家经济领导机关及其他职能部门

国家经济领导机关，如国家计划委员会以及国务院主管经济工作的其他部委，均有权对全国的或者所属的经济部门和经济组织进行经济监督，对违背国家计划和对经济建设造成损害的单位，有权依法进行处理，有权责令整顿或关、停、并、转以及给予必要的行政制裁。其他职能部门的经济监督，主要指统计、会计、财税、银行、物价等部门对国民经济管理或社会经济活动所进行的监督。这种经济监督具有法律的强制性，它对保证经济法的实施有重要的意义。

3. 仲裁机构

双方当事人发生争议时，首先应协商解决，协商不成时，可由有关仲裁机构进行仲裁。

4. 经济审判机构

即人民法院的民事审判庭和森林法院、海事法院等专门法院。人民法院通过行使经济审判权，保护经济法主体的合法权益。

（二）经济法律关系的保护模式

对经济法律关系的保护应采取奖励与惩罚并举的双轨制保护模式。惩罚与奖励并举是“惩恶扬善”法治模式的当然要求，具体到经济法律保障制度中，就是“经济法律责任制度”（主要目的在于惩恶）与“经济法律奖励制度”（主要目的在于扬善）的结合。惩罚与奖励并举是“标本兼治”法治原则的当然要求扬汤止沸，勿如釜底抽薪，治标不如治本，这个道理人人都懂，但“标本兼治”才是法律精神和法律原则的实质所在，才是经济基础对法律的实质要求。所以作为法律作用于经济基础重要手段的法律保障，在构建时，一定要贯彻“标本兼治”的原则，坚持“惩罚”与“奖励”并举，用两条腿走路的方法来保护法律关系的健康发展。保护经济法律关系的方法按照我国经济法的规定采取“经济法律责任制度”与“经济法律奖励制度”相结合的模式。

1. 经济法律责任制度。经济法律责任，亦即违反经济法的责任，是指由经济法规定，在经济法主体违反法定经济义务时必须承担的法律后果。包括经济责任、行政责任和刑事责任。

（1）追究经济责任。所谓经济责任，就是经济法律关系主体不正确行使权利或违反义务时，依法应承担的法律后果。因此，经济责任的承担者是违反经济法律规范的经济法主体。既可能是不正确行使权利的权利主体，也可能是违反义务的义务主体。在经济管理法律关系中，与其他部门法律责任，尤其是与民事法律责任和行政法律责任相比，经济责任具有以下几个明显特征：第一从责任目的上来看，经济责任侧重于保护社会公共利益的不受侵犯，或者说保护社会公共利益的不受侵犯是经济法律责任的第一目的，这便使它与民事法律责任和行政法律责任有了实质上的区别。第二从归责原则上来看，经济责任侧重于公平归责，而民法律责任和行政法律责任则侧重于过错归责和无过错归责。第三从责任形式来看，限制或剥夺经营性资格和经济补偿是经济责任的主要形式。追究违法当事人的经济责任，主要不是为了补偿损失，而是为了对违法当事人实施某种经济惩罚，促使其行为合理化、合法化，恢复和维持正常的社会经济秩序。在经营法律关系中包括指令协作法律关系和内部经营法律关系，追究违约当事人的经济责任，既是为了弥补受害一方的经济损失，又是为了给当事人一定的经济惩罚，使其更好地完成政府指令和合同任务。制裁的主要形式有赔偿经济损失以及支付违约金、滞纳金、罚款、罚息、缴纳排污费等。

(2) 追究行政责任。这是指对一般违反经济法的单位和个人所进行的处分。处分的形式，对单位有警告、停业整顿、吊销营业执照等；对有关责任人员有警告、记过、记大过、降职、降级、撤职、留用察看、开除公职等。

(3) 追究刑事责任。这是指人民法院对情节严重的违反经济法的单位或者直接责任人员所给予的刑事制裁。根据我国现行法律的规定，凡是法人犯罪的，只对法人处以罚金，对责任人员则根据犯罪的性质，处以相应的刑罚。

2. 经济法律奖励制度

奖励是指国家行政机关或国家授权的有关单位对遵守法律成绩显著或为非法定义务的单位或个人所进行的鼓励。奖励可分为物质奖和荣誉奖两类。物质奖，是指国家行政机关或国家授权的有关单位对贯彻执行经济法作出显著成绩的单位或个人依法给予的经济鼓励措施。荣誉奖，是指国家行政机关或国家授权的有关单位对贯彻执行经济法作出显著成绩的单位或个人依法给予的精神鼓励措施。在我国，物质奖和荣誉奖可以单独适用，也可以同时适用。

【案例 2-5】　经济法律责任的承担

北京首放投资顾问有限公司(以下简称“北京首放”)的法定代表人、执行董事、经理汪某利用北京首放及其个人在证券投资咨询业的影响，借向社会公众推荐股票之机，通过“先行买入证券、后向公众推荐、再卖出证券”的手法操纵市场，并非法获利。据调查，汪某在2007年1月至2008年5月期间，通过上述手法交易操作了55次，买卖了38只股票或权证，累计获利超过1.25亿元。经过调查和审理，中国证监会认定汪某、北京首放的上述交易操作行为，违反了证券法关于禁止操纵证券市场的规定。证监会依法作出行政处罚决定，没收汪某违法所得逾1.25亿元，并处以等额罚款。同时，中国证监会决定撤销北京首放的证券投资咨询业务资格，对汪某采取终身证券市场禁入措施。另外，由于汪某的上述行为情节严重，已涉嫌触犯刑法，构成犯罪，中国证监会已将此案移送公安机关，依法追究刑事责任。请问：什么叫经济法律责任？本案所涉及的责任主体及其责任种类有哪些？

【案例分析】

(1) 经济法律责任，亦即违反经济法的责任，是指由经济法规定，在经济法主体违反法定经济义务时必须承担的法律后果。包括经济责任、行政责任和刑事责任。

(2) 本案所涉及的责任主体有两个：北京首放投资顾问有限公司、汪某。北京首放投资顾问有限公司的责任为行政责任，即其证券投资业务资格被撤销。汪某的责任为经济责任和行政责任，即被没收违法所得、罚款、终身证券市场禁入。另外，汪某还可能被追究刑事责任。

本章小结

经济法律关系，是指经济法主体在进行经济管理和经济活动过程中所形成的，由经济法加以确认的经济权利和经济义务的关系。经济法律关系与民事法律关系和行政法律关系有明显的区别。经济法律关系的构成要素有主体、内容和客体三个要素。经济法律关系三要素是构成经济法律关系最基本、最必需的要素，三者紧密相连，缺一不可。经济法律关系的产生、变更和消灭包括三个条件：经济法律、法规，即经济法律关系产生、变更和终止的法律依据；经济法律关系主体，即经济权利和经济义务的承担者；经济法律事实，即法律、法规所规定的具体行为或事件。经济法律关系的保护，就是严格监督经济法律关系主体正确地行使经济权利和切实履行经济义务。一方面，法律对主体合法的权益予以确认，如有侵权行为，法律要予以禁止并加以制裁；另一方面，法律严格监督主体切实履行义务，对不履行义务者实施各种强制措施。

技能训练

一、单项选择题

1. 自然灾害属于________时，是法律事实的一种。（　　）

A. 事件　B. 行为　C. 不可抗力　D. 非故意行为

2. 经济法律关系是________对特定经济关系调整的结果。（　　）

A. 道德伦理　B. 风俗习惯　C. 经济法　D. 党的纪律

3. 经济法律关系的内容是（　　）

A. 物　B. 行为

C. 智力成果　D. 经济权利和经济义务

4. 纳税人和税务机关属于税收法律关系的（　　）

A. 主体　B. 客体　C. 内容　D. 法律事实

5. 下列各项中属于法律事实中事件范围的是（　　）

A. 经济管理行为　B. 订立合同　C. 战争　D. 发行股票

二、多项选择题

1. 由经济法所调整的经济关系包括（　　）

A. 国家对市场领域内的微观单位进行组织管理过程中所发生的经济关系

B. 国家对市场领域内的微观单位进行监督过程中所发生的经济关系

C. 国家对市场领域内的微观单位的活动进行组织管理过程中所发生的经济关系

D. 国家对市场进行宏观调控过程中所发生的经济关系

2. 下列________可以成为中国经济法律关系的主体。（　　）

A. 国家经济管理机关　B. 个体工商户

C. 企业法人　D. 公民

3. 经济法律关系的构成要素是（　　）

A. 主体　B. 主观方面　C. 客体　D. 内容

4. 经济法律关系的客体，是指经济法律关系的主体享有的经济权利和承担的经济义务所共同指向的事物，包括（　　）

A. 经济行为　B. 合法行为和违法行为

C. 有形财物　D. 无形财富

5. 经济法律关系客体的无形财富包括（　　）

A. 专利　B. 生产经营指标

C. 商标　D. 专有技术

三、简答题

1. 何谓经济法律关系及其法律特征。
2. 简述经济法律关系三要素。
3. 简述经济法律事实的概念及分类。
4. 经济法律责任及其具体的内容。

四、案例讨论

本案原告是长篇小说《国画》作者、家住湖南省长沙市的作家王跃文。被告叶国军,住湖南省长沙市,叶洋书舍业主。被告王跃文(原名王立山),河北省遵化市农民。被告北京中元瑞太国际文化传播有限公司,住所地北京市朝阳区十里堡,法定代表人杨荣德。被告华龄出版社,住所地北京市西城区,法定代表人常振国。原告以四被告侵犯其著作权并与其不正当竞争,向湖南省长沙市中级人民法院提起诉讼。

法院查明:原告湖南王跃文是国家一级作家,擅长写官场小说,其1999年创作的小说《国画》被"中华读书网"称为十大经典反腐小说的代表作。2004年6月,原告在被告叶国军经营的叶洋书舍购买了长篇小说《国风》。该书由被告华龄出版社出版,被告中元公司负责发行。该书封面标注作者为"王跃文",封三下方以小号字刊登作者简介为:王跃文,男,38岁,河北遵化人氏,职业作家,发表作品近百万字,小说因触及敏感问题在全国引起较大争议。发行商中元公司给书商配发的宣传页上标注着"《国画》之后看《国风》"等。另查明:被告河北王跃文原名王立山,在《国风》一书出版前未发表任何文字作品。

法院认为,尽管湖南王跃文在被告王立山改名前已经出名,但王立山改名王跃文并不违法,其在自己的作品上署改后的名字"王跃文"也并不侵犯湖南王跃文的著作权。另外,按照反不正当竞争法规定,凡存在竞争的商业化市场,都应属于其调整与传统的商品流通市场一样,新兴的文化、技术等市场的竞争秩序,也需要依法规范,以维护公平竞争。本案中原、被告同在一个文化市场中活动,均以自己的行为来分享文化市场中产生的经济利益,因此各方之间存在竞争关系,属于反不正当竞争法调整的市场主体。作者通过在作品上署名来传扬自己和自己的写作方式。知名作家在作品上的署名,已经成为图书的一种商品标识,能够指引消费者的消费行为。因此,知名作家署名一旦被借鉴、仿冒、攀附或淡化,就可能引导消费者做出错误的消费决定,从而影响到署名人的正当权益,因此这些行为属于不正当竞争。本案中《国风》一书对作者的虚假介绍及其有关广告词,均引人误认该书作者即《国画》作者王跃文。该行为违反了诚实信用原则,构成了对湖南作家王跃文的不正当竞争。

湖南省长沙市中级人民法院2004年12月14日判决:被告叶国军、河北王跃文、中元公司、华龄出版社立即停止对原告的不正当竞争行为;被告河北王跃文、中元公司连带赔偿原告王跃文经济损失10万元;被告华龄出版社对被告河北王跃文、中元公司上述赔偿义务负连带赔偿责任;驳回原告湖南王跃文的其他诉讼请求。一审判决后双方均未上诉,判决生效。

请问:

(1) 请分析本案中的经济法律关系,指出经济法律关系的主体、客体和内容。

(2) 结合本案谈谈自己对经济法律关系的理解并试举出几种经济法律关系。

第二编

经济法主体制度

第三章 经济法主体制度的基本原理

知识目标

了解经济法主体的概念、特征与分类，掌握经济法主体资格的取得和经济法主体的权利和义务。

能力目标

要求学生运用经济法主体制度的基本原理判断和分析经济法律关系和其他法律关系，准确界定经济法律关系和经济法律主体及其法律适用。

案例导入：经济法主体的界定

2010年4月15日，国务院发布《国务院关于坚决遏制部分城市房价过快上涨的通知》，通知规定："购买首套自住房且套型建筑面积在90平方米以上的家庭，贷款首付款比例不得低于30%，贷款购买第二套住房的家庭，贷款首付款比例不得低于50%，贷款利率不得低于基准利率的1.1倍，贷款购买第三套及以上住房的，大幅度提高首付款比例和利率水平"。

此次房产调控政策发布后，全国出现大量因不能支付首付款而无法签订商品房买卖合同的违约行为，随之带来的买卖纠纷也浮出水面。一些新政前买房的"准房主"，由于需承受新政后首付和利率双双提升的后果，提出了退房要求。

问题：

(1)《国务院关于坚决遏制部分城市房价过快上涨的通知》的背景是什么？

(2) 国务院关于坚决遏制部分城市房价过快上涨的通知》涉及的主体范围有哪些？

(3) 购房人因无法支付购房首付款导致不能签订商品房买卖合同是否构成违约？是否应当承担违约责任？

案例分析

(1) 2008年初货币政策将"适度从紧"改为"从紧"，而财政政策继续保持稳健。下半年随着世界金融危机的影响扩大，央行宣布"双率"齐降，货币政策再度从"从紧"向"适度宽松"转变。本来在前期调控政策和金融危机的影响下，房地产投资迅速减少，国际热钱纷纷撤出，房地产市场进入观望状态，成交量日减，房价也有所下降。然而，在调控效果刚刚显现时，政策再次松动，最终导致前功尽弃。2009年，中国房地产市场从年初的"试探性抄底"，到年中的"放量大涨"，再到年底的"恐慌性抢购"，短短一年间，中国楼市迅速地由低迷转变为亢奋，由萧条转变为繁荣，调控由"去库存"转变为"挤泡沫"。2010年第一季度，房市神话继续上演，房价持续攀高。为遏制部分城市房价过快上涨，中央政府决定不再延长2008年年底出台的二手房营业税减免优惠政策，将个人住房转让营业税免征时限由2年恢复至5

年，遏制炒房现象。随后提出了“增加普通商品住房的有效供给；继续支持居民自住和改善型住房消费，抑制投资投机性购房；加强市场监管；继续大规模推进保障性安居工程建设”四条具体措施，以促进房地产市场健康发展为目标。国务院各部委陆续出台调控细节，逐渐废除了 2008 年的刺激房市政策，再次转向稳定房价。2010 年，以稳定房价为主的房地产调控到了关键时刻。4 月 27 日，国务院发布了《国务院关于坚决遏制部分城市房价过快上涨的通知》，被称为“史上最严厉的调控政策”。

(2)《国务院关于坚决遏制部分城市房价过快上涨的通知》首先是为负有稳定房价，保障居民基本生活消费水平的各级地方政府设定了控制房价过快增长，保障居民基本生活的法定职责，同时也为地方政府创设了采取各种措施稳定房价的权力。其次，该《通知》直接影响了从事商品房开发经营的房地产开发企业，影响了其房屋开发产品的销售和经营活动。再次，该《通知》更是直接影响到大量的购房群体的房地产消费和投资行为。

(3)《国务院关于坚决遏制部分城市房价过快上涨的通知》具有很强的政策针对性，旨在控制高烧的房市，并非没有预见性，不能归于不可抗力。目前政策调整，买房者需要提高贷款条件，但并非不能买房，并且对于房价走低的预期，也不能认为是“不可抗力”，不能成为违约的理由。

第一节　经济法主体概述

一、经济法主体的概念和特征

(一) 经济法主体的概念

经济法主体亦称经济法律关系的主体，是在国家调整本国经济运行过程中，参与管理、生产经营和消费等经济法律关系，并享有经济权利，承担经济义务的国家机关、社会组织和个人。经济法主体是经济法律关系构成的主体性要素，是经济活动的直接参与者，也是经济法律关系中最积极、最活跃的要素，经济法主体对经济活动具有主观能动性。

在现代市场经济中，基本的经济参与者是生产和消费的交换双方和经济活动的监管主体(第三方)。交换双方是实现商品使用价值的组织和个人，第三方则是保障商品交换顺利进行的组织和个人。在基本参与者之外，随着专业化程度加深，还会派生出其他附属参与者，比如中介人、行业协会。

(二) 经济法主体的特征

1. 经济法主体是经济法律关系的直接参与者。

任何一种法律关系都是该法律关系的参与者之间基于法律形成的社会关系，某种社会实体能以自身的法律行为参与某种法律关系，理所当然地成为不同法律关系的主体，经济法主体就是经济法律关系的参与者。根据经济法主体参与经济法律关系的法律行为的不同，经济法主体可以分为经济决策主体、经济管理主体、生产经营主体、消费主体和经济监督主体。

2. 经济法主体的一方主体必然是享有经济管理权力的政府，与相对方存在着管理与被管理的关系。

经济法律关系是国家在运用法律调节本国经济运行过程中所产生的经济管理关系,经济法的双方主体的法律地位是不平等的,其主体包括相互对应的双方:管理者和被管理者。在国家管理经济的过程中,管理者是国家及其政府,管理者依法行使法律规定的职权,履行经济管理职责。被管理者的外延极其宽泛,涵盖了除国家机关以外的所有参与经济活动的社会组织和公民个人,既包括公司、企业等经济组织,也包括行业自律组织和中介服务机构。

3. 经济法主体依法享有权利(权力),同时应当依法承担义务(职责)。

任何法律关系都是以权利(权力)和义务(职责)为核心内容的社会关系,经济法主体是经济法所规定和确认的权利(权力)和义务(职责)的载体。经济法主体尽管存在着被管理者和管理者之间法律地位上的不平等,但并不意味着它们之间权利义务的失衡。管理者在拥有自上而下的管理权同时,必须严格遵守法律规定的程序和方式,对其超出法定范围滥用管理权的行为,应当依法承担相应的责任。被管理者在承担接受管理义务的同时,依法享有自下而上的寻求法律救济和抗辩的权利。

4. 经济法主体具有直接的经济利益性。

不论国家主体,还是组织主体、个人主体,法律对经济法主体经济行为的调控,更多地是通过平衡协调的手段控制该类主体行为的经济成本和经济收益完成的。经济法主体是某种经济利益的明确代表,是该种经济利益的积极追求者和维护者。

【案例 3-1】 经济法一方主体的国家机关应依法行使权力

朱某是依法取得营业执照从事药品零售经营的个体工商户。2008 年 2 月,朱某以个体工商户的名义与某房地产开发公司签订房屋租赁合同,取得了 A 区第一、第二、第三、第四、第五标段门面商铺的使用权,准备用于药品零售经营活动。由于该小区属于新开发小区,人流量较少,朱某的药品零售业务出现较大亏损,不足以支付房屋租金,朱某在征得原房主同意后,将所租赁的房屋转租给他人从事建筑装潢经营。2008 年 12 月 2 日,朱某依法变更了个体工商户的经营范围,增加了"房屋中介服务"项目。2009 年 1 月 13 日,该市工商行政管理局下属分局以"无照经营从事房屋租赁行为"为由对朱某做出"没收违法所得 19905.58 元、罚款 10 万元"的行政处罚决定。朱某不服,提起行政诉讼,要求撤销该处罚决定书。人民法院受理案件后,依法判决撤销了该行政处罚决定书。

问题:人民法院撤销工商行政管理局的行政处罚决定的依据是什么?

【案例分析】

人民法院依法对工商行政管理局做出的处罚决定书予以撤销,主要是因为:

第一,朱某在进行经营活动中,是以个体工商户的名义进行的,朱某并未以个人名义签订过房屋租赁合同,本案的经济法主体应当是工商行政管理局和个体工商户。

第二,工商行政管理局的处罚决定违反了法律的有关规定。《最高人民法院关于适用〈中华人民共和国合同法〉若干问题的解释(一)》第十条规定:"当事人超越经营范围订立合同,人民法院不因此认定合同无效。但违反国家限制经营、特许经营以及法律、行政法规禁止经营规定的除外。"本案并不存在法律规定的例外情形,其转租行为是合法有效的。

第三、工商行政管理局的处罚决定背离了经济法主体具有直接的经济利益性这一基本属性。这一案件中,朱某的行为是为了避免损失的进一步扩大而进行的转租,并不具有经营性质。工商局的处罚决定书偏离了我国经济法的利益追求,不利于维护经济秩序的稳定。

二、经济法主体的分类

（一）管理主体和被管理主体

根据经济法主体之间法律地位的不平等所形成的管理和被管理的关系，经济法主体可以分为管理主体和被管理主体。管理主体是指在国家运用法律手段通过对国民经济活动的宏观调控、组织和管理过程中享有经济管理职权，履行经济管理职责的管理机关。被管理主体是指在国家进行经济管理活动中，接受并服从管理的社会组织和公民个人。

（二）经济决策主体、管理主体、经营主体、消费主体和监督主体

根据经济法主体在经济活动中的基本功能和作用，经济法主体可以分为经济决策主体、管理主体、经营主体、消费主体和监督主体等。经济决策主体主要是指国家立法机关，当立法机关对国家的经济活动进行具体而直接的干预时，其实际上就成为该经济法律关系的主体，成为超越政府的管理主体。此外，立法机关在制定国家发展规划时，其与政府和某些市场主体形成的宏观调控法律关系也使立法机关成为经济法主体。管理主体是指对经济履行管理职能的各级政府及其经济管理部门。经营主体是在经济活动中进行生产经营活动或提供服务活动的市场主体，包括公司、企业和非法人的经济组织和公民个人。消费主体是指为了满足生活需要而购买、使用商品或者接受服务的主体，主要包括为了生活需要而购买、使用商品或者接受服务的自然人和个体社会成员，消费主体是经济法的重要主体。经济监督主体是指根据宪法和有关法律的规定对社会经济活动和经济管理活动享有监督权的主体，包括国家权力监督主体的人民代表大会及其常务委员会、行政监督主体的上级政府和本级政府的经济监督部门和社会监督主体的各种社会团体、群众组织。

（三）宏观调控主体和市场规制主体

根据国家对经济的管理方式，经济法主体可以分为宏观调控主体和市场规制主体。宏观调控主体分为代表国家进行宏观调控的主体和承受国家的宏观调控的主体即调控主体和受控主体。市场规制主体分为代表国家对市场经济进行管理或规制的主体和在市场经济中接受国家的市场规制的主体即规制主体和受制主体。

三、经济法主体的范围

（一）国家机关

经济法的核心问题是国家运用法律手段对国家经济活动进行组织、调控和管理以促进经济发展符合国家对经济活动的安排。这些管理活动，是通过包括中央和地方的行政机关和权力机关及其下属的经济管理职能部门依法行使经济职权，履行经济职责，通过各种经济执法活动加以实现的，国家机关是整个经济法的主导性主体。

（二）企业和其他社会组织

企业是依法设立的从事经营性活动的组织。在现代市场经济中，企业是最基本的市场主体。国家为了行使经济管理职能，协调国民经济运行，必然通过经济法律对企业的组织和行为加以指导、协调、监督和进行必要的审批活动，国家经济管理机关实施经济职权的对象主要是企业。其他社会组织如果在社会经济生活中发挥作用，就会受到国家经济管理机关的管理，也就成为经济法的被管理主体。

（三）企业内部机构

企业内部机构尽管不具有独立性，不能独立经营，独立核算，也不具有独立的法人资格，

但他们进行实际的生产经营活动，其生产经营均受特定经济法律规范的制约，并形成了企业内部的经济法律关系，在经济法上具有自己的法律地位，也就成为特殊的经济法主体。

(四) 公民和个体工商户、农村承包经营户

公民是整个国民经济活动的直接参加者，公民所参加的生产劳动、消费活动都是国民经济的重要环节。国家在经济管理活动中，会与公民产生诸如税收征管、消费者权益保护等法律关系。同时，公民在进行个体经营活动时也应受到国家经济法律的规范，个体工商户是公民进行个体经营的法定形式。农村承包经营户是农村集体经济组织成员利用集体的土地、资源进行经营活动的基本形式。因此，无论是公民个人，还是从事个体经济和私营经济的公民均是经济法的主体。

第二节 经济法主体资格

一、经济法主体资格的概念

经济法主体资格是指经济法主体所具有的权利能力和行为能力。经济法主体的权利能力是指经济法主体能够依法参加某种经济法律关系，并在该经济法律关系中享有权利(权力)和承担义务(职责)的能力。经济法主体的行为能力是指经济法主体以自己的行为行使权利(权力)和履行义务(职责)的能力。只有同时具备这两种能力，才能成为经济法的主体。取得了经济法主体资格，也就使经济法主体具备了参加现实经济关系的可能性。

二、经济法主体资格取得的法律依据

经济法主体资格的取得主要是来自法律的授权和有关组织的内部规范。作为调控主体和规制主体的立法机关和部分执法机关的主体资格需要依据法律的规定才能取得。而接受调控或规制的企业等市场主体的资格，一般不需要有专门的法律做出特别规定，其资格取得主要是依据反映主体平等精神的民商法，但不排除在市场准入方面，基于产业政策的考虑，由专门的经济法规范对其主体的资格或资质条件等做出专门的限定。

1. 宪法是取得经济法主体资格的根本依据

宪法对国家权力机关、行政机关及其职能部门在国民经济管理活动中的职权、地位和相互关系做出了明确的原则性规定，是确立经济法主体资格的基本法律依据。同时，《宪法》界定了国有经济、城乡集体经济和非公有制经济的性质和社会地位以及国家对这些经济组织的基本方针。此外，宪法中关于公民基本权利和义务的规定也为公民在从事生产经营活动中的地位和作用提供了基本法律依据。

2. 各级国家机关组织法是国家机关取得经济管理主体资格的重要法律依据

我国的全国人民代表大会组织法、国务院组织法、地方各级人民代表大会组织法和地方各级政府组织法等法律，对不同国家机关的设置及其在国民经济管理活动中的任务、职权和职责、进行经济管理活动应当遵守的原则和程序、法律责任均做出了较为明确的规定。国家机关组织法是确认国家机关经济法主体资格的重要法律依据。

3. 法律、特别是经济法律是经济法主体资格取得的基本依据

调整经济关系的法律，直接涉及到国民经济的各个部门，它们不仅规定了权利和义务等

经济法主体的实体内容，而且确认了相关国家机关、社会组织和公民个人在特定经济法律关系中的法律地位和相互关系，从而确立了有关组织和个人的经济法主体资格。如《中华人民共和国公司法》对公司设立的条件、程序、法律地位、基本权利和义务等均做出了规定，为相关组织经济法主体资格的取得提供了基本的法律依据。

4. 行政法规、特别是专项经济行政法规是取得经济法主体资格的重要法规依据

行政法规，特别是专项经济行政法规，是经济管理主体管理经济工作的直接规范准则，是确定经济法主体资格的重要法规依据。如《中华人民共和国公司登记管理条例》在《中华人民共和国公司法》规定的条件基础上，对我国公司登记的主管机关、登记程序及公司的变更、终止等做出了更为具体的规定，为公司取得经济法主体资格提供了重要的法规依据。

相关链接：

经济法主体的宪法构造

宪法对经济法主体的概括与描述，反映出一国的经济结构和经济关系。纵观建国后四部宪法有关经济主体的规定，可以看出，在社会主义公有制经济基础之上，随着国家发展战略的发展与转变，经济主体的内容与地位也在发生着变化。“公”与“非公”经济之间的角色调适，直接影响表征经济形态的主体形态。《宪法》第7条、第8条和第11条分别界定了国有经济、城乡集体经济和非公有制经济的性质和社会地位：(1) 国有经济是国民经济中的主导力量，国家“保障国有经济的巩固和发展”。(2) 农村中的生产、供销、信用、消费等各种形式的合作经济，与城镇中的手工业、工业、建筑业、运输业、商业、服务业等行业的各种形式的合作经济，都是社会主义劳动群众集体所有制经济。国家“保护城乡集体经济组织的合法的权利和利益，鼓励、指导和帮助集体经济的发展”。(3)“在法律规定范围内的个体经济、私营经济等非公有制经济，是社会主义市场经济的重要组成部分。国家保护个体经济、私营经济等非公有制经济的合法的权利和利益。国家鼓励、支持和引导非公有制经济的发展，并对非公有制经济依法实行监督和管理”。根据前述规定，国家对三种所有制经济形态的信赖系数、支持力度是由强到弱的，这种差异将直接影响到相关政策的制定和落实，形成现实中不同组织之间在经济政策方面的差别化对待。

三、经济法主体资格的实现

经济法主体资格是抽象的，经济法主体只有从事经济活动，参加具体的经济法律关系，才能使自己的主体资格体现出来。经济法主体资格的取得方式主要有如下几种：

一是根据法律、法规的规定或者有关国家机关的授权，通过参与经济组织关系加以实现。

不同的国家机关基于宪法、法律、法规的规定职权，在国家协调国民经济运行中，与被管理的经济主体形成经济管理关系、经济监督关系和经济调控关系，通过行使经济权力或享有经济权利并承担经济义务，实现国家对经济管理和协调发展的经济目的。

二是通过社会主体的自愿选择参加经济活动关系加以实现。

社会主体基于自愿选择，根据法律规定的经济法主体条件和取得程序，通过核准登记等方式取得诸如公司、企业等经济法主体资格，进行具体的经营活动，在经济活动中享有经济权利并承担经济义务，实现自身的营利性目的。

第三节　经济法主体的权利和义务

一、经济法管理主体的权力和职责

(一) 经济法管理主体的经济权力

经济法管理主体的经济权力，又称经济职权，是指国家机构依法行使领导和组织经济建设职能时所享有的经济管理权力。经济法主体的经济权力是由法律直接规定的，是国家机构实现对国民经济管理职能的前提条件。作为经济法管理主体的国家机构是指国家各级权力机关及各级国家行政机关，在行政机关中主要是指国务院和各级地方政府及其经济管理的职能部门，这些国家机构是行使国家经济职权的主体。经济法管理主体的经济权力受到法律的严格限制，必须严格按照法律的规定正确行使。经济法管理主体的经济权力主要包括以下几个方面：

1. 宏观经济调控权。宏观经济调控，是指国家为了保持经济总量的基本平衡，促进经济结构的优化，引导国民经济持续、快速、健康发展，推动社会全面进步而采取的综合经济措施。经济法管理主体的宏观经济调控权主要有两方面的内容：宏观决策权和经济调节权。

宏观决策权，是指国家为了实现国民经济和社会发展的目标任务，对国民经济发展目标和行动方案所享有的决定权。如国家权力机关对国民经济和社会发展计划的审批权，对国家和地方预算的审批权等。宏观决策权主要是通过经济和社会发展规划以及国家的经济政策的制定加以实现。

经济调节权，是指国家机构为了实现宏观经济发展目标以及应对重大经济事件，利用经济杠杆或者行政权力所实施的对经济活动的调节权力。国家经常利用的经济杠杆主要有税收、利率、汇率等。如在经济萧条时，实行积极的财税政策，减少税收，增加政府财政投入，以增加社会需求，刺激经济增长；在经济发展过热时，国家可以增加税收，抑制需求，以保证经济发展的持续性和稳定性。

2. 微观规制权。微观规制权，又称市场管理权，是指国家机构对某些具体的经济关系、主体和经济行为直接发布命令、批准、确认、许可、禁止和撤销的权力，是处理国家机构与市场主体之间的直接法律关系的经济权力。如国家机构为市场主体设定了禁止制造和销售伪劣产品、禁止垄断市场、禁止不正当竞争等具体的经济行为规范，对被管理经济主体的经营资格的确认和撤销等。微观规制权是宏观调控权的具体化。

3. 国有参与权。国有参与权是指国家机构直接参与经济活动，以国家的名义从事经营活动。国有参与权主要表现为国家对国有资产的管理权，也包括对私有财产的征收权。国家参与在资本主义国家因经济情况不同而有所差别，如经济危机时期，一些私人资本难以经营的如矿山、港口、河道、铁路、公路等企业和设施就转由国家参与经营。一旦经济危机过去，国有化企业就会大大收缩，让渡于市场经营主体。由于我国市场经济是从计划经济转轨而来，国有参与在我国是一种较为普遍的现象，无论是在竞争性领域还是非竞争性领域都大量存在，现阶段在集体土地征收过程中的国有参与权已经出现过度行使的趋势，应当根据国民经济运行的需要加以规制。

4. 经济监管权。经济监管权，又称经济监督权，是指有关国家机构对市场活动主体及其行为进行限制、约束等直接干预活动的权力，经济监管权是现代经济国家的经济职能的集中表现。经济监管权的主体是有权实施监管的机关、机构、团体，其中以政府机关为主，包括综合性监管机关（如审计机关）和各具体市场的专门监管机关（如金融监管机关），也包括政府机关附属的一些机构（事业单位性质，如中国保监会）和其他社会团体（如证券交易所）。经济监管权的对象是市场活动的参与者及其市场行为。

（二）经济法管理主体的经济职责

各类经济法管理主体在享有职权的同时，也要履行法定的职责。这些职责主要包括贯彻经济管理法定原则、依法管理、不滥用或超越管理权、不得放弃管理权等等，核心是依法调控。

1. 经济法管理主体的重要职责，就是依据法律的规定行使管理权，不得滥用或超越管理权。尽管经济管理主体行使管理权具有一定的自由空间，以供其依据具体情况和法律精神做出裁量，但经济管理主体不得滥用管理权或者超越管理权。

2. 经济法管理主体必须认真履行经济管理职责，不得放弃经济权力。由于经济管理职权直接关系到国家的基本利益和国民的基本权利，经济法管理主体必须严格履行管理职责，经济管理权的行使不仅是经济法管理主体的职权，同时也是其职责，其权力是不能放弃的。

二、经济法被管理主体的权利和义务

（一）经济法被管理主体的权利

经济法被管理主体主要是指生产经营主体，包括各类企业、个体经营者和农村承包经营户。他们以自己的生产经营或者服务活动实现营利性目的，取得各项经济法权利。

经济法被管理主体有两种类型，一类是具有法人资格的企业，如股份有限公司、国有企业；另一类是不具有法人资格的企业，如合伙企业、个人独资企业等。这两种类型的经济法被管理主体法律地位不同，其具体权利亦有所区别。

具有法人资格的企业的权利有：

1. 财产所有权。具有法人资格的企业拥有进行生产经营活动所需要的财产，并对该项财产享有所有权。企业的财产权是独立于投资人的财产，企业对自己所拥有的财产享有独立支配的权利，这是企业进行生产经营活动的物质基础。

2. 生产经营自由权。企业作为独立的生产经营主体，有权根据市场需求，独立制定生产经营计划，选择生产经营方式，开展营销活动。企业依法享有的生产经营自主权不受任何单位和个人的非法干预。

3. 竞争权。企业作为平等的市场活动主体，在进行经营活动过程中，依法享有公平竞争权和正当竞争权。公平竞争权着眼于所有的竞争者都得到公平的对待和公平的竞争环境，每个人都有权参与竞争，如果市场出现了垄断则会妨碍公平竞争（垄断者竭力阻止新进入者）。正当竞争权着眼于市场主体在与其他人进行竞争的时候不能采取不正当的手段，比如仿冒、诋毁他人商誉等等。市场主体之间的竞争最终会给消费者带来好处（更低廉的价格、更优质的产品）。

4. 获取经营收益权。企业作为以营利为目的的经济主体，对其经营收益，在依法缴纳各种税收后，对于剩余部分收益享有完全支配权，任何单位和个人不得非法截留、挤占、挪用。企业获取经营收益权可以有效保障投资者取得投资回报，并为企业的发展提供了可能性。

(二) 经济法被管理主体的义务

经济法被管理主体的义务，是指经济法被管理主体在法律规定的范围内必须实施或者不得实施一定行为的必要性。经济法管理主体的义务的履行，是为了保障他人权利和经济法管理主体权力的实现。经济法被管理主体的义务主要有：

1. 接受和服从国家主管机关管理和监督的义务

经济法被管理主体所进行的一切生产经营活动均要涉及到国家各方面对它的管理和监督，如，工商、税务、环保、金融等。经济法被管理主体应当接受依法做出的管理和监督，对于具有强制性的管理和监督行为，经济法被管理主体必须遵从，对于那些不具有强制性的管理和监督行为，经济法被管理主体可以根据自身的情况做出选择。

2. 遵守法律、法规，依法进行生产经营活动的义务

法律、法规，特别是其中关于规范经济活动的法律、法规为经济法被管理主体规定了生产经营活动的准则。经济法被管理主体的一切活动都必须根据法律的有关规定依法进行，不得违反。这既是经济法调控社会经济秩序的必然要求，也是保证不同经济法被管理主体之间能够正常开展生产经营活动的基本条件。但经济法被管理主体不是被动地接受和服从法律，而是积极、主动地应对国家的经济管理行为并与之形成良好的互动，在国家法律、法规的规制下，自主选择生产经营活动。

3. 依法纳税的义务

依法纳税是每个公民和社会组织对国家应尽的义务，也是经济法被管理主体的一项重要义务。在市场经济条件下，经济法被管理主体是国家税收的主要来源之一。经济法被管理主体必须按照税法的相关规定，依法缴纳各种税款。税收同时又是国家进行宏观经济调控的一个重要杠杆，经济法被管理主体依法纳税，也是服从经济法管理主体管理的重要内容。

4. 承担社会责任的义务

经济法被管理主体是社会的经济细胞，其在经济法中存在的意义之一就是通过生产经营或者服务活动达到营利的目的。但经济法被管理主体在创造利润，对出资人回报的同时，还应当承担对员工、消费者、社会公众和自然环境等方面的责任。经济法被管理主体的社会责任包括环保责任、劳工保护和保障责任以及人权保障责任等方面的内容。企业应当承担社会责任，这对于解决就业问题、资源和环境保护和实现经济可持续发展都具有极其重要的意义。

第四节　经济法主体的法律责任

一、经济法主体法律责任的概念

经济法主体的法律责任(以下简称经济法律责任)，是指在国家干预和调控社会经济过程中，由于经济法主体违反经济法律、法规规定而依法强制其承担的否定性法律后果。经济法主体的法律责任具有以下特征：

1. 经济法律责任与经济法主体的违法行为之间具有因果性

经济法律责任是与经济法主体的违法的先前行为存在因果关系，没有经济法主体的违法行为，就不会产生相应的经济法律责任。

2. 经济法律责任具有否定性和强制性

经济法律责任是经济法主体违反经济法规定的原有义务（或职责），引发国家强制追加的新法律义务。纯粹法学派创始人凯尔森认为："法律责任的概念是与法律义务相关的概念。一个人在法律上对一定行为负责，或者他在此承担法律责任，意思就是，如果作相反行为，他应受到制裁。"经济法责任与经济法原来的义务相比较，具有更强的强制性，必须履行，不可替代。

3. 经济法律责任的内容具有经济性

经济法律责任是国家在进行宏观调控和经济管理过程中产生的经济义务，具有经济性。经济法律责任对违法行为人而言，是一种不利后果，其内容主要表现为违法行为人必须向相对人或者国家给付一定的财物和其他利益，或者被剥夺资格，接受谴责等。

【案例 3-2】 南京冠生园"陈馅事件"与企业经济法律责任

"南京冠生园"的前身是广东人冼冠生在上海创立的"冠生园"分店。冠生园始创于1918年，经营茶点、蜜饯、糖果等，在天津、杭州、南京、重庆、成都等地开设分店。1956年，冠生园进行公私合营，冼氏控股的冠生园股份有限公司解体，各地分店企业都隶属地方，与上海冠生园再无关系。1992年，美国天普股份公司斥资800万元与南京冠生园食品厂合资成立南京冠生园食品有限公司，合资公司可以使用"冠生园"品牌，但品牌所有权仍归南京冠生园食品厂所有。

2001年9月，中央电视台报道"南京冠生园大量使用霉变及退回馅料生产月饼"的消息，在食品行业引发地震，南京冠生园品牌信誉毁于一旦，并株连其他冠生园品牌。江苏省和南京市卫生防疫部门、技术监督部门组成调查组进驻该厂。南京卫生监督所到冠生园进行了采样，采集了十多种月饼进行化验。该厂的成品库、馅料库全部被卫生监督部门查封，各类月饼2.6万个及馅料500多桶被封存。9月6日，南京冠生园被有关部门责令全面停产整顿。2002年3月，陷入经营困境的南京冠生园食品有限公司宣告破产。2004年1月30日，南京冠生园食品有限公司破产资产以812万元被公开拍卖，包括办公大楼、厂房、设备等。

南京冠生园"陈馅事件"给整个食品行业带来了巨大的震动，被称为国内"失信破产第一案"。在其身后，不断有知名品牌步其后尘：有"世界火腿之冠"美誉的金华火腿为达到防蛆保鲜的目的，竟用剧毒农药敌敌畏浸泡；被称为"中国龙须"的龙口粉丝，其"晶莹剔透"的效果竟是用农用碳酸氢铵化肥，甚至用氨水直接提取下脚料淀粉添加增白剂的手法做出来的；还有不法企业用病死母猪肉制造"太仓鲜肉松"，近年来，更有轰动全国的三鹿奶粉事件和双汇瘦肉精事件。这些轰动一时的食品安全案例，无一不是"一颗老鼠屎坏了一锅粥"，因为个别企业的不法行为给无数同类企业带来了毁灭性打击，更令许多流传百年甚至千年的老字号、老品牌的声誉毁于一朝。整个中国食品行业都面临严重的信任危机。

问题：

1. 南京冠生园食品有限公司作为经济法主体，享有哪些经济法权利？应承担哪些经济法义务？

2. 南京冠生园食品有限公司违反法律规定，依法应承担何种法律责任？

3. 南京冠生园食品有限公司破产的根本原因是什么？

【案例分析】

1. 南京冠生园食品有限公司作为从事食品生产经营活动的经济法主体，依法享有经营自主权、获取经营收益权等经济主体的法定权利，但是在享有权利的同时，也应当严格履行法律、法规关于食品安全和食品卫生的法定义务，生产出符合安全卫生标准的食品以满足社会需求。

2. 南京冠生园食品有限公司在生产的食品中掺杂不能食用的物质，违反了经济法律规定的义务，导致其被相关经济法管理主体依法要求其承担经济法律责任。相关经济法管理主体对其生产的食品进行查封，并责令其停业整顿，导致其完全丧失生产经营资格。

3. 南京冠生园食品有限公司走向破产，是其为了追求利润置消费者的生命健康权于不顾，置国家的食品生产法律规定的食品安全义务于不顾，才最终导致国家要求违法者承担停业整顿的经济责任。这一责任的承担，不仅否定了南京冠生园食品有限公司的违法行为，而且从根本上否定了南京冠生园食品有限公司的食品生产资格。

二、经济法责任的分类

1. 根据经济法责任的法律规定，经济法主体可能承担的法律责任有民事责任、行政责任和刑事责任三种。民事责任是指经济法主体违反经济法律法规依法应承担的民事法律后果。行政责任是指经济法主体违反经济法律法规依法应承担的行政法律后果。刑事责任是指经济法主体违反经济法律法规构成犯罪依法应承担的刑事法律后果，即刑罚。

2. 按照承担责任主体的不同，可以把经济法责任分为经济法管理主体的责任和经济法被管理主体的责任。经济法主体的责任可以进一步细分为国家责任、企业和社团责任、个人责任等。

3. 按照追究责任的目的，可以把经济法责任分为赔偿性责任和惩罚性责任。经济法主体可能承担的赔偿性责任主要有国家赔偿和超额赔偿两类。国家赔偿的主体是国家，国家赔偿的目的是对受害人的损失进行填补，一般采取少额赔偿（受偿主体往往不能得到足额补偿）。市场主体则强调超额赔偿，包括市场规制法中的"双倍赔偿"、"十倍赔偿制度"等。惩罚性责任则主要是对违法者采取罚款、罚金、资格减免、信用降低等惩罚性措施。

本章小结

经济法主体是经济法律关系构成的基本要素。本章论述了经济法主体与其他法律主体的不同之处，经济法主体的分类，经济法主体的权利和义务等经济法主体的基本理论。这一章内容的学习，为正确地辨别经济法律关系和其他法律关系提供基本的法律标准和依据，是经济法学习的理论基础。

技能训练

一、单项选择题

1. 下列关于我国经济法律关系主体的表述，不正确的是　（　　）

A. 经济法律关系主体是依法享有权利或权力、承担相应义务者

B. 无国籍人不能成为我国经济法律关系的主体

C. 国家可以成为经济法律关系的主体

D. 非法人团体可以成为经济法律关系的主体

2. 依据承担法律责任的目的，可以把经济法责任分为 （ ）

A. 经济责任和非经济责任

B. 财产性责任和非财产性责任

C. 赔偿性责任和惩罚性责任

D. 国家责任、企业责任、社团责任、个人责任

3. 在各类法律制度所涉及的赔偿责任中，经济法强调的赔偿责任是 （ ）

A. 等额赔偿　　B. 少额赔偿

C. 超额赔偿　　D. 均额赔偿

4. 依据违法主体的不同，经济法主体的法律责任可以分为 （ ）

A. 调制主体的法律责任和受调制主体的法律责任

B. 赔偿性责任和惩罚性责任

C. 经济性责任和非经济性责任

D. 重大责任和一般责任

5. 在下列关于经济法主体理论的说法中，正确的是 （ ）

A. 经济法主体不是由调整对象决定的

B. 第三部门能够成为经济法最重要的主体

C. 调控主体与受控主体的联系主要是通过调制行为来实现的，其地位是非平等的

D. 只有具有独立的民事主体资格的主体才能成为经济法主体

二、多项选择题

1. 下列各项中，可以成为经济法主体的有 （ ）

A. 某市财政局　　B. 工会、学术性团体

C. 具有美国国籍的王某　　D. 公民赵某

2. 经济法主体资格取得的法律依据有 （ ）

A. 宪法　　B. 国家机构组织法

C. 经济法律　　D. 行政法规

3. 企业的义务包括 （ ）

A. 守法经营

B. 依法纳税

C. 严格按照上级主管部门的指令开展生产经营

D. 为职工建立社会保障体系

4. 下列关于经济法主体体系的说法中正确的有 （ ）

A. 公民个人不能构成经济法的主体

B. 只有具备法人资格的企业才是经济法的主体

C. 经济法的调整对象对经济法主体体系结构的组成具有决定性意义

D. 企业是经济法的基本主体

5. 经济法的主体包括 （ ）

A. 决策主体　　B. 监督主体　　C. 消费主体　　D. 调解主体

三、简答题

1. 如何理解经济法主体的概念?
2. 经济法主体的特征是什么?
3. 国家机构作为经济法主体应承担哪些义务?

三、案例讨论

李某是生产酒的个人企业主,他在该市的街上的一个体商贩手中,购得了一批印有某知名饮料商标的标识包装,经加工后将该商标标识用于自己生产的酒产品,并将该酒批发各零售商,使该批饮料流入了市场。王某是一个体工商户,他从李某手中购买了一批饮料打算销售,其邻居家邓某适逢办酒席,因为方便,邓某便从王某处购得上述的几箱酒。在办酒席的当晚,邓某因为高兴就多喝了几杯,结果当晚就昏迷不醒,还出现了呕吐抽搐现象,其他宾客也出现不同程度的酒精中毒情况。邓某被送至医院后经诊断为酒精深度中毒,成为植物人。

问:该案例涉及到哪些主体之间的何种法律关系?这些法律关系分别属于哪些部门法?

第四章　市场管理主体

知识目标

了解市场管理主体的概念、市场主体的职权及市场管理体制；掌握市场管理主体的特征、分类及市场管理主体的行为原则、法律责任。

能力目标

要求学生通过基础知识的学习及相关案例的讨论，能对相关市场主体的行为是否合法及是否应当承担法律责任作出判断和评价，提高学生分析问题、解决问题的能力。

案例导入：某镇政府批地违法吗？

2004年5月，某市某区居民孙某回家乡创办某机械制造有限公司，与该区某镇政府签订征用土地协议书，并分别在区计划和发展局、建设局办理了该项目的立项和规划批准手续。为了使该项目尽快上马，2004年6月5日，该镇召开招商引资会议，确定了主管领导具体负责该项目的落实工作。2004年6月11日，该镇又召开党政联席会议，会议由镇党委书记王某主持，经研究同意机械制造有限公司在6月18日动工建设，并要求镇相关领导和有关部门人员参加。2004年6月18日，在镇有关人员的组织下，孙某开始填土，填土面积6350平方米。2004年6月20日，该市国土局接到群众举报，立即赶到现场并进行勘测、调查，并发出书面制止通知。但孙某并未停工，并在镇有关领导的支持下继续施工建设，并建成一部分厂房和办公楼。2004年8月，该市国土局对该案作了进一步调查处理，并作出了行政处罚决定。

问题：

(1) 该案中市场管理主体有哪些？

(2) 某镇政府批地是否违法？为什么？

(3) 该案中某机械有限公司是否违法，应受到何种处罚？镇政府及其有关人员是否应该承担法律责任？承担何种法律责任？

案例分析

(1) 某镇政府及有关人员；该市国土局、建设局。

(2) 该镇党委书记王某等有关领导，为了使机械制造有限公司尽快投产建设，积极筹备该项目的落实工作，其急于发展当地经济的动机是好的，但也必须依法办事。在明知该项目的用地审批手续未依法办妥的情况下，镇党委书记王某专门主持召开党政联席会议，同意该公司迅速动工建设，并要求镇领导和有关部门人员参加，其后又纵容该公司继续抢建，其行为违反了有关的土地管理规定。

(3) 违法。根据《土地管理法》第七十六条和《土地管理法实施条例》第四十二条的规定，该市国土局作出行政处罚决定，责令该机械制造有限公司退还非法占用的6350平方米土地，没收在非法占用的土地上新建的建筑物和其他设施，并处以每平方米20元的罚款，共计12.7万元。与此同时，根据《关于国家行政机关人员违反土地管理法律法规行政处分的暂行规定》，该市国土局将有关的案卷材料移送给市监察局，建议纪检监察部门对该镇党委书记王某等人给予行政处分。

第一节 市场管理主体概述

一、市场管理主体的概念、特征及分类

(一) 市场管理主体的概念

市场管理主体是指根据法律规定，在市场经济活动中享有经济管理职权，行使计划、组织、指导、调节、监督职能的国家机关。其主要职能为市场监管，即市场管理主体凭借其社会经济管理职能，运用经济、行政、法律和社会组织等手段，对市场上的商品交易与流通活动进行组织、计划、调控和监督活动，以实现国家调控经济和维护市场秩序的目的。除上述国家机关外，由其授权的企事业单位或社会组织也可进行相应的市场管理活动，这些企事业单位及社会组织也应纳入市场管理主体的范畴。

(二) 市场管理主体的特征

1. 地位法定。市场管理主体在维护市场秩序、调控宏观经济运行、保障被管理者权益等各方面都发挥着重要作用，其地位决定了市场管理主体的设置、权限的划分与行使等只能依据法律的规定进行。

2. 享有宏观调控权、市场管理权、经济监督权和经济法规制定权。市场管理主体对市场经济活动的管理主要通过行使经济管理职权来进行，经济管理职权主要包括宏观调控权、市场管理权、经济监督权和经济法规制定权，享有这些经济管理职权是市场管理主体发挥其市场管理作用的基础。

3. 宏观调控和微观调控相结合。市场管理主体对经济的管理主要通过宏观调控和微观调控相结合来进行，通过宏观调控确保经济发展的方向正确、结构合理、运行平稳，通过微观调控确保各市场主体都能依法从事经营活动，确保微观经济活动的合法、有效和稳定。

4. 权责一致性。市场管理主体不仅享有各项市场管理的职权，同时也承担相应的管理责任，如滥用职权或有其他违法违纪行为，应承担相应的民事、行政或刑事责任。

(三) 市场管理主体的分类

1. 中央管理主体和地方管理主体。

从市场管理主体的层级及地域管辖范围进行分类可以分为中央管理主体和地方管理主体。中央管理主体级别最高，管辖的范围为整个国家，如国务院及其各部委；地方管理主体级别较中央管理主体为低，管辖的范围以本地方行政区域为限，如各地方政府及其下设行使经济管理职能的各机构。

2. 宏观调控主体、专业和行业经济管理主体、资源和社会保障管理主体。

这是从管理方式及管理内容对市场管理主体所做的划分。宏观调控市场管理主体主要通过制定相关政策对国民经济全局进行管理，如国家发展与改革委员会、财政部、中央银行、国家税务总局等。专业和行业市场管理主体主要是负责不同的行业管理，管理对象主要是参与市场竞争的公司企业。主要包括农业部、水利部、交通部、铁道部、商务部、各个专业国家局以及地方各有关管理机关。资源管理主体的职责是保护各种资源，如国土资源部门、国家测绘部门、国家环保部门等。社会保障管理主体负责社会保障体系，如各级劳动和社会保障部门。

二、市场管理主体的职权

1. 宏观调控权。包括宏观决策权和经济调节权。前者主要包括预算及计划的审批，后者主要包括汇率、税率的制定等。

2. 市场管理权。包括命令和禁止权、批准确认和撤销权、人事上的任免权等。

3. 经济监督权。包括计划监督、财政监督、审计监督、银行监督、经济行政监督和会计监督等。

4. 经济法律规范制定权。

三、市场监管体制

市场监管体制是市场经济国家经济监管体制的重要组成部分，是按照市场经济的要求和国家经济管理的目标所设置的市场管理机构、组织制度和监管制度的总称。它包括市场监管机构体系及其法律地位，各机构相互之间的职责权限划分、监管手段和监管方式等。市场监管体制框架可以分为两个层次，即宏观层次的市场调控和微观层次的市场监督。

1. 宏观市场监管体制

宏观市场监管体制是由对市场具有计划、组织和调节职能的组织机构和运行制度所构成的市场监管体系。这些机构除了财政、计划、中央银行、统计信息等国家综合监管部门外，还有许多业务主管部门，如内贸、外贸、劳动、文化、房地产、技术等。这些国民经济调控机构，通过市场预测、信息指导、财政货币政策、经济计划等手段对市场进行干预或宏观调控。

2. 微观市场监管体制

微观市场监管体制是微观层次的市场监管体系和制度。在我国，行政执法机关对市场进行规范、监督和查处，其一类是市场监管专门机关，即工商行政管理机关，它是国家授权的市场监督管理和行政执法机构，承担着对市场体系进行全方位、综合性行政监督和执法的职能。另一类是市场监管专业机关，如技术监督、物价管理、海关、卫生防疫、税务稽查等机关，它们从某一专业方面对市场行为进行规范、监督和查处，市场监管只是其职责体制的主体，这种体制有利于广泛运用社会力量，充分调动各方面的积极性。

第二节　市场管理主体的行为原则与法律责任

一、市场管理主体的行为原则

市场管理主体的行为原则是指市场管理主体在市场管理活动中必须遵循的准则，主要有法治原则，统一监督原则，公开、公平和公正的原则以及正确处理政府、企业、消费者和国家之间利益关系的原则等。

1. 法治原则

所谓法治原则，就是在市场管理工作中树立和贯彻法治思想，监管机关在履行监管职责时不仅要严格依照法律来衡量经营者的行为，而且监管者自身的监管行为也必须严格受法律约束。没有法律依据而做出的任何认定和处理，都是不符合法治原则的；有法律依据但不正确理解法律或不正确使用法律而做出的处理决定，也是不符合法治原则的。要克服法律意识淡薄，甚至无法律意识的心态，消除以权代法、随意执法的弊端。市场监管活动应该坚持做到“有法可依，有法必依，执法必严，违法必究”；要通过建立监管制度，明确监管机关和工作人员的职责权限；要建立内部激励、约束、考核和奖惩等机制，做到各司其职，不渎职、不越权、公正廉洁、克己奉公。

2. 统一监督原则

统一监督是指市场管理主体对所有的市场活动贯彻执行统一的市场监管意图、政策、行政指令和法律规范。所有部门分割、地区分割、各自为政、政出多门的市场监管现象，都与统一监督原则背道而驰。要实现统一监督，首先，要制定和实施统一的、适用于各类市场和所有交易活动的市场监管法律政策；其次，应将各部门各地区的法律规范协调一致，不能相互矛盾或冲突；再次，必须精简机构，机构过多不符合市场经济和行政改革的发展方向，机构越多越庞杂，社会支出越多，国民经济运行的成本越高，也容易滋生腐败现象；最后，要理顺体制，体制是运行的保障，再好的法律、制度和监管人员，也会因不合理的体制而难以发挥作用，甚至偏离监管活动的目标。

3. 公开、公平和公正的原则

在市场监管中，公开是指市场交易公开和市场监管公开。市场监管的目的是实现公开交易，保护公开交易，排除隐性交易。公平是一种环境，它的实现首先取决于外部赋予市场主体相同的政策条件，不应在参与市场活动的条件上规定不同的标准而产生歧视现象；公平的实现还要求每一个市场主体平等地对待任何交易对手，不应在交易条件上采取有悖法律和商业道德的差别待遇。公正，就是公道、正直，它是指市场监管者对事件的处理方法和态度，它要求市场监管者处理交易纠纷和违法行为时，执行同一标准，不因亲疏而不同，不因时空变化和个人情绪等因素影响公允办案，也不能为谋求私利或接受贿赂而徇私枉法。总之，公开、公平、公正是相互关联、协调统一的市场监管原则。公开是公平、公正的基础和前提，公平是公开、公正的目的和结果，公正是公平、公开的关键和保障。

4. 正确处理政府、企业、消费者和国家之间利益关系的原则

市场是各种利益关系的集合，它集合着政府的利益、企业的利益、消费者的利益和国家的利益。市场监管的任何一项措施都必然对各方，至少对某一方或几方的利益产生影响。因此，市场监管实质上是对各方利益不断地进行调整或协调的过程。市场监管在处理各方利益关系时的原则应该是在不违背国家利益的前提下，给微观主体以最大的自主权，协助各主体实现其最大目标。具体说，也就是在企业利益的保护上坚持最大化，在消费者利益的保护上坚持合理化，在国家利益的保护上坚持根本性。

二、市场管理主体的法律责任

(一) 市场管理主体法律责任的概念及特征

市场管理主体的法律责任是指市场管理机关及其工作人员或被授权的其他主体如企事

业单位、社会团体违反法律所规定的市场管理义务，而应承担的不利后果。从市场管理主体的法律责任的含义可以看出，市场管理主体的法律责任主要有如下特征：

1. 这些主体必须是享有经济管理权的国家经济管理机关及其工作人员或被授权的其他主体如企事业单位、社会团体。所谓经济管理权，是指政府经济管理职能部门依法行使的对经济运行的预测、强制、组织、指挥、监督等诸权利的总称。具体包括：经济组织管理权、经济强制权、经济处罚权、经济监督权等。

2. 必须有宪法和法律、法规的确认。市场管理主体的法律责任性质、内容、范围、种类、限制、确认、程度等由宪法、有关法律、法规的精神、原则和条款所同意、确认、规定。

3. 损害合法权益的事实已经发生或者已经造成相应的后果。只有当市场管理主体的行为造成特定的损害性后果时，才产生实际承担法律责任的问题。

4. 行为与损害结果之间存在着直接的因果联系，即受害方所受的损害必须是市场管理主体的所为的行为造成或引起的。

5. 国家承担全部或部分损害责任。这是由于市场管理主体是法定或授权行使管理经济活动职能的，是以国家的名义进行的有组织的行为。承担责任的方式是以其市场管理的资格和市场管理行为受到某种限制即限制或剥夺其市场管理资格，纠正、调整其市场管理行为。

（二）市场管理主体的法律责任形式

1. 民事责任

民事责任是指市场管理主体在履行职务过程中因违法或其他不当行为侵害了被管理者的合法权益，而依法应承担的民事法律后果。《民法通则》第 121 条规定："国家机关或者国家机关工作人员在执行职务中，侵犯公民的合法权益造成损害的，应当承担民事责任。"该项规定是我国《宪法》第 41 条所规定的国家赔偿的具体化。该种侵权行为的构成要件包括：

（1）侵权行为的主体是市场管理国家机关及其工作人员。受委托行使市场管理职权的机关或公民，也被视为市场管理国家机关及国家机关工作人员。

（2）侵权行为的发生必须是执行市场管理公务所致。如果不是在执行职务中或是与执行职务无关的侵权行为则不适用职务侵权行为的规定。但如果法律规定有为某种预防或防止义务而不为反而参与，则认为这是与其职务有关的行为，对因此造成他人损害的，也属于职务侵权行为。

（3）须是执行职务中的不当行为。所谓不当行为，是指执行职务中违反法律规定，损害了公民、法人的合法权益的行为。如果依法剥夺、限制公民、法人的某些利益则不构成侵权。对违反执行职务的注意义务情况，既表现为执行职务不当或滥用职权的作为行为，也表现为应当作为而不作为的情形。

（4）必须造成公民、法人或其他组织合法权益的损失。对合法权益的损失，包括财产损失和人身损失。财产损失只限于直接财产损失，间接财产损失不在国家赔偿范围之列。人身损失主要是指对公民生命健康权和人身自由权的损害。对于单纯的精神损害，国家不予赔偿，但应承担消除影响、恢复名誉、赔礼道歉的民事责任。

（5）不当职务行为与损害后果之间有因果关系。公民、法人或其他组织因遭受侵权行为，赔偿义务机关赔偿损失后，应当责令有故意或者重大过失的工作人员或者受委托的组织或者个人承担部分或者全部赔偿费用。对有故意或重大过失的责任人员，有关机关应当依法给予行政处分，构成犯罪的，应当依法追究其刑事责任。

2. 行政责任

行政责任是指市场管理主体违反行政法及有关法律法规的规定依法应承担的行政法律后果，包括行政处罚和行政处分。行政法律规范要求市场管理机关及其公务人员在行政活动中履行和承担的义务，可分为惩罚性行政责任、强制性行政责任和补救性行政责任。惩罚性行政责任的主要形式有：通报批评、行政处分等；强制性行政责任包括强制划拨、执行罚等；补救性行政责任的形式较多，主要有：认错道歉、恢复名誉、消除影响、撤销违法、纠正不当、返还权益、行政赔偿等。行政责任的构成要件有：

（1）市场管理主体的行为已构成行政违法

行政违法是行政责任的前提，如果行为主体的行为尚未构成行政违法，行政责任就没法产生。这就是说，并非市场管理主体的所有行为都产生行政责任，只有有行政违法存在时行政责任才会产生。

（2）承担行政责任有法律依据

现代法治社会，不仅要求权力（权利）、职责（义务）的法定，而且要求对责任的承担也必须有法律依据。因此，承担行政责任的方式、内容等都应当由法律规定。

（3）行为主体具有法定的责任能力

行为主体不具有法定的责任能力，即使其行为构成了行政违法，也不被追究或者承担行政责任。对市场管理主体来说，其责任能力的确认没有特殊的要求，只要是国家市场管理机构或者是被法律、法规授权具有市场管理主体资格就行。

3. 刑事责任

刑事责任是指国家司法机关对违反刑法，构成犯罪的市场管理机关及其直接责任人依法追究其责任，即给予刑事处罚。根据《中华人民共和国刑法》的规定，刑罚分为主刑和附加刑。主刑的种类包括：管制；拘役；有期徒刑；无期徒刑；死刑。附加刑的种类包括：罚金；剥夺政治权利；没收财产。主刑只能独立适用，附加刑既可以独立适用，也可以作为主刑的附加刑适用。对市场管理机关应判处罚金，对直接负责的主管人员和其他直接责任人员判处相应的刑罚。

市场管理主体承担的法律责任是在经济管理活动中因违法而应承担的法律责任，其实质也是一种经济法律责任，该法律责任具有不可分割性，追究其法律责任必须统一进行。在具体追究经济法律责任时，民事责任、行政责任和刑事责任既可以单独适用，又可以合并适用。

本章小结

市场管理主体是指根据法律规定，在市场经济活动中享有经济管理职权，行使计划、组织、指导、调节、监督职能的国家机关，其主要职能为市场监管。市场管理主体享有宏观调控权、市场管理权、经济监督权及经济法律规范制定权，市场管理主体主要通过宏观调控及微观规制的方式行使经济管理职权，在行使职权的过程中应遵循一定的法律原则及规定，否则应承担相应的民事责任、行政责任甚至刑事责任。

技能训练

一、单项选择题

1. 市场管理主体不仅享有各项市场管理的职权，同时也承担相应的管理责任，如滥用职权或有其他违法违纪行为，应承担相应的民事、行政及刑事责任。以上体现出市场管理主体的哪一项特征？（　　）

A. 地位法定

B. 享有宏观调控权、市场管理权、经济监督权和经济法规制定权

C. 宏观调控和微观调控相结合

D. 权责一致性

2. 市场管理主体对所有的市场活动贯彻执行统一的市场监管意图、政策、行政指令和法律规范，体现的是哪一项原则？（　　）

A. 公开　　B. 公平　　C. 统一监督　　D. 公正

3. 市场监管者处理交易纠纷和违法行为时，应执行同一标准，不因亲疏而不同，不因时空变化和个人情绪等因素影响公允办案，也不能为谋求私利或接受贿赂而徇私枉法。这体现出哪一项原则？（　　）

A. 公开　　B. 公平　　C. 平等　　D. 公正

4. ________主要负责不同的行业管理，管理对象主要是参与市场竞争的公司企业。（　　）

A. 专业和行业市场管理主体　　B. 宏观市场管理主体

C. 微观规制管理主体　　D. 社会保障管理主体

5. 受害方所受的损害必须是市场管理主体的所为的行为造成或引起的，市场管理主体才承担责任，即行为与损害结果之间存在着直接的（　　）

A. 必然联系　　B. 因果联系　　C. 外部联系　　D. 内部联系

二、多项选择题

1. 从市场管理主体的层级及地域管辖范围进行分类可以分为________和________。（　　）

A. 中央管理主体　　B. 宏观调控管理主体

C. 地方管理主体　　D. 社会保障管理主体

2. 市场管理主体的职权主要有（　　）

A. 宏观调控权　　B. 市场管理权

C. 经济监督权　　D. 经济法律规范制定权

3. 市场监管体制框架可以分为两个层次，即________的市场调控和________的市场监督。（　　）

A. 专业　　B. 宏观层次　　C. 微观层次　　D. 行业

4. 市场管理主体的法律责任形式主要有（　　）

A. 民事责任　　B. 行政责任　　C. 刑事责任　　D. 违宪责任

5. 对市场管理机关可以判处罚金，对________和________可以判处相应的刑罚。（　　）

A. 单位领导　　B. 直接负责的主管人员

C. 所有人员　　D. 其他直接责任人员

三、简答题

1. 市场管理主体的特征有哪些？

2. 市场管理主体如何才能实现统一监督？

3. 市场管理主体民事侵权行为的构成要件是什么？

四、案例讨论

2003年10月15日，A县政府根据《发展A县经济实施规划》，以红头文件形式作出了一项《关于对A县几家工业企业进行调整措施》，决定将属于集体所有制的A县机床附件厂与属于国有企业的A县机械厂合并为A县机械总厂；A县机床附件厂不服县政府这一决定，认为合并决定处理方案未征得他们同意，侵犯了企业经营自主权，遂向A县法院提起行政诉讼。A县政府有关领导得知这一情况后立即告诉县法院，这一合并决定是为了发展A县经济、解决县机械厂经济困难作出的，县机床附件厂应当顾全大局，服从县政府决定，同时县政府要求县法院应与县政府态度一致，维持县政府改革措施，对县机床附件厂起诉不予以受理。

问题：

(1) A县法院是否有权受理此案并说明理由。

(2) A县法院是否必须服从县政府意见并说明理由。

第五章　市场经济活动主体

知识目标

了解公司企业、合伙企业、外商投资企业等的概念、特征与分类，掌握有限责任公司和股份有限公司的设立与组织机构，一人有限责任公司和国有独资公司的特别规定，股份有限公司的股份发行与转让，上市公司的条件和特别规定。

能力目标

要求学生运用市场经济活动主体的基本原理和具体规则分析市场经济活动主体行为，运用公司法、合伙企业法、外商投资企业法等的相关规定来规范市场经济活动主体行为。

案例导入

甲公司与龙某签订一投资合同，约定：双方各出资 200 万元，设立乙有限责任公司；甲公司以其土地使用权出资，龙某以现金和专利技术出资(双方出资物已经验资)；龙某任董事长兼总经理；公司亏损按出资比例分担。双方拟定的公司章程未对如何承担公司亏损作出规定，其他内容与投资合同内容一致。乙公司经工商登记后，在甲公司用以出资的土地上生产经营，但甲公司未将土地使用权过户到乙公司。

2000 年 3 月，乙公司向丙银行借款 200 万元，甲公司以自己名义用上述土地使用权作抵押担保。同年 4 月，甲公司提出退出乙公司，龙某书面表示同意。2003 年 8 月，法院判决乙公司偿还丙银行上述贷款本息共 240 万元，并判决甲公司承担连带清偿责任。此时，乙公司已资不抵债，净亏损 180 万元。另查明，龙某在公司成立后将 120 万元注册资金转出，替朋友偿还债务。

基于上述情况，丙银行在执行过程中要求甲公司和龙某对乙公司债务承担责任。甲公司认为，自己为担保行为时，土地属乙公司所有，故其抵押行为应无效，且甲公司已于贷款后 1 个月退出了乙公司，因此，其对 240 万元贷款本息不应承担责任；另外乙公司注册资金中的 120 万元被龙某占用，龙某应退出 120 万元的一半给甲公司。龙某则认为，乙公司成立时甲公司投资不到位，故乙公司成立无效，乙公司的亏损应由甲公司按投资合同约定承担一半。

问题：

(1) 甲公司的抵押行为是否有效？为什么？

(2) 乙公司的成立是否有效？为什么？

(3) 甲公司认为其已退出乙公司的主张能否成立？为什么？

(4) 甲公司可否要求龙某退还其占用的 120 万元中的 60 万元？为什么？

(5) 甲公司应否承担乙公司亏损的一半？为什么？

(6) 乙公司、甲公司对丙银行的债务各应如何承担责任?

案例分析

(1) 有效。因甲公司为抵押行为时，抵押物并未转移，甲公司对该土地仍有支配权。

(2) 有效。公司以登记为成立要件，股东出资不到位不影响公司成立的效力，股东承担责任补足其差额。

(3) 不能。《公司法》第 36 条规定，公司成立后，股东不得抽逃出资。

(4) 不能。龙某占用的是公司资金，龙某仅对乙公司有返还义务，对甲公司无返还义务。

(5) 不应承担。公司成立后，股东之投资协议不能对抗公司章程，故甲公司仅有依章程向乙公司缴纳出资的义务，而无直接分担公司亏损的义务。

(6) 乙公司应当以其全部资产对丙银行的债务负责。甲公司应当在 200 万元的出资范围内对丙银行的债务负责。

第一节　公司法律制度

一、公司与公司法概述

(一) 公司的概念和特征

1. 公司的概念

公司是指由法定人数的股东依《公司法》的规定出资设立，股东以其认缴的出资额或认购的股份为限对公司承担责任，公司以其全部财产对公司债务承担责任的企业法人。

2. 公司的特征

(1) 营利性。公司是以营利为目的的经营组织，其营利性有两层含义：一是设立公司的目的是为了获取利润；二是公司应连续地从事同一性质的经营活动。

(2) 社团性。社团性亦称联合性，是指公司作为社团法人应为人的结合，其股东和股权具有多元性。

(3) 法人性。公司作为法人必须具备以下条件：必须依法设立；必须有独立的财产；能够独立地承担民事责任。法人性是公司区别于合伙企业的主要特征。

(二) 公司的分类

公司依据不同的分类标准有不同的种类，对公司从不同种类的角度进行研究，有助于加深理解，常见有以下一些分类方法：

1. 无限公司、有限公司、股份有限公司和两合公司

按照公司及公司股东对公司债务所负责任的不同，可以把公司分为无限公司、有限公司、股份有限公司和两合公司。

(1) 无限公司，亦称无限责任公司，是指由两个以上股东组成的，股东对公司债务负连带无限责任的公司。

(2) 有限公司，又称有限责任公司，是指由两个或两个以上的股东共同出资，每个股东

以其所认缴的出资额对公司承担有限责任,公司以其全部资产对其债务承担责任的企业法人。

(3) 股份有限公司,又称股份公司,是指注册资本由等额股份构成,并通过发行股票筹集资本,股东以其所认购的股份对公司承担有限责任,公司以其全部资产对公司债务承担责任的企业法人。

(4) 两合公司,是指由一人以上的无限责任股东与一人以上的有限责任股东所组成,其无限责任股东对公司债务负连带无限责任,有限责任股东对公司债务仅以其出资额为限承担有限责任的公司。

2. 人合公司、资合公司及人合兼资合公司

按照公司信用基础的不同,可以把公司分为人合公司、资合公司和人合兼资合公司。

(1) 人合公司,是指以股东个人信用为基础的公司。人合公司的对外信用不在于公司资本的多少,而在于股东个人的信用如何。无限责任公司是典型的人合公司。

(2) 资合公司,是指以其资本额作为信用基础的公司。资合公司的对外信用和债务清偿保障主要取决于公司的资本总额和现有资产状况。股份有限公司是典型资合公司。

(3) 人合兼资合公司,是指公司的设立和经营同时依赖于股东个人信用和公司资本规模的公司。两合公司、股份两合公司和有限责任公司均属此类公司。

3. 封闭式公司和开放式公司

按照公司资本筹集方式及出资转让方式的不同,可以把公司分为封闭式公司和开放式公司。封闭式公司是指资本全部由设立该公司的股东所拥有,不能对外发行股份,股东的出资证明不能在股票市场上自由流通的公司。开放式公司是指可以公开招股,股票可以在股票市场公开进行交易的公司。

4. 母公司和子公司

按照一个公司对另一个公司的控制与依附关系,可以把公司分为母公司和子公司。母公司又称控股公司,是指拥有另一公司的股份达到实际控股程度并直接掌握其经营活动的公司。子公司,是指半数以上股份受其他公司控制的公司。

5. 总公司与分公司

按照公司内部管辖关系,可以把公司分为总公司和分公司。总公司亦称本公司,是管辖该公司全部组织的总机构。总公司依法首先设立,公司(包括分公司)的业务经营、资金调度、人事安排等,均由总公司统一决定。总公司在法律上具有法人资格。分公司是总公司所管辖的分支机构,在业务、资金、人事等诸方面均受总公司管辖。它一般设立于总公司成立之时或成立之后,在法律上和经济上都没有独立性,不具有法人资格。

相关链接:

子公司与分公司的区别

《公司法》规定,公司可以设立分公司,分公司不具有企业法人资格,其民事责任由公司承担。公司可以设立子公司,子公司具有企业法人资格,依法独立承担民事责任。子公司与分公司的区别具体为:

(1) 子公司是独立的法人,拥有自己独立的名称、章程和组织机构,对外以自己的名义进行活动,在经营过程中发生的债权债务由自己独立承担。分公司则不具备企业法人资格,没有独立的名称,其名称应冠以隶属公司的名称,由隶属公司依法设立,只是公司的一个分支机构。

(2) 母公司对子公司的控制必须符合一定的法律条件。母公司对子公司的控制一般不是采取直接控制,更多的是采用间接控制方式,即通过任免子公司董事会成员和投资决策来影响子公司的生产经营决策。而分公司则不同,其人事、业务、财产受隶属公司直接控制,在隶属公司的经营范围内从事经营活动。

(3) 承担债务的责任方式不同。母公司作为子公司的最大股东,仅以其对子公司的出资额为限对子公司在经营活动中的债务承担责任;子公司作为独立的法人,以子公司自身的全部财产为限对其经营负债承担责任。分公司由于没有自己独立的财产,与隶属公司在经济上统一核算,因此其经营活动中的负债由隶属公司负责清偿,即由隶属公司以其全部资产为限对分公司在经营中的债务承担责任。

6. 本国公司、外国公司和跨国公司

按照公司的国籍,可以把公司分为本国公司、外国公司和跨国公司。

我国现行公司法中对公司国籍的认定,采取的是以准据法为主兼采住所地的原则。根据该法的有关规定,凡依照我国法律在中国境内设立的公司均为中国公司,即本国公司。与本国公司相对应的即为外国公司。

跨国公司又称多国公司,是指具有不同国籍的数个公司混合组成的公司。

我国《公司法》只规定了两种公司形式,即有限责任公司和股份有限公司。

(三) 公司法

公司法是指调整公司在设立、组织、活动和解散的过程中所发生的各种社会关系的法律规范的总称。现行实施的《公司法》是2005年10月27日第十届全国人民代表大会常务委员第十八次会议重新全面修订,并于2006年1月1日起正式施行。

二、公司法总则

(一) 公司设立

1. 公司设立的概念

公司设立是指公司设立人依照法定的条件和程序,为组建公司并取得法人资格而必须采取和完成的法律行为。公司设立不同于公司的设立登记,后者仅是公司设立行为的最后阶段。公司设立也不同于公司成立,后者不是一种法律行为,而是设立人取得公司法人资格的一种事实状态或设立人设立公司行为的法律后果。

2. 公司设立的原则

纵观世界各国的公司发展史,公司设立立法体系大体经历了从自由设立主义、特许主义到核准主义、准则主义、严格准则主义的过程。

自由设立主义是指公司的设立由发起人自由决定,法律不加限制,不必办理任何手续即可取得公司的法律人格。特许主义是指公司的设立必须经国家元首发布命令或经议会通过特别法令的形式予以许可。核准主义是指公司的设立除应具备法律规定的条件外仍须经政府行政机关审查批准。准则主义,又称登记主义,它经历了由单纯准则主义到严格准则主义两个阶段。单纯准则主义,指由法律规定成立公司的条件,如果发起人认为公司具备法律规定的条件,就可直接向登记机关申请,无须经过主管机关审批。严格准则主义,指在公司设立时,除了具备法律规定的要件外,还在法律中规定了严格的限制性条款,设立公司虽无须经过行政主管机关批准,但要符合法律规定的限制性条款,否则即应承担相应的法律责任的公司设立原则。

从我国《公司法》第 6 条的规定及其他相关规定来看，对设立有限责任公司和股份有限公司基本上采取严格准则主义，对设立特殊类型或特殊行业的公司则采取核准主义。

3. 公司设立的方式

公司设立的方式基本为两种，即发起设立和募集设立。

发起设立，是指公司的资本由发起人全部认购，不向发起人之外的任何人募集而设立公司的方式。有限责任公司、股份有限公司均可采用此种方式设立公司。发起设立在程序上较为简便，许多国家的公司法都规定了此种设立方式。我国《公司法》明确规定，股份有限公司可采取发起设立的方式。

募集设立，是指由发起人认购公司应发行股份的一部分，其余股份向社会公开募集或者向特定对象募集而设立公司。这种方式只是股份有限公司设立的方式。世界各国大都规定了发起人认购的股份在公司股本总数中应占的比例。我国规定的比例是不得少于 35%。

4. 公司设立的效力

公司设立的效力，是指公司设立活动所产生的法律后果。公司经设立登记，一是取得法人资格，二是取得从事经营活动的合法身份，三是取得公司名称专用权。

（二）公司章程

1. 公司章程的概念

公司章程是公司股东依法订立的规范公司组织与活动的基本法律文件。

2. 公司章程的订立与生效

（1）公司章程的订立。公司章程的订立通常有两种方式：一是共同订立，是指由全体股东或发起人共同起草、协商制订公司章程，否则，公司章程不得生效；二是部分订立，是指由股东或发起人中的部分成员负责起草、制订公司章程而后在经其他股东或发起人签字同意。公司章程必须采取书面形式，经全体股东或发起人同意并在章程上签名盖章，才能生效。

（2）公司章程的生效。一般认为公司章程上签字、盖章之日或者经创立大会通过之日，非章程的生效之日；公司的处理之日，为公司章程的生效之日。

3. 公司章程的内容

公司章程的即指公司章程所记载的事项。公司章程的具体内容可因公司种类、公司经营范围、公司经营方式的不同而有所区别，但都可以归纳为以下三类：绝对记载事项、相对记载事项和任意记载事项。我国《公司法》关于公司章程没有作上述分类，但第 25 条、第 82 条分别对有限责任公司和股份有限公司的章程应当载明的事项作了规定。

4. 公司章程的变更

公司章程的变更是指已经生效的公司章程的修改。我国《公司法》规定，有限责任公司修改公司章程的决议，必须经代表 2/3 以上表决权的股东通过；股份有限公司修改公司章程的决议，必须经出席股东大会的股东所持表决权的 2/3 以上通过。公司章程变更后，公司董事会应向公司现在管理机关申请变更登记。

（三）公司资本

1. 公司资本的概念

公司资本是公司成立时公司章程确定并载明，由全体股东出资构成的公司财产的总和。公司资本是公司信用的基础。公司资本是公司开展经营活动的物质基础，也是公司对外承担财产责任的物质基础。

2. 公司资本的原则

大陆法系国家的公司法普遍确认了公司资本的三项基本原则，即资本确定原则、资本维持原则和资本不变原则，并称之为“资本三原则”。

(1) 资本确定原则

资本确定原则，是指公司在设立时必须在章程中对公司的资本总额作出明确规定，并须由股东全部认足。

(2) 资本维持原则

资本维持原则又称资本充实原则，是指公司在其存续过程中，应经常保持与其资本额相当的财产。

(3) 资本不变原则

资本不变原则，是指公司的资本一经确定，即不得随意改变，如需增加或减少资本，必须严格按法定程序进行。

(四) 公司债券

1. 公司债券的概念和特征

公司债券是指公司依照法定条件和程序发行约定在一定期限还本付息的有价证券。从我国《公司法》的有关规定来看，公司债券具有以下特征：

(1) 公司债券是由股份有限公司和特定的有限责任公司发行的债券。

(2) 公司债券是公司以借贷方式向公众筹集资金，具有利率固定、风险较小、易于吸引投资者的优点。

(3) 公司债券是一种要式证券，其制作必须遵照《公司法》第 156 条的规定，记载公司名称、债券票面金额、利率偿还期限等事项，并由法定代表人签名，公司盖章。

(4) 公司债券是一种有价证券。公司债券持有人是公司的债权人，享有按照约定期限取得利息、收回本金的权利；发行债券的公司作为向社会公众借债的债务人，负有按照约定期限向债务所有人还本付息的义务。公司债券作为一种有价证券可以自由流通转让。

2. 公司债券的种类

(1) 记名公司债券与无记名公司债券

以公司债券是否在公司债券上记载公司债券债权人的名称，可将公司债券分为记名公司债券和无记名公司债券。记名公司债券是指债券票面载有持有人姓名或者名称的公司债券。无记名公司债券是则指债券票面不载明持有人姓名或者名称的公司债券。

(2) 转换公司债券与非转换公司债券

以公司债券是否可以转换为公司股份，可将公司债券分为转换公司债券和非转换公司债券。可转换公司债券，指债券持有人有权依照约定的条件将所持有的公司债券转换为发行公司股份的公司债券。不可转换公司债券，相对于可转换公司债券而言的。

(3) 担保公司债券与无担保公司债券

以公司债券在偿还上是否有担保，可将公司债券分为担保公司债券和无担保公司债券。担保公司债券是指以特定财产作抵押或者是附有第三人的保证而发行的公司债务。无担保公司债券是指既无提供任何特定作抵押，也无第三人作为保证人，仅以公司的信用为基础发行的公司债券，因此也称为信用公司债券。

3. 公司债券的发行条件

《证券法》第 16 条规定，公开发行公司债券，应当符合下列条件：(1) 股份有限公司的净资产不低于人民币 3 000 万元，有限责任公司的净资产不低于人民币 6 000 万元；(2) 累计债券余额不超过公司净资产的 40%；(3) 最近三年平均可分配利润足以支付公司债券一年的利息；(4) 筹集的资金投向符合国家产业政策；(5) 债券的利率不超过国务院限定的利率水平；(6) 国务院规定的其他条件。

4. 公司债券的转让

公司债券可以转让，转让价格由转让人与受让人约定。公司债券在证券交易所上市交易的，按照证券交易所的交易规则转让。记名公司债券，由债券持有人以背书方式或者法律、行政法规规定的其他方式转让；转让后由公司将受让人的姓名或者名称及住所记载于公司债券存根簿。无记名公司债券的转让，由债券持有人将该债券交付给受让人后即发生转让的效力。

(五) 公司法人人格否认

1. 公司法人人格否认的含义

公司法人人格否认，是指当公司股东滥用公司法人独立地位和股东有限责任来逃避债务时，法律否认公司的独立人格与股东的有限责任，责令滥用公司独立人格的股东对公司债务承担连带责任的法律制度。

2. 我国《公司法》对公司人格否认的规定

(1) 滥用公司独立地位和股东有限责任时的公司人格否认

《公司法》第 20 条规定：公司股东应当遵守法律、行政法规和公司章程，依法行使股东权利，不得滥用股东权利损害公司或者其他股东的利益；不得滥用公司法人独立地位和股东有限责任损害公司债权人的利益。公司股东滥用股东权利给公司或者其他股东造成损失的，应当依法承担赔偿责任。公司股东滥用公司法人独立地位和股东有限责任，逃避债务，严重损害公司债权人利益的，应当对公司债务承担连带责任。

(2) 一人公司股东财产与公司财产混同时的人格否认

《公司法》第 64 条规定：一人有限责任公司的股东不能证明公司财产独立于股东自己的财产的，应当对公司债务承担连带责任。这里的举证责任，由股东承担(举证责任倒置)，不是由公司和公司债权人承担。

三、有限责任公司

(一) 有限责任公司的概念与特征

有限责任公司，是指由 50 个以下股东出资设立的，每个股东以其所认缴的出资额为限对公司承担责任，公司以其全部财产对公司的债务承担责任的企业法人。有限责任公司具有以下特征：

1. 股东人数的限制性

有限责任公司具有人合性，股东之间需相互合作和信任，这就决定了公司的人数不宜太多，否则将会影响公司股东之间的了解和合作。根据我国《公司法》的相关规定，有限责任公司应由 50 个以下的股东共同出资设立，一个自然人或者一个法人可以单独设立有限责任公司，并且一个自然人只能投资设立一个一人有限责任公司，该一人有限责任公司不能投资设立新的一人有限责任公司。

2. 股东责任的有限性

有限责任公司的股东仅以其出资额为限对公司承担责任，此外其对公司及公司债权人均不负任何财产责任，并且公司的债权人亦不得直接向股东主张债权或请求赔偿。这是有限责任公司与无限责任公司及两合公司的根本区别。

3. 股东出资的非股份性

股东出资的非股份性是有限责任公司与股份有限公司的区别之一。股份有限公司的资本，需要划分成若干金额相等的股份，股东就其所认购的股份对公司负责。而有限责任公司的资本，一般不划分为股份，每个股东只有一份出资，不同股东的出资额可以不相同，股东均以其出资额为限对公司承担责任。

4. 公司资本的封闭性

所谓公司资本的封闭性是指有限责任公司的资本只能由全体股东认缴，不能向社会公开募集和发行股票。公司发给股东的出资证明书不能在证券市场上流通转让。由于有限责任公司不能对外公开发行股份，且股东出资证明书不允许在证券市场流通，所以其财务会计账簿也无需向公众公开。其股东出资转让也有严格限制，以保证公司的人合性。

5. 公司组织的简便性

有限责任公司的设立程序较为简单，只有发起设立，而无募集设立；其组织机构也较为简单、灵活，其中股东会由全体股东组成，股东会的召集方法和议事程序也较为简单。可由职工代表担任的董事、监事由股东会选举产生，规模较小和股东人数较少的有限责任公司可以不设董事会和监事会，只设 1 名执行董事和 1～2 名监事。

6. 资合与人合的统一性

有限责任公司虽然从本质上讲也是一种资本的联合，但与股份有限公司相比较，更加强调和注重股东之间的信任和合作，上述几个特点都不同程度地体现出公司的人合色彩，因此资合与人合的统一性是有限责任公司公司的一项重要特征。

(二) 有限责任公司的设立条件

根据《公司法》第 23 条，设立有限公司应当具备以下条件：

1. 股东符合法定人数

《公司法》第 24 条规定，有限责任公司由 50 个以下股东出资设立。这表明，在我国设立有限责任公司，最多不能超过 50 个股东。有限责任公司的股东可以是自然人，也可以是法人。

2. 股东出资达到法定资本最低限额

《公司法》第 26 条规定，公司全体股东的首次出资额不得低于注册资本的 20%，也不得低于法定的注册资本最低限额，其余部分由股东自公司成立之日起 2 年内缴足；其中，投资公司可以在 5 年内缴足。有限责任公司注册资本的最低限额为人民币 3 万元。法律、行政法规对有限责任公司注册资本的最低限额有较高规定的，从其规定。

股东的出资方式可以是多样的。《公司法》第 27 条规定，股东可以用货币出资，也可以用实物、知识产权、土地使用权等可以用货币估价并可以依法转让的非货币财产作价出资，但是法律、行政法规规定不得作为出资的财产除外。全体股东的货币出资金额不得低于有限责任公司注册资本的 30%。

3. 股东共同制定公司章程

根据《公司法》第 25 条的规定，章程应当记载的事项有：公司名称和住所；公司经营范围；公司注册资本；股东的姓名或者名称；股东的出资方式、出资额和出资时间；公司的机构及其产生办法、职权、议事规则；公司法定代表人；股东会会议认为需要规定的其他事项。

4. 有公司名称，建立符合有限责任公司要求的组织机构

有限责任公司应当在名称中标明“有限责任公司”或者“有限公司”字样，其组织机构一般由股东会、董事会、经理机构、监事机构组成。

5. 有公司住所

公司住所是公司主要办事机构所在地。经公司登记机关登记的公司住所只能有一个。

【案例 5-1】 公司设立

2008 年蓝天公司、宝宝服装厂和红花服装厂准备出资成立一家有限责任公司，从事服装生产。三家投资企业设立了公司章程，并共同出资 30 万元人民币。其中蓝天公司以注册商标专用权作为出资，价值 9 万元人民币。宝宝服装厂以机器设备出资，价值为 11 万元人民币，红花服装厂出资 10 万元人民币。其后，三个股东各指定一名代表向公司登记机关申请设立登记，但未予登记。

问题：

(1) 这家有限责任公司出资额是否符合法定资本最低限额？

(2) 股东是否可以以机器设备、注册商标专用权出资？

(3) 法律对工业产权出资有无具体规定？

(4) 公司是否成立？

【案例分析】

(1) 符合法定资本最低限额。《公司法》规定，有限责任公司的最低注册资本额为 3 万元。

(2) 可以。《公司法》第 27 条规定，股东可以用货币出资，也可以用实物、知识产权、土地使用权等可以用货币估价并可以依法转让的非货币财产作价出资；但是，法律、行政法规规定不得作为出资的财产除外。因此，机器设备、注册商标专用权可以作为出资。

(3)《公司法》第 27 条第 3 款规定，全体股东的货币出资金额不得低于有限责任公司注册资本的 30%。对于工业产权无特别规定。

(4) 没有成立。公司的成立以登记为要件，未予登记之前公司不能成立。

(三) 有限责任公司的组织机构

我国《公司法》对有限责任公司组织机构的设置作了多元制的规定，即：一般的有限责任公司，其组织机构为股东会、董事会和监事会；股东人数较少或者规模较小的有限责任公司，可以设一名执行董事，不设董事会，执行董事可以兼任公司经理；国有独资有限责任公司，其组织机构为唯一股东、董事会和监事会。

1. 股东会

(1) 股东会的地位和组成

股东会是有限责任公司的权力机关，除公司法有特别规定的以外，有限责任公司必须设立股东会。但股东会是非常设机关，仅以会议形式存在，只有在召开股东会会议时，股东会才作为公司机关存在。

(2) 股东会的职权

股东会作为有限责任公司的权力机关，行使下列职权：决定公司的经营方针和投资计划；选举和更换非由职工代表担任的董事、监事，决定有关董事、监事的报酬事项；审议批准董事会的报告；审议批准监事会或者监事的报告；审议批准公司的年度财务预算方案、决算方案；审议批准公司的利润分配方案和弥补亏损方案；对公司增加或者减少注册资本作出决

议；对发行公司债券作出决议；对公司合并、分立、解散、清算或者变更公司形式作出决议；修改公司章程；公司章程规定的其他职权。

(3) 股东会的召开

股东会分为定期会议和临时会议两种。定期会议应当依照公司章程的规定按时召开。临时会议可由代表 1/10 以上表决权的股东，1/3 以上的董事，监事会或者不设监事会的公司的监事提议召开。

股东会的首次会议由出资最多的股东召集和主持。以后的股东会，凡设立董事会的，股东会会议由董事会召集、董事长主持。董事长不能履行职务或者不履行职务的，由副董事长主持；副董事长不能履行职务或者不履行职务的，由半数以上董事共同推举一名董事主持。不设董事会的，股东会会议由执行董事召集和主持；董事会或者执行董事不能履行或者不履行召集股东会议职责的，由监事会或者不设监事会的公司的监事召集和主持；监事会或者监事不召集和主持的，代表 1/10 以上表决权的股东可以自行召集和主持。召开股东会会议，应当于会议召开前 15 日通知全体股东；但是，公司章程另有规定或者全体股东另有约定的除外。

股东会的议事方式和表决程序，除公司法有规定外，由公司章程规定。股东会的决议方法，也因决议事项的不同而不同。普通决议事项必须经代表 1/2 以上表决权的股东通过；特别决议事项即修改公司章程、增加或者减少注册资本、分立、合并、解散或者变更公司形式的决议须经代表 2/3 以上表决权的股东通过方可做出。

2. 董事会

(1) 董事会的地位和组成

董事会是有限责任公司的业务执行机关，享有业务执行权和日常经营的决策权。它是一般有限责任公司的必设机关和常设机关。股东人数较少或公司规模较小的有限责任公司公司除外。

董事会由董事组成，其成员为 3～13 人。董事任期由公司章程规定，各个公司可有所不同，但每届任期不得超过 3 年。董事任期届满，连选可以连任。

(2) 董事会的职权

董事会对股东会负责，根据《公司法》第 47 条的规定，董事会的职权包括：召集股东会会议，并向股东会报告工作；执行股东会的决议；决定公司的经营计划和投资方案；制订公司的年度财务预算方案、决算方案；制订公司的利润分配方案和弥补亏损方案；制订公司增加或者减少注册资本以及发行公司债券的方案；制订公司合并、分立、解散或者变更公司形式的方案；决定公司内部管理机构的设置；决定聘任或者解聘公司经理及其报酬事项，并根据经理的提名决定聘任或者解聘公司副经理、财务负责人及其报酬事项；制定公司的基本管理制度；公司章程规定的其他职权。

(3) 董事会会议的召开

董事会会议由董事长召集和主持；董事长不能履行职务或者不履行职务的，由副董事长召集和主持；副董事长不能履行职务或者不履行职务的，由半数以上董事共同推举一名董事召集和主持。董事会决议的表决，实行一人一票。董事会的议事方式和表决程序，除本法有规定的外，由公司章程规定。董事会应当对所议事项的决定作成会议记录，出席会议的董事应当在会议记录上签名。

3. 经理

有限责任公司的经理是负责公司日常经营管理工作的高级管理人员。经理由董事会聘任或者解聘，对董事会负责，并有权列席董事会会议。

经理的职权可以由章程规定。章程未规定的适用法律的规定。根据我国《公司法》第50条的规定，经理应行使下列职权：(1) 主持公司的生产经营管理工作，组织实施董事会决议；(2) 组织实施公司年度经营计划和投资方案；(3) 拟订公司内部管理机构设置方案；(4) 拟订公司的基本管理制度；(5) 制定公司的具体规章；(6) 提请聘任或者解聘公司副经理、财务负责人；(7) 决定聘任或者解聘除应由董事会决定聘任或者解聘以外的负责管理人员；(8) 董事会授予的其他职权。

4. 监事会

(1) 监事会的地位和组成

监事会为经营规模较大的有限责任公司的常设监督机关，专司监督职能，对股东会和全体职工负责。监事会由监事组成，其成员不得少于3人。监事会由股东代表和适当比例的公司职工代表组成，其中职工代表的比例不得低于1/3，具体比例由公司章程规定。监事会中的职工代表是由公司职工通过职工代表大会、职工大会或者其他形式民主选举产生。监事的任期每届为期3年。监事任期届满，连选可以连任。

股东人数较少和规模较小的有限责任公司，股东人数较少的，不设立监事会，可以设1～2名监事，行使监事会的职权。同时，公司董事、高级管理人员不得兼任监事。

(2) 监事会的职权

依照我国《公司法》第54条的规定，监事会行使下列职权：①检查公司财务；②对董事、高级管理人员执行公司职务的行为进行监督，对违反法律、行政法规、公司章程或者股东会决议的董事、高级管理人员提出罢免的建议；③当董事、高级管理人员的行为损害公司的利益时，要求董事、高级管理人员予以纠正；④提议召开临时股东会会议，在董事会不依法履行召集和主持股东会会议职责时召集和主持股东会会议；⑤向股东会会议提出提案；⑥依法代表公司对董事、高级管理人员提起诉讼；⑦公司章程规定的其他职权。

5. 董事、监事、高级管理人员的任职资格和义务

(1) 董事、监事、高级管理人员的任职资格

由于董事、监事、高级管理人员在公司中的特殊重要地位，各国公司法均对其任职资格作出规定。我国《公司法》第147条规定，有下列情形之一的，不得担任公司的董事、监事、高级管理人员：①无民事行为能力或者限制民事行为能力；②因贪污、贿赂、侵占财产、挪用财产或者破坏社会主义市场经济秩序，被判处刑罚，执行期满未逾五年，或者因犯罪被剥夺政治权利，执行期满未逾五年；③担任破产清算的公司、企业的董事或者厂长、经理，对该公司、企业的破产负有个人责任的，自该公司、企业破产清算完结之日起未逾三年；④担任因违法被吊销营业执照、责令关闭的公司、企业的法定代表人，并负有个人责任的，自该公司、企业被吊销营业执照之日起未逾三年；⑤个人所负数额较大的债务到期未清偿。

公司违反上述规定选举、委派董事、监事或者聘任高级管理人员的，该选举、委派或者聘任无效。董事、监事、高级管理人员在任职期间出现以上所列情形的，公司应当解除其职务。

(2) 董事、监事、高级管理人员的义务

《公司法》第148条规定，董事、监事、高级管理人员应当遵守法律、行政法规和公司章程，对公司负有忠实义务和勤勉义务。董事、监事、高级管理人员不得利用职权收受贿赂或

者其他非法收入,不得侵占公司的财产。

《公司法》第 149 条规定,董事、高级管理人员不得有下列行为:①挪用公司资金;②将公司资金以其个人名义或者以其他个人名义开立账户存储;③违反公司章程的规定,未经股东会、股东大会或者董事会同意,将公司资金借贷给他人或者以公司财产为他人提供担保;④违反公司章程的规定或者未经股东会、股东大会同意,与本公司订立合同或者进行交易;⑤未经股东会或者股东大会同意,利用职务便利为自己或者他人谋取属于公司的商业机会,自营或者为他人经营与所任职公司同类的业务;⑥接受他人与公司交易的佣金归为己有;⑦擅自披露公司秘密;⑧违反对公司忠实义务的其他行为。董事、高级管理人员违反前款规定所得的收入应当归公司所有。

《公司法》第 150 条规定,董事、监事、高级管理人员执行公司职务时违反法律、行政法规或者公司章程的规定,给公司造成损失的,应当承担赔偿责任。

(四) 有限责任公司的股权转让

股权转让,是指公司股东依法将自己的股份让渡给他人,使他人成为公司股东的民事法律行为。

1. 有限责任公司的股权转让的形式

(1) 协议转让

有限责任公司的协议转让分为内部转让和外部转让两种。前者指有限责任公司的股东之间可以相互转让其全部或者部分股权。即股东之间可以自由地相互转让其全部或者部分出资,不需要股东会表决通过。后者指股东向股东以外的人转让股权。

公司法对股东之间转让实行自由原则,对外转让设定一定的条件。具体而言,股东向股东以外的人转让股权,应当经其他股东过半数同意。股东应就其股权转让事项书面通知其他股东征求同意,其他股东自接到书面通知之日起满三十日未答复的,视为同意转让。其他股东半数以上不同意转让的,不同意的股东应当购买该转让的股权;不购买的,视为同意转让。

经股东同意转让的股权,在同等条件下,其他股东有优先购买权。两个以上股东主张行使优先购买权的,协商确定各自的购买比例;协商不成的,按照转让时各自的出资比例行使优先购买权。公司章程对股权转让另有规定的,从其规定。

(2) 法院强制执行转让

《公司法》第 73 条规定,人民法院依照法律规定的强制执行程序转让股东的股权时,应当通知公司及全体股东,其他股东在同等条件下有优先购买权。其他股东自人民法院通知之日起满 20 日不行使优先购买权的,视为放弃优先购买权。

(3) 股权回购

《公司法》第 75 条规定,有下列情形之一的,对股东会该项决议投反对票的股东可以请求公司按照合理的价格收购其股权:①公司连续五年不向股东分配利润,而公司该五年连续盈利,并且符合本法规定的分配利润条件的;②公司合并、分立、转让主要财产的;③公司章程规定的营业期限届满或者章程规定的其他解散事由出现,股东会会议通过决议修改章程使公司存续的。自股东会会议决议通过之日起六十日内,股东与公司不能达成股权收购协议的,股东可以自股东会会议决议通过之日起九十日内向人民法院提起诉讼。

(4) 继承

《公司法》第 76 条规定,自然人股东死亡后,其合法继承人可以继承股东资格;但是,公司章程另有规定的除外。

（五）一人有限责任公司

1. 一人有限责任公司的概念

一人有限责任公司，简称一人公司，是指只有一个自然人股东或者一个法人股东的有限责任公司。

2. 我国《公司法》对一人有限责任公司的特别规定

（1）一人有限责任公司注册资本最低限额为人民币十万元，且应当一次足额缴纳公司章程规定的出资额。

（2）一个自然人只能投资设立一个一人有限责任公司，且该一人有限责任公司不能投资设立新的一人有限责任公司。

（3）一人有限责任公司应当在公司登记中注明自然人独资或者法人独资，并在公司营业执照中载明。

（4）一人有限责任公司应当在每一会计年度终了时编制财务会计报告，并经会计师事务所审计。

（5）一人有限责任公司的股东不能证明公司财产独立于股东自己财产的，应当对公司债务承担连带责任。

（六）国有独资公司

1. 国有独资公司的概念

国有独资公司是指国家单独出资、由国务院或者地方人民政府授权本级人民政府国有资产监督管理机构履行出资人职责的有限责任公司。

2. 国有独资公司的组织机构

（1）国有独资公司的权力机构。根据《公司法》第59条的规定，国有独资公司不设股东会，由国有资产监督管理机构行使股东会职权。国有资产监督管理机构可以授权公司董事会行使股东会的部分职权，决定公司的重大事项，但公司的合并、分立、解散、增加或者减少注册资本和发行公司债券，必须由国有资产监督管理机构决定；其中，重要的国有独资公司合并、分立、解散、申请破产的，应当由国有资产监督管理机构审核后，报本级人民政府批准。

（2）国有独资公司的董事会。依照公司法规定，国有独资公司必须设立董事会。国有独资公司董事会的成员为3人至13人，行使与一般有限责任公司的董事会基本相同的职权。

（3）国有独资公司的监事会。监事会成员不得少于5人，其中职工代表的比例不得低于1/3，具体比例由公司章程规定。

（4）国有独资公司的经理。根据《公司法》第59条的规定，国有独资公司设经理，由董事会聘任或者解聘。

（5）国有独资公司负责人的专任制度。《公司法》第70条规定，国有独资公司的董事长、副董事长、董事、高级管理人员，未经国有资产监督管理机构同意，不得在其他有限责任公司、股份有限公司或者其他经济组织兼职。

四、股份有限公司

（一）股份有限公司的概念与特征

股份有限公司，即股份公司，是指依法定程序设立的，公司资本划分为等额股份，并通过发行股票筹集资本，股东以其认购的股份为限对公司承担责任，公司以其全部财产对公司债务承担责任的企业法人。其特征如下：

1. 股东责任的有限性

股份有限公司与有限责任公司一样，有一个共同的基本特点，那就是股东责任的有限性，这也是其区别于无限公司和合伙等组织形式的最主要特征。股份有限公司的股东以其认购的股份为限对公司债务承担责任，而不再以其他财产对公司及公司债权人承担任何责任。一旦公司破产或解散而要求清算时，公司债权人就只能对公司财产提出要求，而无权直接要求股东清偿债务，更不能要求股东以其股本之外的财产清偿公司债务。

2. 股东人数的广泛性

股份有限公司公司除发起设立外，其最大的特点就是能够通过公开募集资本的方式设立，在短期内迅速筹集巨额资本，而这种方式就是通过向社会公众广泛发行股票来扩大投资者主体范围，拓宽融资渠道。任何人无需具备特殊的身份，相互之间也无需存在信赖关系，只需认购股份以及支付股款，就可以成为股份公司的股东。由于股东具有不特定性和广泛性，各国立法一般都不规定股份有限公司的最高人数限额。

3. 公司股份的均等性

基于独特的集资方式及股份转让方式的需要，股份有限公司的资本被划分为等额股份，每一等额股份即是构成公司资本的最小单位，也是计算股东权利义务的最小单位，股东只能按照股份的划分单位进行认购，每一股份代表一定的股权，其所代表的金额是相等的，包含的权利也是平等的，即所谓的同股同权、同股同利，股东权利的大小与其所持有的股份总数成正比例关系。

4. 公司信用基础的资合性

股份有限公司的信用基础在于公司的资本，而不在于股东个人的信用，公司对股东的身份没有特别要求，任何人只要依法认购股份就可以成为公司的股东。

5. 股份有限公司的开放性

与有限责任公司公司的封闭性相反，股份有限公司具有很强的开放性。这种开放性不仅表现在公司资本募集的公开性和股份转让的自由性，而且还反映在公司经营状况的公开性，股份有限公司必须依照法律规定履行信息公开义务，使社会公众了解公司的经营状况。

(二) 股份有限公司的设立

1. 设立条件

根据我国《公司法》第 77 条的规定，设立股份有限公司应当具备下列条件：

(1) 发起人符合法定人数。设立股份有限公司，应当有 2 人以上 200 人以下为发起人，其中须有半数以上的发起人在中国境内有住所。

(2) 发起人认购和募集的股本达到法定资本最低限额 。除法律、行政法规有特别规定外，我国股份有限公司注册资本的最低限额为人民币 500 万元。采取发起设立方式设立的，注册资本为在公司登记机关登记的全体发起人认购的股本总额。公司全体发起人的首次出资额不得低于注册资本的 20%，其余部分由发起人自公司成立之日起 2 年内缴足；其中，投资公司可以在五年内缴足。在缴足前，不得向他人募集股份。采取募集方式设立的，注册资本为在公司登记机关登记的实收股本总额。

(3) 股份发行、筹办事项符合法律规定。

(4) 发起人制订公司章程，采用募集方式设立的经创立大会通过。

(5) 有公司名称,建立符合股份有限公司要求的组织机构。

(6) 有公司住所。

2. 设立程序

股份有限公司的设立可以采取发起设立或者募集设立的方式。

(1) 发起设立的主要程序

①发起人签订发起人协议,明确各自在公司设立过程中的权利和义务。

②向公司登记机关申请名称预先核准。

③发起人制订公司章程。

④发起人书面认足公司章程规定其认购的股份,缴纳全部出资或首期出资。

⑤选举董事会和监事会。

⑥申请设立登记。

(2) 募集设立的主要程序

①发起人认购股份,一般不得少于公司股份总数的35%。

②向国务院证券监督管理机构提出股票发行申请。

③向社会公开募集股份的,必须公告招股说明书,并制作认股书。

④与证券公司签订承销协议,同银行签订代收股款协议。

⑤发行股份的股款缴足后,必须经依法设立的验资机构验资并出具证明。

⑥召开创立大会。发起人应当自股款缴足之日起30日内,主持召开公司创立大会。

⑦申请登记。董事会应于创立大会结束后30日内,向公司登记机关报送相关文件,申请设立登记。

(三) 股份有限公司的组织机构

1. 股东大会

(1) 股东大会的地位和职权

股份有限公司股东大会由全体股东组成。股东大会是公司的权力机构,是法定必设机关。根据我国《公司法》第100条的规定,股份有限公司股东大会的职权与有限责任公司股东会的职权相同。

(2) 股东大会会议的召开

股东大会分为定期会议和临时会议两种。定期股东大会应当每年召开一次。有下列情形之一的,应当在2个月内召开临时股东大会:①董事人数不足本法规定人数或者公司章程所定人数的三分之二时;②公司未弥补的亏损达实收股本总额三分之一时;③单独或者合计持有公司百分之十以上股份的股东请求时;④董事会认为必要时;⑤监事会提议召开时;⑥公司章程规定的其他情形。

股东大会会议由董事会召集,董事长主持;董事长不能履行职务或者不履行职务的,由副董事长主持;副董事长不能履行职务或者不履行职务的,由半数以上董事共同推举一名董事主持。董事会不能履行或者不履行召集股东大会会议职责的,监事会应当及时召集和主持;监事会不召集和主持的连续90日以上,单独或者合计持有公司10%以上股份的股东可以自行召集和主持。

召开股东大会会议,应当将会议召开的时间、地点和审议的事项于会议召开20日前通知各股东;临时股东大会应当于会议召开15日前通知各股东;发行无记名股票的,应当于会议召开30日前公告会议召开的时间、地点和审议事项。

单独或者合计持有公司3%以上股份的股东，可以在股东大会召开十日前提出临时提案并书面提交董事会；董事会应当在收到提案后2日内通知其他股东，并将该临时提案提交股东大会审议。临时提案的内容应当属于股东大会职权范围，并有明确议题和具体决议事项。股东大会不得对通知中未列明的事项作出决议。无记名股票持有人出席股东大会会议的，应当于会议召开5日前至股东大会闭会时将股票交存于公司。

(3) 股东大会的决议

股东出席股东大会会议，所持每一股份有一表决权。但是，公司持有的本公司股份没有表决权。此外，股东可以委托代理人出席股东大会会议，代理人应当向公司提交股东授权委托书，并在授权范围内行使表决权。股东大会作出决议，必须经出席会议的股东所持表决权过半数通过。但是，股东大会作出修改公司章程、增加或者减少注册资本的决议，以及公司合并、分立、解散或者变更公司形式的决议，必须经出席会议的股东所持表决权的2/3以上通过。

股东大会应当对所议事项的决定作成会议记录，主持人、出席会议的董事应当在会议记录上签名。会议记录应当与出席股东的签名册及代理出席的委托书一并保存。

2. 董事会

(1) 董事会的地位和职权

董事会是股份有限公司常设的业务决策机构，对股东大会负责。

董事会一般由股东大会选举的董事组成，董事会成员可以有公司职工代表。董事的人数为5人至19人。董事会设董事长一人，可以设副董事长。董事长和副董事长由董事会以全体董事的过半数选举产生。董事的任期及董事会的法定职权与有限责任公司的规定相同。

(2) 董事会会议的召开

股份有限公司的董事会会议分为定期会议和临时会议两种。董事会定期会议，每年度至少召开两次会议，每次会议应当于会议召开前10日通知全体董事和监事。

代表1/10以上表决权的股东、1/3以上董事或者监事会，可以提议召开董事会临时会议。董事长应当自接到提议后10日内召集和主持董事会会议。董事会召开临时会议，可以另定召集董事会的通知方式和通知时限。董事长召集和主持董事会会议，检查董事会决议的实施情况。副董事长协助董事长工作，董事长不能履行职务或者不履行职务的，由副董事长履行职务；副董事长不能履行职务或者不履行职务的，由半数以上董事共同推举一名董事履行职务。

董事会会议应有过半数的董事出席方可举行。董事会作出决议，必须经全体董事的过半数通过。董事会决议的表决，实行一人一票。董事会应当对会议所议事项的决定作成会议记录，出席会议的董事应当在会议记录上签名。董事应当对董事会的决议承担责任。董事会的决议违反法律、行政法规或者公司章程，致使公司遭受严重损失的，参与决议的董事对公司负赔偿责任。但经证明在表决时曾表明异议并记载于会议记录的，该董事可以免除责任。

3. 监事会

监事会是股份有限公司必设的监察机构，对公司的财务及业务执行情况进行监督。

监事会由监事组成，其成员不得少于3人。监事会应当包括股东代表和适当比例的公司职工代表，其中职工代表的比例不得低1/3，具体比例由公司章程规定。董事、高级管理人员不得兼任监事。

股份有限公司监事的任期和监事会的法定职权及行使职权所必需的费用的承担与股份有限公司的规定相同。

监事会每6个月至少召开一次会议。监事可以提议召开临时监事会会议。监事会的议事方式和表决程序,除《公司法》有规定的外,由公司章程规定。监事会决议应当经半数以上监事通过。监事会应当对所议事项的决定作成会议记录,出席会议的监事应当在会议记录上签名。

(四) 股份有限公司的股份转让

1. 股份和股票的概念

股份是指股份有限公司股东持有的、公司资本的基本构成单位,也是划分股东权利义务的基本单位。它是股份有限公司的特有概念,也是股份有限公司区别于有限责任公司的重要特征。股份的表现形式为股票,股东通过购买股票来进行投资,获取股东身份。

2. 股份转让

(1) 股份转让的方式

股份有限公司股份的转让是通过股票的转让实现的。我国公司法对记名股票和无记名股票的转让作出了不同规定。

记名股票的转让,由股东以背书方式或者法律、行政法规规定的其他方式转让,由公司将受让人的姓名或者名称及住所记载于股东名册。如果记名股票的转让,未将受让人的姓名或者名称记载于股票,或未将受让人的姓名或者名称及住所记载于公司股东名册,则记名股票的转让不具有法律效力。法律、行政法规规定的其他转让方式,主要是指实践中股票的无纸化形式,按照证券交易登记结算规则和程序,利用电子化模式进行显示和转让。

无记名股票的转让,由股东将该股票交付给受让人后即发生转让的效力。只要交付就发生法律效力,不需要背书,也无须过户登记。

(2) 股份转让的限制

如上所述,股东持有的股份可以依法转让,但为了保护公司及股东的利益,公司法对股份转让也作了一些限制性规定。

①股份转让场所的限制。为了规范股票交易,防范黑市交易,《公司法》第139条规定:"股东转让其股份,应当在依法设立的证券交易场所进行或者按照国务院规定的其他方式进行"。

②对发起人所持本公司股份转让的限制。《公司法》第142条第1款规定:"发起人持有的本公司股份,自公司成立之日起1年内不得转让。公司公开发行股份前已发行的股份,自公司股票在证券交易所上市交易日起1年内不得转让"。

③对董事、监事、高级管理人员所持本公司股份转让的限制。《公司法》第142条第2款规定:"公司董事、监事、高级管理人员应当向公司申报所持有的本公司的股份及其变动情况,在任职期间每年转让的股份不得超过其所持有本公司股份总数的25%;所持本公司股份,自公司股票上市交易日起1年内不得转让。上述人员离职后半年内,不得转让其所持有的本公司股份。公司章程可以对公司董事、监事、高级管理人员转让其所持有的本公司股份作出其他限制性规定"。

④《公司法》第143条规定,公司不得收购本公司股份。但是,有下列情形之一的除外:减少公司注册资本;与持有本公司股份的其他公司合并;将股份奖励给本公司职工;股东因

对股东大会作出的公司合并、分立决议持异议,要求公司收购其股份的。

(五) 上市公司

1. 上市公司的概念

上市公司,是指其股票在证券交易所上市交易的股份有限公司。

2. 上市公司的法定条件

按照《证券法》第 50 条的规定,股份有限公司申请其股票上市应当符合下列条件:①股票经国务院证券监督管理机构批准已公开发行;②公司股本总额不少于人民币 3000 万元;③公开发行的股份达到公司股份总数的 25%以上;公司股本总额超过人民币 4 亿元的,公开发行股份的比例为 10%以上;④公司最近三年无重大违法行为,财务会计报告无虚假记载。以上条件必须同时具备的,缺一不可。

3. 上市公司的特别规定

(1) 股东大会表决权的特别规定。《公司法》第 122 条规定,上市公司在一年内购买、出售重大资产或者担保金额超过公司资产总额百分之三十的,应当由股东大会作出决议,并经出席会议的股东所持表决权的三分之二以上通过。

(2) 董事会的特殊规定。上市公司董事与董事会会议决议事项所涉及的企业有关联关系的,不得对该项决议行使表决权,也不得代理其他董事行使表决权。该董事会会议由过半数的无关联关系董事出席即可举行,董事会会议所作决议须经无关联关系董事过半数通过。出席董事会的无关联关系董事人数不足三人的,应将该事项提交上市公司股东大会审议。

(3) 组织机构组成的特别规定。上市公司设立独立董事,具体办法由国务院规定。上市公司设董事会秘书,负责公司股东大会和董事会会议的筹备、文件保管以及公司股东资料的管理,办理信息披露事务等事宜。

第二节 企业国有资产法律制度

一、企业国有资产法律制度概述

(一) 企业国有资产的概念和监督管理体制

1. 企业国有资产的概念

根据《企业国有资产法》,企业国有资产仅指国有资产中的经营性国有资产,是指国家对企业各种形式的出资所形成的权益。

2. 企业国有资产的监督管理体制

《企业国有资产法》对企业国有资产的监督管理体制有明确规定,主要内容包括:

(1) 企业国有资产属于国家所有,即全民所有。国务院代表国家行使企业国有资产所有权。

(2) 国务院和地方人民政府依照法律、行政法规的规定,分别代表国家对国家出资企业履行出资人职责,享有出资人权益。国务院确定的关系国民经济命脉和国家安全的大型国家出资企业,重要基础设施和重要资源等领域的国家出资企业,由国务院代表国家履行出资人职责。其他国家出资企业,由地方人民政府代表国家履行出资人职责。

(3) 国务院和地方人民政府应当按照政企分开、社会公共管理职能与国有资产出资人职能分开、不干预企业依法自主经营的原则，依法履行出资人职责。

(4) 国家采取措施，推动企业国有资本向关系国民经济命脉和国家安全的重要行业和关键领域集中，优化国有经济布局和结构，推进国有企业的改革和发展，提高国有经济的整体素质，增强国有经济的控制力、影响力。

(5) 国家建立健全与社会主义市场经济发展要求相适应的企业国有资产管理与监督体制，建立健全企业国有资产保值增值考核和责任追究制度，落实企业国有资产保值增值责任。

(6) 企业国有资产受法律保护，任何单位和个人不得侵害。

(二) 履行出资人职责的机构

1. 履行出资职责的机构，是指根据本级人民政府的授权，代表本级人民政府履行出资人职责的机构、部门。包括：(1) 国务院国有资产监督管理机构；(2) 地方人民政府按照国务院规定设立的国有资产监督管理机构；(3) 国务院和地方人民政府根据需要，授权的其他部门、机构。

2. 履行出资人职责的机构的基本职责和履职要求

(1) 履行出资人职责的机构的基本职责：①履行出资人职责的机构代表本级人民政府对国家出资企业依法享有资产收益、参与重大决策和选择管理者等出资人权利。②履行出资人职责的机构依照法律、行政法规的规定，制定或者参与制定国家出资企业的章程。③履行出资人职责的机构对法律、行政法规和本级人民政府规定须经本级人民政府批准的履行出资人职责的重大事项，应当报请本级人民政府批准。④履行出资人职责的机构委派的股东代表参加国有资本控股公司、国有资本参股公司召开的股东会会议、股东大会会议，应当按照委派机构的指示提出提案、发表意见、行使表决权，并将其履行职责的情况和结果及时报告委派机构。

(2) 履行出资人职责的机构的履职要求：履行出资人职责的机构应当依照法律、行政法规以及企业章程履行出资人职责，保障出资人权益，防止国有资产损失；履行出资人职责的机构应当维护企业作为市场主体依法享有的权利，除依法履行出资人职责外，不得干预企业经营活动；履行出资人职责的机构对本级人民政府负责，向本级人民政府报告履行出资人职责的情况，接受本级人民政府的监督和考核，对国有资产的保值增值负责；履行出资人职责的机构应当按照国家有关规定，定期向本级人民政府报告有关国有资产总量、结构、变动、收益等汇总分析的情况。

(三) 国家出资企业

国家出资企业是指国家出资的国有独资企业、国有独资公司，以及国有资本控股公司、国有资本参股公司。

(四)国家出资企业管理者的选择和考核

1. 国家出资企业管理者的选择

(1) 履行出资人职责的机构依照法律、行政法规以及企业章程的规定，任免或者建议任免国家出资企业的下列人员，具体为：对国有独资企业：任免总经理、副总经理、财务负责人和其他高级管理人员；对国有独资公司：任免董事长、副董事长、董事、监事会主席和监事；对国有资本控股公司、国有资本参股公司：向股东会、股东大会提出向其派出的董事、监事人选。

(2) 国家出资企业中的职工代表

①国有独资公司的董事会成员中应当有职工代表；监事会成员中也应当有职工代表；

②两个以上的国有企业或者两个以上的其他国有投资主体投资设立的有限责任公司，其董事会成员中应当有职工代表；其他有限责任公司董事会成员中可以有职工代表；有限责任公司监事会中应当有职工代表；

③股份有限公司董事会中可以有职工代表；监事会中应当有职工代表。

上述所有职工代表的比例不得低于 1/3，具体比例由公司章程规定；所有职工代表均为选举产生。

2. 国家出资企业管理者的任职条件

(1) 履行出资人职责的机构任命或者建议任命的董事、监事、高级管理人员，应当具备下列条件：有良好的品行；有符合职位要求的专业知识和工作能力；有能够正常履行职责的身体条件；法律、行政法规规定的其他条件。

董事、监事、高级管理人员在任职期间出现不符合上述项规定情形或者出现《公司法》规定的不得担任公司董事、监事、高级管理人员情形的，履行出资人职责的机构应当依法予以免职或者提出免职建议。

(2) 国家出资企业管理者的兼职限制

①未经履行出资人职责的机构同意，国有独资企业、国有独资公司的董事、高级管理人员不得在其他企业兼职。

未经股东会、股东大会同意，国有资本控股公司、国有资本参股公司的董事、高级管理人员不得在经营同类业务的其他企业兼职。

②未经履行出资人职责的机构同意，国有独资公司的董事长不得兼任经理。

未经股东会、股东大会同意，国有资本控股公司的董事长不得兼任经理。

③董事、高级管理人员不得兼任监事。

3. 国家出资企业管理者的考核

(1) 国家出资企业管理者的经营业绩考核

任期经营业绩考核一般以 3 年为考核期。

(2) 国家出资企业管理者的任期责任审计

国有独资企业、国有独资公司和国有资本控股公司的主要负责人，应当接受依法进行的任期经济责任审计。任期责任审计工作结果，作为对企业管理者任免、奖惩的重要依据。

(五)关系企业国有资产出资人权益的重大事项

1. 一般规定

(1) 国家出资企业合并、分立、改制、上市，增加或者减少注册资本，发行债券，进行重大投资，为他人提供大额担保，转让重大财产，进行大额捐赠，分配利润，以及解散、申请破产等重大事项，应当遵守法律、行政法规以及企业章程的规定，不得损害出资人和债权人的权益。

(2) 国有独资企业、国有独资公司合并、分立，增加或者减少注册资本，发行债券，分配利润，以及解散、申请破产，由履行出资人职责的机构决定。

(3) 国有独资企业、国有独资公司在上述第(1)项所列事项中，除第(2)项所列事项以外的事项，国有独资企业由企业负责人集体讨论决定，国有独资公司由董事会决定。

(4) 国有资本控股公司、国有资本参股公司有上述第(1)项所列事项的，依照法律、行政法规以及公司章程的规定，由公司股东会、股东大会或者董事会决定。由股东会、股东大会决定的，履行出资人职责的机构委派的股东代表应当按照委派机构的指示提出提案、发表意见、行使表决权，并将其履行职责的情况和结果及时报告委派机构。

(5) 重要的国有独资企业、国有独资公司、国有资本控股公司的合并、分立、解散、申请破产以及法律、行政法规和本级人民政府规定应当由履行出资人职责的机构报经本级人民政府批准的重大事项，履行出资人职责的机构在作出决定或者向其委派参加国有资本控股公司股东会会议、股东大会会议的股东代表作出指示前，应当报请本级人民政府批准。重要的国有独资企业、国有独资公司和国有资本控股公司，按照国务院的规定确定。

(6) 国家出资企业的合并、分立、改制、解散、申请破产等重大事项，应当听取企业工会的意见，并通过职工代表大会或者其他形式听取职工的意见和建议。

2. 企业改制

(1) 企业改制是指：①国有独资企业改为国有独资公司；②国有独资企业、国有独资公司改为国有资本控股公司或者非国有资本控股公司；③国有资本控股公司改为非国有资本控股公司。

(2) 企业改制应当依照法定程序。

3. 与关联方的交易

关联方是指本企业的董事、监事、高级管理人员及其近亲属，以及这些人员所有或者实际控制的企业。

(1) 国家出资企业的关联方不得利用与国家出资企业之间的交易，谋取不当利益，损害国家出资企业利益。

(2) 国有独资企业、国有独资公司、国有资本控股公司不得无偿向关联方提供资金、商品、服务或者其他资产，不得以不公平的价格与关联方进行交易。

(3) 未经履行出资人职责的机构同意，国有独资企业、国有独资公司不得有下列行为：

①与关联方订立财产转让、借款的协议；

②为关联方提供担保；

③与关联方共同出资设立企业，或者向董事、监事、高级管理人员或者其近亲属所有或者实际控制的企业投资。

(4) 国有资本控股公司、国有资本参股公司与关联方的交易，依照《公司法》和有关行政法规以及公司章程的规定，由公司股东会、股东大会或者董事会决定。公司董事会对公司与关联方的交易作出决议时，该交易涉及的董事不得行使表决权，也不得代理其他董事行使表决权。

(5) 在涉及关联方交易活动中，当事人恶意串通，损害国有资产权益的，该交易行为无效。

4. 资产评估

国有独资企业、国有独资公司和国有资本控股公司合并、分立、改制，转让重大财产，以非货币财产对外投资，清算或者有法律、行政法规以及企业章程规定应当进行资产评估的其他情形的，应当按照规定对有关资产进行评估。

5. 企业国有资产转让

(1) 企业国有资产转让，是指依法将国家对企业的出资所形成的权益转移给其他单位或者个人的行为，不包括按照国家规定无偿划转企业国有资产。

(2) 企业国有资产转让由履行出资人职责的机构决定。履行出资人职责的机构决定转让全部国有资产的,或者转让部分国有资产致使国家对该企业不再具有控股地位的,应当报请本级人民政府批准。

(3) 国有资产转让应当遵循等价有偿和公开、公平、公正的原则。除按照国家规定可以直接协议转让的以外,国有资产转让应当在依法设立的产权交易场所公开进行。转让方应当如实披露有关信息,征集受让方;征集产生的受让方为两个以上的,转让应当采用公开竞价的交易方式。

(4) 国有资产转让应当以依法评估的、经履行出资人职责的机构认可或者由履行出资人职责的机构报经本级人民政府核准的价格为依据,合理确定最低转让价格。

(5) 法律、行政法规或者国务院国有资产监督管理机构规定可以向本企业的董事、监事、高级管理人员或者其近亲属,或者这些人员所有或者实际控制的企业转让的国有资产,在转让时,上述人员或者企业参与受让的,应当与其他受让参与者平等竞买;转让方应当按照国家有关规定,如实披露有关信息;相关的董事、监事和高级管理人员不得参与转让方案的制定和组织实施的各项工作。

(6) 国有资产向境外投资者转让的,应当遵守国家有关规定,不得危害国家安全和社会公共利益。

二、国有资产产权界定与纠纷处理制度

(一)国有资产产权界定的概念和原则

1. 国有资产产权界定的概念

国有资产产权界定是对国有资产的所有权以及经营权、使用权等产权的归属进行确认的一种法律行为。

2. 国有资产产权界定的原则

开展国有资产产权界定工作应坚持以下原则:(1) 国家所有、分级分工管理原则;(2)“谁投资、谁拥有产权”的原则。

(二)产权纠纷处理程序

1. 国有单位之间产权纠纷的处理程序

(1) 调解和裁定。国有单位之间因对国有资产的经营权、使用权等发生争议而产生的纠纷,由当事人协商解决。经协商不能解决的,应向同级或共同上一级国有资产监管机构申请调解和裁定。必要时报有权管辖的人民政府裁定。但最终裁定权由国务院行使。

(2) 申请复议。对裁定不服的,可以在收到裁定之日起 15 日内,向上一级国有资产监管机构申请复议,上一级国有资产监管机构应当在自收到复议申请之日起 60 日内作出复议决定。

2. 国有单位与其他经济成分之间的产权纠纷的处理程序

(1) 协商。即由国有单位提出处理意见,报同级国有资产监管机构同意后,与对方当事人协商解决。

(2) 司法程序。经协商不能解决的,依司法程序处理。

三、企业国有产权转让制度

(一) 企业国有产权转让的概念

企业国有产权,是指国家对企业以各种形式投入形成的权益、国有及国有控股企业各种

投资所形成的应享有的权益，以及依法认定为国家所有的其他权益。

企业国有产权转让，是指国有资产监督管理机构、持有国有资本的企业（以下称转让方）将所持有的企业国有产权有偿转让给境内外法人、自然人或者其他组织（以下称受让方）的活动。

（二）企业国有产权向管理层转让

企业国有产权向管理层转让，是指企业国有产权向管理层转让或者向管理层直接或间接出资设立企业转让的行为。大型国有及国有控股企业及所属从事该大型企业主营业务的重要全资或控股企业的国有产权和上市公司的国有股权不向管理层转让。

1. 企业国有产权向管理层转让，应当严格执行企业国有产权转让的有关规定，并应当符合以下要求：

（1）国有产权持有单位应当严格按照国家规定委托中介机构对转让标的企业进行审计，其中标的企业或者标的企业国有产权持有单位的法定代表人参与受让企业国有产权的，应当对其进行经济责任审计。

（2）国有产权转让方案的制订以及与此相关的清产核资、财务审计、资产评估、底价确定、中介机构委托等重大事项应当由有管理职权的国有产权持有单位依照国家有关规定统一组织进行，管理层不得参与。

（3）管理层应当与其他拟受让方平等竞买。

（4）企业国有产权持有单位不得将职工安置费等有关费用从净资产中抵扣（另有规定除外）；不得以各种名义压低国有产权转让价格。

（5）管理层受让企业国有产权时，应当提供其受让资金来源的相关证明，不得向包括标的企业在内的国有及国有控股企业融资，不得以这些企业的国有产权或资产为管理层融资提供保证、抵押、质押、贴现等。

2. 管理层存在下列情形的，不得受让标的企业的国有产权：

（1）经审计认定对企业经营业绩下降负有直接责任的；

（2）故意转移、隐匿资产，或者在转让过程中通过关联交易影响标的企业净资产的；

（3）向中介机构提供虚假资料，导致审计、评估结果失真，或者与有关方面串通，压低资产评估结果以及国有产权转让价格的；

（4）违反有关规定，参与国有产权转让方案的制订以及与此相关的清产核资、财务审计、资产评估、底价确定、中介机构委托等重大事项的；

（5）无法提供受让资金来源相关证明的。

（三）企业国有产权无偿划转

企业国有产权无偿划转，是指企业国有产权在政府机构、事业单位、国有独资企业、国有独资公司之间的无偿转移行为。

（四）国有股东转让所持上市公司股份

1. 证券交易系统转让

国有股东通过证券交易系统转让所持上市公司股份，可以采用事后报备和事先报批两种情况处理。

2. 协议转让

国有股东不通过证券交易系统转让上市公司股份，而是通过协议的方式进行。

3. 无偿划转

国有股东所持上市公司股份可以依法无偿划转给政府机构、事业单位、国有独资企业以及国有独资公司持有。

4. 间接转让

上市公司股份价格确定的基准日应与国有股东资产评估的基准日一致。国有股东资产评估的基准日与国有股东产权持有单位对该国有股东产权变动决议的日期相差不得超过一个月。

【案例5-2】 非法转让国有资产案件

1999年11月30日，A市某国有企业总经理李某在没有报经主管部门和当地国有资产管理局审批同意的情况下，与当地某运输公司签订了买卖合同，将土地使用权、旧设备、旧房屋等国有资产擅自以30万元的低价转让。2000年10月20日，当地人民检察院接到群众举报后，委托A市咨信资产评估事务所，对上述转让财产进行了评估，总价为480万多元，造成国有资产流失450万多元。为保护国有资产不受侵犯，A市国有资产管理局诉至法院，请求判令该国有企业和运输公司两被告的买卖协议无效。法院经审理认为，两被告的买卖协议违法，遂作出了确认其买卖合同无效的判决。请根据我国相关法律的规定分析本案。

【案例分析】

首先，该企业和运输公司的转让国有资产行为未进行评估。《企业国有资产法》第四十七条明确规定："国有独资企业、国有独资公司和国有资本控股公司合并、分立、改制，转让重大财产，以非货币财产对外投资，清算或者有法律、行政法规以及企业章程规定应当进行资产评估的其他情形的，应当按照规定对有关资产进行评估。"

其次，《企业国有资产法》第五十四条规定："国有资产转让应当遵循等价有偿和公开、公平、公正的原则。除按照国家规定可以直接协议转让的以外，国有资产转让应当在依法设立的产权交易场所公开进行。转让方应当如实披露有关信息，征集受让方；征集产生的受让方为两个以上的，转让应当采用公开竞价的交易方式。"一方面，李某以30万的低价将估值为480多万元的国有资产转让给运输公司，显然有违等价有偿和公平公正的原则；另一方面，转让的地点、方式、转让对象等也都不符合法律规定。

第三，《民法通则》第五十八条第一款第(五)项规定，违反法律或者社会公共利益的民事行为无效。第二款规定，无效的民事行为，从行为开始起就没有法律约束力。因此可见，为了制止国有资产的流失，国有资产管理局以国有资产管理者的身份，请求人民法院依法确认非法转让国有资产的行为无效，法院经审理依法支持其诉讼请求是正确的。

第三节 合伙企业法律制度

一、合伙企业法律制度概述

(一) 合伙企业的概念

合伙企业是指依法在中国境内设立的由各合伙人共同订立合伙协议，共同出资、合伙经营、共享收益、共担风险的营利性组织。合伙企业分为普通合伙企业和有限合伙企业。

（二）合伙企业法的概念及其适用范围

合伙企业法是指国家立法机关或者其他有关机关依法制定的、调整合伙企业合伙关系的各种法律规范的总称。《中华人民共和国合伙企业法》（以下简称《合伙企业法》）适用于按照现行行政管理划分规定应由工商行政管理机关登记管理的合伙企业。非企业专业服务机构依据有关法律采取合伙制的，其合伙人承担责任的形式可以适用合伙企业法关于特殊的普通合伙企业合伙人承担责任的规定。

二、普通合伙企业

普通合伙企业，是指由普通合伙人组成，合伙人对合伙企业债务依照《合伙企业法》规定承担无限连带责任的一种合伙企业。

（一）普通合伙企业的设立

设立普通合伙企业，应当具备以下设立条件：

第一，有2个以上合伙人。合伙人为自然人的，应当具有完全民事行为能力。

第二，有书面合伙协议。

第三，有合伙人认缴或者实际缴付的出资。

第四，有合伙企业的名称和生产经营场所。

第五，法律、行政法规规定的其他条件。

（二）合伙企业的财产

合伙企业的财产，是指合伙企业存续期间合伙人的出资、以合伙企业名义取得的收益和依法取得的其他财产，均为合伙企业的财产。

《合伙企业法》对合伙企业财产的管理和使用作了具体规定，包括：

1. 合伙人在合伙企业清算前，不得请求分割合伙企业的财产，但法律另有规定的除外。合伙人在合伙企业清算前私自转移或者处分合伙企业财产的，合伙企业不得以此对抗善意第三人。

2. 除合伙协议另有约定外，合伙人向合伙人以外的人转让其在合伙企业中的全部或者部分财产份额时，须经其他合伙人一致同意。合伙人之间转让在合伙企业中的全部或者部分财产份额时，应当通知其他合伙人。合伙人向合伙人以外的人转让其在合伙企业中的财产份额的，在同等条件下，其他合伙人有优先购买权，但合伙协议另有约定的除外。合伙人以外的人依法受让合伙人在合伙企业中的财产份额的，经修改合伙协议即成为合伙企业的合伙人，依照《合伙企业法》和修改后的合伙协议享有权利，履行义务。

3. 合伙人以其在合伙企业中的财产份额出质的，须经其他合伙人一致同意；未经其他合伙人一致同意，其行为无效，由此给善意第三人造成损失的，由行为人依法承担赔偿责任。

（三）合伙企业的内部关系

合伙企业内部关系主要是通过协议、协商等意思自治方式来确定的，主要包括合伙事务的执行和利润分配、亏损分担比例的确定等内容。

合伙人对合伙企业有关事项作出决议，按照合伙协议约定的表决办法办理。合伙协议未约定或者约定不明确的，实行合伙人一人一票并经全体合伙人过半数通过的表决办法。《合伙企业法》对合伙企业的表决办法另有规定的，从其规定。除合伙协议另有约定外，合伙企业的下列事项应当经全体合伙人一致同意：改变合伙企业的名称；改变合伙企业的经营范围、主要经营场所的地点；处分合伙企业的不动产；转让或者处分合伙企业的知识产权和其他财产权利；以合伙企业名义为他人提供担保；聘任合伙人以外的人担任合伙企业的经营管理人员。

合伙企业事务执行，可以由全体合伙人共同执行合伙事务；也可以委托一个或者数个合伙人执行合伙事务。委托一个或者数个合伙人执行合伙事务的，其他合伙人不再执行合伙事务。

合伙企业的利润分配、亏损分担，按照合伙协议的约定办理；合伙协议未约定或者约定不明确的，由合伙人协商决定；协商不成的，由合伙人按照实缴出资比例分配、分担；无法确定出资比例的，由合伙人平均分配、分担。合伙协议不得约定将全部利润分配给部分合伙人或者由部分合伙人承担全部亏损。

被聘任的合伙企业的经营管理人员应当在合伙企业授权范围内履行职务。被聘任的合伙企业的经营管理人员，超越合伙企业授权范围履行职务，或者在履行职务过程中因故意或者重大过失给合伙企业造成损失的，依法承担赔偿责任。

(四) 合伙企业与第三人的关系

1. 合伙企业对外代表权的效力

可以取得合伙企业对外代表权的合伙人，主要有三种情况：(1) 由全体合伙人共同执行合伙企业事务的，全体合伙人都有权对外代表合伙企业；(2) 由部分合伙人执行合伙企业事务的，只有受委托执行合伙企业事务的那一部分合伙人有权对外代表合伙企业；(3) 由于特别授权在单项合伙事务上有执行权的合伙人，依照授权范围可以对外代表合伙企业。

合伙企业对合伙人执行合伙事务以及对外代表合伙企业权利的限制，不得对抗善意第三人。

2. 合伙企业和合伙人的债务清偿

(1) 合伙企业的债务清偿与合伙人的关系。合伙企业对其债务，应先以其全部财产进行清偿。合伙企业不能清偿到期债务的，合伙人承担无限连带责任。合伙人由于承担无限连带责任，清偿数额超过规定的其亏损分担比例的，有权向其他合伙人追偿。合伙人之间的分担比例对债权人没有约束力。

(2) 合伙人的债务清偿与合伙企业的关系。合伙人发生与合伙企业无关的债务，相关债权人不得以其债权抵销其对合伙企业的债务，也不得代位行使合伙人在合伙企业中的权利。

合伙人的自有财产不足清偿其与合伙企业无关的债务的，该合伙人可以以其从合伙企业中分取的收益用于清偿；债权人也可以依法请求人民法院强制执行该合伙人在合伙企业中的财产份额用于清偿。

人民法院强制执行合伙人的财产份额时，应当通知全体合伙人，其他合伙人有优先购买权；其他合伙人未购买，又不同意将该财产份额转让给他人的，依照《合伙企业法》的规定为该合伙人办理退伙结算，或者办理削减该合伙人相应财产份额的结算。

(五) 入伙与退伙

1. 入伙

入伙，是指在合伙企业存续期间，合伙人以外的第三人加入合伙，从而取得合伙人资格。

新合伙人入伙，除合伙协议另有约定外，应当经全体合伙人一致同意，并依法订立书面入伙协议。订立入伙协议时，原合伙人应当向新合伙人如实告知原合伙企业的经营状况和财务状况。入伙的新合伙人与原合伙人享有同等权利，承担同等责任。但是，入伙协议另行约定的，从其约定。新合伙人对入伙前合伙企业的债务承担无限连带责任。

2. 退伙

退伙，是指合伙人退出合伙企业，从而丧失合伙人资格。退伙包括：

(1) 自愿退伙

自愿退伙可以分为协议退伙和通知退伙两种关于协议退伙。合伙协议约定合伙期限的，在合伙企业存续期间，有下列情形之一的，合伙人可以退伙：①合伙协议约定的退伙事由出现；②经全体合伙人一致同意；③发生合伙人难以继续参加合伙的事由；④其他合伙人严重违反合伙协议约定的义务。合伙人违反上述规定退伙的，应当赔偿由此给合伙企业造成的损失。合伙协议未约定合伙期限的，合伙人在不给合伙企业事务执行造成不利影响的情况下，可以退伙，但应当提前 30 日通知其他合伙人。合伙人违反上述规定退伙的，应当赔偿由此给合伙企业造成的损失。

(2) 当然退伙

合伙人有下列情形之一的，当然退伙：①作为合伙人的自然人死亡或者被依法宣告死亡；②个人丧失偿债能力；③作为合伙人的法人或者其他组织依法被吊销营业执照、责令关闭、撤销，或者被宣告破产；④法律规定或者合伙协议约定合伙人必须具有相关资格而丧失该资格；⑤合伙人在合伙企业中的全部财产份额被人民法院强制执行；⑥合伙人被依法认定为无民事行为能力人或者限制民事行为能力人的，经其他合伙人一致同意，可以依法转为有限合伙人，普通合伙企业依法转为有限合伙企业。其他合伙人未能一致同意的，该无民事行为能力或者限制民事行为能力的合伙人退伙。退伙事由以实际发生之日为退伙生效日。

(3) 除名退伙

合伙人有下列情形之一的，经其他合伙人一致同意，可以决议将其除名：①未履行出资义务；②因故意或者重大过失给合伙企业造成损失；③执行合伙事务时有不正当行为；④发生合伙协议约定的事由。对合伙人的除名决议应当书面通知被除名人。被除名人接到除名通知之日，除名生效，被除名人退伙。被除名人对除名决议有异议的，可以自接到除名通知之日起 30 日内，向人民法院起诉。

合伙人死亡或者被依法宣告死亡的，对该合伙人在合伙企业中的财产份额享有合法继承权的继承人，按照合伙协议的约定或者经全体合伙人一致同意，从继承开始之日起，取得该合伙企业的合伙人资格。但有下列情形之一的，合伙企业应当向合伙人的继承人退还被继承合伙人的财产份额：①继承人不愿意成为合伙人；②法律规定或者合伙协议约定合伙人必须具有相关资格，而该继承人未取得该资格；③合伙协议约定不能成为合伙人的其他情形。

合伙人的继承人为无民事行为能力人或者限制民事行为能力人的，经全体合伙人一致同意，可以依法成为有限合伙人，普通合伙企业依法转为有限合伙企业。全体合伙人未能一致同意的，合伙企业应当将被继承合伙人的财产份额退还该继承人。

合伙人退伙，其他合伙人应当与该退伙人按照退伙时的合伙企业财产状况进行结算，退还退伙人的财产份额。退伙人对给合伙企业造成的损失负有赔偿责任的，相应扣减其应当赔偿的数额。退伙时有未了结的合伙企业事务的，待该事务了结后进行结算。退伙人在合伙企业中财产份额的退还办法，由合伙协议约定或者由全体合伙人决定，可以退还货币，也可以退还实物。合伙人退伙时，合伙企业财产少于合伙企业债务的，退伙人应当依照法律规定分担亏损。退伙人对基于其退伙前的原因发生的合伙企业债务，承担无限连带责任。

【案例 5-3】

甲、乙、丙共同投资设立一普通合伙企业。合伙协议约定：甲以现金人民币 5 万元出资，乙以房屋作价人民币 8 万元出资，丙以劳务作价人民币 4 万元出资；各合伙人按相同比例分配盈利、分担亏损。合伙企业成立后，为扩大经营，向银行贷款人民币 5 万元，期限为 1 年。甲提出退伙，鉴于当时合伙企业盈利，乙、丙表示同意。于是，甲办理了退伙结算手续。此后丁入伙。丁入伙后，因经营环境变化，企业发生严重亏损。乙、丙、丁决定解散合伙企业，并将合伙企业现有财产价值人民币 3 万元予以分配，但对未到期的银行贷款未予清偿。在银行贷款到期后，银行要求合伙企业清偿债务，发现该企业已经解散，遂向甲要求偿还全部贷款，甲称自己早已退伙，不负责清偿债务。银行向丁要求偿还全部贷款，丁称该笔贷款是在自己入伙前发生的，不负责清偿。银行向乙要求偿还全部贷款，乙表示只按照合伙协议约定的比例清偿相应数额。银行向丙要求偿还全部贷款，丙则表示自己是以劳务出资的，不承担偿还贷款义务。

要求：根据以上事实及有关规定，回答下列问题：

(1) 甲、乙、丙、丁各自的主张能否成立？并说明理由。

(2) 合伙企业所欠银行贷款应如何清偿？

(3) 在银行贷款清偿后，甲、乙、丙、丁内部之间应如何分担清偿责任？

【案例分析】

(1) ①甲的主张不能成立。根据《合伙企业法》的规定，退伙人对其退伙前已发生的债务与其他合伙人承担无限连带责任。银行的债务发生在甲退伙前，故甲对其退伙前发生的银行贷款应负无限连带清偿责任。

②乙的主张不能成立。根据《合伙企业法》的规定，合伙人之间对债务承担份额的约定对债权人没有约束力。故乙提出应按约定比例清偿债务的主张不能成立，其应对银行贷款承担无限连带清偿责任。

③丙的主张不能成立。根据《合伙企业法》的规定，以劳务出资成为合伙人，也应承担合伙人的法律责任。丙是以劳务出资，故丙也应对银行贷款承担无限连带清偿责任。

④丁的主张不能成立。根据《合伙企业法》的规定，入伙的新合伙人对入伙前的债务承担无限连带清偿责任。故丁对其入伙前发生的银行贷款应负无限连带清偿责任。

(六) 特殊的普通合伙企业

特殊的普通合伙企业，是指以专业知识和专门技能为客户提供有偿服务的专业服务机构。特殊的普通合伙企业名称中应当标明“特殊普通合伙”字样。

一个合伙人或者数个合伙人在执业活动中因故意或者重大过失造成合伙企业债务的，应当承担无限责任或者无限连带责任，其他合伙人以其在合伙企业中的财产份额为限承担责任。合伙人在执业活动中非因故意或者重大过失造成的合伙企业债务以及合伙企业的其他债务，由全体合伙人承担无限连带责任。合伙人执业活动中因故意或者重大过失造成的合伙企业债务，以合伙企业财产对外承担责任后，该合伙人应当按照合伙协议的约定对给合伙企业造成的损失承担赔偿责任。

特殊的普通合伙企业应当建立执业风险基金、办理职业保险。执业风险基金用于偿付合伙人执业活动造成的债务。执业风险基金应当单独立户管理。

三、有限合伙企业

有限合伙企业，是指由有限合伙人和普通合伙人共同组成，普通合伙人对合伙企业债务承担无限连带责任，有限合伙人以其认缴的出资额为限对合伙企业债务承担责任的合伙组织。

（一）有限合伙企业设立的条件

有限合伙企业的设立应当具备以下条件：

1. 有限合伙企业由 2 个以上 50 个以下合伙人设立，但法律另有规定的除外。有限合伙企业至少应当有 1 个普通合伙人。

2. 有限合伙企业名称中应当标明“有限合伙”字样。

3. 有限合伙企业协议除符合普通合伙企业的合伙协议的规定外，还应当载明下列事项：(1) 普通合伙人和有限合伙人的姓名或者名称、住所；(2) 执行事务合伙人应具备的条件和选择程序；(3) 执行事务合伙人权限与违约处理办法；(4) 执行事务合伙人的除名条件和更换程序；(5) 有限合伙人入伙、退伙的条件、程序以及相关责任；(6) 有限合伙人和普通合伙人相互转变程序。

4. 有限合伙人可以用货币、实物、知识产权、土地使用权或者其他财产权利作价出资。有限合伙人不得以劳务出资。有限合伙人应当按照合伙协议的约定按期足额缴纳出资；未按期足额缴纳的，应当承担补缴义务，并对其他合伙人承担违约责任。

（二）有限合伙企业事务执行的特殊规定

有限合伙企业由普通合伙人执行合伙事务。有限合伙人不执行合伙事务，不得对外代表有限合伙企业。有限合伙人的下列行为，不视为执行合伙事务：(1) 参与决定普通合伙人入伙、退伙；(2) 对企业的经营管理提出建议；(3) 参与选择承办有限合伙企业审计业务的会计师事务所；(4) 获取经审计的有限合伙企业财务会计报告；(5) 对涉及自身利益的情况，查阅有限合伙企业财务会计账簿等财务资料；(6) 在有限合伙企业中的利益受到侵害时，向有责任的合伙人主张权利或者提起诉讼；(7) 执行事务合伙人怠于行使权利时，督促其行使权利或者为了本企业的利益以自己的名义提起诉讼；(8) 依法为本企业提供担保。

第三人有理由相信有限合伙人为普通合伙人并与其交易的，该有限合伙人对该笔交易承担与普通合伙人同样的责任。有限合伙人未经授权以有限合伙企业名义与他人进行交易，给有限合伙企业或者其他合伙人造成损失的，该有限合伙人应当承担赔偿责任。

有限合伙企业不得将全部利润分配给部分合伙人，但合伙协议另有约定的除外。

有限合伙人可以同本有限合伙企业进行交易，但合伙协议另有约定的除外。

有限合伙人可以自营或者同他人合作经营与本有限合伙企业相竞争的业务，但合伙协议另有约定的除外。

（三）有限合伙企业财产出质与转让的特殊规定

有限合伙人可以将其在有限合伙企业中的财产份额出质，但合伙协议另有约定的除外。

有限合伙人可以按照合伙协议的约定向合伙人以外的人转让其在有限合伙企业中的财产份额，但应当提前 30 日通知其他合伙人。

（四）有限合伙人债务清偿的特殊规定

有限合伙人的自有财产不足清偿其与合伙企业无关的债务的，该合伙人可以以其从有限合伙企业中分取的收益用于清偿；债权人也可以依法请求人民法院强制执行该合伙人在有限合伙企业中的财产份额用于清偿。人民法院强制执行有限合伙人的财产份额时，应当通知全体合伙人。在同等条件下，其他合伙人有优先购买权。

(五) 有限合伙企业入伙与退伙的特殊规定

新入伙的有限合伙人对入伙前有限合伙企业的债务，以其认缴的出资额为限承担责任。

有限合伙人出现下列之一情形时当然退伙：①作为合伙人的自然人死亡或者被依法宣告死亡；②作为合伙人的法人或者其他组织依法被吊销营业执照、责令关闭、撤销，或者被宣告破产；③法律规定或者合伙协议约定合伙人必须具有相关资格而丧失该资格；④合伙人在合伙企业中的全部财产份额被人民法院强制执行。

作为有限合伙人的自然人在有限合伙企业存续期间丧失民事行为能力的，其他合伙人不得因此要求其退伙。

作为有限合伙人的自然人死亡、被依法宣告死亡或者作为有限合伙人的法人及其他组织终止时，其继承人或者权利承受人可以依法取得该有限合伙人在有限合伙企业中的资格。

有限合伙人退伙后，对基于其退伙前的原因发生的有限合伙企业债务，以其退伙时从有限合伙企业中取回的财产承担责任。

(六) 合伙人性质转变的特殊规定

除合伙协议另有约定外，普通合伙人转变为有限合伙人，或者有限合伙人转变为普通合伙人，应当经全体合伙人一致同意。

有限合伙人转变为普通合伙人的，对其作为有限合伙人期间有限合伙企业发生的债务承担无限连带责任。

普通合伙人转变为有限合伙人的，对其作为普通合伙人期间合伙企业发生的债务承担无限连带责任。

四、合伙企业解散和清算

(一) 合伙企业解散

合伙企业有下列情形之一的，应当解散：(1) 合伙期限届满，合伙人决定不再经营；(2) 合伙协议约定的解散事由出现；(3) 全体合伙人决定解散；(4) 合伙人已不具备法定人数满 30 天；(5) 合伙协议约定的合伙目的已经实现或者无法实现；(6) 依法被吊销营业执照、责令关闭或者被撤销；(7) 法律、行政法规规定的其他原因。

(二) 合伙企业清算

合伙企业解散，应当由清算人进行清算。

清算人在清算期间执行下列事务：(1) 清理合伙企业财产，分别编制资产负债表和财产清单；(2)·处理与清算有关的公司未了结事务；(3) 清缴所欠税款；(4) 清理债权、债务；(5) 处理合伙企业清偿债务后的剩余财产；(6) 代表合伙企业参与民事诉讼或者仲裁活动。

合伙企业财产在分别支付清算费用、职工的工资、社会保险费用和法定补偿金，缴纳所欠税款，清偿公司债务后的剩余财产，依照《合伙企业法》关于红利分配和亏损分担的规定进行分配。

清算结束，清算人应当编制清算报告，经全体合伙人签名、盖章后，在 15 日内向企业登记机关报送清算报告，申请办理合伙企业注销登记。

合伙企业注销后,原普通合伙人对合伙企业存续期间的债务仍应承担无限连带责任。

合伙企业不能清偿到期债务的,债权人可以依法向人民法院提出破产清算申请,也可以要求普通合伙人清偿。合伙企业依法被宣告破产的,普通合伙人对合伙企业债务仍应承担无限连带责任。

第四节 外商投资企业法律制度

一、外商投资企业法律制度概述

(一) 外商投资企业的概念和特征

外商投资企业是指依照中国的法律规定,经中国政府批准,在中国境内设立的,由中国投资者和外国投资者共同投资或者仅由外国投资者投资的企业。外商投资企业具有以下基本特征:

(1) 外商投资企业是外商直接投资举办的企业。直接投资是指投资者将资金投入企业,并不同程度地参与企业的经营决策,通过企业盈利分配获取投资收益的投资方法。其相对于间接投资而言,具有更大的稳定性。

(2) 外商投资企业是吸引外国私人投资举办的企业。私人投资是指以公司、企业和其他经济组织或者个人的名义进行的投资。它与政府的对外援助不同,具有民间经济技术合作的色彩。

(3) 外商投资企业是依照中国的法律和行政法规,经中国政府批准,在中国境内设立的企业。按照我国的法律和行政法规规定,设立外商投资企业必须经中国政府批准,并在中国境内设立。外商投资企业设立后,必须遵守中国的法律;同时,也受中国法律的保护。

(二) 外商投资企业的种类

根据我国有关法律和行政法规规定,我国目前外商投资企业的种类主要有:中外合资经营企业、中外合作经营企业、外资企业和中外合资股份有限公司等。

二、中外合资经营企业法律制度

(一) 中外合资经营企业的概念

中外合资经营企业亦称股权式合营企业(以下简称合营企业),是指外国的公司、企业和其他经济组织或者个人同中国的公司、企业或者其他经济组织,依照中国的法律和行政法规,经中国政府批准,设在中国境内的,由双方共同投资、共同经营,并按照投资出资比例共担风险、共负盈亏的企业。

(二) 合营企业的设立

设立合营企业,应当能够促进中国经济的发展和科学技术水平的提高,有利于社会主义现代化建设。申请设立合营企业有下列情况之一的,不予批准:(1) 有损中国主权的;(2) 违反中国法律的;(3) 不符合中国国民经济发展要求的;(4) 造成环境污染的;(5) 签订的协议、合同、章程显属不公平,损害合营一方权益的。

合营各方签订的合营协议、合同、章程,应报国家对外经济贸易主管部门(以下称审查批准机关)审查批准。审查批准机关应在三个月内决定批准或不批准。合营企业经批准后,向国家工商行政管理主管部门登记,领取营业执照,开始营业。

(三) 合营企业的注册资本与投资总额

合营企业的注册资本是指为了设立合营企业在工商行政管理机关登记注册的资本,应为合营各方认缴的出资额之和。合营企业的注册资本中,外国合营者的出资比例一般不得低于25%。

合营企业在合营期限内,不得减少其注册资本。但因投资总额和生产经营规模等发生变化,确需减少注册资本的,须经审批机关批准。合营企业增加注册资本应当经合营各方协商一致,并由董事会会议通过,报原审批机关核准。合营企业增加、减少注册资本,应当修改合营企业章程,并办理变更注册资本登记手续。合营企业的注册资本应符合《公司法》规定的有限责任公司的注册资本最低限额。

合营企业的投资总额,为按照合营企业的合同、章程规定的生产规模需要投入的基本建设资金和生产流动资金的总和。由注册资本与借款构成。

合营企业的注册资本和投资总额之间应当保持一个适当、合理的比例:(1) 合营企业的投资总额在300 万美元(含300 万美元)以下的,其注册资本至少应占投资总额的7/10;(2) 合营企业的投资总额在300 万美元以上至1 000 万美元(含1 000 万美元)的,其注册资本至少应占投资总额的1/2,其中投资总额在420 万美元以下的,注册资本不得低于210 万美元;(3) 合营企业的投资总额在1 000 万美元以上至3 000 万美元(含3 000 万美元)的,其注册资本至少应占投资总额的2/5,其中投资总额在1 250 万美元以下的,注册资本不得低于500 万美元;(4) 合营企业的投资总额在3 000 万美元以上的,其注册资本至少应占投资总额的1/3,其中投资总额在3 600 万美元以下的,注册资本不得低于1 200 万美元。

(四) 合营企业合营各方的出资方式、出资期限

合营企业合营各方可以用货币出资,也可以用建筑物、厂房、机器设备或者其他物料、工业产权、专有技术、场地使用权等作价出资。

外国合营者以货币出资时,只能以外币缴付出资,不能以人民币缴付出资。作为外国合营者出资的机器设备或者其他物料,应当是合营企业生产所必需的且出资的机器设备或者其他物料的作价,不得高于同类机器设备或者其他物料当时的国际市场价格。

作为外国合营者出资的工业产权或专有技术,必须符合下列条件之一:(1) 能显著改进现有产品的性能、质量,提高生产效率的;(2) 能显著节约原材料、燃料、动力的。

中国合营者可以用为合营企业经营期间提供的场地使用权作为出资,其作价金额应当与取得同类场地使用权所应缴纳的使用费相同。

合营各方按照合营合同的规定向合营企业认缴的出资,必须是合营者自己所有的现金、自己所有并且未设立任何担保物权的建筑物、厂房、机器设备或者其他物料、工业产权、专有技术等。

合营企业任何一方不得用以合营企业名义取得的贷款、租赁的设备或者其他财产以及合营者以外的他人财产作为自己的出资,也不得以合营企业的财产和权益或者合营他方的财产和权益为其出资担保。

合营各方应当在合营合同中订明出资期限,并且应当按照合营合同规定的期限缴清各自的出资。合营合同规定一次缴清出资的,合营各方应当自营业执照签发之日起6 个月内缴清;合营合同规定分期缴付出资的,合营各方的第一期出资,不得低于各自认缴出资额的15%,并且应当在营业执照签发之日起3个月内缴清。

通过收购国内企业资产或股权设立合营企业的外国投资者,应自合营企业营业执照颁发之日起3个月内支付全部购买金。对特殊情况需要延长支付者,经审批机关批准后,应自营业执照颁发之日起6个月内支付购买总金额的60%以上,在1年内付清全部购买金,并按实际缴付的出资额的比例分配收益。控股投资者在付清全部购买金额之前,不能取得企业决策权,不得将其在企业中的权益、资产以合并报表的方式纳入该投资者的财务报表。

合营企业合同经审批后,如确因特殊情况需要超过合同规定的缴资期限延期缴资的,应报原审批机关批准和登记机关备案,并办理相关手续。合营企业的投资者均须按合同规定的比例和期限同步缴付认缴的出资额。因特殊情况不能同步缴付的,应报原审批机关批准,并按实际缴付的出资额比例分配收益。对合营企业中控股的投资者,在其实际缴付的出资额未达到其认缴的全部出资额之前,不能取得企业决策权,不得将其在企业中的权益、资产以合并报表的方式纳入该投资者的财务报表。

【案例5-4】

法国的A公司和境内的B公司于2008年7月达成股权转让协议,B公司将自己60%的股权转让给A公司,并依法变更为中外合资经营企业C公司(以下简称"C公司")。A、B公司签订的合营合同、章程、协议的部分内容如下:①B公司的债权债务由C公司继承。②A公司收购B公司60%股权的价款为900万美元。A公司应当自C公司营业执照颁发之日起3个月内支付450万美元,其余价款在2年内付清。③C公司成立后,注册资本由原来的1 600万美元增加至2 200万美元,增值部分双方分期缴付,A公司应当自C公司营业执照颁发之日起3个月内缴付第一期出资50万美元。④C公司的投资总额为7 000万美元。⑤C公司采用有限责任公司的组织形式,拟建立股东会、董事会、监事会的组织机构。要求:根据《外国投资者并购境内企业暂行规定》和外商投资企业法律制度规定,分别回答以下问题:(1)根据本题要点①所提示的内容,指出B公司的债权债务由C公司继承是否符合规定?并说明理由。(2)根据本题要点②所提示的内容,指出A公司股权并购价款的支付期限是否符合规定?并说明理由。(3)根据本题要点③所提示的内容,指出A公司交付第一期出资的数额是否符合规定?并说明理由。(4)根据本题要点④所提示的内容,指出C公司的投资总额是否符合规定?并说明理由。(5)根据本题要点⑤所提示的内容,指出C公司的组织机构是否符合规定?并说明理由。

【案例分析】

(1)B公司的债权债务由C公司继承符合规定。根据规定,外国投资者股权并购的,由并购后的外商投资企业继承被并购境内公司的债权债务。

(2)A公司股权并购价款的支付期限不符合规定。根据规定,外国投资者并购境内企业设立外商投资企业,外国投资者应当自外商投资企业营业执照颁发之日起3个月内支付全部价款。对特殊情况需要延长者,经审批机关批准后,应当自外商投资企业营业执照颁发之日起6个月内支付全部价款的60%以上,1年内付清全部价款,并按实际缴付的出资比例分配收益。

(3)A公司缴付第一期出资的数额不符合规定。根据规定,外国投资者股权并购、并购后所设外商投资企业增资的,分期缴付出资的,投资者第一期出资不得低于各自认缴出资额的15%,并应当自外商投资企业营业执照颁发之日起3个月内缴清。在本题中,A公司第一期出资额应不低于54万美元(600×60%×15%)。

(4) C公司的投资总额不符合规定。根据规定,注册资本在1200万美元以上的,投资总额不得超过注册资本的3倍。

(5) C公司的组织机构不符合有关规定。根据规定,合营企业的组织机构为董事会和经营管理机构,并且董事会是合营企业的最高权力机构,合营企业无需设立股东会和监事会。

合营企业出资额的转让

合营企业出资额的转让,是指在合营企业中合营一方将其全部或部分出资额转让给合营企业另一方或第三方。

合营一方向第三方转让其全部或者部分出资时,须经合营他方同意,并报审批机构批准,向登记管理机构办理变更登记手续。合营一方转让其全部或者部分出资时,合营他方有优先购买权。

(五) 合营企业的组织形式和组织机构

中外合资经营企业的组织形式为有限责任公司。

董事会是合营企业的最高权力机构,决定合营企业的一切重大问题。董事会由董事长、副董事长及董事组成。董事会成员不得少于3人。中外合营者的一方担任董事长的,由他方担任副董事长。董事长是合营企业的法定代表人。董事由合营各方按照分配的名额委派和撤换。董事任期4年,任期届满可以连任。

董事会的职权包括:审议企业发展规划、生产经营活动方案、收支预算、利润分配、劳动工资计划、停业,以及总经理、副总经理、总工程师、总会计师、审计师的任命或聘请及其职权和待遇等。下列事项由出席董事会会议的董事一致通过,方可作出决议:(1) 合营企业章程的修改;(2) 合营企业的中止、解散;(3) 合营企业注册资本的增加、减少;(4) 合营企业的合并、分立。

合营企业的经营管理机构,负责企业的日常经营工作。

三、中外合作经营企业法律制度

中外合作经营企业亦称契约式合营企业(以下简称合作企业),是指外国的公司、企业和其他经济组织或者个人同中国的公司、企业或者其他经济组织,依照中国的法律和行政法规,经中国政府批准,设在中国境内的,由双方通过合作经营企业合同约定各自的权利和义务的企业。这种形式的特点是合作方式较为灵活,中方投资者可以无形资产等要素作为合作的条件,解决了我国企业投资资金缺乏的问题;允许外方投资者先行回收投资,对外国投资者有较大的吸引力;在合作期满后,企业全部固定资产无偿归中方所有。

(一) 合作企业的设立

设立合作企业,应当符合国家的发展政策和产业政策,遵守国家关于指导外商投资方向的规定。国家鼓励举办的合作企业是:(1) 产品出口的生产型合作企业;(2) 技术先进的生产型合作企业。

申请设立合作企业,应当将中外合作者签订的协议、合同、章程等文件报国务院对外经济贸易主管部门或者国务院授权的部门和地方政府(以下简称审查批准机关)审查批准。审查批准机关应当自接到申请之日起四十五天内决定批准或者不批准。设立合作企业的申请经批准后,应当自接到批准证书之日起三十天内向工商行政管理机关申请登记,领取营业执照。合作企业的营业执照签发日期，为该企业的成立日期。

(二) 合作企业的注册资本与投资、合作条件

合作企业的注册资本，为设立合作企业在工商行政管理机关登记的、合作各方认缴的出资额之和。合作企业的注册资本在合作期限内不得减少，但因投资总额和生产经营规模等变化，确需减少的，须经审查批准机关批准。

合作企业的投资总额为按照合作企业合同、章程规定的生产经营规模需要投入的资金总和。合作企业的注册资本与投资总额的比例，参照中外合资经营企业注册资本与投资总额比例的有关规定执行。

合作各方向合作企业投资或者提供合作条件的方式可以是货币，也可以是实物或者工业产权、专有技术、土地使用权等财产权利。合作各方应当以其自有的财产或者财产权利作为投资或者提供合作条件，并对该投资或者提供的合作条件不得设置抵押或者其他形式的担保。

在依法取得中国法人资格的合作企业中，外国合作者的投资比例一般不低于合作企业注册资本的25%。

合作各方应当依照有关法律、行政法规的规定，在合作企业合同中约定合作各方向合作企业投资或者提供合作条件的期限。未按照合作企业合同约定缴纳投资或者提供合作条件的一方，应当向已缴纳投资或者提供合作条件的他方承担违约责任。

合作各方之间相互转让或者合作一方向合作他方以外的他人转让属于其在合作企业合同中全部或者部分权利的，须经合作他方书面同意，并报审查批准机关批准。

(三) 合作企业的组织形式和组织机构

具有法人资格的合作企业，其组织形式为有限责任公司；不具有法人资格的合作企业，合作各方的关系是一种合伙关系。

具备法人资格的合作企业，一般设立董事会；不具备法人资格的合作企业，一般设立联合管理委员会。董事会或者联合管理委员会是合作企业的权力机构，按照合作企业章程的规定，决定合作企业的重大问题。

董事会或者联合管理委员会的成员不得少于3人，其名额的分配由中外合作者参照各自的投资或者提供的合作条件协商确定。董事会或者联合管理委员会成员由合作各方自行委派或者撤换。中外合作者一方担任董事长、主任的，副董事长、副主任由他方担任。董事长或者主任是合作企业的法定代表人。董事或者委员每届任期不得超过3年，任期届满可以连任。

下列事项由出席董事会会议或者联合管理委员会会议的董事或者委员一致通过，方可作出决议：(1) 合作企业章程的修改；(2) 合作企业注册资本的增加或者减少；(3) 合作企业的资产抵押；(4) 合作企业的解散；(5) 合作企业合并、分立和变更组织形式；(6) 合作各方约定由董事会会议或者联合管理委员会会议一致通过方可作出决议的其他事项。

合作企业设总经理1人，负责合作企业日常经营管理工作，对董事会或者联合管理委员会负责。

合作企业成立后，经合作各方一致同意，可以委托合作一方进行经营管理，另一方不参加管理；也可以委托合作各方以外的第三人经营管理。

(四) 合作企业的收益分配和投资收回

合作企业的中外合作者可以在合作企业合同中约定采用分配利润、分配产品或者其他方式分配收益。

中外合作者在合作企业合同中约定合作期限届满时，合作企业的全部固定资产无偿归中国合作者所有的，外国合作者在合作期限内可以申请先行回收其投资。

外国合作者在合作期限内先行回收投资，应符合下列条件：(1) 中外合作者在合作企业合同中约定合作期满时，合作企业的全部固定资产无偿归中国合作者所有。(2) 对于税前回收投资的，必须向财政税务机关提出申请，并由财政税务机关依法审查批准。(3) 中外合作者应当依照有关法律的规定和合作企业合同的约定，对合作企业的债务承担责任。(4) 外国合作者提出先行回收投资的申请，应当具体说明先行回收投资的总额、期限和方式，经财政税务机关审查同意后，报审查批准机关审批。(5) 外国合作者应当在合作企业的亏损弥补之后，才能先行回收投资。

四、外资企业法律制度

外资企业亦称外商独资经营企业。它是指外国的公司、企业和其他经济组织或者个人，依照中国的法律和行政法规，经中国政府批准，设在中国境内的，全部资本由外国投资者投资的企业。但其不包括外国公司、企业和其他经济组织在中国境内设立的分支机构。这一形式的股权完全属于外国投资者，因而外国投资者愿意采用更加先进的技术和设备，带进一些通过合资形式也难以引进的技术，在国家不投入大量配套资金的情况下，可以扩大就业，增加税收。

(一) 外资企业的设立

设立外资企业，必须有利于中国国民经济的发展，能够取得显著的经济效益。申请设立外资企业，有下列情况之一的，不予批准：(1) 有损中国主权或者社会公共利益的；(2) 危及中国国家安全的；(3) 违反中国法律、法规的；(4) 不符合中国国民经济发展要求的；(5) 可能造成环境污染的。

设立外资企业的申请，由国务院对外经济贸易主管部门或者国务院授权的机关审查批准。审查批准机关应当在接到申请之日起九十天内决定批准或者不批准。设立外资企业的申请经批准后，外国投资者应当在接到批准证书之日起三十天内向工商行政管理机关申请登记，领取营业执照。外资企业的营业执照签发日期，为该企业成立日期。

外资企业符合中国法律关于法人条件的规定的，依法取得中国法人资格。经批准也可以为其他责任形式。

(二) 外资企业的注册资本与外国投资者的出资

外资企业的注册资本为外国投资者认缴的全部出资额。外资企业的注册资本与投资总额的比例参照中外合资经营企业的有关规定执行。

外资企业在经营期限内不得减少其注册资本，但因投资总额和生产经营规模等发生变化，确需减少注册资本的，须经审批机关批准。外资企业注册资本的增加、转让，须经审批机关批准，并向工商行政管理机关办理变更登记手续。外资企业将其财产或者权益对外抵押、转让，须经审批机关批准，并向工商行政管理机关备案。

外国投资者可以用可自由兑换的外币出资，也可以用机器设备、工业产权、专有技术等作价出资。经审批机关批准，外国投资者也可以用其从中国境内兴办的其他外商投资企业获得的人民币利润出资。

外国投资者以机器设备作价出资的，该机器设备必须符合下列要求：①外资企业生产所必需的；②作价不得高于同类机器设备当时的国际市场正常价格。外国投资者以工业产权、专有技术作价出资时，该工业产权、专有技术必须符合下列要求：①外国投资者自己所有的；②该工业产权、专有技术的作价应当与国际上通常的作价原则相一致，其作价金额不得超过外资企业注册资本的20%。

外国投资者缴付出资的期限应当在设立外资企业申请书和外资企业章程中载明。外国投资者可以分期缴付出资，但最后一期出资应当在营业执照签发之日起3年内缴清。其中第一期出资不得少于外国投资者认缴的出资额的15%，并应当在外资企业营业执照签发之日起90日内缴清。外国投资者未依法缴付各期出资的，外资企业批准证书自动失效。

本章小结

公司企业、合伙企业以及随着我国改革开放出现的外商投资企业是我国市场经济的主体，这些主体在我国现代市场经济活动中发挥着重要作用。公司是商品经济发展的必然产物，是现代企业普遍采用的经济组织形式，公司制度的建立对于国家的经济发展起了积极作用，公司法已经成为促进竞争与发展的重要工具。本章系统阐述了公司的概念和特征、公司的主要类型、公司的一般制度，重点介绍了有限责任公司和股份有限公司的设立与组织机构，一人有限责任公司和国有独资公司的特别规定，股份有限公司的股份发行与转让，上市公司的条件和特别规定。本章还介绍了合伙企业法、外商投资企业法等中关于这些市场主体的概念、设立条件等的规定，使读者更好的了解和掌握公司之外的市场主体。

技能训练

一、单项选择题

1. 海牛贸易有限公司、金铭造纸有限公司等5家发起人拟共同发起设立一家房地产开发股份有限公司，全体发起人应认缴的注册资本数至少应为人民币　（　　）
   A. 3万元　B. 10万元　C. 175万元　D. 500万元
2. 根据《企业国有资产法》的规定，企业改制的情形不包括　（　　）
   A. 国有独资企业改为国有独资公司
   B. 国有独资公司改为国有独资企业
   C. 国有独资公司改为国有资本控股公司
   D. 国有资本控股公司改为非国有资本控股公司
3. 下列不可以成为有限合伙企业中有限合伙人的出资方式的是　（　　）
   A. 机器设备　B. 劳务　C. 知识产权　D. 货币
4. 根据中外合资经营企业法律制度的规定，合营合同规定分期缴付出资的，合营各方第一期的出资额应为　（　　）
   A. 不得低于各自认缴出资的15%　B. 不得低于各自认缴出资额的25%
   C. 不得低于该企业注册资本的15%　D. 不得低于该企业注册资本的25%

5. 甲企业为具有法人资格的中外合作经营企业，设立董事会。根据中外合作经营企业法律制度的规定，下列事项中，无须经出席董事会会议的董事一致通过的是（　　）

A. 合作企业的资产抵押　　B. 合作利润的分配

C. 合作企业的解散　　D. 合作企业注册资本的增加

二、多项选择题

1. 下列关于一人有限责任公司的说法，正确的有（　　）

A. 一人有限责任公司是指只有一个自然人股东的有限责任公司

B. 一个自然人只能投资设立一个一人有限责任公司

C. 一人有限责任公司的股东不能证明公司财产独立于股东自己财产的，应当对公司债务承担连带责任

D. 一人有限责任公司的注册资本最低限额为人民币五万元

2. 根据公司法的规定，公司不得收购本公司的股份，但是，有下列情形之一的除外（　　）

A. 减少公司注册资本

B. 与持有本公司股份的其他公司合并

C. 将股份奖励给本公司职工

D. 股东因对股东大会作出的公司合并、分立决议持异议，要求公司收购其股份的

3. 国有独资企业、国有独资公司的下列事项中，应由履行出资人职责的机构依法定程序决定的有（　　）

A. 分立成两个企业　　B. 与其他企业合并

C. 增加或减少注册资本　　D. 分配利润

4. 下列关于有限合伙企业的说法错误的是（　　）

A. 可以全部由有限合伙人组成

B. 可以全部由普通合伙人组成

C. 由有限合伙人和普通合伙人组成

D. 全体合伙人均承担有限责任

5. 根据中外合作经营企业法律制度的规定，合作各方的下列出资方式中，正确的有（　　）

A. 外国投资者以可自由兑换的外币出资

B. 中国投资者以其所有的工业产权作价出资

C. 外国投资者以已设定抵押的机器设备作价出资

D. 中国投资者以土地使用权作价出资

三、简答题

1. 简述公司的特征。
2. 简述资本原则的主要内容。
3. 简述有限责任公司的设立条件。
4. 简述外商投资企业的特征。

四、案例讨论

甲公司欲作为发起人募集设立一股份有限公司，其拟定的基本构想包括以下内容：

(1) 为了吸引外资，开拓国际市场，7 个发起人中有 4 个住所地在境外的发起人，这为公司的国际化打下良好的基础；

(2) 公司的注册资本是 8 000 万元，其中 7 个发起人认购 2 500 万元，由于公司所选项目

有非常好的发展前景，其余的5 500万元向社会公开募集；

(3) 由于是募集设立的股份有限公司，因此所有的出资必须是货币；

(4) 由于发起人认为发行工作很重要，因此决定成立专门小组，自己发行股份；

(5) 认股人在缴纳股款后，在任何情况下，都不可以要求发起人返还股款；

(6) 创立大会可以根据需要，结合市场情况由发起人决定召开的时间；

(7) 如果公司不能设立，发起人和缴足股款的认股人会共同承担相应的法律责任。

问题：

甲公司拟定的基本构想中哪些不符合法律规定？

第三编

市场规制法

第六章　市场规制法的基本原理

知识目标

了解市场规制法产生理论基础，掌握市场规制法的概念、特征、基本原则。

能力目标

能运用市场规制法的基本原理分析国家干预市场的有关政策的合理性；能将市场规制法的基本原理运用到竞争法、消费者权益保护法、产品质量法等法律中，提高分析、解决实际问题的能力。

案例导入

2003 年春季，SARS 疫情的出现使一些地方的中药材、防护用品以及部分基本生活食品的价格出现迅猛上涨，比如金银花每千克由 80 元上涨到 522 元，杜仲每千克由 18 元上涨到 168 元，消毒药水、除菌类药物肥皂、口罩等也销售火爆，价格升势凌厉。这种情况下，一些地方政府部门根据《价格法》的规定，及时采取干预措施，如将金银花、消毒药水等列入价格干预商品，在生产和流通环节分别控制利润率、差价率和实现最高限价，启动基本生活品的价格监测，对违规的经营者予以制裁，同时，积极组织货源，增加供给。在政府的努力下，价格暴涨势头很快得到遏制。问：(1) 为什么政府要干预市场价格并组织货源，增加供应？(2) 政府干预价格有无法律依据？

案例分析

(1) 市场经济是以市场为手段的资源配置方式，它通过市场供求、竞争和价格的波动引导资源的流动。价格的波动反映了市场供求关系和资源稀缺程度的变化，当市场上某种商品供不应求时，价格上涨，市场主体积极参与市场竞争，谋求自身利益的最大化；反之，当某种商品供过于求时，价格下跌，市场主体为规避市场风险，退出相应市场。市场对资源的配置作用主要是通过价格调节来实现的。但是市场调节也并非是万能的，也存在市场缺陷。在某种商品价格飙升特别是在非常时期，如本案中 SARS 疫情的出现，市场主体的唯利性决定了市场主体置广大消费者利益不顾而谋求自身利益的最大化，这样会出现个体利益与社会公共利益相冲突。鉴于市场调节的缺陷，为了维护社会公共利益，国家必须规范市场主体的价格行为，干预相关商品价格，组织货源，增加供应，平抑物价上涨，维护价格秩序，协调生产和消费的关系，保护消费者的正当权益。因此，政府采取干预措施是为了弥补市场调节机制的缺陷。

(2) 政府干预价格措施有法律根据。《中华人民共和国价格法》第 30 条明确规定：当重要商品和服务价格显著上涨或者有可能显著上涨，国务院和省、自治区、直辖市人民政府可以对部分价格采取限定差价率或者利润率、规定限价、实行提价申报制度和调价备案制度等临时价格干预措施。该条规定了政府采取的临时价格干预的条件、时间和范围,充分说明政府干预市场不是无限的,不是否定价格调节机制的基础性作用,而是建立在市场可能失灵的领域内,其干预必须依法进行。

第一节 市场规制法的概念与调整对象

一、市场规制法的概念

(一) 规制与市场规制的法律界定

规制一词是由英文"regulation"翻译过来的,其基本译法有两种:一是规制,二为管制。在经济法领域,一般翻译为规制,并将规制与管制进行明确的区别。

在我国经济法理论中"规制"的词语使用,主要借鉴日本的经济法学者的译法。日本学者植草益认为,"规制"一词的含义是以法律、规章、政策、制度来约束和规范经济主体的行为。简言之,有规定的管理或有法律规范的制约。日本学者金泽良雄对经济法中的规制问题进行了专门的论述。根据金泽良雄的解释:一般所谓"规制",在最狭义上,可以理解为是由于一定行为规定了一定的秩序而起到限制的作用。广义上,可将国家的干预换言为规制。规制涉及到消极的(权利限制)和积极的(促进保护)两个方面。因为他认为经济法按其本质,应是以国家对经济干预之法为中心而形成的。就此见解而言,体现于经济法中的"国家的干预",对经济法的性质具有重要意义。在这里可以将这种"国家干预"换言为"规制"一词。在我国经济法学界一般使用"规制"而不用"管制"的基本理由是:管制很容易使人联想到统制经济和命令经济形式,而规制所强调的是通过实施法律和规章制度来约束和规范市场主体及其行为,是对市场主体的限制性的控制。而且,这也比较符合规制的应有的含义,因为规制的发生必然以规制对象的偏颇为前提,即只有对已发生偏离轨道的某种状态施加一定外力,方能使其得到矫正和恢复状态。

市场规制,顾名思义,就是对市场的规制。市场规制有广义和狭义之分,广义上的市场规制是指一定的主体,依据一定的规则对特定的市场主体的活动所进行的限制、鼓励和保护行为。它包括国家对宏观经济的调控和微观市场的管理两部分。狭义的市场规制仅指对微观市场的规制,是指市场规制主体依法对市场主体进出市场和进行市场活动过程中的资格和行为所进行的限制、鼓励和保护行为。市场规制法中的规制是指狭义上的市场规制。

(二) 市场规制法的概念

市场规制法是调整在国家权力直接干预市场,调节市场结构,规范市场行为,维护市场秩序,保护和促进公平自由竞争的过程中产生的各种经济关系的法律规范的总称。简言之,市场规制法就是调整市场规制关系的法律规范的总称。它是我国经济法体系的一个重要组成部分,是经济法的核心部分,属于部门经济法。

市场规制法在我国有不同的称谓,可以说到现在为止还没有形成统一的看法。在各类经济法教材除了采用市场规制法的称谓外,还有市场调控法、市场运行法、市场竞争法、市场障碍排除法等不同的称谓。相比较而言,市场规制法更为科学。使用市场调控法的表述,易与市场经济条件下的宏观调控法相混淆，不利于从概念上区分宏观经济与微观市场的界限，可能引致宏观调控从属于市场规制法的误会。所以，本书在对市场规制的含义解析时，将市场规制法中的市场规制取其狭义，其目的就是将市场规制与市场调控区别开来。而市场运行法表述，会与市场行为法相混同。通常而言，市场运行法是调整平等的市场主体之间市场交易行为的法律规范的总称。将这部分平等交易行为纳入政府规制市场的法律规范之中进行调整，显然有失偏颇。而市场竞争法的表述，又明显缩小了政府对市场管理的范围，因为市场竞争法虽是政府管理市场的核心法律内容，但却不是政府管理市场的全部法律内容，以核心内容来取代或者涵盖市场管理的全部法律规范，逻辑上不能成立。有鉴于此，本教材认为，要准确地体现政府管理、引导市场的行为界限，还是使用市场规制法的表述较为合适。因为市场规制法这一概念既可以从字面上与宏观调控法和市场行为法区别开来，而且市场规制法的概念直观地明确了市场规制法的调整对象和调整对象的范围。

二、市场规制法的调整对象

市场规制法的调整对象是指市场规制法所调整的社会关系。市场规制法调整国家运用公权力直接干预市场，调节市场结构，规范市场行为，维护市场秩序，保护和促进公平自由竞争的过程中产生的各种经济关系为其调整对象，这种经济关系简称为市场规制关系。具体包括：

（一）市场竞争关系

市场竞争关系是指经营者之间为争夺市场交易机会而进行相互较量所发生的经济关系。市场规制法的核心任务是对市场竞争行为的规制，通过竞争政策和竞争法律制度建立起公平有效的竞争秩序。市场规制法规范的市场竞争行为是对市场交易行为规制的前提和基础，良好的市场竞争秩序是保护消费者利益、提高产品质量，促进社会创新的重要保证，反之，在不正当竞争、垄断或限制竞争行为普遍存在的情况下，市场机制无法发挥其对资源配置的基础性作用，势必造成社会资源配置效率低下和消费者福利受损。市场规制法调整的市场竞争行为包括对垄断或限制竞争行为的规制和不正当竞争行为的规制。

（二）市场交易行为

市场的本质是公平交易，通过交易实现当事人各自的目的，市场就是各种交易关系的总和。市场交易的种类繁多，从而形成不同的市场，有商品市场、技术信息市场、金融市场、房地产市场、劳动力市场等等。市场交易行为通常是由民商法来规范和调整，但是经营者之间的竞争关系通过交易关系直接或间接表现出来的，因此，经济法对市场交易关系的调整可以看作是在民商法的基础性调整（以契约自由为特点）之后的第二次调整（以对契约自由加以必要限制、防止其被滥用为特点），是一种从社会公共利益出发的更高级的调整。

经济法对市场交易关系的调整，首先调整经营者与消费者之间的市场交易行为。经营者与消费者之间的市场交易关系是通过订立消费合同实现的，消费合同在本质上是平等主体之间的经济关系，但由于双方存在信息不对称、经济地位悬殊等因素导致交易能力的不平等，国家对这类具有民商性质的交易关系进行特殊立法，其体现了国家对市场经济的适度干预。对消费者权益保护的法律制度是市场规制法的组成部分，除在保护消费者权益一般法之外，在保险、金融、房地产等市场的法律制度中也有大量的保护消费者权益的法律规范。

其次，经济法也调整经营者之间的市场交易关系中有关产品质量、价格和标准等方面关系。产品质量、价格和标准方面的法律既调整经营者与消费者之间的交易关系，也调整经营者之间的市场交易关系中的产品质量等关系。经营者之间的产品质量等具体内容一方面属于民商法调整，基于意思自治原则由经营者协商约定；另一方面，产品质量直接关系到人体健康和生命、财产安全，国家对此进行规制以最终实现消费者的利益。

（三）规制机关的市场规制行为关系

法治的意思就是指政府在一切行动中都受到事前规定并宣布的规则的约束——这种规则使得一个人有可能十分肯定地预见到当局在某一情况中会怎样使用它的强制权力，和根据对此的了解计划他自己的个人事务。经济法对市场竞争行为和市场交易行为进行规制，需要国家有关规制机关行使市场管理权，为了杜绝市场管理权滥用，必须合理规范经济法，就是要为政府干预社会经济立章建制，界定政府权力、规范政府经济行为、明确政府责任。在这个意义上经济法又是“干预政府之法”，因此，市场规制法应当将规制机关的市场规制行为纳入其调整范围。

三、市场规制法的本质特征

市场规制法具有以下的基本特征：

1. 调整对象的特定性。市场规制法以市场规制关系为调整对象，这种对象产生于国家对市场进行规制的过程中，主要是对市场主体的市场经济行为进行规制。

2. 法律目的的特定性。市场规制法是为了规范市场主体行为，建立和维护正常的市场经济秩序，维护公平竞争，发挥市场规制对经济的调节作用，维护消费者合法权益，规范政府规制行为，实现市场经济稳定、有序、高效、可持续向前发展的目的。

3. 适用范围的特定性。市场规制法属于经济法的部门法，经济法属于国内法，调整一国特定的经济关系。市场规制法亦属于国内法，一般只调整本国境内的市场规制关系，但有例外，如《反垄断法》第 2 条规定，中华人民共和国境内经济活动中的垄断行为，适用本法；中华人民共和国境外的垄断行为，对境内市场竞争产生排除、限制影响的，适用本法。

4. 调整方式的特定性。市场规制法往往运用许可、限制、禁止、鼓励和保护等各种手段对市场主体的市场经济行为进行直接规制，对市场主体的行为和市场各要素产生直接的影响。这是市场规制法与其他经济法部门法，特别是宏观调控法的主要区别。

第二节　市场规制法的理论基础

一、市场规制法产生的必然性

（一）市场的缺陷和局限性是市场规制法产生的重要基础

市场经济是人类迄今为止最具效率和活力的经济运行机制和资源配置手段，它具有任何机制和手段不可替代的功能优势。但市场不是万能的，也有其固有的缺陷和局限性。主要表现在：(1) 市场调节具有自发性、短期性、盲目性和滞后性，会产生经济周期性波动并导致经济总量失衡。(2) 自由放任的市场竞争最终必然走向自己的反面——垄断和限制竞争。有市场就有竞争，而自由竞争的结果必然导致垄断。因为作为市场主体的经济人为了追求自身利益最大化，一方面通过降低生产成本，取得有利的竞争地位；另一方面通过联合、合并和兼并，获得规模经济效益。这两方面都有可能形成垄断，而垄断又会阻碍自由、公平竞争，破坏市场调节机制，使其应有的调节功能不能充分、有效地发挥。(3)市场机制无法补偿和纠正经济外在效应。外部性问题在市场中普遍存在，它是由私人经济活动给交易当事人之外的他人生产或消费造成的外部影响或后果。外部性问题一般分为正的外部性和负的外部性两种，前者如使用公共产品而不负担成本的“搭便车”；后者如工厂排放污染物危害他人生产、生活。市场的外部性问题不可能通过市场机制自身来消除和解决，需要政府的权力介入，通过财政、税收、管制等政策措施，增加正外部性行为的收益和负外部性行为的成本，如对排污者征收排污费，以最大限度地减少负外部性，等等，不一而足。市场存在的缺陷和局限性单靠市场自身的纠错功能不可能解决，即使消极地依靠市场自身的纠错功能，也可能需要付出巨大的社会成本。为此，必须借助市场机制以外的力量加以克制和弥补。这种市场机制以外的力量就是国家或者说是国家固有的公共权力。市场规制正是这种力量的重要手段。

(二)政府规制失灵是市场规制法产生的又一重要原因

市场缺陷导致市场失灵，为国家干预经济生活提供正当的目的和合理的依据。但政府也不是万能的，政府干预有其局限性，因为政府失灵也同样存在。政府固然代表国家和人民的利益，但政府毕竟是由作为人的政府成员组成的，政府在制定规章制度、做出决策及其实施过程中因人的智慧欠缺和信息的局限难以做到完美，而且组成政府的机构和成员也有经济人的特性，往往因为追求自身利益或受利益集团的左右，在制定或执行规章制度、决策时，偏离甚至损害国家、集体和他人利益，比如企业或个人为了使政府做出对其有利的决策，向决策者非法提供钱财或其他服务，结果做出的决策可能损害公共利益。政府作为唯一对其成员拥有强制力的组织自然具有垄断性，在决策过程中，因缺乏竞争容易忽视成本和收益，加上政府机构膨胀、官僚主义盛行等因素导致决策机制缺乏民主性和科学性，使得政府干预成本加大，社会稀缺资源浪费，政府治理效率降低。如何处理好市场调节机制和政府干预的关系，防止政府失灵，经济学的公共选择理论认为，解决政府失灵的关键是要发明一种新的政治技术和新的表现民主的方式，来对政府权力施加制度约束或宪法约束，以便控制官员机构的蔓延滋长和国家权力的日益膨胀，这就是宪法经济学的主题。为此，对政府规制市场的行为，不仅需要民主与宪政制度，而且需要包括市场规制法在内的具体经济法律制度。这是市场规制法产生的另一方面的原因。

二、市场规制法的作用

市场规制法的作用主要体现在以下四个方面：

一是创造公平竞争的市场环境，协调经营者相互之间的利益关系。创造公平竞争的市场环境，是指通过立法和执法使一切市场主体处于平等的法律地位，服从同一法律制度，并坚决查处、制裁垄断和不正当竞争等不法行为。

二是维护消费者的合法权益，协调经营者与消费者之间的利益关系。维护消费者的合法权益，必然要以经营者切实履行其应尽的合法诚实经营义务为基础，所以要通过立法明确经营者的义务。尤其在我国消费者自我保护意识不强的情况下，增强消费者自我保护的法律意识，大力查处经营者损害消费者合法权益的违法行为，方便消费者为维护自己的合法权利提出申诉、申请仲裁或提起诉讼，显得尤为重要、尤为迫切。这对于经营者面向市场争夺更多的消费者而面向内部加强和改善经营管理，切实转换经营机制，促进我国市场经济的健康发展，必然会起到强大的推动作用。当然协调经营者与消费者的利益关系，也要用法律规范消费者的行为，以避免损害经营者的生产经营积极性的情况发生，在买方市场的情况下尤其重要。

三是为政府对市场进行管理提供法律依据，规范和约束政府管理市场的行为。在市场经济条件下，政府对市场的管理同样不是万能的，必然要以不妨碍市场机制正常发挥为前提，以弥补市场缺陷为目的。市场经济是一种法治经济。这一共识所指的不仅是基本的社会经济关系有法可依，以及法律成为调整社会经济关系的主要手段，而且主要是政府干预有法可依、有法必依，政府干预必须守法。所以，必须通过立法明确政府对市场管理的职能机构、职能范围、方式程序，既使其具有权威性、强制性，以维护市场的正常秩序，又避免主观性、随意性等滥用权力破坏市场机制的行为出现，建立必要的监督制约机制，从而防止政府的过度干预而酿成“政府失败”的恶果。

四是促进社会主义市场经济体制的建立和完善，推动社会主义市场经济的发展。社会主义市场经济体制的改革和完善，必须充分发挥市场在资源配置中的基础性作用，增强企业的活力和竞争力。市场机制是资源配置的重要手段，它通过供求、价格、竞争之间的相互作用影响和推动资源的合理流动与分配，提高资源的利用效率，从而促进社会经济的发展。市场规制法是在尊重市场客观规律的基础上，为克服市场调节的固有缺陷，通过立法、执法以国家“有形之手”来排除、矫正市场“无形之手”在某些方面不能发挥作用的“功能性障碍”，整顿和规范市场经济秩序，打破行业垄断和地区封锁，促进统一、开放、竞争有序的现代市场体系的建立与完善。

第三节　市场规制法的性质与地位

一、市场规制法的性质

由于从性质上将法律划分为公法和私法，所以市场规制法的性质，主要是指它在公、私法的基本分类中如何归类的问题。法律规范因其属于公法或私法而有不同的性质、原则和调整方法。由于市场规制法是经济法的组成部分，市场规制法的性质取决于经济法的性质，如本书第一章所述及，经济法是以公法为主，兼有私法性质，因而市场规制法同样具有经济法的性质。

二、市场规制法的地位

市场规制法的地位是指它在法律体系中处于何种位置，以及它与相关法律的关系问题。

法律体系或法的体系作为法的规范体系（区别于立法体系或规范性文件体系），是由多层次的法律部门（部门法）组成的、具有内在联系的有机统一整体。法律部门是根据一定标准和原则所规定的同类法律规范的总称。法律体系在作第一次划分形成基本部门以后，还可以在各部门内进行第二次、第三次或者更多次的划分，这样就相应地形成了不同层次上的法律部门。在我国社会主义法律体系中，经济法是一个与民法、刑法、行政法等相并列的一个重要的独立法律部门，其调整范围应确定在国家凭借公权力适当干预市场经济关系的领域内，具体包括宏观调控关系和市场规制关系。这样，市场规制法与宏观调控法一样，均作为独立法律部门的经济法的一个子部门。而且市场规制法特别是其中的竞争法是现代经济法中最早发展的部分,地位非常重要。市场规制法和宏观调控法在外部共同区别于民商法等法律部门,在内部既相互区别又相互联系,共同构成经济法的和谐体系。市场规制法和宏观调控法的区别表现为:前者是对具体市场的直接监督管理,后者是对整体市场调节、弥补;前者主要借助于行政手段,后者主要借助于经济手段。但两者都是国家干预市场的产物,因而又有密切的联系,表现为:前者是后者有效发挥作用的前提,因为宏观调控只有作用于规范的市场才能奏效;而后者也是前者实现其目标的重要条件,因为市场管理需要宏观调控通过调节和弥补市场机制的不足来创造一个良好的宏观环境。

市场规制法除了与宏观调控法有着密切联系外,还通过规范市场结构和市场行为,维护自由公平的竞争秩序,对市场主体资格的取得和市场主体的行为(交易行为)的效力、侵权责任的构成等产生影响,从而与市场主体法和市场主体行为规则法有着密切的联系;市场规制法通过造就市场公平竞争的条件,为市场体系的发育和完善提供良好的外部环境,从而与市场体系法有着密切的联系;市场规制法通过对竞争行为的规范,对不正当竞争行为的制止和制裁,为"弱者"提供特殊的保护和救济,这有利于社会安定,从而与社会保障法有着密切的联系。

总之,无论在作为独立部门法的经济法的体系中,还是在整个社会主义市场经济法律体系中,市场规制法都是其中的一个重要组成部分。

第四节　市场规制法的基本原则和调整机制

一、市场规制法的基本原则

市场规制的基本原则,是贯穿于市场规制法之中的,人们在市场规制法的立法、执法、守法过程中必须遵循的根本准则或者说根本指导思想。它是由市场规制法的目的和调整对象的性质所决定的。市场规制的基本原则既是立法机关制定市场规制法的指导思想,又是司法机关进行司法活动的基本依据,也是一切市场经济活动主体的行为准则。因此,市场规制法的基本原则主要有以下几个项:

(一)尊重市场客观规律,依法适度管理原则

国家对市场进行管理在于弥补市场的不足而不是替代市场。所以在强调其管理的重要性的同时,必须强调国家管理的合理性、适度性和有效性,把握好管理的范围、方式和力度,要尊重市场客观经济规律以维护市场功能。否则就会因国家对市场的过度干预而否认市场运行规律而最终否认市场经济,也会导致窒息市场主体活力的严重后果。因此,市场规制的立法、执法必须尊重和体现市场价值规律、供求规律和价值规律,才能引导市场主体依法从事经济行为,实现综合效益和宏观经济的目标,实现自身的各类调整目标。

依法适度管理就是要求国家对市场秩序的管理要从维护良好的市场秩序出发,并遵循市场运行的规律,把握适度、得当。其是否适度,需要根据不同时期的经济发展情况和市场运行状况来判断。

(二) 统一规制,分级监管的原则

所谓"统一规制"主要指在市场规制或管理方面全国要有统一的法律制度、法定的管理机构,避免出现各级地方立法机构或国务院各部委分别立法而破坏法制统一的后果,避免发生对各种市场管理机构各自职权及相互关系界定不明而政出多门的混乱状况,这样才能维护全国市场的统一性。但对于人口众多、幅员辽阔、市场众多的中国来说,仅有统一的法律制度、统一的管理机构,统一规制并不一定能落实。国民经济运行存在不同的环节和层次,而且东部、中部和西部以及不同省市经济发展水平不一,情况复杂,要处理好重大市场规制或管理问题,必须发挥地方积极性,实行分级管理,赋予地方和部门必要的规制权,维护当地市场秩序和促进当地经济的发展。统分结合原则反映了市场规制体系内部结构的客观实际,具有科学性。市场规制法确认这一原则,从法律上保障合理分权,既能使整个国家市场管理行为的协调和全国市场的统一得到保证,又能充分调动地方、部门的积极性。统一规制、分级监管的原则要求明确中央和地方各级政府有关部门的各自职权及相互关系,通过"分级管理",使统一的市场规制法律得到实施,统一的市场规制发挥作用。

【案例 6-1】 市场规制机关应当依法监管

甲市建筑公司从乙县某工程机械厂购买了一台起重机,使用三天后起重机的长臂有断裂痕迹。乙县某工程机械厂派人修理多次仍不能使用。于是甲市建筑公司向甲市工商局投诉,要求乙县某工程机械厂退货并赔偿损失 30 万元。甲市工商局促成双方协商解决未果,便委托省机械质量监督中心对该起重机进行质量检验,检验结果为质量不合格。甲市工商局根据检验结论对乙县某工程机械厂作出 5 万元的罚款并责令其退货的处罚。问:甲市工商局的处罚是否有根据?

【案例分析】

甲市工商局的处罚属于越权处罚。根据《产品质量法》第 8 条规定,国务院产品质量监督部门主管全国产品质量监督工作。国务院有关部门在各自的职责范围内负责产品质量监督工作。县级以上地方产品质量监督部门主管本行政区域内的产品质量监督工作。县级以上地方人民政府有关部门在各自的职责范围内负责产品质量监督工作。法律对产品质量的监督部门另有规定的,依照有关法律的规定执行。根据该条规定,本案中,建筑公司购买的起重机是使用过程中的质量问题,属于流通领域中的产品质量问题,该问题当属产品质量监督部门的职权范围,而且销售行为发生在乙县,而不在甲市行政区域,不属于甲市工商局职权管辖范围。因此,甲市工商局的处罚属于越权。

(三) 维护公平竞争的原则

所谓公平竞争,是指市场竞争主体的法律地位和经济机会均等。在市场竞争中,一切竞争者出于平等的法律地位,服从同一法律规则。经济机会均等是经营主体都有进入市场平等进行竞争的机会,不允许某个竞争者独占机会,也不允许对任何竞争者实行歧视。维护公平竞争原则要求国家为市场主体创造一个公平的竞争环境和竞争条件,使市场竞争主体的法律地位一律平等,为其创造一个机会均等的法律环境。

(四) 保护弱者和消费者合法权益的原则

在现代市场经济条件下,市场主体间的强者、弱者是客观存在的。在法律上对市场中的弱者和消费者给予更多的保护与保障市场主体地位平等原则并不矛盾,相反,保护弱者和消费者正是以表面上的倾斜保护实现了实质上的公平正义。完全自由放任的市场经济运行会导致市场主体极端不平等的结果。比如自然状态竞争的垄断趋向和为逐利而采取的不正当竞争都会造成竞争对手之间地位的差别;科技和工艺的飞速进步加剧了信息的不对称,使消费者较之经营者地位日益弱小。而市场规制法制止垄断和不正当竞争,并在消费者权益保护法、产品质量法、广告法中对经营者规定了详尽的义务和责任,同时赋予消费者充分的权利,以规定强者义务、弱者权利的方式救济市场自发形成的不平等,力求实现结果的公平,提高市场交易的效率。对弱者和消费者合法权益的保护,实质是保护消费,促进消费,从而保护生产、促进生产,有利于社会经济的发展。所以,保护弱者和消费者合法权益是经济法的子部门法中的市场规制法的价值所在。

(五) 违法行为法定原则

违法行为法定,是指违法行为由法律加以明文规定。在市场经济条件下,市场瞬息万变,市场主体要及时作出经营决策并实施某种经营行为。由于市场主体的经营行为复杂多样和变动不居,法律不可能对市场主体实施的各种行为一一规定下来,法律可以做到的只能是为市场主体不得实施的行为划定一个相对明确的范围。即凡是法律未禁止的,即为自由的,应视为合法行为,行为人则不受法律制裁。根据现代法治要求,违法行为包含三个方面内容:一是法无明文规定不制裁,即实施制裁必须有法定依据,没有法定依据不能实施制裁;二是市场管理机关必须在法定职权范围内实施制裁;三是市场管理机关实施制裁必须遵循法定程序,违反法定程序的,制裁行为无效。

【案例 6-2】 法无明文规定不处罚

张三公休期间和朋友李四一起到大别山旅游,在一风景区发现许多野生蘑菇,于是两人各采集了一塑料袋带回家中。张三将蘑菇烹饪后与家人食用,中毒。李四将野蘑菇带到自己经营的饭店,以每盘 38 元价格供给前来就餐的顾客食用,结果造成 4 名顾客中毒。问:(1) 张三家人食用野蘑菇中毒的行为应由谁负责?(2) 李四对 4 名顾客中毒是否应当承担责任?

【案例分析】

(1) 张三家人食用野蘑菇中毒只能由自己负责。因为野蘑菇不是产品质量法所调整的产品范围,属于天然物品,根据法律上自己行为自己负责的原则,张三采集野蘑菇时应当预见行为的后果,而没有预见,因而对自己的过失应当承担不利后果。

(2) 李四应当对 4 名顾客中毒承担赔偿责任。虽然李四采集的野蘑菇也是天然物品,但是其经过加工,用于销售,属于《产品质量法》所调整的产品范围,其产品的质量应当符合产品质量法的要求。李四应当保证其提供的商品或者服务符合保障人身、财产安全的要求。根据《产品质量法》和《消费者权益保护法》规定,因产品存在缺陷造成受害人人身伤害的,侵害人应当赔偿医疗费、治疗期间的护理费、因误工减少的收入等费用。为此,李四应当承担 4 名顾客的医疗费、治疗期间的护理费、因误工减少的收入等费用。

二、市场规制法的调整机制

法律调整机制是指法律从一定的目的出发运用法律特有的形式对社会关系进行规范的系统。法律调整离不开权利和义务这对范畴,并通过权利和义务实现对调整对象的规范。法律调整机制具体包括权利和义务的范围及特点、规范的强制性或任意性、法律责任的形式等内容。不同部门法由于其调整对象的性质不同决定了部门法的调整机制有较大差异。

市场规制法的主要宗旨在于以法律手段防止市场失灵,矫正市场的缺陷和信息不对称,协调市场运行，保护有效竞争，得以维护社会公共利益和最大限度实现整体经济效益，实现社会的实质公平与可持续发展。为了达到规制的目标，市场规制法形成了自身的调整机制。这一调整机制具有以下特点：

1. 在法律规范上表现为以强制性规范为主，任意性规范较少。这与民法具有较为明显的任意性、刑法具有典型的强制性不同。市场规制法的强制性特点是由国家干预性决定的，因为市场主体为追求个体受利益的最大化，往往与社会整体利益发生冲突，为协调经济个体与社会整体的利益关系，就必须对经济个体完全的意思自治进行限制，以解决市场经济发展中出现的垄断与竞争、公平与效率、个体营利性与社会公益性的矛盾和防止市场机制失灵。如果任意性规范过多，就无法实现保护公共利益的目标。

2. 在调整方法上，具有多样性和层次性的特点。其规制主要方法有：

(1) 积极性规制与消极性规制。积极性规制是通过制定和实施交易和竞争中应该这样行为或可以这样行为的规制，从正面引导市场主体依照法定的条件和程序进行市场行为。积极性规制在架构市场结构和明确维护正常市场行为起着重要的作用。消极规制则是通过制定、实施交易和竞争中不应这样行为或禁止这样行为的规则，从反面限制或矫正市场主体的不当行为。如反不正当竞争法、反垄断法中的规则即为典型。在规制过程中，积极性规制是主要的，但往往需要消极规制与其配合，方可产生良好的效果。

(2) 直接性规制和间接性规制。直接性规制是指国家直接介入市场失灵的领域，干预经济主体的决策的规制方法。间接性规制是采取“劝告”等方式制约、阻碍市场机制发挥作用的规制方法。市场规制法中，直接性规制方法是主要方法。

(3) 刚性规制与弹性规制。刚性规制是指对受规制的主体不留选择的余地，必须依法作出某种行为或不作出某种行为的规制方法。弹性规制是指给受规制主体留下一定的选择空间的规制方法。在市场规制法律制度中，一般设置以刚性规制为主，弹性规制为辅的调制方法。

(4) 激励性规制与惩罚性规制。激励性规制是利用增加可得利益的手段以鼓励受规制主体接受规制的规制方法。惩罚性规制是指利用处罚手段强制受规制主体接受规制的规制方法。在市场规制法律制度中，惩罚性规制手段更具普遍性。

3. 在法律责任的设定上具有综合性。与市场规制法的调整方法相适应的法律责任形式以行政责任为主，同时规定民事责任，特定情况下采用刑事责任。这三种法律制裁手段在各自的适用范围内发挥着市场规制的功能。市场规制法之所以采用民事、行政和刑事的制裁手段来调整市场规制关系，是因为市场主体的行为不仅会使其他经营者、消费者的合法权益造成损害，而且会破坏市场竞争秩序和社会管理秩序，对社会整体利益来损害。因此，综合运用民事、行政和刑事法律手段才能达到市场规制的目的。

总之，市场规制法作为以克服市场缺陷为主要目的的法律制度，其调整方法的多样性和层次性特点是由市场缺陷的多样性与层次性、市场主体的多样性与层次性决定的。归根结底是由市场主体在进行市场行为时所体现的经济关系的多样性与层次性决定的。

第五节　市场规制法体系

市场规制法作为独立部门法的经济法的一个子部门，是社会主义市场经济法律体系的重要组成部分。虽然它不是一个独立的法律部门，但仍然有其自身的规范体系，即作为子部门法的内部结构。因此，市场规制法的体系，是指各类市场规制法规范所构成的和谐统一的整体。市场规制法的各个组成部分，在市场规制法基本原则的指导下，相互配合，实现政府规范市场竞争行为和市场交易行为，维护市场经济秩序的目的。根据市场规制法的调整对象的范围和基本内容，市场规制法体系主要由以下几个部分构成：

一、竞争法

竞争法是以规范市场竞争行为，维护自由和公平的市场竞争秩序为基本内容的法律规范的总称。竞争法通常由反垄断法和反不正当竞争法两个核心部分构成。其中，反不正当竞争法是旨在禁止以违反诚实信用原则和其他公认的商业道德等不正当手段从事市场竞争行为，维护公平竞争秩序的法。反垄断法则是旨在反对限制竞争、维护自由公平竞争和保持经济活力的法。由于反不正当竞争法和反垄断法之间既有密切的联系，又有明显的区别，不同的国家和地区在进行竞争立法时根据各自的情况，采取了分别立法、合并立法和以反垄断为主的三种立法模式。我国在 1993 年制定了《反不正当竞争法》，又在 2007 年制定了《反垄断法》，因此我国采取了分别立法的模式。但是，1993 年制定的《反不正当竞争法》禁止的 11 种行为中，有 5 种行为属于垄断行为和限制竞争行为，它们分别是：公用企业或者其他依法具有独占地位的经营者的限制竞争行为（第 6 条）；政府及其所属部门滥用行政权力限制竞争行为（第 7 条）；以排挤竞争对手为目的的低价倾销（第 11 条）；搭售或者附加其他不合理的条件（第 12 条）；串通投标（第 15 条）。只有 6 种行为属于严格意义上的不正当竞争行为。2007 年制定的《反垄断法》将 1993 年的《反不正当竞争法》中所规定的 5 种垄断行为已纳入其调整范围，因此，就与《反垄断法》的协调而言，鉴于我国竞争立法已经采取分别立法的模式以及《反垄断法》已正式实施的现状，《反不正当竞争法》的修订已成定局。将现有涉及反垄断的纳入删去，使修订后的《反不正当竞争法》只调整狭义的不正当竞争行为，以保持与《反垄断法》的内在协调，从而形成我国的竞争法体系。

二、消费者权益保护法

消费者是市场经济的重要参与者和推动者，保护消费者权益是经济法的一项重要使命。消费者权益保护法即是维护消费者利益、保护消费者合法权益的基本法律，是国家基于消费者在市场活动中处于“弱者”地位而进行特殊保护的法律规范，目的是使被扭曲了的市场交易关系得到矫正，最终也是为了维护公正自由的市场竞争秩序。它以法律的形式赋予消费者法定的权利，对经营者课以义务，通过提高消费者的缔约能力，实现与经营者之间的公平交易。我国 1993 年制定有《消费者权益保护法》，根据该法第 49 条规定，经营者提供商品或者服务有欺诈行为的，应当按照消费者的要求增加赔偿其受到的损失，增加赔偿的金额为消费者购买商品的价款或者接受服务的费用的一倍。反映了市场经济条件下经济法对消费者的保护已经超出传统民法对消费者提供的保护，是一种倾斜保护，是国家对消费关系干预的体现。

三、产品质量法

产品质量法是调整国家对生产经营者的产品质量进行监督管理和对消费者权益进行保护过程中所发生的社会关系的法律规范的总称。产品的高质量意味着高成本、高投入，这与市场主体追求自己利润的最大化相矛盾。产品质量高低不仅是市场交易秩序优劣的一个基本尺度，也是市场竞争的一个主要内容。2000 年 7 月全国人大常委会对 1993 年制定的《产品质量法》进行了较大幅度的修改，对市场交易中的产品质量问题进行事前监督管理和事后救济惩罚予以法律规范。其目的在于为从事市场公平竞争提供条件、标准和保障，维护公正的市场竞争秩序。为保障广大消费者的身体健康和生命安全，防范食品安全事故的发生，2009 年 2 月 28 日颁布并于同年 6 月 1 日起施行的《中华人民共和国食品安全法》，对食品生产经营活动和食品安全监管工作进行了严格规范。产品质量法作为市场规制法的一个组成部分，通过明确产品质量责任，既要保护用户、消费者的利益，又要维护社会经济秩序和社会整体利益，将对社会个体利益的保护和社会整体利益的保护有机结合起来，体现了经济法的社会本位观。

四、广告法

广告法是调整广告关系的法律规范的总称。广告关系是指国家对市场上的广告活动进行监督管理而发生的社会关系。广告是联系生产经营者与消费者的媒介，既是经营者进行市场竞争的手段，也是消费者获取消费信息的渠道。广告法通过规范广告行为，加强广告的审查和监督管理，保证广告的真实性、合法性，促进市场公平竞争，防止各种不正当广告对公平竞争造成破坏，以保护消费者的合法权益。我国已制定有《广告法》。

五、价格监督管理法

价格监督管理法是指对市场价格行为进行监督管理的法律规范，目的在于防止价格欺诈和暴利行为对公平竞争的破坏。我国目前尚没有专门的《价格监督管理法》，但在其它法律、法规中有一些相关的规范。

六、其他

除上述市场规制法外，各要素市场上还存在大量的规制市场的法律，如金融市场、技术市场、房地产市场、劳动力市场、信息市场等要素市场。这些市场上的规制规则主要是一般性规制法在各个特殊市场上的具体适用，尤其是竞争法的适用。

本章小结

市场规制法是调整在国家权力直接干预市场，调节市场结构，规范市场行为，维护市场秩序，保护和促进公平自由竞争的过程中产生的各种经济关系的法律规范的总称。市场失灵和政府规制失灵是市场规制法产生的理论基础。要有效市场规制法必须根据尊重市场客观规律，依法适度管理原则、统一规制，分级监管的原则、维护公平竞争的原则、保护弱者和消费者合法权益的原则、违法行为法定原则运用其特有的法律调整机制来规制市场主体的具体经济行为，调整微观经济关系，达到维护市场自由、公平秩序的目的。而要实现这一规制的目标，需要竞争法、消费者权益保护法、产品质量法、广告法、房地产法以及其他调整市场规制关系的法律相互协调、相互配合。

技能训练

一、单项选择题

1. 下列关于市场规制法的表述正确的是 ( )
   A. 市场规制法从社会整体利益出发，对市场进行调控
   B. 市场规制法“仅限于私人之间的自治，不具有国家干预性的特征”
   C. 自有资本主义以来，市场交易和市场竞争被抽象为平等主体之间的关系，并由市场规制法进行确认和调整
   D. 市场规制法是国家对市场交易行为进行的宏观干预
2. 倾斜保护弱者原则体现了市场规制法的哪种法本位思想？ ( )
   A. 社会本位　B. 个体本位　C. 国家本位　D. 效率本位
3. 市场规制法的特定管理主体是 ( )
   A. 企业　B. 政府　C. 法人　D. 个人
4. 下列各项对交易内容的限制性规定中，哪项体现了交易当事人意思表示真实，不得捏造虚假事实或隐瞒应当告知的信息？ ( )
   A. 禁止强迫交易　B. 禁止显示公平的暴利交易
   C. 禁止违法交易　D. 禁止欺诈交易
5.《产品质量法》第 8 条规定，国务院产品质量监督部门主管全国产品质量监督工作。国务院有关部门在各自的职责范围内负责产品质量监督工作。县级以上地方产品质量监督部门主管本行政区域内的产品质量监督工作。县级以上地方人民政府有关部门在各自的职责范围内负责产品质量监督工作。该规定体现了市场规制法的哪项原则 ( )
   A. 统一规制，分级监管的原则　B. 尊重客观规律，适度监管的原则
   C. 违法行为法定的原则　D. 保护弱者和消费者的原则

二、多项选择题

1. 市场规制法中特定的监管主体的市场监管行为的特征 ( )
   A. 合法性　B. 单方性　C. 强制性　D. 双方性
2. 市场规制法从维护社会公共利益出发，限制当事人的意思自治，在法律规范上多为强制性规范。下列法律规范中哪些属于强制性规范 ( )
   A. 经营者不得对消费者进行侮辱、诽谤，不得搜查消费者的身体及其携带的物品，不得侵犯消费者的人身自由
   B. 产品质量应当检验合格，不得以不合格产品冒充合格产品
   C. 对依法进行的产品质量监督检查，生产者、销售者不得拒绝
   D. 商业银行开展业务，应当遵守公平竞争的原则，不得从事不正当竞争
3. 下列哪些法律条文属于市场规制法中的激励性规范 ( )
   A.《消费者权益保护法》第 5 条，保护消费者的合法权益是全社会的共同责任。国家鼓励、支持一切组织和个人对损害消费者合法权益的行为进行社会监督
   B.《反不正当竞争法》第 14 条，经营者不得捏造、散布虚伪事实，损害竞争对手的商业信誉、商品声誉
   C.《产品质量法》第 6 条，国家鼓励推行科学的质量管理方法，采用先进的科学技术，鼓励企业产品质量达到并且超过行业标准、国家标准和国际标准

D.《税收征收管理法》第 13 条，任何单位和个人都有权检举违反税收法律、行政法规的行为。收到检举的机关和负责查处的机关应当为检举人保密。税务机关应当按照规定对检举人给予奖励

4. 甲商店经理钱某授意店员出售严重变质的食品，致使十多位购买此种食品的顾客发生严重食物中毒。下列处罚中，哪些处罚体现了市场规制法法律责任的综合性　（　　）

A. 对钱某处以有期徒刑 2 年

B. 对甲商店处以违法所得 5 倍的罚款

C 判决甲商店赔偿受害顾客的损失共计 8 万元

D. 工商行政管理部门吊销其营业执照

5. 下列哪些行为体现了市场规制法的违法行为法定原则　（　　）

A. 甲经营者以盗窃、利诱、胁迫或者其他不正当手段获取乙经营者的商业秘密，生产同类产品

B. 甲所在地的县工商行政管理局接到举报查询、复制甲的账册、单据、文件、记录、业务函电和其他资料

C. 甲所在地的县工商行政管理局依法责令甲停止违法行为，处以 10 万元的罚款

D. 甲所在地的县技术监督局依法责令甲停止违法行为，处以 10 万元的罚款

三、简答题

1. 简述市场规制法的概念与特征。
2. 简述市场规制法的调整对象。
3. 简述市场规制法的基本原则。
4. 简述市场规制法的作用。

四、案例讨论

甲食品厂生产的“幸福”牌营养液深受消费者的喜爱，2000 年甲食品厂将“幸福”商标向国家商标局申请注册，获得商标专用权。2001 年甲食品厂与乙食品厂签订了商标使用许可合同，允许乙食品厂使用“幸福”牌注册商标。在“幸福”牌注册商标使用许可期满后，乙将自己的营养液配方略加修改，并注册了“福康”商标。为了使自己的产品打入市场，乙食品厂利用广告宣传，称“福康”营养液是“幸福”营养液的替代品，是对“幸福”营养液的改进。广告一打出，致使消费者认为“福康”营养液是新一代产品，比“幸福”营养液更高级，于是转而购买“福康”营养液，造成“幸福”营养液滞销。

问：(1) 运用市场规制法的基本原则分析，为什么国家要对乙食品厂的行为予以干预？

(2) 乙食品厂的行为属于何种行为？

(3) 有关国家机关应当如何处理？

第七章 反不正当竞争法律制度

知识目标

了解竞争的概念、原则，掌握不正当竞争行为的概念、构成要件以及我国反不正当竞争法所禁止的不正当竞争行为的种类及其认定。

能力目标

能够运用反不正当竞争法的原理及其法律规定来识别现实生活中的不正当竞争行为，并能运用法律武器与之作斗争。

案例导入：不正当竞争行为的认定

2000年9月26日，嘉禾县人民医院与嘉禾县公安局交通警察大队签订协议，交通警察大队为甲方，嘉禾县人民医院为乙方，协议载明以下事项：(1) 经乙方院领导研究同意借资35万元支持购买“122”交通事故报警台、车辆及有关配套设备（报警台设备维修由乙方负责，车辆维修由甲方负责），该协议执行5年后，乙方把甲方所借的35万元全部捐给甲方。(2) 乙方聘请4名临时工到甲方“122”交通事故报警台实行24小时值班。值班人员接到报警电话询问是否有伤员，如有伤员则立即拨打急救电话“120”，医疗急救人员接到电话应紧急出车到事故现场抢救伤员。乙方也可以派医疗急救小组和救护车到甲方待命，甲方提供必要的方便。(3) 乙方可随时查询“122”交通事故报警原始记录，如果发现值班人员工作失职则视情节给予罚款处罚。(4) 甲方应协助乙方收缴交通事故伤员的医疗费。(5) 乙方大门旁挂”嘉禾县交通事故急救中心“的牌子，救护车上标明”交通事故急救车“字样。(6) 甲方不能与其他医院签订类似的协议，否则必须在一个月内归还所借乙方的全部资金。协议签订后，到2002年8月，双方都按约履行了各自义务。后嘉禾县工商局接到举报，认为嘉禾县人民医院在开展医疗服务中，为排挤其他竞争对手，采取贿赂手段，行为涉嫌不正当竞争行为，于2004年5月14日立案调查。2004年6月7日，嘉禾县工商局认为嘉禾县人民医院违反了《反不正当竞争法》第8条、《关于禁止商业贿赂行为的暂行规定》第2条的规定，构成了商业贿赂行为，下达了嘉工商案告字(2004)79号拟行政处罚告知书，告知拟作出罚款12万元、上缴国库的行政处罚，后经听证程序，决定罚款3万元。问题：(1) 嘉禾县人民医院是否可以作为不正当竞争行为主体？(2) 嘉禾县人民医院对交通警察大队的捐款是否构成不正当竞争行为？如构成，属于何种不正当竞争行为？

案例分析

(1) 嘉禾县人民医院可以作为不正当竞争行为的主体。根据《反不正当竞争法》第2条第3款规定，经营者是指从事商品经营或营利性服务的法人、其他经济组织和个人。其中，营利性服务是指市场交易行为即提供的服务行为是否属于营利，针对的是交易行为，而不是主体。根据我国医疗体制改革的相关政策规定，医疗机构分为营利性和非营利性医疗机构，是从医疗机构主体是否以营利目的，医疗机构为患者提供服务获得的利润是否用于投资者的回报还划分的，但并不排除医疗机构为患者提供医疗服务这一市场交易行为的营利性。尽管嘉禾县人民医院不是非营利性机构，但对其为患者提供医疗服务的行为来说属于营利性的服务。因此，嘉禾县人民医院可以作为不正当竞争行为的主体，其医疗诊断行为可以适用反不正当竞争法的规范。

(2) 嘉禾县人民医院对交通警察大队的捐款构成不正当竞争行为。根据《反不正当竞争法》第 2 条第 2 款规定，"本法所称的不正当竞争，是指经营者违反本法规定，损害其他经营者的合法权益，扰乱社会经济秩序的行为。"本案中，嘉禾县人民医院通过与交通警察大队签订协议的方式，以"捐赠"为名义争取更多的伤员，看似方便了患者的及时救助，实则是利用交通警察大队的优势获取医疗服务机会，损害了其他医疗机构的公平竞争权，因而属于不正当竞争行为，而且是商业贿赂行为。

第一节 反不正当竞争法概述

一、竞争的概念及其原则

(一) 竞争的概念

所谓竞争，是指商品生产者和经营者为了获取某种利益而实施的经济行为。具体而言，就是商品生产者和经营者为了取得有利的产销条件，在市场上占有更大销售额以追求最多经济效益而进行的活动。

竞争是市场经济的一个基本特征和固有规律，竞争一方面可以调动生产经营者的积极性，促进全社会的技术进步和生产力的提高，使整个经济充满生机和活力，推动市场经济向前发展，另一方面由于其优胜劣汰的残酷性，可能诱发某些消极因素的增长，冲击正常的经济运行秩序。因此，市场经济要发展，唯一的选择就是开展正常的有规则的市场竞争，制定规范市场竞争的法律，这既是为了规范市场交易行为，保护公平竞争，维护市场秩序的需要，也是为了对不正当竞争行为、限制竞争行为和垄断行为作出界定，明确正当竞争与不正当竞争、竞争与限制竞争的界限，对经营者的行为设定标准，对合法行为给予保护和鼓励，对违反竞争规则的行为加以制止和惩罚，对受害者给予法律上的救济，从而建立起以公平竞争为核心的市场经济秩序，是经济立法的重要内容。

(二) 竞争的原则

竞争的原则是指商品生产者和经营者在市场竞争和交易中必须遵守的基本准则，主要有以下几个方面：

1. 自愿平等原则。在竞争和市场交易活动中，当事人的法律地位是平等的。平等是指市场主体能够按照统一的市场价格取得生产要素，能够机会均等地进入市场和进行商品交换，不能采取行政干预、地方封锁和分割、欺骗、走后门等不正当手段，在市场交易中，任何商品交换都是双方的活动，应该尊重当事人的自主自愿。

2. 合法竞争原则。合法竞争是指经法律确认的市场主体在国家法律、法规、政策和计划允许的范围内进行竞争。其含义:一是指主体必须是依法成立的经济组织或有合法经营资格的个体生产、经营者;二是指竞争的内容合法;三是竞争手段合法。

3. 诚实信用原则。生产者和经营者在竞争中真诚相待,讲究信用,依法经营,文明经商,不弄虚作假,遵守合同,以正当手段获取合法利润等,就是诚实信用原则的要求。

二、不正当竞争和反不正当竞争法

(一) 不正当竞争的概念

1. 不正当竞争的含义

不正当竞争有广义和狭义之分。广义上讲,不正当竞争泛指一切违反商业道德和善良风俗,违反有关法律法规而从事商品生产和经营的行为。其中包括垄断、限制竞争和以不正当的手段从事竞争三大类。狭义上讲,所谓不正当竞争,是指经营者违反法律、法规和商业道德,损害其他经营者的合法权益,扰乱社会经济秩序的行为。我们这里使用的概念指狭义的概念。

不正当竞争,从模糊概念上看,似乎不难理解,但若要对其进行明确的法律界定却并不容易。我国《反不正当竞争法》规定:"本法所称的不正当竞争,是指经营者违反本法规定、损害其他经营者合法权益、扰乱社会秩序的行为"。这个定义包含了三层含义:第一,不正当竞争的主体是经营者,即指从事商品经营和营利性服务的法人、其他经济组织和个人;第二,行为具有违法性,违反公平合理、诚实信用的原则;第三,行为具有损害他人合法权益、扰乱社会秩序的危害性。

2. 不正当竞争的特征

依照法学原理对不正当竞争行为的构成要件进行分析,有利于准确把握界限,正确适用法律。从上述不正当竞争的含义来看,不正当竞争行为主要有以下特征:

(1) 不正当竞争行为的主体是特定主体

我国《反不正当竞争法》第 2 条第 3 款规定:"本法所称的经营者,是指从事商品经营或营利性服务的法人、其他经济组织和个人。"根据该条规定,我国不正当竞争的主体,应是在商品流通领域中,从事商品购销、保管、运输活动,饮食服务,日用消费品修理等劳务活动,以及处于成品售卖阶段的商品经营活动的企业、其他经济组织和个体工商户。因为任何产品只有通过流通(交换和服务)过程,才能从生产领域转移到消费领域。不正当竞争行为的主体,就是从生产领域转移到消费领域的竞争实施者。其主要有两种情况:一种是主体本身合法,经工商行政管理机关依法核准登记的企业、经济组织和个体工商户,在商品经济竞争中实施了不正当竞争行为;另一种是主体本身不合法,未经工商行政管理机关依法核准登记的企业、经济组织和个体工商户,在商品经济竞争中实施了不正当竞争行为。

企业法人依照我国《民法通则》的规定,是指具有民事权利能力和民事行为能力,依法独立享有民事权利和承担民事义务的盈利性经济组织。在不正当经济行为主体中,法人是一种最为常见的主体。因为企事业法人组建的目的在于进行经济行为和公用事业,势必与其他主体发生竞争意义上的权利义务纠纷。这种纠纷一旦被反不正当经济法律规范调整,就形成不正当竞争法律关系,这种法人自然也就成了不正当竞争行为主体。目前,这类法人在我国主要有国有企业、集体企业、私人企业、中外合资经营企业、中外合作经营企业、外资企业和联营企业等。

其他经济组织是指不具备独立法人资格的从事经济活动的组织。依照我国《民法通则》规定主要有:非法人联营组织、个人合伙、其他事业机构等。我国目前的联营主要有三种形式:第一,法人型联营,即联营之后成为取得法人资格的新的经济实体,这种联营的法律地位和法人相同。第二,合伙型联营,即联营之后并不取得新的法人资格,而是作为一种合伙组织,以合伙字号进行登记,并作为当事人,由各联营实体的主要负责人为主体负责人。第三,协作型联营,也称松散型联营,即联营各方以合同形式组成一种松散的联合,分别以各自的名义对外承担法律责任。这些经济组织在参与生产经营活动中,如果从事了不正当竞争行为而被法律规范调整,也会成为不正当竞争行为主体。

个体工商户和农村承包经营户也可以成为不正当竞争行为的主体。个体工商户是依法经工商核准登记从事工商业经营的个体户;农村承包经营户是按照承包合同规定从事商品经营的农村个体户。在从事经营活动中,经常会发生不正当竞争。对于个体工商户,以营业执照上登记的业主为主体当事人;农村承包经营户,若是个人承包,以个人为主体当事人;若是家庭承包,户主为主体当事人。

(2) 不正当竞争行为存在于特定的商品经济领域中

不正当竞争行为存在于商品经济活动中,即商品的流通领域内或商品的交换、服务过程中。从国外立法来看,前南斯拉夫从立法上确定不正当竞争存在的区域,即反不正当竞争法作用的区域是统一市场内商品交换和服务或其他经济活动;美国也从立法上将不正当竞争产生和存在的领域限定在商业领域内。我国《反不正当竞争法》将不正当竞争产生和存在的领域限定在商品经济活动中,既解决了反不正当竞争法律规范的适用领域,也确立了不正当竞争的特定指向——区别于政治、体育和生活中的不正当竞争行为。

(3) 不正当竞争行为主体的违法行为在主观上必须是故意的

不正当竞争行为是行为人的直接故意,即经营者知其行为不正当,并且会给竞争对手造成损害,还实施行为并希望损害结果的发生。因为竞争对手所遭受的损害和所失去的利益正是不正当竞争行为人所企图达到的目的。这种故意是推定意义上的,即一般智力状态下公认应知的,行为人不得借口未知而免除责任。关于这一点,我国《反不正当竞争法》本身并未明确规定,但从列举的具体行为中可以得出法理本意,均系主观上的故意行为。

(4) 不正当竞争行为造成的损害结果具有二元性

我国《反不正当竞争法》重视行为的违法性,即使损害后果尚未发生,仍可构成违法。如制造假冒商标标识行为,不一定要已经出售,只要实施了仿冒制造行为,即构成违法。不正当竞争行为实施的结果是已经发生的或可能带来的经济损害,包括对其他竞争者、消费者及市场经济秩序的损害等方面的内容。

给其他竞争者的合法权益造成的损害泛指经营权实现的障碍、经济利益的损失和经济效益的下降。这里所指竞争者一是针对特定具体的或者潜在的竞争者而进行的;二是针对其他一般的非特定的竞争者或潜在竞争者进行的。可见,不正当竞争行为的存在,并不要求有相互之间的竞争关系的存在。反不正当竞争法的首要任务就是要保护市场其他竞争者的利益免遭妨碍公平正当竞争的行为的侵害。

对消费者利益的侵害所指"消费者"是一个普遍化的概念,通常是指受竞争行为影响的有利害关系的人,包括最终消费者和商业客户。消费者利益的保护在具体的不正当竞争行为案件中,往往表现为少数或者部分消费者的利益的直接保护和对整体消费者共同利益的间接保护。

对市场经济秩序的损害，主要适用客观判别法则，只要经营者实施了不正当竞争行为，就应该受到惩罚，至于损害的大小和影响的范围，仅是处罚时予以考虑的情节与后果问题。如制售假冒伪劣商品、侵犯他人商业秘密等不正当竞争手段参与市场竞争的，直接扰乱社会经济秩序，阻碍正当竞争所具有的引导生产、消费等作用的发挥，窒息市场经济应有的活力，严重妨碍技术进步和社会生产力的发展。

(5) 不正当竞争行为与损害结果之间具有因果关系

任何违法犯罪的构成要件，都必须强调行为与结果之间的因果关系，否则就可能导致客观归罪和执法混淆。不正当竞争行为也必须重视这种因果关系，即使后果尚未发生。

(二) 反不正当竞争法的概念及调整对象

1. 反不正当竞争法的概念

反不正当竞争法的概念有广义和狭义两种理解。广义的反不正当竞争法，是指调整发生在市场竞争中的不正当竞争行为的法律规范的总称。狭义的反不正当竞争法，专指《中华人民共和国反不正当竞争法》，1993 年 9 月 2 日第八届全国人民代表大会常务委员会第三次会议通过，自 1993 年 12 月 1 日起施行。

2. 反不正当竞争法的调整对象

反不正当竞争法的调整对象与反不正当竞争法的立法目的密切相关，因为立法目的决定了该法要保护的利益，而调整对象则是所保护利益的现实载体。由于市场竞争是自发的，本来是竞争者之间的利益较量，但竞争也可能损害市场秩序和竞争机制。竞争的外部性无法通过市场自身加以克服，必须由国家以法律手段加以清除或削弱。由此形成了反不正当竞争法调整对象的范围，即竞争关系和竞争管理关系。具体而言，反不正当竞争法的调整对象有：一是因确认竞争行为的性质所发生的监督管理关系；二是经营者之间的竞争关系；三是经营者与消费者或其他经营者之间因市场行为而产生的社会关系；四是在制裁不正当竞争行为中产生的社会经济关系。

(三) 反不正当竞争法的特征及基本原则

1. 反不正当竞争法的特征

反不正当竞争法是经济法体系中的重要组成部分，它是以规范经济秩序为直接目标，以提高和维护社会整体效率为终极目标，具有“公法私法兼容”的性质，与传统的私法存在明显的区别。因而具有以下特征：第一，反不正当竞争法具有行为法的属性。反不正当竞争法以制止市场交易中的不正当竞争行为，维护诚实信用的商业道德为宗旨。它是从经营者的行为角度设定禁止性行为规范，具体规定什么行为是不正当竞争行为，实施某种不正当竞争行为所应当承担的法律后果。这些禁止性规范适用于市场主体在市场竞争的一切经济活动。因此，反不正当竞争法属于规范经营者市场行为的市场规制法范畴，具有鲜明的行为法特征。第二，反不正当竞争法保护的权益具有社会性。反不正当竞争法虽然是从具体行为上着手立法，但其根本立法宗旨是立足于社会整体利益的保护。这一点不同于传统的私法。后者旨在调整平等主体之间的权利义务关系，目的是实现个体权利之间的公平与正义。而反不正当竞争法不仅保护直接参与竞争的诚实经营者，还保护并不直接参与交易和竞争但利益受到损害的其他经营者和消费者的利益。第三，反不正当竞争法调整的社会关系具有广泛性。由于反不正当竞争法保护的利益具有多元性，加之不正当竞争行为的多样性，这就决定了反不正当竞争法调整的社会关系具广泛性。既有竞争者之间的特定竞争关系，也有经营者与消费者之间的不特定交易关系;既有直接侵害法定民事权利的侵权关系,如商标权、企业名称权等,也有通过似是而非搭便车的手段损害他人合法利益的侵权关系,如仿冒行为、引人误解的虚假宣传行为等。

2. 反不正当竞争法的基本原则

《反不正当竞争法》的基本原则是指市场竞争者在市场交易行为中必须遵循的基本准则。凡是参与市场交易的一切交易主体所实施的交易行为都适用于这些基本准则。根据我国《反不正当竞争法》的规定,经营者在市场交易中,应当遵循自愿平等、公平、诚实信用的原则,遵守公认的商业道德,这与民法的平等、公平、自愿、诚实信用的原则精神一致。这些基本原则反映了商品经济社会对经营者的必然要求,是衡量一切交易行为的道德标准,也是带有法律强制性的法律准则。

(1) 自愿原则

自愿原则,是指经营者能够根据自己内心的真实意愿来参与特定的市场交易活动,设立、变更和终止特定的法律关系。自愿原则之所以被《反不正当竞争法》作为基本原则规定下来,在于自愿原则是包括市场交易在内的一切民事活动的主要前提。市场交易是在不同的经营者之间进行的,经营者为了达到最佳决策,必须选择最有利的交易条件与他人进行商品交换以实现最大的经济利益。只有在排除了对经营者的意志自由限制的情况下,这一选择和交换才能合理达成。自愿交易意味着市场竞争中的优胜劣汰,违背自愿原则而限制经营者的交易自由,必然导致保护落后、限制公平竞争、扭曲交易关系等结果。

自愿原则包括了三层含义:一是经营者可以自主决定是否参与某一市场交易活动,这是经营者的权利和自由,他人无权干预;二是经营者可以根据自己的意愿自主地选择交易对象、交易内容和交易条件以及终止或变更交易的条件;三是经营者之间的交易关系反映了双方真实的意思表示。因此,以胁迫、强制手段进行交易,或者利用自己的优势地位强迫对方接受不合理的条件,都违背了自愿原则。例如铁路部门卖火车票时强行要求旅客购买旅游券,电信部门安装电话时指令用户购买电话机,都属于这类不正当的行为,都违背了消费者的真实意愿。我国《反不正当竞争法》在许多条款里都作了具体规定。

(2) 平等原则

平等原则是指任何参与市场交易活动的经营者的法律地位平等,享有平等的权利能力,在平等的基础上平等协商,任何一方都不得将自己的意志强加给对方。《反不正当竞争法》中对平等原则的规定,与我国《民法通则》相一致。

平等原则与自愿原则一样,都是经营者主体性的体现,只有平等才有真正的自愿,而自愿往往是主体平等的表现。经营者一旦进入市场,不论其规模大小、所有制形式如何,在法律上都应该是平等的。基于这一原则,那些在市场交易中滥用经济优势或依法具有的独占经济地位排挤其他竞争者的行为,某些地方政府或所属部门运用行政权力进行市场分割和封锁,限制商品流通的做法,都是与平等原则相背离的。《反不正当竞争法》除原则性的规定外,第 3、6、7、12 条规定的内容是平等原则的具体表现。

(3) 公平原则

公平原则一般是指在市场交易中应当公平合理、权利义务相一致。一般来讲,公平、公正等属于社会道德观念,在实践中人们常用它来对某种法律没有明确规定的行为进行评价和判断。而且,对公平的内涵会随着时间的发展而不断地变化和充实。在市场竞争中,公平原则与平等原则常常联系在一起。只有在平等的基础上开展的竞争才有可能谈得上是平等的竞争。

《反不正当竞争法》的公平原则主要有两个方面的含义：第一，交易条件的公平。交易条件应该是真实的并且交易机会是平等的，反对任何采取非法的或不道德的手段获取竞争优势的行为。第二，交易结果的公平。交易双方交易以后对权利和义务的设定大致相当，不能显失公平，更不能一方只享有权利，另一方只承担义务，形成这种不公平的结果，往往是由于无自愿可谈，至多也只是形式上的自愿，所以就没有公平。

(4) 诚实信用原则

诚实信用原则可以简称为"诚信原则"。诚实信用原则既是现代市场经济中公认的商业道德，同时也是道德规范在法律上的表现。我国《反不正当竞争法》把它确立为基本原则，还在具体的条款中作了规定。

在市场交易活动中，诚实信用原则要求经营者应以善意、诚实的态度与他人进行交易，并恪守信用，不践踏诺言。反对任何欺诈性的交易行为，如假冒他人注册商标，擅自使用知名企业的名称、字号，秘密窃取或违反保密义务，故意泄露他人的商业秘密，以及对商品的各项要素作虚假宣传或说明等等。这些行为不仅违背了诚实信用的商业道德，也违反了我国《反不正当竞争法》的规定，采取欺诈或引人误解的各种手段，不劳而获，或者不正当地谋取竞争优势。不论是哪种行为，都使公平公正的市场交易蒙上了阴影。

(5) 遵守公认的商业道德

公认的商业道德是指在长期的市场交易活动中形成的，为社会所普遍承认和遵守的商业行为准则。公平和诚实信用是市场交易最基本的道德要求，"公认的商业道德"则是以公平和诚实信用等观念为基础而发展起来的具体商业惯例。立法吸收了一些重要的商业惯例，使之成为法律规范。但是，有限的法律条文不可能涵盖商业道德的全部内容。社会生活随着时间的变迁而变化无穷，公认的商业道德也在不断被"公认"而确立。因此，确立"遵守公认的商业道德"这一原则，对于发挥市场自身的调节功能，弥补制定法的不足，具有重要意义。

第二节　不正当竞争行为的法律规制

《反不正当竞争法》列举了普遍予以禁止的典型的不正当竞争行为和我国现实经济生活中表现突出、危害严重、迫切需要制止的不正当竞争行为。我国法律禁止的不正当竞争行为如下：

一、假冒、仿冒行为(商品混同行为)

假冒、仿冒行为是一种欺骗性不正当竞争行为，指经营者采用商标混同、名称混同或商品混同手段，非法利用其他经营者的商业信誉、商品信誉，取得竞争优势的不正当竞争行为。

经营者不得采用下列不正当手段从事市场交易，损害竞争对手：

(一) 假冒他人的注册商标

假冒他人注册商标是指伪造或仿造他人已经注册的商标，将伪造或仿造的商标用于自己生产或销售的商品，目的在于混淆商标的区别来源功能，引起消费者或用户的误认和误购。根据《商标法》及《商标法实施细则》的有关规定，假冒他人注册商标的行为包括以下几种行为：(1) 未经商标注册人的许可，在同一种商品或者类似商品上使用与其注册商标相同或者近似的商标的行为；(2) 销售侵犯注册商标专用权的商标的行为；(3) 伪造、擅自制造他人注册商标标识或者销售伪造、擅自制造的注册商标标识的行为；(4) 未经商标注册人同意，更换其注册商标并将该更换商标的商品又投入市场的行为；(5) 给他人的注册商标专用权造成其他损害的行为。《反不正当竞争法》第 5 条第 1 款规定的假冒他人注册商标的行为与《商标法》第 52 条规定的侵犯注册商标专用权的行为是同义的。

【案例 7-1】 上海美的日用化学品总公司诉上海麦克日化实业有限公司等侵犯商标专用权案

上海美的日用化学品总公司(以下简称"美的公司")的"孩儿面"商标是于 1992 年 12 月 30 日经国家商标局核准的注册商标。"孩儿面大王"商标也是其于 1995 年 6 月 29 日经国家商标局核准的注册商标。1993 年以来，该公司已经在不同场合将"孩儿面大王"既作为非注册商标使用，又作为商品名称使用。1994 年 8 月起，"美的公司"在湖南、江西、湖北等省市市场上发现大量由上海麦克日化实业有限公司(以下简称"麦克公司")生产的近似"美的公司""孩儿面"及"孩儿面大王"注册商标的"麦克"牌"孩面大王"化妆品。"美的公司"认为，"麦克公司"的行为已构成对其商标专用权及知名商品特有名称的侵犯，遂向法院起诉，要求判令被告停止侵权、查封并销毁侵权产品的材料，判令"麦克公司"登报赔礼道歉及赔偿经济损失 100 万元，并承担诉讼费用。

"麦克公司"辩称："麦克公司"的产品与"美的公司"的产品无论从外包装、内包装到产品本身的内在质量，均不相同。原告是"可蒙"牌商标，被告是"麦克"牌商标，被告使用"孩面大王"只是作为商品名称。原告的"孩儿面"和"孩儿面大王"注册商标并未在产品上注明。故被告并未侵犯原告的商标专用权。

法院审理后认为：原告的"孩儿面"及"孩儿面大王"商标是经国家商标局核准注册的，依法享有商标专用权，受法律保护。被告在同一种商品上将近似原告注册商标的"孩面大王"作为商品名称使用，很容易造成消费者误认、误购。故被告的行为已构成了对原告注册商标专用权的侵犯。另外，"孩儿面大王"在未获得注册商标之前，已在市场上广泛使用，具有一定的知名度，为相关公众所知悉。故被告的行为在"孩儿面大王"未获得注册商标之前，也构成了对原告知名商品特有名称的侵犯。被告辩称，原告未在商品上注明"孩儿面"及"孩儿面大王"为其注册商标，故其行为不侵犯原告的商标专用权，与法不符，理由不能成立。经法院主持调解，原、被告双方自愿达成如下调解协议：(1) 被告立即停止侵犯原告商标专用权的行为并销毁库存的标有"孩面大王"的标识及包装材料；(2) 被告登报向原告赔礼道歉；(3) 被告自愿赔偿原告经济损失 56 000 元。(4) 被告收回直接销往全国各地的侵犯了原告商标专用权的产品。

【案例分析】

本案中，被告是从事类似商品的经营者，应当知道"孩儿面大王"属于原告的注册商标。另外，原告的孩儿面大王注册商标在未经核准注册之前，已经作为非注册商标和商品名称使用，且孩儿面大王已在市场上具有一定的知名度，为公众所知悉，被告实施了将近似原告注册商标的孩儿面大王作为自己的商品名称使用的行为，并足以使消费者造成误认、误购，被告的行为最低限度也是违反了反不正当竞争法第 5 条第 2 项规定，构成了不正当竞争，即构成了对原告知名商品特有名称的侵犯。故被告的行为应当承担侵权之责。

（二）擅自使用知名商品特有的名称、包装、装潢，或者使用与知名商品近似的名称、包装、装潢，造成和他人的知名商品相混淆，使购买者误认为是该知名商品

这一不正当竞争行为的构成要件有：

1. 名称、包装、装潢须为知名商品所特有。其涵义是：被擅自使用的名称、包装、装潢既不是普通商品的，也不是知名商品非特有的。使用普通商品的名称、包装、装潢以及知名商品非特有的名称、包装、装潢不构成不正当竞争行为。所谓知名商品是指在相关大众中有一定知名度的商品。一般来讲，如果某一商品能够得以较长时期并广泛地销售、使用，在其相关领域广为人知并有较好的信誉，则可以认定其为知名商品。所谓特有的名称、包装、装潢，是指经营者为自已的商品相区别的标志。只有这样，才能成为知名商品的象征，对它的擅自使用才能构成不正当竞争行为。如小瓶可口可乐的裙身玻璃瓶即为其特有包装。

2. 不正当竞争行为在客观上表现为两种基本形式：一种是使用与他人知名商品相同的名称、包装、装潢，即作相同使用；另一种是使用与知名商品近似的名称、包装、装潢，即作相近似的使用。

（三）擅自使用他人的企业名称或者姓名，引人误认为是他人的商品

这里的企业名称或姓名是一个广义的概念，它所指的是参与市场交易的经营者的名称，包括各种所有制形式的企业的名称、各种组织形式的企业名称，同时包括了个体工商户和从事生产经营活动的事业单位的名称。其中姓名包括了无名称字号的个体工商户、个人合伙的投资者在市场交易中使用的自已的姓名。

企业名称是企业的无形资产，一个有良好知名度的企业名称往往是企业经营者及职工付出日积月累的努力及代价获得的，它象征着企业的商业信誉及综合实力，能带来巨大的社会及经济效益。据称，上海国脉通信股份有限公司的名号和服务标记，经权威评估，价值1.7亿元，接近国脉公司1.9亿元的股本资产，超过了1994年公司所创的1.5亿元年利润。有的人正是看中了这一点，从而冒用他人的企业名称，进行不正当竞争。

（四）在商品上伪造或者冒用认证标志、名优标志等质量标志，伪造产地，对商品质量作引人误解的虚假表示

认证标志是质量认证机构准许经其认证产品质量合格的企业在产品或包装上使用的质量标志。名优标志是经国际或国内有关机构或社会组织评定为名优产品而发给经营者的一种质量荣誉标志。商品的产地是指商品的制造、加工地或者商品生产者的所在地。对商品质量作引人误解的虚假表示，是指经营者在商品上对反映商品质量的各种内容，如品质、制作成分、性能、用途、生产日期、有效期限等作不真实的或令人误解的标注，使消费者和用户无法或难以了解商品的真实情况，从而发生误认、误购的行为。

二、商业贿赂行为

（一）商业贿赂的概念与特征

商业贿赂，指经营者在市场交易中，通过秘密给付财物或提供其他利益等手段，收买客户的负责人、雇员、合伙人、代理人和政府有关部门的工作人员等能够影响市场交易的有关人员，以获取交易机会或竞争优势的行为。

商业贿赂具有以下特征：

第一，商业贿赂的主体包括行贿人和受贿人。商业贿赂包括商业行贿和商业受贿两种形式。因此,商业贿赂的主体既包括行贿人,也包括受贿人。这些行贿人或受贿人可以使买方,也可以是卖方;可以是法人,也可以是非法人组织或个人;但行贿人一定是经营者,而受贿人可以是经营者,也可以是非经营者,其范围极为宽泛。

第二,商业贿赂的目的是争取交易机会或交易优惠条件。行贿的经营者在正常的市场竞争中不一定能占据竞争优势,而通过商业贿赂则可以获得交易中本来不一定或不可能得到的交易机会或交易优惠条件。这一特定的目的使其与其他贿赂区别开来,也正是这一特征使商业贿赂与市场竞争秩序产生了联系,从而成为反不正当竞争法的规制对象。

第三,商业贿赂的行为方式是给付财物或提供其他利益。国家工商行政管理总局《关于禁止商业贿赂行为的暂行规定》对贿赂手段中的财物或者其他手段作了列举规定。"财物",指现金和实物,包括经营者为限或者购买商品,假借促销费、宣传费、赞助费、科研费、咨询费、佣金费等名义,或者以报销各种费用等方式给付对方单位或者个人的财务。"其他手段",是指提供国内外各种名义的旅游、考察等给付财物以外的其他利益的手段。总之,以交易以外的利益贿赂对方单位或者个人,影响市场交易的手段都属于商业贿赂的手段。

第四,商业贿赂行为具有一定的隐蔽性。在商业贿赂中,行贿和受贿行为都是不公开的,私下进行的一种不正当的利益交易,其给付财物一般在财务上不开票据,不入账、不记账,或制作家票据、制作假账。即使是提供其他利益,也多以合法形式掩盖非法目的,给查处商业贿赂行为带来困难。

(二)商业贿赂行为的反竞争性分析

1. 商业贿赂妨碍和扭曲了公平竞争机制的正常运行。市场竞争本应是经营者以商品质量、价格、服务信誉等展开的较量,接受用户及消费者对其生产经营的评判,是一个优胜劣汰的过程。而在商业贿赂条件下,经营者不是通过商品质量、价格、服务信誉等客观效能区争取交易机会,吸引用户和消费者,而是依靠给予交易对方的职员或受托人贿赂来获取交易机会。拥有交易决定权或对交易有决定性影响的人,也不是根据对经营者商品或服务的客观效能来决定与谁进行交易,而是谁给利益好处就与谁交易,从而使公平竞争机制受到扭曲和破坏,使优胜劣汰的机制无从发挥,破坏了正常的市场竞争秩序。

2. 商业贿赂损害经营者和消费者的合法利益。竞争是市场经济发展的动力,为了在竞争中获胜,经营者必须不断创新,降低生产成本,提高商品或服务的质量,获得竞争优势。而商业贿赂会使一些经营者钻营于以贿赂手段推销商品或购买商品抢占商机,获取利益,使交易的天平不公平地倾向于行贿者一方,资源和劳动不合理的流向行贿者,而诚实经营者的正常经营活动受到干扰,甚至名牌及优质产品敌不过劣质商品,势必挫伤诚实经营者的生产积极性,并使其合法利益受损。同时,行贿人在获取交易机会后,将行贿成本转嫁到生产经营的商品或服务中,造成商品价格水平总体上涨,使消费者和用户承担不合理的高价,损害了消费者和用户的利益。

3. 商业贿赂滋生腐败,降低社会信用度。商业贿赂为企业的经理、采购人员以及政府官员等收受回扣、中饱私囊、贪污受贿提供了土壤,败坏了商业风气,玷污了竞争环境。而且商业贿赂为假冒伪劣商品流入市场打开了方便之门,使市场假货横行,造成市场信用下降,严重影响市场经济的发展。

基于商业贿赂的危害,各国都将其作为不正当竞争行为加以规制。我国《不正当竞争法》第8条规定:"经营者不得采用财物或者其他手段进行行贿——销售或者购买商品。在账外暗中给予对方单位或着某个人回扣的,以行贿论处;对方单位或者个人在账外暗中收受回扣的,以受贿论处。经营者销售或者购买商品,可以以明示方式给对方回扣、佣金,但必须如实入账。

(三)商品贿赂的主要表现形式

回扣是商品贿赂的主要表现形式。所谓回扣是指经营者销售商品时在账外暗中以现金、实物或者其他方式支付给对方单位或者个人的一定比例的商品价款。

回扣与商业贿赂具有以下相同的特征:首先,回扣的主体是不正当的竞争交易的双方。回扣既可以向受贿交易人的单位支付,也可以(在大部分情况下)向交易对方的有决定权的个人支付。其次,回扣在账外暗中支付。账外暗中,指未在依法设立的反映其生产、经营活动或者行政事业经费收支的财务会计制度规定明确、如实记载,包括不计入财务账、转入其他财务或者做假账等。再次,回扣是一定比例的商品价款。回扣是买方所付的商品价款的一部分。没有商品购销关系,就没有商品价款支付,也就没有回扣。回扣的这一特征区别于一般的商业贿赂。一般商业贿赂的金钱、财物不是商品价款的一部分,因而也未必发生于商品交易完成之后。最后,回扣的目的在于争取竞争交易机会和优惠交易条件。支付回扣和收受回扣的双方均出于故意。支付方的目的在于以不正当的行贿手段排除竞争对手,获得本不会获得或不一定会获得的交易机会和交易条件;支付回扣是诱饵,牟取非法利润才是目的。收受回扣的一方也明知支付方并无竞争优势,但仍收取回扣,并在暗中达成交易。

(四)商业贿赂的认定

认定商业贿赂行为,要注意区分以下几个问题:一是商业贿赂与一般贿赂的区别。商业贿赂不同于一般贿赂行为的特征在于商业贿赂行为发生在市场交易中,行贿人进行商业贿赂的目的是排挤竞争对手,促成交易,取得竞争优势,属于一种以"小利换大利"的纯逐利性的不正当竞争行为。这是与一般贿赂的区别所在。二是区分回扣与折扣、佣金的界限。回扣是《反不正当竞争法》禁止商业贿赂行为,是非法的,折扣、佣金要依据是否明示来确定其合法与否。折扣,即商品购销中的让利,指经营者在销售商品时,以明示并如实入账的方式给予对方的价格优惠。它包括支付价款时对价款总额按一定比例即时予以扣除和支付价款总额后再按一定比例予以退还两种形式。这里的"明示和入账",指根据合同约定的金额和支付方式,在依法设立的反映其生产经营活动或者行政事业经费收支的财务账上,按照财务会计制度的规定,明确、如实地记载。佣金,指经营者在市场交易中给予为其提供服务的具有合法经营资格的中间人的劳务报酬。经营者销售或者购买商品,可以以明示方式给中间人佣金。经营者给中间人佣金的,必须如实入账;中间人接受佣金的,必须如实入账。因此,折扣和佣金不属于商业贿赂,属于合法行为,而回扣属于违法行为。三是要注意区别小额附赠与商业贿赂的区别。小额附赠是合法的,附赠的对象是消费者,是不特定的。而商业贿赂是非法的,对象是特定的。

【案例 7-2】

某省建筑材料装饰公司(下称装饰公司)生产的地板砖品种单调、质量有时也有问题。该公司投产两年来,亏损了几十万元,仓库中积压了大量的滞销地板砖。该公司总经理王某忧心忡忡。在一次贸易交流洽谈会上,王某结识了该省某百货商场的经理孙某,提出了希望孙经理帮助其销售地板砖的意愿。王某表示可以给孙经理5%的"回扣"作为答谢,要求接受其积压的地板砖。孙经理被丰厚的"回扣"引诱,答应了王某的要求。于是,装饰公司积压的近10万块地板砖运到了该百货商场,孙经理拿到了数额较大的回扣装入了自己的腰包,而近10万块劣质地板砖不仅影响了百货商场的销售，还使孙经理不得不下令免进另两个厂家的优质地板砖，使这两个厂家受到了一定损失。此外，消费者对商场销售劣质地板砖意见很大。最后，工商行政管理部门获悉后对此案作了处理，责令百货商场交纳罚款12 000元，将违法所得全部没收收归国库；责令装饰公司交纳罚款10 000元。

【案例分析】

本案中，王某为了达到销售滞销产品的目的，利用金钱手段引人上钩；而百货商场的孙经理则利用职务之便，不顾损害集体、国家的利益，中饱私囊。因此，王某的行为应以行贿论处；孙某的行为则应依受贿论处。工商管理部门依《反不正当竞争法》之规定，分别对二者予以罚款并没收非法所得的处理。

三、引人误解的虚假宣传行为

（一）引人误解的虚假宣传行为概念

引人误解的虚假宣传行为，是指经营者利用广告或者其他方法的认识功能和心理功能，对商品的质量、性能、用途、特点、价格、使用方法等作令人误解的虚假表示，诱使消费者产生误购的行为。

引人误解的虚假宣传使用户和消费者走入消费的误区，侵害了消费者享有的知悉其购买、使用商品与接受服务的真实情况的权利。引入误解的虚假宣传还侵害了其他经营者的商品声誉或商业信誉，用欺骗性的宣传方法引起消费者的误解，不正当地占领市场。这种行为严重违反诚实信用原则和公认的商业准则，是一种不正当竞争行为。所以，我国《反不正当竞争法》第9条规定，经营者不得利用广告或者其他方法，对商品的质量、制作成分、性能、用途、生产者、有效期限、产地等作引人误解的虚假宣传。广告的经营者不得在明知或者应知的情况下，代理、设计、制作、发布虚假广告。

根据该法第9条规定，引入误解的虚假宣传行为既包括虚假宣传，也包括引人误解的宣传两种，其宣传的方式表现在利用广告的方法和其他方法，其宣传的内容，包括商品的质量、制作成分、性能、用途、生产者、有效期限、产地等任何一项或几项的引人误解的虚假宣传。

（二）引人误解的虚假宣传行为的特征

1. 虚假宣传的主体主要是商品或服务的经营者，广告的经营者也可以成为虚假宣传的主体。

2. 虚假宣传的方法是借助广告或者其他方法。这一表现形式使其与《反不正当竞争法》第5条第4项所规定的“在商品上伪造或者冒用认证标志、名优标志等质量标志，伪造产地，对商品质量作引人误解的虚假表示”相区别。引人误解的虚假宣传利用的是广告或其他宣传方法，而虚假的商品标志行为，主要是在商品标识、包装、装潢上作引人误解的虚假表示。尽管都属于欺骗性交易行为，但在法律适用是不同的，规范虚假宣传行为除适用反不正当竞争法外，还可以适用广告法。规范虚假的商品标志行为除适用反不正当竞争法以外，还可以适用商标法、产品质量法等。引人误解的虚假宣传的形式特征，是其利用广告或其他方法进行误导宣传。

3. 虚假宣传的内容主要涉及商品的质量、制作成分、性能、用途、生产者、有效期限、产地、荣誉、价格，以及经营者提供的服务的质量、方式、特征等。

4. 虚假宣传会产生引人误解的后果，这种后果可能是已经发生的致人误认误购的现实结果，也可能是足以引起消费者误认误购的可能性。

（三）引人误解的虚假宣传行为的认定

引人误解的虚假宣传行为的认定，要从其宣传的形式和宣传的内容两个方面加以分析认定。引人误解的宣传是通过广告和其他方法对商品的质量、制作成分、性能、用途、生产者、有效期限、产地等作引人误解的虚假宣传。因此，其引人误解的宣传的形式特征是广告或其他方法，引人误解的虚假表示是引人误解的宣传的实质特征。所谓虚假表示，指宣传的内容与客观事实不相符的表示。认定虚假表示的标准是客观事实，这种认定标准因具有客观性，所以虚假广告宣传比较容易识别。只要是隐瞒真相、名不副实、子虚乌有就构成对消费者的欺骗，行为就具有违法性。所谓引人误解，指宣传的目的是使消费者对商品的真实情况产生错误的联想，可能导致消费者的误购。认定引人误解，要以消费者的主观认识作为判断标准。判定一则广告宣传是否构成引人误解的表示，一般可以从两方面来考虑：首先，从该广告宣传的整体内容来考察，一般消费者以其通常的判断能力、消费交易常识与习惯来接受之后，会不会受其内容诱导而购买商品。其次，从宣传后果上来考察，如果消费者事实上已经受宣传影响，按照自己主观上对广告宣传的认识购买商品，结果发现购买的商品与自己所理解的广告宣传内容并不相符，则该广告宣传就构成引人误解。

四、侵犯商业秘密的行为

（一）商业秘密的概念

商业秘密是指不为公众所知悉，能为权利人带来经济利益，具有实用性并经权利人采取保密措施的技术信息和经营信息。商业秘密不仅包括那些凭技能或经验产生的在实际中尤其是工业中适用的技术信息，如工艺流程、技术秘诀、设计图纸、化学配方等，而且包括那些具有秘密性质的经营管理方法以及与经营管理方法密切相关的经营信息，如管理方法、产销策略、货源情报、客户名单等。

（二）商业秘密的特征

1. 秘密性，又称为非公知性。秘密性表现为商业秘密不为社会公众所知悉，处于保密状态，一般公众不能通过公开渠道直接获得。秘密性是商业秘密区别于其他知识产权的标志。

2. 价值性。价值性表现为商业秘密具有使用价值并能够为权利人带来经济利益。商业秘密的价值性包括现实的经济利益和将来使用而可能体现出来的潜在的经济利益。

3. 管理性，又称为保密性。管理性即权利人对技术信息和经营信息采取了保密措施。

一项信息必须同时具备商业秘密的秘密性、价值性和保密性三个要件，才构成商业秘密。缺少其中任何一个要件的技术信息或经营信息都不能被称为商业秘密。

（三）侵犯商业秘密的表现形式

侵犯商业秘密行为的表现形式多种多样，我国《反不正当竞争法》第10条规定了下列几种情形：(1) 以盗窃、利诱、胁迫或者其他不正当手段获取权利人的商业秘密。(2) 披露、使用或者允许他人使用以上手段获取的权利人的商业秘密。(3) 违反约定或者违反权利人有关保守商业秘密的要求，披露、使用或者允许他人使用其掌握的商业秘密。此外，第三人明知或者应知上述违法行为，获取、使用或者披露他人的商业秘密，也视为侵犯商业秘密。

五、不正当有奖销售行为

(一) 有奖销售的概念与特征

有奖促销，指经营者以提供奖金、物品或者其他利益作为激励手段推销商品或者服务的销售行为。从该定义可以看出，有奖销售具有以下特征：首先，有奖销售是在经营者与购买者之间进行的。即有奖销售行为的当事人一方是销售商品或提供服务的经营者，另一方是购买商品或者接受服务的购买者。其次，作为有奖销售的激励对象是奖金、物品或者其他具有经济价值的利益。再次，有奖销售存在着两层法律关系，第一层法律关系是经营者与购买者之间因销售商品或提供服务而形成的买卖合同关系，第二层法律关系是因买卖合同关系而产生的赠与关系。其中，买卖合同法律关系是基础，赠与关系是从属于买卖合同法律关系的。最后，有奖销售的目的在于招徕顾客，扩大销售，进而占领更大的市场份额获取更多的利润。这一目的使其与公益有奖活动区别开。

(二) 有奖销售行为的弊害

有奖销售作为一种让利销售，是企业促销的重要手段，在促进销售增长和刺激经济发展方面有一定的积极作用。但如果市场大量推行这种侥幸心理的有奖销售，不仅会影响市场经济伦理，而且也违反了公平竞争的法则。其消极影响是明显的，主要表现在：首先，破坏公平竞争，损害经营者利益。公平竞争原则要求各市场主体在地位平等、机会平等、公平交易的条件下进行竞争。有奖销售使同行间原本的质量、价格和服务的正常竞争受到威胁，资金雄厚的企业有实力推行规模大、金额高的有奖销售，使商品的成本不均匀地增加，尤其是抽奖式有奖销售会使少数经营者获利，多数经营者承担成本，使质量、价格和服务的正常竞争受到扭曲。其次，影响消费者的理性消费，损害其合法权益。有奖销售行为对消费者具有搭售的影响，在利益的驱动下，消费者选择商品或服务时，购买了本来不需要购买的商品或服务，增加了消费者的消费成本，使消费者的合法利益受损。此外，有奖销售人为造成市场供求关系旺盛的假象，传递错误的市场信息，引发市场波动与混乱，扰乱了正常的市场竞争秩序。因此，各国反不正当竞争法对有奖销售加以规制，制止不正当的有奖销售行为，保障正当有奖销售的健康发展，维护市场公平竞争秩序。

(三) 不正当有奖销售的表现

不正当有奖销售是经营者违反法律规定向购买者提供巨额奖励或在有奖销售中弄虚作假从事欺骗性的销售行为。根据《反不正当竞争法》第 13 条规定，禁止经营者从事下列三种有奖销售行为：(1) 采用谎称有奖或者故意让内定人员中奖的欺骗方式进行有奖销售；(2) 利用有奖销售的手段推销质次价高的商品；(3) 抽奖式的有奖销售，最高奖的金额超过 5 千元。

六、诋毁商誉行为

(一) 诋毁商誉行为的概念

诋毁竞争对手商业信誉行为是指从事生产、经营活动的市场经营主体，为了竞争的目的，故意制造和散布有损同行的商业信誉与商业声誉的虚假信息，诋毁其法人人格，使其无法参与正常市场交易活动，削弱其市场竞争能力，从而使自己在市场竞争中取得优势的行为。《反不正当竞争法》第 14 条规定："经营者不得捏造、散布虚假事实，损害竞争对手的商业信誉、商品声誉。"

商业信誉、商品声誉是从商业角度对经营者的能力和品德、对其商品品质的积极的社会评价，是通过经营者参与市场竞争的连续性活动逐渐形成的。商业信誉主要体现在商业道德、服务质量、厂商资信情况等，商品声誉则主要体现在商品的价格与质量上。商业信誉和商品声誉都是经营者名誉权的一部分，经营者要树立良好的商业信誉和商品声誉，大都需要经过大量的市场研究、技术开发、广告宣传、公关活动和优秀服务等一系列活动才能形成。商业信誉和商品声誉是经营者在市场竞争中赢得优势地位的资本和支柱。损害竞争对手的商业信誉、商品声誉，会给竞争对手正常经营活动造成不利影响，损害其应有的市场竞争优势地位，甚至导致严重的经济损失。

（二）诋毁商誉行为的特征

1. 行为主体是市场经营者，包括法人、其他经济组织和个体工商户。行为如不属经营者行为人的诋毁行为，且不是为了抢占市场，则该侵权行为应按照侵权法的侵害他人名誉权处理，不适用《反不正当竞争法》。

2. 该行为在主观上只能是故意，即明知故犯，旨在削弱竞争对手的竞争能力。不正当竞争的经营者诋毁商誉在主观出发点直指削弱商誉权人的市场竞争能力，以此谋求自己的市场竞争优势。行为人的这种主观故意性是确定的，因此诋毁商誉在主观构成上只能是故意而不是过失。

3. 不正当经营者客观上实施了捏造、散布虚伪事实的行为，损害了经营对手的商誉。商业诋毁行为在客观上表现为行为人确实实施了捏造、散布虚伪事实的行为。诋毁言辞的非真实性是判断诋毁商誉行为的重要依据。如果经营者披露或传播的信息是真实的则该行为不构成诋毁商誉。

4. 该行为侵犯的客体是同行业竞争对手的商业信誉和商业声誉，即竞争对手的人格权，主要是对竞争对手本人、生产经营活动的信用、名誉权及生产、经营的产品或服务质量的荣誉权，并因此给正当经营者带来财产上的严重损失。

七、以排挤竞争对手为目的，以低于成本的价格销售商品

低价倾销是指经营者出于长期占领市场的目的，采取阶段性以低于商品成本的价格进行销售，从而挤垮同行竞争对手，操纵市场，造成自己独营局面的行为。《反不正当竞争法》第 11 条规定，经营者不得以排挤竞争对手为目的，以低于成本的价格销售商品。

但有下列情形之一的不属于不正当竞争行为：销售鲜活商品，处理有效期限即将到期的商品或者其他积压的商品，季节性降价。

这种不正当竞争行为的主要特征是：

第一、行为的主体是在市场交易中处于销售者地位的经营者。

第二、经营者实施该行为在主观上是故意的，其目的是为了排挤竞争对手。

第三、经营者实施了以低于成本的价格销售商品的行为。成本是指企业在产品生产、产品销售或提供劳务中发生的费用的总和。对不同类型的企业的成本核算，应依据有关规定进行。

【案例 7-3】 白猫洗洁精低价倾销案

1998 年 2 月，上海市内数十家大型超市纷纷向白猫洗洁精的供货公司——上海白猫有限公司（以下简称“白猫公司”）表示不满，认为“白猫公司”向 L 超市低价供应白猫洗洁精，要求也要享受同样待遇，否则将共同无限期延长应付货款。“白猫公司”顿觉冤枉，因为其向

各大超市均以同一价格供货，不存在厚此薄彼。于是，2月底，“白猫公司”向市场物价部门举报L超市以低于进货成本超低价销售500克瓶装白猫洗洁精。强烈要求物价部门查清此事，以维持市场正常价格秩序。物价部门经查证，L超市2月19日至3月4日期间，将进价2.67元的500克瓶装白猫洗洁精，以2.5元的价格销售。L超市负责人对此的回答是：“本超市由于销售预测不准，造成进发积压。为周转资金，不得已才搞特价销售。”检查人员仔细查阅L超市开业以来所有进销账单。自去年3月以来，L超市先后8次从“白猫公司”购进500克洗洁精125 070瓶，并在不到一年时间内销售掉96 600瓶。“白猫公司”也曾向L超市发传真、致函，并派人上门，希望停止此种低价倾销行为。在大量物证面前，L超市终于承认开业以来搞过多次低价促销活动。为此，市物价部门向其负责人严正指出，L超市低价倾销行为已构成排挤竞争对手为目的的低于成本价格倾销商品的违法行为。

【案例分析】

本案中，L超市以低于商品进价的价格销售，其目的是为了促销，抢得市场份额，排挤其他竞争对手，这种主观故意加上具体行为的实施，构成了低价倾销行为，受《反不正当竞争法》规范。

第三节 反不正当竞争法的实施

一、对不正当竞争行为的监督检查

（一）行政机关对不正当竞争行为的监督检查

为了有效防范和制止不正当竞争行为，保障反不正当竞争法的实施，世界各国大都设立了专门的监督检查机关，负责查处不正当竞争行为。《反不正当竞争法》第3条规定：“县级以上人民政府工商行政管理部门对不正当竞争行为进行监督检查；法律、行政法规规定由其他部门监督检查的，依照其规定。各级人民政府应当采取措施，制止不正当竞争行为，为公平竞争创造良好的环境和条件。”该规定明确确立了我国反不正当竞争法的主要实施机关是工商行政管理机关，相对集中地行使执法权力。法律、行政法规规定由其他部门监督检查的，其他部门才能在其规定的范围内对不正当竞争行为负监督检查之责。监督检查部门在监督检查不正当竞争行为时，有权行使下列职权：(1) 按照规定程序询问被检查的经营者、利害关系人、证明人，并要求提供证明材料或者与不正当竞争行为有关的其他资料；(2) 查询、复制与不正当竞争行为有关的协议、账册、单据、文件、记录、业务函电和其他资料；(3) 检查与本法第五条规定的不正当竞争行为有关的财物，必要时可以责令被检查的经营者说明该商品的来源和数量，暂停销售，听候检查，不得转移、隐匿、销毁该财物。监督检查部门有权依法作出行政处罚决定。

（二）司法机关对不正当竞争行为的监督

人民法院行使司法审判权，以保证反不正当竞争法的实施。由人民法院主管的不正当竞争案件有三种类型：(1) 被侵害的经营者的合法权益受到不正当竞争行为损害的，可以直接向人民法院起诉；(2) 当事人对监督检查部门作出的处罚决定不服的，或者对行政复议决定不服的，在法定期限内可以向人民法院提起诉讼；(3) 不正当竞争行为情节严重，构成犯罪，依法追究刑事责任的，由人民法院受理。

二、违反反不正当竞争法的法律责任

（一）法律责任的形式

法律责任是行为人违反法律的规定而承担的不利法律后果。根据《反不正当竞争法》第5章规定，我国对违反反不正当竞争法的违法者应当承担的法律责任形式，包括民事责任、行政责任和刑事责任。

（二）不正当竞争行为的民事责任

反不正当竞争法规定民事责任的意义在于保护合法经营者的合法权益不受侵害，以及使其在受到损害时可以得到补偿。根据《反不正当竞争法》第20条规定，经营者违反《反不正当竞争法》的规定，给被侵害的经营者造成损害的，应当承担损害赔偿责任，被侵害的经营者损害难以计算的，赔偿额为侵权人在侵害其合法权益的不正当竞争行为所支付的合理费用。被侵害的经营者的合法权益受到不正当竞争行为损害的，该经营者可以向人民法院提起诉讼。

（三）不正当竞争行为的行政责任

反不正当竞争法规定行政责任，目的在于使被破坏的市场竞争秩序得以恢复。该法规定的行政责任形式主要包括责令停止违法行为、责令改正、消除影响以及吊销营业执照等。此外该法规还规定了对与不正当竞争行为有关的国家机关工作人员违法的行政处分。

根据《反不正当竞争法》第四章的规定，经营者违反该法规定应承担的相应的具体法律责任有以下几个方面：

经营者假冒他人的注册商标，擅自使用他人的企业名称或者姓名，伪造或者冒用认证标志、名优标志，伪造产地，对商品质量作引人误解的虚假表示的，依照《中华人民共和国商标法》、《中华人民共和国产品质量法》的规定予以处罚

经营者擅自使用知名商品特有的名称、包装、装潢，或者使用与知名商品近似的名称、包装、装潢，造成和他人的知名商品相混淆，使购买者误认为是该知名商品的，监督监察部门应当责令停止违法行为，没收违法所得，可以根据情节处以1倍以上3倍以下的罚款；情节严重的，可以吊销营业执照；销售伪劣商品，构成犯罪的，依法追究刑事责任。

经营者采用财物或者其他手段进行贿赂以销售或购买商品，构成犯罪的，依法追究刑事责任；不构成犯罪的，监督监察部门可以根据情节处以1万以上20万以下的罚款，有违法所得的，予以没收。

经营者利用广告或者其他方法，对商品作虚假宣传，监督部门应当责令停止违法行为，消除影响，可以根据情节处以1万以上20万以下的罚款。广告的经营者，在明知或者应知的情况下，代理、设计、制作、发布虚假广告的，监督监察部门应当责令停止违法行为，没收违法所得，并依法处以罚款。

侵犯商业秘密的，监督检查应当责令停止违法行为，可以根据情节处以1万元以上20万元以下的罚款。

经营者违法进行有奖销售，监督部门应当责令停止违法行为，可以根据情节处以1万元以上10万元以下的罚款。

经营者有暂停销售，以及转移、隐匿等不正当竞争行为有关的财务的行为的，监督监察部门可以根据情节处以被销售、转移、隐匿、销毁财物的价款的1倍以上3倍以下的罚款。

当事人对监督检查部门作出的处罚决定不服的，可以自受到处罚决定之日起 15 日内向上一级主管机关申请复议；对复议决定不服的，可以自收到复议决定是之日起 15 日内向人民法院提起诉讼；也可以直接向人民法院提起诉讼。

(四) 不正当竞争行为的刑事责任

刑事责任是对违法行为进行的最为严厉的法律制裁，适用于那些对其他经营者、消费者和社会经济秩序损害严重、情节恶劣的不正当竞争行为。对于刑事责任，《反不正当竞争法》只是作了原则规定，具体刑事责任的确定则要适用我国刑法的相关规定。

本章小结

反不正当竞争法是国家对经营者违反商业道德、扰乱经济秩序的不正当竞争行为进行规制的法律规范的总称。要规范经营者的不正当竞争行为必须把握不正当竞争行为的概念与特征。在此基础上，本章着重介绍了仿冒行为、引人误解的虚假宣传行为、侵犯商业秘密行为、不正当有奖销售行为、诋毁商誉行为等五类不正当竞争行为的概念、认定和表现。经营者的行为构成反不正当竞争法所规制的某一或某些不正当竞争行为时，相关的监督检查机关应依法查处并作出相应的处罚决定，使经营者承担相应的法律责任。

技能训练

一、单项选择题

1. 某市政府所属有关部门的下列哪一行为违反《反不正当竞争法》的规定？ ( )

   A. 市卫生局成立的儿童保健专家组受某生产厂家委托，对其婴儿保健产品提供质量认证标志并收取赞助费

   B. 市工商局和市电视台联合举办消费者信得过产品评选活动，评选中违反公平程序而使当选的前八名全部为本市产品

   C. 市交管局规定，全市货运车辆必须在指定的两种品牌中选择安装一款车辆运行记录器，否则不予年检；其指定品牌为本地的“波浪”牌和法国的 *NJK* 牌

   D. 市政府决定对市酒厂减免地方税以提供财政支持

2. 根据《反不正当竞争法》的规定，下列哪一行为属于不正当竞争行为中的混淆行为？ ( )

   A. 甲厂在其产品说明书中作夸大其词的不实说明

   B. 乙厂的矿泉水使用“清凉”商标，而“清凉矿泉水厂”是本地一知名矿泉水厂的企业名称

   C. 丙商场在有奖销售中把所有的奖券刮奖区都印上“未中奖”字样

   D. 丁酒厂将其在当地评奖会上的获奖证书复印在所有的产品包装上

3. 某商场在“五一”黄金周期间挂出一条“五一放假期间在本商场购买商品达 500 元者，本商场送一特大礼物”的横幅，结果特大礼物是一只大气球。对此，另一商场向工商行政管理局提出控告。依照《反不正当竞争法》的规定，某商场的这一行为的性质 ( )

   A. 是引人误解的虚假宣传，构成不正当竞争

B. 是违反商业道德的宣传，不违法

C. 只是对消费者构成消费欺诈，不构成不正当竞争

D. 只是一般的欺诈行为，不构成不正当竞争

4. 甲欲买“全聚德”牌的快餐包装烤鸭，临上火车前误购了商标不同而外包装十分近似的显著标明名称为“仝聚德”的烤鸭，遂向“全聚德”公司投诉。“全聚德”公司发现，“仝聚德”烤鸭的价格仅为“全聚德”的 1/3，如果“全聚德”起诉“仝聚德”，其纠纷的性质应当是下列哪一种？（　　）

A. 诋毁商誉的侵权纠纷　　B. 低价倾销的不正当竞争纠纷

C. 欺骗性交易的不正当竞争纠纷　　D. 企业名称侵权纠纷

5. 甲市某酒厂酿造的“蓝星”系列白酒深为当地人喜爱。甲市政府办公室发文指定该酒为“接待用酒”，要求各机关、企事业单位、社会团体在业务用餐时，饮酒应以“蓝星”系列为主。同时，酒厂公开承诺：用餐者凭市内各酒楼出具的证明，可以取得消费 100 元返还 10 元的奖励。下列关于此事的说法哪一项是不正确的？（　　）

A. 甲市政府办公室的行为属于限制竞争行为

B. 酒厂的做法尚未构成商业贿赂行为

C. 上级机关可以责令甲市政府改正错误

D. 监督检查部门可以没收酒厂的违法所得，并处以罚款

6. 根据《反不正当竞争法》，下列各项不属于经营者的是（　　）

A. 商场　　B. 理发店　　C. 公立学校　　D. 美容院

7. 下列各项，不属于不正当竞争行为构成要件的是（　　）

A. 经营者违反法律规定

B. 损害其他经营者的合法权益

C. 扰乱社会秩序

D. 不正当竞争行为给受害人造成了重大损失

8. 下列属于正常竞争行为的是（　　）

A. 季节性降价

B. 擅自使用他人的企业名称

C. 对商品质量作引人误解的虚假表示

D. 在商品上伪造认证标志

9. 下列行为属于不正当竞争的是（　　）

A. 低于成本价销售鲜活产品

B. 商场为了促销，在成本价以上将商品打折出售

C. 企业经营不善，因为歇业而降价销售产品

D. 商场抽奖式的有奖销售，最高奖的金额达到 10 000 元

10. 甲酒店向该市出租车司机承诺，为酒店每介绍一位客人，酒店向其支付该客人房费的 20%作为奖励，与其相邻的乙酒店向有关部门举报了这一行为。有关部门调查发现甲酒店给付的奖励在公司的账面上皆有明确详细的记录。甲酒店的行为属于（　　）

A. 正当的竞争行为　　B. 商业贿赂行为

C. 限制竞争行为　　D. 低价倾销行为

二、案例讨论

1. 甲市A厂、B厂都生产同种产品，A厂的市场信息来源不足，销售发生困难，而B厂生产的同类产品市场信息多，销售情况好。由于B厂对其经营信息采取了保密措施，A厂无法从公开渠道直接获取其经营信息。A厂为获取B厂的经营信息尤其是客户名单，在B厂附近租用了一间小屋，安装了自制窃听装置。从2003年6月初开始，A厂厂长派本厂两名职工通过电信线路，对B厂销售科电话内容进行窃听、录音。到7月中旬，共获取B厂经销信息300多条，其中有价值的客户名单20多家。在获得这些名单后，A厂逐一与B厂的客户进行联系，并采取低于B厂报价的方式与其中10家单位做成了业务，共推销本厂产品15台。

问题：A厂行为属于哪种不正当竞争行为？如何处理？

2. 甲乙两厂均为某市生产饮料的企业，使用在饮料上的商标分别注册为A和B，其中，甲厂是老牌企业，乙厂是后起之秀。由于乙厂饮料质优价廉，销路很好，导致甲厂的经济效益下降，甲厂为在竞争中取胜，在该市电视台加大广告宣传力度，广告词中称：目前，本市有一些厂家生产的同类商品与本厂生产的保健饮料在质量上有根本差别，系本厂产品的仿制品，唯有本厂生产的A牌饮料不含化学成分，才是正宗，特提请广大消费者注意，购买保健饮料时，请认准A牌商标，谨防上当受骗。甲厂的广告在市电视台播出后，许多经营乙厂保健饮料的客户纷纷找乙厂退货，称其为仿制产品，致使乙厂生产严重滑坡，造成近十万元的经济损失。于是，乙厂向工商行政管理机关反映，要求处理。

问题：

(1) 甲厂行为的性质是什么？

(2) 工商行政管理机关应如何处理此案？

(3) 乙厂是否有权要求赔偿损失？损失额应当如何计算？

第八章　反垄断法

知识目标

了解反垄断法意义及垄断的概念、特征与分类，掌握我国反垄断法所规制的垄断行为的类型和构成要件以及应当承担的法律责任。

能力目标

要求学生运用反垄断法的基本原理和具体规则分析经营者的竞争行为是否违反《反垄断法》的规定，若构成垄断行为，属于何种类型的垄断行为，应当如何处罚，以提高识别垄断行为的能力。

案例导入：垄断协议的认定与处罚

2009年3月3日，江苏省连云港市混凝土委员会组织连云港润丰混凝土有限公司等16家混凝土企业召开会议，协商订立预拌混凝土企业行业自律条款(以下简称行业自律条款)及检查处罚规定。混凝土委员会和16家企业约定：对会员企业的生产线、搅拌车、泵送设备进行打分，以此确定各会员企业的市场份额，设备得分多少即为该企业在混凝土委员会所占工程数量的比例；明确市场划分原则，即"市区的砼市场原则上按东西区域、就近安排来划分"；会员企业以设备得分为标准，交纳15万元至30万元的保证金；会员企业销售合同必须到混凝土委员会备案，没有到混凝土委员会备案的企业视为违约，予以处罚；会员企业不配合混凝土委员会检查的，每次给予一定数额的处罚。

2009年6月，江苏省连云港工商局接到施工企业举报后，组织执法人员调查并在初步核查认定混凝土委员会的行为涉嫌违反《反垄断法》后，迅速将情况向江苏省工商局汇报。江苏省工商局接到报告后，组织执法人员收集、固定涉嫌违法的关键证据，形成正式意见，并书面请示国家工商总局。国家工商总局反垄断与反不正当竞争执法局授权江苏省工商局立案调查，并作出处理决定。

问题：

(1) 连云港市混凝土委员会组织订立的行业自律条款是否属于垄断协议？

(2) 垄断协议的认定原则？

(3) 该行为由江苏省工商局进行调查处罚是否正确？

(4) 反垄断执法机构可以对连云港市混凝土委员会组织及相关企业进行哪些处罚？

(5) 假设参与该行业自律的某企业在反垄断执法机关调查前主动告发，其责任是否可以减免？

案例分析

(1) 连云港市混凝土委员会组织订立的行业自律条款属于垄断协议。根据《反垄断法》规定,排除、限制竞争的协议、决定或者其他协同的行为。垄断协议的主体是经营者,但在特定情况下,行业协会可以成为垄断协议的主体。本案中,连云港市混凝土委员会组织连云港润丰混凝土有限公司等企业订立的行业自律条款,根据会员企业的生产线、搅拌车、泵送设备来确定会员企业的销售额,并划分市场,属于我国《反垄断法》第13条第2项、第3项所禁止的垄断协议。

(2) 垄断协议的认定原则,以经营者之间的协议、决议或者其他协同行为,是否排除限制竞争为标准,结合垄断协议的性质和对其市场竞争的影响程度,在执法实践中,形成了本身违法原则和合理原则。本身违法原则是经营者之间达成的协议、决议或者其他协同行为不问其是否排除限制竞争效果,一经达成即构成违法。适用本身违法原则一般是固定价格、限制产量或销售产量、划分市场等横向垄断协议。除了适用本身违法原则的协议外,对其他协议是否具有排除限制竞争效果要根据该协议所涉及的市场情况、协议实施前后的市场变化以及协议的性质与后果等综合分析,如该协议对市场竞争产生了排除限制竞争的效果,则认定为垄断协议,反之则不属于垄断协议。此为合理原则。

(3) 该行为由江苏省工商局查处有法律依据。根据《反垄断法》第10条规定,国务院规定的承担反垄断执法职责的机构(以下统称国务院反垄断执法机构)依照本法规定,负责反垄断执法工作。国务院反垄断执法机构根据工作需要,可以授权省、自治区、直辖市人民政府相应的机构,依照本法规定负责有关反垄断执法工作。国务院依据《反垄断法》第10条规定,国家工商行政管理总局负责垄断协议(价格垄断协议除外)、滥用市场支配地位、行政垄断行为的执法;商务部负责经营者集中的执法;国家发改委负责价格垄断协议的执法。本案,国家工商行政管理总局授权江苏省工商局查处连云港市混凝土委员会订立垄断协议行为,是根据该法第10条第2款规定,即国务院反垄断执法机构根据工作需要,可以授权省、自治区、直辖市人民政府相应的机构,依照本法规定负责有关反垄断执法工作而为的,因此,江苏省工商局有权查处该违法行为。

(4) 反垄断执法机构可以对连云港市混凝土委员会组织及相关企业进行责令停止违法、没收违法所得或罚款等行政处罚。《反垄断法》第46条规定,经营者违反本法规定,达成并实施垄断协议的,由反垄断执法机构责令停止违法行为,没收违法所得,并处上一年度销售额百分之一以上百分之十以下的罚款;尚未实施所达成的垄断协议的,可以处五十万元以下的罚款。行业协会违反本法规定,组织本行业的经营者达成垄断协议的,反垄断执法机构可以处五十万元以下的罚款;情节严重的,社会团体登记管理机关可以依法撤销登记。因此,江苏省工商局根据第46条规定,结合该案对市场竞争的影响,对对连云港市混凝土委员会组织及相关企业进行责令停止违法、没收违法所得或罚款等行政处罚。

(5) 假如参与连云港市混凝土委员会组织订立的行业自律条款的某个成员企业,在反垄断执法机构调查前或调查中经营者主动向反垄断执法机构报告达成垄断协议的有关情况并提供重要证据的,反垄断执法机构可以根据《反垄断法》第46条第2款规定,对其酌情减轻或者免除对该经营者的处罚。

第一节　反垄断法概述

一、垄断的含义、分类与危害

（一）垄断的含义

垄断一词出自于希腊语，意思是“一个销售者”即唯一的供货商，也就是指由某一个人或企业控制了一个产品的全部市场供应。现代意义的垄断可以从经济学意义和法律意义上来解释。

经济学意义上的垄断是少数企业凭借其雄厚的经济实力，对生产和市场进行控制，并在一定的市场领域内从实质上限制竞争的一种市场状态。由于经济学界对垄断的认识表现为一个动态、发展的过程，不同的竞争理论对垄断的性质、形态、垄断与竞争的关系、垄断对经济生活与社会福利的影响等方面有着不同的认识。因而，反映在对垄断的认定上也不相同。早期的经济学理论强调市场结构对垄断形成的重要性，认为一个企业只要在市场中占有一定市场份额，即被认为构成了垄断，这是结构主义的垄断概念。现代经济学理论认为构成垄断的决定性因素不是市场结构，而是市场行为，即企业除了占有较高的市场份额外，还滥用了市场支配地位，实施了排除或限制竞争的行为，才被视为垄断，这被称为行为主义的垄断概念。

法律意义的垄断概念是随着反垄断法的出现而出现的，由于各国反垄断法规制的重点不尽相同，以至于在法学上没有形成关于垄断的一般定义，但一般认为垄断是市场主体违反反垄断法的规定，对市场经济运行过程进行排他性控制，或者对市场竞争进行实质性限制，妨碍自由竞争秩序的行为或状态。法律意义上的垄断具有两个显著的特征，即违法性和危害性。

由此可见，经济学意义上的垄断和法律意义上的垄断有共同之处，在内涵上都包含了限制竞争或排斥竞争的要素，在外延上都包括市场主体通过滥用市场支配地位或联合行为而形成的。二者的差别在于，经济学意义上的垄断主要是一种对事实状态的客观描述，从微观层面上来探讨垄断的含义，对垄断规制的目的在于确保效率，不涉及价值判断问题。而法律意义上的垄断，从宏观层面上即市场竞争秩序上来理解垄断的概念，对垄断往往要区分为合法垄断和非法垄断，并对非法垄断作出否定性的评价，涉及价值判断问题，法律对垄断规制的目的在于维护自由竞争秩序。

（二）垄断的分类

1. 根据市场结构的情况，垄断可以分为独占垄断、寡头垄断和联合垄断。独占垄断是指一家企业对整个行业的生产、销售和价格有完全的排他性控制能力的情形。寡头垄断是指市场上只有为数不多的企业生产、销售某种特定产品或服务的状况。联合垄断是指多个相互有竞争关系并有相当经济实力的企业，通过一定的形式，联合控制某一产业的生产或销售的状态。

2. 依据垄断产生的原因，垄断可以分为经济垄断、国家垄断、行政垄断、自然垄断等。经济垄断，又称为市场垄断，是指企业等市场主体借助其经济实力单独或合谋在生产、流通、服务领域限制、排斥或控制经济活动的行为。国家垄断是由国家对某一产业的生产、销售等进行直接控制，不允许其他市场主体进入该市场领域的情况。行政垄断是指由行政机关和法律法规授权的具有管理公共事务的组织滥用行政权力实施排除、限制竞争的行为。自然垄断是指根据产业性质不宜开展竞争的部门，在一定的地域或时期内实现内实行国家法律允许的独占经营。

3. 依据法律对垄断的态度，垄断可以分为非法垄断和合法垄断。非法垄断是指一国法律对之作出否定性评价的垄断。实践中大部分的垄断被认为是非法的。合法垄断就是根据国家法律的明文规定，对垄断的积极成分给予保护，即对于某些行为，虽然具备了垄断行为的构成要件，却由于符合法律的特别规定而不被反垄断法所禁止的垄断。

（三）垄断的危害

反垄断法之所以要规制垄断，是因为垄断对社会具有消极作用和危害性。主要表现在：

1. 妨害市场竞争，影响社会资源优化配置。经济学研究表明，所有现实存在的垄断现象都存在着一个共同特征，那就是垄断主体对经济运行过程具有实施以排除竞争为目的的排他性控制能力。由于人为设置的市场进入壁垒，导致资源流动受到障碍，损害资源分配和利用的效率，而且使得技术和管理的创新动力不足，最终导致社会经济的整体低效。

2. 减少消费者福利。垄断消除了竞争，使得消费者失去了在自由竞争的条件下本应享有的自主选择权，市场竞争的减少就意味着消费者选择机会的减少。经济学表明，垄断者往往通过限制产量以提高价格来获取垄断利润，消费者因此不得不支付比自由竞争更高的价格。

3. 损害经济民主。经济民主的基本含义是经营者和消费者有依照自己的意愿从事经济活动的自由，每个企业有通过生产经营活动与他人竞争的自由，消费者有依照自己的意愿选择购买哪个企业产品的自由。而市场一旦形成垄断，缺乏与之制衡和竞争的力量，处于垄断状态的企业则通过不正当手段将其他企业排挤出市场，侵害了其他经营者自由竞争的权利，同时垄断企业也减少了消费者选择的机会，消费者不得不与垄断者缔约，侵害了消费者缔约自由。

基于此，为了消除垄断的消极影响，维护市场竞争，保障市场主体的自由竞争权，实行市场经济体制的国家都通过制定反垄断法或竞争法来规制垄断。

二、反垄断法的概念与特征

（一）反垄断法的概念

反垄断法是调整国家对各类主体实施的排除、限制竞争效果的垄断行为的法律规范的总称。反垄断法有形式意义与实质意义的反垄断法之分，形式意义的反垄断法是指以反垄断法命名的法典，实质意义的反垄断法除了形式意义的反垄断法外，还包括所有规制垄断行为的法律、法规和有关竞争政策。

（二）反垄断法的特征

反垄断法作为现代经济法体系的重要的法律分支，具有经济法的一般特征，诸如经济性或专业性、政策性、行政主导性和综合性等特征。但反垄断法在体现经济法的这些一般特征时因其规制的对象不同、规制手段不同而表现出与经济法一般特征有别的特殊性。

1. 国家干预性。如果说用国家干预或政府干预可能尚难以完全概括现代经济法调整的丰富而深刻的内涵，那么用它概括作为经济法的典型部分的反垄断法的调整还是比较适当的。反垄断法所规制诸如垄断协议、经营者集中等都是以合同或者协议等形式出现，是经营者之间意思表示一致的产物。实际上是传统民商法所倡导的“契约自由”、“意思自治”的异化物，这种以消除或限制市场竞争为目的的自由其危害性是显而易见的。反垄断法在本质上就是现代国家为适应弥补民商法调整的不足而自觉干预市场，以维护自由、公平的竞争秩序和经济活力而产生的。

2. 社会本位性。法的各个部门在处理社会整体和个体的关系方面，有不同的主旨和调整方式，对国家和非公共组织、个人的保护和制约也有不同的侧重，从而区分出不同的法律调整模式。一般来说，行政法以权力为本位，民法以个人权利为本位，包括反垄断法在内的经济法具有明显的社会性，并且以社会为本位。反垄断法对社会公共利益的维护是通过对自由和公平的市场竞争秩序的维护来实现的。它对垄断状态和垄断行为的规制以保护代表社会整体利益的竞争机制不因垄断行为的放任而扭曲和破坏。

3. 经济政策性。相对于其他部门法来说，经济法具有更强的政策性，而其中的反垄断法的政策性更明显。这不仅表现在反垄断法的制定、修改本身与国家的经济政策密切相关，而且其执法和司法活动也带有很强的政策性，从而具有较大的灵活性，同样的法条在不同的国家以及不同的国家的不同的时期的执行情况可能有很大的差异。

相关链接：

反垄断法与反不正当竞争法的关系

垄断（限制竞争）与不正当竞争都妨害自由和公平竞争，扭曲价值规律，妨碍市场机制充分有效地发挥调节作用，都是市场障碍的表现。因此，反垄断法与反不正当竞争法都负有维护市场竞争秩序，促进经济发展的任务。正是二者基本功能上的一致性，才使得二者之间存在着密切联系，主要表现在：一是反垄断法与反不正当竞争法同属竞争法范畴。无论是反不正当竞争法还是反垄断法，都是以市场竞争关系为调整对象。尽管垄断法主要调整市场秩序管理关系，但这种社会关系也是以经营者之间的竞争关系为基础的。二是两法的目的一致，都是为促进和保护竞争，规范市场竞争秩序，保护消费者的合法权益。三是两法相互配合和补充。一方面，反垄断法所保护的自由竞争是反不正当竞争法所保护的公平竞争得以实现的前提和基础。如果没有自由竞争，经营者就不可能拥有自主经营权，也就谈不上不正当竞争。经营者有了自主经营权，相互间才能展开竞争，从而才有可能为追求私利而从事不正当竞争行为。从这个意义上说，反垄断法为反不正当竞争法的执行提供了保障。另一方面，反垄断法也需要反不正当竞争法的配合和补充。如果一个国家只是反对垄断，而不反对不正当竞争，企业就可能会滥用它们的自由竞争权利，随意侵犯其他企业的正当利益，或者侵犯消费者利益。反垄断法所保护的自由竞争，是以正当竞争为前提的，经营者的竞争自由不得违反反不正当竞争法的禁止性规定。

区别：

（1）立法目的不同。反不正当竞争法是禁止经营者采用假冒、虚假广告、商业贿赂、窃取商业秘密等手段获取他人的竞争优势。其目的是维护公平的竞争秩序、保护合法经营者和消费者的利益。而反垄断法则是通过禁止垄断和限制竞争使市场保持一种竞争的态势，保证市场上有足够的竞争者，保证消费者有选择商品的权利。其目的是保障企业在市场上自由参与竞争的权利，提高经济效率，扩大社会福利。反不正当竞争法追求公平竞争，反垄断法追求自由竞争。

（2）法律属性不同。垄断和限制竞争行为危及的是社会公共利益，反垄断法主要维护自由竞争的市场结构和公平竞争的机制,尽管并不排除对受害人的私人救济,故具有浓厚的公法色彩;不正当竞争行为直接侵害的特定的受害人的权益,主要是一种侵权行为,反不正当竞争法主要维护商业伦理道德和保护经营者与消费者的合法权益,具有较强的私法性质,尽管并不排除对公共利益的维护。

(3) 违法责任要件不同

垄断行为,如果属于本身违法行为的类别,只要能证明行为的存在,行为人即需承担责任;如果属于适用合理性原则的行为,只须证明行为的存在与反竞争效果两个要件。对不正当竞争行为,一般则要求原告证明传统侵权行为的四项要件,即行为、损害、过错和因果关系。

(4) 救济机制不同

反垄断法自诞生之初就强调国家的主动干预,而对不正当竞争行为主要采取私法救济。原因在于:不正当竞争行为主要侵害的是私人利益,因而主要是通过私人诉讼来制止;而垄断行为主要侵害的是公共利益,往往通过行政程序甚至刑事程序来制止垄断行为。

(5) 违法责任形式不同

不正当竞争行为的违法责任,以赔偿等民事责任为主,行政责任为辅;而垄断或限制竞争行为的责任,则以行政责任为主,以民事责任和刑事责任为辅。

上述有关反垄断法与反不正当竞争法之间的区别也体现了垄断或限制竞争行为与不正当竞争行为的差异,这些差异说明将两法分别立法更为合理。

三、反垄断法的立法宗旨和适用范围

(一) 反垄断法的立法宗旨

立法宗旨是立法所要达到的政策目标,是法律制度设计的指导思想。我国《反垄断法》第 1 条规定了该法的立法宗旨:"预防和制止垄断行为,保护市场公平竞争,提高经济运行效率,维护消费者和社会公共利益,促进社会主义市场经济健康发展。"这表明我国反垄断法的立法目的是多元的,其直接目的是预防和和制止垄断行为,保护市场公平竞争;其最终目的是提高经济运行效率,维护消费者和社会公共利益,促进社会主义市场经济健康发展。

(二) 反垄断法的适用范围

反垄断法的适用范围是指反垄断法在什么时间、在什么范围内对哪些人或事发生法律效力。具体而言,反垄断法的适用范围包括:

1. 反垄断法的时间效力

反垄断法的时间效力是指反垄断法在什么时间发生法律效力。根据《反垄断法》第 57 条规定,本法自 2008 年 8 月 1 日起施行。也就是说,自 2008 年 8 月 1 日起在我国实施的垄断行为适用反垄断法进行规制。

2. 反垄断法的空间效力

反垄断法的空间效力是指反垄断法在哪些地方和区域内具有法律效力。根据该法第 2 条规定,中华人民共和国境内经济活动中的垄断行为,适用本法;中华人民共和国境外的垄断行为,对境内市场竞争产生排除、限制影响的,适用本法。事实上,该法第 2 条规定了反垄断法的域内适用和域外适用。对于在我国境内经济活动中从事的垄断行为,包括滥用行政权力实施的排除限制竞争的行为都受反垄断法的规范,即域内适用;对于反垄断法的域外使用必须是在我国境外发生的垄断行为对我国国内市场竞争产生排除、限制的不利影响时,才适用我国反垄断法。

3. 反垄断法的对象效力

反垄断法的对象效力是指反垄断法对什么人实施的哪些垄断行为发生法律效力。根据反垄断法第3条和第8条规定,《反垄断法》适用的对象范围主要包括垄断协议、滥用市场支配地位、经营者集中和滥用行政权力排除、限制竞争。

需要说明的是,经营者因知识产权而形成的垄断地位以及因知识产权的行使而对竞争的限制,是基于法律的授权而获得的合法垄断,反垄断法将依法行使知识产权的行为作为反垄断法的适用除外。但是,如果滥用知识产权构成排除、限制竞争,仍受反垄断法的调整。所以,《反垄断法》第55条规定,经营者依照有关知识产权的法律、行政法规规定行使知识产权的行为,不适用本法;但是,经营者滥用知识产权,排除、限制竞争的行为,适用本法。

此外,农业生产活动也不适用反垄断法。这是由农业自身的特点决定的:首先,农业对自然条件的依赖性强,生产者不能适用市场的变化而迅速转产;其次,农产品的供需弹性小,可替代性差;最后,农业在国民经济中处于基础地位,直接影响着人民的基本生活需求。农业的这些特点决定了农业领域的竞争必须维持在一个适当的限度,否则就会影响国民经济的发展,损害社会整体利益。基于此,《反垄断法》第56条规定,农业生产者及农村经济组织在农产品生产、加工、销售、运输、储存等经营活动中实施的联合或者协同行为,不适用本法。即农业生产者及农村经济组织在农产品生产、加工、销售、运输、储存等经营活动中实施的联合或者协同行为,即使构成排除、限制竞争的协议,或形成具有或可能具有排除、限制竞争的经营者集中,也不受反垄断法的规制。

【案例8-1】 境外垄断行为对我国境内市场竞争产生排除或限制竞争的,可以适用我国反垄断法

2008年9月3日,美国可口可乐公司(Coca-Cola Co.)与旗下全资子公司Atlantic Industries联合宣布,将以每股12.20港元、合计179.2亿港元(约合24亿美元)的代价,收购在开曼群岛注册成立的汇源果汁集团有限公司(以下简称汇源果汁公司)全部已发行股本。此外,还计划收购汇源果汁公司所有可转换流通债券和期权,交易总价值达196亿港元(约合25.1亿美元)。持有汇源果汁公司66%股份的三大股东——汇源果汁控股有限公司(以下简称汇源控股公司)、法国达能集团(Groupe Danone)和美国华平基金(Warburg Pincus Private Equity),表示接受并做出不可撤回的承诺。问:对可口可乐公司和汇源果汁公司两家外资企业的并购行为商务部为什么作出禁止并购的决定?

【案例分析】

商务部对可口可乐公司和汇源果汁公司在境外的并购行为,依据《反垄断法》第2条和《反垄断法》第四章的相关规定,作出禁止并购的决定。是因为:第一,集中完成后可口可乐公司有能力将其在碳酸软饮料市场上的支配地位传导到果汁饮料市场,对现有果汁饮料企业产生排除、限制竞争效果进而损害饮料消费者的合法权益。第二,品牌是影响饮料市场有效竞争的关键因素,集中完成后可口可乐公司通过控制“美汁源”和“汇源”两个知名果汁品牌.对果汁市场控制力将明显增强.加之其在碳酸饮料市场已有的支配地位以及相应的传导效应将使潜在竞争对手进入果汁饮料市场的障碍明显提高。第三该收购案集中挤压了国内中小型果汁企业生存空间抑制了国内企业在果汁饮料市场参与竞争和自主创新的能力,给中国果汁饮料市场有效竞争格局造成不良影响,不利于中国果汁行业的持续健康发展。简而言之,这起并购行为虽然发生在我国境外,但对我国国内市场竞争产生排除、限制的不利影响时，在商务部与可口可乐公司就附加限制性条件进行商谈后，经过评估认为可口可乐公司针对影响竞争问题提出的解决方案.仍不能有效减少此项集中产生的不利影响。因此，我国商务部作出禁止并购的决定。

四、反垄断法中的两个基本概念

(一) 反垄断法中的经营者

一般来讲，经营者是反垄断法的主要适用对象。凡是在市场经济条件下，参与市场活动的主体，一般都被称为“经营者”。判断一个主体能否称为反垄断法上的经营者，关键在于它能否作为法律上和经济上独立的行为主体参与市场经济活动，而不在于它的组织形式。我国《反垄断法》第12条第1款规定，本法所称经营者，是指从事商品生产、经营或者提供服务的自然人、法人和其他组织。

(二) 相关市场

根据《反垄断法》第12条第2款规定，本法所称相关市场，是指经营者在一定时期内就特定商品或者服务(以下统称商品)进行竞争的商品范围和地域范围。其中，就特定商品或者服务进行竞争的商品范围即为相关产品市场；就特定商品或者服务(以下统称商品)进行竞争的地域范围即为地域市场；一定时期即为时间市场。

为了指导反垄断执法机构较为科学的界定相关市场，国务院反垄断委员会于2009年5月颁布了《国务院反垄断委员会关于相关市场界定的指南》(以下简称《相关市场界定指南》)，《相关市场界定指南》第7条借鉴有关国家和地区反垄断立法和判例的经验，确立了以“合理替代性”方法为主，以“假定垄断者测试”方法为辅的综合界定相关市场的方法。

第二节 禁止垄断协议制度

一、垄断协议的概述

(一) 垄断协议的概念与特征

所谓垄断协议，根据《反垄断法》第13条第2款规定，是指排除、限制竞争的协议、决定或者其他协同的行为。垄断协议的核心是联合与共谋，具体行为包括口头协议、书面协议和协调行为等。所谓口头协议，是指相关经营者以限制市场竞争为共同目的而通过口头的形式明确订立的限制竞争协议；所谓书面协议，是指相关经营者以限制市场竞争为共同目的而通过书面的形式明确订立的限制竞争协议；所谓协调行为，是指相关经营者虽未以口头或书面的形式明确订立的限制竞争协议，但其以限制市场竞争为共同目的，而协调其市场行为。

垄断协议具有以下特征：

1. 垄断协议的主体是两个或者两个以上的经营者，单个经营者无法形成协议或者实施联合一致的行为。垄断协议不仅表现主体的复数性，而且要求参与垄断协议的主体具有独立性。其独立性首先要求在法律上具有独立的人格，其次还必须具有独立的决策能力。如果经营者具有独立的人格，但不具备独立的决策能力，如子公司与母公司达成垄断协议，因子公司与母公司本身是控制与被控制关系，子公司的决策权掌控在母公司手中，其垄断协议不可能产生限制竞争的效果。

2. 垄断协议的表现形式是协议、决定或者其他协同行为。因为垄断协议的本质是共谋，经营者之间为实行限制竞争或者达到限制竞争的目的需要进行一定的意思联络，这种意思联络方式可以通过书面或口头协议、行业协会的决定以及企业之间的协同行为进行。

3. 垄断协议具有排除、限制竞争的目的或者产生排除、限制竞争的效果。并不是所有的垄断协议都受到禁止，只是那些具有排除、限制竞争的垄断协议才受到法律的禁止。

（二）垄断协议的类型

1. 按照主体之间关系，垄断协议分为横向垄断协议和纵向垄断协议。所谓横向垄断协议，是指两个或两个以上因生产或销售同一类型产品或提供同类服务而处于相互直接竞争中的企业，通过共谋而实施的限制竞争行为。所谓纵向垄断协议，是指在生产或者销售过程中处于不同阶段的经营者之间达成的限制竞争的协议。我国《反垄断法》没有明确对横向垄断协议和纵向垄断协议下定义，但在第13条和第14条对二者分别规定。

2. 按照垄断协议的内容，垄断协议可以分为价格垄断协议和非价格垄断协议。价格垄断协议，是指两个以上经营者以书面或者口头形式达成的，在价格方面排除、限制竞争的协议、决定，或者其他协同行为。非价格垄断协议是指两个以上经营者以书面或者口头形式达成的，除价格方面以外的排除、限制竞争的协议、决定，或者其他协同行为。

3. 按照协议的主体，垄断协议分为企业间达成的垄断协议和企业联合组织达成的垄断协议。企业间达成的垄断协议是具有竞争关系的经营者或不具有竞争关系的上下游企业之间达成的排除、限制竞争的协议。企业联合组织达成的垄断协议是指企业集团、行业协会等经营者团体，为了本行业成员的利益，通过决议、决定等形式来协调成员企业、协会成员的经营活动的行为。

二、横向垄断协议

（一）横向垄断协议的概念与特征

横向垄断协议，是指两个或两个以上因生产或销售同一类型产品或提供同类服务而处于相互直接竞争中的企业，通过共谋而实施的限制竞争行为。

横向垄断协议的特征：(1) 协议的主体是具有竞争关系的经营者，而且必须是在特定市场处于同一产销阶段的互为竞争对手的经营者，如果不是同一产销阶段而是不同阶段的经营者达成的协议则可能是纵向垄断协议的主体。(2) 协议主体具有限制竞争的合意。即经营者以协议、决议和协同行为方式对商品或服务的价格、数量、交易对象、交易地区等达成合意，是本来互为竞争对手的关系变为竞争合作伙伴关系，以此避免相互竞争。(3) 协议具有排除、限制竞争的客观效果。两个或两个以上的经营者以协议、决议和协同行为方式而达成的固定价格、限制数量、划分市场、联合抵制、限制开发新技术与购买新设备等行为，只要根据相关市场情况以及协议内容推断该协议将会产生限制竞争效果，即构成违法垄断行为。

（二）横向垄断协议的具体表现

《反垄断法》第13条列举了横向垄断协议的五种主要类型并设定了兜底条款。具体表现为：

1. 固定或者变更商品价格协议

固定或者变更商品价格协议，简称固定价格协议，也称价格卡特尔，是指具有竞争关系的经营者通过协议、决议和协同行为决定、维持或者改变价格的行为。固定价格协议主要表现为经营者之间协议涨价、协议实行最低限价、协议统一价格等。

2. 限制商品的生产数量或者销售数量

限制商品的生产数量或者销售数量，简称为限制数量协议，又叫数量卡特尔，是指竞争者之间通过合同、协议等方式，以限制商品的生产数量或者销售数量达到控制商品价格的行为。

3. 分割销售市场或者原材料采购市场

分割销售市场或者原材料采购市场，简称划分市场协议，是指竞争者之间为消除彼此竞争达成的划分经营区域、客户或者产品市场的行为。包括划分地理市场、划分客户或者根据参加企业技术优势的不同划分产品市场。

4. 限制购买新技术、新设备或者限制开发新技术、新产品

限制购买新技术、新设备或者限制开发新技术、新产品，简称为限制购买和开发协议，是指具有竞争关系的经营者共谋限制购买新技术、新设备或者限制开发新技术、新产品。

5. 联合抵制协议

联合抵制协议，又称为集体拒绝交易，是指竞争者之间联合起来不与其他竞争对手、供应商或者客户交易的行为。联合抵制协议在主体上涉及三方当事人，即抵制的号召者、抵制者和被抵制者。联合抵制行为是抵制的号召者以损害特定竞争对手为目的，鼓励抵制者对被抵制者实施断绝供应、购买或其他交易，从而将竞争对手置于不利的地位。

6. 行业协会垄断协议

行业协会是由同一或相关行业的经营者为保护和增进自身的共同利益而组建的非营利的自律性社会团体。虽然行业协会不是市场经济的主体，是非营利性的社会团体法人，其本身不从事经营活动，但它是有着竞争关系的经营者的联合体。有时行业协会利用其职能发布价格或产量等信息、提供行为建议、统一标准等方式来限制竞争，因此行业协会是垄断协议中比较特殊的主体。

行业协会垄断协议，是指行业协会以行业协会决议、规章等方式实施的排除、限制竞争的行为。其特点在于，以协会名义作出对协会成员有约束力的决议、规章、建议等，影响成员在商品或服务的价格、产量等方面展开竞争，从而影响相关市场竞争秩序。由于行业协会组织的垄断协议不仅具有一定的隐蔽性，而且由于这些行为是通过行业协会的决议加以实施，有一定的强制力，其对市场竞争造成的影响更为严重。各国反垄断法将行业协会作出的决议视为垄断协议而加以规制。

《反垄断法》第 16 条规定，行业协会不得组织本行业的经营者从事本章禁止的垄断行为。如果行业协会违反本法规定，组织本行业的经营者达成垄断协议的，反垄断执法机构可以根据《反垄断法》第 46 条第 2 款规定，对其处五十万元以下的罚款；情节严重的，社会团体登记管理机关可以依法撤销登记。

三、纵向垄断协议

（一）纵向垄断协议的含义与特征

纵向垄断协议，是指在生产或者销售过程中处于不同阶段的经营者之间达成的限制竞争的协议。

与横向垄断协议相比较，纵向垄断协议具有以下特点：(1) 纵向垄断协议的主体具有互补性和互惠性。由于纵向垄断协议的经营者处于同一产业的不同经营层次，不存在直接的

竞争关系，只存在买卖交易关系。实质上是上游经营者利用其优势地位对下游经营者的经营自主权的限制。(2) 纵向垄断协议的主观故意因主体不同而不同。纵向垄断协议对竞争的限制，一般通过经营者与交易相对人达成协议，要求交易相对人实施特定行为来实现。但由于纵向垄断协议主体处于不同的经营层次，各自的目的有所不同。如生产者可能出于维护产品的形象而对销售者的销售价格进行最低价格限制；而销售者可能出于在特定地区垄断该商品销售而与生产者达成独家销售协议。主观目的的不同使之与横向垄断协议中经营者共同实施市场行为，达到排除、限制竞争的目的区别开来。(3) 纵向垄断协议的表现形式为明示方式。纵向垄断协议一般体现为明示的方式，并多附随于经营者和交易相对人的交易合同中；而横向垄断协议则是经营者通过订立协议的方式，如协议、决定和其他协同行为，并多为默示方式。

(二) 纵向垄断协议的类型

纵向垄断协议根据竞争协议的内容是否涉及价格因素，可分为纵向价格协议和纵向非价格协议两类。前者是指经营者与交易相对人之间就交易相对人向第三人转售商品价格进行限制的协议，如固定价格、限制最低销售价格或者限制最高销售价格协议。后者则是经营者与交易相对人之间达成的不直接涉及价格的限制竞争协议，如纵向地域和客户限制、独家交易等。反垄断法对这两种协议的态度存在很大的不同，对于纵向价格限制协议，直接适用本身违法原则进行规制；而对于纵向非价格限制协议对竞争的影响较小，对其多适用合理原则。

《反垄断法》第 14 条规定："禁止经营者与交易相对人达成下列垄断协议：(1) 固定向第三人转售商品的价格；(2) 限定向第三人转售商品的最低价格；(3) 国务院反垄断法执法机构认定的其他垄断协议。"其中，第一项和第二项属于纵向价格垄断协议，而第三项的兜底性规定则多指纵向非价格垄断协议。

(三) 纵向价格垄断协议

纵向价格垄断协议指经营者与交易相对人之间就交易相对人向第三人转售商品价格进行限制的协议。

考虑到纵向价格垄断协议对市场竞争影响不同，《反垄断法》第 14 条只对固定转售价格、限制最低转售价格这两种纵向价格限制行为予以明确禁止。

1. 固定转售价格，指经营者与交易者相对人达成协议，固定交易相对人向第三人转售商品的价格。因为固定转售价格协议的存在，某一产品的价格被人为地固定下来，导致了不同经销商的价格竞争大大减弱，甚至消除了同一生产企业的产品在不同经销商之间的价格竞争。如果在该产品的生产领域存在较少甚至只有唯一的生产者，固定转售价格行为就相当于经销商之间达成了横向的固定价格协议，这将直接导致该产品市场中不存在有效的市场竞争。因此，固定转售价格与横行垄断协议中的固定价格协议一样，是一种最为严重的反竞争行为。

2. 限制最低转售价格，指经营者与交易相对人达成协议，限定向第三人转售商品的最低价格。与固定转售价格不同，限制最低转售价格没有完全剥夺商品批发商或零售商根据市场竞争状况作出相应价格调整的权利，但这种价格调整的自由是有限的，只能在最低价格之上进行调整。同时由于经营者限定了最低转售价格，很有可能导致消费者要支付比在有效市场竞争条件下更高的价格。

(四) 纵向非价格垄断协议

我国《反垄断法》没有对纵向非价格限制加以一一列举，只是在第 14 条作了一个兜底性规定，授权国务院反垄断执法机构可以对第 14 条列举以外的纵向垄断协议是否属于反垄断法规定的垄断协议作出认定。从其他国家和地区反垄断立法和执法实践看，纵向非价格垄断协议主要有以下几种类型。

1. 独家交易协议。独家交易协议又称为排他性交易协议，是指生产商和销售商通过合同、协议等方式约定生产商同意在特定的地区内向销售商提供独家销售商品，或者生产商和销售商相互承诺上述之约束。独家销售协议的典型形式是独家经营协议，它对竞争有明显的限制作用，但同时，它又有利于降低销售费用，保证商品的质量和售后服务，因此各国对其基本上适用合理原则。

2. 选择性销售协议。选择性销售协议是出于生产技术或者产品质量的要求而建立的一种销售制度，主要是指经营者之间达成协议，对双方销售产品进行一定的限制。例如，作为生产商的协议当事人一般只能向符合一定专业标准的销售商供应产品，这一般包括销售的专业资格、销售商的营业员水平以及营业场所的技术条件或者设备条件等。作为销售商的协议当事人则不得向协议销售网络以外的批发商或零售商转售协议商品。选择性销售在欧洲是一种很普通的销售制度，它主要适用于汽车、娱乐性电子产品 、计算机、高档首饰、高档手表、高档化妆品等。对于选择性销售，欧共体委员会基本持肯定态度。

四、行业协会垄断行为的规制

(一) 行业协会的概念

行业协会是由同一或相关行业的经营者为保护和增进自身的共同利益而组建的非营利的自律性社会团体。虽然行业协会不是市场经济的主体，是非营利性的社会团体法人，其本身不从事经营活动，但它与有着竞争关系的经营者有着某种利益关系。有时行业协会利用其职能发布价格或产量等信息、提供行为建议、统一标准等方式来限制竞争，因此行业协会是垄断协议中比较特殊的主体。

(二) 行业协会垄断协议

行业协会垄断协议，是指行业协会以行业协会决议、规章等方式实施的排除、限制竞争的行为。其特点在于，以协会名义作出对协会成员有约束力的决议、规章、建议等，影响成员在商品或服务的价格、产量等方面展开竞争，从而影响相关市场竞争秩序。由于行业协会组织的垄断协议不仅具有一定的隐蔽性，而且由于这些行为是通过行业协会的决议加以实施，有一定的强制力，其对市场竞争造成的影响更为严重。各国反垄断法将行业协会作出的决议视为垄断协议而加以规制。

(三) 行业协会垄断行为的规制

《反垄断法》第 16 条规定，行业协会不得组织本行业的经营者从事本章禁止的垄断行为。如果行业协会违反本法规定，组织本行业的经营者达成垄断协议的，反垄断执法机构可以根据《反垄断法》第 46 条第 2 款规定，对其处五十万元以下的罚款；情节严重的，社会团体登记管理机关可以依法撤销登记。

五、垄断协议的豁免

垄断协议的豁免，是指经营者之间的协议、决议或者其他协同行为，虽然排除、限制了竞争，构成了垄断协议，但该类协议在其他方面所带来的好处要大于其对竞争秩序的损害，因此法律规定对其豁免，即排除适用反垄断法的规定。豁免制度是利益衡量的结果，是从经济效益和对限制竞争的影响进行利益对比，在“利大于弊”时，对该垄断协议排除适用反垄断法。

《反垄断法》第 15 条规定，经营者能够证明所达成的协议属于下列情形之一的，不适用本法第十三条、第十四条的规定：(1) 为改进技术、研究开发新产品的；(2) 为提高产品质量、降低成本、增进效率，统一产品规格、标准或者实行专业化分工的；(3) 为提高中小经营者经营效率，增强中小经营者竞争力的；(4) 为实现节约能源、保护环境、救灾救助等社会公共利益的；(5) 因经济不景气，为缓解销售量严重下降或者生产明显过剩的；(6) 为保障对外贸易和对外经济合作中的正当利益的；(7) 法律和国务院规定的其他情形。

垄断协议要获得豁免，必须符合规定的条件。所以《反垄断法》第 15 条第 2 款规定，对属于第 1 款第 1 项至第 5 项情形的垄断协议不适用本法第十三条、第十四条规定的，经营者还应当证明所达成的协议不会严重限制相关市场的竞争，并且能够使消费者分享由此产生的利益。也就是说，属于第 1 款第 1 项至第 5 项情形的垄断协议，不能自动获得豁免。只有经营者举证证明所达成的协议不会严重限制相关市场的竞争，并且能够使消费者分享由此产生的利益，才可能获得豁免。对于第 1 款第 6 项规定的“为保障对外贸易和对外经济合作中的正当利益的”而达成的垄断协议，即出口卡特尔。经营者不需要承担证明责任，这是以保障对外贸易和对外经济合作中的正当利益为目的，将此作为反垄断法的豁免是国际通行的惯例。

【案例 8-2】 经营者统一产品规格的协议可以豁免适用反垄断法

中国电子协会为了统一某电子元器件的规格，要求所有产生该产品的企业必须在 2009 年 1 月完成生产标准规格，否则将不予进行 PRC 标志认证，企业不再生产该产品。问中国电子协会的做法是否是垄断协议？

【案例分析】

中国电子协会的做法不构成垄断协议。垄断协议根据《反垄断法》第 13 条第 2 款规定，是指排除、限制竞争的协议、决定或者其他协同的行为。本案中中国电子协会的做法是为了提高产品质量、降低成本、增进效率，统一产品规格、标准或者实行专业化分工而作出的决议。根据《反垄断法》第 15 条规定第 2 项规定，经营者能够证明所达成的协议属于为提高产品质量、降低成本、增进效率，统一产品规格、标准或者实行专业化分工的，可以豁免适用反垄断法。

六、垄断协议的法律责任

垄断协议是反垄断法所禁止的限制竞争行为。一旦垄断协议被确认违法后，垄断协议的参与者需要承担相应的法律责任。垄断协议的法律责任主要为行政责任、民事责任和刑事责任三种。

（一）行政责任

《反垄断法》第 46 条规定，经营者违反本法规定，达成并实施垄断协议的，由反垄断执法机构责令停止违法行为，没收违法所得，并处上一年度销售额百分之一以上百分之十以下的罚款；尚未实施所达成的垄断协议的，可以处五十万元以下的罚款；行业协会违反本法规定，组织本行业的经营者达成垄断协议的，反垄断执法机构可以处五十万元以下的罚款；情节严重的，社会团体登记管理机关可以依法撤销登记。

（二）民事责任

《反垄断法》第 50 条规定，经营者实施垄断行为，给他人造成损失的，依法承担民事责任。即经营者实施垄断协议给他人造成损失的，应依法承担民事责任。

（三）刑事责任

我国反垄断法没有规定垄断协议的刑事责任，但在《招标投标法》和《刑法》中规定了串通投标的刑事责任。

（四）责任宽恕

鉴于垄断协议的隐蔽性和查处的艰难性，由美国首创后为世界 30 多个国家和地区所采用的"反垄断宽恕政策"利用垄断协议本身的不稳定性，以减免参与垄断协议成员的刑事责任或行政责任为对价，鼓励参与垄断协议成员向反垄断执法机关举报并提供重要证据，为反垄断执法机关迅速查处垄断协议提供政策支持。我国《反垄断法》第 46 条也规定了相应的宽恕制度，即经营者主动向反垄断执法机构报告达成垄断协议的有关情况并提供重要证据的，反垄断执法机构可以酌情减轻或者免除对该经营者的处罚。

第三节 滥用市场支配地位行为的规制

一、市场支配地位概述

（一）市场支配地位的含义、类型与法律特征

1. 市场支配地位的含义

《反垄断法》第 17 条第 2 款规定，本法所称市场支配地位，是指经营者在相关市场内具有能够控制商品价格、数量或者其他交易条件，或者能够阻碍、影响其他经营者进入相关市场能力的市场地位。

2. 市场支配地位的法律特征

（1）市场支配地位要达到一定的程度。具有市场支配地位的企业要达到一定的市场规模，即使其提高价格也不会导致丧失大部分用户和销售额，仍然能保持对其产品的需要。

（2）市场支配地位来源的违法性。如果市场支配地位来源于垄断或企图垄断的意图或谋求取得或谋求维持市场支配地位，由于其违法性，应受到限制或制裁。但当市场支配地位来源于技术创新等合法性行为时，就不应当受到法律的干预。

（3）市场支配地位产生了法律所禁止的损害结果。从维护公平竞争秩序而言，市场支配地位企业的行为的损害结果是限制竞争，损害的对象是阻碍了其他竞争者的进入。

（4）市场支配地位的企业行为，损害了社会公共利益或消费者的利益。当然，市场支配地位企业的行为也同时会损害其他利益相关者，但反垄断追求的直接目标是保护消费者权益和社会公共利益。

3. 市场支配地位的类型

（1）独占，是指一家企业作为某种特定商品或者劳务的供应者或者需求者，在相关市场

上没有竞争者或没有实质上的竞争者。这在经济学上称为“完全垄断市场结构”。在独占状态下，企业取得了完全垄断地位，不存在任何现实的或潜在的竞争威胁，可以自行决定商品的价格、数量等交易条件来操纵市场，因此，认定其具有市场支配地位应不存在任何异议。

(2) 准独占，是指一家企业作为某种特定商品或者劳务的供应者或者需求者，在相关市场上没有实质性的竞争者，即具有准垄断的地位。在准垄断状态下，尽管在相关市场上有竞争者，但其他竞争者在市场份额、综合实力、核心技术等方面根本无法与该企业进行实质上的竞争。因此，处于准独占地位的企业，可以在相当程度上自主决定市场策略和经营行为，无需特别考虑其竞争对手、购买人或供应人的存在和反应。因此，准独占也是一种市场支配地位的形态。

(3) 突出的市场地位，又称压倒性的地位或绝对地位，是指企业在相关市场上不仅有竞争者，而且已经形成一定程度的实质性竞争，但是与其竞争者相比，它具有十分突出的优势地位，使得实质性的竞争限制在小范围、低层次和低强度下进行。

(4) 寡占，是指在相关市场上存在两个或两个以上企业，这些企业作为一个整体共同控制着市场上商品或服务的价格、数量等情形，这些企业之间因明示或默示达成一致的行为，从而不存在实质性的竞争，经济学上称之为“寡头垄断”。寡占是一种介入垄断和完全竞争之间的市场结构。

相关链接：

垄断协议与滥用市场支配地位的比较

垄断协议既可以是具有市场支配地位的经营者所为，也可以是其他经营者或行业协会所为。但是，许多限制竞争的手段一旦成为占有市场支配地位的经营者攫取垄断利润的手段，则可以认定为滥用市场支配地位。二者既有区别又有联系：

1. 二者区别在于：(1) 行为主体不同。滥用市场支配地位是具有市场支配地位的经营者凭借其自身的优势地位而实施的排除、限制竞争的行为，其主体具有特定性。而垄断协议是两个或两个以上的经营者达成的排除、限制竞争的协议、决议或其他协同行为，其主体具有复数性。(2) 规制的原则不同。对于滥用市场支配地位的规制因受结构主义和行为主义理论的影响，反垄断法对市场支配地位的态度不同。受结构主义影响的美国、日本，对市场支配地位本身是法律禁止的；受行为主义影响的其他国家，认为市场支配地位本身本身并不违法，反垄断法不禁止，禁止的是其滥用市场支配地位。对于垄断协议由于对市场竞争的影响具有双重性，因而各国反垄断法采取本身违法原则和合理原则来认定。(3) 规制的手段不同。对于市场支配地位规制，结构主义和行为主义规制方式是不同的。前者在反垄断法中规定了分拆剥离资产等方式以降低市场集中度，使市场恢复竞争状态。对于垄断协议的规制方式，各国反垄断法都有垄断协议的豁免规定。

2. 二者的联系在于两种行为都是排除限制竞争的行为，都是对自由公平竞争秩序的违反。垄断协议既可以是占市场支配地位的企业所为，也可以是其他企业所为。许多垄断协议一旦成为只有市场支配地位的企业攫取垄断利润的手段，也可以认定滥用市场支配地位。

二、市场支配地位的认定

(一) 市场支配地位的认定标准

对市场支配地位的认定有三种不同的标准：一是市场结构标准，即根据经营者在相关市场上占有的市场份额来其是否具有市场支配地位；二是市场行为标准，即根据经营者自身的行为来判断其是否处于市场支配地位，如果经营者在确定其销售和价格政策的时候，不受其竞争者销售和价格政策的影响，该经营者具有市场支配地位；三是市场结果标准，即根据经营者的实际经验效益来判断其在市场中的支配地位和控制力。以上三种标准各有优劣。因此，在反垄断法的实践中，市场结构标准、市场结果标准、市场行为标准一般不单独作为确定市场支配地位的基本依据，而是依据经营者在相关市场的占有率和经营者影响相关市场的商品价格、数量、质量、供求关系的能力进行判断，还将市场占有率与其他方面诸如对其他经营者和消费者的影响、潜在经营者进入市场的障碍程度、对相关市场的界定等因素相结合，进行综合判断分析。

我国反垄断法对市场支配地位的判断采用综合判断标准，即以市场份额为主，兼顾其他因素的认定标准。《反垄断法》第 18 条规定，认定经营者具有市场支配地位，应当依据下列因素：(1) 该经营者在相关市场的市场份额，以及相关市场的竞争状况；(2) 该经营者控制销售市场或者原材料采购市场的能力；(3) 该经营者的财力和技术条件；(4) 其他经营者对该经营者在交易上的依赖程度；(5) 其他经营者进入相关市场的难易程度；(6) 与认定该经营者市场支配地位有关的其他因素。

(二) 市场支配地位的认定依据

根据我国《反垄断法》第 18 条的规定，认定经营者是否具有市场支配地位，应当依据下列因素：

1. 市场份额与相关市场的竞争状况

对于经营者在相关市场中具有多大的市场份额才能构成支配地位，我国《法垄断法》第 19 条规定，有下列情形之一的，可以推定经营者具有市场支配地位：一个经营者在相关市场的份额达到 1/2 的；两个经营者在相关市场的份额合计达到 2/3 的；三个经营者在相关市场的份额合计达到 3/4 的。在第 2 和第 3 种情形中，如果其中有的经营者市场份额不足 1/10 的，则不应当推定该经营者具有市场支配地位。

2. 经营者控制销售市场、原材料采购市场的能力

经营者控制市场主要是对市场交易的价格、数量的控制。经营者能够控制销售市场或原材料采购市场，意味着经营者可以自由定价并限制产量，从而垄断市场。

3. 经营者的财力和技术条件

这里的财力和技术条件是相对其他竞争者而言的，如果特定经营者具有雄厚的财力和优越的技术条件，则该经营者较易形成市场支配地位。如果相关市场上其他竞争者也具备同样的财力和技术条件，也不能就此认定经营者具备市场支配地位。

4. 其他经营者对该经营者在交易上的依赖性

市场支配地位是从竞争者之间的经济力量对比中界定的，如果从供求关系角度分析，企业之间在市场交易中形成的长期依赖性，也可能使某个经营者较其他经营者具有市场支配地位。经营者间的依赖性可以是对特定产品的依赖，对特定企业的依赖，或因特殊产品匮乏而产生的依赖等。

5. 其他经营者进入相关市场的难易程度

在判断经营者是否具有市场支配地位时，不仅需要分析相关市场上的现实竞争，还要考虑潜在竞争。如果潜在的竞争者通过设备更新或者技术改造，能够轻易进入特定的相关市场，则现实的市场支配地位拥有者就很难维持或滥用其支配地位。

三、滥用市场支配地位行为的表现

（一）滥用市场支配地位行为的概念与特点

滥用市场支配地位是指经营者凭借其已经获得的市场支配地位，对相关市场上的其他主体实施不公平交易或者排挤竞争对手的行为。

滥用市场支配地位具有以下特点：(1) 行为主体具有特定性。滥用行为是由具有市场支配地位的企业实施的，滥用行为主体是具有支配地位的企业。这个主体是特定的，不管其是处于绝对支配地位或是相对的优势地位，其他企业是没有滥用的资格。(2) 行为目的具有特定性。企业实施滥用市场支配地位行为是为了维持或者加强其支配地位，排除或限制竞争，使其支配地位更加巩固或得以扩大。(3) 行为本身具有反竞争性。滥用行为对市场竞争造成了损害，是排除、限制竞争的行为。

反垄断法一般并不禁止经营者拥有市场支配地位，仅禁止其滥用市场支配地位。对滥用市场支配地位行为的规范，《反垄断法》采取概括列举加兜底的方式来认定滥用市场支配地位行为。第 12 条禁止具有市场支配地位的经营者，不得滥用市场支配地位排除、限制竞争。第 17 条列举了六种滥用市场支配地位行为的具体表现，并设置了一个兜底条款，即“国务院反垄断执法机构认定的其他滥用市场支配地位的行为”。

（二）滥用市场支配地位行为的表现

《反垄断法》第 17 条第 1 款对几种典型的滥用市场支配地位行为作了列举，具体如下：

1. 以不公平的高价销售商品或者以不公平的低价购买商品

此类行为也可以称为垄断高价或者垄断低价，具有市场支配地位的经营者违背平等互利原则，凭借其市场支配地位在交易活动中以不公平的高价销售商品或者以不公平的低价购买商品，损害交易相对方利益的行为。垄断价格的目的是攫取超额垄断利润，是一种带有剥削性的滥用行为。

2. 没有正当理由，以低于成本的价格销售商品

此类行为也可以称为掠夺性定价行为，指处于市场支配地位的经营者以排挤竞争对手为目的，利用其竞争优势所采取的以低于成本的价格销售商品或者提供服务的行为。构成掠夺性定价必须具备三个条件：第一，经营者具有市场支配地位；第二，销售价格低于成本；第三，低价销售行为没有正当理由。具有正当理由的低价销售行为，主要指我国《反不正当竞争法》规定的四种情况：一是销售鲜活商品；二是处理有效期限将到的商品或者其他积压的商品；三是季节性降价；四是因清偿债务、转产、歇业而降价销售商品。

3. 没有正当理由，拒绝与交易相对人进行交易

此类行为又称为拒绝交易，是指具有市场支配地位的经营者，没有正当理由而拒绝与交易相对人进行交易。拒绝交易有多种表现形式，既有拒绝同上游市场的经营者进行交易，也有拒绝同下游市场的经营者进行交易，如果滥用者在下游市场（销售市场）拥有了支配地位，那么其拒绝交易行为就可能使上游市场的经营者（供应商）无法找到购买者，从而不得不答应滥用者关于降价之类的要求，或者退出市场。如果滥用者在上游市场拥有支配地位而拒绝同下游市场的经营者进行交易，则下游市场的经营者就会因为缺乏生产原材料或者缺乏可供销售的货物而受到打击。

4. 没有正当理由，限定交易相对人只能与其进行交易或者只能与其指定的经营者进行交易

此类行为又称为限定交易，是指具有市场支配地位的经营者没有正当理由，限定交易相对人只能与其进行交易或者只能与其指定的经营者进行交易。限定交易主要包括限定销售和限定供应商两种形式。限定销售是指处于市场支配地位的供应商限定销售商只能销售自己的产品或者自己指定的产品；现在供应商是处于支配地位的销售商限定供应商只能向自己或者自己指定的销售商供应商品。

5. 搭售或附加不合理交易条件

搭售，指经营者在向购买者销售商品或提供服务时，利用自己取得的市场支配地位，要求购买者购买另一种在交易习惯上和性质上与原购买物无关的商品或服务的行为。其中，购买者需要购买的产品被称为结卖品，被搭卖的产品被称为搭卖品。附加不合理条件的行为，指市场支配地位的经营者，在销售商品或服务时，违反购买者意愿，强行附加其他不合理条件，购买者因经营者的市场支配地位而不得不接受上述不合理条件的行为。

6. 没有正当理由，对条件相同的交易相对人在交易价格等交易条件上实行差别待遇

此类行为又称为歧视行为，是指具有市场支配地位的经营者没有正当理由，对条件相同的交易对方，提供不同的价格或其他交易条件，致使有的交易对方处于不利的交易地位。现实中最常见的差别待遇就是价格歧视，即销售商对不同的客户收取不同的价格，而又没有支持该价差的有关成本差异的正当理由。广义上的价格歧视还包括对供应成本不同的客户收取同样的价格的行为。

【案例 8-3】 不具有市场支配地位的经营者的行为不构成滥用市场支配地位

某商场在 2011 年 5 月销售平价大米，其销售的大米价格比其他市场和粮油店同质大米便宜 1 角，所以吸引了广大市民购买。随着购买者增多，该市场张贴告示：凡要购买平价大米的顾客，须持当日在本商场购物满 68 元的小票方可购买。问该商场的行为是否是搭售行为？

【案例分析】

该商场的行为不构成搭售。因为虽然顾客购买平价大米以在该商场购物满 68 元为条件，但该商场没有限制顾客的选择自由，而且大米与所购商品并不存在不可替代的关系，即购物不满 68 元也可以从其他商场购买到大米，所以，该商场的行为不构成搭售。

四、滥用市场支配地位行为的法律责任

(一) 行政责任

根据《反垄断法》第 47 条规定，经营者违反《反垄断法》的规定，滥用市场支配地位，反垄断执法机构可以责令其停止违法行为，没收违法所得，并处上一年度销售额 1%以上 10%以下的罚款。

(二) 民事责任

根据《反垄断法》第 50 条规定，滥用市场支配地位给他人造成损失的，还应依法承担民事责任，即“经营者实施垄断行为，给他人造成损失的，依法承担民事责任。”

第四节 经营者集中行为规制

一、经营者集中概述

(一) 经营者集中的概念与特征

反垄断法上的经营者集中，是指从事商品生产、经营或者提供服务的自然人、法人和其他组织间通过合并、收购资产或者股份、委托经营或联营以及人事兼任等方式，形成一个或多个经营者对其他经营者全部或部分获得控制权，导致相关经营者之间相互关系发生持久变动的行为。

经营者集中的特征：(1) 集中的主体是经营者。即在相关市场内从事商品生产、经营或者提供服务的自然人、法人和其他组织。而且每个经营者必须具有独立的法律地位，能够独立地承担责任。(2) 集中方式主要包括企业合并、财产控制、经营控制等方式。(3) 集中的结果导致同一集中领域的经营者数量减少，增强了经营者在相关市场滥用市场支配地位或者共谋的可能性。

(二) 经营者集中情形

根据我国《反垄断法》第 20 条的规定，经营者集中主要指下列情形：

1. 经营者合并。经营者合并是指两个或两个以上的经营者按照法律规定的程序结合为一个经营者的法律行为。

2. 通过取得股权或者资产取得对其他经营者的控制权。这是指一个或者多个经营者通过购买、置换等收购方式直接或间接控制一个或者多个经营者的部分或整体。这种行为在法律上并没有减少市场竞争主体，但是实际上减少了市场竞争主体，从而被反垄断法所关注。

3. 通过合同方式取得控制权或者能够施加决定性影响。主要是指经营者通过委托经营或联营以及人事兼任等方式获得对其他经营者的控制或者对其他经营者施加决定性影响。与经营者合并、取得股权和资产的集中方式相比较，以合同方式实施的经营者集中行为的种类多样，一般包括合营合同、管理职务兼任合同、承包合同、租赁合同、委托经营合同等。

二、经营者集中对竞争的双重影响

不管哪种形式的经营者集中，对竞争的影响都是双重的。经营者集中的积极作用表现在：经营者集中是扩大企业规模最迅速、最有效的方法，有利于实现规模经济，增强经营者的实力和发展后劲，促进经营者之间的竞争；有利于实现资源的优化配置，促进产业结构、产品结构和企业结构的合理化；有利于在实现优胜劣汰的过程中减少对社会的冲击；有利于增强本国企业的国际竞争力等。正是基于经营者集中的这些积极意义，我国《反垄断法》第 5 条原则规定，经营者可以通过公平竞争、自愿联合，依法实施集中，扩大经营规模，提高市场竞争能力。但是，经营者集中会导致竞争者数目的减少，影响市场竞争结构，不利于竞争机制的发挥。尤其在经营者集中后，一旦形成寡头垄断局面，少数竞争者为了避免在竞争中两败俱伤，可能容易达成某种垄断协议。如任其经营者过度集中，会对市场竞争造成危害。因此，反垄断法对经营者集中始终保持着警惕，对经营者集中行为不是禁止而是控制。

相关链接：

经营者集中的分类与意义

1. 根据参与集中的经营者在经济中的关系及原所在市场领域，理论上将其划分为横向集中、纵向集中和混合集中。横向集中是指处于相同市场层次上或具有集中关系的企业之间的集中行为。其典型特征是集中的经营者之间本身就存在着竞争关系。纵向集中是指处于不同市场层次上的经营者之间的集中，实际上是相互间有买卖关系的各个经营者联系在一起。其特征是参与集中的经营者之间不具有竞争关系，而是存在买卖关系或交易关系等纵向协作关系。混合集中是指参与集中的经营者分别处于不同的产业部门，不同的相关市场，或者其生产经营之间没有直接的关联关系的集中。其特征是参与集中的经营者既无竞争关系又无纵向交易关系。

2. 经营者集中分类的意义

对经营者集中进行分类的意义在于根据不同类型集中对市场集中的影响不同，反垄断法对其规制的态度不同。

横向集中由于是同一层次中具有竞争关系的经营者之间的集中，其后果是直接消除或减少竞争，可能使集中后的经营者产生或加强其市场优势地位，或使竞争关系的经营者间的市场竞争行为协调或共谋成为可能，因而是反垄断法控制的重点。

纵向集中和混合集中，由于是不同层次、不同行业，不具有竞争关系的经营者间的集中，并不直接减少市场的竞争者，对市场竞争的影响较小，只在特定情况下才会对竞争造成妨碍，因而，反垄断法只在纵向集中或混合集中对竞争造成妨碍的情况下才予以关注。

三、控制经营者集中的申报制度

反垄断法并不反对一切经营者集中，只是反对那些对市场竞争具有消除或限制效果的过度集中。反垄断执法机构对经营者集中行为进行控制的主要措施是申报制度。

事先申报制度是指反垄断法对市场竞争具有重大影响的集中事项必须向反垄断执法机关进行申报的强制性制度。由于经营者集中在经济生活中极为频繁，反垄断执法机关不可能对所有的集中都一一进行审查，所以反垄断法确定申报标准。《反垄断法》第 21 条规定，经营者集中达到国务院规定的申报标准的，经营者应当事先向国务院反垄断执法机构申报。未申报的不得实施集中。

（一）经营者集中的申报标准

根据《国务院关于经营者集中申报标准的规定》第 3 条规定，经营者集中达到下列标准之一的，经营者应当事先向国务院商务主管部门申报。未申报的不得实施集中：(1) 参与集中的所有经营者上一会计年度在全球范围内的营业额合计超过 100 亿元人民币，并且其中至少两个经营者上一会计年度在中国境内的营业额均超过 4 亿元人民币；(2) 参与集中的所有经营者上一会计年度在中国境内的营业额合计超过 20 亿元人民币，并且其中至少两个经营者上一会计年度在中国境内的营业额均超过 4 亿元人民币。营业额的计算，应当考虑银行、保险、证券、期货等特殊行业、领域的实际情况，具体办法由国务院商务主管部门会同国务院有关部门制定。关于金融业营业额的计算办法，商务部会同中国人民银行、中国银监会、中国证监会和中国保监会制定了《金融业经营者集中申报营业额计算办法》。《金融业经营者集中申报营业额计算办法》具体规定了银行业金融机构、证券公司、期货公司、基金管理公司的营业额要素项目，以及上述经营者集中申报营业额的计算公式，为金融业经营者申报提供了具体操作依据。

需要注意的是,经营者集中未达到本规定第3条规定的申报标准,但按照规定程序收集的事实和证据表明该经营者集中具有或者可能具有排除、限制竞争效果的,国务院商务主管部门应当依法进行调查。

(二)经营者集中申报的豁免

《反垄断法》第22条规定,经营者集中有下列情形之一的,可以不向国务院反垄断执法机构申报:(1)参与集中的一个经营者拥有其他每个经营者百分之五十以上有表决权的股份或者资产的;(2)参与集中的每个经营者百分之五十以上有表决权的股份或者资产被同一个未参与集中的经营者拥有的。在上述两种情况下,经营者集中可以不进行申报。

(三)经营者集中申报材料

为方便反垄断执法机关进行审查,经营者应当按照法律规定向反垄断执法机关提交申报材料。根据《反垄断法》第23条规定:经营者向国务院反垄断执法机构申报集中应当提交下列文件、资料:(1)申报书;(2)集中对相关市场竞争状况影响的说明;(3)集中协议;(4)参与集中的经营者经会计师事务所审计的上一会计年度财务会计报告;(5)国务院反垄断法执法机构规定的其他文件、资料。申报书应当载明参与集中的经营者的名称、住所、经营范围、预定实施集中的日期和国务院反垄断执行机构规定的其他事项。为指导经营者申报,商务部依据《反垄断法》第23条,制定了《关于经营者集中申报文件资料的指导意见》(以下简称《指导意见》),详细规定了申报文件资料的内容,供经营者申报参考。如果经营者提交的材料不符合《反垄断法》第23条和《指导意见》的规定,应当在国务院反垄断执法机构规定的期限内补交文件、资料。对此,《反垄断法》第24条规定,经营者提交的文件、资料不完备的,应当在国务院反垄断执法机构规定的期限内补交文件、资料。经营者逾期未补交文件、资料的,视为未申报。

四、控制经营者集中的审查制度

经营者集中审查制度,是指反垄断执法机构收到参与集中的经营者提交的文件、资料,按照法定的程序进行审查,根据不同的情形作出是否准许集中的制度。经营者集中审查分为初步审查和进一步审查。

(一)初步审查

初步审查是指反垄断执法机关在较短的时间内对经营者集中进行初步评价,对那些对市场竞争秩序影响不大的集中,作出准予集中的决定;对那些对市场竞争秩序具有或者可能具有排除、限制效果的集中,作出进一步审查的决定的程序。《反垄断法》第25条对此作出规定,国务院反垄断法执法机构应当自收到经营者提交的符合法律规定的文件、资料之日起30日内,对申报的经营者集中进行初步审查,作出是否实施进一步审查的决定,并书面通知经营者。国务院反垄断执法机构作出决定前,经营者不得实施集中。国务院反垄断执法机构作出不实施进一步审查的决定或者逾期未作出决定的,经营者可以实施集中。

(二)进一步审查

进一步审查,又称为实质审查,是指反垄断执法机关在初步审查的基础上,在较长的时间内对经营者集中进行实质评价,作出是否准予集中的程序。

《反垄断法》第26条规定,国务院反垄断执法机构决定实施进一步审查的,应当自决定之日起 90 日内审查完毕，作出是否禁止经营者集中的决定，并书面通知经营者。作出禁止经营者集中的决定，应当说明理由。审查期间，经营者不得实施集中。毕竟经营者集中的审查是一项专业性强、要求很高、十分复杂的行政执法工作，因此集中审查期限也需要有一定的灵活性，从而确保反垄断执法机关作出的决定符合市场的竞争状况。鉴于此，《反垄断法》在规定 90 个工作日的法定期限的基础上，规定了延长审查期限，并对延长审查期限适用的条件作了限定，以防止反垄断执法机关滥用延长审查期限制度，保护参与集中的经营者的合法权益。《反垄断法》第 26 条第 2 款规定，有下列情形之一的，国务院反垄断执法机构经书面通知经营者，可以延长前款规定的审查期限，但最长不得超过 60 日：(1) 经营者同意延长审查期限的；(2) 经营者提交的文件、资料不准确，需要进一步核实的；(3) 经营者申报后有关情况发生重大变化的。国务院反垄断执法机构逾期未作出决定的，经营者可以实施集中。

(三) 反垄断执法机关对经营者集中审查的标准和因素

反垄断执法机关对经营者集中依据什么标准进行审查，目前存在两种标准：一种是以是否实质性减少市场竞争作为判断标准即“实质减少竞争标准”，如果反垄断执法机关通过审查认为经营者集中将会或者可能会对市场集中作出实质性影响，则对该经营者集中予以禁止，或者对该经营者集中实施附加限制条件。以美国、英国、日本为代表。另一种是以是否形成市场支配地位为判断标准即“支配地位标准”，如果反垄断执法机关通过审查认为经营者集中可能产生或者强化经营者市场支配地位则予以禁止。以德国等国家为代表。相比较而言，实质减少竞争标准更符合市场经济对鼓励竞争、防止和制止垄断、鼓励经营者做大做强、发展规模经济的本质要求。《反垄断法》采用的审查经营者集中的判断标准，是实质减少竞争标准。该法第 28 条规定，经营者集中具有或者可能具有排除、限制竞争效果的，国务院反垄断执法机构应当作出禁止经营者集中的决定。

经营者集中审查的判断标准只是从总体和宏观上为经营者集中审查提供了判断的依据，经营者集中对市场竞争是否产生实质性影响，需要结合各种具体情况加以分析判断。《反垄断法》第 27 条规定，审查经营者集中，应当考虑下列因素：参与集中的经营者在相关市场的市场份额及其对市场的控制力；相关市场的市场集中度；经营者集中对市场进入、技术进步的影响；经营者集中对消费者和其他有关经营者的影响；经营者集中对国民经济发展的影响；国务院反垄断执法机构认为应当考虑的影响市场竞争的其他因素。

(四) 经营者集中审查决定

经营者集中审查决定，是指反垄断执法机关在规定的审查期限内，对申报的经营者集中进行审查并作出禁止集中与否的结论。根据《反垄断法》的规定，反垄断执法机构在进行审查以后，应该分别作出准予集中、禁止集中、不予禁止、不予禁止但附加限制性条件的决定。

1. 准予集中的决定

根据《反垄断法》的规定，准予集中有三种情况：一是初步审查阶段，反垄断执法机构作出不实施进一步审查的决定的，经营者可以实施集中；二是初步审查阶段，反垄断执法机构逾期未作出决定的，经营者可以实施集中；三是进一步审查阶段，反垄断执法机构在规定时间内审查完毕，不禁止经营者集中的，经营者可以实施集中。

2. 禁止集中的决定

《反垄断法》第 28 条规定，经营者集中具有或者可能具有排除、限制竞争效果的，国务院反垄断执法机构应当作出禁止经营者集中的决定。

3. 不予禁止的决定

《反垄断法》第 28 条规定，经营者集中具有或者可能具有排除、限制竞争的效果，但是，如果经营者能够证明该集中对竞争产生的有利影响明显大于不利影响，或者符合社会公共利益的，反垄断执法机构可以作出对经营者集中不予禁止的决定。该类决定是对禁止集中的例外或豁免决定，本该禁止的集中，因为具备某些条件而不予禁止。我国《反垄断法》规定的条件是“对竞争产生的有利影响明显大于不利影响，或者符合社会公共利益”。但是，“对竞争产生的有利影响明显大于不利影响，或者符合社会公共利益”的举证责任由经营者承担，经营者能够证明的，反垄断执法机构可以作出不予禁止的决定，经营者不能证明的，反垄断执法机构就不能作出不予禁止的决定。

4. 不予禁止但附加限制性条件的决定。《反垄断法》第 29 条规定，对不予禁止的经营者集中，国务院反垄断执法机构可以决定附加减少集中对竞争产生不利影响的限制性条件。

（五）决定的公布

《反垄断法》第 30 条规定，国务院反垄断执法机构应当将禁止经营者集中的决定或者对经营者集中附加限制性条件的决定，及时向社会公布。这是强制性规定，对于其他有关经营者集中的决定，并没有规定一定要公布。反垄断执法机构可以根据需要公布或者不公布。

（六）经营者集中的行政救济

经营者集中的决定是商务部单方面作出的，参与集中的经营者在审查过程中不能充分陈述自己的意见，反垄断法通过行政复议程序为参与集中的各方提供一个救济渠道。同时考虑到经营者集中对市场竞争的影响需要进行经济分析，其专业性较强，而且能否给予豁免主要根据对国家经济状况的判断，属于行政机关自由裁量权的范围，法院不宜过于干预。故反垄断法对于经营者集中的行政救济采取先行政复议后行政诉讼的救济模式，该法第 53 条规定，对反垄断执法机构依据本法第二十八条、第二十九条作出的决定不服的，可以先依法申请行政复议；对行政复议决定不服的，可以依法提起行政诉讼。

五、经营者集中的法律责任

由于我国反垄断法对达到国务院的申报标准的经营者集中，实行事先申报制度。如果经营者违反《反垄断法》规定进行集中的，由国务院反垄断执法机构责令停止实施集中、限期处分股份或者资产、限期转让营业以及采取其他必要措施恢复到集中前的状态，可以处 50 万元以下的罚款。这就是说，如果应当申报而没有申报，尚未进行集中的，不得再进行集中；已经进行集中的，可能会被责令停止实施集中或者被责令恢复原状。

在经营者集中审查中，如果相关经营者对反垄断执法机构依法实施的审查和调查，拒绝提供有关材料、信息，或者提供虚假材料、信息，或者隐匿、销毁、转移证据，或者有其他拒绝、阻碍调查行为的，反垄断执法机构可责令其改正，对个人可以处 2 万元以上 10 万元以下的罚款，对单位处 20 万元以上 100 万元以下的罚款；构成犯罪的，还要依法追究刑事责任。

第五节 滥用行政权力排除、限制竞争行为规制

一、滥用行政权力排除、限制竞争行为概述

(一) 滥用行政权力排除、限制竞争行为概念与特征

滥用行政权力排除、限制竞争是指行政机关和法律法规授权的具有管理公共事务职能的组织滥用行政权力排除、限制竞争的行为。通常也称为行政垄断、行政性垄断、行政性限制竞争、滥用政府权力限制竞争或者滥用行政权力限制竞争行为等等。

滥用行政权力排除、限制竞争行为具有如下特征：

1. 滥用行政权力排除、限制竞争的主体具有特定性，即行政机关和法律法规授权的具有管理公共事务职能的组织。但是，中央人民政府发布的法律规范性文件或者作出行政决定，即使具有限制竞争的可能性，因其行政行为是代表主权者的行为，属于国家行为，不受反垄断法的约束。

2. 滥用行政权力排除、限制竞争行为具有违法性。判断行政权力是否滥用，要看该行政权力的行使是否有法律或者政策依据，如果行政权力的行使有法律或者国家政策依据，即使具有排除、限制竞争的效果，不属于滥用行政权力。如果行政权力的行使没有法律或政策依据，或是法律明文禁止的，产生或可能具有排除限制竞争的效果，则是反垄断法所反对的。因此，滥用行政权力排除、限制竞争行为既是一种行政违法行为，也是一种违反反垄断法的双重违法行为。

3. 滥用行政权力排除、限制竞争行为是一种行为而非状态。滥用行政权力排除、限制竞争的实施主体不是企业，故无法通过行政权力的滥用行为形成一种垄断状态。

(二) 滥用行政权力排除、限制竞争行为的危害

1. 损害竞争秩序，妨碍统一市场的形成，在总体上降低了市场效率，损害了社会福利。滥用行政权力排除、限制竞争行为，一方面通过地区封锁和部门垄断将全国市场划分成彼此封闭的条条块块，阻碍了统一市场的形成；另一方面，通过限制市场准入、强制限制竞争、强制交易等手段限制了市场主体的自由竞争权，抑制了正常市场的自由竞争，扰乱了公平竞争的市场秩序，阻碍了企业的正常发展，进而造成了整个社会的低效率。

2. 直接损害被保护企业之外的其他经营者的合法权益，也损害了被保护企业的长远利益。滥用行政权力排除、限制竞争行为剥夺或限制了被保护企业之外的其他经营者进入相关市场的机会，有时还会直接侵害这些企业的经营自主权和财产权。此外，尽管从表面看，被保护企业是滥用行政权力排除、限制竞争行为的受益者，但实际上，这种行为可能扼杀了被保护企业的积极性和创造性，使被保护企业处于一个没有竞争压力的市场环境之中。从长远来看，这可能会造成该企业经济效率底下，创新能力不足。

3. 直接或间接的损害了消费者的利益。滥用行政权力排除、限制竞争行为可能会剥夺消费者的选择权，也可能使消费者不得不支付不合理的高价。

4. 容易孳生腐败，甚至阻碍政治体制的改革进程。在滥用行政权力排除、限制竞争行为的实施过程中，政府可能与企业相互利用，寻求各自的经济利益。这时，政府的正常干预

活动也会变成不正当干预，行政权力成为私人谋利的工具，极易孳生权钱交易，产生权力腐败。

二、滥用行政权力排除、限制竞争行为的表现

《反垄断法》明确禁止的典型滥用行政权力排除、限制竞争行为主要包括以下几类：

1. 指定交易

指定交易，又叫强制交易，是指行政机关和法律、法规授权的具有管理公共事务职能的组织违背市场经济中平等自愿的交易原则，利用国家赋予的行政权力，限定或者变相限定有关单位或个人只能经营、购买、使用其指定的经营者提供的商品，而排斥其他经营者提供的商品。

《反垄断法》第32条规定，行政机关和法律、法规授权的具有管理公共事务职能的组织不得滥用行政权力，限定或者变相限定单位和个人经营、购买、使用其指定的经营者提供的商品。

2. 限制商品在地区间自由流通

限制商品在地区间自由流通，又称为地区封锁，是指行政机关和法律、法规授权的具有管理公共事务职能的组织滥用行政权力，实施地方保护主义，限制外地商品进入本地市场，或者限制本地商品流向外地市场等行为。

根据《反垄断法》第33条的规定，地区封锁又包括如下内容：

(1) 对外地商品实施歧视性收费项目、实施歧视性收费标准，或者规定歧视性价格。对外地商品实施本地商品无需缴纳的行政、事业性收费项目；或者在行政事业性收费项目中，对外地商品实行高于本地商品的收费标准；或者规定外地商品的价格必须高于本地商品的价格，使外地商品在当地的流通增加了额外的成本，导致外地商品处于不利的竞争地位，人为地使本地商品获得竞争优势，排除和限制了公平竞争，妨碍了商品在地区间的自由流通。

(2) 对外地商品采取与本地同类商品不同的技术要求、检验标准，或者对外地商品采取反复检验、重复认证等歧视性技术措施，限制外地商品进入本地市场。这类行为一般都以保证产品质量、安全，维护消费者利益为借口，但其真正意图是通过采取歧视性技术措施，不合理地提高外地商品进入本地市场的门槛，增加其成本的负担，达到限制外地产品进入本地市场的目的。

(3) 采取专门针对外地商品的行政许可，限制外地商品进入本地市场。如果地方权力机关或者行政机关专门针对外地商品，限制外地商品进入本地市场，就违反了《行政许可法》第5条规定，设定和实施行政许可应当遵循公开、公平、公正的原则。

(4) 设置关卡或者采取其他手段，阻碍外地商品进入或者本地商品运出。设置关卡，一般是在车站、码头、行政区域的边界等设置各类名义的检查站，对外地特定种类的商品禁止运入，对一些紧俏的本地商品，特别是原材料等，则禁止运出。

此外，考虑到实践中限制外地商品进入本地商品的情形比较复杂，难以穷尽列举，《反垄断法》第33条第5款还作出了一项兜底性规定，即“妨碍商品在地区间自由流通的其他行为”，只要以各种滥用行政权力行为限制商品在地区间自由流通的行为都是《反垄断法》所禁止的。

3. 排斥或者限制招标投标

排斥或者限制招标投标，根据《反垄断法》第34条规定，是指行政机关和法律、法规授权具有管理公共事务职能的组织不得滥用行政权力，以设定歧视性资质要求、评审标准或者不

依法发布信息等方式,排斥或者限制外地经营者参与本地的招标或者投标活动。排斥或者限制招标投标违反了自由竞争和公平竞争的原则,因而为反垄断法所禁止。

4. 限制跨地区投资

限制跨地区投资,根据《反垄断法》第35条规定,是指行政机关和法律、法规授权的具有管理公共事务职能的组织不得滥用行政权力,采用与本地经营者不平等待遇方式,排斥或者限制外地经营者在本地投资或者设立分支机构,实施地区封锁的行为。排斥或者限制外地经营者在本地投资或者设立分支机构的目的是保护本地经营者的利益,使外地经营者无法对本地经营者形成挑战,排斥、限制正常的竞争,其行为违反了投资自由原则,其结果会使可竞争的统一市场转变为垄断的市场结构,破坏分工与协作的市场化进程,破坏比较优势,保护了落后,最终不利于本地区经济发展。

5. 强制经营者从事垄断行为

强制经营者从事垄断行为,是指行政机关和法律、法规授权具有管理公共事务职能的组织滥用行政权力,通过发布行政规章或行政命令等方式,强制经营者从事反垄断法所规定的达成或者实施垄断协议、滥用市场支配地位以及实施应予禁止或应当受到一定条件限制的经营者集中等垄断行为。

《反垄断法》第36条规定:"行政机关和法律、法规授权具有管理公共事务职能的组织不得滥用行政权力,强制经营者从事本法规定的垄断行为。"

6. 抽象行政垄断行为

抽象行政垄断行为是指行政机关滥用行政权力,制定含有排除、限制竞争内容的行政规定。

抽象行政垄断行为与具体垄断行政行为相比较,其针对的对象是不特定的人或事,其效力具有普遍性,可以反复适用,所以它对竞争的影响更大,更持久。如果不将抽象行政垄断行为纳入到反垄断法的调整范围,就会为很多限制竞争的行为提供了"法定根据",其结果不仅使个体利益受损,而且会使社会整体利益受损。因此,《反垄断法》第37条明文禁止"行政机关不得滥用行政权力,制定含有排除、限制竞争内容的规定"。

【案例8-4】 行政垄断是反垄断法规制的对象

某市重点工程招标局在2座人形天桥的招标中,规定外地建筑公司须交2000万元的保证金,本市具有资质的建筑公司可以在交投标书时少交保证金500万元。问该行为是否构成行政垄断?

【案例分析】

该行为构成行政垄断。根据《反垄断法》第34条规定,行政机关和法律、法规授权的具有管理公共事务职能的组织不得滥用行政权力,以设定歧视性资质要求、评审标准或者不依法发布信息等方式,排斥或者限制外地经营者参加本地的招标投标活动。本案中,招标局采取歧视性标准,限制外地建筑公司参与竞标,造成外地投标人与本市投标人出于不公平的竞争地位,不仅违反了公平自由竞争的原则,而且与《反垄断法》第34规定相左。所以,该行为构成行政性垄断行为。

三、滥用行政权力排除、限制竞争行为的法律责任

《反垄断法》对滥用行政权力排除、限制竞争行为的法律责任的设定,依据行政行为是具体行政垄断行为还是抽象行政垄断行为不同,而分别设置了法律责任。

(一) 具体行政垄断行为的法律责任

根据《反垄断法》第 32 条、第 33 条、第 34 条、第 35 条、第 36 条的规定,行政机关和法律、法规授权的具有管理公共事务职能的组织滥用行政权力,实施指定交易、强制交易、排斥或者限制招标投标、排斥或者限制投资或者设立分支机构、强制经营者从事垄断行为等具体行政垄断行为的,应当依照《反垄断法》第 51 条规定,承担责令改正违法行为和行政处分等行政责任。

《反垄断法》第 51 条规定:"行政机关和法律、法规授权的具有管理公共事务职能的组织滥用行政权力,实施排除、限制竞争行为的,由上级机关责令改正;对直接负责的主管人员和其他直接责任人员给予处分。反垄断执法机构可以向有关上级机关提出依法处理的建议。"

(二) 抽象行政垄断行为的法律责任

《反垄断法》第 37 条规定,行政机关不得滥用行政权力,制定含有排除、限制竞争内容的规定。如果行政机关制定的抽象行政行为排除、限制竞争,应当依照《反垄断法》第 51 条第 2 款规定,适用其他法律法规处理。这说明反垄断执法机关对抽象行政垄断行为无管辖权。

第六节 反垄断法的实施

一、我国反垄断法的执法体制

反垄断执法机构是反垄断法实施的重要力量,设置什么样的执法机构关系到反垄断法能否得到有效实施。考虑到反垄断法的专业性、复杂性以及我国现行竞争执法机构的格局,反垄断法确立了反垄断委员会与反垄断执法机构共存的"二元模式"。

根据《反垄断法》第 9 条的规定,国务院设立反垄断委员会,负责组织、协调、指导反垄断工作。其职责具体包括:(1) 研究拟定有关竞争政策;(2) 组织调查、评估市场总体竞争情况,发布评估报告;(3) 制定、发布反垄断指南;(4) 协调反垄断行政执法工作;(5) 国务院规定的其他职责。《反垄断法》第 10 条规定:"国务院规定的承担反垄断执法职责的机构依照本法规定,负责反垄断执法工作。国务院反垄断执法机构根据工作需要,可以授权省、自治区、直辖市人民政府相应的机构,依照本法规定负责有关反垄断执法工作。"目前,我国负责反垄断法执法的机构有:国家工商行政总局负责垄断协议、滥用市场支配地位、滥用行政权力排除、限制竞争的执法;国家发改委负责价格垄断行为的执法;商务部对经营者集中进行反垄断审查。

二、反垄断执法机构的职权和义务

根据《反垄断法》的相关规定,反垄断执法机构的职权主要包括:

1. 调查检查权。反垄断执法机构依法对涉嫌垄断行为进行调查,可以采取以下措施:进入被调查的经营者的营业场所或者其他有关场所进行检查;询问被调查的经营者、利害关系人或者有关单位或个人,要求其说明有关情况;查阅、复制被调查的经营者、利害关系人或者其他单位或个人的有关单证、协议、会计账簿、业务函电、电子数据等文件、资料;查封、扣押相关证据;查询经营者的银行账户。

2. 审核批准权。反垄断执法机构可以对经营者达成或实施的垄断协议是否构成法定豁免进行审查,也可以对行业协会行使知识产权行为等特殊行为进行反垄断调查。此外,在经营者集中领域,反垄断执法机构根据集中具有或者可能具有的经济效果,并结合我国特定时期的经济政策与产业政策,对经营者的集中申请进行审查并作出批准或禁止的决定。

3. 处理决定权。反垄断执法机构对涉嫌垄断行为调查核实后,认为构成垄断行为的,有权进行禁止并作出处罚决定;认为未实施垄断行为,或虽实施垄断行为但依法不应追究法律责任的,裁定行为不违法。作出违法决定的,应当制作处理决定书,并可以向社会公布。

4. 行政处罚权。反垄断执法机构在确认行为人违法后,有权作出行政处罚决定,如罚款、没收违法所得、责令限期处理股份或者资产等。

反垄断执法机构调查涉嫌垄断行为也应当履行以下程序性义务,主要包括:其一,有关单位和个人举报涉嫌垄断行为的,反垄断执法机构应当为举报人保密。其二,反垄断执法机构调查涉嫌垄断行为,执法人员不得少于两人,并应当出示执法证件;执法人员进行询问和调查,应当制作笔录,并由被询问人或调查人签字。其三,反垄断执法机构及其工作人员对执法过程中知悉的商业秘密负有保密义务。

三、反垄断案件的执法程序

我国反垄断法对涉嫌垄断行为分别规定了行政执法程序和司法程序。

(一) 行政执法程序

反垄断执法机构执行程序主要包括对涉嫌垄断行为的调查启动、调查程序的展开、调查过程中双方的权利义务、公告处理决定及承诺和解程序。

1. 调查的启动

根据《反垄断法》第 38 条规定,调查的启动分为两种形式,一是依职权调查,即反垄断执法机构依法对涉嫌垄断行为进行调查;二是接到举报后启动调查,即对涉嫌垄断行为,任何单位和个人有权向反垄断执法机构举报。反垄断执法机构应当为举报人保密。举报采用书面形式并提供相关事实和证据的,反垄断执法机构应当进行必要的调查。

2. 调查的展开

根据《反垄断法》第 39 条规定,反垄断执法机构调查涉嫌垄断行为,可以采取的措施有:检查营业场所或者其他有关场所;询问相关人员并要求其说明情况;查阅、复制相关文件、资料;查封、扣押相关证据;查询经营者的银行账户。为防止权力的滥用,反垄断法规定了反垄断执法机构调查涉嫌垄断行为时应当遵守以下程序义务。具体有:第一,对涉嫌垄断行为采取有关措施,应当向反垄断执法机构主要负责人书面报告,并经批准。第二,反垄断执法机构调查涉嫌垄断行为,执法人员不得少于二人,并应当出示执法证件。执法人员进行询问和调查,应当制作笔录,并由被询问人或者被调查人签字。第三,反垄断执法机构及其工作人员对执法过程中知悉的商业秘密负有保密义务。

3. 经营者在调查中的权利和义务

被调查的经营者、利害关系人或者其他有关单位或者个人应当配合反垄断执法机构依法履行职责,不得拒绝、阻碍反垄断执法机构的调查。被调查的经营者、利害关系人有权陈述意见。反垄断执法机构应当对被调查的经营者、利害关系人提出的事实、理由和证据进行核实。

4. 公告处理决定

对涉嫌垄断行为的查处结果的公开，是依法行政的基本要求，不仅有利于保障社会公众知情权的实现，而且将反垄断执法机构的执法活动置于公众的监督之下，防止行政权的滥用。此外，有利于因该垄断行为而遭受损失的消费者和其他经营者及时提起民事诉讼。因此，《反垄断法》第 44 条规定，反垄断执法机构对涉嫌垄断行为调查核实后，认为构成垄断行为的，应当依法作出处理决定，并可以向社会公布。

5. 经营者承诺

根据《反垄断法》第 45 条的规定，对法律的执法机构调查的涉嫌垄断行为，被调查的经营者承诺在反垄断执法机构认可的期限内采取具体措施消除该行为后果的，反垄断执法机构可以决定中止调查。中止调查的决定应当载明被调查的经营者承诺的内容。反垄断执法机构决定中止调查的，应当对经营者履行承诺的情况进行监督。经营者履行承诺的，反垄断执法机构可以决定终止调查。但有下列情形之一的，反垄断执法机构应当恢复调查：经营者未履行承诺的；作出中止调查决定所依据的事实发生重大变化的；中止调查的决定是基于经营者提供的不完整或者不真实的信息作出的。

（二）反垄断行政执法的救济程序

经营者对反垄断执法机构作出的具体行政行为不服，可以依据《行政复议法》或《行政诉讼法》提起行政复议或行政诉讼。《反垄断法》第 53 条规定，对反垄断执法机构依据本法第二十八条、第二十九条作出的决定不服的，可以先依法申请行政复议；对行政复议决定不服的，可以依法提起行政诉讼。对反垄断执法机构作出的前款规定以外的决定不服的，可以依法申请行政复议或者提起行政诉讼。

（三）民事诉讼程序

经营者实施垄断行为，排除、限制竞争，给他人造成损害的，受害人可以依据《反垄断法》第 50 条，要求违法经营者承担民事责任。人民法院适用《民事诉讼法》的规定对反垄断民事案件进行审理。

本章小结

我国反垄断法既对垄断协议、滥用市场支配地位和具有或可能具有排除限制竞争的经营者集中等三大经济性垄断行为加以规制，而且根据我国实际，对滥用行政权力排除限制竞争的行政垄断行为加以规范，体现了反垄断法的国际性和民族性。针对不同的垄断行为分别设置了法律规则和法律责任。为了保障反垄断法的实施，我国反垄断法规定了双层多元的执法模式，赋予反垄断执法机构的执法权力，明确了反垄断执法的程序。

技能训练

一、单项选择题

1. 界定“相关市场”需要考虑（　　）

A. 商品因素　　B. 地域因素　　C. 人缘因素　　D. 时间因素

2. 根据《反垄断法》的规定，下列各项中，不属于横向垄断协议行为的是 （ ）

A. 经营者通过协议、决议或其他协同一致的方式确定、维持或者改变价格

B. 经营者通过协议、决议或其他协同一致的方式限定商品的生产数量或者销售数量

C. 经营者通过协议、决议或其他协同一致的方式拒绝与特定交易相对人进行交易

D. 在同一产业链中上一环节的经营者，利用其市场支配地位，通过协议确定下一环节经营者的销售价格

3. 在下列情形中，即使以低于成本的价格销售商品，也不属于掠夺性定价行为 （ ）

A. 处理有效期限即将到期的商品或者其他积压的商品

B. 季节性降价

C. 以清偿债务、转产、歇业名义降价销售商品

D. 销售鲜活商品

4. 2004 年 3 月 3 日，某自来水公司发布了一个文件，称以后凡需要安装自来水管的建筑工程，须按其指定到某机电公司购买铺设自来水管道所需要的水龙头等设备，然后拿着购买单据到自来水公司申请供水。该行为属于 （ ）

A. 垄断价格　　B. 拒绝交易

C. 限定交易　　D. 搭售或附加不合理交易条件

5. 某市燃气公司在为张某安装煤气时要求张某购买其下属公司生产的燃气灶，否则不予安装。对此行为，下列说法不正确的是 （ ）

A. 燃气公司的行为侵犯了张某的知情权

B. 燃气公司的行为侵犯了张某的选择权

C. 燃气公司的行为侵犯了张某的公平交易权

D. 燃气公司的行为已经构成了限制竞争行为

二、多项选择题

1. 对于国务院反垄断委员会的机构定位和工作职责，下列________是正确的 （ ）

A. 是承担反垄断执法职责的法定机构

B. 应当履行协调反垄断行政执法工作的职责

C. 可以授权国务院相关部门负责反垄断执法工作

D. 可以授权省、自治区、直辖市人民政府的相应机构负责反垄断执法工作

2. 关于市场支配地位推定制度，下列哪些选项是符合我国《反垄断法》规定的？ （ ）

A. 经营者在相关市场的市场份额达到二分之一的，推定为具有市场支配地位

B. 两个经营者在相关市场的市场份额合计达到三分之二，其中有的经营者市场份额不足十分之一的，不应当推定该经营者具有市场支配地位

C. 三个经营者在相关市场的市场份额合计达到四分之三，其中有两个经营者市场份额合计不足五分之一的，不应当推定该两个经营者具有市场支配地位

D. 被推定具有市场支配地位的经营者，有证据证明不具有市场支配地位的，不应当认定其具有市场支配地位

3. 滥用行政权力排除、限制竞争的行为，是我国《反垄断法》规制的垄断行为之一。关于这种行为，下列哪些选项是正确的？ （ ）

A. 实施这种行为的主体，不限于行政机关

B. 实施这种行为的主体，不包括中央政府部门

C.《反垄断法》对这种行为的规制，限定在商品流通和招投标领域

D.《反垄断法》对这种行为的规制，主要采用行政责任的方式

4. 根据《反垄断法》规定，关于经营者集中的说法，下列哪些选项是正确的？（　　）

A. 经营者集中就是指企业合并

B. 经营者集中实行事前申报制，但允许在实施集中后补充申报

C. 经营者集中被审查时，参与集中者的市场份额及其市场控制力是一个重要的考虑因素

D. 经营者集中如被确定为可能具有限制竞争的效果，将会被禁止

5. 根据《反垄断法》规定，下列哪些选项不构成垄断协议？（　　）

A. 某行业协会组织本行业的企业就防止进口原料时的恶性竞争达成保护性协议

B. 三家大型房地产公司的代表聚会，就商品房价格达成共识，随后一致采取涨价行动

C. 某品牌的奶粉含有毒物质的事实被公布后，数家大型零售公司联合声明拒绝销售该产品

D. 数家大型煤炭企业就采用一种新型矿山安全生产技术达成一致意见

三、简答题

1. 简述垄断协议的概念与特征。
2. 简述何为市场支配地位？市场支配地位的认定标准有哪些？
3. 何为经营者集中？反垄断执法机构审查经营者集中应当考虑哪些因素？
4. 何为滥用行政权力排除、限制竞争行为？其表现有哪些？

四、案例讨论

某地有一家生产洗涤产品的外资企业，其生产的无磷、无铝、无毒的“绵羊牌”洗衣粉不污染环境，不危害身体，并且有抑菌作用。该厂经过宣传推广，该洗衣粉在市场上销量迅速提高，对邻省洗涤剂厂家的生产、经营形成很大的冲击。2001年9月，邻省的省质量技术监督局根据该省洗涤厂的反映，召集了某市技术监督局、洗涤剂厂家和肥皂厂家等许多单位在省质量技术监督局开会。会上由主持人作了如下布置：先由某洗涤剂厂向某市技术监督局正式投诉，某市技术监督局根据投诉的材料对“绵羊牌”洗衣粉进行抽样检查，检查出“质量问题”，其他部门协同调查工作。9月25日，市质量技术监督局拿来了“样品”，交给省质检中心。质检中心出具了四份检验报告，以去污力、聚磷酸含量两项指标未达标为由宣布“绵羊牌”洗衣粉为不合格产品，不能在本省进行销售。某市技术监督局即将各销售点的“绵羊牌”洗衣粉查封。11月，某市技术监督局对销售“绵羊牌”洗衣粉的几个主要商场作出处罚决定：(1) 罚款1 000元；(2) 限期追回已经售出的洗衣粉；(3) 通知厂方更换使用说明，并在包装上注明“处理品”字样。问：该技术监督局的做法是否合法？如违法应如何处理？

第九章　消费者权益保护法律制度

知识目标

了解消费者权益保护法的概念、特征与分类，掌握我国消费者的概念，消费者权利及与之对应的经营者义务，侵犯消费者权益应承担的法律责任，消费者争议的解决方式。

能力目标

要求学生运用消费者权益保护法的基本原理和具体规则分析经营者的行为是否违反消费者权益保护法的规定，若构成侵害消费者权益的行为，应当如何处罚，以提高消费者自我保护的能力。

案例导入：电视机爆炸侵害消费者权益及其责任的认定

2003年7月，某市机械厂工人李某从本市曦光家电行购买了台“红太阳”牌21寸彩色电视机，价格1543元。同年10月9日，李某同家人正在看电视，忽然，电视机发生爆炸，一块残骸正好击中李某儿子左面颊。李某儿子血流满面，被送往医院急救。与电视机相邻的收录机也被震坏。第二天，李某即向曦光家电行通知其电视机爆炸情况并索赔。家电行即通知厂家派人上门调查电视机发生爆炸的原因。厂方来人经过分析认为，电视机爆炸是由于电压不稳造成的，不属于电视机本身的质量问题。因此，李某应自负其责，生产厂家不予赔偿。由于厂家拒赔，李某遂向法院提起诉讼。法院受理后即委托市加点监测中心对电视机的爆炸原因进行分析。监测中心的结论为：电视机的爆炸原因是由于彩色显像管不合格造成的。这种显像管连续工作5小时或电压稍有不稳，就有发生爆炸的危险。

问题：

(1) 该电视机是缺陷产品还是有瑕疵的产品？为什么？

(2) 它侵犯了消费者的哪项法定权利？

(3) 本案应由谁承担责任？为什么？

(4) 负责人应赔偿消费者哪些损失？

案例分析

(1) 缺陷产品是指产品存在危及人身，他人财产安全的不合理的危险。产品有国家标准和行业标准，但缺陷产品不符合上述两个标准。而瑕疵产品是指产品不具有其应当具备的使用性能，瑕疵产品违反法律规定和合同规定. 所以该电视机是缺陷产品，因为它的彩色显像管不合格，不符合国家标准。

(2) 根据《消费者权益保护法》第七条规定，该生产厂家侵害了消费者的生命健康权以及财产权。

(3) 根据《消费者权益保护法》第三十五条规定，消费者在购买、使用商品时，其合法权益受到损害的，可以向销售者要求赔偿。销售者赔偿后，属于生产者的责任或者属于向销售者提供商品的其他销售者的责任的，销售者有权向生产者或者其他销售者追偿。消费者或者其他受害人因商品缺陷造成人身、财产损害的，可以向销售者要求赔偿，也可以向生产者要求赔偿。属于生产者责任的，销售者赔偿后，有权向生产者追偿。属于销售者责任的，生产者赔偿后，有权向销售者追偿。消费者在接受服务时，其合法权益受到损害的，可以向服务者要求赔偿。因此，本案应由曦光家电行(销售者)或者厂家(制造者)承担。

(4) 根据《消费者权益保护法》第四十一条和第四十四条之规定，负责人需要向消费者赔偿财产损失和相关医药费。

相关链接：

《消费者权益保护法》相关条款

第 41 条 经营者提供商品或者服务，造成消费者或者其他受害人人身伤害的，应当支付医疗费、治疗期间的护理费、因误工减少的收入等费用，造成残疾的，还应当支付残疾者生活自助具费、生活补助费、残疾赔偿金以及由其扶养的人所必需的生活费等费用；构成犯罪的，依法追究刑事责任。

第 44 条 经营者提供商品或者服务，造成消费者财产损害的，应当按照消费者的要求，以修理、重作、更换、退货、补足商品数量、退还货款和服务费用或者赔偿损失等方式承担民事责任。消费者与经营者另有约定的，按照约定履行。

第一节　消费者权益保护法概述

一、消费者与消费者权益的含义

(一) 消费者的含义与特征

消费者，英文为 consumer 。

生物学上所称的消费者为食物链中的一个环节，食物链由生产者、消费者和分解者所组成，其中消费者代表着不能生产，只能通过消耗其他生物来达到自我存活的生物。

法律上所称的消费者即为生活消费购买或使用商品和接受服务的社会成员，包括个人、法人和社会团体。

消费者具有以下特征：

1. 消费者的消费性质属于生活消费

消费者的生活消费包括两类：一是物质资料的消费，如衣、食、住、行、用等方面的物质消费；二是精神消费，如旅游、文化教育等方面的消费。

2. 消费者的消费客体是商品和服务

商品，指的是与生活消费有关的并通过流通过程推出的那部分商品，不管其是否经过加工制作，也不管其是否为动产或不动产。

服务，指的是与生活消费有关的有偿提供的可供消费者利用的任何种类的服务。

3. 消费者的消费方式包括购买、使用商品和接受服务

关于商品的消费，即购买和使用商品，既包括消费者购买商品用于自身的消费，也包括

购买商品供他人使用或使用他人购买的商品。关于服务的消费，不仅包括自己付费自己接受服务，而且也包括他人付费自己接受服务。不论是商品的消费还是服务的消费，只要其有偿获得的商品和接受的服务是用于生活消费，就属于消费者。

4. 消费者的主体包括公民个人和进行生活消费的单位

生活消费主要是公民个人（含家庭）的消费，而且对公民个人的生活消费是保护的重点。但是，生活消费还包括单位的生活消费，因为在一般情况下，单位购买生活资料最后都是由个人使用，有些单位还为个人进行生活消费而购买商品和接受服务。

（二）消费者权益的含义

消费者权益是指消费者在有偿获得商品或接受服务时，以及在以后的一定时期内依法享有的权益。

消费者权益，是一定社会经济关系下适应经济运行的客观需要赋予商品最终使用者享有的权利。在现代市场经济中，国家依照社会经济运行的需要和市场上消费者的主体地位，制定明确的立法，这就使消费者权益不仅是一种公共约定和公认的规范，还得到了国家法律的确认和保护。早在20世纪60年代初，国际消费者联盟就已确定了消费者的各种基本权利，在后面的文字中将详细讲解到。

二、消费者权益保护法

（一）消费者权益保护法的概念与特征

消费者权益保护法是调整在保护公民消费权益过程中所产生的社会关系的法律规范的总称。

广义的消费者权益保护法包括与保护消费者权益有关的各种法律，如民法通则、食品卫生法、计量法、标准化法、产品质量法、反不正当竞争法等等。

狭义的消费者权益保护法是指1993年10月31日颁布、1994年1月1日起施行的《中华人民共和国消费者权益保护法》。该法的颁布实施，是我国第一次以立法的形式全面确认消费者的权利。此举对保护消费者的权益，规范经营者的行为，维护社会经济秩序，促进社会主义市场经济健康发展具有十分重要的意义。该法具有以下特点：

1. 以专章规定消费者的权利，表明该法以保护消费者权益为宗旨。该法列举的消费者权利有九项之多，体现出较高的保护水平。

2. 特别强调经营者的义务。首先，规定经营者与消费者进行交易时应当遵循自愿、平等、公平、诚实信用的原则。其次，以专章规定了经营者对特定消费者以及社会公众的义务。

3. 鼓励、动员全社会为保护消费者合法权益共同承担责任，对损害消费者权益的不法行为进行全方位监督。

4. 重视对消费者的群体性保护，以专章规定了消费者组织的法律地位。

（二）消费者权益保护法的调整对象与适用范围

根据消费者权益保护法第二、三和五十四条的规定，该法的适用对象主要有以下三个方面：

1. 消费者为生活消费需要购买、使用商品或者接受服务的，适用消费者权益保护法。这主要是指在市场中处于弱者地位的分散的、单个的自然人，而从事消费活动的社会组织、企事业单位不属于消费者权益保护法意义上的“消费者”。

2. 农民购买、使用直接用于农业生产的生产资料时，参照消费者权益保护法执行。消费者权益保护法的宗旨在于保护作为经营者对立面的特殊群体——消费者的合法权益。农民购买直接用于农业生产的生产资料，虽然不是为个人生活消费，但是作为经营者的相对方，其弱者地位是不言而喻的。所以，消费者权益保护法第五十四条将农民购买、使用直接用于农业生产的生产资料行为纳入该法的保护范围。

3. 经营者为消费者提供其生产、销售的商品或者提供服务，适用消费者权益保护法。消费者权益保护法以保护消费者利益为核心，在处理经营者与消费者的关系时，经营者首先应当遵守该法的有关规定；该法未作规定的，应当遵守其他有关法律、行政法规的规定。

三、消费者权益保护法的基本原则

（一）自愿、平等、公平、诚实信用原则

《消费者权益保护法》第四条规定：经营者与消费者进行交易，应当遵循自愿、平等、公平、诚实信用的原则。

自愿，指经营者与消费者之间的交易行为完全是双方意愿表示一致的结果，不存在强买强卖。

平等，是指当事人之间的法律地位平等，即平等地享有权利，履行义务。

公平，是指当事人之间的权利、义务与责任要公平合理。

诚实信用，是指交易双方意愿表示要真实，对与交易有关的情况不隐瞒，不作虚假表示，双方的目的、行为出于善意。

（二）国家保护原则

《消费者权益保护法》第五条规定：国家保护消费者的合法权益不受侵害。该法也特别设立了“国家对消费者合法权益的保护”一章，就保护措施作了明确、具体的规定，在我国目前市场秩序还比较混乱的情况下，国家对消费者的保护显得非常重要。根据消费者权益保护法规定，国家禁止经营者在提供商品和服务时，侵犯消费者的人身权、财产权等其他合法权益。当消费者的人身、人格、财产等权利受到侵害时，国家有关机关应依法追究侵害者的法律责任。

（三）社会保护原则

《消费者权益保护法》第六条规定保护消费者的合法权益是全社会的共同责任。国家鼓励、支持一切组织和个人对损害消费者合法权益的行为进行社会监督。大众传播媒介应当做好维护消费者合法权益的宣传，对损害消费者合法权益的行为进行舆论监督。这一原则也被称作“国家保护和社会监督相结合的原则”，这一原则体现了广大人民群众和社会媒体的监督是消费者权益保护必不可少的环节。

第二节　消费者的权利

一、消费者权利概述

（一）消费者权利的概念

消费者权利是指消费者在有偿获得商品或接受服务时，以及在以后的一定时期内依法

享有的权利。这里所说的消费者权利主要涉及本节所要概述的消费者的权利。根据《中华人民共和国消费者权益保护法》(以下简称《消费者权益保护法》)第七到第十五条分别规定了消费者的九项权利,即安全保障权、知情权、自主选择权、公平交易权、求偿权、结社权、获得相关知识权、受尊重权、监督批评权。这九项权利是每一位消费者都切实享有的权利,关乎着每一个消费者的切身利益。

(二) 消费者权利的特点

1. 消费者权利以消费者特定的身份为基础

消费者权利是与消费者的人身密切联系着的。一方面,只有在以消费者的身份购买、使用商品或接受服务时,才能享有这些权利,即消费者权利是以消费者资格的存在为必要条件的;另一方面,凡消费者,他们在购买、使用商品或接受服务时,都享有这种权利,即消费者权利又是以消费者身份的存在为充分条件的。

2. 消费者权利具有法律规定性

消费者权利是法律直接规定的权利,具有强制性,任何人不得剥夺,经营者以任何方式剥夺消费者权利的行为无效。

3. 消费者权利是特别赋予居于弱者地位的消费者的权利

从历史演化的角度看,消费者权益保护法中规定的消费者的各项权利在传统上大多属于交易当事人的自治范围。基于消费者的弱者地位,现代国家将这些权利法定化,充分体现了法律对消费者特殊保护的立场。

二、消费者权利的内容

(一) 安全保障权

《消费者权益保护法》第七条所规定的安全保障权是指消费者在购买、使用商品和接受服务时,享有人身、财产安全不受损害的权利,对可能危及人身、财产安全的商品和服务,经营者应当向消费者作出真实的说明和明确的警示,并说明和标明正确使用商品或者接受服务的方法以及防止危害发生的方法。由此可见,安全保障权包括人身安全权和财产安全权,其中人生安全权又包括生命安全权和健康安全权。

为了保障消费者依法享有安全保障权,经营者应当做到:(1) 提供的商品和服务符合人体健康和人身财产安全的国家标准或者行业标准。(2) 暂时没有行业标准的,应当保证其提供的商品或者服务符合保障人身、财产安全的要求。(3) 对可能危及人身、财产安全的商品和服务,应当向消费者作出真实的说明和明确的警示,并说明和标明正确使用商品或者接受服务的方法以及防止危害发生的方法。(4) 经营者发现其提供的商品或者服务存在严重缺陷,即使正确使用商品或者接受服务仍然可能对人身、财产安全造成危害的,应当立即向有关行政部门报告和告知消费者,并采取防止危害发生的措施。

【案例 9-1】　侵犯消费者人身安全权应当依法承担法律责任

消费者郭女士,于 2010 年 1 月 8 日到本溪市东明神美美容院做祛皱美容。当美容师给郭女士眼袋处实施药物麻醉后,出现心速加快异常情况,郭女士立即服用了随身携带的救心丹,而后病情有所缓解。回家后,郭女士感觉眼部周围肿胀,眼睛、耳朵、牙齿及面部两侧都有不同程度酸痛感。郭女士到市中心医院诊治确诊上述病症是麻醉药过敏所致。为此,郭女士找该美容院要求赔偿。双方经多次协商未果。1 月 22 日,经本溪市消协调解,美容院一次性赔偿郭女士医疗等费用 1.5 万元。问:

(1) 本案侵犯了消费者的什么权利?

(2) 经营者应当承担什么责任?

【案例分析】 应针对案例依据《消费者权益保护法》相关法条给予具体分析

(1) 根据《消费者权益保护法》第七条的规定,本案侵犯了消费者的人身安全权,最终本溪市消协调解结果也是根据《消费者权益保护法》第七条规定的安全保障权得出的,之所以要求东明神美美容院一次性赔偿郭女士1.5万元主要是因为该美容院侵害了郭女士的人身安全权中的健康安全权。

(2) 根据《消费者权益保护法》第四十一条的规定经营者要承担赔偿责任,包括郭女士的医疗费用以及相应的误工费用。

(二) 知情权

《消费者权益保护法》第八条规定了消费者的第二项权利——知情权。知情权是指消费者享有知悉其购买、使用的商品或者接受的服务的真实情况的权利,主要包括以下几层含义:

(1) 消费者有权要求经营者按照法律、法规规定的方式标明商品或服务的真实情况;

(2) 消费者在购买、使用商品或者接受服务时,有权询问和了解商品或者服务的有关情况;

(3) 消费者有权知悉商品或者服务的真实情况。

【案例9-2】 以欺诈方式隐瞒事实致使消费者知情权受损

2010年7月21日,肖先生以1 300元的价格,购买了南航当天20时10分海南飞往广州的七折机票。办理登机手续时,肖先生被告知其所持机票为超售机票,目前该航班已满员。肖先生认为,南航隐瞒机票超售的事实,造成自己在机场长时间滞留,侵害了自己的合法权益,起诉要求南航双倍赔偿机票款2 600元。最终南航败诉,被判赔偿肖先生双倍赔偿机票款2 600元。问:(1) 本案侵犯了消费者的什么权利?(2) 经营者应当承担什么责任?

【案例分析】

(1) 根据《消费者权益保护法》第八条的规定,在此案例中,南航公司隐瞒机票超售的事实,造成肖先生在机场长时间滞留,侵害了他的知情权,因此肖先生据此请求南航公司赔偿他双倍机票款属于合理请求。

(2) 根据《消费者权益保护法》第四十四条和四十八条的规定,经营者应当赔偿消费者因此所受的损失,而本案中存在隐瞒情况的事实,所以经营者应当赔偿消费者双倍的经营款。

(三) 自主选择权

《消费者权益保护法》第九条规定了消费者的第三项权利——自主选择权。自主选择权是指消费者可以根据自己的消费需求,自主选择自己满意的商品或服务,决定是否购买或接受的权利,具体包括:

1. 自主选择提供商品和服务的经营者;
2. 自主选择商品品种和服务方式;
3. 自主决定购买或者不购买任何一种商品,接受或者不接受任何一项服务;
4. 在自主选择商品或服务时,有权进行比较、鉴别和挑选。

(四) 公平交易权

《消费者权益保护法》第十条规定了消费者的第四项权利——公平交易权。根据该条的规定,公平交易权是指消费者在购买商品或者接受服务时所享有的获得质量保障和价格合理、计量正确等公平交易条件的权利。具体体现在以下两个方面:

1. 消费者有权获得质量保障、价格合理、计量正确等公平交易条件,消费者有权拒绝经营者的强制交易行为。

2. 消费者和经营者一旦签订成立合同关系后即有权享受合同中约定的服务。

此项权利所保护的是消费者在消费过程中的平等权,这不仅仅是指消费者与消费者之间的平等,也包括消费者和经营者之间的平等,也即消费领域中更高层次的一种平等交易权。而在现实生活中,经营者经常会利用自己作为经营者一方的优势对消费者的消费选择做出一定的强制交易行为,在日常生活中我们最常见的这类案例通常包括一元钱一份的消毒碗筷、起瓶费等,事实上消毒碗筷属于餐饮业营业主应该提供的服务,起瓶费更是强制要求消费者接受不合理的消费服务,都属于侵犯消费者的公平交易权的行为。

(五) 求偿权

《消费者权益保护法》第十一条规定了消费者的第五项权利——求偿权。根据该条款的规定,求偿权是指是指消费者因购买、使用商品或者接受服务受到人身、财产损害的,享有依法获得赔偿的权利。包括:

1. 人身受到侵害,主要指生命和人身健康受到侵害;

2. 财产权受到侵害,包括直接损失和间接损失;

3. 人格尊严受到侮辱或者其他行为造成的精神上的损害也要予以赔偿。

此项权利属于一种救济权,也就是说在消费者的实际利益已经无法避免地受到损害之后法律对其的救济所规定的一项权利。当然,根据法条我们不难看出消费者权益保护法不仅对人身伤害规定了如何赔偿,也对财产的损失也规定了相应的赔偿问题,这种赔偿不仅涉及直接损失,更是明确了间接损失的可求偿性,此外,该部法律还将精神损害纳入消费者求偿权的范围,这也是符合我国的侵权法基本原则的。

(六) 结社权

结社权是指消费者享有依法成立维护自身合法权益的社会团体的权利。《消费者权益保护法》第十二条规定了消费者的结社权。目前,中国消费者协会及地方各级消费者协会已经成立。实践证明,消费者组织的工作对推动我国消费者运动的健康发展,沟通政府与消费者的联系,解决经营者与消费者的矛盾,更加充分地保护消费者权益,起到了积极的作用。但同时我们也应该充分认识到国家对消费者结社权的保护目前并不十分健全。以"为了公共利益的公民的联盟"为组织定位的"公盟"为例,2009 年 7 月 14 日,该组织同时接到分别来自北京市国税局、北京市地税局下达的税务行政处罚事项告知书,地税拟处罚 30 多万元,国税拟追缴 18 万多元所得税并处 93 万多元罚款,两局拟罚款总额 142 万多元。同年 7 月 17 日,北京市民政局做出《关于取缔"公盟法律研究中心"的决定》,并上门查抄了公盟,没收包括电脑、办公家具、案件资料、调研报告等在内的所有物品。以非营利为目的、在工商部门注册登记的公民组织"公盟",因突然面临国税、地税、民政局同时行动,受到税务、民间组织管理的双重处罚,而成为凸显中国民间组织当前法律困境的一个典型案例。该案例引发了民众对消费者权利的法律保障的争议,致使许多消费者以及法律界人士纷纷要求政府充分保护消费者的各项权利，尤其是这种自主结社权。

（七）获得相关知识权

《消费者权益保护法》第十三条规定了消费者的第七项权利——获得相关知识权。获得相关知识权是指消费者享有获得有关消费和消费者权益保护方面的知识的权利。消费知识主要指有关商品和服务的知识；消费者权益保护知识主要指有关消费者权益保护方面及权益受到损害时如何有效解决方面的法律知识。

【案例 9-3】 消费者因自己的过错造成损害，经营者不承担责任

2004 年 1 月 21 日，退休职工于某与妻子徐某从百货商场购买国产燃气热水器一台。当天下午，于某的徒弟小赵自带工具、零件帮于某把热水器安好。晚饭后，于某到邻居家下棋，徐某则打开热水器洗澡。洗了一阵，徐某感到身体不适，煤气味很重，接着就头重脚轻摔倒在地，不省人事。幸好于某发现及时，经过抢救，徐某苏醒过来，共花去医疗费、住院费 3 200元。于某找到县消协请求处理。县消协接到投诉后，即通知燃气热水器的生产厂家前来解决。热水器公司对此十分重视，该公司副总经理立即带领技术人员赶来，在听完县消协的情况介绍后，又到于某家实地察看了热水器的安装、使用情况，然后表示："本公司作为该燃气热水器的生产者，对消费者使用中发生的事故深表同情，但这不是本公司的产品不合格所致。这次事故的发生是由于没有按照产品使用说明书和警示标志正确安装、使用造成的。根据使用要求，燃气热水器应当安装在洗漱间的外边，并且通风良好，而不能安装在洗漱间内。尽管本公司对于某家的这次事故没有责任，但出于对消费者的关心，也考虑到于某家的生活困难，我们愿意承担其医疗费的不能报销部分。"问：为什么本案中经营者是没有责任的？

【案例分析】

本案中确实出现了人身伤害的事实，但是这个伤害是由于消费者不当使用商品而造成的，而燃气热水器的生产厂家确实标明了商品的正确使用方法以及注意事项，完全符合法律的要求，因此该生产厂家对该损害的发生确实无责任，也完全可以不承担赔偿义务。当然，其本着对消费者负责的精神，自愿承担部分损失则在法律上并无不当，且值得赞赏。但该案从另一个方面说明，消费者对自己所承担的义务应有足够的认识，亦即应努力掌握所需商品或者服务的知识和使用的技能，正确使用商品。只有这样，消费者的合法权益才更有保障。因此，我们也可以说获得相关知识既是消费者的权利，在某种程度上也是消费者的义务。

（八）受尊重权

《消费者权益保护法》第十四条规定了消费者的第八项权利——受尊重权。受尊重权是指消费者在购买、使用商品和接受服务时，享有其人格尊严、民族风俗习惯得到尊重的权利。人格权是消费者人身权的主要组成部分。尊重他人的人格尊严和不同民族的风俗习惯，是一个国家和社会文明进步的重要标志，也是法律对人权保障的基本要求。我国是一个多民族国家，尊重各个民族尤其是少数民族的风俗习惯，关系到全国的安定团结，关系到各民族的长久和睦。消费者权益保护法将人格尊严和民族风俗习惯专条加以规定，是对消费者精神权利的有力保障，也是党和国家民族政策在法律上的体现。

【案例 9-4】 消费者人格尊严不受侵犯

北京一位女消费者因为相貌有严重残缺，数度被某酒吧保安拒之门外。该女士遂以酒吧有容貌歧视，侵犯消费者权益为由将其告上法庭，并要求酒吧赔偿 5 万元精神损失费。法院终审判决酒吧侵犯了消费者的人格尊严，应向她书面赔礼道歉并赔偿精神损失费 4000 元。问：(1) 本案侵犯了消费者的什么权利？(2) 经营者应当承担什么责任？

【案例分析】

(1) 根据《消费者权益保护法》第十四条的规定，本案侵犯了消费者的受尊重权，严格地讲，是侵犯了消费者的人格尊严。

(2) 根据《消费者权益保护法》第四十三条的规定，经营者侵害消费者的人格尊严或者侵犯消费者人身自由的，应当停止侵害、恢复名誉、消除影响、赔礼道歉，并赔偿损失。该案例中消费者成功地用法律保护了自己的受尊重权，这也提醒了广大经营者不得做出对消费者不尊重的行为，否则都有被法律严惩的可能。

(九) 监督批评权

《消费者权益保护法》第十五条规定了消费者的第九项权利——监督批评权。监督批评权是指消费者享有对商品和服务以及保护消费者权益工作进行监督的权利。监督权是上述各项权利的必然延伸，对消费者权利的切实实现至关重要。这种监督权的表现，一是有权对经营者的商品和服务进行监督，在权利受到侵害时有权提出检举或控告；二是有权对国家机关及工作人员的监督，对其在保护消费者权益工作中的违法失职行为进行检举、控告；三是表现为对消费者权益工作的批评、建议权。

第三节 经营者的义务

一、经营者义务概述

(一) 经营者义务的概念

经营者的义务是指法律所规定的经营者必须履行的职责。为了有效地保护消费者的权益，约束经营者的经营行为，消费者保护法不仅专章规定了消费者的权利，还专章规定了经营者的义务。根据《中华人民共和国消费者权益保护法》(以下简称《消费者权益保护法》)第十六条至第二十五条的规定，共涉及到经营者的十项义务，此十项义务与第二节中所讲到的消费者的权利相对应，相应也比较容易理解和掌握。

(二) 经营者义务的特点

纵观《消费者权益保护法》的规定，我们可以看出经营者义务具有以下特点：

1. 全面性。《消费者权益保护法》规定了十项经营者义务，涵盖了实际消费活动中各个方面可能出现的责任。

2. 严格性。《消费者权益保护法》规定的此十项经营者义务，要求经营者必须严格遵守，《消费者权益保护法》还规定了经营者违反义务的法律责任，包括民事责任和刑事责任。

3. 对应性。《消费者权益保护法》规定的此十项经营者义务与之前所讲的消费者的权利基本是一一对应，这实际上也是对消费者权利的双重保护。

二、经营者义务的具体内容

(一) 履行法定义务及约定义务

《消费者权益保护法》第十六条规定：经营者向消费者提供商品或者服务，应当依照《中华人民共和国产品质量法》和其他有关法律、法规的规定履行义务。经营者和消费者有约定的，应当按照约定履行义务，但双方的约定不得违背法律、法规的规定。简单地讲，就是有约定的，依约定；无约定的，依法律。

（二）接受监督的义务

《消费者权益保护法》第十七条规定：经营者应当听取消费者对其提供的商品或服务的意见，接受消费者的监督。此项义务与上一节所讲的消费者的第监督批评权利相对应，法律之所以再一次用条文的形式确认经营者的此项义务更是表明消费者的权利神圣不可侵犯。

（三）保证商品和服务安全的义务

《消费者权益保护法》第十八条规定：经营者应当保证其提供的商品或服务符合保障人身、财产安全的要求。对此，要求经营者应当做到：

（1）对可能危及人身、财产安全的商品和服务，应作出真实说明和明确的警示，标明正确使用及防止危害发生的方法。

（2）经营者发现其提供的商品或者服务存在严重缺陷，即使正确使用或接受服务仍然可能对人身、财产造成危害的，应立即向政府有关部门报告和告知消费者，并采取相应的防范措施。

（四）提供真实信息的义务

《消费者权益保护法》第十九条规定：经营者应当向消费者提供有关商品和服务的真实信息，不得作引人误解的虚假宣传。真实的信息是消费者自主选择商品或服务的前提和基础，经营者不得以虚假宣传误导甚至欺骗消费者。对消费者关于质量、使用方法等问题的询问，经营者应作出明确的、完备的、符合实际的答复。此外，商店提供商品应明码标价，即明确单位数量的价格，以便于消费者选择，同时防止经营者在单位数量或重量价格上随意更改。

（五）标明真实名称和标记的义务

《消费者权益保护法》第二十条规定：经营者应当标明其真实名称和标记。租赁他人柜台或者场地的经营者，应当标明其真实名称和标记。经营者的名称和标记，其主要功能是区别商品和服务的来源。如果名称和标记不实，就会使消费者误认，无法正确选择喜欢或信任的经营者。在发生纠纷时，则无法准确地确定求偿主体。对租赁柜台或场地的行为，该条强调承租方有义务标明自己的真实名称和标记，目的在于区分承租方和出租方，一旦发生责任问题，便于确定责任承担者。

【案例 9-5】 侵犯消费者权利的责任承担者

2009 年 7 月 5 日，李某在一家久负盛名的国有商店选购了一件上衣。因该商店信誉良好，以往从未出问题，因此就很放心，对衣服没有仔细检查。拿回家后仔细一看，却发现了很多问题：针脚过大，线路不整齐，布料劣质，袖领有油渍等。第二天，李某前往该商店，却被告知，商店的各柜台早已出租给个人经营。李某只好直接找柜台经营者，遭到拒绝后，李某向消费者协会投诉。经过消费者协会的调解，柜台经营者最终同意退货。

问：（1）本案经营者违反了哪项义务？

（2）本案中的责任由谁承担？

【案例分析】

（1）根据《消费者权益保护法》第二十条的规定，本案中经营者违反了应当标明真实名称和标记的义务，作为承租方必须在经营过程中标明自己的名称，保证消费者的知情权。

(2) 根据《消费者权益保护法》第三十八条的规定，费者在展销会、租赁柜台购买商品或者接受服务，其合法权益受到损害的，可以向销售者或者服务者要求赔偿。展销会结束或者柜台租赁期满后，也可以向展销会的举办者、柜台的出租者要求赔偿。展销会的举办者、柜台的出租者赔偿后，有权向销售者或者服务者追偿。本案中，最终承担责任的依然是实际经营者，但在找不到经营者的情况下，也是可以向出租者索赔的。

(六) 出具凭证或单据的义务

《消费者权益保护法》第二十一条规定：经营者提供商品或者服务，应按照国家规定或商业惯例向消费者出具购货凭证或者服务单据；消费者索要购货凭证或者单据的，经营者必须出具。此处既是规定了经营者的义务，也从另一个方面说明消费者有所要发票或单据的权利，而在现实生活中很多消费者并没有养成所要发票或单据的习惯，这也使得经营者的此项义务并没有很好地实现。

(七) 保证质量的义务

《消费者权益保护法》第二十二条规定：经营者有义务保证商品和服务的质量。该义务体现在两个方面：第一，经营者应当保证在正常使用商品或者接受服务的情况下其提供的商品或者服务应当具有的质量、性能、用途和有效期限；但消费者在购买该商品或者接受服务前已经知道其存在瑕疵的除外。第二，经营者以广告、产品说明、实物样品或者其他方式表明商品或者服务的质量状况的，应当保证提供的商品或者服务的实际质量与表明的质量状况相符。

(八) 履行“三包”或其他责任的义务

《消费者权益保护法》第二十三条规定：经营者提供商品或者服务，按照国家规定或者与消费者的约定，承担包修、包换、包退或者其他责任的，应当按照规定或者约定履行，不得故意拖延或者无理拒绝。这里的包修、包换、包退就是人们常说的“三包”。国家对少数商品(主要是涉及大多数消费者利益及关系人身、财产安全的商品)实行三包，目的在于促使企业重视提高产. 品质量，切实保护用户和消费者的人身、财产安全。然而，在现实生活中很多商品，尤其是大型的洋品牌电器商品很长时间得不到很好的“三包”服务，很多“三包”服务形同虚设，给消费者带来了巨大的损失，因此，很多省份联合对这些洋品牌的大型商品的“三包”服务进行监管，给广大消费者挽回了不少损失。

(九) 不得单方作出对消费者不利规定的义务

《消费者权益保护法》第二十四条规定：经营者不得以格式合同、通知、声明、店堂告示等方式作出对消费者不公平、不合理的规定，或者减轻、免除其损害消费者合法权益应当承担的民事责任。格式合同实际上就是我们常说的“霸王合同”，是经营者单方拟定的，消费者或者只能接受，而无改变其内容的机会；或者只能拒绝，但却无法实现或难以实现消费需求，当该经营者处于独家垄断时更是如此。经营者作出的通知、声明、店堂告示等亦属于单方意思表示，侧重于保护经营者的利益。因此，在上述情况下，经营者的格式合同、通知、声明、店堂告示等含有对消费者不公平、不合理规定的，或者减轻、免除其损害消费者合法权益应当承担的民事责任的，其内容无效。

(十) 不得侵犯消费者人格权的义务

《消费者权益保护法》第二十五条规定：消费者的人格尊严和人身自由理应依法获得保

障。经营者不得对消费者进行侮辱、诽谤，不得搜查消费者的身体及其携带的物品，不得侵犯消费者的人身自由。这一规定与上一节说降到的消费者受尊重权是相对应的。此处法律又以义务的形式更全面地保护了消费者的受尊重权。

以上是《消费者权益保护法》为更加全面地保护消费者的权益而强制性地规定的经营者的义务。这种义务的形式更有力地实现了消费者的权利，也是《消费者权益保护法》的立法宗旨的体现。

第四节　消费者权益的保护

一、消费者权益的国家保护

在消费者权益的保护方面，不仅经营者负有直接的义务，而且国家、社会也都负有相应的义务。只有各类主体都有效地承担起相应的保护消费者权益的义务，消费者的各项权利才能得到有效的保障。为此，我国《消费者权益保护法》对于国家和社会在保护消费者权益方面的义务也都作出了规定。

在消费者政策和消费者立法方面，国家应当保护消费者的合法权益不受侵害，并应采取具体措施，保障消费者依法行使权利，维护其合法利益。依据我国《消费者权益保护法》第4章的规定，国家对消费者合法权益的保护主要体现在以下几个方面：

（一）在立法方面的保护

国家在制定有关消费者权益的法律、法规时，应当听取消费者的意见和要求。此外，立法机关在把消费者政策上升为法律时，也应当听取消费者的意见和要求。

（二）在行政管理方面的保护

政府的行政管理工作与消费者权益的保护水平直接相关。各级人们政府应当加强领导、组织、协调督促有关行政部门做好保护消费者合法权益的工作。各级人民政府应当加强监督，预防危害消费者人身、财产安全行为的发生，及时制止危害消费者人身、财产安全的行为。这实际上是对消费者的保障安全权的重点确认和保护。

根据该法规定，各级人民政府工商行政管理部门和其他行政部门，应当依照法律、法规的规定，在各自的职责范围内，采取措施，保护消费者的合法权益。其他行政部门主要有技术监督部门、卫生监督部门、物价管理监督部门，进出口商品检验部门等。此外，有关行政部门应当听取消费者及其社会团体对经营者交易行为、商品和服务质量的意见，及时调查处理。

（三）在惩处违法犯罪行为方面的保护

对违法犯罪行为有惩处权力的有关国家机关，应当依照法律、法规的规定，惩处经营者在提供商品和服务中侵害消费者合法权益的违法犯罪行为，以切实保护消费者的合法权益。

为了及时有效地惩处侵害消费者合法权益的违法犯罪行为，人民法院应当采取措施，方便消费者提起诉讼。对于符合我国《民事诉讼法》起诉条件的消费者权益争议，人民法院必须受理，并应及时审理，以使消费者权益争议尽快得到解决。

二、社会对消费者权益的保护

保护消费者权益，不仅是国家的责任，也是企事业单位、社会团体以及消费者自身的责任。对此，我国《消费者权益保护法》第6条规定："保护消费者的合法权益是全社会的共同责任，国家鼓励、支持一切组织和个人对损害消费者合法权益的行为进行社会监督。"社会保护是国家保护的必要补充。只有建立起全社会共同保护消费者权益的保护机制，才能使消费者的合法权益得到最充分、最有效的保护。

（一）大众传播媒介的保护

我国《消费者权益保护法》第6条规定：大众传播媒介应当做好维护消费者合法权益的宣传，对损害消费者合法权益的行为进行舆论监督。大众传播媒介的宣传，可能针对关于商品或服务的知识，也可能针对消费者权益保护的知识，并应对侵害消费者合法权益的行为进行报道，实行监督。

（二）消费者组织

我国《消费者权益保护法》第13条规定，"消费者组织是指依法成立的，对商品和服务进行社会监督，保护消费者合法权益的社会团体。"消费者组织是保护消费者合法权益体系中的一个重要组成部分，其主要特征就是以保护消费者利益为宗旨的社会团体。

消费者组织是消费者运动的产物。据研究，1844年英格兰北部罗奇代尔市成立的消费者合作社，是现代意义上的第一个消费者组织。美国于1898年出现了地区性的消费者组织—美国消费者联盟。

我国从1983年开始，消费者组织发展迅速，不仅于1984年建立了全国性的消费者组织—中国消费者协会，而且全国各地都普遍建立了各级消费者协会。

我国的消费者组织分两种，一种是消费者协会，是指中国消费者协会和各地设立的消费者协会（有的成为消费者委员会或消费者监督联合会等）。一种是其他消费者组织，是指除消费者协会系统之外，由消费者依法成立的旨在维护自身合法权益的社会团体。

1. 消费者组织的性质

根据我国消费者权益保护法及其他有关法律、法规的规定，对消费者组织的性质可从以下几个方面来理解：

（1）消费者组织属社会团体的范畴

社会团体，是指由一定数量的自然人或法人，按照一定的宗旨和原则自愿组成的，不以营利为目的，并依法予以登记的社会组织。我国的消费者组织属于社会团体的范畴，对此，《消费者权益保护法》已作明确规定。不过，与其他社会团体相比，我国消费者组织的主体—消费者协会还有其自身的特点，即带有浓厚的官方色彩，因为消费者协会基本上是由工商行政管理、技术监督、进出口检验、物价、卫生等行政部门及工会、妇联、共青团等组织共同发起，经同级人民政府批准建立的，挂靠在同级工商行政管理局。或许称其为半官半民的组织更适合一些。

（2）消费者组织应依法成立

即我国消费者组织的成立应当依照国务院发布的《社会团体登记管理条例》的有关规定，履行登记手续。否则，不能取得合法地位，不能从事有关活动。

（3）消费者组织以维护消费者合法权益为宗旨

根据我国消费者权益保护法以及《中国消费者协会章程》的有关规定，维护消费者合法权益是我国消费者组织的基本宗旨。

2. 消费者组织的任务和职能

根据消费者权益保护法的规定，消费者组织的任务有两项：

(1) 对商品和服务进行社会监督。监督的形式可以是多样的，如提供商品和服务的质量信息，对商品和服务进行监督、检查，对不合格的商品和服务予以揭露、批评等。

(2) 保护消费者的合法权益。这是对商品和服务进行社会监督的直接目的和必然结果，是消费者组织的一切活动的出发点和归宿。同时，这一任务又是消费者组织的特征之一，是消费者组织区别于其他社会团体的重要标志。

根据《消费者权益保护法》第32条的规定，消费者协会履行下列职能：

(1) 向消费者提供消费信息和咨询服务

此项职能要求其必须把向消费者提供信息作为日常工作的重要内容，通过各种形式经常性地向广大消费者提供信息，消费者协会提供的信息主要包括两个方面的内容：一是有关消费信息，二是有关消费者保护方面的信息。

消费者协会提供信息及咨询服务，不得以牟利为目的；并且，其向消费者提供的信息应当保证真实、准确和全面，不得传播虚假的信息。

(2) 参与有关行政部门对商品和服务的监督、检查参与的形式，可以是消费者协会主动要求参加，也可以是有关机关吸收其参加。

(3) 就有关消费者合法权益问题，向有关行政部门反映、查询，提出建议

这里所说的行政部门，是指具有保护消费者合法权益职能及责任的行政部门，既包括执法监督部门，也包括行业主管部门。消费者合法权益问题，是指在消费领域中与消费者合法权益有关的所有问题。消费者协会反映有关问题，应真实、客观。

(4) 受理消费者投诉，并对投诉事项进行调查、调解

消费者投诉，是指消费者在购买、使用商品或接受服务时，认为自己的合法权益受到侵害，而向消费者协会反映情况，要求其进行处理的行为。

(5) 对商品和服务的质量问题提请鉴定部门鉴定

消费者协会通过行使这一职能，有助于分清是非、明确责任，从而使消费者权益争议得到公正、合理的解决。并且，鉴定部门在消费者协会向其提出鉴定申请时，有义务进行鉴定并告知其鉴定结论。

(6) 支持受损害的消费者起诉

消费者是一个弱者群体，在遭受损害时，往往因知识、能力等的不足而无从获得救济。支持受损害的消费者寻求司法保护，实现社会公正，是一种社会责任。

消费者协会作为消费者自己的组织，维护消费者的合法权益是其基本宗旨，因此支持受损害的消费者提起诉讼，就成为其当然职责。但是，应当指出，消费者协会的支持是其法定义务，不能以此牟利；消费者只是协助受损害的消费者提起诉讼，而不是直接以自己的名义向人民法院起诉。

(7) 通过大众传播媒介对损害消费者合法权益的行为予以揭露批评

消费者协会通过大众传播媒介揭露批评损害消费者合法权益的行为有速度快、社会影响大等特点。但也应实事求是，在可靠的事实、充分的证据的基础上进行。

3. 消费者协会实现其职能的保障

我国《消费者权益保护法》规定了消费者协会实现其职能的两个保障：

(1)《消费者权益保护法》第 32 条第 2 款规定:“各级人民政府对消费者协会履行职能应当予以支持。”

(2)《消费者权益保护法》第 33 条规定:“消费者组织不得从事商品经营和营利性服务,不得以牟利为目的向社会推荐商品和服务。”

【案例 9-6】

2008 年初,消费者冯某在烟台市杨柳居酒店胜利路分店就餐时,工作人员没有向消费者讲清楚可以选择收费与免费的餐具,收取了消费者餐具费 12 元。冯某将此事投诉到烟台市消协,杨柳居酒店胜利路分店的负责同志得知此事后,立即到消费者协会向消费者赔礼道歉,退回了多收的 12 元餐具费,并且补偿了由此而产生的其他的合理费用。问:为什么本案中经营者要退回 12 元餐具费?

【案例分析】

消费者在就餐时,餐饮企业提供包括经消毒达到卫生标准的餐具、餐巾等配套服务,是长期以来已获社会共同认可、约定俗成的基本服务内容和行业服务标准,是经营者的随附义务,也是消费者接受就餐服务时的前提。服务产生的费用是经营成本的一部分,其费用已包括在菜肴价格内。现在,部分餐饮企业将这些长期以来向消费者提供的配套服务,改为收费服务,实质是变相降低与消费者约定的服务标准,转嫁随附义务,违背了餐饮业的诚信原则。而众多消费者是在就餐时为了避免与经营者发生冲突而被迫接受额外收费,消费者的公平交易权受到了侵害。消费者对经营者巧立名目重复收费,应予抵制。因此消费者在实际消费过程中即便使用了收费餐具也可拒绝“埋单”。

第五节　争议的解决与法律责任

一、消费者权益争议的解决

(一) 消费者权益争议的解决途径

各类争议的解决,大略都有协商、调解、仲裁、诉讼等基本的解决途径,消费者权益争议也与此类似。根据我国《消费者权益保护法》的规定,消费者与经营者发生消费者权益争议的,可以通过下列途径解决:(1) 与经营者协商和解;(2) 请求消费者协会调解;(3) 向有关行政部门申诉;(4) 根据与经营者达成的仲裁协议提请仲裁机构仲裁;(5) 向人民法院提起诉讼。

在选择具体的争议解决途径时,消费者往往能够作出理性的选择,尤其是要权衡争议的解决成本,考虑交易费用。因此,哪种途径在总体上对于当事人的利益较大,消费者就可能会选择哪种解决途径。

(二) 最终承担损害赔偿责任的主体的确定

1. 由生产者、销售者、服务者承担

(1) 消费者在购买、使用商品时,其合法权益受到损害的,可以向销售者要求赔偿。销售者赔偿后,属于生产者的责任或者属于向销售者提供商品的其他销售者的责任的,销售者有权向生产者或者其他销售者追偿。

(2) 消费者或者其他受害人因商品缺陷造成人身、财产损害的，可以向销售者要求赔偿，也可以向生产者要求赔偿。属于生产者责任的，销售者赔偿后，有权向生产者追偿。属于销售者责任的，生产者赔偿后，有权向销售者追偿。

(3) 消费者在接受服务时，其合法权益受到损害的，可以向服务者要求赔偿。

(4) 消费者在展览会、租赁柜台购买商品或者接受服务，其合法权益受到损害的，可以向销售者或者服务者要求赔偿。展览会结束或者柜台租赁期满后，也可以向展览会的举办者、柜台的出租者要求赔偿。展览会的举办者、柜台的出租者赔偿后，有权向销售者或者服务者追偿。

2. 由变更后的企业承担

消费者在购买、使用商品或者接受服务时，其合法权益受到损害，因原企业分立、合并的，可以向变更后承受其权利义务的企业要求赔偿。

3. 由营业执照的使用人或持有人承担

使用他人营业执照的违法经营者提供商品或者服务，损害消费者合法权益的，消费者可以向其要求赔偿，也可以向营业执照的持有人要求赔偿。

4. 由从事虚假广告行为的经营者和广告的经营者承担消费者因经营者利用虚假广告提供商品或者接受服务，其合法权益受到损害的，可以向经营者要求赔偿。广告的经营者发布虚假广告的，消费者可以请求行政主管部门予以惩处。广告的经营者不能提供经营者的真实名称、地址的，应当承担赔偿责任。

二、法律责任

(一) 概述

消费者权益保护法中的法律责任是经营者违反保护消费者的法律规定的或经营者与消费者约定的义务而依法应当承担的法律后果。它是保证经营者依法履行义务的措施，是保护消费者权利，保障消费者权益保护法顺利实施的重要手段。

消费者权益保护法中的法律责任具有以下特点：

1. 综合性

消费者权益保护法中的法律责任的综合性表现为它包含了各种不同性质，不同内容的法律责任形式。从性质看，既有公法责任，又有私法责任，既有民事责任，又有行政责任和刑事责任。从目的看，既有补偿性责任，又有惩罚性责任。

2. 经营者责任

消费者权益保护法中的责任是经营者责任。因为消费者权益保护法以保护消费者为目的，故其内容主要为消费者权利和经营者义务，而“义务是第一位的责任，责任是第二位的义务”，因此消费者权益保护法中的责任主体多是经营者。

3. 经营者损害消费者利益的责任

损害消费者利益既包括消费者的一般利益(公共利益)，也包括具体消费者的利益。当经营者的行为仅损害消费者的私人利益时，常引起私法责任，当其行为既损害私人利益，又损害公共利益时，则既要承担私法责任，又要承担公法责任；当经营者的行为仅涉及公共利益时，则仅承担公法责任。

(二) 民事责任

1. 经营者应承担民事责任的情形

根据《消费者权益保护法》第 40 条的规定，经营者提供商品或服务有下列情形之一的，除本法另有规定外，应当依照《产品质量法》和其他有关法律、法规的规定，承担民事责任：

(1) 商品存在缺陷的

我国《产品质量法》第 34 条规定，产品缺陷，是指产品存在危及人身、他人财产安全的不合理的危险；产品有保障人体健康，人身、财产安全的国家标准、行业标准的，是指不符合该标准。该法第 29 条规定了生产者应当承担责任的原则及免责的情形，第 30 条规定了销售者承担责任的原则。

(2) 不具备商品应具有的使用性能而出售时未作说明的

不具有商品应当具有的使用性能，包括完全不具有和部分不具有。此种情形，经营者在出售此类产品时，应当向消费者作出说明，以使消费者在知情的前提下进行选择。如果经营者不作说明，则应承担责任。

(3) 不符合在商品上或者其包装上注明采用的商品标准的

此种情形对消费者形成误导，违背其真实意思，并可能构成欺诈，因此经营者应当承担民事责任。

(4) 不符合商品说明、实物样品等方式表明的质量状况的

实践中，经营者有时提供的商品的质量状况和商品说明、实物样品不相符，给消费者造成误导，侵害其合法权益，因此应当承担民事责任。

(5) 生产国家明令淘汰的商品或销售失效、变质的商品的

国家明令淘汰的商品主要有四大类，一是某些耗能高、技术落后的机电产品；二是明令宣布淘汰的农药；三是一批疗效不确、毒副作用大及其他原因不能继续服用的药品；四是非法定计量器具。失效、变质的商品，重要指超过了安全使用期限或者质量保证期限，从而失去了商品应具有的安全性和适用性，导致使用价值丧失的商品。

(6) 销售的商品数量不足的

此种行为不仅违反了国家法律，而且也与诚实信用的商业道德不符，直接损害了消费者的合法权益。

(7) 服务的内容和费用违反约定的

服务的内容和费用是经营者向消费者提供服务的核心。一般情况下，经营者与消费者就此作出约定，主要有两种形式：一是经营者通过格式合同直接规定双方的权利义务；一种是双方协商约定。

(8) 对消费者提出的修理、重作等要求，故意拖延或者无理拒绝的

2. 经营者民事责任的具体承担

(1) 侵犯人身权的民事责任

我国《消费者权益保护法》对侵犯人身权的民事责任作了专门规定，其主要内容如下：

①致人伤害的民事责任。经营者提供商品或者服务，造成消费者或者其他受害人人身伤害的，应当支付医疗费、治疗期间的护理费、因误工减少的收入等费用，造成残疾的，还应当支付残疾者生活自助用具费、生活补助费、残疾赔偿金以及由死者生前扶养的人所必需的生活费用等；

②致人死亡的民事责任。经营者提供商品或者服务，造成消费者或者其他受害人死亡的，应当支付丧葬费、死亡赔偿金以及由死者生前扶养的人所必需的生活费等费用；

③侵害人格尊严或侵犯人身自由的民事责任。经营者侵害消费者的人格尊严或者侵犯

消费者人身自由的，应当停止侵害、恢复名誉、消除影响、赔礼道歉，并赔偿损失。

(2) 侵犯财产权的民事责任

在消费者权益争议中，大量涉及到的是财产之争。我国《消费者权益保护法》对侵犯财产权的民事责任也作了专门的规定，其主要内容如下：

①承担民事责任的方式。经营者提供商品或者服务，造成消费者财产损害的，应当按照消费者的要求，以修理、重作、更换、退货、补足商品数量、退还货款和服务费用或者赔偿损失等方式承担民事责任。消费者与经营者另有约定的，按照约定履行。

②违反“三包”的规定或约定的民事责任。对国家规定或者经营者与消费者约定包修，包换、包退的商品，经营者应当负责修理、更换或者退货。在保修期内两次修理仍不能正常使用的，经营者应当负责更换或者退货。对包修、包换、包退的大件商品，消费者要求经营者修理、更换、退货的，经营者应当承担运输费用等合理费用。此外，依法经营有关行政部门认定为不合格的商品，消费者要求退货的，经营者应当负责退货。

③违反有关约定的民事责任。经营者以邮购方式提供商品的，应当按照约定提供。未按照约定提供的，应当按照消费者的要求履行约定或者退回货款；并应当承担消费者必须支付的合理的费用。此外，经营者以预付款方式提供商品或者服务的，应当按照约定提供。未按照约定提供的，应当按照消费者的要求履行约定或者退回预付款；并应当承担预付款的利息和消费者必须支付的合理费用。

④欺诈行为的民事责任。经营者提供商品或者服务有欺诈行为的，应当按照消费者的要求增加赔偿其受到的损失，增加赔偿的金额为消费者购买商品的价款或者接受服务的费用一倍。

(三) 经济责任和行政责任

经营者侵害消费者合法权益的行为在损害消费者权益的同时，往往也触犯了国家行政法规，扰乱了社会经济秩序，因此我国《消费者权益保护法》不仅规定了违法经营者的民事责任，还规定了违法经营者应承担的经济责任和行政责任。

1. 经营者应当承担行政责任的情形

根据《消费者权益保护法》的规定，经营者有下列行为之一：

(1) 生产、销售的商品不符合保障人身、财产安全要求；

(2) 在商品中掺杂、掺假、以假充真，以次充好，或者以不合格商品冒充合格商品的；

(3) 生产国家明令淘汰的商品或者销售失效、变质的商品的；

(4) 伪造商品的产地、伪造或者冒用他人的厂名，厂址，伪造冒用认证标志、名优标志等质量标志的；

(5) 销售的商品应当检验、检疫而未检验、检疫或者伪造检验、检疫结果的；

(6) 对商品或者服务作引人误解的虚假宣传的；

(7) 对消费者提出的修理、重作、更换、退货、补足商品数量、退还货款和费用或者赔偿损失的要求，故意拖延或者无理拒绝的；

(8) 侵害消费者人格尊严或者侵犯消费者人身自由的；

(9) 法律、法规规定的对损害消费者权益应当予以处罚的其他情形。

2. 经营者行政责任的承担方式

若我国《产品质量法》和其他法律、法规对处罚机关和处罚方式有规定的，则应依照其规定执行；否则，由工商行政管理部门责令改正，可以根据情节单处或者并处警告、没收违法所得、处以违法所得1倍以上5倍以下的罚款，没有违法所得的，处以1万元以下的罚款；情节严重的，责令停业整顿、吊销营业执照。

3. 经营者不服行政处罚的法律救济

经营者对上述处罚决定不服的，可以自收到处罚决定之日起15日内向上一级机关申请复议，对复议决定不服的，可以自收到复议决定书之日起15日内向人民法院提起诉讼；也可以直接向人民法院提起诉讼。

(四)刑事责任

经营者应当承担刑事责任的情形及责任形式，《消费者权益保护法》未作系统规定，仅在一些条文中提及。下面就我国〈刑法〉中所涉及的有关经营者侵害消费者合法权益的一些应承担刑事责任的情形作些介绍。

1. 刑法经营者提供商品或者服务，造成消费者或者其他受害人人身伤害，构成犯罪的，依法追究刑事责任。经营者提供商品或者服务，造成消费者或者其他受害人死亡，构成犯罪的，依法追究刑事责任。

2. 以暴力、威胁等方法阻碍有关行政部门工作人员依法执行职务的，依法追究刑事责任；拒绝、阻碍有关行政部门工作人员依法执行职务，未使用暴力、威胁方法的，由公安机关依照《中华人民共和国治安管理处罚条例》的规定处罚。

3. 国家机关工作人员有玩忽职守或者包庇经营者侵害消费者合法权益的行为的，由其所在单位或者上级机关给予行政处分；情节严重，构成犯罪的，依法追究刑。

本章小结

作为消费者，我们每个公民都应该了解和掌握消费者所拥有的权利以及经营者所必须为的义务，只有做到知其然，我们才能在实际消费过程中保护好自己的切身利益。除此之外，在我们的利益受到损害的时候我们可以使用哪种方法解决以及应该追究经营者哪种责任，都再本章内容中可以找到答案。

技能训练

一、多项选择题

1. 消费者在购买、使用商品的时候，享有________的权利。（　　）
   A. 自主选择　　B. 依法结社　　C. 公平交易
   D. 没收经营者的不合格商品　　E. 索要购货凭证
2. 消费者在购买、使用商品和接受服务时，享有其________得到尊重的权利。（　　）
   A. 人格尊严　　B. 个人性格　　C. 民族风俗习惯
   D. 商业惯例　　E. 作为名人的特殊身份
3. 经营者不得（　　）
   A. 对消费者进行侮辱、诽谤
   B. 侵犯消费者的人身自由
   C. 搜查消费者的身体及携带的物品
   D. 拒绝消费者索要服务单据的要求

E. 拒绝消费者强制交易的要求

4. 国家对消费者权益的保护，主要体现在 （ ）

A. 消费者可以直接参与有关消费者权益的法律、法规的制定工作 6

B. 各级人民到政府应当制止危害消费者人身、财产安全行为的发生

C. 对符合法定起诉条件的消费者权益争议，人民法院必须受理

D. 工商行政管理部门依法保护消费者的合法权益

E. 国家机关工作人员不得包庇经营者侵犯消费者的合法权益

5. 对于在商品中掺杂、掺假、以假充真、以次充好或以不合格产品冒充合格产品的，应由有关部门责令其改正，并根据其情节处以违法所得________的罚款 （ ）

A. 1万元以下　　B. 2万元以上　　C. 一倍以下

D. 一倍以上　　E. 五倍以下

6. 消费者协会享有下列职权 （ ）

A. 参与行政部门对商品和服务的监督、检查

B. 受理消费者的投诉，并对投诉事项进行调查和仲裁

C. 支持受损害的消费者提起诉讼

D. 对投诉案件涉及的商品质量进行监督

E. 直接对违法经营者进行罚款

二、简答题

1.《中华人民共和国消费者权益保护法》规定了哪些消费者权利？

2.《中华人民共和国消费者权益保护法》规定了哪些经营者义务？

3. 消费者协会的职能有哪些？

4. 解决消费者和经营者发生的消费者权益争议的途径有哪些？

三、案例讨论

1. 2009年5月，女青年张某与刘某至某百货商场化妆品自选柜台选购化妆品。两人在此挑选、试用化妆品约20分钟，终因未曾选中合适的化妆品而离开商场。二人走到店门口时，化妆品自选柜台的营业员和一位保安人员追了上来，指控二人偷了化妆品柜台陈列的货物，二人坚决否认，双方相持不下，这时，另一位商场保安人员上来对张、刘二人说："请你们到商场保卫科把事情说清楚。"到保卫科后，商场保安人员要求检查刘、张二人随身所带的皮包，遭到二人的拒绝。保安人员对刘、张说："如果你们确实没有偷窃商场的货物，就应该接受我们的检查来证明你们的清白。"迫于无奈，刘、张二人交出了自己的皮包。经检查，未发现任何商场的化妆品。此后，保安人员进一步提出要对二人搜身检查并立即找来两位女营业员对刘、张二人强行进行搜身检查，仍然没有找到任何商场的东西。事后，刘、张二人愤然离开了这家百货商场。2009年6月1日，刘、张二人以该百货商场损害了自己的人格尊严为由提出诉讼，要求该商场赔礼道歉，为其恢复名誉并赔偿精神损失费3 000元。

请问：法院应支持刘、张的诉讼吗？为什么？

2. 2010年5月，来自保定的陈某在北京某商场购买了一双由天津某皮鞋厂生产的皮鞋，价值人民币300元。购鞋的同时，陈某还领取了此商场发的"包修、包换、包退"的三包质量卡。陈某回保定后，穿上了这双新购得的皮鞋。仅穿十天，此鞋鞋底即告断裂。陈某为此专程前往北京，找到店家要求退货。该商场承认皮鞋确实存在质量问题，同意调

换，但同时还表示，目前商场无现货可换，商场将与生产厂家进行联系，请陈某暂回保定等候该商场与生产厂家联系的结果。此后，陈某三次电话查询此事，商场方面总以生产厂家没有回音为由要求陈某继续等待。2011 年 3 月，陈某再次赴北京找商场要求解决问题，商场仍给陈某以同样的答复。陈某遂向人民法院提出诉讼，要求该商场退回购鞋款 300 元，并要求赔偿交通、误工费等人民币 500 元。

请问：法院应怎样判决？

第十章　产品质量法律制度

知识目标

了解我国产品质量监督管理制度；理解并掌握产品质量法的适用范围和生产者、销售者的产品质量义务，以及我国食品安全法的主要内容；熟练掌握产品质量责任的内容。

能力目标

要求学生运用产品质量法与食品安全法的相关内容，正确分析并解决经济生活领域的产品质量责任事件，提高学生的权利意识以及分析解决问题的能力。

案例导入：产品侵权损害赔偿责任主体及归责原则

2006 年 4 月 27 日李金菊的丈夫黄老四感冒发热到上饶市人民医院住院治疗，医院为黄老四注射由齐齐哈尔第二制药有限公司生产的“亮菌甲素注射液”后，黄老四出现药物反应，经抢救无效死亡。诉讼过程中，被告上饶市人民医院提出要求追加假药生产者为共同被告，并认为医院在治疗黄老四过程中没有错，救治积极正确，所使用的药是依照政府采购程序招标购买，原告应依法向假药生产者提出损害赔偿。而原告李金菊考虑到诉讼负担，不同意追加。法院驳回了医院的要求。法院审理认为，黄老四在医院治疗过程中，因医院对其使用了“亮菌甲素注射液”后即产生药物反应，医院虽积极进行了抢救，但黄老四仍然死亡。经鉴定，黄老四在治疗过程中出现病情恶化，不排除与使用“亮菌甲素注射液”有关，医院在治疗过程中虽没有证据证明有过错，但黄老四是因医院使用了假药死亡。上饶市信州区人民法院判决，上饶市人民医院赔偿医疗费、精神抚慰金、丧葬费、护理费等共计 10.884 8 万元，其中精神损害抚慰金 5 万元。

问题：

(1) 本案中产品侵权损害赔偿责任主体有哪些？

(2) 本案中上饶市信州区人民法院是否应追加齐齐哈尔第二制药有限公司为共同被告？

(3) 上饶市人民医院承担损害赔偿责任的原则是什么？

(4) 上饶市人民医院与齐齐哈尔第二制药有限公司在此案中损害赔偿责任如何分担？

案例分析

(1) 本案中产品侵权损害赔偿责任主体有上饶市人民医院和齐齐哈尔第二制药有限公司。《产品质量法》第 43 条规定，因产品存在缺陷造成人身、他人财产损害的，受害人可以向产品的生产者要求赔偿，也可以向产品的销售者要求赔偿。《侵权责任法》第 59 条规定，因药品、消毒药剂、医疗器械的缺陷，或者输入不合格的血液造成患者损害的，患者可以向生产者或者血液提供机构请求赔偿，也可以向医疗机构请求赔偿。

(2) 根据民事诉讼法的相关规定，必须共同进行诉讼的当事人没有参加诉讼的，人民法院应当依照民事诉讼法第一百一十九条的规定，通知其参加；当事人也可以向人民法院申请追加。人民法院对当事人提出的申请，应当进行审查，申请无理的，裁定驳回；申请有理的，书面通知被追加的当事人参加诉讼。产品质量法规定，受害人可以选择向生产者或销售者提出赔偿要求。生产者与销售者不属于必须共同参加诉讼的当事人，因此，法院不必追加齐齐哈尔第二制药有限公司为共同被告。

(3) 上饶市人民医院承担损害赔偿责任的原则是无过错责任原则，医院不能以自己在进货以及诊疗过程中无过错要求免责。

(4) 根据《产品质量法》第43条规定，因产品存在缺陷造成人身、他人财产损害的，受害人可以向产品的生产者要求赔偿，也可以向产品的销售者要求赔偿。属于产品的生产者的责任，产品的销售者赔偿的，产品的销售者有权向产品的生产者追偿。属于产品的销售者的责任，产品的生产者赔偿的，产品的生产者有权向产品的销售者追偿。

此外，《侵权责任法》第59条规定，因药品、消毒药剂、医疗器械的缺陷，或者输入不合格的血液造成患者损害的，患者可以向生产者或者血液提供机构请求赔偿，也可以向医疗机构请求赔偿。患者向医疗机构请求赔偿的，医疗机构赔偿后，有权向负有责任的生产者或者血液提供机构追偿。

因此，本案例中，医院有证据证明采购药品及诊疗过程中都没有过错，因此本案件的最终责任人是生产者齐齐哈尔第二制药有限公司。因此，上饶市人民医院有权向齐齐哈尔第二制药有限公司追偿。

第一节　产品质量法概述

一、产品、产品质量与产品质量法的概念

(一) 产品的概念

产品，一般是指与自然物相对的一切劳动生产物。我国《产品质量法》所称的产品，是指“经过加工、制作、用于销售的产品”。根据此规定，产品必须具备两个条件，一是经过加工、制作，是与自然物相对的劳动生产物。因此该法规定，初级农产品(指种植业、畜牧业、渔业产品等，例如稻谷、牛羊等)及未经加工的天然形成的产品(如石油、原煤、天然气等)不适用该法的规定。但不包括经过加工的这类产品。这是因为天然产品不是人的意志和要求所能完全决定的，不能按照标准的质量要求它的成长。二是用于销售的，而不是自产自用的。例如自家酿制的葡萄酒自家饮用或馈赠亲友，其品质问题不适用《产品质量法》。

(二) 产品质量的概念

产品质量是由各种要素所组成的产品所具有的特征和特性。根据国际标准化组织制订的国际标准——《质量管理和质量保证——术语》(ISO8402—1994)，产品质量是指产品“反映实体满足明确和隐含需要的能力和特性的总和”。特征和特性是指产品所具有的特点的征象或者标志，常常指外观的造型、颜色、款式等，以及产品特有的性质。这些质量要求可以

转化成具有具体指标的特征和特性，通常包括使用性能、安全性、可用性、可靠性、可维修性、经济性和环境等几个方面。产品的使用性能是指产品在一定条件下，实现预定目的或者规定用途的能力。任何产品都具有其特定的使用目的或者用途。产品的安全性是指产品在使用、储运、销售等过程中，保障人体健康和人身、财产安全免受损害的能力。产品的可靠性是指产品在规定条件和规定的时间内，完成规定功能的程度和能力。一般可用功能效率、平均寿命、失效率、平均故障时间、平均无故障工作时间等参量进行评定。产品的可维修性是指产品在发生故障以后，能迅速维修恢复其功能的能力。通常采用平均修复时间等参量表示。产品的经济性是指产品的设计、制造、使用等各方面所付出或所消耗成本的程度。同时，亦包含其可获得经济利益的程度，即投入与产出的效益能力。要求产品价格适宜，节约能源，方便维修等。总之，产品质量是以上特征与特性的综合性指标。

（三）产品质量法的概念

《产品质量法》第一条规定："为了加强对产品质量的监督管理，提高产品质量水平，明确产品质量责任，保护消费者的合法权益，维护社会经济秩序，制定本法。"由此规定可以看出产品质量法是调整产品质量监督管理关系和产品质量责任关系的法律规范的总称。产品质量法主要包括各级职能部门严守产品质量的监督管理职责，产品生产者与销售者的产品质量义务，以及产品质量责任。

二、产品质量法的渊源

法的渊源是指法律规范的表现形式，根据我国法律规范的体系，产品质量法的渊源主要有以下几种：

（一）法律

产品质量法律包括《产品质量法》、《标准化法》、《食品安全法》、《药品管理法》、《计量法》、《侵权责任法》中相关内容等。

（二）行政法规

产品质量行政法规包括《产品质量认证管理条例》、《工业产品质量责任条例》、《计量法实施细则》、《棉花质量监督管理条例》、《特种设备安全监察条例》、《认证认可条例》、《工业产品生产许可证管理条例》、《危险化学品安全管理条例》等。

（三）部门规章

产品质量部门规章包括质量管理和质量奖励方面的规章，企业质量体系认证和产品质量认证方面的规章，产品质量监督检查和产品质量检验机构管理方面的规章，工业产品生产许可证管理方面的规章，产品质量申诉处理方面的规章以及特殊产品管理方面的规章。主要包括《工业产品生产许可证管理条例》、《产品质量申诉处理办法》、《产品质量仲裁检验和产品质量鉴定管理办法》、《中国名牌产品管理办法》、《产品质量监督抽查管理办法》等。

（四）地方性法规和地方政府规章

产品质量地方性法规和地方政府规章也是产品质量法律体系的重要组成部分。例如《安徽省实施〈中华人民共和国产品质量法〉若干规定》。

三、产品质量法的适用范围

产品质量法的适用范围是指产品质量法发生效力的范围，即产品质量法对什么人、在什么地方和在什么时间发生法律效力。

（一）产品质量法的主体适用范围

产品质量法的适用主体非常广泛，主要包括产品质量监督管理部门、保护消费者权益的社会组织、用户、消费者、因产品存在缺陷而遭致人身、财产损害的受害者，以及产品责任主体。

（二）产品质量法的客体适用范围

产品质量法的适用客体即产品。本法所称的产品，是指经过加工、制作、用于销售的产品。下列物品不适用《产品质量法》：

1. 天然物品，如原煤、石油等；

2. 初级农产品；此类产品适用《农产品质量安全法》。

3. 建筑工程不适用本法规定，但建设工程使用的建筑材料、建筑构配件和设备，属于规定的产品范畴的，适用本法。建设工程属于不动产，与人民生命和财产安全关系密切，国家对其有特殊的质量要求，为了加强对建设工程质量的管理，保证建设工程质量，国务院于2000年1月30日公布《建设工程质量管理条例》。

4. 军工产品

军工产品是指武器装备、弹药及其配套产品，包括专用的原材料、元器件。由于军工产品一般不进入市场销售，因此军工产品不适用本法。

此外，应当注意的是，本法中所称的产品，包括药品、食品、计量器具等特殊产品。但是，本法与《药品管理法》、《食品卫生法》、《计量法》有不同规定的，根据“特别法优于一般法”的原则，应当分别适用其规定。

（三）产品质量法的空间适用范围

本法适用于在中华人民共和国境内从事产品生产、销售活动，包括销售进口商品。

【案例 10-1】

刘刚是广州市某牲畜交易批发市场销售生猪的商户，2010年8月26日晚，刘刚明知所销售的生猪中含有盐酸克仑特罗（俗称瘦肉精）有毒、有害成分，仍进行管理和销售。8月27日凌晨1时许，广州市某区兽医卫生监督检验所等部门的工作人员对刘刚所销售的生猪进行检查，当场查获涉嫌含有盐酸克仑特罗成分的生猪31头。问：生猪质量问题是否适用《产品质量法》？本案中刘刚应承担什么法律责任？

【案例分析】

生猪此类初级农产品质量问题应适用《农产品质量安全法》。2002年，农业部、卫生部、国家食品药品监督管理局发布公告，明令禁止在饲料和动物饮用水中添加盐酸克仑特罗和莱克多巴胺等7种“瘦肉精”。《农产品质量安全法》49条规定，使用的保鲜剂、防腐剂、添加剂等材料不符合国家有关强制性的技术规范的，责令停止销售，对被污染的农产品进行无害化处理，对不能进行无害化处理的予以监督销毁；没收违法所得，并处二千元以上二万元以下罚款。2008年，最高人民检察院、公安部规定新的刑事案件立案追诉标准，对使用“瘦肉精”养殖生猪，以及宰杀、销售此类猪肉的，将以生产、销售有毒、有害食品罪追究刑事责任。本案例中，卫生监督检验部门可依法对刘刚进行行政处罚，司法部门可依法追究刘刚的刑事责任。

第二节　产品质量监督管理

产品质量监督管理是指国家指定的产品质量专门机构，根据国家的质量法规中产品质量标准的规定，依照法定职权和法定程序，对企业产品质量所进行的监督性检验。对产品质量的监督管理，采取事先保证和事后监督相结合的原则。产品质量的执法监督按照行政区划统一管理、组织协调的原则。在加强国家监督的同时发挥行业监督、社会监督的作用。

一、产品质量监督管理机关

《产品质量法》第8条规定："国务院产品质量监督部门主管全国产品质量监督工作。国务院有关部门在各自的职责范围内负责产品质量监督工作。县级以上地方产品质量监督部门主管本行政区域内的产品中的监督工作。县级以上地方人民政府有关部门在各自的职责范围内负责产品质量监督工作。"根据此规定，产品质量监督管理机关有：

（一）国务院产品质量监督部门

按照现行的国务院机构设置，国务院产品质量监督部门是指国家质量监督检验检疫总局（简称国家质检总局），是由国家质量技术监督局和国家出入境检验检疫局合并而成，主管全国产品质量监督工作。为加强对全国认证认可和标准化行政管理职能的统一领导和监督管理，国务院决定组建中国国家认证认可监督管理委员（中华人民共和国国家认证认可监督管理局）和中国国家标准化管理委员会（中华人民共和国国家标准化管理局）为国家质检总局管理的事业单位。国家认证认可监督管理委员会是国务院授权的履行行政管理职能，统一管理、监督和综合协调全国认证认可工作的主管机构。国家标准化管理委员会是国务院授权的履行行政管理职能，统一管理、监督和综合协调全国标准化工作的主管机构。

（二）国务院有关主管部门

国务院有关主管部门包括国家经贸委、农业部、工业和信息化部、国家工商行政管理总局。这些部门在各自的职责范围内负责产品质量监督工作。

（三）县级以上地方产品质量监督部门

县级以上地方产品质量监督部门，是指各省、自治区、直辖市人民政府的产品质量监督部门，以及按照国务院1999年2月批转的关于质量技术监督机构管理体制改革方案的规定，在实行省以下质量技术监督系统垂直管理后，作为省级人民政府产品质量监督部门直属机构的设在市、县一级的产品质量监督部门。

（四）县级以上地方人民政府有关部门

县级以上地方人民政府有关主管部门是指按照有关地方人民政府的规定，对本行政区域内的有关产品质量工作负有监督职责的政府主管部门。国务院和县级以上地方政府的其他有关部门在产品质量监督方面的职责应依照法律、行政法规规定的职责执行。

二、产品质量监督管理制度

（一）生产许可证制度

这是一项行政许可制度，是一种事前管理方式，是一项重要的强制性综合治理措施。国家为加强产品质量管理、确保重要工业产品质量，对直接关系公共安全、人体健康、生命财产安全的重要工业产品的生产企业实行生产许可证制度，配合产业政策调整，实现宏观调整，维护国家和消费者利益，促进社会主义市场经济健康协调发展。

生产许可证是指国家对于具备生产条件并对其产品检验合格的工业企业，发给其许可生产该项产品的凭证。现行《工业产品生产许可证管理条例》，作出了有关工业产品生产许可证的若干重要规定。条例对直接关系公共安全、人体健康、生命财产安全的重要工业产品的生产企业，实行生产许可证制度。

(二) 产品质量标准制度

产品质量标准是产品生产、检验和评定质量的技术依据。《产品质量法》第 13 条规定，可能危及人体健康和人身、财产安全的工业产品，必须符合保障人体健康、人身、财产安全的国家标准、行业标准；未制定国家标准、行业标准的，必须符合保障人体健康、人身、财产安全的要求。《中华人民共和国标准化法》将我国标准分为国家标准、行业标准、地方标准(DB)、企业标准(QB)四级。

国家标准是指由国家标准化主管机构批准发布，对全国经济、技术发展有重大意义，且在全国范围内统一的标准，主要是有关经济、技术发展，特别是农业经济发展的重要产品标准和与广大人民生活有关的重要产品标准。国家标准在整个国家标准体系中层次最高，其他标准的内容不得与国家标准的内容相抵触。凡有国家标准的，不再制定行业标准、地方标准，颁布新的国家标准时，已有的行业标准、地方标准即行失效。国家标准由国家标准化管理委员会组织制定。国家标准的代号，国家标准由“国标”两个字的汉语拼音的第一个字母 G 和 B 组合而成，代号为 GB 和 GB/T，其含义分别为强制性国家标准和推荐性国家标准。

行业标准是指对没有国家标准而又需要在全国某个行业范围内统一的技术要求所制定的标准。是由国务院有关行政主管部门制定，并报国务院标准化行政主管部门备案，在某一行业范围内适用，主要是行业范围内的产品标准。行业标准的效力低于国家标准，高于地方标准。

对没有国家标准和行业标准而又需要在省、自治区、直辖市范围内统一要求，可以制定地方标准。地方标准由地方(省、自治区、直辖市)标准化行政主管部门制定，并报国务院标准化行政主管部门备案，在地方标准化行政主管部门所辖区域内适用。地方标准主要限于没有国家标准和行业标准的工业产品的安全、卫生要求，代号为 DB 或 DB/T。

企业标准由企业制定并报当地政府标准化主管部门和有关主管部门备案，在企业内部适用。当企业标准被依法成立的合同引用作为合同的质量条件时，对合同当事人具有约束力，企业标准可以高于国家标准或行业标准。企业标准的代号为 Q 。

(三) 企业质量体系认证制度

企业质量体系认证制度是指国务院产品质量监督管理部门或者由它授权的部门认可的认证机构，根据企业申请，依据国际通用的“质量管理和质量保证”系列标准，对企业的质量体系和质量保证能力进行审核合格，颁发企业质量体系认证证书，以兹证明的制度。本制度以企业自愿为原则，通过企业质量体系认证，有利于促进企业在管理和技术等方面采取有效措施，在企业内部建立起可靠的质量保证体系。

所谓国际通用的“质量管理和质量保证”系列标准，指的是国际标准化组织(ISO)于 1987 年 3 月正式发布的 ISO 9000 系列国际标准，是第三方认证的准则。该标准吸收了各国质量管理、质量保证的精华，统一了质量术语的概念，反映并发展了世界工业发达国家质量管理的实践经验。采用该系列标准已被世界公认为是通向国际市场的“通行证”。我们常见的ISO9001认证是ISO9000族标准所包括的一组质量管理体系核心标准之一，是迄今为止世界上最成熟的质量框架，目前全球有161个国家/地区的超过75万家组织正在使用这一框架。

1992年5月，国家技术监督局决定，将ISO9000等同采用我国国家标准CB/T19000—ISO9000。等同采用的国家标准，其技术内容与ISO9000完全相同，编写方法也完全一致。我国主管部门按照国际标准化组织（ISO）合格评定委员会（CASCO）发布的有关指南并结合我国国情，制定了在我国开展质量体系认证的实施细则和相应的配套管理办法。

（四）产品质量认证制度

产品质量认证制度是指依据具有国际水平的产品标准和技术要求，经过认证机构确认并通过颁发认证证书和产品质量认证标志的形式，证明产品符合相应标准和技术要求的活动。产品质量认证分为安全认证和合格认证。通过安全认证的产品只能证明它在安全方面有一定的保障，但不能证明其质量合格与否。

企业质量体系认证与产品质量认证的显著区别是：前者认证的对象是企业的质量体系，后者认证的对象是产品；前者认证的依据是质量管理标准，后者认证的依据是产品标准；前者认证的结论是证明企业质量体系是否符合质量管理标准，后者认证的结论是证明产品是否符合产品标准。

我国政府为兑现入世承诺，于2001年12月3日对外发布了强制性产品认证制度，英文名称China Compulsory Certification，英文缩写CCC（简称3C认证）。“3C”认证是一种最基础的安全认证，从2003年8月1日起全面实施，原有的产品安全认证和进口安全质量许可制度同期废止。目前已公布的强制性产品认证制度有《强制性产品认证管理规定》、《强制性产品认证标志管理办法》、《第一批实施强制性产品认证的产品目录》和《关于实施强制性产品认证制度有关问题的通知》。

产品质量合格认证是依据产品标准的要求，对商品的全部性能进行的综合性质量认证。合格认证分为自愿和强制两类。通常重大产品，尤其是有关人民生命安全、身体健康的产品，政府明文规定必须强制认证，不经认证合格不准出售；一般产品的质量和性能等方面可实行自愿认证。实行合格认证的产品，必须符合《标准化法》规定的国家标准或者行业标准的要求。

（五）产品质量监督检查制度

产品质量的监督检查是指国务院产品质量监督部门及地方产品质量监督部门，依据国家有关法律、法规和规章的规定，以及同级人民政府赋予的行政职权，对生产、流通领域的产品质量，代表政府实施的一种具有监督性质的检查活动。这是一项行政措施，是一种事后监督方式，由国务院产品质量监督部门统一规划和组织，实行以抽查为主要方式的监督检查制度，对可能危及人体健康和人身、财产安全的产品，影响国计民生的重要工业产品以及用户、消费者、有关组织反映有质量问题的产品进行抽查。县级以上地方人民政府管理产品质量监督工作的部门在本行政区域内也可以组织监督抽查。但是要防止重复抽查。产品质量抽查的结果应当公布。法律对产品质量的监督检查另有规定的，依照有关法律规定执行。

第三节 产品质量义务与产品质量责任

随着科学技术的进步和工业生产的发展，越来越多的新产品涌向市场，产品的结构越来越复杂，功能也越来越完备，消费者在选购产品时所获得的信息与生产者是不对称的，作为产品的设计者、生产者，他们最了解其产品质量的优劣。因此，生产者是保证产品质量的第一责任人。此外，产品的生产与行销是密切联系的市场经济链，要求销售者承担产品质量责任的目的是督促关联行业之间互相监督，在产品流向消费者的最后环节严格把关，确保维护消费者的合法权益。

一、生产者的产品质量义务

(一) 生产者不得生产国家明令淘汰的产品

国家明令淘汰的产品，是指国家行政机关依据其行政职权，按照一定的程序，对某些耗能高、技术落后的机电产品；或者对某些效能不高、污染环境的农药；或者对某些疗效不确切、毒副反应大或其他原因不能继续服用的药品；或者对使用非法定计量单位的计量器具等产品，通过发布行政文件的形式宣布淘汰，并规定自何年何月何日起禁止生产、禁止销售、禁止使用的产品。

自 1982 年以来，机电部会同国家计委等有关部门连续发布了 15 批共计 601 项淘汰的机电产品目录。国务院办公厅 1991 年以 67 号文件宣布淘汰了 6 种农药，如六六六、滴滴涕、敌枯双、二溴氯丙烷、杀虫脒、林丹等。卫生部先后宣布淘汰了 127 种药品。按照《计量法》的规定，淘汰了一批非法定计量单位的计量器具。这些产品均属于国家明令淘汰的产品范围。

(二) 生产者应当负责其生产的产品质量

根据《产品质量法》第 32 条规定：生产者生产产品，不能掺杂、掺假，不得以假充真，以次充好，不得以不合格产品冒充合格产品。生产者应当向社会、消费者提供尽可能多的合格的产品。合格产品的产品质量应当符合下列要求：

1. 不存在危及人身、财产安全的不合理的危险，有保障人体健康、人身、财产安全的国家标准、行业标准的，应当符合该标准；

2. 具备产品应当具备的使用性能，但是，对产品存在使用性能的瑕疵作出说明的除外；

3. 符合在产品或者其包装上注明采用的产品标准，符合以产品说明、实物样品等方式表明的质量状况。

(三) 对产品及其包装上的标识要求

根据《产品标识标注规定》的规定，产品标识是指用于识别产品及其质量、数量、特征、特性和使用方法所做的各种表示的统称。产品标识可以用文字、符号、数字、图案以及其他说明物等表示。

产品应当具有标识。裸装食品和其他根据产品的特点难以附加标识的裸装产品，可以不附加产品标识。除产品使用说明外，产品标识应当标注在产品或者产品的销售包装上。产品标识是生产者对产品特征和特性的说明，消费者可以通过其产品标识充分了解产品的各项性能，因此产品标识必须真实，并符合下列要求：

1. 有产品质量检验合格证明。具有合格证明的产品，易于让消费者辨别产品的质量。产品质量合格证明的形式主要有三种：合格证书、检验合格印章和检验工序编号印签。产品质量检验合格证明只能在经检验合格的产品上使用，未经检验的产品以及检验不合格的产品不能使用。

2. 有中文标明的产品名称、生产厂厂名和厂址；生产者不得伪造产地，不得伪造或冒用他人的厂名、厂址。

3. 根据产品的特点和使用要求，需要标明产品规格、等级、所含主要成份的名称和含量的，用中文相应予以标明；需要事先让消费者知晓的，应当在外包装上标明，或者预先向消费者提供有关资料。

4. 限期使用的产品，应当在显著位置清晰地标明生产日期和安全使用期或者失效日期。

5. 使用不当，容易造成产品本身损坏或者可能危及人身、财产安全的产品，应当有警示标志或者中文警示说明。

《产品质量法》第28条规定：易碎、易燃、易爆、有毒、有腐蚀性、有放射性等危险物品以及储运中不能倒置和其他有特殊要求的产品，其包装质量必须符合相应要求，依照国家有关规定作出警示标志或者中文警示说明，标明储运注意事项。

警示标志是指按照国家标准或者社会公认的图案、标志组成的统一标识，用以表示特定的含义，告诫、提示人们应当对某些不安全因素引起高度注意和警惕的图形，它是产品标识或包装标识中引人注目的一种。警示标志的作用是提醒产品的销售者、仓储者、运输者和消费者充分、及时的注意，有效防止意外灾害发生。我们常见的有：不准吸烟标志、剧毒、易碎、易燃、不准倒置、防雨等标志。

警示说明是指用以告诫、提示人们应当对某些不安全因素引起高度注意和警惕的文字说明，是以文字方式警告或提醒产品运输者、仓储者、使用者在产品安装、运输、使用和维修等环节中应当特别引起注意的问题。如在洗衣机盖子上面通常贴有一张纸，注明："开机时，切勿将手放入"。警示说明与警示标志的作用是相同的，都有提示、告诫防止不安全因素的作用。警示说明一定要通俗易懂、准确，用中文进行标注。

二、销售者的产品质量义务

（一）进货检查验收制度

销售者应当建立并执行进货检查验收制度，销售是产品生产营销链的最后一个环节，因此销售者应严格把好产品进货关，保证进货渠道的产品质量。进货检查验收制度是指销售者根据国家有关规定和同生产者或其他供货者之间订立的合同的约定，对购进的产品质量进行检查，验明产品合格证明和其他标识，符合合同约定的予以验收的制度。本制度不仅是遏制不良产品进入市场的一项有效措施，同时也是保护销售者自身合法权益的重要措施。销售者对所进货物经过检查验收，发现存在产品质量问题时，可以提出异议，确定所进产品不符合质量要求的，可以拒绝验收进货。如此就可以避免自身的财产损失以及后续因出售不合格产品致损应承担的赔偿责任。

（二）保持销售产品质量的义务

销售者购进产品到卖给消费者，之间是有时间差的，销售者保存产品的这段时间里，有义务保持产品的质量。应按照产品性质和特点采取相应的保管措施，妥善存放，防止产品损毁、过期失效、发生霉变，影响产品质量。

（三）销售者不得销售国家明令淘汰并停止销售的产品和失效、变质的产品

1. 销售者不得销售国家明令淘汰并停止销售的产品

在“生产者的产品质量义务与责任”部分中，已经阐述过国务院及其有关部门会通过颁发决定、命令的形式，公开淘汰某项产品或者产品的某个型号。国家明令淘汰并停止销售的产品，销售者不得继续销售，这是销售者必须履行的产品质量义务。销售者应当经常关注国家有关这方面的决定和命令，对自己的进货产品及时加以调整。对于国家明令淘汰的产品，销售者已经进货的，应当停止销售，并对淘汰的产品加以退货或销毁处理。如果销售者在国家规定的时间以后仍然继续销售淘汰产品的，有关执法部门则要对所销售的产品加以没收，并处违法销售产品货值金额等值以下的罚款；有违法所得的，还要没收违法所得；情节严重的，吊销营业执照。

2. 销售者不得销售失效、变质的产品

失效、变质产品是指产品失去原有效力，或发生了本质性的物理、化学变化，失去原有使用价值与质量保证的产品。一般而言，过了保质期或有效期的产品属于失效、变质的产品。有效期和保质期实质上是同一概念，分别用于不同的产品上表示产品有效、安全使用的范围。如药品、消毒产品、保健产品一般都应用有效期。食品、饮料、卫生用品如一次性口罩、塑料等应用保质期。产品的保质期或有效期是指产品在正常条件下的质量保证期限，由生产者提供，标注在限期使用的产品上。在保质期或有效期内，产品的生产企业对该产品质量符合有关标准或明示担保的质量条件负责，销售者可以放心销售这些产品，消费者可以安全使用。应注意的是有时产品在保质期或有效期内，由于包装疏漏、运输不当、储存不善也会失效变质，销售者在进货验货时要认真检验，以防疏漏。

销售者销售失效、变质的产品的，有关执法部门应责令停止销售，没收违法销售的产品，并处违法销售产品货值金额二倍以下的罚款；有违法所得的，并处没收违法所得；情节严重的，吊销营业执照；构成犯罪的，依法追究刑事责任。

3. 销售者销售的产品不得伪造或者冒用认证标志、名优标志等质量标志，不得伪造产地，不得伪造或者冒用他人的厂名、厂址。

根据《消费者权益保护法》规定，消费者在购买商品时享有知情权，销售者应当遵循诚实信用的原则，如实提供有关产品的信息，不得欺骗消费者。

4. 销售者销售产品，不得掺杂、掺假，不得以假充真、以次充好，不得以不合格产品冒充合格产品。

销售者是联系产品生产者和消费者的纽带，是产品流通的桥梁，应当从消费者的利益出发，保证销售产品的质量，以善意、合理的方式方法，履行自己的义务。《产品质量法》第五十条“在产品中掺杂、掺假，以假充真，以次充好，或者以不合格产品冒充合格产品的，责令停止生产、销售，没收违法生产、销售的产品，并处违法生产、销售产品货值金额百分之五十以上三倍以下的罚款；有违法所得的，并处没收违法所得；情节严重的，吊销营业执照；构成犯罪的，依法追究刑事责任。”

【案例 10-2】

2011 年 7 月 10 日央视《每周质量报告》播出《达芬奇天价家具“洋品牌”身份被指造假》。达芬奇家具可以说是国内最具影响力的家具高端品牌，以价格昂贵著称。一张床能卖到10多万元,一套沙发能卖到30多万。之所以能将这些家具卖到如此高的天价,达芬奇销售人员说是因为他们销售的家具是100%意大利生产的"国际超级品牌",而且使用的原料是没有污染的"天然的高品质原料"。而记者经过了长达半年多的调查后发现,达芬奇公司销售的这些天价家具有相当一部分根本就不是意大利生产的,所用的原料也不是达芬奇公司宣称的名贵实木,经过检测,消费者购买的达芬奇家具甚至被判定为不合格产品。问:本案例中达芬奇公司应承担哪些法律责任?

【案例分析】

民事责任:根据《产品质量法》第32条规定,合格产品的产品质量应当符合在产品或者其包装上注明采用的产品标准,符合以产品说明、实物样品等方式表明的质量状况。第37条规定,销售者销售的产品不得伪造产地,不得掺杂、掺假、不得以假充真、以次充好,不得以不合格产品冒充合格产品。又根据《消费者权益保护法》第8条规定:消费者享有知悉其购买、使用的商品或者接受的服务的真实情况的权利。消费者有权根据商品或者服务的不同情况,要求经营者提供商品的价格、产地等有关情况。本案中达芬奇公司虚构家具原料是"天然的高品质原料",伪造家具产地是意大利的做法,属于虚构事实,以次充好,以不合格产品冒充合格产品"的行为,侵犯了消费者的知情权,消费者可根据《消费者权益保护法》第49条"经营者提供商品或者服务有欺诈行为的,应当按照消费者的要求增加赔偿其受到的损失,增加赔偿的金额为消费者购买商品的价款或者接受服务的费用的一倍"之规定,要求达芬奇按照所购家具价格的两倍进行赔偿。

行政责任:《产品质量法》第50条"在产品中掺杂、掺假,以假充真,以次充好,或者以不合格产品冒充合格产品的,责令停止生产、销售,没收违法生产、销售的产品,并处违法生产、销售产品货值金额百分之五十以上三倍以下的罚款;有违法所得的,并处没收违法所得;情节严重的,吊销营业执照……,产品质量监督管理部门可根据此规定对达芬奇公司进行行政处罚。

刑事责任:根据《中华人民共和国刑法》第140条生产者、销售者在产品中掺杂、掺假,以假充真,以次充好或者以不合格产品冒充合格产品,销售金额五万元以上不满二十万元的,处二年以下有期徒刑或者拘役,并处或者单处销售金额百分之五十以上二倍以下罚金……,司法部门可对达芬奇公司及其负责人追究刑事责任。

三、产品质量责任

产品质量责任是指生产者、销售者以及对产品质量负有直接责任的责任者,因违反产品质量法所规定的产品质量义务所应承担的法律责任。因违反产品质量义务所应承担的法律责任包括民事责任、行政责任和刑事责任,本书所指是狭义的产品质量责任,仅阐述产品质量民事责任。产品质量民事责任既包括了违反合同的民事责任,即产品质量违约责任;又包括了因产品质量问题而引起的一种特殊的损害赔偿责任,即产品质量侵权责任。

(一)产品质量违约责任

产品质量违约责任即产品质量瑕疵责任,是指产品的生产者、销售者违反明示或默示担保的产品质量要求而依合同法原理应承担的瑕疵担保责任,通常为交付的产品不符合法律规定或合同约定的质量条件。所谓明示担保指产品的生产者或销售者对产品的性能、质量所做的一种声明或陈述。所谓默示担保指是指国家法律法规规定的对产品质量的要求,默示担保是依法产生的,不依当事人的意志而改变。

《产品质量法》第 40 条规定，售出的产品有下列情形之一的，销售者应当负责修理、更换、退货；给购买产品的消费者造成损失的，销售者应当赔偿损失：1. 不具备产品应当具备的使用性能而事先未作说明的；2. 不符合在产品或者其包装上注明采用的产品标准的；3. 不符合以产品说明、实物样品等方式表明的质量状况的。销售者依照前款规定负责修理、更换、退货、赔偿损失后，属于生产者的责任或者属于向销售者提供产品的其他销售者（以下简称供货者）的责任的，销售者有权向生产者、供货者追偿。

由于合同关系的相对性，产品违约责任的主体限于合同关系当事人。产品质量违约责任适用过错责任原则，消费者应证明销售者的过错。产品质量违约责任的诉讼时效为一年，即用户、消费者在产品售出后一年内要求销售者承担瑕疵担保责任，即修理、更换、退货、赔偿。

（二）产品质量侵权责任

产品质量侵权责任指因产品存在缺陷而造成他人人身、缺陷产品以外的其他财产损害时，应当承担的赔偿责任。

1. 产品质量侵权责任的构成条件

（1）产品存在缺陷。

缺陷，是指产品存在危及人身、他人财产安全的不合理的危险；产品有保障人体健康和人身、财产安全的国家标准、行业标准的，是指不符合该标准。产品缺陷包括设计缺陷、制造缺陷、警示缺陷和营销缺陷。

（2）发生他人人身、缺陷产品以外的其他财产损害。

（3）产品缺陷与损害之间存在因果关系。

注意：产品侵权责任适用无过错原则责任，受害人无须证明生产者与销售者的过错，生产者与销售者也不得以无过错为理由主张免责。

2. 产品质量侵权责任的责任主体

因产品存在缺陷造成人身、他人财产损害的，受害人可以向产品的生产者要求赔偿，也可以向产品的销售者要求赔偿。

（1）生产者

属于产品的销售者的责任，产品的生产者赔偿的，产品的生产者有权向产品的销售者追偿。

（2）销售者

由于销售者的过错使产品存在缺陷，造成人身、他人财产损害的，销售者应当承担赔偿责任。属于产品的生产者的责任，产品的销售者赔偿的，产品的销售者有权向产品的生产者追偿。销售者不能指明缺陷产品的生产者也不能指明缺陷产品的供货者的，销售者应当承担赔偿责任。

（3）运输者、仓储者

我国《民法通则》第 122 条规定，因产品质量不合格造成他人财产、人身损害的，产品制造者、销售者应当依法承担民事责任。运输者、仓储者对此负有责任的，产品制造者、销售者有权要求赔偿损失。

3. 赔偿范围

《产品质量法》第 44 规定，因产品存在缺陷造成受害人人身伤害的，侵害人应当赔偿医疗费、治疗期间的护理费、因误工减少的收入等费用；造成残疾的，还应当支付残疾者生活自助具费、生活补助费、残疾赔偿金以及由其扶养的人所必需的生活费等费用;造成受害人死亡的,并应当支付丧葬费、死亡赔偿金以及由死者生前扶养的人所必需的生活费等费用。

因产品存在缺陷造成受害人财产损失的,侵害人应当恢复原状或者折价赔偿。受害人因此遭受其他重大损失的,侵害人应当赔偿损失。

《侵权责任法》第22条规定,侵害他人人身权益,造成他人严重精神损害的,被侵权人可以请求精神损害赔偿。

4. 免责理由

生产者能够证明有下列情形之一的,不承担赔偿责任:(1) 未将产品投入流通的;(2) 产品投入流通时,引起损害的缺陷尚不存在的;(3) 将产品投入流通时的科学技术水平尚不能发现缺陷的存在的。

5. 诉讼时效

产品质量侵权责任的诉讼时效为2年,自当事人知道或者应当知道其权益受到损害时起计算。因产品存在缺陷造成损害要求赔偿的请求权,在造成损害的缺陷交付最初消费者满10年丧失,但是,尚未超过明示的安全使用期的除外。

(三) 产品质量侵权责任和产品质量违约责任的竞合

产品质量侵权责任和产品质量违约责任并不是相互排斥的,因同一产品质量纠纷产生的责任可能兼具两种责任性质:即产品质量违约责任与产品质量侵权责任的竞合。现实生活这样的案例很多,例如购买的电器漏电致买受人受伤,受害人取得两项请求权,即基于买卖合同的请求权和基于侵权的请求权。《合同法》第122条规定,因当事人一方的违约行为,侵害对方人身、财产权益的,受损害方有权选择依照本法要求其承担违约责任或者依照其他法律要求其承担侵权责任。根据此规定,受害人不能同时实现两项请求权,只能选择其一,或行使违约损害赔偿请求权,或行使侵权损害赔偿请求权。

第四节　食品安全法律制度

民以食为天,但近些年来,不断出现的食品安全问题已经让人们惶恐不安。苏丹红事件、08年的"问题牛奶"事件、"染色馒头"、"瘦肉精"、"饮用水致癌"……,不断发生的食品安全事件,威胁着人民群众的生命安全,食品安全成为全社会关注的焦点。

一、食品安全与食品安全法的概念

(一) 食品安全的概念

食品安全(food safety)是指食品无毒、无害,符合应当有的营养要求,对人体健康不造成任何急性、亚急性或者慢性危害。根据世界卫生组织的定义,食品安全是"食物中有毒、有害物质对人体健康影响的公共卫生问题"。食品安全也是一门专门探讨在食品加工、存储、销售等过程中确保食品卫生及食用安全,降低疾病隐患,防范食物中毒的一个跨学科领域。

应当注意的是,食品安全是一个内容丰富的综合性概念,其内涵包括食品卫生、食品质量、食品营养等。

（二）食品安全法的概念

食品安全法主要是调整食品安全监督管理关系的法律规范的总称。我国对食品安全卫生的监管模式原来是食品卫生部门一家负责，但是由于食品生产的链条比较长，从农田到餐桌，一个部门监管力不从心，所以形成了多部门管理的监管体制，但多部门管理易出现管理空白等问题。因此，食品安全立法的最重要的使命之一是理顺食品安全监管体制。

二、食品安全法的立法历程

党和政府历来重视食品安全问题，早在改革开放初期的 1982 年，为保障广大人民群众的身体健康和生命安全，全国人大常委会就通过了《食品卫生法（试行）》，标志着我国的食品卫生事业进入了法治化轨道。其后全国人大制定了《产品质量法》、《食品卫生法》等近 20 部与食品安全相关的法律，国务院制定了《农药管理条例》、《兽药管理条例》、《生猪屠宰管理条例》等近 40 部相关行政法规，国务院农业、卫生、质检、工商等部门制定了《无公害农产品管理办法》、《农业转基因生物安全评价管理办法》、《新资源食品卫生管理办法》、《转基因食品卫生管理办法》、《食品广告管理办法》等近 150 部相关部颁规章。上述法律、行政法规、部门规章构建了我国食品安全的基本法律框架及其基本法律制度，为全面提高我国的食品安全保障水平发挥了重要作用。

随着经济全球化和贸易自由化的发展，我国社会转型和改革开放的关键时期，食品安全工作出现了一些新情况、新问题。食品安全问题在一些地方还不同程度存在，有的食品存在安全隐患。食品安全事故折射出食品安全监管工作中还存在一些问题和缺陷。为了从制度上解决问题，亟需对现行食品卫生制度加以修改、补充、完善，制定食品安全法。食品安全法的制定工作立足中国实际，积极吸收国际先进经验。2004 年 7 月，国务院第 59 次常务会议和 9 月份公布的《国务院关于进一步加强食品安全工作的决定》要求法制办抓紧组织修改食品卫生法。法制办成立了食品卫生法修改领导小组，组织起草食品卫生法（修订草案）。草案经 2007 年 10 月国务院第 195 次常务会议讨论通过，当年 12 月，国务院向全国人大常委会提请审议食品安全法（草案）。为了更好地修改、完善这部法律草案，根据十一届全国人大常委会第二次委员长会议的决定，全国人大常委会办公厅于 2008 年 4 月 20 日向社会全文公布食品安全法草案，广泛征求各方面意见和建议，这是新一届全国人大常委会向社会全文公布、广泛征求意见的第一部法律草案，在一个月的时间内共收到各方面意见 11327 条，充分体现了国家立法和人民意志的统一性。食品安全法经过十届全国人大常委会第三十一次会议一审、十一届全国人大常委会第四次、第五次、第七次会议共四次审议，认真研究，集思广益，充分体现了科学立法、民主立法的精神。2009 年 2 月 28 日，十一届全国人大常委会第七次会议审议通过了《中华人民共和国食品安全法》，并于 2009 年 6 月 1 日正式施行。

三、食品安全法的适用范围

在中华人民共和国境内从事下列活动，应当遵守《食品安全法》：

（一）食品生产和加工（以下称食品生产），食品流通和餐饮服务（以下称食品经营）；

食品，指各种供人食用或者饮用的成品和原料以及按照传统既是食品又是药品的物品，但是不包括以治疗为目的的物品。食品包括保健品。

（二）食品添加剂的生产经营；

（三）用于食品的包装材料、容器、洗涤剂、消毒剂和用于食品生产经营的工具、设备（以下称食品相关产品）的生产经营；

（四）食品生产经营者使用食品添加剂、食品相关产品；

（五）对食品、食品添加剂和食品相关产品的安全管理。

供食用的源于农业的初级产品（以下称食用农产品）的质量安全管理，遵守《中华人民共和国农产品质量安全法》的规定。但是，制定有关食用农产品的质量安全标准、公布食用农产品安全有关信息，应当遵守本法的有关规定。

乳品、转基因食品、生猪屠宰、酒类和食盐的食品安全管理，适用本法；法律、行政法规另有规定的，依照其规定。

四、食品安全法的主要内容

（一）食品安全监管体制

食品安全监管体制是食品安全法立法中的难点。近年来发生的食品安全事故，暴露出有的监管部门存在监管不到位、执法不严格的问题，有的部门间存在职责交叉、权责不明的现象，部门与部门之间职能责任划分不清，有利争着管，没利都不管，推诿扯皮。食品安全法重新明确了各个部门的监管职责，确立了分段监管体制，主要是卫生、农业、质检、工商和食药监各司其职，分别负责对食品安全风险的评估、食品标准的制定，分别负责对初期农产品，对食品生产环节、食品流通环节和餐饮服务方面的监管，实现从原料到产品、从生产到流通、餐饮的全程监管。“全程监管”包含两个层次：一是卫生、农业、质检、工商、食药局监管部门各负其责，密切配合，从田头、生产、流通、餐饮、服务，实现食物链各环节的全程监管；二是对生产环境要实行全程监控，即从食品的原料进厂到生产流水线各环节、到出厂前检验、到出厂，食品生产的全程都要有严格的管理措施。在此基础上，设立国务院食品安全委员会，加强对各个监管部门监管工作的协调和指导。此外，食品安全法授权国务院根据实际需要，可以对食品安全监督管理体制作出调整。

在行业准入方面，根据食品卫生法规定，任何类型的食品生产经营企业，都一律应申请《卫生许可证》。在食品安全法的框架下，食品生产经营企业按照不同的生产经营范围，申请不同的行政许可。从事食品生产应当取得食品生产许可，从事食品流通应当取得食品流通许可，而餐饮服务企业应当依法取得餐饮服务许可。其中，食品生产企业和餐饮服务企业对自产自销的产品不需要取得食品生产或食品流通许可；农民个人销售其自产的食用农产品，不需要取得食品流通的许可。而食品生产加工小作坊和食品摊贩的监管办法则由各地依法制定。

在食品检验方面，食品安全监督管理部门对食品不得实施免检。这意味着从此食品行业将不再有“国家免检产品”。我国食品生产企业数量多、规模小、原料来源广泛复杂，企业诚信体系尚未完善，食品质量安全的长期稳定难以保证，免检制度不适用于我国食品生产及食品安全监管的现状。食品安全法还规定，县级以上质量监督、工商行政管理、食品药品监督管理部门应当对食品进行定期或者不定期的抽样检验。进行抽样检验，应当购买抽取的样品，不收取检验费和其他任何费用。

（二）食品安全标准

针对食品标准政出多门、标准缺失、标准“打架”以及标准过高或过低等问题，食品安全法对食品安全标准作了相应规定。

1. 食品安全法规定，制定食品标准，应当以保证公众身体健康为宗旨，做到科学合理、安全可靠。同时明确规定，食品安全标准是强制执行的标准，除食品安全标准外，不得制定其他的食品强制性标准。

2. 明确了食品安全国家标准的制定、发布主体，制定方法，明确对有关标准进行整合。食品安全法规定，食品安全国家标准由国务院卫生行政部门负责制定、公布，国务院标准化行政部门提供国家标准编号。制定食品安全国家标准，应当依据食品安全风险评估结果并充分考虑食用农产品质量安全风险评估结果，参照相关的国际标准和国际食品安全风险评估结果，并广泛听取食品生产经营者和消费者的意见。国务院卫生行政部门应当对现行的食用农产品质量安全标准、食品卫生标准、食品质量标准和有关食品的行业标准中强制执行的标准予以整合，这样就能使原来的标准相互协调一致，不重复、不冲突，也不留空白，统一整合为一个食品安全的国家标准。

3. 明确了食品安全地方标准和企业标准的地位。食品安全法规定，没有食品安全国家标准的，可以制定食品安全地方标准。对于企业标准，企业生产的食品没有食品安全国家标准或者地方标准的，对此应当制定企业标准，作为组织生产的依据；国家鼓励食品生产企业制定严于食品安全国家标准或者地方标准的企业标准。

(三) 食品安全风险监测和评估制度

食品安全风险监测和评估是国际上流行的预防和控制食品风险的有效措施。将食品安全风险监测和评估结果作为制定食品安全标准和政策的科学依据，已成为许多国家的普遍做法。建立食品安全风险监测与评估制度是确保我国食品安全的基础性工程，这意味着我国食品安全监管的重点由外在表面现象为主，深入到食品内在的安全因素，由被动的、亡羊补牢、事后处理的旧思路转变为主动的、源头治理、预防为主的新思路。

1. 食品安全风险监测制度

食品安全风险监测获得的信息，是食品安全风险评估的重要依据之一。食品安全法规定，国家建立食品安全风险监测制度，对食源性疾病、食品污染以及食品中的有害因素进行监测。国务院卫生行政部门会同国务院其他有关部门制定、实施国家食品安全风险监测计划。省、自治区、直辖市人民政府卫生行政部门根据国家食品安全风险监测计划，结合本行政区域的具体情况，组织制定、实施本行政区域的食品安全风险监测方案。国务院农业行政、质量监督、工商行政管理和国家食品药品监督管理等有关部门获知有关食品安全风险信息后，应当立即向国务院卫生行政部门通报。国务院卫生行政部门会同有关部门对信息核实后，应当及时调整食品安全风险监测计划。

2. 食品安全风险评估制度

国家建立食品安全风险评估制度，对食品、食品添加剂中生物性、化学性和物理性危害进行风险评估。关于食品安全风险评估的启动，国务院卫生行政部门通过食品安全风险监测或者接到举报发现食品可能存在安全隐患的，应当立即组织进行检验和食品安全风险评估。国务院农业行政、质量监督、工商行政管理和国家食品药品监督管理等有关部门应当向国务院卫生行政部门提出食品安全风险评估的建议，并提供有关信息和资料。关于食品安全风险评估的具体操作，国务院卫生行政部门负责组织食品安全风险评估工作，成立由医学、农业、食品、营养等方面的专家组成的食品安全风险评估委员会进行食品安全风险评估。食品安全风险评估应当运用科学方法，根据食品安全风险监测信息、科学数据以及其他有关信息进行。关于评估结果的用途，食品安全风险评估结果是制定、修订食品安全标准和对食品安全实施监督管理的科学依据。

(四) 食品生产经营和食品进出口管理

1. 对食品生产经营进行规范

(1) 生产经营者成为食品安全的第一责任人，国家对食品生产经营提出 11 项要求，并禁止任何单位或者个人从事 11 项食品生产经营活动。国家对食品生产经营实行许可制度。从事食品生产、食品流通、餐饮服务，应当依法取得食品生产许可、食品流通许可、餐饮服务许可。

(2) 加强对食品生产加工小作坊和食品摊贩的管理。县级以上地方人民政府鼓励食品生产加工小作坊改进生产条件；鼓励食品摊贩进入集中交易市场、店铺等固定场所经营。食品生产加工小作坊和食品摊贩从事食品生产经营活动，应当符合本法规定的与其生产经营规模、条件相适应的食品安全要求，保证所生产经营的食品卫生、无毒、无害，有关部门应当对其加强监督管理。

(3) 建立完备的索证索票制度、台账制度等。如食品生产者采购食品原料、食品添加剂、食品相关产品，应当查验供货者的许可证和产品合格证明文件；食品生产企业应当建立食品出厂检验记录制度等。

(4) 食品添加剂大大促进了食品工业的发展，并被誉为现代食品工业的灵魂。食品安全法从控制食品内在安全因素出发，从五方面对食品添加剂强化规范：明确规定国家对食品添加剂的生产实行许可制度，未经许可不得生产；将食品添加剂的品种、使用范围和用量作为食品安全标准的重要内容，并制定食品添加剂的目录。食品添加剂数量很多，目前我国已列入目录、允许使用的食品添加剂达 22 类 1812 种，且以相当快的速度增加。明确规定食品添加剂应该在技术上确有必要，并且经过风险评估证明安全可靠，方可允许使用；食品生产经营企业必须在食品安全标准内使用添加剂，不得在允许使用的添加剂外再添加任何其他物质，不得使用未经证明的、未列入目录的任何物质，其中包括有毒有害的物质；食品标签、说明书、包装上所列明的食品中添加的物质，必须和包装内的食品完全一致。如果被监管部门检验出来不一致，即使食品不对人体造成危害，也构成违法。

(5) 建立食品召回制度、停止经营制度。召回制度的实质是让消费者的损失降到最低程度。食品安全法规定，食品生产者发现其生产的食品不符合食品安全标准，应当立即停止生产，召回已经上市销售的食品，通知相关生产经营者和消费者，并记录召回和通知情况。食品经营者发现其经营的食品不符合食品安全标准，应当立即停止经营，通知相关生产经营者和消费者，并记录停止经营和通知情况。食品生产者认为应当召回的，应当立即召回。食品生产者应当对召回的食品采取补救、无害化处理、销毁等措施，并将食品召回和处理情况向县级以上质量监督部门报告。食品生产经营者未依照本条规定召回或者停止经营不符合食品安全标准的食品的，县级以上质量监督、工商行政管理、食品药品监督管理部门可以责令其召回或者停止经营。食品生产者发现其生产的食品不符合食品安全标准，应当立即停止生产，召回已经上市销售的食品，通知相关生产经营者和消费者，并记录召回和通知情况。

2. 对食品进出口的管理

进口的食品、食品添加剂以及食品相关产品应当符合我国食品安全国家标准。进口的预包装食品应当有中文标签、中文说明书。标签、说明书应当符合本法以及我国其他有关法律、行政法规的规定和食品安全国家标准的要求，载明食品的原产地以及境内代理商的名称、地址、联系方式。预包装食品没有中文标签、中文说明书或者标签、说明书不符合本条规定的，不得进口。

(五)食品安全事故处置制度

食品安全事故严重危害人民群众的生命健康，食品安全事件的频发充分暴露了事故处置中报告制度的漏洞。为此，《食品安全法》进一步完善了食品安全事故处置机制。

1. 食品安全事故应急预案及食品安全事故的报告制度。事故发生单位和接收病人进行治疗的单位应当及时向事故发生地县级卫生部门报告。农业行政、质量监督、工商行政管理、食品药品监督管理部门在日常监督管理中发现食品安全事故，或者接到有关食品安全事故的举报，应当立即向卫生行政部门通报。发生重大食品安全事故的，接到报告的县级卫生行政部门应当按照规定向本级人民政府和上级人民政府卫生行政部门报告。县级人民政府和上级人民政府卫生行政部门应当按照规定上报。

2. 县级以上卫生行政部门处置食品安全事故的措施，如开展应急救援工作，对因食品安全事故导致人身伤害的人员，卫生行政部门应当立即组织救治；封存被污染的食品用工具及用具，并责令进行清洗消毒；作好信息发布工作，依法对食品安全事故及其处理情况进行发布，并对可能产生的危害加以解释、说明。

(六)食品安全法律责任

《食品安全法》对严重的违法行为，详细规定了相关的刑事、行政和民事责任。

1. 在行政责任方面，食品检验机构、食品检验人员出具虚假检验报告的，由授予其资质的主管部门或机构撤销该检验机构的检验资格；依法对检验机构直接负责的主管人员和食品检验人员给予撤职或开除的处分。

2. 在刑事责任方面，受到刑事处罚或开除处分的食品检验机构人员，自刑罚执行完毕或处分决定做出之日起十年内不得从事食品检验工作；行为人违反《食品安全法》规定，构成犯罪的，依法追究刑事责任。

3. 在民事责任方面，造成人身、财产或其他损害的，依法承担赔偿责任。

(1) 责任主体范围扩大。社会团体或其他组织、个人在虚假广告中向消费者推荐食品，使消费者的合法权益受到损害的，与食品生产经营者承担连带责任。

(2) 确立了“民事赔偿优先”的原则，即规定应承担民事赔偿责任和缴纳罚款、罚金，其财产不足以同时支付时，优先承担民事赔偿责任。

(3) 赔偿标准提高。消费者权益保护法规定，经营者提供商品或者服务有欺诈行为的，应当按照消费者的要求增加赔偿其受到的损失，增加赔偿的金额为消费者购买商品的价款或者接受服务的费用的一倍。食品安全法提高了赔付标准。生产不符合食品安全标准的食品或销售明知是不符合食品安全标准的食品，消费者除要求赔偿损失外，还可以向生产者或销售者要求支付价款10倍的赔偿金。这种惩罚性赔偿规定突破了目前我国民事损害赔偿的理念，更有利于提高消费者维护自身权益的积极性，加大食品生产经营者的违法成本。

【案例10-3】

新华网呼和浩特2011年9月6日电，国家质检总局近期公布对瓶(桶)装饮用水质量抽查结果，其中6种饮用水被检测出含有高浓度的致癌物“溴酸盐”，哈药六厂等知名企业生产的“纯中纯”弱碱性饮用水、内蒙古“景友”沙漠优质水榜上有名，令人震惊。问：这些企业对其已销售的问题产品应采取哪些补救措施？对其违法行为应承担什么法律责任？

【案例分析】

根据《食品安全法》这些企业应立即停止生产问题饮用水，并立即召回已经上市销售的产品，通知相关生产经营者和消费者，并记录召回和通知情况。应当对召回的产品采取补救、无害化处理、销毁等措施，并将产品召回和处理情况向县级以上质量监督部门报告。根据第85条违反本法规定，生产经营致病性微生物、农药残留、兽药残留、重金属、污染物质以及其他危害人体健康的物质含量超过食品安全标准限量的食品，由有关主管部门按照各自职责分工，没收违法所得、违法生产经营的食品和用于违法生产经营的工具、设备、原料等物品；违法生产经营的食品货值金额不足一万元的，并处二千元以上五万元以下罚款；货值金额一万元以上的，并处货值金额五倍以上十倍以下罚款；情节严重的，吊销许可证。

本章小结

产品质量是企业生存的灵魂与发展的生命线，食品安全关乎百姓民生，因此加强对产品质量和食品安全的监督管理关乎社会稳定与国民经济发展。本章既从宏观上阐述了国家对产品质量、对食品安全的监督管理制度，又对生产者、销售者的产品质量义务、食品安全义务，以及产品责任等问题进行了系统论述。

技能训练

一、单项选择题

1. 依照《产品质量法》的规定，下列何种产品属于该法所称的产品 （　　）

   A. 芝麻油　　B. 大坝　　C. 冰毒　　D. 白菜

2. 一日，李女士在家中做饭时高压锅突然爆炸，李女士被炸飞的锅盖击中头部，抢救无效死亡。后据质量检测专家鉴定，高压锅发生爆炸的直接原因是设计不尽合理，使用时造成排气孔堵塞而发生爆炸，本案中，可以以下列何种依据判定生产者承担责任？ （　　）

   A. 产品存在的缺陷　　B. 产品买卖合同约定

   C. 产品默示担保条件　　D. 产品明示担保条件

3. 甲公司售与乙商场一批玻璃花瓶，称花瓶上有不规则的抽象花纹为新产品设计，乙商场接货后即行销售，后受到很多消费者投诉，消费者说花瓶上的花纹实际上是裂缝，花瓶漏水，要求乙商场退货并赔偿损失，乙商场与甲公司交涉，甲公司称此类花瓶是用于插装塑料花的，裂缝不影响使用，且有特殊的美学效果，拒绝承担责任。经查，消费者所述属实。下列答案中不正确的是哪项？ （　　）

   A. 乙商场应予退换并赔偿损失

   B. 乙商场退换并赔偿损失后可向甲公司追偿

   C. 消费者丙被花瓶裂缝划伤，可向甲公司直接索赔

   D. 乙商场无过错，不应当对此负责

4. 某厂开发一种新型节能炉具，先后制造出10件样品，后样品在有6件丢失。2006年某户居民的燃气罐发生爆炸，查明原因是使用了某厂丢失的6件样品炉具中的一件，而该炉具存在重大缺陷。该户居民要求某厂赔偿损失，某厂不同意赔偿，下列理由中哪一个最能支持某厂立场？ （　　）

A. 该炉具尚未投入流通

B. 该户居民如何得到炉具的事实不清

C. 该户居民偷盗样品，由此造成的损失应由其自负

D. 该户居民应向提供给其炉具的人索赔

5. 生产不符合食品安全标准的食品，消费者除要求赔偿损失外，还可以向生产者要求支付价款________倍的赔偿金。 （ ）

A. 3 B. 5 C. 8 D. 10

二、多项选择题

1. “三无”产品是指 （ ）

A. 无产品合格证明

B. 无产品名称、生产厂名和厂址

C. 无产品生产日期和安全使用期或者失效日期

D. 无质量认证标志

2. 下列产品中应有警示标志或中文警示说明的有哪些？ （ ）

A. 有副作用的药品 B. 需稀释方可使用的农药

C. 易燃易爆物 D. 书籍

3. 下列产品中存在《产品质量法》所称的“缺陷”的有哪些？ （ ）

A. 致人中毒的假酒

B. 口感不佳的劣酒

C. 易醉人的高度酒

D. 突然爆炸炸坏家具的汽酒(爆炸原因为气压过高)

4. 大学生甲在寝室复习功课，隔壁寝室的学生乙、丙到甲寝室强烈要求甲打开电视观看足球比赛，甲只好照办。由于质量问题，电视机突然爆炸，甲乙丙三人均受重伤。关于三人遭受的损害，下列哪些是正确的？ （ ）

A. 甲可要求电视机的销售者承担赔偿责任

B. 甲可要求乙、丙承担损害赔偿责任

C. 乙、丙可要求电视机的销售者承担赔偿责任

D. 乙、丙有权要求甲承担损害赔偿责任

5. 孙女士于 2004 年 5 月 1 日从某商场购买一套化妆品，使用后皮肤红肿出疹，就医不愈花费巨大。2005 年 4 月，孙女士多次交涉无果将商场诉至法院。下列哪些说法是正确的？ （ ）

A. 孙女士可以要求商场承担违约责任

B. 孙女士可以要求商场承担侵权责任

C. 孙女士可以要求商场承担缔约过失责任

D. 孙女士可以要求撤销合同

三、简答题

1. 简述生产者的产品质量义务有哪些？
2. 简述销售者的产品质量义务哪些？
3. 简述产品质量违约责任与产品质量侵权责任的区别？
4. 简述我国的食品安全风险监测和评估制度？

四、案例讨论

2008 年 8 月 8 日，王女士在某商场购买了一只电吹风机。当日，王女士在正常使用该电吹风机过程中，因电吹风机漏电而被电流击伤，虽救治及时仍造成手指残疾。经鉴定，电吹风机漏电确系由于该产品的设计与制造工艺缺陷所致。2009 年 9 月 11 日，王女士以该商场为被告向法院提起诉讼，请求法院判令该商场对其因触电致残承担赔偿责任。商场在答辩状中称，第一，根据《民法通则》的规定，因身体伤害要求赔偿的诉讼时效期间为一年，因此原告的起诉已过诉讼时效；第二，原告触电是由于电吹风机存在质量缺陷，被告作为产品销售者没有过错，因此原告无权要求商场承担赔偿责任，而应向电吹风机的生产者某省长江电器厂要求赔偿。问：

（1）被告某商场的第一条答辩理由是否成立？为什么？

（2）被告某商场的第二条答辩理由是否成立？为什么？

（3）王女士可以要求该商场赔偿自己的哪些损失？

（4）某商场赔偿后，对某省长江电器厂享有什么权利？

第十一章　房地产市场法律制度

知识目标

了解房地产与房地产相关的基本概念，掌握房地产用地取得的条件、房地产开发、房地产交易规则、房地产权属登记制度。

能力目标

能够运用房地产法律制度，分析房地产市场存在的问题，提高处理房地产纠纷案例的能力。

案例导入：房地产开发必须符合国家法律规定

2003 年 2 月，东海市将市南区的土地以出让方式将土地使用权出让给了多家房地产公司，其中大众房地产开发公司取得了 100 亩的土地使用权，并按土地出让合同约定的期限缴纳了土地出让金 2 000 万元，拟房地产开发。合同约定，大众公司必须在 2003 年 5 月前动工开发，但由于资金问题，大众公司到 2004 年 6 月尚未动工。问：(1) 大众房地产开发公司是否在缴纳了土地出让金后就取得该幅土地的使用权？(2) 对大众房地产开发公司超过合同约定的期限未进行房地产开发应当如何处置？(3) 大众房地产开发公司因资金短缺能否以该幅土地使用权向银行抵押，申请贷款？(4) 大众房地产开发公司为了尽快筹集资金，是否可以在动工时进行商品房预售？

案例分析

(1) 大众房地产开发公司在缴纳了土地出让金后并不能就取得该幅土地的使用权。因为根据《城市房地产管理法》第 61 条规定以出让或者划拨方式取得土地使用权，应当向县级以上地方人民政府土地管理部门申请登记，经县级以上地方人民政府土地管理部门核实，由同级人民政府颁发土地使用权证书。依此规定，大众房地产开发公司在缴纳了土地出让金后要取得该幅土地的使用权，须向所在地的市土地管理部门申请，由同级人民政府颁发土地使用权证书后，才取得该幅土地的使用权。

(2) 大众房地产开发公司超过合同约定的期限未进行房地产开发可能面临两种处罚。根据《城市房地产管理法》第 26 条规定，以出让方式取得土地使用权进行房地产开发的，必须按照土地使用权出让合同约定的土地用途、动工开发期限开发土地。超过出让合同约定的动工开发日期满一年未动工开发的，可以征收相当于土地使用权出让金百分之二十以下的土地闲置费；满两年未动工开发的，可以无偿收回土地使用权；但是，因不可抗力或者政府、政府有关部门的行为或者动工开发必需的前期工作造成动工开发迟延的除外。因此，大众房地产开发公司超过合同约定的期限一年未开发，土地管理部门可以对其征收 400 万元的土地闲置费，此为一种处罚；二是超过2年未动工开发的，土地管理部门可以无偿收回土地使用权。

(3) 大众房地产开发公司因资金短缺可以以该幅土地使用权向银行抵押，申请贷款。根据《城市房地产管理法》第48条规定，以出让方式取得的土地使用权，可以设定抵押权。因此，大众房地产开发公司可以以该幅土地使用权申请抵押贷款。

(4) 大众房地产开发公司为了尽快筹集资金，不可以在动工时进行商品房预售。因为根据《城市房地产管理法》第45条规定，商品房预售，应当符合下列条件：已交付全部土地使用权出让金，取得土地使用权证书；持有建设工程规划许可证；按提供预售的商品房计算，投入开发建设的资金达到工程建设总投资的百分之二十五以上，并已经确定施工进度和竣工交付日期；向县级以上人民政府房产管理部门办理预售登记，取得商品房预售许可证明。商品房预售人应当按照国家有关规定将预售合同报县级以上人民政府房产管理部门和土地管理部门登记备案。而本案中的大众房地产开发公司因资金短缺未进行开发，不具备商品房预售的条件，故不能在动工时进行商品房预售。

第一节　房地产法概述

一、房地产的概念与特点

"房地产"一词有广义和狭义之分。广义的房地产是指土地以及地上建筑物和其他定着物。与不动产属于同一语。狭义的房地产是指土地与建筑物在空间上合为一体的财产形态，是土地与建筑物的有机结合。可见，土地是建筑物的依托和基础，建筑物离不开土地独立存在，二者密不可分。正是基于以上分析，没有与建筑物结合的土地及其关系，主要由《土地管理法》调整，本教材从狭义上使用"房地产"一词。

房地产与其他经济物品或法律上的其他财产相比较具有以下特点：(1) 不可移动性。不可移动性指房地产位置固定不可移动或者移动后丧失其经济价值。(2) 永久性。永久性指土地永久建筑物使用期长相对于其他物来说具有永久性。(3) 个别性。个别性指房地产基本上是特定物因设计风格、用料、地理位置以及周边环境的不同其经济价值会不同。(4) 保值性和增值性。位置良好的土地资源有限随着人口的增长和经济的发展人们对房地产的需求量会不断增长。这种不断增长的需求使房地产具有保值增值的特点。

二、房地产法

(一) 房地产法的概念

房地产法是调整房地产关系的法律规范的总称。狭义的房地产法仅指《中华人民共和国城市房地产管理法》(以下简称《城市房地产管理法》)，广义的房地产法指调整房地产开发、经营及管理过程中发生的社会关系的法律规范的总称，包括《城市房地产管理法》和与《城市房地产管理法》相配套的一系列法律、行政法规、地方性法规及相关法规中有关房地产问题的规定。

(二) 房地产法的调整对象

房地产法的调整对象是调整房地产开发、经营、使用、交易、管理及其他与房地产相关的社会关系。主要包括：

1. 房地产民事关系。房地产民事关系是指平等主体之间发生的有关房地产的法律关系。具体包括：房地产权属法律关系（包括物权关系、房地产抵押关系、房屋继承关系、房屋赠与关系等）、房地产转让关系、房屋租赁关系、房地产相邻关系、房屋拆迁关系、房地产抵押关系等。

2. 房地产行政关系。房地产行政关系是指国家行政机关根据行政职能与被管理者之间发生的有关房地产的法律关系。如房地产行政管理体制关系、房地产建设项目管理关系、房地产产权和产籍管理关系、房地产行政管理关系、房地产市场的监督管理关系等。这类关系的主要特征是不具备财产内容或者不以财产内容为主，主体之间完全是命令与服从、管理与被管理的关系。

3. 房地产经济法律关系。这是房地产法调整对象最大量的部分。主要包括：土地管理法律关系（包括土地规划管理关系、国有土地使用权出让关系、集体土地使用关系、土地征用关系、土地保护关系、土地使用权转让关系）、房地产开发和经营管理关系、房地产税费收缴关系、房地产金融关系、房地产质量、价格管理关系、房地产国有资产经营管理关系、涉外房地产关系等。

（三）房地产法的基本原则

房地产法的基本原则，是指我国房地产立法、司法、法律解释和法学研究的基本依据和指导思想，也是房地产法的主要宗旨和基本准则。从现行法规体系和立法实践来看，我国房地产法的基本原则主要体现在以下几个方面：

1. 土地公有原则。社会主义经济是建立在公有制基础上的，公有制经济占主导地位，多种所有制经济共同发展。土地不仅是资源，而且是资产。我国境内的土地，除由法律规定属于国家所有的外，属于劳动群众集体所有。国家可以依法征用集体土地，一经征用即转化为全民所有。我国内地已不存在土地私有制。

2. 土地有偿使用原则。国家依法实行国有土地有偿使用制度。有偿使用，包括有期限使用。农村集体经济组织经过批，可以采用土地使用权入股、联营等形式与其他单位、个人共同举办企业。农民集体土地的使用权不得出让、转让或者出租用于非农业建设，但是，符合土地利用总体规划并依法取得建设用地的企业，因破产、兼并等情形致使土地使用权依法发生转移的除外。

3. 珍惜、合理利用土地和切实保护耕地的原则。保护土地，保护耕地，就是保护我们的生命线。珍惜、合理利用土地和切实保护耕地已成为我国的基本国策之一。各级人民政府应当采取措施，全面规划，严格管理，保护、开发土地资源，制止非法占用土地的行为。要坚持实行土地用途管制制度。对耕地实行特殊保护，包括基本农田保护制度、占用耕地补偿制度。

4. 房地产综合开发原则。房地产开发经营应当按照经济效益、社会效益、环境效益相统一的原则，实行全面规划、合理布局、综合开发、配套建设。

5. 城镇住房商品化原则。国家根据社会、经济发展水平，扶持发展居民住宅建设，逐步改善居民的居住条件。逐步推行城镇居民住房商品化，不断满足人民群众日益增长的住房需求。

6. 宏观调控与市场调节相结合的原则。鉴于房地产在国民经济中的重要性，房地产市场交易的高利润和高风险性，对房地产活动既不能管的太死，又不能放任自流，特别要警惕“泡沫经济”成分。因此，科学的管理方法是以宏观调控为指导，适当放开，由市场去调节。

第二节　房地产法的基本制度

一、房地产开发用地法律制度

土地是房屋等建筑物和附着物得以形成和存在的基础，房屋等建筑物和附着物是利用土地的必然结果，两者在物质形态上具有不可分割性。一切房地产开发和房屋建设都必须首先解决土地的使用问题，而任何房地产的经营活动都会涉及土地使用权的变更或转移问题。离开土地，房地产开发、经营活动就无从谈起。在计划体制下，我国用地方式采取单一的行政划拨方式这种用地制度，导致土地资源的配置效益差、利用率低等弊端。在经济体制改革之后，国家改革用地制度，变单一的划拨方式为土地使用权有偿出让方式和土地使用权划拨方式。

（一）土地使用权的出让

1. 土地所有权和使用权的含义

土地所有权，是指土地所有者在法律规定的范围内，行使对土地占有、使用、收益和处分的权利。根据我国《宪法》和《土地管理法》的规定，我国土地所有权归属分为全民（国家）所有和集体所有两种。

国有土地指所有权属于国家的土地。其主要范围包括：(1) 城市市区的土地；(2) 农村和城市郊区中依法没收、征收、征购，收归国有的土地（依法划定或者确定为集体所有的除外）；(3) 国家依法征收的土地；(4) 依法不属于集体所有的林地、草地、荒地、滩涂及其他土地；(5) 农村集体组织全部成员转为城镇居民的，原属于其成员集体所有的土地；(6) 因国家组织移民、自然灾害等原因，农民成建制地集体迁移后不再使用的原属于迁移农民的集体所有的土地。

集体土地指所有权属于农民集体的土地，主要范围包括：(1) 农村和城市郊区的土地。(2) 农村中的宅基地、自留地、自留山。

土地使用权，是基于土地的所有权而产生的对土地的占有、使用、收益和依法处分的权利。它是我国地权制度的重要组成部分，是一种独立的权利类型，主要具有以下特征：(1) 具有派生性，即指土地使用权是由土地所有权中分离出来的一种权利。(2) 具有物权性质，即指土地使用权人对土地享有独立的支配权和排他性的占有、使用、收益权。(3) 具有明确的期限，指土地使用权最终要回到土地所有权人的手中，因此土地使用权通常具有明确的期限。

在我国现行土地制度下，土地使用权的取得方式因土地所有权的类型而异，主要有：

(1) 国有土地建设用地使用权的取得，主要有出让和划拨两种方式。

(2) 集体土地建设用地使用权的取得，主要是申请审批。即符合法定条件者，经过申请，获得有批准权的人民政府批准，即可取得建设用地使用权。但为了切实贯彻实施保护耕地的基本国策，明确规定集体所有的土地不能开发经营房地产，房地产开发用地必须是国有土地。《城市房地产管理法》第九条规定："城市规划区内的集体所有的土地，经依法征用转为国有土地后，该幅国有土地的使用权方可有偿转让。"

2. 土地使用权出让的含义及特点

土地使用权的出让，是国家将国有土地使用权在一定年限内出让给土地使用者，由土地使用者向国家支付土地使用权出让金的行为。土地使用权的出让具有以下特点：

(1) 土地使用权的出让是以土地所有权和使用权分离为基础的，是一种在法律规定范围内对物直接支配、享有利益并排除他人干涉的权利，是物权。

(2) 土地使用权的出让是有偿的，土地使用者必须向国家支付一定数额的出让金。出让金既包括一定年限内的地租，也包括出让前按国家对土地的开发成本和有关的征地拆迁补偿、安置费用等。

(3) 土地使用权的出让是有一定年限的，根据我国《城镇国有土地使用权出让和转让暂行条例》的规定，最高出让年限按用途确定：居住用地70年；工业用地50年；教育、文化、卫生、体育用地50年；商业、旅游、娱乐用地40年；综合用地或者其他用地50年。

3. 土地使用权的出让方式

根据《城市房地产管理法》的规定，土地使用权出让，属于我国房地产一级市场中的活动，可以采取拍卖、招标或者双方协议的方式。商业、旅游、娱乐和豪华住宅用地，有条件的，必须采取招标、拍卖方式；没有条件不能采取上述方式的，才可以采取双方协议的方式。

(1) 拍卖方式

拍卖土地使用权，是由市、县土地管理部门或委托拍卖机构在规定的时间、地点通过拍卖的方式公开叫价竞标，以出价最高者为受让人而出让土地使用权。拍卖出让土地使用权的一般程序为：①土地管理部门将拍卖土地使用权的有关事宜登报公告，有意参加拍卖竞投者按公告要求领取有关文件。②拍卖主持人按公告确定的时间、地点主持拍卖会进行拍卖，确定最后应价者为受让人。③受让人与土地管理部门签订土地使用权的出让合同，并按规定的时间交付土地使用权出让金。受让人交付全部土地使用权的出让金后，持土地管理部门出具的付款凭证，办理土地使用权登记手续，领取《国有土地使用权证》，取得土地使用权。

(2) 招标方式

招标方式出让土地使用权，是由市、县土地管理部门向符合规定条件的单位发出招标邀请书或者向社会公布招标条件，通过合法的招标程序，择优确定中标者，向其出让土地使用权。招标方式包括邀请招标和公开招标两种。以招标方式出让土地使用权的一般程序有：

第一，市、县土地管理部门向符合规定条件的单位发出《招标邀请书》或者公开向社会发布《招标公告》。

第二，有意参加投标者在规定的时间内到指定地点领取招标文件。投标者在投标截止日前到指定地点，将投标书投入标箱并按土地管理部门的规定交付投标保证金。

第三，土地管理部门组织开标会议，按照招标公告或招标邀请书确定的时间、地点当众开标，宣布不符合规定的标书无效。

第四，土地管理部门组织招标机构评标，通过评选确定中标人，并向中标人发出中标通知，中标人在接到通知后，按规定的时间与土地管理部门签订土地使用权出让合同。中标人未在规定时间内与土地管理部门签订合同的，其中标资格将被取消。

第五，中标人按土地使用权出让合同的规定，支付土地使用权转让金，并凭土地管理部门出具的付款凭证办理土地使用权登记手续，领取《国有土地使用证》，取得土地使用权。

(3) 协议方式

以协议方式出让土地使用权，是由市、县土地管理部门根据土地用途、建设规划要求、土地开发程度等情况与受让申请人协商用地条件和土地使用权出让金，双方经过协商达成协议后，受让方便依据协议取得土地使用权。协议出让的一般程序如下：

第一，拟通过出让方式取得土地使用权者，持经政府批准的投资计划及有关文件向土地所在地的市、县土地管理部门提交协议受让土地使用权的申请。市、县土地管理部门对受让申请及有关材料进行审查，经审查同意后，通知申请者前来洽谈用地条件及土地使用权出让金，签订土地使用权出让合同。

第二，报批。土地使用权出让合同草签后，土地管理部门按照规定权限，将土地使用权出让合同草案及其有关材料报有批准权的人民政府批准。

第三，土地使用权出让合同草案经人民政府批准后，由市、县土地管理部门与受让人正式签订土地使用权出让合同。受让方按土地使用权出让合同的约定付清土地使用权出让金后，到市、县土地管理部门办理土地使用权登记手续，领取《国有土地使用证》，取得土地使用权。

采取双方协议方式出让土地使用权的出让金，不得低于按国家规定所确定的最低价。出让合同签订后，市、县人民政府土地管理部门应当将协议出让国有土地使用金向社会公布。

（二）土地使用权的划拨

1. 土地使用权划拨的含义及特征

土地使用权划拨，是指县级以上人民政府依法批准，在土地使用者缴纳补偿、安置等费用后将该幅土地交付其使用，或者将土地使用权无偿交付给土地使用者使用的行为。土地划拨具有以下法律特征：(1) 没有明确的期限。通过划拨方式取得的土地使用权除法律、行政法规另有规定外，没有使用期限的限制。(2) 划拨土地使用权只需以较小的代价或无偿即可取得。依照《土地管理法》的有关规定，在以下两种情况下，只需要支付较小的代价，即支付土地补偿费和安置补助费即可取得划拨土地使用权：①征用集体所有的土地；②使用其他单位正在使用的国有土地。在以下两种情况下无偿即可取得划拨土地使用权：①使用国有荒山、荒地、滩涂；②使用市区内没有收益的空地。(3) 不能转让、出租和抵押。通过划拨方式取得的土地使用权，除符合法律规定的条件外，不能转让、出租和抵押。所谓法律规定的条件，主要是指《城市房地产管理法》规定的条件，即首先要经市、县人民政府土地管理部门和房产管理部门批准，其次要与土地管理部门签订土地使用权出让合同，向当地市、县人民政府补交土地使用权出让金或者以转让、出租和抵押所获收益抵交土地使用权出让金。不具备这两个基本条件的土地使用权不能转让、出租和抵押。

2. 土地使用权划拨的范围

根据《城市房地产管理法》第 24 条规定，下列用地的土地使用权确属必要的，可采取划拨方式提供土地使用权：(1) 国家机关用地和军事用地；(2) 城市基础设施用地和公益事业用地；(3) 国家重点扶持的能源、交通、水利等项目用地；(4) 法律、行政法规规定的其他用地。

二、房地产开发法律制度

（一）房地产开发的概念和原则

1. 房地产开发的概念

房地产开发是指在依法取得的国有土地土地使用权的土地上进行基础设施、房屋建设的行为。房地产开发是一项高投入、高风险的投资经营活动，也是一项涉及面较广的经济活动，其对国计民生产生重大影响，因此，国家通过立法及其他手段对其加以调控管理。

2. 房地产开发的原则

根据《城市房地产管理法》的规定，房地产开发应遵循以下基本原则：

(1) 严格执行城市规划

城市规划是城市人民政府对城市建设进行宏观调控和微观管理的重要措施，也是对城市房地产开发进行合理控制，实现土地资源合理配置的有效手段。它是城市发展的基本依据。依据《城市规划法》的规定，城市规划区内的建设工程的选址和布局必须符合城市规划，服从城市规划的管理。同时依据《城市房地产管理法》的规定，房地产开发必须严格执行城市规划，实行全面规划、合理布局。

(2) 坚持经济、社会和环境统一

在市场体制下的房地产开发企业是以营利为目的的经济实体，以追求经济效益从事经济活动为主要目的。然而由于房地产开发涉及的面较广，且与人民生活息息相关，如城市拆迁、住宅质量等牵动着亿万人民的利益和安危。因此房地产开发应当注重社会效益。同时房地产开发作为一项建设行为，对城市环境也有巨大的影响，如不注重环境效益将危害当代、贻害子孙。因此房地产开发还应注重环境效益。房地产开发只有坚持经济、社会、环境效益三统一的原则，才能达到未来城市建设的目标，也才能获得顺利、持久发展。

(3) 综合开发、配套建设

综合开发、配套建设是指按照城市建设规划的功能分区，将某一地区各类物业的土地开发和房屋建设与基础设施和配套设施的建设统一规划、同步建设。过去我国在很长一段时间内，由于城市建设投资来源分散，城市建设采取的是“见缝插针”的小生产方式，由此造成城市规划难以实施，城市建设缺乏系统，总体效益低下，给群众带来诸多不便，也给后续投资开发造成很大障碍。因此今后进行房地产开发必须实施综合开发和配套建设。

(4) 按照土地使用权出让合同约定的用途、动工期限开发土地

土地使用权出让合同中约定的土地用途是严格按照城市规划的要求确定的，如果允许土地使用者随意改变土地用途，势必打乱整个城市布局，影响城市整体功能的发挥和城市发展的长远利益。同时城市土地用途的确定还直接反应着作为土地所有者的国家与土地使用者之间的经济利益。不同用途的土地使用权的出让价格和出让期限都是不同的。如果以低价格获取本应是高价格获取的土地使用权，以此炒卖土地谋取高额利润，势必侵害国家利益，也会破坏市场竞争法则。因此，《城市房地产管理法》规定，以出让方式取得土地使用权进行房地产开发的，必须按照土地使用权出让合同约定的动工期限开发土地。超过出让合同约定的动工开发日期满 1 年未动工开发的，可以征收相当于土地使用权出让金 20%以下的土地闲置费；满 2 年未动工开发的，可以无偿收回土地使用权。

(5) 鼓励开发建设居民住宅

住宅建设是社会保障体系的一个重要方面，人民的居住水平从一个侧面反映了社会的进步和发展。目前我国城镇居民住房紧张状况仍未从根本上得以改善，住房需求量十分巨大。然而由于住宅建设主要面对广大工薪阶层进行，投资回报率远远低于商业、娱乐和别墅等高档开发项目。因此如果国家不对居民住宅开发建设实施扶持、鼓励政策，开发商受利益驱使就会总是热衷于将资金投向营利高、见效快的高档开发项目。对此，《城市房地产管理法》规定，国家采取税收等方面的优惠措施鼓励和扶持房地产开发企业开发建设居民住宅。

(二) 房地产开发企业

1. 房地产开发企业的概念及分类

房地产开发企业是指依法设立以营利为目的,从事房地产开发和经营具有企业法人资格的经济实体。它是房地产开发和交易的主体,是房地产市场中的重要角色。房地产企业的开发、经营活动是否规范有序,直接关系着房地产业是否能健康发展。按房地产开发企业的所有制性质划分,可将房地产开发企业分为全民所有、集体所有、中外合营和外商独资四种主要类型:

(1) 全民所有的房地产开发企业,主要是在房屋统建的基础上发展起来的或政府各部门组建的房地产开发公司。目前全民所有的房地产开发公司在房地产开发企业中占有较大的比重,他们大都是当地的骨干开发企业。

(2) 集体所有的房地产开发企业是集体出资开办,其资产属于集体所有的房地产开发企业。它一般是以有限公司的形式存在,实行自主经营、自负盈亏、独立核算。集体性质的房地产开发企业一般规模较小,管理水平较低。

(3) 中外合资经营的房地产开发企业是中外双方在约定的期限内,以合资或合作的方式经营房地产开发与经营的企业。合资或合作的条件可以是现金、实物,也可以是土地使用权。

(4) 外商投资的房地产开发企业是依照我国法律在我国境内设立的,全部资金由外国投资者投资的房地产开发经营企业。因房地产市场受国家基本建设政策的影响,波动较大,各地对外商独资的房地产开发公司的注册持慎重态度,目前,外商独资的房地产开发企业数量有限。

2. 房地产开发企业的设立条件

依照《城市房地产管理法》第 30 条规定,设立房地产开发企业应当具备下列条件:

(1) 有自己的名称和组织机构

有自己的名称,这是企业间相互区别的重要标志,没有名称就得不到法律的承认。房地产开发企业也不例外。同时,企业的团体意志只有通过一定的组织机构才能产生,并且只有通过一定的组织机构才能具体实现。房地产开发企业的组织机构是使其开发和经营活动得以正常进行的基本保证。

(2) 有固定的生产经营场所

固定的生产经营场所一般是指企业的主要办事机构所在地。它是企业进行开发活动的中心,是对外进行联系,开展经营活动所必需的场所,也是国家对企业进行监督管理的必要条件。因此有关法律将"有固定的生产经营场所"作为企业设立的重要条件之一。

(3) 有符合规定的注册资本

注册资本是反映企业经济实力的重要标志,也是企业对外承担法律责任的基础。房地产业是投资规模大、占用资金时间长的行业,房地产开发企业在进行房地产开发和经营中必须拥有足够的资本,这是房地产开发企业进行正常业务活动的物质保证。因此房地产开发企业的设立必须具有符合法定数额的注册资本。根据 2000 年 3 月 9 日发布的《房地产开发企业资质管理规定》,房地产开发企业要从事房地产开发和经营活动,必须取得房地产开发企业资质等级证书。在其资质等级认定中有关注册资本的规定有:一级企业 5 000 万元、二级企业 2 000 万元、三级企业 800 万元、四级企业 100 万元。

(4) 有足够的专业技术人员

房地产业是一种专业性很强的行业，不仅需要懂经营、懂管理的经营管理人才，还需要有足够的专业技术人员如工程师、会计师、经济师等。依照 1998 年《城市房地产开发经营管理条例》的规定，设立房地产开发企业必须具有四名以上持有资格证书的房地产专业、建筑工程专业的专职技术人员，两名以上持有资格证书的专职会计人员。另外在建设部 2000 年 3 月 9 日发布的《房地产开发企业资质管理规定》中将房地产开发企业分为四个资质等级且规定了各等级资质企业应具备相关人员的具体标准。

(5) 法律、法规规定的其他条件。

这主要是指其他相关法律、法规所规定的条件。如《公司法》、《企业法人登记管理条例》等有关企业组织形式、登记条件等规定。

3. 房地产开发企业的设立程序

依照《城市房地产管理法》的规定，房地产开发企业设立的程序主要包括以下两个步骤：(1) 申请登记。设立房地产开发企业，首先应向县级以上人民政府工商行政管理部门提出登记申请，并如实报告创办企业所具备的各项条件，提供创办企业的可行性研究报告和各项经济技术资料。工商行政管理部门对符合法定条件的，自收到申请之日起 30 日内予以登记；对不符合法定条件的不予登记但应说明理由。(2) 依法备案。房地产开发企业在领取营业执照后的 1 个月内，应到登记机关所在地的房地产开发主管部门备案。这样规定有利于房地产主管部门了解本辖区房地产开发企业的设立情况，加强对企业的管理。

【案例 11-1】　未取得资质擅自开发房地产应当承担不利的法律后果

2005 年年底，振兴房地产公司在没有办理建设用地规划许可证、建设工程许可证、建设工程开工证等相关手续的情况下，擅自在西部丝绸商贸城南侧开工修建设计为 6 层的住宅楼。该楼工程完工后，在不到 3 个月的时间里，60 套住房全部售完。经调查，振兴房地产公司没有取得合法资质。房子售出后该公司私自印制并给住户发放所有权证，并承诺售房后再给住户办理合法的房屋所有权证。参与违法开发和销售的企业有海惠房地产开发有限公司和金土地房地产经纪有限公司。问：该上述公司的行为是否合法？

【案例分析】

上述公司的行为不合法。表现在：(1) 根据《城市房地产管理法》第 27 条规定，房地产开发项目的设计、施工，必须符合国家的有关标准和规范。而本案振兴房地产公司在没有办理建设用地规划许可证、建设工程许可证、建设工程开工证等相关手续的情况下，即建造 6 层住宅楼，明显属于违法行为。(2) 退一步讲，即使振兴公司办理了建设用地规划许可证、建设工程许可证、建设工程开工证等相关手续后，也不能将住宅楼交付给住户。因为《城市房地产管理法》第 27 条同时规定，房地产开发项目竣工，经验收合格后，方可交付使用。所以，这是该公司存在违法行为之二。(3) 振兴房地产公司经调查未取得房地产开发经营资格，即从事房地产开发行为，属于违法之举。鉴于存在上述违法行为，有关部门可以根据《城市房地产管理法》第 65 条和《城市房地产开发经营管理条例》第 35 条房地产企业未取得资质证书或者超越资质等级从事房地产开发经营的，由县级以上人民政府房地产开发主管部门责令限期改正，处 5 万元以上 10 万元以下罚款；逾期不改的，由工商行政管理部门吊销营业执照之规定，对上述公司予以处罚。

(三) 房地产开发项目建设

根据 1998 年《城市房地产开发经营管理条例》的规定，房地产开发项目建设管理应注意以下几方面的工作：

1. 房地产开发项目的确立

房地产开发项目的确立应当符合土地总体规划、年度建设用地规划、城市规划和房地产开发年度计划的要求。

(1) 土地利用总体规划

土地利用总体规划是指在一定区域内，根据经济社会可持续发展的要求和当地的自然、经济、社会条件，对土地的开发、利用、治理、保护在空间上、时间上所作的总体安排和布局。所起主要作用是：划分土地利用区，明确土地利用区内的土地用途和使用条件，为土地开发、使用和整治提供依据，为政府审批农地转用、划定基本农田保护区提供依据。因此房地产开发建设对土地的使用必须符合土地利用总体规划确定的土地用途。房地产开发用地使用权的出让要与土地利用总体规划相一致。

(2) 城市规划

城市规划是研究城市的未来发展、城市的合理布局和综合安排城市各项工程建设的综合部署，是一定时期内城市发展的蓝图，是城市管理的重要组成部分，是城市建设和管理的依据。具体在房地产开发中应做到：在城市规划区内，房地产开发项目建设工程的选址、布局和新建、改建建筑物以及房地开发建设的各个环节都要符合城市规划要求。

2. 编制、实施合理的房地产开发用地计划

房地产用地计划是国民经济社会发展计划的组成部分，是国家加强土地资源宏观管理，实行建设用地总量控制的重要措施，也是建设用地审批的重要依据之一。通过编制和实施各级建设用地计划，对各种建设用地的供给和分配进行控制和管理，从而达到控制建设用地总量的目的。根据《建设用地计划管理暂行办法》的规定，国家建设项目的用地必须有按照规定程序批准的设计任务书或其他批准文件，方可申报 5 年用地计划；只有按照规定程序批准的初步设计或其他批准文件，才能纳入年度用地计划。房地产开发用地一般都属于建设用地且用地数量较大，自然要符合国家土地利用计划管理的要求。不论采取何种用地方式(出让或划拨)都要纳入国家下达的地方年度建设用地计划，未经批准不得突破国家下达的地方年度建设用地计划。

3. 要服从环境保护的要求

房地产开发涉及多种环境因素，其开发建设活动必然会直接或间接地对周围环境产生某种影响尤其是土地。在房地产开发过程中自始至终都存在着开发建设和环境保护的矛盾。人们在追求建设规模和发展速度的时候，常常忽视了对环境的保护。片面追求经济利益的短期行为已对社会环境产生了明显的负面影响，以至不少地方的环境现状出现恶化趋势。因此在房地产开发的设计、实施和竣工阶段都要符合《环境保护法》的有关规定，做到将开发方案与环境保护方案同时设计、同时实施、同时交付使用，才能保证房地产开发与环境保护协调发展，实现经济效益、社会效益和环境效益同步提高的综合效益。

三、房地产交易法律制度

(一) 房地产交易的概念和原则

1. 概念

房地产交易是指房地产交易主体之间进行的房地产转让、抵押和房屋租赁活动。它是以房屋等建筑物、构筑物及其占用范围内的土地使用权为对象而进行的一种商品交换活动。

其交易形式有转让、抵押和租赁三种。

2. 原则

由于房地产交易有其自身的特殊性，除遵守平等、自愿、等价有偿、诚实信用等一般的商品交易原则外，依照《城市房地产管理法》的有关规定，还必须遵守以下原则：

(1) 房地一体原则

由于土地与房屋等地上建筑物在物质形态上具有不可分割性，一旦分割，会导致其价值丧失。为了维护交易双方的合法权益，便于土地和房屋的合理利用，我国《城市房地产管理法》明确规定："房地产转让、抵押时房屋的所有权和该房屋占用范围内的土地使用权同时转让、抵押。"

(2) 承接原则

房地产市场的龙头是一级市场，政府通过土地使用权出让合同为土地使用者开发使用土地赋予一定的权利和限定了各种义务。各方后续进行的房地产交易不论交易发生多少次，出让合同依然有效。出让合同对每一个房地产交易当事人均有约束作用。为此，《城市房地产管理法》规定："房地产交易时土地使用权出让合同载明的权利、义务随之转移。"

(3) 依法登记原则

动产的转移一般以标的物的实际给付或以合同规定的情形为标志。不动产的权利变更以法定登记为准。这是因为房地产交易并不转移标的物，而只是转移标的物权利主体。这就决定了占有标的物不足以真正表明权利人与房地产之间的支配关系。实际占有难以成为判断房地产权属的科学的公示方法。为维护权利人的合法权益，防止欺诈行为，世界各国都对房地产交易实行登记制度。我国《城市房地产管理法》规定："房地产转让或者变更时，应当向县级以上地方人民政府房产管理部门申请房产变更登记，并凭变更后的房屋所有权证书向同级人民政府土地管理部门申请土地使用权变更登记"。不依法办理登记手续的，其房地产的转让不具有法律效力，不受国家法律的保护。

(4) 房地产交易价格分别管制原则

房地产价格问题是房地产交易和房地产市场的核心问题。为稳定房地产价格、维护房地产市场秩序、保护购房人的合法权益，我国《城市房地产管理法》规定："基准地价、标定地价和各类房屋的重置价应当定期确定并公布。"目前除经济适用房实行政府指导价，拆迁补偿房屋价格及房地产交易市场的重要的经营性服务收费实行政府定价外，其他各类房屋的买卖、租赁价格及房屋的抵押、典当价格均实行市场调节价。

(二) 房地产转让

1. 房地产转让的概念和特征

房地产转让是指房地产权利人通过买卖、赠与或者其他合法方式将其房地产转移给他人的行为。房地产转让具有以下特征：(1) 房地产转让人必须是房地产转让权利人。(2) 房地产转让的权利内容是特定的房地产转让权利，包括国有土地使用权和国有土地上的房屋所有权。(3) 房地产转让的方式包括买卖、赠与、互换、继承、遗赠等。(4) 房地产转让属于要式民事法律行为，即房地产转让的双方主体应签订书面房地产转让合同，并经过转移变更登记。建设部《城市房屋产权户籍管理暂行办法》第18条规定："凡未按照本办法申请并办理房屋产权登记的，其房屋产权的取得、转移、变更和他项权利的设定均为无效。"

2. 房地产转让的条件

由于房地产是一种特殊商品，我国根据实际情况和市场经济的要求，出于维护国家和法

人、公民合法权益及维护房地产市场的考虑,为房地产的转让设定了以下条件:

(1) 一般性限制条件

房地产市场客体具有合法性是房地产转让行为合法的基本前提。因此《城市房地产管理法》第38条采取了禁止性的方式规定下列房地产不得转让:①以出让方式取得土地使用权不符合转让的法定条件的;②司法机关和行政机关依法裁定、决定查封或者以其他形式限制房地产权利的;③依法收回土地使用权的;④共有房地产未经他人共有书面同意的;⑤权属有争议的;⑥未依法登记领取权属证书的;⑦法律、行政法规规定禁止转让的其他情形。

(2) 以出让方式取得土地使用权的房地产转让条件

以出让方式取得土地使用权的房地产,是指作为民事主体的受让方与国家政府部门签订土地使用权转让合同,依法取得出让土地的使用权,再行转让给第三人的活动。这一活动很容易通过土地使用权的买卖投机而牟取暴利扰乱房地产市场。为此《城市房地产管理法》规定:以出让方式取得土地使用权的,在转让房地产时应符合下列条件:①按照出让合同约定已经支付全部土地使用权出让金,并取得土地使用权证书;②按照出让合同约定进行投资开发,属于房屋建设工程的,应完成开发投资总额的25%以上;属于成片开发土地的,形成工业用地或者其他建设用地条件。转让房地产时房屋已经建成的,还应当持有房屋所有权证书。

(3) 以划拨方式取得土地使用权的房地产转让的条件

以划拨方式取得土地使用权的转让,是指无偿或者交纳了补偿、安置等费用后取得的土地使用权。《城市房地产管理法》对以划拨方式取得土地使用权的转让作出了限制性的规定。主要有:①办理土地使用权出让手续并缴纳土地使用权出让金;②不办理土地使用权出让手续的转让方,应当将转让房地产所获收益中的土地收费上缴国家或作其他处理。

(4) 商品房预售应符合下列条件:①已交付全部土地使用权出让金,取得土地使用权证书;②持有建设工程规划许可证;③按提供的预售商品房计算投入开发建设的资金达到工程建设投资的25%以上,并已确定施工进度和竣工交付日期;④向县级以上人民政府房产管理部门办理预售登记,取得商品房预售许可证明。同时商品房预售人应将预售合同报县级以上人民政府的房产管理部门和土地管理部门备案。商品房预售所得款项必须用于相关的工程建设,以确保本工程建设有足够的资金,该款项必须专款专用,不得挪作其他用途。

(三) 房地产抵押

1. 房地产抵押的概念和特点

房地产抵押是指抵押人以其合法的房地产以不转移占有的方式向抵押权人提供债务履行担保的行为。当债务人不履行债务时,抵押权人有权依法以抵押房地产拍卖所得的价款优先受偿。房地产抵押权的法律特征有:(1) 房地产抵押权是为担保债权而设立的,与所担保的债权是主从关系,对其具有附从性。(2) 房地产抵押权具有特定性,即以特定的抵押房地产担保特定的债权。(3) 房地产抵押权具有不可分性,其效力及于抵押房地产的全部和被担保债权的全部,不受房地产的分割、部分转让、部分灭失和债权的分割、部分转让、部分灭失、部分清偿的影响。(4) 房地产抵押权的物上代位性,即抵押房地产发生原有形态变化时,房地产抵押权的效力及于该抵押房地产的转换物上。(5) 房地产抵押权的追及性,即抵押人将抵押房地产转让给他人时,抵押权人仍可对抵押房地产行使抵押权。新的房地产权利人不得以其不是债务人提出异议。

2. 房地产抵押权标的物的范围

根据我国《物权法》、《担保法》和《城市房地产法》第32条和第48条规定,房地产抵押权标的范围包括房屋的所有权和该房屋占用范围内的土地使用权；以出让方式取得的土地使用权，可以设定抵押权。前者为物的抵押，后者为权利的抵押。因此，可以设定抵押权的房地产主要包括：(1) 抵押人所有的房屋和其他地上附着物。房屋包括供人们生活用住房和非生活用的生产、经营和服务用房。就所有权性质而言其可以是集体、私人所有的房产，也可以是国家授权给企业经营管理的房产。其他附着物主要是指属于抵押人所有的树木和经人工投资形成的构筑物。(2) 抵押人依法享有处分权的国有土地使用权。这里的国有土地使用权主要是指以出让方式取得的国有土地使用权。(3) 抵押人依法承包并经发包方同意抵押的荒山、荒沟、荒丘、荒滩等荒地的土地使用权。(4) 乡(镇)村企业的厂房等建筑物及所占集体土地的使用权。

3. 房地产抵押的程序

设定房地产抵押时，抵押人所持有的土地使用权证书，房屋所有权证书是标志抵押人具有设定抵押资格的书面凭证。因此，城市房地产管理法规定，房地产抵押，应当凭土地使用权证书、房屋所有权证书办理。房地产抵押，抵押人和抵押权人应当签订书面抵押合同。

4. 房地产抵押权的实现

根据《城市房地产法》第 47 条规定，债务人不履行债务时，抵押权人有权依法以抵押的房地产拍卖所得的价款优先受偿。因此，房地产抵押权的实现方式只能是拍卖。需要注意的是，房地产抵押合同签订后，土地上新增的房屋不属于抵押财产。需要拍卖该抵押的房地产时，因新增房屋与抵押财产无法实际分割，可以依法将土地上新增的房屋与抵押财产一同拍卖. 但对拍卖新增房屋所得，抵押权人无权优先受偿。

【案例 11-2】 甲、乙、丙房屋抵押权实现的顺序确定

2005 年 5 月，某个体工商户甲，因生产经营需要向朋友乙借款 25 万元。双方约定甲以一套价值 50 万元的房屋作为抵押，担保此项债务的清偿，双方签订了抵押借款合同。合同约定 2007 年 5 月底还清借款，否则，乙可以拍卖甲用于抵押的房屋，并就拍卖所得优先受偿。双方到当地房地产管理部门办理了抵押合同登记。2006 年 5 月，甲为扩大经营又向朋友丙借款 20 万元，并以自己那套价值 50 万元的房屋的余值设定抵押，借款合同约定还款期限为 2008 年 5 月。双方持抵押合同到当地房地产管理部门办理了抵押登记。2008 年 5 月，经丙多次催促，甲仍未能还款，丙向法院起诉，要求行使抵押权，拍卖抵押房屋。抵押房屋拍卖所得价金为 40 万元，丙要求优先受偿 20 万元，乙得知此事后提出异议，声称自己的抵押合同在先，且经过登记，该 40 万元应有自己优先受偿。

【案例分析】

我国《担保法》、《城市房地产管理法》、《物权法》的相关规定均表明，在我国抵押权的设定以登记为法定生效要件。《房屋登记办法》第 42 条规定，以房屋设定抵押的，当事人应当申请抵押权登记。《担保法》第 54 条规定："同一财产向两个以上债权人抵押的，拍卖、变卖抵押物所得的价款按照以下规定清偿：抵押合同已登记生效的，按照抵押物登记的先后顺序清偿。"

就本案而言，乙和丙与甲的房屋抵押合同均经过抵押权设立登记，两者对同一抵押物(甲的房产)均享有抵押权，但两个登记发生的时间不同，因丙的抵押权登记在后，故丙的要求难以实现。

(四) 房屋租赁

房屋租赁是指房屋所有人作为出租人将其房屋出租给承租人使用，由承租人支付租金的行为。

1. 房屋租赁关系的成立

(1) 房屋租赁不得违反国家法律的禁止性规定。根据《商品房租赁管理办法》第 6 条规定,有下列情形之一的房屋不得出租:属于违法建筑的;不符合安全、防灾等工程建设强制性标准的;违反规定改变房屋使用性质的;法律、法规规定禁止出租的其他情形。

(2) 房屋租赁必须订立书面合同。《城市房地产管理法》第 54 条规定,房屋租赁,出租人和承租人应当签订书面租赁合同,约定租赁期限、租赁用途、租赁价格、修缮责任等条款,以及双方的其他权利和义务,并向房产管理部门登记备案。

(3) 房地产租赁合同登记备案。房屋租赁当事人应当在租赁合同签订后的 30 日内,持有关规定的文件到直辖市、市、县人民政府房地产管理部门办理登记备案手续。经主管部门审核合格后,颁发《房屋租赁证书》。

2. 房屋租赁当事人的权利和义务

(1) 出租人的权利与义务

根据《商品房租赁管理办法》的规定,出租人的权利包括:依合同约定向承租人收取租金;对承租人使用房屋进行监督;依法解除租赁合同;期满收回房屋。

出租人的义务包括:出租住房的,应当以原设计的房间为最小出租单位,人均租住建筑面积不得低于当地人民政府规定的最低标准。厨房、卫生间、阳台和地下储藏室不得出租供人员居住;出租人应当按照合同约定履行房屋的维修义务并确保房屋和室内设施安全。未及时修复损坏的房屋,影响承租人正常使用的,应当按照约定承担赔偿责任或者减少租金。房屋租赁合同期内,出租人不得单方面随意提高租金水平。

(2) 承租人的权利和义务

根据《商品房租赁管理办法》的规定,承租人享有以下权利:在合同约定的期限内占有、使用房屋,并取得合法权益;房屋租赁期间出租人出售租赁房屋的,应当在出售前合理期限内通知承租人,承租人在同等条件下有优先购买权;经出租人书面同意,承租人可以转租房屋。

承租人的义务:承租人应当按照合同约定的租赁用途和使用要求合理使用房屋,不得擅自改动房屋承重结构和拆改室内设施,不得损害其他业主和使用人的合法权益;承租人因使用不当等原因造成承租房屋和设施损坏的,承租人应当负责修复或者承担赔偿责任;租赁期限满或终止合同后返还房屋。

3. 房屋租赁关系的变更或解除

有下列情形之一的,房屋租赁当事人可以变更或者解除租赁合同:(1) 符合法律规定或者合同约定可以变更或解除合同条款的;(2) 因不可抗力致使租赁合同不能继续履行的;(3) 当事人协商一致的。因变更或者解除租赁合同使一方当事人遭受损失的,除依法可以免除责任的以外,应当由责任方负责赔偿。

【案例 11-3】 将划拨土地上建造的房屋出租,应当将租金中所含土地出让金上缴

甲公司通过划拨方式取得了国有土地使用权,在该土地上建了一栋房屋,并将该房屋出租给乙公司,每月得租金 1 万元。后被土地管理部门发现。问:该房屋租赁合同是否有效?所得租金该如何处分?

【案例分析】

该房屋租赁合同有效。因为根据法律规定，该租赁合同是平等主体之间的真实意思表示，且租赁的标的物不是法律禁止流通的物，因而，该租赁合同本身也没有法律规定的无效情形，故应认定为有效。但是，由于划拨土地，受让人取得该幅土地使用权没有缴纳相应的土地出让金，为防止国有资产的流失，《城市房地产管理法》第56条规定，以营利为目的，房屋所有权人将以划拨方式取得使用权的国有土地上建成的房屋出租的，应当将租金中所含土地收益上缴国家。故，甲公司应当将租金中的土地收益上缴国家即可。

(五) 房地产中介服务

房屋中介服务机构是指房地产咨询机构、房地产价格评估机构、房地产经纪机构等为房地产交易活动提供服务的机构的总称。现代市场经济发展表明，经济发展离不开市场交易行为的活跃，而市场交易行为的活跃离不开交易主体提供的、各种能起促进作用的服务性、协调性、联络性组织。房地产咨询机构是专门为房地产交易双方提供信息、法律知识及其交易情况的房地产中介组织；房地产评估机构是为房屋交易提供评估价格的服务机构；房地产经纪机构是为房屋交易提供洽谈协议、交流信息、展示行情等咨询、代理服务的中介服务机构。为保证房屋中介机构为房地产交易提供了优质房屋，《城市房地产管理法》对其设立规定了具体的条件。

根据《城市房地产管理法》第58条规定，设立房地产中介服务机构应当具备下列条件：有自己的名称和组织机构；有固定的服务场所；有必要的财产和经费；有足够数量的专业人员；有法律、行政法规规定的其他条件。设立房地产中介服务机构应当向工商行政管理部门申请设立登记领取营业执照后方可开业。

四、房地产权属登记法律制度

(一) 房地产权属登记法律制度的概述

房地产权属登记，又称为房地产登记，是指房地产管理部门对土地所有权、土地使用权、房屋所有权和其他权项的登记。《城市房地产管理法》第60条规定，国家实行土地使用权和房屋所有权登记发证制度。房地产权属登记具有以下功能：

1. 权利确认功能。通过房地产权属登记确认房地产权利归属状态，经登记的房地产权利受国家法律保护，可以对抗权利人以外的任何人。

2. 权利公示功能。通过房地产权属登记公开房地产权利变动状况，保障房地产交易的安全。

3. 管理功能。通过房地产权属登记，一方面建立房地产产籍资料，进行产籍管理；另一方面通过登记审查相关权利设立、变更、终止的合法性，监督房地产交易行为，取缔或处罚违法行为，以确保国家法律、法规的贯彻执行和城市规划的落实。

(二) 房地产权属登记法律制度的具体内容

1. 国有土地使用权登记

国有土地使用权登记是县级以上地方人民政府土地管理部门依照房地产法律、法规和政策对土地所有权、土地使用权以及他项权利进行注册登记颁发权利证书的一种法律制度。其登记的形式主要有初始登记和变更登记两种。

根据《城市房地产管理法》第61条规定，以出让或者划拨方式取得土地使用权，应当向县级以上地方人民政府土地管理部门申请登记，经县级以上地方人民政府土地管理部门核实，由同级人民政府颁发土地使用权证书。法律另有规定的，依照有关法律的规定办理。

2. 房屋权属登记

房屋权属登记是指房地产行政主管部门代表政府对房屋所有权以及由上述权利产生的抵押权、典权等房屋其他项权利进行登记，并依法确认房屋产权归属关系的行为。关于房屋权属登记的法律规范主要是《物权法》第2章第1节“不动产登记”的规定和住房建设部《城市房屋权属登记管理办法》的规定。房屋权属登记分为总登记、初始登记、转移登记、变更登记、他项权利登记、注销登记。房屋权属登记应当遵循房屋的所有权和该房屋占用范围内的土地使用权权利主体一致的原则。

(1) 总登记。总登记是指县级以上地方人民政府根据需要，在一定期限内对本行政区域内的房屋进行统一的权属登记。根据《城市房屋权属登记管理办法》第14条规定，登记机关认为需要时，经县级以上地方人民政府批准，可以对本行政区域内的房屋权属证书进行验证或者换证。凡列入总登记、验证或者换证范围，无论权利人以往是否领取房屋权属证书，权属状况有无变化，均应当在规定的期限内办理登记。总登记、验证、换证的期限，由县级以上地方人民政府规定。总登记、验证、换证应当由县级以上地方人民政府在规定期限开始之日30日前发布公告。

(2) 初始登记，又称为新建登记。根据《城市房屋权属登记管理办法》第16条规定，新建的房屋，申请人应当在房屋竣工后的3个月内向登记机关申请房屋所有权初始登记，并应当提交用地证明文件或者土地使用权证、建设用地规划许可证、建设工程规划许可证、施工许可证、房屋竣工验收资料以及其他有关的证明文件。集体土地上的房屋转为国有土地上的房屋，申请人应当自事实发生之日起30日内向登记机关提交用地证明等有关文件，申请房屋所有权初始登记。

(3) 转移登记。根据《城市房屋权属登记管理办法》第17条规定，因房屋买卖、交换、赠与、继承、划拨、转让、分割、合并、裁决等原因致使其权属发生转移的，当事人应当自事实发生之日起90日内申请转移登记。申请转移登记，权利人应当提交房屋权属证书以及相关的合同、协议、证明等文件。

(4) 变更登记。根据《城市房屋权属登记管理办法》第18条规定，权利人名称变更和房屋现状发生下列情形之一的，权利人应当自事实发生之日起30日内申请变更登记：房屋坐落的街道、门牌号或者房屋名称发生变更的；房屋面积增加或者减少的；房屋翻建的；法律、法规规定的其他情形。申请变更登记，权利人应当提交房屋权属证书以及相关的证明文件。

(5) 他项权利登记。根据《城市房屋权属登记管理办法》第19条规定，设定房屋抵押权、典权等他项权利的，权利人应当自事实发生之日起30日内申请他项权利登记。申请房屋他项权利登记，权利人应当提交房屋权属证书，设定房屋抵押权、典权等他项权利的合同书以及相关的证明文件。

(6) 注销登记。根据《城市房屋权属登记管理办法》第25条规定，有下列情形之一的，登记机关有权注销房屋权属证书：申报不实的；涂改房屋权属证书的；房屋权利灭失，而权利人未在规定期限内办理房屋权属注销登记的；因登记机关的工作人员工作失误造成房屋权属登记不实的。注销房屋权属证书，登记机关应当作出书面决定，送达当事人，并收回原发放的房屋权属证书或者公告原房屋权属证书作废。

为了方便申请人登记，提高登记效率，《城市房地产管理法》第62条规定，经省、自治区、直辖市人民政府确定，县级以上地方人民政府由一个部门统一负责房产管理和土地管理工作的，可以制作、颁发统一的房地产权证书，依照本法第六十条的规定，将房屋的所有权和该房屋占用范围内的土地使用权的确认和变更，分别载入房地产权证书。

第三节 违反房地产管理制度的法律责任

违反房地产管理制度的法律责任，是指公民、法人或者其他组织违反房地产管理制度的法律责任应当承担的法律后果，包括民事责任、行政责任和刑事责任。《城市房地产管理法》以及与之相关的法律、法规对此都有明确规定，本节主要介绍《城市房地产管理法》规定的法律责任。

一、擅自批准出让或者擅自出让土地使用权的法律责任

根据《城市房地产管理法》第 63 条规定，违反本法第十条、第十一条的规定，擅自批准出让或者擅自出让土地使用权用于房地产开发的，由上级机关或者所在单位给予有关责任人员行政处分。

二、违法开发房地产的法律责任

根据《城市房地产管理法》第 65 条的规定，违反本法第二十九条的规定，未取得营业执照擅自从事房地产开发业务的，由县级以上人民政府工商行政管理部门责令停止房地产开发业务活动，没收违法所得，可以并处罚款。

三、违法转让土地使用权的法律责任

根据《城市房地产管理法》第 66 条的规定，违反本法第三十九条第一款的规定转让土地使用权的，由县级以上人民政府土地管理部门没收违法所得，可以并处罚款。

四、违法转让房地产的法律责任

根据《城市房地产管理法》第 67 条的规定，转让不符合转让条件的划拨土地的房地产的，由县级以上人民政府土地管理部门责令缴纳土地使用权出让金，没收违法所得，可以并处罚款。

五、违法预售商品房的法律责任

根据《城市房地产管理法》第 68 条的规定，预售商品房不符合法定条件的，由县级以上人民政府房地产管理部门责令停止预售活动，没收违法所得，可以并处罚款。

六、擅自从事房地产中介服务的法律责任

根据《城市房地产管理法》第 69 条的规定，未取得营业执照擅自从事房地产中介服务业务的，由县级以上人民政府工商行政管理部门责令停止房地产中介服务业务活动，没收违法所得，可以并处罚款。

七、房地产管理机关及其工作人员的法律责任

根据《城市房地产管理法》第 69 条和第 70 条的规定，如有下列情形之一的，应当承担行政责任或刑事责任：

1. 没有法律、法规的依据，向房地产开发企业收费的，上级机关应当责令退回所收取的钱款；情节严重的，由上级机关或者所在单位给予直接责任人员行政处分。

2. 房产管理部门、土地管理部门工作人员玩忽职守、滥用职权，构成犯罪的，依法追究刑事责任；不构成犯罪的，给予行政处分。房产管理部门、土地管理部门工作人员利用职务上的便利，索取他人财物，或者非法收受他人财物为他人谋取利益，构成犯罪的，依照惩治贪污罪贿赂罪的补充规定追究刑事责任；不构成犯罪的，给予行政处分。

本章小结

本章主要介绍了房地产、房地产法的概念和特点，阐述了房地产法律关系、房地产开发用地、房地产开发、房地产交易和房地产权属登记法律制度等内容。我国房地产法还存在一些问题，例如缺乏科学规划的规定；房地产市场发展失衡；房地产开发中缺乏科技性标准等等。应通过相应措施逐步完善我国城市房地产管理法，尤其是完善房地产监管制度，使之均衡发展。

技能训练

一、单项选择题

1. 现行征用耕地的土地补偿费标准为该耕地被征用前3年平均产值的________倍（　　）

A. 3—6　　B. 6—10　　C. 6—9　　D. 2—5

2. 土地使用权出让的最高年限为：工业用地________年。（　　）

A. 50　　B. 70　　C. 40　　D. 100

3. 建筑物区分所有权为德国学者所倡导。在建筑物区分所有权三项内容（权利）中，________处于主导地位。（　　）

A. 共有部分持分权　　B. 成员权　　C. 专有部分所有权　　D. A和B

4. 房地产转让、抵押时，房屋的所有权和该房屋占用范围内的________同时转让、抵押。（　　）

A. 土地所有权　　B. 土地使用权　　C. 土地收益权　　D. 土地占有权

5. 国有土地使用权出让属房地产的________市场。（　　）

A. 一级　　B. 二级　　C. 三级　　D. 四级

二、多项选择题

1. 城市国有土地使用权划拨的特征包括（　　）

A. 是一种具体的行政行为　　B. 是一种特殊的民事法律行为

C. 是一种无偿的行为　　D. 可以是有期限的，也可以是无期限的

2. 农用地转用审批权主要集中在（　　）

A. 中央　　B. 省级　　C. 县级　　D. 乡镇

3. 下列建设用地的使用权，确属必需的，可以由县级以上人民政府批准划拨的有（　　）

A. 国家机关用地和军事用地

B. 城市基础设施用地和公益事业用地

C. 国家重点扶持的能源、交通、水利等基础设施用地

D. 商业、旅游用地

4. 土地使用权出让的方式包括 （ ）
A. 拍卖 B. 赠与 C. 招标 D. 协议
5. 下列房屋不得出租的是 （ ）
A. 未依法取得房屋所有权证的 B. 被司法机关依法裁定查封的
C. 权属有争议的 D. 属于违法建筑的

三、简答题

1. 简述房屋权属登记的种类及其各自的内容。
2. 简述土地使用权出让的方式。
3. 简述房地产开发企业的设立条件。
4. 简述《城市房地产抵押管理办法》规定的不得设定抵押的房地产。

四、案例讨论

1. 旺达纺织厂由于经营不善而陷于困境，为增加企业流动资金，决定将坐落于甲市的该厂门市部的房屋转让给一私营企业作为商铺。该厂的土地是建厂初期政府划拨供其建设厂房做生产经营之用，转让的门市部是该划拨土地的一部分。2000 年 12 月，旺达纺织厂与该私营企业签订转让合同，合同约定：旺达纺织厂将一房屋转让给该私营企业，房屋的所有权归该私营企业，房屋所占土地的使用权仍由旺达纺织厂持有。
请回答：
(1) 该房地产转让合同的内容是否符合法律的规定？
(2) 本案中的房地产如转让，应符合哪些条件？
2. 2000 年 10 月，鸿图房地产开发公司与该市土地管理局签订了 100 亩土地使用权出让合同，地价每亩为 10 万元。鸿图房地产开发公司受让土地后，完成了开发投资总额的 15%，因缺乏资金，于 2001 年 5 月，与大展房地产开发公司签订了土地使用权转让合同，鸿图房地产开发公司将其获得的 100 亩土地，以每亩 12 万元的价格转让给大展房地产开发公司。2002 年 5 月，该市土地管理部门下达了行政处罚决定书，没收了鸿图房地产开发公司 200 万元的收入。
请回答：
(1) 鸿图房地产开发公司与大展房地产开发公司的土地使用权转让合同是否有效？
(2) 该市土地管理部门的处罚是否合法？

第十二章　会计法和审计法

知识目标

了解《会计法》的概念、适用范围、立法宗旨；理解会计核算和会计监督的内容；理解会计机构和会计人员的职责以及违反《会计法》的法律责任。了解审计的概念、特征；理解我国的审计监督体系的构成及违反《审计法》的法律责任。

能力目标

要求学生掌握《会计法》和《审计法》的相关内容，可以判断分析企业及有关人员的行为是否违反《会计法》和《审计法》的相关规定。

案例导入：公司企业人员应当依法行事

A公司董事长李某在新修订的《会计法》开始实施时，对公司老王说："老王，你是总经理，负责公司的日常经营事务，应当把公司的会计工作好好抓一抓。如果我们公司的会计工作出了问题，你可是第一责任人。市场经济越发展，会计工作越重要，尤其像我们这样的上市公司，会计工作更显得重要。我认为，我们公司的会计工作，首要任务是抓好两个环节：一是内部控制制度建设；二是财务会计报告质量。老王，我对会计工作不太熟悉，事务性工作也多，公司的财务会计报告你要认真把关，以后我们公司财务会计报告最后由你签名盖章，我就不再走那道程序了。"问：A公司董事长李某说的一段话，与《会计法》的相关规定是否相符？

案例分析

(1) 董事长李某关于"如果我们公司的会计工作出了问题，你(指总经理老王)可是第一责任人"的说法是不正确的。根据《会计法》第四条的规定：单位负责人对本单位的会计工作和会计资料的真实性、完整性负责。因此，董事长李某应该对该公司的会计工作负责。

(2) 董事长李某关于"我们公司财务会计报告，最后由你(指总经理老王)签名盖章，我就不再走那道程序了"的说法是不正确的。根据《会计法》第二十一条的规定：财务会计报告应当由单位负责人和主管会计工作的负责人、会计机构负责人(会计主管人员)签名并盖章。因此，该公司的董事长李某必须在该公司的财务会计报告上签名盖章。

第一节 会计法

一、会计法概述

(一) 会计的概念

会计是以货币为主要计量单位，采用专门方法，对各单位的经济活动和财务收支情况进行连续、系统和全面地记录、计算、分析、检查和监督的一种管理活动。

会计的基本职能主要有两个：一是会计核算，是指会计人员以货币为主要计量单位，通过确认、计量、记录、报告等环节，对特定主体的经济活动进行记账、算账和报账，为各有关方面提供会计信息。会计核算职能也称反映职能，是会计最基本的职能，它贯穿于经济活动的全过程。二是会计监督，是指会计人员在进行会计核算的同时，对特定主体的经济活动的合法性、合理性进行审查的职能。前者是基础，要求核算准确；后者是保障，要求精度有力。二者相辅相成，共同构成会计工作的整体。

(二) 会计法的概念

会计法的概念有广义和狭义之分。狭义的会计法，仅指国家权力机关通过立法程序制定、发布实施的会计法律，即由全国人大常委会制定的《中华人民共和国会计法》，以下简称《会计法》。广义上的会计法是指调整会计关系的法律规范的总称。会计关系是会计机构和会计人员在办理会计事务过程中以及国家在管理会计工作过程中发生的经济关系。

根据会计法律规范的构成、制定机关和效力的不同，我国的会计法律制度按效力的不同可分为以下几个从高到低的层次。

1. 会计基本法

会计基本法是指由国家最高权力机关制定的、调整我国经济生活中会计关系的法律基本规范，即《会计法》。除宪法以外，《会计法》在整个会计法的渊源中居于最高的法律地位和具有最高的法律效力，是制定其他会计法规的依据，也是指导会计工作的最高准则。

《会计法》于 1985 年 1 月 21 日经第六届全国人大常委会第九次会议通过，1993 年 12 月 29 日由第八届全国人大常委会第五次会议修正，1999 年 10 月 31 日由第九届全国人大常委会第十二次会议修订，自 2000 年 7 月 1 日起施行。新修订的《会计法》共七章五十二条，具体包括总则；会计核算；公司、企业会计核算的特别规定；会计监督；会计机构和会计人员；法律责任；附则。

2. 会计行政法规

会计行政法规是指由国家最高行政机关即国务院制定的、调整经济生活中某些方面会计关系的法律规范。会计行政法规的制定依据是《会计法》，会计行政法规的效力仅次于会计基本法。如国务院于 2000 年 6 月 21 日发布、2001 年 1 月 1 日施行的《企业财务会计报告条例》、《总会计师条例》和经国务院批准、财政部发布的《企业会计准则》等都属于会计行政法规。

3. 会计规章

会计部门规章是指由主管全国会计工作的行政部门即财政部根据法律和国务院的行政

法规、决定、命令，在本部门的权限范围内制定的、调整会计工作中某些方面内容的规范性文件。国务院其他各部门根据其职责权限制定的会计方面的规范性文件也属于会计规章，但必须报财政部审核或者备案。

(三) 会计法的适用范围

我国《会计法》第2条规定："国家机关、社会团体、公司、企业、事业单位和其他组织(以下统称单位)必须依照本法办理会计事务。"可见《会计法》的适用范围具有普遍性。这里的"单位"既包括国有企业、集体企业、事业单位，也包括合资企业、外商独资企业等。但对于个体工商户会计管理的具体办法，由国务院财政部门根据《会计法》的原则另行规定。

(四) 会计法的立法宗旨

1. 规范会计行为，保证会计资料真实、完整

会计资料是指记录和反映单位实际发生的经济业务活动的专业性会计资料，包括会计凭证、会计账簿、财务会计报告和其他书面会计资料。会计行为是指以会计核算和会计监督为主要内容的会计管理工作。

加强会计核算和会计监督，保证会计资料真实、完整地反映经济业务活动情况，参与经济管理和经营决策，是会计工作的基本职能。随着经济的发展，会计工作的这种职能和作用会更加突出。但在市场经济条件下，受利益驱动，会计职能被人为扭曲造成会计信息失真的情况十分严重，由此带来的社会危害和经济损失也很大。目前假账泛滥原因是多方面的，但是会计行为不规范是主要原因之一。在我国，如果没有真实、完整的经济信息则难以加强对经济的宏观调控。而经济信息大部分来自会计资料，如果会计资料失真，不仅会使微观经济陷入混乱，同时也会造成宏观经济失调。为了保证会计资料真实、完整，必须对会计行为依法加以规范。

2. 加强经济管理和财务管理，提高经济效益

所谓经济管理是指运用经济的、行政的、法律的手段规范经济行为，维护经济秩序，促进经济良性循环，提高经济效益的经济管理活动。但是长期以来，人们对会计工作的重要性认识不足，很多人认为，会计工作不过是记记账、打打算盘、发发工资、办办报销。由于这些认识上的偏差，在很大程度上限制了会计职能和作用的发挥。会计的基本职能就是依法对经济活动进行记录、核算和监督，为经济管理和财务管理提供会计信息。因此，提高会计信息质量，确保会计数据真实、完整，已成为加强经济管理和财务管理不可缺少的重要环节。

3. 维护社会主义市场经济秩序

建立和发展社会主义市场经济是我国经济体制改革的目标，实现这个目标要有良好的经济秩序作保障，而良好的经济秩序的建立，一方面，要靠国家立法和执法予以保障；另一方面，也要靠全体人民、各企业事业单位和其他组织自觉遵守法律来实现。即利用法律机制调整和规范市场经济条件下的各种社会关系，以维护社会主义市场经济秩序，促进社会主义市场经济发展。这不仅是市场经济对法律的要求，也是市场经济健康发展的保障。《会计法》对维护社会主义市场经济秩序，促进社会主义市场经济发展，发挥了积极作用。

(五) 会计法的基本原则

1. 真实性原则

确保会计资料真实，是对会计工作的基本要求，也是为单位经营管理、业务活动和国家宏观经济管理以及为投资人、债权人提供准确、可靠的会计信息的重要保证。根据《会计法》

第2条规定：国家机关、社会团体、公司、企业、事业单位和其他组织（以下统称单位）必须依照本法办理会计事务。根据这条规定，各单位在进行独立核算、独立记载经济业务、独立办理会计事务时，必须按照《会计法》的规定进行，确保会计资料真实。

2. 完整性原则

《会计法》第3条规定：各单位必须依法设置会计账簿，并保证其真实、完整。会计账簿是重要的会计信息载体，它既是编制会计报表的主要依据，同时也是审计工作的重要依据，因此各单位必须依法设置会计账簿。

《会计法》第4条规定：单位负责人对本单位的会计工作和会计资料的真实性、完整性负责。单位负责人是指单位的法定代表人或者法律、法规规定代表单位行使职权的主要负责人。对单位的会计工作负责，是指对本单位的会计工作负领导责任，即领导本单位的会计机构、会计人员和其他有关人员认真执行《会计法》，按照国家规定组织好本单位的会计工作，并保障会计人员的职权不受侵犯。对本单位的会计资料的真实性、完整性负责，即保证本单位的会计资料不存在弄虚作假、隐瞒等情况。

3. 合法性原则

《会计法》第5条规定，会计机构、会计人员依照本法规定进行会计核算，实行会计监督。任何单位或个人不得以任何方式授意、指使、强令会计机构、会计人员伪造、变造会计凭证、账簿和其他会计资料。

4. 奖励原则

由于会计人员所负的双重责任，使会计人员常常处于矛盾的交叉点，既要按照单位负责人的意见办，又要严格执行国家财经法规，既要站在本单位的角度开展工作，又要站在国家和社会的角度处理经济业务事项。为了调动会计人员依法履行好本职工作的积极性。《会计法》第6条规定，对认真执行本法，忠于职守，坚持原则，做出显著成绩的会计人员，给予精神的或者物质的奖励。

二、会计工作管理体制

（一）会计工作的主管部门

根据《会计法》的规定，国务院财政部门管理全国的会计工作；县级以上地方各级人民政府财政部门管理本行政区域内的会计工作。

（二）制定会计制度的权限

1. 国家统一的会计制度由国务院财政部门根据《会计法》制定。

2. 国务院有关部门可以依照《会计法》和国家统一的会计制度，制定对会计核算和会计监督有特殊要求的行业实施国家统一的会计制度的具体办法或者补充规定，报国务院财政部门审核批准。

3. 中国人民解放军总后勤部可以依照《会计法》和国家统一的会计制度，制定军队实施国家统一的会计制度的具体办法，报国务院财政部门备案。

三、会计机构和会计人员

（一）会计机构的设置

会计机构是各单位办理会计事务的职能机构，是会计从事会计工作的组织和场所。建立、健全会计机构是单位做好会计工作、充分发挥会计职能作用的重要保障。根据《会计法》

第 36 条规定，各单位应当根据会计业务的需要，设置会计机构，或者在有关机构中设置会计人员并指定会计主管人员；不具备设置条件的，应当委托经批准设立从事会计代理记账业务的中介机构代理记账。

根据上述要求，一般来说，大、中型企业和具有一定规模的行政事业单位，以及财务收支数额较大、会计业务较多的社会团体和其他经济组织，应单独设置会计机构，以便及时组织本单位各项经济活动和财务收支的核算，实行有效的会计监督。对于不具备单独设置会计机构的单位，如财务收支数额不大、会计业务比较简单的企业、机关、团体、事业单位等，可以在有关机构中配备专职会计人员。对于不具备设置会计机构条件的单位，应当委托中介机构代理记账。

（二）会计从业资格

会计从业资格是指进入会计职业，从事会计工作的一种法定资质，是进入会计职业的"门槛"。从事会计工作的人员，应当具备从业资格和条件，这是保证会计工作质量的重要前提。从事会计工作的人员必须取得会计从业资格证书，才能上岗工作；未取得会计从业资格证书的人员，不得从事会计工作。因此，任何人要进入会计职业，从事会计工作，必须具备一定的法定资质。

《会计法》第 38 条规定，从事会计工作的人员，必须取得会计从业资格证书。担任单位会计机构负责人（会计主管人员）的，除取得会计从业资格证书外，还应当具备会计师以上专业技术职务资格或者从事会计工作三年以上经历。

《会计法》第 36 条规定，国有的和国有资产占控股地位或占主导地位的大、中型企业必须设置总会计师。根据《总会计师条例》的规定：担任单位总会计师，除取得会计从业资格证书外，还应当具备会计师以上专业技术职务资格和主管单位会计工作三年以上经历。

（三）会计机构和会计人员的主要职责

根据《会计法》第 5 条规定，会计机构、会计人员依照本法规定进行会计核算，实行会计监督。任何单位或者个人不得以任何方式授意、指使、强令会计机构、会计人员伪造、变造会计凭证、会计账簿和其他会计资料，提供虚假财务会计报告。任何单位或者个人不得对依法履行职责、抵制违反本法规定行为的会计人员实行打击报复。具体包括：(1) 依法进行会计核算；(2) 依法实行会计监督；(3) 拟订本单位办理会计事务的具体办法；(4) 参与拟定经济计划、业务计划，考核、分析预算、财务计划的执行情况；(5) 办理其他会计事务。

（四）会计工作岗位

会计工作岗位是指一个单位会计机构内部根据业务分工而设置的职能岗位。在会计机构内部设置会计工作岗位，有利于明确分工和确定岗位职责，建立岗位责任制；有利于会计人员钻研业务，提高工作效率和质量；有利于会计工作的程序化和规范化，加强会计基础工作；还有利于强化会计管理职能，提高会计工作的作用；同时也是配备数量适当的会计人员的客观依据之一。

1. 会计工作岗位的种类

会计工作岗位一般分为：总会计师（或行使总会计师职权）岗位；会计机构负责人（会计主管人员）岗位；出纳岗位；稽核岗位；资本、基金核算岗位；收入、支出、债权债务核算岗位；工资核算、成本费用核算、财务成果核算岗位；财产物资的收发、增减核算岗位；总账岗位；对外财务会计报告编制岗位；会计电算化岗位；会计档案管理岗位等。

2. 会计工作岗位的设置原则

会计工作岗位的设置，可以一人一岗、一人多岗、一岗多人，但设置时，要符合内部控制制度要求，不相容的职务相互分离。《会计法》第三十七条规定：会计机构内部应当建立稽核制度。出纳人员不得兼任稽核、会计档案保管和收入、支出、费用、债权债务账目的登记工作。

3. 会计人员的回避

根据《会计基础工作规范》的规定：国家机关、国有企业、事业单位任用会计人员应当实行回避制度。单位领导人的直系亲属不得担任本单位的会计机构负责人、会计主管人员。会计机构负责人、会计主管人员的直系亲属不得在本单位会计机构中担任出纳工作。

（五）会计工作交接

会计人员工作交接，也称会计工作交接，是指会计人员工作调动、离职或因病暂时不能工作，应与接管人员办理交接手续的一种工作程序。

会计人员工作交接是会计工作中的一项重要内容。由于会计工作的特殊性，会计人员调动工作或者离职时，需要与接管人员办清交接手续，这是会计人员应尽的职责，也是做好会计工作的要求。《会计法》第四十一条规定：会计人员调动工作或者离职，必须与接管人员办清交接手续。

移交人员离职前，必须将本人经管的会计工作，在规定的期限内，全部向接管人员移交清楚。接管人员应认真按照移交清册逐项点收。为了明确责任，会计人员办理工作交接，必须有专人负责监交。通过监交，保证双方都按照国家有关规定认真办理交接手续，防止流于形式，保证会计工作不因人员变动而受影响；保证交接双方处在平等的法律地位上享有权利和承担义务，以起到督促、公正作用。移交清册应当经过监交人员审查和签名、盖章，作为交接双方明确责任的证明。对监交的具体要求是：一般会计人员办理交接手续，由单位的会计机构负责人（会计主管人员）监交；会计机构负责人（会计主管人员）办理交接手续时，由单位负责人监交，必要时主管单位可以派人会同监交。

会计工作交接中，合理、公正地区分移交人和接替者的责任是非常必要的。交接工作完成后，移交人员所移交的会计凭证、会计账簿、财务会计报告和其他会计资料是在其经办会计工作期间内发生的，应当对这些会计资料的真实性、完整性承担法律责任，即便接替人员在交接时因疏忽没有发现所交接会计资料在真实性、完整性方面的问题，如事后发现仍应由原移交人员负责，原移交人员不应以会计资料已移交而推脱责任，接替人员不对移交过来材料的真实性、完整性负法律上的责任。

（六）总会计师的职责

总会计师是单位行政领导成员，协助单位主要行政领导人工作，直接对单位主要行政领导人负责。总会计师组织领导本单位的财务管理、成本管理、预算管理、会计核算和会计监督等方面的工作，参与本单位重要经济问题的分析和决策，具体组织本单位执行国家有关财经法律、法规、方针、政策和制度，维护国有财产的增值保值。我国企业总会计师的职权受国家法律保护，单位主要行政领导人应当支持并保障总会计师依法行使职权。

根据《总会计师条例》的规定，总会计师的职责主要有以下几项：

第一，编制和执行预算、财务收支计划、信贷计划、拟订资金筹措和使用方案，开辟财源，有效地使用资金；

第二，进行成本费用预测、计划、控制、核算、分析和考核，督促本单位有关部门降低消耗、节约费用、提高经济效益；

第三，建立健全经济核算制度，利用财务会计资料进行经济活动分析；

第四，负责对本单位财务会计机构的设置和会计人员的配备、会计专业职务的设置和聘任提出方案，组织会计人员的业务培训和考核，支持会计人员依法行使职权；

第五，协助单位主要行政领导人对企业的生产经营、行政事业单位的业务发展以及基本建设投资等问题作出决策；

第六，参与新产品开发、技术改造、科技研究、商品（劳务）价格和工资奖金等方案的制定；参与重大合同和经济协议的研究、审查。

四、会计核算

（一）会计核算的内容

根据《会计法》的规定，下列经济业务事项，应当办理会计手续，进行会计核算：

1. 款项和有价证券的收付；
2. 财物的收发、增减和使用；
3. 债权债务的发生和结算；
4. 资本、基金的增减；
5. 收入、支出、费用、成本的计算；
6. 财务成果的计算和处理；
7. 需要办理会计手续、进行会计核算的其他事项。

（二）会计年度、记账本位币、会计记录文字

根据《会计法》第十一条的规定，我国是以公历年度为会计年度，即以每年公历1月1日起至12月31日止为一个会计年度。每一个会计年度还可以根据需要，按照公历日期具体划分为半年度、季度、月度。

会计核算原则上应以人民币为记账本位币。但考虑我国对外开放、外商投资日益增多的现实情况，《会计法》同时还规定，业务收支以人民币以外的货币为主的单位，可以选定其中一种货币作为记账本位币，但是编报的财务会计报告应当折算为人民币。

《会计法》规定会计记录的文字应当使用中文。在我国境内所有国家机关、社会团体、公司企业、事业单位和其他组织的会计记录都必须使用中文。民族自治地区和在我国境内的外商投资企业等可以同时使用另外一种文字。

（三）会计核算的基本环节

1. 填制和审核会计凭证

会计凭证是指具有一定格式、用以记录经济业务事项发生和完成情况，明确经济责任，并作为记账依据的书面证明，是会计核算的重要会计资料。会计凭证分为原始凭证和记账凭证两种。

原始凭证是在经济业务发生时，由经办人员直接取得或填制，用以表明某项经济业务已经发生或完成情况，并明确有关经济责任的一种凭据。会计机构、会计人员对不真实、不合法的原始凭证有权不予受理，并向单位负责人报告；对记载不准确、不完整的原始凭证予以退回，并要求经办人员按照国家统一的会计制度的规定进行更正、补充。原始凭证所记载的内容均不得涂改，随意涂改原始凭证即为无效凭证。原始凭证记载的内容有错误的，应当由

出具单位重开或更正，更正处应当加盖出具单位印章。原始凭证金额出现错误的，只能由原始凭证开具单位重新开具，不得在原始凭证上更正。

记账凭证是指对经济业务事项按其性质加以归类，确定会计分录，并据以登记会计账簿的凭证。记账凭证应当根据经过审核的原始凭证及有关资料编制。除部分转账业务以及结账、更正错误外，记账凭证必须附有原始凭证并注明所附原始凭证的张数；一张原始凭证所列的支出需要由两个以上的单位共同负担时，应当由保存该原始凭证的单位开具原始凭证分割单给其他应共同负担的单位。

2. 设置和登记会计账簿

会计账簿是由一定格式、相互联系的账页组成，以会计凭证为依据，用以序时地、分类地、全面地、系统地记录、反映和监督一个单位经济业务活动情况的会计簿籍。会计账簿按其不同用途，可以分为总账、明细账、日记账和其他辅助性账簿。任何单位都不得在法定会计账簿之外私设会计账簿。

总账，又称总分类账。它是按照总分类账户开设，用以总括地反映和监督一个单位的经济业务活动情况以及各项资产、负债、所有者权益、收入、费用、利润等状况的会计账簿。

明细账，又称明细分类账。它是按照明细分类账户开设，用以分类详细地记录、反映和监督一个单位的经济业务活动情况及各项资产、负债、所有者权益、收入、费用、利润等状况的会计账簿。

日记账，又称序时账。它是按照经济业务发生时间的先后顺序，逐日连续记载的账簿。它可以用来序时地记录、反映和监督全部经济业务的发生和完成情况，也可以用来序时地记录、反映和监督某一类经济业务发生和完成的情况。前者称为普通日记账，后者称为特种日记账。特种日记账是从普通日记账中分离出来单独设置的，如现金日记账，是用来记录、反映和监督库存现金每天的收入、支出和结存情况的；银行存款日记账，是用来记录、反映和监督单位在银行的存款的增加、减少和结存情况的。

辅助性账簿，又称备查登记簿。它是对在总账、明细账、日记账中未能记录的事项进行补充记录的账簿。主要用来为日后查考某些经济业务的内容提供参考资料，如"代销商品登记簿"等。备查登记簿是其他会计账簿记录的一种补充，与其他会计账簿之间不存在严格的依存关系。

3. 定期进行财产清查

财产清查是会计核算工作的一项重要程序，特别是在编制年度财务报告前必须进行财产清查，并对账实不符等问题依国家统一会计制度进行会计处理。我国《会计法》第 17 条也规定：各单位应当定期将会计账簿记录与实物、款项及有关资料相互核对，保证会计账簿记录与实物及款项的实有数额相符、会计账簿记录与会计凭证的有关内容相符、会计账簿之间相对应的记录相符、会计账簿记录与会计报表的有关内容相符。

4. 编制财务会计报告

企业财务会计报告按编制时间分为年报、半年报、季报和月报。企业编制财务会计报告，应当根据真实的交易、事项以及完整、准确的账簿记录等，按规定进行编制。企业应依据《企业财务会计报告条例》和国家统一的会计制度规定，对会计报表中各项会计要素进行合理的确认和计量，不得随意改变会计要素的确认和计量标准。企业应按照规定的结账日结账，不得提前或延迟。年度结账日为公历年度的每年的 12 月 31 日；半年度、季度、月度结账日分别为公历年度每半年、每季、每月的最后一天。

企业在编制年度财务会计报告前，应当全面清查资产、核实债务。企业还应当核对会计账簿记录与会计凭证的内容、金额等是否一致，记账方向是否相符等等。会计报表的编制应做到内容完整、数字真实、计算准确，不得漏报或任意取舍。会计报表之间、会计报表各项目之间，凡有对应关系的数字，应当相互一致。

（四）会计档案管理

会计档案是指会计凭证、会计账簿、财务会计报告等会计核算专业材料。它是记录和反映经济业务的重要史料和证据。会计档案是国家档案的重要组成部分，也是各单位的重要档案，它是对一个单位经济活动的记录和反映。通过会计档案，可以了解每项经济业务的来龙去脉；会计档案是检查一个单位是否遵守财经纪律的书面证明，可以揭示在会计资料上弄虚作假、违法乱纪等行为；会计档案还可以为国家、单位提供详尽的经济资料，对国家制定宏观经济政策及单位制定经济决策具有一定的参考价值。

1.《会计法》规定各单位应当建立会计档案，并妥善保管

单位会计档案是由会计凭证、会计账簿、财务会计报告和其他会计资料组成。会计档案是在会计核算活动中形成的，不同于一般的文献资料，它是经会计人员和当时的当事人之手形成的，具有很强的原始性。同时，作为会计信息载体的会计凭证、会计账簿、财务会计报告等，不是随意保留下来就可以作为会计档案，而是必须按照一定的程序集中保管起来，才会形成会计档案。

各单位应当对会计档案妥善保管。根据《会计档案管理办法》的规定，要求各单位形成的会计档案，都应当由财务会计部门按照归档的要求，负责整理立卷或装订成册。当年会计档案，在会计年度终了后，可暂由本单位财务会计部门保管一年，期满后，原则上应由财务会计部门编造清册移交本单位的档案部门保管。财务会计部门和经办人员必须按期将应当归档的会计档案，全部移交档案部门，不得自行封包保存。档案部门必须按期点收，不得推诿拒绝。根据《会计档案管理办法》的规定，档案部门接收保管的会计档案，原则上应当保持原卷册的封装，个别需要拆封重新整理的，应当会同原财务会计部门和经办人员共同拆封整理，以分清责任。各单位保存的会计档案向外单位提供利用时，档案原件原则上不得借出，如有特殊情况，须报上级主管单位批准，但不得拆散原卷册，并限期归还。撤销合并单位和建设单位完工后的会计档案，应当随同单位的全部档案一并移交给指定的单位，并按规定办理交接手续。

2.《会计法》对会计档案的保管期限和销毁办法作了授权规定

《会计法》未对会计档案的保管期限和销毁办法作出具体规定，而是授权国务院财政部门会同有关部门制定。财政部、国家档案局联合发布了《会计档案管理办法》，对会计档案的保管期限和销毁办法作了具体规定。

(1) 会计档案的保管期限

会计档案可以分为永久会计档案和定期会计档案。永久会计档案是指无限期保管的会计档案。定期会计档案是指有保管期限，期满后即可按规定销毁的会计档案。根据《会计档案管理办法》的规定，定期会计档案的保管期限分为 3 年、5 年、10 年、15 年、25 年五种。各种会计档案的保管期限，从会计年度终了后的第一天算起。年度财务报告(决算)、会计档案保管清册、会计档案销毁清册为永久会计档案；月度、季度财务报告保管 3 年；现金日记账和银行存款日记账保管 25 年；固定资产卡片在固定资产报废清理后保管 5 年；其余凭证、账簿、报表保管期限是 15 年。

(2) 会计档案的销毁

根据《会计档案管理办法》的规定,会计档案保管期满需要销毁时,由本单位档案部门提出销毁意见,会同财务会计部门共同鉴定,严格审查,编造会计档案销毁清册。各单位在按规定销毁会计档案时,应当由档案部门和财务会计部门共同派员监销。各级主管部门销毁会计档案时,还应当有同级财政部门、审计部门派员参加监销。各级财政部门销毁会计档案时,由同级审计机关派员参加监销。监销人在销毁会计档案以前,应当认真进行清点核对,销毁后,在销毁清册上签名盖章,并将监销情况报告本单位领导。

(五) 公司、企业会计核算的特殊规定

公司、企业必须根据实际发生的经济业务事项,按照国家统一的会计制度的规定确认、计量和记录资产、负债、所有者权益、收入、费用、成本和利润。

公司、企业进行会计核算不得有下列行为:

1. 随意改变资产、负债、所有者权益的确认标准或者计量方法,虚列、多列、不列或者少列资产、负债、所有者权益;
2. 虚列或者隐瞒收入,推迟或者提前确认收入;
3. 随意改变费用、成本的确认标准或者计量方法,虚列、多列、不列或者少列费用、成本;
4. 随意调整利润的计算、分配方法,编造虚假利润或者隐瞒利润;
5. 违反国家统一的会计制度规定的其他行为。

五、会计监督

(一) 单位内部会计监督

单位内部会计监督是指为了保护单位财产的安全、完整,保证其经营活动符合国家法律、法规和内部有关管理制度,提高经营管理水平和效率,而在单位内部采取的一系列相互制约、相互监督的制度和方法。

内部会计监督的主体是各单位的会计机构和会计人员。内部会计监督的对象是单位的经济活动。单位负责人应当保证会计机构、会计人员依法履行职责,不得授意、指使、强令会计机构、会计人员违法办理会计事项。

各单位应当建立、健全本单位内部会计监督制度和内部控制制度。单位内部会计监督制度应当符合以下要求:记账人员与经济业务事项或会计事项的审批人员、经办人员、财务保管人员的职责权限应当明确,并相互分离、相互制约;重大对外投资、资产处置、资金调度和其他重要经济业务事项的决策和执行的相互监督、相互制约的程序应当明确;财产清查的范围、期限和组织程序应当明确;对会计资料定期进行内部审计的办法和程序应当明确。

会计机构和会计人员在单位内部会计监督中的职权:对违反《会计法》和国家统一的会计制度规定的会计事项,有权拒绝办理或者按照职权予以纠正;发现会计账簿记录与实物、款项及有关资料不相符的,按照国家统一的会计制度的规定有权自行处理的,应当及时处理,无权处理的,应当立即向单位负责人报告,请求查明原因,作出处理。

(二) 国家监督

会计工作的国家监督主要是指财政部门代表国家对单位和单位中相关人员的会计行为实施的监督检查,以及对发现的违法会计行为实施的行政处罚,是一种外部监督。

会计工作的国家监督主体:审计、税务、人民银行、证券监督、保险监管等部门依照有关法律、行政法规规定的职责和权限，可以对有关单位的会计资料实施监督检查。

县级以上人民政府财政部门为各单位会计工作的监督检查部门，对各单位会计工作行使监督权，对违法会计行为实施行政处罚。

财政部门对各单位下列事项实施监督：是否依法设置会计账簿；会计凭证、会计账簿、财务会计报告和其他会计资料是否真实、完整；会计核算是否符合《会计法》和国家统一的会计制度的规定；从事会计工作的人员是否具备会计从业资格。

各单位必须依照有关法律、行政法规的规定，接受有关监督检查部门依法实施的监督检查，如实提供会计凭证、会计账簿、财务会计报告和其他会计资料以及有关情况，不得拒绝、隐匿、谎报。

（三）社会监督

会计工作的社会监督主要是指由注册会计师及其所在的会计师事务所等社会中介机构接受委托，依法对被审计单位的经济活动进行审计，出具审计报告，发表审计意见的一种监督制度。任何单位和个人对违反《会计法》和国家统一的会计制度规定的行为有权检举。

六、违反会计法的法律责任

法律责任是违反法律规定所应承担的法律后果。明确各种违法行为的法律责任，有利于制裁违法行为，对各种潜在的违法者起到威慑作用，保护国家利益、社会公共利益和当事人的合法权益。为了惩治会计违法行为，维护社会主义市场经济秩序，《会计法》对会计违法行为的法律责任作出规定。

（一）《会计法》规定的法律责任

根据《会计法》的规定，违反《会计法》的法律责任形式主要涉及两种责任形式，一是行政责任；二是刑事责任。对违反《会计法》有关规定，情节轻微，不构成犯罪的，应当予以行政制裁，包括行政处罚和行政处分。违反《会计法》有关规定，造成严重后果，构成犯罪的，根据《刑法》有关规定追究刑事责任。

（二）会计法律责任承担情形

1. 违反《会计法》规定，有下列行为之一的，由县级以上人民政府财政部门责令限期改正，可以对单位并处 3 000 元以上 50 000 元以下的罚款；对其直接负责的主管人员和其他直接责任人员，可以处 2 000 元以上 20 000 元以下的罚款；属于国家工作人员的，还应当由其所在单位或者有关单位依法给予行政处分。(1) 不依法设置会计账簿的；(2) 私设会计账簿的；(3) 未按照规定填制、取得原始凭证或者填制、取得的原始凭证不符合规定的；(4) 以未经审核的会计凭证为依据登记会计账簿或者登记会计账簿不符合规定的；(5) 随意变更会计处理方法的；(6) 向不同的会计资料使用者提供的财务会计报告编制依据不一致的；(7) 未按照规定使用会计记录文字或者记账本位币的；(8) 未按照规定保管会计资料，致使会计资料毁损、灭失的；(9) 未按照规定建立并实施单位内部会计监督制度或者拒绝依法实施的监督或者不如实提供有关会计资料及有关情况的；(10) 任用会计人员不符合本法规定的。

有前款所列行为之一，构成犯罪的，依法追究刑事责任。会计人员有上述所列行为之一，情节严重的，由县级以上人民政府财政部门吊销会计从业资格证书。

2. 伪造、变造会计凭证、会计账簿，编制虚假财务会计报告或隐匿、故意销毁依法应当保存的会计凭证、会计账簿、财务会计报告，构成犯罪的，依法追究刑事责任。尚不构成犯罪的，由县级以上人民政府财政部门予以通报，可以对单位并处 5 000 元以上 100 000 元以下的罚款；对其直接负责的主管人员和其他直接责任人员，可以处 3 000 元以上 50 000 元以下的罚款；属于国家工作人员的，还应当由其所在单位或者有关单位依法给予撤职直至开除的行政处分；对其中的会计人员，由县级以上人民政府财政部门吊销会计从业资格证书。

3. 授意、指使、强令会计机构、会计人员及其他人员伪造、变造会计凭证、会计账簿，编制虚假财务会计报告或者隐匿、故意销毁依法应当保存的会计凭证、会计账簿、财务会计报告，构成犯罪的，依法追究刑事责任。尚不构成犯罪的，可以处 5000 元以上 50 000 元以下的罚款；属于国家工作人员的，还应当由其所在单位或者有关单位依法给予降级、撤职、开除的行政处分。

4. 单位负责人对依法履行职责、抵制违反《会计法》规定行为的会计人员以降级、撤职、调离工作岗位、解聘或者开除等方式实行打击报复的，构成犯罪的，依法追究刑事责任。尚不构成犯罪的，由其所在单位或者有关单位依法给予行政处分。对受打击报复的会计人员，应当恢复其名誉和原有职务、级别。

5. 财政部门及有关行政部门的工作人员实施监督管理中滥用职权、玩忽职守、徇私舞弊或泄露国家秘密、商业秘密，构成犯罪的，依法追究刑事责任。尚不构成犯罪的，依法给予行政处分。

6. 违反《会计法》有关规定，将检举人姓名和检举材料转给被检举单位和被检举人的，由所在单位或有关单位依法给予行政处分。

【案例 12-1】 某大型国有企业 2010 年度发生以下事项：

(1) 1 月，新任领导班子上任后，作出了精简机构的决定，将会计科撤并到企业管理办公室(以下简称"企管办")，同时任命企管办主任王明兼任会计主管人员。会计科撤并到企管办后，会计工作分工如下：原会计科会计继续担任会计；原企管办工作人员、王明的女儿王清担任出纳工作。企管办主任王明自参加工作后一直从事文秘工作，为了使王明尽快胜任会计主管人员岗位，企业同意王明半脱产参加会计培训班，并参加 2011 年会计从业资格考试。

(2) 2 月，原会计科科长与王明办理会计工作交接手续，人事科科长刘波负责监交。

(3) 5 月，会计科一名档案管理人员生病临时交接工作，由出纳员王清临时保管会计档案。

(4) 9 月，经该企业负责人批准，某业务往来单位因业务需要查阅了该企业 2005 年有关会计档案，对有关原始凭证进行了复制，并办理登记手续。

根据上述资料，回答下列问题：

(1) 该企业撤并会计机构是否有违反法律规定之处？

(2) 该企业任命王明为会计主管人员以及任命王清为出纳是否有违反法律规定之处？

(3) 该企业在办理会计工作交接中是否有违反法律规定之处？

(4) 该企业向业务往来单位提供查阅会计档案、复制有关原始凭证是否符合法律规定？

【案例分析】

(1) 该企业撤并会计机构有违法之处。

根据《会计法》的规定，各单位应当根据会计业务的需要，设置会计机构，或者在有关机构中设置会计人员并指定会计主管人员。一个单位是否单独设置会计机构，往往取决于以下原因：单位规模的大小；经济业务和财务收支的繁简；经营管理的要求。所以，作为大型国有企业，应单独设置会计机构。

(2) 该企业任命会计主管人员不符合规定。

根据《会计法》的规定，担任单位会计机构负责人（会计主管人员）的，除取得会计从业资格证书外，还应当具备会计师以上专业职务资格或者从事会计工作3年以上经历。王明显然不符合上述要求。

王清担任出纳工作不符合规定。

根据《会计基础工作规范》的规定：国家机关、国有企业、事业单位任用会计人员应当实行回避制度；会计机构负责人、会计主管人员的直系亲属不得在本单位会计机构中担任出纳工作。因此王明的女儿王清担任出纳工作也不符合规定。

(3) ①原会计科科长与王明办理会计工作交接手续时，人事科科长刘波负责监交不符合规定。

根据《会计法》的规定，会计机构负责人（会计主管人员）办理交接手续时，由单位领导人负责监交，必要时主管单位可以派人会同监交。

②该公司由出纳员王清临时保管会计档案的做法不符合会计法律制度规定。

根据《会计法》和有关制度规定，出纳人员不得兼管稽核、会计档案保管和收入、费用、债权债务账目的登记工作。

(4) 该企业提供查阅会计档案、复制原始凭证符合规定。

根据《会计档案管理办法》的规定，会计档案经本单位负责人批准，在不拆散原卷册的前提下，可以提供查阅或者复制，并办理登记手续。

第二节 审计法

审计现已成为各国管理监督国民经济活动的重要手段。通过审计能够确保经济活动的合法性和合理性，确保经济管理活动的正确性和有效性，确保经济资料的真实性和准确性。通过审计，能有效地监督经济资源的利用状况，提高财政资金的使用效益，能够及时发现错误和问题，制止违纪违法行为，严肃财经纪律，维护国家经济秩序，保障国民经济和社会健康发展。

一、审计和审计法

(一) 审计的概念与特征

审计是指由专职机构和专业人员依法对被审计单位的会计资料及其所反映的财政收支、财务收支以及有关经济活动进行审查、评价的一种监督活动。

审计具有独立性、强制性和客观性等特征。独立性是指审计机关依照法律规定独立行使审计监督权，不受其他行政机关、社会团体和个人的干涉；强制性是指审计活动是具有强制性的国家监督活动，被审计单位和有关人员，必须积极配合，不得阻挠、拒绝，不得设置障碍，不得隐瞒真相和伪造证据，否则要追究直接责任人员和有关人员的法律责任；客观性是指审计机关和审计人员办理审计事项，应当客观公正，实事求是，保守秘密。

（二）审计法

审计法是调整审计关系的法律规范的总称。所谓审计关系是指从事审计工作的专职机构和专业人员在审计过程中以及国家在管理审计工作过程中发生的社会关系。

1994 年 8 月 31 日第八届全国人大常委会第九次会议通过了《中华人民共和国审计法》（以下简称《审计法》），自 1995 年 1 月 1 日起施行。2006 年 2 月 28 日第十届全国人大常委会第二十次会议通过的《关于修改〈中华人民共和国审计法〉的决定》，对《审计法》进行了修正，自 2006 年 6 月 1 日起施行。

（三）审计法的立法目的与适用范围

《审计法》第 1 条明确规定，审计法的立法宗旨在于加强国家的审计监督，维护国家财政经济秩序，促进廉政建设，保障国发经济健康发展。其适用范围，根据《审计法》第 2 条规定，国务院各部门和地方各级人民政府及其各部门的财政收支，国有的金融机构和企业事业组织的财务收支，以及其他依照本法规定应当接受审计的财政收支、财务收支，依照本法规定接受审计监督。审计机关对前款所列财政收支或者财务收支的真实、合法和效益，依法进行审计监督。

二、审计监督体系

（一）国家审计机关审计

国家审计机关是代表国家行使审计监督职能的机关。根据《审计法》的规定，国务院和县级以上地方人民政府设立审计机关。国务院设立审计署，在国务院总理领导下主管全国的审计工作。审计长是审计署的行政首长。省、自治区、直辖市，设区的市、自治州、县、自治县，不设区的市、市辖区的人民政府的审计机关，分别在省长、自治区主席、市长、州长、县长、区长和上一级审计机关的领导下，负责本行政区域的审计工作。

地方各级审计机关对上一级审计机关和本级人民政府负责并报告工作，审计业务以上级审计机关领导为主。

（二）内部审计

内部审计是指由本部门和本单位内部设置的审计机构或配备的专职审计人员依法独立地对本部门、本单位及下属单位的财务及有关经济活动的真实性、合法性和效益性进行评价和监督的活动。

（三）社会审计

社会审计是指由社会审计机构接受委托对被审计单位的财务收支及有关的经济活动所进行的审计。我国的社会审计机构主要有会计师事务所和审计师事务所。

三、审计机关的职责和权限

（一）审计机关的职责

根据《审计法》的规定，我国审计机关的职责包括：

1. 审计署在国务院总理领导下，对中央预算执行情况和其他财政收支情况进行审计监督，向国务院总理提出审计结果报告。地方各级审计机关分别在省长、自治区主席、市长、州长、县长、区长和上一级审计机关的领导下，对本级预算执行情况和其他财政收支情况进行审计监督，向本级人民政府和上一级审计机关提出审计结果报告。

2. 审计署对中央银行的财务收支进行审计监督;审计机关对国有金融机构的资产、负债、损益进行审计监督。

3. 审计机关对国家的事业组织和使用财政资金的其他事业组织的财务收支,进行审计监督。

4. 审计机关对国有企业的资产、负债、损益进行审计监督。

5. 审计机关对政府投资和以政府投资为主的建设项目的预算执行情况和决算,进行审计监督。

6. 审计机关对政府部门管理的和其他单位受政府委托管理的社会保障基金、社会捐赠资金以及其他有关基金、资金的财务收支,进行审计监督。

7. 审计机关对国际组织和外国政府援助、贷款项目的财务收支,进行审计监督。

8. 审计机关按照国家有关规定,对国家机关和依法属于审计机关审计监督对象的其他单位的主要负责人,在任职期间对本地区、本部门或者本单位的财政收支、财务收支以及有关经济活动应负经济责任的履行情况,进行审计监督。

9. 审计机关有权对与国家财政收支有关的特定事项,向有关地方、部门、单位进行专项审计调查,并向本级人民政府和上一级审计机关报告审计调查结果。

10. 审计机关对其他法律、行政法规规定应当由审计机关进行审计的事项,依照《审计法》和有关法律、行政法规的规定进行审计监督。

审计机关履行审计监督职责时,可以提请公安、监察、财政、税务、海关、价格、工商行政管理等机关予以协助。

(二) 审计机关的权限

根据《审计法》的有关规定,审计机关进行审计时,享有以下权力:

1. 审计机关有权要求被审计单位按照规定报送预算或者财务收支计划、预算执行情况、决算、财务报告等有关资料。

2. 审计机关有权检查被审计单位的会计凭证、会计账簿、会计报表以及其他与财政收支或者财务收支有关的资料和资产。

3. 审计机关有权就审计事项的有关问题向有关单位和个人进行调查,并取得有关证明材料。

4. 审计机关经县级以上人民政府审计机关负责人批准,有权查询被审计单位在金融机构的账户。

5. 审计机关有权制止被审计单位正在进行的违反国家规定的财政收支、财务收支行为;制止无效的,经县级以上人民政府审计机关负责人批准,通知财政部门和有关主管部门暂停拨付与此有关的款项,已经拨付的,暂停使用。

6. 审计机关认为被审计单位所执行的上级主管部门有关财政收支、财务收支的规定与法律、行政法规相抵触的,应当建议有关主管部门纠正;有关主管部门不予纠正的,审计机关应当提请有权处理的机关依法处理。

7. 审计机关对被审计单位转移、隐匿、篡改、毁弃会计凭证、会计账簿、财务会计报告等行为,有权予以制止,必要时经县级以上人民政府审计机关负责人批准,有权封存有关资料和违反国家规定取得的资产。

8. 审计机关可以向政府有关部门通报或者向社会公布审计结果。

四、审计程序

审计程序是指审计机关和审计人员对审计项目实施审计的一系列工作过程。根据《审计法》第38条至第41条的规定，审计工作程序一般经过以下四个阶段。

（一）准备阶段

审计机关根据审计项目计划确定的审计事项，组成审计组，并应当在实施审计3日前，向被审计单位送达审计通知书。遇有特殊情况，经本级人民政府批准，审计机关可以直接持审计通知书实施审计。

（二）实施阶段

审计人员通过审查会计凭证、会计账簿、会计报表，查阅与审计事项有关的文件、资料，检查现金、实物、有价证券，向有关单位和个人调查等方式进行审计，并取得证明材料。

（三）报告阶段

审计组对审计事项实施审计后，应当向审计机关提出审计报告。审计报告报送审计机关前，应当征求被审计单位的意见。被审计单位应当自接到审计报告之日起10日内，将其书面意见送交审计组或者审计机关。

（四）审定和决定阶段

审计机关按照审计署规定的程序对审计组提交的审计报告进行审议，并对被审计对象对审计组的审计报告提出的意见一并研究后，提出审计机关的审计报告。对违反国家规定的财政收支、财务收支行为，需要依法给予处理、处罚的，在法定职权范围内作出审计决定，或者向有关主管机关提出处理、处罚意见。

审计机关应当将审计报告和审计决定送达被审计单位和有关主管机关、单位。审计决定自送达之日起生效。

五、违反审计法的法律责任

根据《审计法》的规定，违反《审计法》的法律责任可以分为两类，一是被审计单位及有关人员的法律责任，二是审计人员的法律责任。

（一）被审计单位及有关人员的法律责任

1. 被审计单位违反《审计法》规定，拒绝或拖延提供与审计事项有关资料的，或提供资料不真实、不完整的，或拒绝、阻碍检查的，由审计机关责令改正，可以通报批评，给予警告；拒不改正的，依法追究责任。

2. 被审计单位违反《审计法》规定，转移、隐匿、篡改、毁弃会计凭证、会计账簿、财务报告及其他与财政收支、财务收支有关的资料或转移、隐匿所持有的违反国家规定取得的资产，审计机关应当提出给予处分的建议，构成犯罪的，依法追究刑事责任。

3. 对本级各部门和下级政府违反预算的行为或其他违反国家规定的财政收支行为，审计机关、人民政府或有关主管部门在法定职权范围内，依照法律、行政法规的规定，区别情况采取下列措施处理：责令限期缴纳应上缴的款项；限期退还被侵占的国有资产；限期退还违法所得；按国家统一的会计制度的有关规定进行处理；其他处理措施。

4. 审计机关在法定职权范围内作出的审计决定，被审计单位应当执行。被审计单位拒不执行的，审计机关应当通报有关主管部门，有关主管部门应当采取处理措施，并将书面结果通知审计机关。

5. 被审计单位的财政收支、财务收支违反国家规定，审计机关认为对直接责任的主管人员和其他直接责任人员依法应当给予处分的，应提出给予处分的建议。

6. 被审计单位的财政收支、财务收支违反法律、行政法规的规定，构成犯罪的，依法追究刑事责任。

7. 报复陷害审计人员的，依法给予处分；构成犯罪的，依法追究刑事责任。

（二）审计人员的法律责任

审计人员滥用职权、徇私舞弊、玩忽职守或者泄露所知悉的国家秘密、商业秘密的，依法给予处分；构成犯罪的，依法追究刑事责任。

【案例 12-2】

审计部门在对某国有企业进行审计时，发现该企业存在下列情况：(1) 用限额领料单代替原始凭证；(2) 该单位出纳人员兼任应付账款账目的登记工作；(3) 经单位负责人批准，财务科将 1 000 000 元汇至证券公司用于股票投资；(4) 该单位将业务招待费 12 000 元计入生产成本。要求：请指出该企业以上做法是否符合国家有关规定，并说明理由。

【案例分析】

(1) 限额领料单具备了原始凭证的基本要素，所以可以用限额领料单代替原始凭证，符合国家统一会计制度的规定。

(2) 根据《会计法》第三十七条的规定，出纳人员不得兼任稽核、会计档案保管和收入、支出、费用、债权、债务账目的登记工作，而该企业出纳人员兼任了应付账目的登记工作，不符合《会计法》的要求。

(3) 该经济事项属于企业内部资金使用问题，不属于国家统一的会计制度所规范的内容，企业这么做是完全可以的。

(4) 根据会计权责发生制原则和收入与费用相配比的原则，企业发生的业务招待费应作为管理费用处理，而不应计入生产成本，因此不符合国家统一会计制度的规定。

本章小结

《会计法》是会计法律制度中层次最高的法律规范，是制定其他会计行政法规、会计规章的依据，也是指导会计工作的最高准则。《审计法》是调整审计关系的法律规范的总称。审计关系是一种经济监督关系，发生于审计主体与被审计单位之间。《审计法》是审计工作的基本法律依据。本章详细介绍了《会计法》的概念、适用范围、立法宗旨；会计核算和会计监督的内容；会计机构和会计人员的职责以及法律责任及审计的概念、特征；我国的审计监督体系的构成及违反《审计法》的法律责任。

技能训练

一、单项选择题

1. 根据《会计法》的规定，一般会计人员因调动工作或者离职办理交接手续时，负责监交的人员应当是（　　）

A. 其他会计人员　　B. 会计机构负责人

C. 单位负责人　　D. 财政部门派出人员

2. 伪造、变造会计凭证、会计账簿，编制虚假财务会计报告尚不构成犯罪的，根据《会计法》的规定，对其直接负责的主管人员和其他直接责任人员可以处以（　　）

A. 5 000 元以上 10 万元以下的罚款　　B. 3 000 元以上 5 万元以下的罚款

C. 3 000 元以上 30 万元以下的罚款　　D. 5 000 元以上 30 万元以下的罚款

3. 根据《会计法》规定，作为记账凭证的编制依据必须是经过________的原始凭证和有关资料。（　　）

A. 领导认可　B. 经办人签字　C. 金额无误　D. 审核的

4. 在我国会计档案定期保管的，其保管期限最长的是________年。（　　）

A. 25　B. 5　C. 15　D. 30

5. 审计署在________的领导下主管全国的审计工作。（　　）

A. 国务院总理　　B. 全国人民代表大会

C. 全国人大常委会　　D. 国家主席

二、多项选择题

1. 根据《会计法》的规定，下列人员中，必须在对外报送的财务会计报告上签名并盖章的有（　　）

A. 会计人员　　B. 会计机构负责人

C. 单位负责人　　D. 单位内设审计机构负责人

2. 某单位会计甲在审核本单位某科室报销凭证时发现，一张采购发票上的小写金额与大写金额不一致，后经核实为出具发票单位笔误。根据会计法律制度的规定，下列处理方式中不正确的是（　　）

A. 由发票出具单位重新开具发票

B. 由发票出具单位更正，并在更正处加盖出具单位印章

C. 由甲将写错的数字用红线划掉，再将正确的数字写在划线部分上方，并在更正处加盖甲的印章

D. 由甲将写错的数字用红线划掉，再将正确的数字写在划线部分的上方，并在更正处加盖甲和会计机构负责人的印章

3. 根据会计法律制度的有关规定，会计人员调动时应当办理交接手续。下列关于会计人员交接的表述中，正确的有（　　）

A. 会计主管人员办理交接手续时，主管单位应当派人会同单位负责人共同监督交接

B. 会计人员调动工作或者离职，必须与接管人员办清交接手续

C. 移交人员和接替人员对所移交会计资料的合法性、真实性共同承担法律责任

D. 一般会计人员办理交接手续，由单位的会计机构负责人监交

4. 会计账簿按用途不同可以分为（　　）

A. 总账　B. 明细账　C. 日记账　D. 辅助性账簿

5. 根据现行法律规定，我国实施内部审计的审计机构包括（　　）

A. 部门内部审计机构　　B. 企业内部审计机构

C. 审计师事务所　　D. 会计师事务所

三、简答题

1. 简述会计法的立法宗旨。

2. 简述财政部门对单位实施监督的内容。

3. 简述我国审计机关的权限。
4. 简述我国审计机关审计工作的程序。

四、案例讨论

1. A公司2011年度发生如下事项：

1月:刚刚通过考试取得会计从业资格证书的李强，被公司调到财务科担任出纳，公司原出纳张友调到销售科。李强与张友在办理会计工作交接手续时，因财务科科长在外地出差，由财务科一名会计负责监交工作。在办理交接中，李强发现存在“白条抵库”问题，就打电话向财务科科长汇报，财务科科长指示李强先办理完交接手续。随后，李强、张友及监交人在移交清册上签字并盖章。

4月:李强在办理报销工作中，发现采购科送来报销的3张由购货方开具的发票有更改现象:其中2张发票分别更改了数量和用途，另外1张发票更改了金额；该3张发票的更改处均有购货方单位的印章。尽管李强开始犹豫一下，但考虑到3张发票已经公司总经理、财务科长签字同意，最后均予以报销。

10月:公司在进行内部审计时，发现公司原出纳张友在经办出纳工作期间的有关账目存在一些问题，而接替者李强在交接时并未发现。审计人员在了解情况时，原出纳张友说:“已经办理了会计交接手续，自己不再承担任何责任。”问题：

(1) 李强与张友办理会计工作交接中是否有不符合规定之处?

(2) 李强对3张更改的发票予以报销的做法是否符合规定，应如何处理?

(3) 原出纳张友关于“已经办理了会计交接手续，自己不在承担任何责任”的说法是否符合规定?

2. A有限责任公司是一家中外合资经营企业，2011年度发生以下事项：

1月21日:公司接到市财政局通知，市财政局要来公司检查会计工作情况。公司董事长兼总经理李亮提出，公司是中外合资经营企业且系市委、市政府挂牌重点保护企业，不应受《会计法》的约束，财政部门无权来检查。

3月5日:公司会计科一名档案管理人员生病临时交接工作，董事长李亮指定单位出纳员李某临时保管会计档案。

12月1日:公司董事会研究决定，董事长不懂财务，签发报表具有一定的风险，公司以后对外报送的财务会计报告由财务部经理签字、盖章后直接报出。

要求：根据《会计法》的相关规定，解答下列问题。

(1) 公司董事长兼总经理李亮认为中外合资经营企业不受《会计法》约束的观点是否正确?

(2) 该公司由出纳员临时保管会计档案的做法是否符合法律规定?

(3) 该公司董事会做出的关于对外报送财务会计报告的决定是否符合法律规定?

第四编

宏观调控法

第十三章 宏观调控法概述

知识目标

了解宏观调控法的概念、特征和体系，掌握宏观调控法的基本原则和宏观调控权的配置与规制。

能力目标

要求学生运用宏观调控法的基本原理分析宏观调控法对国民经济发展的影响，准确理解宏观调控经济政策的制定和实施。

案例导入：宏观调控的程序正义

2007 年 5 月 30 日零点后，财政部“出其不意”地宣布：自 5 月 30 日起，证券(股票)交易印花税税率由现行 1‰调整为 3‰。事情之所以“出其不意”，是因为在此前的 5 月 22 日，财政部及国家税务总局曾对媒体“澄清”：中国将要上调证券交易印花税的传闻是谣言；国税总局的一名官员也称，若有此事，财政及税务部门应该会有沟通，但他们从未听说过此事。此后，媒体报道却指出：据财政部官员向记者透露，此次提高印花税的动议是由证监会提出后，在财政部下属三个司讨论的基础上，于 5 月 23 日向国务院提出建议，国务院于 25 日批准了这项决议——就在财政部向国务院提议的前一天，有关官员却对媒体“辟谣”，舆论哗然。很多人认为：财政部、国家税务总局“调戏”了全国人民尤其是股民。甚至有人诘问：“股市也要让领导同志先走？”这一突然来临的消息使得 5 月 30 日的深沪两市反应激烈：当天，两市骤现跳水行情，沪综指暴跌 6.5%，两市跌停的非 ST 类个股超过 850 支，而跌幅在 9%以上的个股更是达到 925 支。统计资料显示，两市 3 日内共蒸发市值 1.65 万亿元，而数百支个股连续 3 日跌停的惨况更是自 2005 年启动股改以来首度出现。

试分析提高印花税这一普通的宏观经济调控行为为何引起证券市场如此激烈的反应?

案例分析

由于 2006 年 5 月以后，我国证券市场持续过热，股市快速上涨对实体经济的发展产生了不利影响。国家先后多次采取宏观调控政策，如加息、提高银行存款准备金率等，但依然无法遏止证券市场的上涨风潮。在这一条件下，提高印花税这一直接从股市提取资金的调控措施出台。国家采取宏观调控政策对经济活动加以影响和干预，原本无可厚非。但对于设立新税种或调整税率等宏观决策权力依法应当由最高权力机关经过审核、公开听证等程序后，才能具有合法性的支撑。但是，财政部的前述做法，导致了国家宏观调控政策的随意性、神秘性和不确定性。因此，这一做法引起社会对政府政策公信力的广泛质疑，被指该调控措施与股市的调控目标无关，是“知情者利用垄断信息谋取超额利润”的非法举措。

第一节　宏观调控法的基本原理

一、宏观经济与微观经济

宏观经济是指国民经济的总体活动，即整个国民经济或国民经济总体及其经济活动和运行状态，如国民经济的增长速度、物价的总水平、货币发行的总规模与增长速度等。

与宏观经济相对应，微观经济是单个经济单位的经济活动，即个别企业、经营主体及其经济活动，如个别企业的生产、销售等。

社会经济活动本身就是一个整体，宏观经济与微观经济是经济活动和经济运行的两个不同层次，宏观与微观之间，生产、流通、分配、交换的各个环节之间都是密切联系在一起的。微观经济是宏观经济的基础，良好的宏观经济状况是微观经济活动得以顺利进行的外部条件。

二、宏观调控与宏观调控法

（一）宏观调控的概念

宏观调控是指国家从社会经济的宏观和总体角度，运用法律、国家计划、经济政策和其他调节手段，引导和促进社会经济活动，以调节社会经济的结构和运行，维护和促进社会经济协调、稳定和发展。

在市场经济条件下，个别企业的经济活动主要受价格、供求等市场机制调节，但会有许多市场机制的作用不能达到的领域，需要国家从社会的全局利益出发，运用各种手段，进行宏观调节和控制。在社会主义市场经济条件下，宏观经济调控必须依托市场，以间接调控为主，以计划手段、法律手段为主，辅以必要的行政手段。

（二）宏观调控法的概念和特征

宏观调控法，是指调整国家在对经济活动进行宏观调控过程中发生的经济关系的法律规范的总称。宏观调控法具有以下特征：

1. 宏观调控法具有很强的经济利益导向性。

宏观调控法是调控国民经济总体活动过程中发生的经济关系的法律规范，集中体现了政府对国民经济发展的意图，宏观调控法通过引导和控制市场主体的经济行为以实现国家的经济发展需要，让市场主体在领会国家的整体经济发展目标的前提下自觉地服从于国家经济发展的整体需要。

2. 宏观调控法是调整国家宏观经济调控关系的法律规范的总和。

宏观调控法不是一个法典化的部门经济法，我国至今没有形式意义上的《宏观调控法》。但我国存在许多调整宏观调控关系的法律规范，宏观调控法涉及到国家对经济调控的规划法、金融政策法律、财政税收法律和产业政策法等诸多法律规范，共同构成了实质意义上的宏观调控法。

3. 宏观调控法具有宏观性，调控的对象是国民经济发展的整体。

宏观调控法不是对具体经济行为或具体经济关系进行的调整，而是对整个经济的全局性管理或调控（平衡社会总需求与总供给），它至少要涉及一国经济生活的一个方面，有时甚至涉及经济生活的几个方面。其调整的对象具有不特定性，在进行宏观调控时，并不能确定受调控的具体当事人是谁，有多少等。

4. 宏观调控法体现了政府的职权和职责的统一。

国家宏观调控机构必须具有法定性，非经法律的明确授权不得行使宏观调控职能。执行宏观经济调控职能的国家机构必须是国家的较高机构，一般来说，宏观调控行为的主体主要是一个国家的中央经济管理机关，具有高层次性、专业性。我国从事宏观调控的经济管理机关或调控主体主要包括中国人民银行、财政部、国家发展计划委员会、国家经济贸易委员会和对外贸易部等。普通的经济管理部门在国家宏观调控中起着辅助的作用，地方的经济管理机构或组织主要起着执行中央宏观调控政策、措施和决定的作用。同时，宏观调控法又是管理宏观调控主体的法律规范，是规制政府宏观调控行为的法律，体现了再宏观调控领域政府职权的法定性和限定性的统一。

三、宏观调控法的理论基础

宏观调控法的理论基础，就是政府为什么要进行宏观调控，为什么需要宏观调控？宏观调控法的理论基础是市场失灵理论和政府失败理论。

市场失灵理论主要是有关市场调节无法解决经济发展不平衡所产生的各种经济问题的理论。由于处于市场中的每个人都只按自己的私人利益最大化进行生产经营活动，就会导致部分经济部门过热和部分经济部门过冷的失衡，从而诱发失业和通货膨胀，这就是市场调节的失灵。在市场失灵的情况下，社会呼唤另一种力量介入经济，以配合市场机制共同调节。政府作为整个社会利益的代表，介入经济活动领域，可以总揽国民经济全貌，使各种利益在市场参加者之间合理分配，以保持社会经济发展的稳定性和持续性。

政府失败理论是指在政府运用经济政策和经济法律调节社会经济发展的不平衡问题时所出现的调控失败和官僚主义问题及其解决方案的理论。国家的调节机制和国家经济职能是为了弥补市场调节之不足，克服市场失灵而产生的。然而国家调节并非万能的，存在着诸如效益低、易受人为因素影响、产生政府腐败等缺陷，有必要对政府干预经济的权限及范围在法律上进行规定，把公共决策和政府调控纳入法制化轨道。因此，应该对宏观调控的权力主体及其权限、行使宏观调控权的程序和法律责任进行规定，使宏观调控有法可依，宏观调控法可以看作是规制国家宏观调控行为之法。

相关链接：

凯恩斯主义与国家对经济的全方位干预

凯恩斯主义是20世纪30年代由凯恩斯所创立，并为其追随者所发展的资产阶级经济理论和政策体系。在1929年资本主义经济大危机以前，在资本主义世界占据主导地位的经济学理论是以马歇尔为代表的古典主义经济学，这种理论认为市场具有自动调节功能，生产会自动制造需求，因此不需要政府来干预经济。但是20世纪30年代的大萧条，彻底动摇了这个自由主义的基本结论。以复兴、救济和改革为特征的罗斯福新政通过政府的大规模干预经济取得了成功。在这种情况下，凯恩斯主义应运而生。1936年，凯恩斯发表《就业、利息和货币通论》，奠定了凯恩斯主义理论的基础。凯恩斯认为失业和危机不是资本主义制度的必然产物，它只是“有效需求”不足的结果。“有效需求”包括消费需求和投资需求两部分。它是由消费倾向、对资本资产未来收益的预期和对货币的流动偏好三个基本心理因素及货币量决定。依据凯恩斯的理论，政府要干预经济生活，借此刺激有效需求，即刺激消费和投资。在财政政策方面，当总需求小于总供给时，主张减税、增加财政支出，以扩大投资和消费。凯恩斯的理论在战后得到广泛传播和应用，成为占主导地位的资产阶级经济学说。

第二节 宏观调控法的基本原则

宏观调控法的原则是宏观调控法制定、实施所必须遵循的基本准则。宏观调控法的原则既是宏观调控立法的指导方针，同时也是宏观调控关系的行为准则。结合经济法的基本原则和宏观调控的属性，宏观调控法的基本原则主要有：

一、合法性原则

合法性原则主要表现在调控主体的职权合法和调控程序合法两个方面。

调控主体职权合法主要是指对宏观调控权力的合理分配，合法性原则要求调控主体的权力来源应当于法有据。国家或者国家授权的机关始终是宏观调控关系中的一方主体，而国家的宏观调控职能主要是通过政府的行为实现的。宏观调控是政府的重要经济职能，其调控的对象是国民经济整体，针对的是社会产品和服务的总需求和总供给、经济结构等事关经济全局的经济变量，其对经济的影响是全局性的、长期性的，宏观调控运用的适当与否对国民经济的影响是难以估量和无法回复的。因此，宏观调控的实施应当谨慎和理性，宏观调控权应当来源于法律上的明确授权，随着政府参与、干预和调控经济的范围比以往更为广泛，宏观调控主体更应强调权力来源的合法性原则。

调控程序的合法性是指对宏观调控权力的程序性制约机制，宏观调控主体对调控权力的行使应当重视程序的作用，依法明确宏观调控的决策程序、执行程序、反馈程序和监督程序，并将这些程序贯穿于宏观调控法律制度和规范中。例如，依据我国法律规定，国民经济和社会发展计划必须经国家最高权力机关批准，国家预算也需由全国人民代表大会批准，预算调整由全国人大常委会批准，中国人民银行就年度货币供应量、利率、汇率和国务院规定的其他重要事项做出的决定，报国务院批准后执行，前述之外的其他有关货币政策事项做出决定后，需报国务院备案。

二、效益性原则

效益性原则是指宏观调控应当有助于维护国家的经济总体效益，宏观调控的目的就是激励、促进和保护宏观经济利益的提高，宏观调控措施的制定和实施，都必须以国家的宏观经济利益为出发点和归宿。宏观经济的调控涉及的是国民经济的全局性、整体性的利益，这就要求政府的宏观调控行为，应以提高经济运行的宏观效率、促进国民经济持续增长为目标，而不是单个产业、单个部门或单个地方的效益和利益。效益性原则强调宏观调控法在维护社会经济总体效益的同时，应当兼顾各方经济利益。效益性原则主要包含两层含义：

第一，制定宏观经济政策的出发点只能是维护国家的宏观经济利益。判断宏观调控措施是否正当，应当以是否促进了经济的发展，是否维护了国家的宏观经济利益为标准。

第二，宏观调控部门制定和实施宏观经济政策时应以维护国家的整体利益为目标。宏观调控措施的制定和实施必须以国家的宏观经济形势为依据，以国家整体的宏观经济利益为目标，在宏观调控的问题上，只存在国家的整体利益而不存在所谓的部门利益。例如出口退税，会减少财政和税务部门的税收收入，但出口退税有利于增加出口，扩大需求，拉动经济的增长，对外贸易经济合作主管部门会积极推动出口退税的实施，这就有可能导致为了本部门利益牺牲国家整体的经济利益，这是不能允许的。宏观调控的效益性原则是国家整体经济利益的综合效益，而不是部门效益。

三、间接调控原则

间接调控原则是指宏观调控应以间接干预为主，宏观调控主体一般不得直接干预市场主体的生产经营活动。政府对市场主体的交易活动的调控是在充分发挥市场机制作用的基础上进行的。

宏观调控的间接性主要表现在两个方面：一方面是调控主体并不直接对经济主体发号施令，而是在健全的市场经济法律基础上，通过计划、财政、物价、税收等方面的宏观调控法律和政策作用于市场，通过市场引导、规范市场主体的经营活动以实现国家宏观经济调控的目标。另一方面，间接调控主要通过利益的转移和输送机制加以实现，宏观调控的法律表现形式多运用选择性规范形式，允许市场主体根据自己的利益做出符合国家宏观调控目标的选择，通过对市场经济利益的影响实现宏观调控的目标。

【案例 13-1】 节能产品惠民工程的推广、取消与宏观经济调控

2010 年 5 月 26 日，财政部、国家发展改革委、工业和信息化部联合印发财建[2010]219 号《"节能产品惠民工程"节能汽车(1.6 升及以下乘用车)推广实施细则》的通知。通知主要内容是：对综合油耗在规定标准范围内的节能汽车给予一次性定额财政补助，补助标准为 3 000元/辆，由生产企业在销售时兑付给购买者。截至 2011 年 3 月底，国家已对 170 多万辆节能汽车进行补贴。近期，国家相关部委表示将对节能汽车推广政策做出修改，百公里油耗标准将在两年左右时间内，从 6.9 升逐步过渡到 6.3 升以内，最终达到 5.9 升以内。同时，国家相关部委曾在 2009 年 1 月 20 日至 12 月 31 日期间，对 1.6 升及以下排量乘用车施行减按 5%征收车辆购置税政策，并将减征车辆购置税的优惠政策延续至年底，但征收税率在 2010 年 1 月 1 日至 12 月 31 日期间调整为减按 7.5%征收。之后，从 2011 年 1 月 1 日起，1.6 升及以下排量乘用车车辆购置税重新恢复至 10%。在此之前，由国家针对高能效定速空调推出的节能惠民补贴政策，已经实施了 2 年，并于 2011 年 5 月底取消。

问题：

1. 节能产品惠民工程战略的目的是什么？
2. 长期持续采取节能产品惠民工程补贴对经济活动会不会产生不利影响？

【案例分析】

1.《中华人民共和国国民经济和社会发展第十一个五年规划纲要》提出了"十一五"期间单位国内生产总值能耗降低 20%左右，主要污染物排放总量减少 10%的约束性指标。为此，国家发改委、工信部、财政部联合发布"节能产品惠民工程"战略，通过财政补贴方式对能效等级 1 级或 2 级以上的十大类高效节能产品进行推广应用，包括已经实施的高效照明产品、节能与新能源汽车。

在惠民政策的推动下，高效节能空调的市场占有率从推广前的 5%已上升到目前的 80%左右，新能效标准得到顺利实施。原 3 级、4 级、5 级低能效空调已全部停止生产，行业整体能效水平提高 24%，达到世界先进水平。2010 年的惠民补贴政策提出"百公里油耗限制在 6.9 升以内"，而截至 2011 年 8 月，符合补贴的小排量车型已占总车型的 60%以上，月总产量达到三四十万辆，提前一年半实现目标。

2. 节能惠民工程更多的不是鼓励消费，而是促进经济结构调整，实现国家节能减排的宏观调控目标。节能惠民工程的实施，有效地促进了汽车和空调企业主动降低产品的能耗，以实现扩大市场份额，提高经营收益。当市场上所有的产品都符合国家节能减排的预期目标时，继续实行节能补贴也就失去了意义，相关的调控政策也就会逐步退出经济领域，或者进一步提高节能技术指标，以促进节能产品的技术升级。

四、适度性原则

宏观调控的适度性原则，又称有限干预原则，是指宏观调控应该在尊重市场规律的基础上有限制的依法进行。适度性原则有以下两方面的含义：

一是宏观调控应以市场机制为基础，以促进和保护市场机制的作用充分发挥为前提，宏观调控的范围应当限定在市场无法调节或调节不妥的领域，宏观调控不得冲击和削弱市场机制作用的发挥。

二是宏观调控权力应当在法律规定的有限范围内依法行使，宏观调控权的行使应当以法律规定的幅度为依据，不能管得过多、过细，导致权力过度膨胀，也不能管得太松、太少，无法实现宏观调控的目标。

第三节 宏观调控法的调整方法

宏观调控法的调整方法，又称宏观调控法的调整方式，它是指对宏观调控法的调整对象施加影响的方式、手段的总和。宏观调控法的调整方法，要以宏观调控的政策和方法为基础。

一、根据宏观调控涉及的经济范围宏观调控调整方法可以分为：

1. 财政调控方法。财政调控方法，是指利用法定的财政政策工具（如财政预算、税收、国债等财政收入手段以及转移支出等财政支出手段），对宏观经济关系施加影响的方法。

2. 货币调控方法。货币调控方法，是指利用法定的货币政策工具（如存款准备金、利率、再贴现、再贷款、公开市场操作、信用控制等），对宏观经济关系施加影响的方法。

3. 产业政策调控方法。产业政策调控方法，是指利用产业政策对资源合理配置和加速产业结构优化，进而影响宏观经济关系的方法。

4. 价格政策调控方法。价格政策调控方法，是指利用宏观价格政策对价格总水平实施监控，以实现物价总水平的基本稳定，进而影响宏观经济关系的方法。

5. 对外经济政策调控方法。对外经济政策调控方法，是指利用对外经济政策，以实现优化进出口贸易、利用外资和国际收支基本平衡，进而影响宏观经济关系的方法。

二、根据宏观调控对经济行为的影响力度宏观调控调整方法可以分为：

1. 利益诱导方法。利益诱导方法，是指采用法律确认的经济利益诱导方式，从而对宏观经济关系施加影响的方法。它具体包括国家通过确定法定利率、税率、汇率、价格和工资标准等经济参数来调节经济活动的多种方法。如案例 13-1。

2. 计划指导方法。计划指导方法，是指通过直接作用于经济活动的经济计划指标或长远规划来影响宏观调控关系的方法，其影响力要比经济参数作用直接得多。

3. 强行控制方法。强行控制方法，又称规制方法，是指政府依法对与宏观经济调控目标相背离的行为和损害宏观经济整体效益的经济行为进行的某种限制或禁止，从而对宏观调控关系施加强制影响力的方法。

【案例 13-2】 楼市限购与宏观调控方法

2011 年 2 月 16 日北京楼市调控细则“15 条”正式出台。细则规定：对已拥有 1 套住房的北京户籍居民家庭、持有北京有效暂住证在北京没拥有住房且连续 5 年(含)以上在北京缴纳社会保险或个人所得税的非北京户籍居民家庭，限购 1 套住房(含新建商品住房和二手住房)；对已拥有 2 套及以上住房的北京户籍居民家庭、拥有 1 套及以上住房的非北京户籍居民家庭、无法提供北京有效暂住证和连续 5 年(含)以上在北京缴纳社会保险或个人所得税缴纳证明的非北京户籍居民家庭，暂停在北京向其售房。随后，各地楼市新政陆续出台，限购令标志着楼市新政进入了数量调节阶段。问：楼市限购政策属于何种宏观调控调整方法？这种政策对我国房地产市场的发展有何利弊？

【案例分析】

从调控手段分析，限购属于强行控制方法，在投资投机者大量购房的现实条件下，暂停购房能起到立竿见影的效果。基本限购令符合绝大多数家庭的居住、投资需求，与一些城市的购房入户政策也不冲突，且不会阻碍住房租赁市场发展。中国的房地产调控政策，应该遵循的原则是对市场干预最少、符合行业发展规律从而有利于长期稳定发展的政策体系。为此，在加强住房保障之外，在中心城市应长期实施商品住宅限购，彻底遏制投机和过度投资，同时取消一些现有非市场化的调控措施，可以确保行业长期平稳健康发展。

第四节 宏观调控权及其配置

一、宏观调控权的概念

宏观调控权是政府为确保社会总需求与社会总供给之间的平衡，实现国民经济持续、稳定、协调增长的目标，运用经济、法律和行政的手段对社会经济运行进行调节与控制的法定职权。

二、宏观调控权的配置

宏观调控权的配置是指在中央国家机关之间以及中央与地方国家机关之间对宏观调控权进行具体的分配。宏观调控权作为一种权力，必须对其进行有效配置，使各类宏观调控主体的权力明晰，职责明确，这样才能更好地解决集权与分权等问题，才能更有效地进行宏观调控。宏观调控权的配置涉及纵向与横行两个层面的问题。

(一) 宏观调控权的纵向配置

宏观调控权的纵向配置，就是宏观调控权在中央和地方之间的划分。对于宏观调控权的配置问题，究竟是应该中央集权还是地方分权，要取决于客观的经济条件，不能一概而论。为了实现宏观调控的宏观性，应当将宏观调控的决策权集中在中央，从国家的高度，保证宏观调控目标的实现。同时，宏观调控决策权集中在中央并不意味着地方是绝对的受控主体，地方政府享有宏观调控执行权。将宏观调控执行权配置于地方政府，有利于在中央与地方之间建立良性的互动关系，既能增强宏观调控的有效性，又能发挥地方参与宏观调控的积极性和创造性。

(二) 宏观调控权的横向配置

宏观调控权的横向配置，就是宏观调控权在中央级别的国家机关之间的划分。全国人民代表大会及其常务委员会享有的宏观调控权涉及到宏观调控决策权和宏观调控监督权，主要表现在宏观调控的立法、国民经济和社会发展计划的通过、对宏观调控行使过程的监督等三个方面。国务院及其职能部门享有的宏观调控权涉及到宏观调控权行使的全过程，具体包括宏观调控决策权、宏观调控执行权、宏观调控协调权、宏观调控监督权。

第五节 宏观调控法律责任

一、宏观调控法律责任的概念

宏观调控法律责任是宏观调控主体违反宏观调控法设定的义务实施宏观调控行为，依法应当承担的不利后果和补救责任。违反宏观调控法律规定的宏观调控行为主要包括宏观调控不作为、宏观调控程序违法行为和宏观调控决策失误行为，宏观调控法律责任相应地分为宏观调控不作为的法律责任、宏观调控决策失误的政治责任和宏观调控执行侵权行为的赔偿责任。

二、宏观调控不作为的法律责任

宏观调控不作为是指宏观调控决策主体违反宏观调控法的规定，在经济总量失衡时不行使或者怠于行使其依法享有的宏观调控权，不为市场配置资源创造总供求均衡条件的行为状态。如 1929 年，美国爆发大规模经济危机，当时"市场不干涉主义"占垄断地位，美国联邦储备委员会面对股灾袖手旁观，造成了股市崩溃和经济大萧条。

宏观调控不作为应当承担实际履行责任，即在事实上做出行使宏观调控决策权的行为，予以补救，以防止可能的或者现实的危害持续或者扩大。如同样是面对股市的重大调控，美国政府吸取了前次宏观调控不作为的经验教训，1987 年 10 月 19 日，美国股市道琼斯指数一天内重挫 508.32 点，跌幅达 22.6%，引发了全球性股灾。10 月 20 日，美国白宫发表声明，表示国家经济运行状态良好，以鼓舞信心。时任美国联邦储备委员会主席的格林斯潘指挥美联储购买大量美国国债，又让联邦基金利率在一天内下降 0.75 个百分点，最终 1987 年股灾没有造成美国经济衰退。

三、宏观调控决策失误的政治责任

宏观调控决策失误行为是指调控主体在宏观调控决策过程中，因违法或严重失职导致宏观调控决策产生重大失误而应当承担的不利后果，宏观调控决策失误的责任主要是政治责任。当然，如果责任主体同时构成犯罪，承担政治责任并不免除其刑事责任。

宏观调控的政治责任主体是宪法规定的享有和行使宏观调控权的国家机关和高级官员，其政治地位决定了如果其决策失误或者调控行为严重损害国家和人民利益时，必须对公民承担相应的政治责任。值得注意的是，由于宏观经济具有周期性和复杂性，调控主体很难精确掌握，对宏观调控主体的调控能力不应作过高的、理想化的设定，只要调控主体尽其职责，其调控行为没有给国民经济和国家、人民利益造成严重损害，也不要求调控主体承担政治责任。

我国宏观调控决策失误政治责任的承担形式有引咎辞职和罢免两种。引咎辞职是指宏观调控决策主体及其主要官员因宏观调控决策行为严重失误、失职，对宏观经济秩序和人民利益造成重大损失，从而失去承担宏观调控职责的民意基础，由调控主体集体或者个人主动辞去其职务的自我追究行为。承担引咎辞职政治责任的主体主要是国家权力机关及其组成人员、中央人民政府及其主要官员和作为执行主体的各级政府主要官员。罢免是对政府官员在其任职期限届满前，由选民或原选举单位以投票方式撤免其职务的一种制裁方式与责任形式。罢免政府机关领导人员是我国国家权力机关的一项重要职权，也是追究政府宏观调控决策失误责任的一项重要制度。就宏观调控决策失误的政治责任而言，引咎辞职是责任人主动承担政治责任的形式，而罢免则是责任人应当辞职，而拒不辞职，由国家权力机关依法剥夺其宏观调控权力的责任追究形式。

四、宏观调控执行侵权行为的国家赔偿责任

宏观调控执行侵权行为是特指宏观调控执行主体在执行宏观调控决策及宏观调控法律的过程中，违法行使职权，侵犯公民、法人及其他组织合法权益，造成损害后果的行为。宏观调控执行主体的执行行为是具体行政行为，依法应当承担国家赔偿责任。《国家赔偿法》第2条规定："国家机关和国家机关工作人员行使职权，有本法规定的侵犯公民、法人和其他组织合法权益的情形，造成损害的，受害人有依照本法取得国家赔偿的权利。"因此，对宏观调控执行侵权行为造成公民、法人及其他组织合法权益受到损害后果的，受害人可以依法请求国家赔偿。

本章小结

宏观调控法是国家对整体经济运行的干预之法。具有宏观性、间接性和经济利益导向性等特征。在国家对经济进行宏观调控时，应当严格遵循合法性、效益性、适度性等宏观调控法的基本原则。在国家进行宏观调控时，应当严格按照宏观调控法对于调控主体的权力配置依法行使调控职权。任何宏观调控主体在行使调控权力时出现不作为、决策失误等违反宏观调控法律行为时，应当依法承担相应的政治、经济和法律责任。

技能训练

一、单项选择题

1. 宏观调控关系是指国家对________进行调节和控制过程中发生的经济关系。 (　　)

   A. 市场主体交易活动　　B. 国民经济总体活动

   C. 国家物质生产部门的活动　　D. 微观经济

2. 国家对市场经济的依法干预具有________的特点，即不直接设定市场主体的行为规范。 (　　)

   A. 直接性　　B. 强制性　　C. 间接性　　D. 指令性

3. 有关政府代表国家依市场管理法对市场主体进行直接干预的理论，属于________的范畴。（　　）

A. 微观经济学　B. 计划法　C. 宏观经济学　D. 投资法

4. 经济法将________和市场管理关系作为其调整对象。（　　）

A. 市场主体间的交易关系　B. 市场供求关系

C. 社会产品分配关系　D. 宏观经济调控关系

5. 宏观调控法的基本原则除了有益于指导立法和________外，也有益于健全宏观调控法体系。（　　）

A 法的实施　B. 法的制定　C. 守法　D. 执法

二、多项选择题

1. 宏观调控法依法运用________手段调整市场主体的交易。（　　）

A. 经济　B. 法律　C. 强制　D. 必要的行政

2. 宏观调控法的理论基础是（　　）

A. 国家干预理论　B. 市场失灵理论

C. 政府失败理论　D. 经济增长政策理论

3. 在下列哪些原则中，属宏观调控法基本原则的有（　　）

A. 直接调控原则　B. 间接调控原则　C. 公开原则　D. 效益性原则

4. 宏观调控法中的合法原则主要表现在（　　）

A. 调控主体的资格合法　B. 调控具有灵活性

C. 调控具有稳定性　D. 调控的程序合法

5. 利益诱导方法是指采用法律确认的经济利益诱导方式，从而对宏观经济关系施加影响的方法，它具体包括国家通过确定________等经济参数来调节经济活动的多种方法。（　　）

A. 法定利率　B. 税率　C. 汇率　D. 价格

三、简答题

简述宏观调控法的基本原则。

第十四章 财政法律制度

知识目标

理解财政的一般原理和财政法的概念、特征和调整对象，了解财政法的体系和基本原则；理解预算和预算法的一般原理，了解我国预算法的基本原则、预算管理体制和预算管理程序；了解国债的一般理论和国债的职能和管理制度；了解政府采购和财政转移支付制度的一般理论及其在宏观经济调控中的作用。

能力目标

能够理解预算、国债、政府采购和财政转移支付等财政法律制度在国民经济发展中的作用，能够运用财政法的一般原理分析我国现行财政政策对国民经济发展的意义。

案例导入：财政与公共产品

美国西部的哥伦比亚河可用于优良的水电开发，但需要首先在上游建设一个蓄水库（饿马水坝），这个水库贮存雨季的水供旱季用，也可贮存多雨年度的水供干旱年度之用。当水库放开时，可流经下游的十二个水坝，每个水坝都可发电。但是，事实上，有四分之三的电力都是在下游发出的。因此，一个私人公司是不愿开发饿马这个水坝的，因为它大部分的利益将由其他私人电力公司获得。结果饿马就成为美国的一项公共工程，并通过政府来建设。在这里，虽然政府干预是必需的，但公有制或政府的公共提供也并非唯一可能的解决办法。政府也可以允许一个私人公司通过法律授权向它的受益者征收费用，联邦政府还可以付给一个私人公司一种补助金，以补偿饿马因此受到的利益损失，或者下游的受益人也可自愿组合来修筑饿马水坝，或者设计出一个公私混合的组织，在这个组织的指挥下，联邦政府可修筑水坝，让发电设备由私营企业提供。但是，在美国，政府不喜欢付给大公司补助金或给私人公司以征收费用的权力，并且自愿组织因有利害冲突也不易组织起来，因此，这种情况常常导致由政府来经办。

问题：在市场经济条件下，社会成员对公共产品的需求如何实现？政府提供公共产品所需要的资金从何而来？

案例分析

一般认为，财政的存在，是因为社会对公共物品存在着公共需求。由于对于公共物品的消费与消费者对公共物品的费用支出并无必然联系，社会群体的任何成员对公共物品的消费都是同等的，因此，私人对于公共物品的消费都存在着“搭便车”的心理，普遍不愿意投资于公共物品领域，从而使市场不能有效提供公共物品。但是，公共物品又是社会公众普遍需要的，因此，只能由公共经济部门来提供，或者说，应当由政府来提供。如果公共物品由政府生产，政府一方面可用税收获得生产公共物品的经费，这等于免费乘客无形中被迫买了票，另一方面可免费将此物品提供给全体社会成员，使这种物品得到了最大限度的利用。在现代市场经济制度下，公共工程仍然是政府投资的主要对象。

第一节 财政法概述

一、财政和财政法

(一) 财政

财政又称公共财政、政府经济，是国家凭借其政治权力对国民收入进行分配和再分配的经济活动，包括中央财政和地方财政。财政是一种经济行为或经济现象，这种经济行为和经济现象的主体是国家或政府。它是国家为满足公共欲望、实现公共需要而对集中起来的部分社会产品所进行的分配，属于经济分配领域的范畴。财政是国家参与国民收入分配和再分配的重要手段，是实现国家对经济的宏观调控的重要手段。

(二) 财政的职能

1. 分配职能。财政的分配职能是指通过财政收支活动，对市场经济条件下形成的不公平的收入分配关系进行再分配，以实现社会公平的职能。

2. 资源配置职能。财政的资源配置职能是指通过财政收支活动，调节和影响社会资源配置的方向和数量，以满足社会全体成员在生产和生活上的需要。一是通过财政收支活动，使社会总资源在政府部门和非政府部门之间达到以最少的财政支出，取得最大的社会经济效益的最优配置。二是把政府需要的资源，在政府部门间进行最合理的配置。

3. 宏观调控职能。财政的宏观调控职能是指国家财政在参与社会产品分配时，会引起国民对经济活动收入的占有份额上的变化，从而对国民经济运行状况进行调节和控制。

4. 监督职能。财政的监督职能是指财政在分配与调节社会产品的过程中，对被管理者的财政收支与财务收支的合法性、真实性、有效性，依法实施监督检查，对社会经济活动进行全面的信息控制和制约的职能。

(三) 财政法的概念

财政法是调整财政收入、财政支出和财政管理活动中发生的社会关系的法律规范的总称。

财政法的调整对象是国家的财政关系，即国家在财政收入、财政支出和财政管理等活动中发生的社会关系。它主要包括：

1. 财政收支关系，包括财政收入关系（如税收征收关系、资产收益关系、国债发行关系、费用征收关系等）、财政支出关系（如公共拨款关系、政府采购关系、政府投资关系、转移支付关系等）。

2. 财政管理关系，包括财政预算关系、国库管理关系、财政监督关系。

二、财政法的特征

财政法与其他部门法相比较，具有以下特征：

1. 政府始终是财政法律关系的一方主体，财政法具有强制性。

2. 财政法是保障实现国家公共职能、增进社会福利和促进经济发展为目标的法律，具有公共性。

3. 财政法以财政收入、财政支出和财政管理为内容，这些内容为政府经济行为提供了财力保障，具有经济性。

4. 财政法运用宪法、行政法、经济法、民商法、刑法、诉讼法等法律调整方法，对财政关系进行综合性调整，调整手段具有综合性。

三、财政法的基本原则

财政法的基本原则，指财政法中体现财政法的根本精神，对财政经济活动具有一般指导意义和普遍约束力的根本指导思想的准则。政府的一切财政经济活动包括财政立法、财政执法、财政司法和财政法律监督等环节都必须遵循财政法的基本原则。财政法的基本原则有：

1. 财政法定原则

财政法定原则是指政府的财政经济行为必须满足合法性的要求，必须有明确的法律依据或立法机关的专门授权。财政法定原则体现在财政权力(利)法定、财政义务法定、财政程序法定、财政责任法定。

2. 财政民主原则

财政民主原则是指人民通过一定的程序和方式，行使对重大财政事项的决定权。财政民主原则主要表现为重大财政事项必须经过议会审批，如议会审批年度财政预算。此外，财政民主原则还表现为人民对财政事项享有广泛的监督权。财政民主原则是财政法的立法基础。

3. 财政公平原则

财政公平原则是指对不同主体在财政法上的同等对待。财政公平既包括财政收入方面义务人的平等付出，也包括财政开支方面权利人的平等受益，还包括在财政程序方面的同等条件同等处理。例如，在征税方面，应当根据纳税人税负能力的大小设计税制；在人权保护方面，财政应当保障公民的生存权、受教育权等基本人权，为社会弱者提供必要的救济等。

4. 财政收支平衡原则

财政收支平衡原则是指政府在财政经济活动中，应当量入为出，保持财政收入和财政支出的总量平衡。量入为出是指以收定支，在财政收入既定的前提下，支出不能超过收入。在确定一定时期的财政分配总规模时，一方面要考虑政府职能对资金的需要，另一方面也要考虑国民经济的承受能力，以实现财政的收支平衡。

四、财政法的体系

财政法的体系是组成财政法的各类法律规范的统一整体。财政法的调整对象是财政关系，财政关系可以分为财政管理关系、财政收入关系和财政支出关系，财政法律规范相应地可以分为财政管理法律规范、财政收入法律规范和财政支出法律规范。财政法的体系具体包括：财政管理体制法、预算法、财政收入法、财政支出法、财政特别法等。

相关链接：

我国财政体制的演变

1. 我国的“统收统支”财政体制

1980 年以前,我国实行的是中央集权的计划经济体制,在管制价格、集中财力、统一金融和计划投资的基础上,实行资源的高度集中计划配置,对财政职能的定位是“发展经济,保障供给”。政府通过操纵价格“剪刀差”,把农业等部门的剩余资金转移到工业部门,并以此作为强制性积累机制,较容易地从工业部门获取财政所需的税利,从而实现对财力资源的占有和配置。与此相适应,政府间财政收支关系基本上是以“统收统支”为特征的。在这种体制下,中央要求地方将所有的财政收入上缴中央,地方提供公共产品以及生产建设所需要的资金均由中央核定拨给,财政支出覆盖了整个社会生产、流通和消费的各个方面,财政在国民收入分配和再分配中处于绝对控制地位。

2. 我国的“分灶吃饭”财政体制

改革开放后,财政体制开始改革,从 1980 年起,实行“分灶吃饭”财政体制,其基本内容是,明确划分中央和地方财政收支范围,地方以收定支,自求平衡,包干使用。

在收入方面,实行分类分成,即将财政收入分为:(1)中央与地方的固定收入。中央所属企业收入、关税、公债、国外借款为中央固定收入。地方所属企业收入、盐税、农牧业税、工商所得税、地方税和其他收入为地方固定收入。(2) 中央与地方固定比例分成收入。各地方划给中央各部门直接管理的企业收入,80%归中央,20%归地方。(3) 中央与地方的调剂收入。以工商税为调剂收入,其比例根据各地区收支情况确定。

在支出方面,按企业、事业的隶属关系及支出性质划分为:(1) 中央支出。中央所属企业的流动资金、挖潜改造资金和新产品试制费、地质勘探费、国防战备费、对外援助支出、国家物资储备支出,以及中央级的文教卫生科学事业费,农林、水利、气象等事业费,工业、交通、商业部门事业费和行政费等,归中央财政支出。(2) 地方支出。地方的统筹基本建设投资,地方所属企业的流动资金、挖潜改造资金和新产品试制费,支援农村人民公社支出和农林、水利、气象等事业费,工业、交通、商业部门事业费,城市维护费,城镇人口下乡经费,文教卫生科学事业费,抚恤和社会救济费,行政管理费等,均归地方财政支出。(3) 中央专项拨款。特大自然灾害救济费、特大抗旱防汛补助费、支持经济不发达地区发展资金等,由中央专案拨款

3. 分税制财政管理体制

1993 年,国务院发布《国务院关于实行分税制财政管理体制的决定》,决定从 1994 年 1 月1 日起对省、自治区、直辖市以及计划单列市实行分税制财政管理体制。

分税制财政管理体制的具体内容为:

(1) 中央与地方事权和支出的划分。中央财政主要承担国家安全、外交和中央国家机关运转所需经费,调整国民经济结构、协调地区发展、实施宏观调控所必需的支出以及由中央直接管理的事业发展支出。地方财政主要承担本地区政权机关运转所需支出以及本地区经济、事业发展所需支出。

(2) 中央与地方收入的划分。根据事权与财权相结合的原则,按税种划分中央与地方收入。将维护国家权益、实施宏观调控所必需的税种划为中央税;将同经济发展直接相关的主要税种划为中央与地方共享税;将适合地方征管的税种划为地方税,并充实地方税税种,增加地方税收入。其中,中央固定收入包括:关税,海关代征消费税和增值税、消费税,中央企业所得税,地方银行和外资银行及非银行金融企业所得税,铁道部门、各银行总行、各保险总公司等集中交纳的收入,中央企业上交利润等。外贸企业出口退税,除 1993 年地方已经负担的 20%部分列入地方上交中央基数外,以后发生的出口退税全部由中央财政负担。地

方固定收入包括：营业税、地方企业所得税、地方企业上交利润、个人所得税、城镇土地使用税、固定资产投资方向调节税、城市维护建设税、房产税、车船使用税、印花税、屠宰税、农牧业税、对农业特产收入征收的税、耕地占用税、契税、遗产和赠予税、土地增值税、国有土地有偿使用收入等。中央与地方共享收入包括：增值税、资源税、证券交易税。

第二节 预算法

一、预算和预算法概述

（一）预算

预算，此处特指国家预算，又称公共预算，是政府对会计年度内的收入和支出的预先估算，包括中央预算和地方预算。

从形式上看，政府预算就是按一定标准将财政收入和支出分门别类地列入特定的表格，称为财政活动的数字估算表。从内容上看，政府预算的编制是政府对财政收支的计划安排，是对一个财政年度内政府岁入岁出的预测、算定。从性质上看，由于政府预算要经过权力机关的审批才能生效，因此它又是一种法律性文件，体现权力机关和全体公民对政府活动的制约与监督。

预算由预算收入和预算支出组成。预算收入包括：税收收入、依照规定应当上缴的国有资产收益、专项收入、其他收入。预算支出包括：经济建设支出，教育、科学、文化、卫生、体育等事业发展支出，国家管理费用支出，国防支出，各项补贴支出，其他支出。

（二）预算法

预算法，是调整在国家进行预算资金的筹集、分配、使用和管理过程中发生的经济关系的法律规范的总称。

预算法则是调整预算关系的法律规范。它包括预算程序关系和预算实体关系，前者是预算主体在履行预算的编制、议定、执行的程序中发生的经济关系，后者是在组织、取得和分配使用预算资金过程中所发生的经济关系。

（三）预算体系的构成

预算体系，是依据国家的政权结构形成的国家预算的协调统一的整体。预算体系是划分各级预算管理单位的管理权限和和收支范围的前提条件，也是预算管理的组织保证。

《预算法》规定，国家实行一级政府一级预算。我国的预算体系包括五级，即中央预算；省、自治区、直辖市预算；设区的市、自治州预算；县、自治县、不设区的市、市辖区预算；乡、民族乡、镇预算。

前述五级预算，可以分为中央预算和地方预算两类。其中，中央预算由中央各部门（含直属单位）的预算组成，包括地方向中央上交的收入总额和中央对地方的返还或者给予补助的数额。地方预算由各省、自治区、直辖市总预算组成，包括地方各级总预算。

二、预算法的基本原则

预算法的基本原则，是指规定于预算法律之中对政府预算活动的全过程具有指导和适用价值的根本准则。预算法的基本原则主要有：

1. 预算民主原则

预算民主原则，是指预算应当反映大多数人的意愿，由人民选举产生的权力机关审批通过。预算民主原则是预算首先必须遵循的原则，也是预算法基本原则的核心。

2. 预算法定原则

预算法定原则，是指预算的主体、内容、程序、时间等必须由法律事先加以规定，预算的编制、审批、执行、变更、调整、决算等整个预算过程必须依法进行。强调预算的法定性，对于维护预算法以及已经批准的预算的严肃性，防止随意变更、调整预算，强化对政府预算行为的约束，具有十分重要的意义。

3. 预算公开原则

预算公开原则，是指预算的依据以及预算的编制、审批、执行、决算的整个过程和批准的预算内容都必须依法通过相应方式向社会公开。预算公开原则，是落实公民对政府财政行为知情权的需要，也是对政府财政收支行为进行监督和制约，实现反腐倡廉的现实需要。

三、预算管理体制

（一）预算管理体制

预算管理体制，简称预算体制，是指规定中央与地方之间（以及上下级地方政府之间）以及同级的国家机关之间划分预算收支范围和预算管理职权的根本预算制度。

政府的预算活动必须依法进行管理，才能有效地实现预算法的宗旨，而预算管理必须要有法定的预算管理职权。关于国家机关之间、中央和地方之间在预算管理职权方面的权限划分构成了预算管理体制。

（二）预算管理职权

预算管理职权，简称预算权，是指国家机关有关预算管理方面的职权，如预算的编制权、审批权、执行权、调整权、决算权、监督权等。

1. 各级权力机关的预算权。全国人大的预算权主要有审查权、批准权、变更撤销权。全国人大常委会的预算权主要有监督权、审批权、撤销权。

2. 各级政府的预算权。国务院的预算权包括编制权、报告权、执行权、决定权、监督权、变更撤销权。

3. 各级财政部门的预算权。各级财政部门是各级政府机关具体负责财政工作的职能部门，其预算权实际上是各级政府预算权的进一步具体化，主要有编制权、执行权、提案权、报告权。

4. 各部门、各单位的预算权。

四、预算收支范围

预算收支范围，是指国家财力在中央和与地方之间进行分配的具体形式。完整的预算由预算收入和预算支出两部分组成。预算收支范围是预算主体的预算权的具体化。

我国于1994财政年度开始实行中央和地方分税制，并在《预算法》中确定了预算收入和预算支出的范围。实行分税制的预算管理体制，有利于稳定中央和地方的预算收入来源，有利于充分调动各级政府预算管理的积极性，有利于增强中央财政的宏观调控能力。

（一）预算收入

预算收入是指在预算年度内通过一定的形式和程序，有计划地筹措的归国家支配的资金，是实现国家职能的财力保证。

我国《预算法》规定的预算收入形式包括：

1. 税收收入。税收收入是国家预算收入的主要部分。

2. 依法上缴的国有资产收益。这是国家依据其国有资产所有者的地位而获得收益，如国有控股的股息收益、国有资产转让、出让收益等。

3. 专项收入。即为了满足某种专门需要而由有权收取的部门筹集的有专项用途的资金，如排污费收入、教育费附加收入、矿产资源补偿费收入等。

4. 其他收入。包括基本建设贷款归还收入、基本建设收入、捐赠收入等。

（二）预算支出

预算支出是政府对集中的预算收入有计划地分配和使用而安排的支出。

我国《预算法》规定的预算支出形式主要有：

1. 经济建设支出。

2. 教育、科学、文化、卫生、体育等事业发展支出。

3. 国家管理费用支出，如各级国家机关的行政管理费支出。

4. 国防支出。

5. 各项补贴支出，如粮油补贴、农业生产资料价差补贴。

6. 其他支出，如对外援助支出、财政贴息支出、少数民族地区补助费等。

五、预算管理程序

预算管理程序主要由预算的编制、预算的审批、预算的执行和调整、决算的编制和批准四个环节组成。

（一）预算的编制

预算的编制，是指政府制定取得和分配使用预算资金的年度计划的活动，即制订预算收入和预算支出的年度计划。预算编制是预算管理工作的基础性程序。预算的编制必须强调科学性和严肃性，必须进行大量的调查研究和科学分析，并严格按照法定程序编制。

（二）预算的审批

预算的审批，是指国家各级权力机关对同级政府所提出的预算草案进行审查和批准的活动，它是预算草案转变为正式预算的关键阶段。根据《预算法》的规定，中央预算由全国人大审批，国务院在全国人大举行会议时，向大会作关于中央预算草案的报告；地方各级政府预算由本级人大审批，地方各级政府在本级人大举行会议时，向大会作关于本级预算草案的报告。经过人大批准的预算，非经法定程序，不得改变。

（三）预算的执行和调整

预算执行是指各级财政部门和其他预算主体组织预算收入和划拨预算支出的活动，它是将经过批准的预算付诸实施的阶段。我国的各级预算由本级政府组织实施，具体工作由本级政府财政部门负责。

在预算执行过程中，如果发生情势变更，还需要进行预算调整。这是因特殊情况而在预算执行中对原来收支平衡的预算所做出的部分调整和变更。各级政府对于必须进行的预算调整，应当编制调整方案，由本级人大常委会审批。

（四）决算的编制和批准

决算，在形式上是对年度预算收支执行结果的会计报告，其实质是对年度预算执行结果的总结。它是预算管理程序的最后一个环节。

决算草案只有经过权力机关依法定程序审查和批准，政府在预算年度内的预算执行责任才能得以免除，一个预算年度内的预算管理程序才告结束。

相关链接：

政府预算制度的起源

现代意义上的第一个政府预算产生于封建社会向资本主义社会过渡、自然经济向市场经济过渡的英国。在13世纪至19世纪之间，英国议会与封建君主进行了无数次的斗争，其中包括1215年的《大宪章》事件、17世纪40年代的革命、1688年的光荣革命以及19世纪上半期的宪章运动等，英国政府收支的全部决定权逐步转到了英国议会手中。为此，英国新兴的市场和资本力量，就通过议会，直接控制和决定着政府的收支活动。

政府预算就是在这一背景下产生的。英国的社会公众和议会为了确保有效控制和决定政府收支，要求政府在财政年度开始之前预先编制年度收支计划，报送议会审议批准，然后才能执行。这一预先提交并经议会批准的政府年度收支计划，就是政府预算。政府预算制度是英国社会公众与君主之间经济利益争夺的直接产物。英国政府预算制度的建立，正是直接依靠议会对于国王财政权的控制实现的，政府预算制度的形成史，也就是议会为控制政府的"钱包"，即政府财政而斗争的历史。

第三节 国债法

一、国债与国债法概述

（一）国债的概念和职能

国债，又称国家公债，是国家以其信用为基础，按照债的一般原则，向社会筹集资金所形成的国家债务。国家作为债务人，根据还本付息的信用原则，通过在国内外发行债券或向外国政府、金融机构借款方式筹集财政资金，取得财政收入。

国债的基本职能是：

1. 弥补财政赤字职能。弥补财政赤字是发行国债的最初动因。在市场经济条件下，弥补财政赤字的方式主要有增加税收、增发货币和举借国债，其中，发行国债是最可行的办法，因为发行国债筹资仅是社会资金使用权的暂时转移，在正常情况下，一般不会招致无度的通货膨胀，同时还可迅速、灵活和有效地弥补财政赤字。

2. 宏观调控职能。国债反映了社会资源的重新配置，是财政调节的一种重要手段。这部分财力用于生产建设，将扩大社会的积累规模，改变既定的积累与消费的比例关系；这部分财力用于消费，则扩大社会的消费规模，使积累和消费的比例向消费一方偏移。

（二）国债法

国债法是调整国债发行、流通、转让、使用、偿还和管理等过程中产生的社会关系的法律规范。国债法的调整对象是在国债的发行、使用、偿还和管理过程中发生的经济关系，简称国债关系。

随着对国债职能的认识深化，各国越来越重视国债立法。如美国早在1917年就颁布了

《自由公债法》,1986 年又制定了《政府债券法》。我国现阶段的国债立法尚不成熟。

二、国债的分类

根据不同的标准,可以对国债作以下分类:

1. 按偿还期限的不同,可分为定期国债和不定期国债

定期国债,是指国家发行的规定有还本付息期限的国债。定期国债按还债期长短又可分为短期国债、中期国债和长期国债。短期国债通常是指发行期限在 1 年以内的国债;长期国债是指发行期限在 10 年以上的国债。

不定期国债,是指国家发行的不规定还本付息期限的国债。这类国债的持有人可按期获得利息,但没有要求清偿债务的权利。如英国曾发行的永久性国债即属此类。

2. 按发行地域的不同,可分为国内债务和国外债务

国内债务,是指在国内发行的国债,其债权人多为本国公民、法人或其他组织,还本付息均以本国货币支付。

国外债务,是指国家在国外举借的债,包括在国际市场上发行的国债和向外国政府、国际组织及其他非政府性组织的借款等。国家外债可经双方约定,以债权国、债务国或第三国货币筹集并还本付息。

3. 按使用途径的不同,可分为赤字国债、建设国债和特种国债

赤字国债,是指用于弥补财政赤字的国债。由于经常性预算缺乏还本付息的资金来源,且不会产生任何直接的收益,因此,一般各国预算法都禁止发行赤字国债。

建设国债,是指用于增加国家对经济领域投资的国债。

特种国债,是指为实施某种特殊政策在特定范围内或为特定用途而发行的国债。

4. 按是否可以流通,可分为上市国债和不上市国债

上市国债,也称可出售国债,是指可在证券交易场所自由买卖的国债。

不上市国债,也称不可出售国债,是指不能自由买卖的国债。这类国债一般期限较长,利率较高,多采取记名方式发行。

5. 我国发行的国债种类主要有记账式国债、无记名国债、凭证式国债和特种定向债券

记账式国债,以记账的形式记录债权,通过证券交易所的交易系统发行和交易,可以记名、挂失。

无记名国债,以实物券面的形式记录债权,不记名、不挂失,可上市流通交易。

凭证式国债,以凭证式国债收款凭证记录债权,是一种国家储蓄债,可以记名、挂失,不可上市流通。

特种定向债券,以“特种定向债券收款凭证”记录债权,为不可上市国债,面向社会养老保险基金和待业保险基金的管理机构发行。

三、国债的发行、使用和偿还

(一) 国债的发行

国债的发行指国债被个人和企业认购的过程。它是国债运行的起点和基础环节,其核心是确定国债发行的方式。国债的发行主要有固定收益出售方式、公募拍卖方式、连续经销方式、直接推销方式和综合方式等五种方式。

(二) 国债的使用

国债的使用包括政府对国债资金的使用和国债债权人对其债券权利的使用两个方面。

其中，国债资金的使用用途主要是弥补财政赤字，进行经济建设和用于特定用途。而国债债权人对其债券权利的行使，主要是对国债券的转让和质押。

(三) 国债的偿还

国债的偿还是国家对到期国债还本付息。偿还国债本息的资金来源可以是预算盈余，或者是专门的偿债基金、预算拨款，也可以是借新债还旧债。在偿还方法上，可以是直接由政府出面偿还，或者委托金融机构进行偿还，也可以通过市场收购来偿还，还可以通过抽签等方法进行偿还。

四、国债的管理

国债管理是指一国政府通过国债的发行、使用、偿还活动，对国债的总额增减、结构变化、利率升降等方面制定适当方针，采取有效措施，以达到筹措财政资金与稳定经济的目的的经济活动。

国债管理主要包括：

1. 国债的规模管理。国债的规模管理是指国家的国债管理部门为实现一定的经济和社会目标而对国债总额进行的调度和控制。

2. 国债的结构管理。通过改变国债的类型结构和期限结构，能够影响到所有权结构的改变，并进一步影响到社会经济的运行和稳定。

3. 国债利率的调控。国债的利率是调控经济运行的一个重要杠杆，国债的利率应根据经济发展需要确定，不宜定得太高。

第四节 政府采购法与财政转移支付法

一、政府采购和政府采购法

(一) 政府采购概述

政府采购，也称公共采购，是指各级政府为从事日常的政务活动或为了满足公共服务的需要，利用国家财政资金和政府借款购买货物、工程和服务的行为。完善、合理的政府采购对社会资源的有效利用，提高财政资金的利用效果起到很大的作用，因而是财政支出管理的一个重要环节。

政府采购的主体是政府，是一个国家内最大的单一消费者，购买力非常大。据统计，欧共体各国政府采购的金额占其国内生产总值的14%左右(不包括公用事业部门的采购)；美国政府在20世纪90年代初每年用于货物和服务的采购就占其国内生产总值的26%～27%，每年有2 000多亿美元的政府预算用于政府采购。因此，政府采购对社会经济有着非常大的影响，采购规模的扩大或缩小，采购结构的变化对社会经济发展状况、产业结构以及公众生活环境都有着十分明显的影响。政府采购制度已成为各国政府经常使用的一种宏观经济调控手段。

(二) 政府采购法概述

为了规范政府采购行为，提高政府采购资金的使用效益，维护国家利益和社会公共利益，保护政府采购当事人的合法权益，促进廉政建设，我国于 2002 年制定了《中华人民共和国政府采购法》，于 2003 年 1 月 1 日正式实施。

根据《政府采购法》的规定，政府采购的主体是指在政府采购活动中享有权利和承担义务的各类主体，包括采购人、供应商和采购代理机构等。采购人是指依法进行政府采购的国家机关、事业单位、团体组织。集中采购机构为采购代理机构，集中采购机构是非营利事业法人，根据采购人的委托办理采购事宜。供应商是指向采购人提供货物、工程或者服务的法人、其他组织或者自然人。

政府采购的方式有：公开招标、邀请招标、竞争性谈判、单一来源采购、询价和国务院政府采购监督管理部门认定的其他采购方式。其中公开招标是政府采购的主要方式。

二、财政转移支付和转移支付法概述

（一）财政转移支付

财政转移支付一般简称为“转移支付”，又称补助支出，是指各级政府之间为解决财政失衡而通过一定的形式和途径转移财政资金的活动。

财政转移支付是一种财政平衡制度。财政转移支付表现为“抽肥补瘦”，“抽肥”指的是在财政初次分配中，上级政府从下级财力充裕地区集中部分收入，“补瘦”指的是通过转移支付形式对那些较为贫困的下级地区给以财力援助。

财政转移支付制度的目的是使贫困地区能够达到全国性基本公共服务水准，即全国基本公共服务标准均等化，这一标准是全国公共服务和公共投资的最低标志。因此它是促进各区域公共服务水平的均等化、平衡各区域财政能力的有效手段。中央政府及其相关部门只负责援助那些低于全国最低标准的区域，而不负责已高于全国最低标准的区域，以使中央有限的财政资源最大限度地发挥其所承担的在全社会范围内的公平分配的职能。

（二）转移支付法

转移支付法，是调整在财政转移支付的过程中发生的社会关系的法律规范的总称。转移支付法是财政法的重要组成部分。

由于国民对于公共物品的需求随着地区的不同而呈现出多层次性，但由于国家的各个地区经济发展的不平衡，就会出现财政失衡，包括财政的纵向失衡和横向失衡。过度的财政失衡会影响经济和社会的良性运行和协调发展，必须通过财政转移支付制度解决财政失衡问题，使各级政府不受自然资源、人口、经济结构和经济发展程度的制约，提供相应的、差别不大的公共产品，以便缩小区域经济发展差距。

财政转移支付的模式主要有三种，一是自上而下的纵向转移支付，二是横向转移支付，三是纵向与横向转移支付的混合。纵向转移支付是指上级政府对下级政府的财政转移支付。横向转移支付是指同级政府之间的财政转移支付。此外，我国财政转移支付制度存在双向的资金往来关系，不仅包括上级对下级的拨款，而且包括下级政府对上级政府的缴款。

在纵向财政转移支付中，中央对地方转移支付由一般性财政转移支付和专项财政转移支付构成。一般性财政转移支付是指为弥补财政实力薄弱地区的财力缺口，均衡地区间财力差距，实现地区间基本公共服务能力的均等化，中央财政安排给地方财政的补助支出，由地方统筹安排。专项转移支付是指中央财政为实现特定的宏观政策及事业发展战略目标，以及对委托地方政府代理的一些事务或中央地方共同承担事务进行补偿而设立的补助资金，需按规定用途使用。

确定一般转移支付的数额的影响因素主要有客观因素和政策因素两个方面。前者包括财政供养人口、总人口、辖区面积等;后者包括少数民族人口、特区、农业产值等。

本章小结

财政法是经济法的重要组成部分,财政调控是宏观调控的重要手段。调整国债关系的国债法是调整财政收入管理关系的部门法,调整政府财政支出管理关系的政府采购法和财政转移支付法是调整财政支出的部门法。预算法既涉及到财政收入,又涉及到财政支出,是从总体上对财政收支进行规范的部门法,是财政法的核心法律。本章学习的预算法、国债法、政府采购法和转移支付法等共同构成了财政法的体系。

技能训练

一、单项选择题

1. 我国的预算实行一级政府,一级预算,预算体系包括________预算。 ( )

A. 二级　B. 三级　C. 四级　D. 五级

2. 根据我国《预算法》的规定,________负责审查和批准中央预算。 ( )

A. 全国人民代表大会　B. 全国人民代表大会常务委员会

C. 国务院　D. 财政部

3. 《中华人民共和国政府采购法》所称政府采购,是指各级国家机关、事业单位和团体组织,使用________采购依法制定的集中采购目录以内的或者采购限额标准以上的货物、工程和服务的行为。 ( )

A. 财政性资金　B. 非财政性资金　C. 经营收入　D. 捐赠收入

4. 下列采购活动中,适用《政府采购法》调整的是 ( )

A. 某事业单位使用财政性资金采购办公用品

B. 某国有企业采购原材料

C. 某国有独资公司采购办公用品

D. 某合伙企业采购办公用品

5. 政府采购当事人的范围不包括 ( )

A. 采购人　B. 供应商

C. 政府采购监督管理机构　D. 采购代理机构

6. 预算法规定,中央预算的调整方案必须提请________审查和批准。 ( )

A. 全国人民代表大会　B. 全国人民代表大会常务委员会

C. 国务院　D. 财政部

二、多项选择题

1. 下列属于国家预算构成的有 ( )

A. 中央预算　B. 地方预算

C. 总预算　D. 部门单位预算

2. 下列________属于全国人民代表大会的预算管理职权。（　　）

A. 审查中央和地方预算草案及中央和地方预算执行情况的报告

B. 组织中央和地方预算执行

C. 批准中央预算和中央预算执行情况的报告

D. 改变或者撤销全国人民代表大会常务委员会关于预算、决算的不适当的决议

3. 符合________情形之一的货物或服务，可以采用单一来源方式采购。（　　）

A. 只能从唯一供应商处采购的

B. 发生了不可预见的紧急情况不能从其他供应商处采购的

C. 必须保证原有采购项目一致性或者服务配套的要求，需要继续从原供应商处添购，且添购资金总额超过原合同采购金额百分之十的

D. 某供应商在政府采购活动中，一直质优价廉，讲究信誉的

4. 根据《政府采购法》的规定，以下属于我国政府采购方式的是（　　）

A. 公开招标方式　　B. 邀请招标方式

C. 竞争性谈判方式　　D. 单一来源方式

三、简答题

1. 什么是财政？财政有哪些职能？

2. 什么是国家预算？国家预算应遵循哪些原则？

第十五章　税收法律制度

知识目标

了解税收及税法的概念、特征和税法的构成要素；掌握税收法律关系，流转税、所得税征收范围、税率等法律规定和计算方法；掌握税务登记管理、税款征收方式，了解税收征管制度和税收法律责任制度。

能力目标

能依据有关税法的具体规定，计算有关税种应纳税款。

案例导入：税款的计算与征纳

张某是H市第一人民医院的主任医师，因他是正规医科大学毕业且在第一人民医院积累了丰富的临床经验，医术深得当地的群众认可。张某退休后在其居住的小区开设了诊所，为居民提供医疗诊断服务，并方便居民购买日用药品。每月销售药品的金额为6 500元。由于张某医术高超，为人谦和，服务周到，前来就诊的人员络绎不绝，其获得了可观的收入。2006年张某所在的市税务机关开展税务检查，发现张某2005年全年都未缴纳增值税和个人所得税。税务机关遂作出补缴税款、征收滞纳金和罚款的决定，张某不服，以税务机关决定、处罚错误为由，拒绝补缴税款和滞纳金。问：

(1) 张某应当缴纳哪些税？其依据有哪些？

(2) 张某拒绝补缴税款是否合法？

(3) 税务机关对张某拒绝缴纳税款的行为可以采取哪些措施？

(4) 如张某不服税务机关采取的措施可以通过什么途径来救济？

案例分析

(1) 张某应当增值税、城市维护建设税、个人所得税和教育费附加。其依据有《营业税暂行条例》、《增值税暂行条例》和《个人所得税法》等法律法规。根据《营业税暂行条例》第8条规定，医院、诊所和其他医疗机构提供的医疗服务可以免征营业税。这里的医疗服务是指对患者进行诊、治疗和防疫、接生、计划生育等方面的服务，以及与这些服务有关的提供药品、医疗用具、病房住宿和伙食的业务。本案中，张某除了给患者提供诊断服务外，还经营各种药品。根据《增值税暂行条例》第1条规定，在中华人民共和国境内销售货物或者提供加工、修理修配劳务以及进口货物的单位和个人，为增值税的纳税人，应当依照本条例缴纳增值税。本案中，张某销售药品属于销售货物，应征收增值税。因此，张某开设诊所治病并销售药品，属于兼营行为。兼营行为须按照不同税种征收范围分别核算，分别申报纳税。根据《个人所得税法》第1条规定，在中国境内有住所，或者无住所而在境内居住满一年的个人，从中国境内和境外取得的所得,依照本法规定缴纳个人所得税。而且该法第 2 条规定,劳务报酬所得应纳个人所得税。本案中张某从事医疗服务,即属于劳务报酬所得,应当缴纳个人所得税。根据《城市维护建设税暂行条例》第 2 条规定,凡缴纳产品税、增值税、营业税的单位和个人,都是城市维护建设税的纳税义务人(以下简称纳税人),都应当依照本条例的规定缴纳城市维护建设税。依此,张某作为增值税的纳税人,应当依照《城市维护建设税暂行条例》规定,缴纳城市维护建设税。根据《征收教育费附加的暂行规定》第 2 条规定,凡缴纳产品税、增值税、营业税的单位和个人,除按照《国务院关于筹措农村学校办学经费的通知》(国发[1984]174 号文)的规定,缴纳农村教育事业费附加的单位外,都应当依照本规定缴纳教育费附加。因此,本案中,张某作为应当缴纳增值税的纳税人,应当依据《征收教育费附加的暂行规定》缴纳教育费附加。

(2) 张某拒绝补缴税款不合法。因为根据《税收征管法》第 4 条规定,纳税人、扣缴义务人必须依照法律、行政法规的规定缴纳税款、代扣代缴、代收代缴税款。本案张某作为纳税人负有依法纳税的义务,在税务机关检查其存在未缴纳 2005 年全年增值税和个人所得税,作出补缴税款、滞纳金和罚款时,因其不存在减免或延期缴纳的法定事由,应当补缴税款。纵使张某对补缴的税款有争议,他也须依照《税收征管法》第 86 条规定,纳税人、扣缴义务人、纳税担保人同税务机关在纳税上发生争议时,必须先依照税务机关的纳税决定缴纳或者解缴税款及滞纳金或者提供相应的担保,然后可以依法申请行政复议;对行政复议决定不服的,可以依法向人民法院起诉。故张某拒绝补缴税款不合法。

(3) 税务机关对张某拒绝缴纳税款的行为可以根据《税收征管法》第 40 条规定,从事生产、经营的纳税人、扣缴义务人未按照规定的期限缴纳或者解缴税款,纳税担保人未按照规定的期限缴纳所担保的税款,由税务机关责令限期缴纳,逾期仍未缴纳的,经县以上税务局(分局)局长批准,税务机关可以采取下列强制执行措施:①书面通知其开户银行或者其他金融机构从其存款中扣缴税款;②扣押、查封、依法拍卖或者变卖其价值相当于应纳税款的商品、货物或者其他财产,以拍卖或者变卖所得抵缴税款。税务机关采取强制执行措施时,对前款所列纳税人、扣缴义务人、纳税担保人未缴纳的滞纳金同时强制执行。

(4) 张某不服税务机关上述强制执行措施,可以根据《税收征管法》第 86 条规定,当事人对税务机关的处罚决定、强制执行措施或者税收保全措施不服的,可以依法申请行政复议,也可以依法向人民法院起诉。即张某可以申请行政复议,对行政复议决定不服的,可以提起行政诉讼;也可以直接提起行政诉讼。

第一节　税法概述

一、税收的概念、特征与分类

(一) 税收概念

税收是国家为了满足社会公共需要,实现国家职能,凭借公共(政治)权力,按照法定的标准和程序,强制地、无偿地参与社会产品分配而取得财政收入的一种方式。在社会经济活动过程中发挥着重要的作用。

(二) 税收的特征

税收作为一种分配形式,具有强制性、无偿性、固定性的特征。

1. 强制性。税收的征收依靠的是国家的政治权力,税收是通过国家法律形式予以确定的,纳税人必须根据税法的规定按章纳税。每个公民、企业、单位都有依法纳税的义务。对拒不纳税或逃避纳税者,国家有权强制征收,并有权给予法律制裁。

2. 无偿性。是指国家征税以后,税款即为国家所有,既不需要偿还,也不需要对纳税人付出任何代价。

3. 固定性。是指征税前就以法律的形式规定了征税对象、征收比例或数额等标准制定后,在一定时间内是相对稳定的,任何单位和个人都不能随意改变。

(三) 税收的分类

1. 按征税对象分类可以分为流转税、所得税、财产税、行为税和资源税五类。

(1) 流转税类如增值税、消费税、营业税、关税等税法。

(2) 所得税类如企业所得税、个人所得税等税法。

(3) 财产税类如房产税、车船税、契税等税法。

(4) 行为目的税类如印花税、车辆购置税、城市维护建设税等税法。

(5) 资源税类如资源税、城镇土地税等税法。

2. 按照税收征收权限和收入支配权限分类,可分为中央税、地方税和中央地方共享税。

(1) 中央税如关税和消费税等。

(2) 地方税如营业税(不含铁道部门、各银行总行、各保险总公司集中交纳的营业税)、个人所得税、城镇土地使用税、房产税、城市维护建设税、车船使用税、印花税、契税、土地增值税等。

(3) 中央与地方共享税如增值税(中央 75%、地方 25%)和资源税(按不同资源品种划分,大部分资源税为地方收入,海洋石油资源税为中央收入)、证券交易税(中央与地方各 50%)、企业所得税(中央 60%、地方 40%)等。

3. 按照计税标准不同分类,可分为从价税、从量税。

(1) 从价税是以征税对象价格为计税依据,从价税实行比例税率和累进税率,税收负担比较合理。如我国现行的增值税、营业税、关税和所得税等税种。

(2) 从量税是以课税对象的重量、件数、容积、面积等为计税依据,其课税数额与征税对象数量相关而与价格无关。如我国现行的资源税、车船税和土地使用税等。

二、税法及构成要素

(一) 税法的概念

税法是指国家机关制定的有关调整税收分配过程中形成的权利义务关系的法律规范总和。广义税法是指各种税收法律规范的总和(全国人民代表大会正式立法制定的税收法律、国务院制定的税收法规、由省级人民代表大会制定的地方性税收法规和由有关政府部门制定的税收规章等等)。狭义税法是指国家最高权力机关正式立法的税收法律,如我国的个人所得税法、税收征收管理法、企业所得税法等。

(二) 税法的分类

1. 按照税法的功能作用的不同分为税收实体法和税收程序法。如《企业所得税法》、

《个人所得税法》就属于实体法。税收程序法主要包括税收管理法、纳税程序法、发票管理法、税务机关组织法、税务争议处理法等。

2. 按照主权国家行使税收管辖权的不同分为国内税法、国际税法、外国税法。

3. 按照税法法律级次划分为税收法律、税收行政法规、税收行政规章和税收规范性文件。

(三) 税法的构成要素

税法的构成要素一般包括:征税人、纳税义务人、征税对象、税目、税率、计税依据、纳税环节、纳税期限、纳税地点、减免税和法律责任等。其中:纳税义务人、征税对象和税率是构成税法的三个最基本的要素。

1. 征税人(征税主体)是指行使税收征管权,依法进行税款征收行为的一方当事人。

2. 纳税义务人(纳税人,"纳税主体")是指单位(企业所得税)和个人(个人所得税),是缴纳税款的主体。包括法人、自然人和其他社会组织。

3. 征税对象(纳税对象)是指征税的目的物,也是缴纳税款的客体。每种税都有其特定的征税对象,征税对象是区别不同税种的主要标志,体现不同税种征税的基本界限。

4. 税目是纳税对象的具体化,各个税种规定具体征税项目。如消费税具体规定了烟、酒等 14 个税目。但不是所有的税种都规定税目。

5. 税率是指税法规定的每一纳税人的应纳税与课税客体之间的比例,它是法定的计算税额的尺度。衡量税负轻重与否的重要标志。我国现行使用的税率主要有:比例税率、定额税率、累进税率等。

6. 计税依据(课税依据、课税基数)是计算应纳税额的根据。我国目前的计税依据有从价计征、从量计征、复合计征。

7. 纳税环节。指商品生产和流转过程中应当缴纳税款的环节。一种税具体在哪个或哪几个环节征收,不仅关系到税制结构和税负平衡问题,而且在保证国家财政收入、便于纳税人缴纳税款、促进企业加强经济核算管理等方面,都具有重要意义。

8. 纳税期限。纳税人在发生纳税义务后,应向税务机关申报纳税的起止时间。超过纳税期限未缴税的,属于欠税,应依法加收滞纳金。纳税期限一般分为按期纳税和按次纳税两种形式。

9. 纳税地点。我国税法上规定的纳税地点主要有:机构所在地、经济活动发生地、财产所在地、报关地等。

10. 税收优惠。指国家为了体现鼓励和扶持政策,在税收方面采取的激励和照顾措施。目前我国税收法规定的优惠形式主要包括减税、免税、退税、投资抵免、快速折旧、亏损抵补和延期纳税等。

11. 法律责任是指对违反国家税法规定的行为人采取的处罚措施。一般包括违法行为和因违法而应承担的法律责任两部分内容。这里的违法行为是指违反税法规定的行为,包括作为和不作为。这里的法律责任的形式主要有行政法律责任和刑事法律责任。

第二节 流转税

一、流转税的概念和特征

(一) 流转税的概念

流转税类是以商品生产、商品流通和劳务服务的流转额为征税对象的一类税收。其中，流转额包括商品交易的金额或数量和劳务收入的金额。我国现行的增值税、消费税、营业税、关税均属于流转税类。

(二) 流转税的特征

1. 以商品交换为前提，征税普遍。由于流转税的征税对象是流转额，而流转额只能在商品(包括劳务)交换过程中形成，因此，流转税的征收必须以商品交换为前提。

2. 税额与价格关系密切。在税率已定的条件下，流转额的大小直接依存于商品、劳务价格的高低及流转额的多少，即不论征税商品有无盈利，只要发生了商品销售或提供劳务的行为，所发生的流转额都要征税。

3. 除少数税种实行定额税率外，普遍实行比例税率。

4. 计征简便。

二、增值税法

(一) 增值税的概念和特征

1. 增值税的概念

增值税是以增值额为课程对象而征收的一种税。就我国而言，增值税是对在我国境内销售货物和进口货物以及提供加工、修理修配劳务的单位和个人，就其货物或劳务的增值额而征收的一种税。

这里所说的境内是指在中华人民共和国关境以内，货物是指有形动产，包括电力、热力、气体在内，所销售的货物的起运地和所在地在境内。加工是指受托加工货物，即委托方提供原料及主要材料，受托方按照委托方的要求，制造货物并收取加工费的业务。修理修配，是指受托对损伤和丧失功能的货物进行修复，使其恢复原状和功能的业务。单位，是指企业、行政单位、事业单位、军事单位、社会团体及其他单位。个人，是指个体工商户和其他个人。所谓增值额，是指企业或其他经营者从事生产经营或提供劳务在购入的商品或者取得的劳务的价值基础上新增加的价值额或商品的附加值。

2. 增值税的特点

增值税是流转税的一种形式，除具有流转税的一般共性外，又具有自身的特殊性。我国增值税具有以下特点：

(1) 仅对增值额征税

增值税是以货物或劳务的增值额部分作为计税依据，即只对商品销售额或劳务收入额中属于本单位新创造的、尚未征过税的那部分增值额征税，这是增值税区别于其他流转税的显著特点之一。

(2) 普遍征收、税不重征

从征税范围来看,增值税实行普遍征收,征税对象广泛涉及商品生产、批发零售和各种服务业,甚至农业。这不仅有利于税制的简化和统一、税负的公平与适度,而且还有利于保证税收收入随着国民收入的增长而相应的增长。

从纳税环节来看,增值税就生产经营环节的增值额道道征税,即有一个生产环节就征一道税,而不是只在某一环节征税,也不是只征一道税,形成增值税生产、批发和零售环节征税。尽管增值税实行多环节征税,但只就每一环节的增值额征税,从而消除了传统间接税对外购商品和劳务重复征税的弊端,体现了普遍征收、税不重征的特点。

(3) 税负公平,平等竞争

增值税不因生产经营环节的变化而影响税收负担。就某一商品而言,不论生产经营环节有多少,只要最后的售价相同,其税收负担就能保持一致,体现了公平税负,有利于平等竞争。另外,增值税一般采用单一的税率,对所有货物与劳务一律平等课税。目前,我国采用两档税率的模式,避免由于税率档次过多而造成产品间税负不公平的矛盾,充分体现公平原则。

(4) 价外计征,是一种价外税

与以含税价格为计税依据的其他流转税相比,增值税实行价税分离,以不含增值税的价格作为计税依据,计征增值税,税收负担明确。

相关链接:

增值税的类型

1. 生产型增值税。生产型增值税是对纳税人固定资产买价中的税额,在固定资产购入时不允许一次全部扣除,而是根据固定资产的使用年限,逐期扣除每期提取折旧额中所包含的税金。其特点就是在计算增值税时,不允许扣除外购固定资产价值中所含的税款,只允许扣除属于在非固定资产项目的那部分生产资料的税款。因此,实行这种类型的增值税,就整个社会来说,增值税的计税依据既包括消费资料,也包括生产资料,相当于生产的固定资产和各种消费产品的生产总值,即征收的范围与国民生产总值一致,所以称为生产型增值税。

2. 收入型增值税。收入型增值税是指在征收增值税时,只允许扣除当期计入成品成本的固定资产折旧部分所含的税款。即以纳税人一定时期内的销售收入减去外购商品、劳务成本和固定资产折旧后的余额作为增值税的计税依据,该余额包括工资、利息、租金与利润。换句话说,在确定增值额时,只允许扣除固定资产折旧部分,未提折旧部分不得计入扣除项目金额。从整个国民经济来看,该类型的增值税的征税对象大体上相当于国民收入,故而被称为收入型增值税。

3. 消费型增值税。消费型增值税是指在征收增值税时,允许在固定资产购入的当期一次性全部扣除所含的税款,或者说在确定增值额时,允许扣除固定资产的价值。即纳税人在生产经营过程中所耗用的生产资料中包含的已经缴纳的增值税款均可作为扣除项目。从整个国民经济来看,其征税对象仅限于消费资料价值部分,因而称为消费型增值税。

目前世界上采用增值税税制的绝大多数市场经济国家,实行的都是消费型增值税。我国在 2009 年 1 月 1 日之后,正式采用消费型增值税。

(二) 增值税的基本法律内容

1. 增值税的征税范围

2009 年 1 月 1 日实施的《中华人民共和国增值税暂行条例》规定:“在中华人民共和国

境内销售货物或者提供加工、修理修配劳务以及进口货物的单位和个人,为增值税的纳税人,应当依照本条例缴纳增值税。"销售货物,是指有偿转让货物的所有权。有偿,是指从购买方取得货币、货物或者其他经济利益。货物是指有形动产,包括电力、热力、气体在内,所销售的货物的起运地和所在地在境内。进口货物是指将货物从我国境外移送到我国境内的行为。加工,是指受托加工货物,即委托方提供原料及主要材料,受托方按照委托方的要求,制造货物并收取加工费的业务。修理修配,是指受托对损伤和丧失功能的货物进行修复,使其恢复原状和功能的业务。提供加工、修理修配劳务是指有偿提供加工、修理修配劳务。单位或者个体工商户聘用的员工为本单位或者雇主提供加工、修理修配劳务,不包括在内。

(1) 视同销售行为。

在企业销售收入总额中,正常销售占较大比例,但存在一些特殊情况。如货物没有对外销售或货物已发出但没有形成真正意义上销售,应视同销售,征收增值税。主要包括以下几种情况。

①将货物交付其他单位或者个人代销;

②销售代销货物;

③设有两个以上机构并实行统一核算的纳税人,将货物从一个机构移送其他机构用于销售,但相关机构设在同一县(市)的除外;

④将自产或者委托加工的货物用于非增值税应税项目;

⑤将自产、委托加工的货物用于集体福利或者个人消费;

⑥将自产、委托加工或者购进的货物作为投资,提供给其他单位或者个体工商户;

⑦将自产、委托加工或者购进的货物分配给股东或者投资者;

⑧将自产、委托加工或者购进的货物无偿赠送其他单位或者个人。

(2) 混合销售行为。

一项销售行为如果既涉及货物又涉及非增值税应税劳务,为混合销售行为。这里所说的非增值税应税劳务,是指属于应缴营业税的交通运输业、建筑业、金融保险业、邮电通信业、文化体育业、娱乐业、服务业税目征收范围的劳务。

税法规定,纳税人的下列混合销售行为,应当分别核算货物的销售额和非增值税应税劳务的营业额,并根据其销售货物的销售额计算缴纳增值税,非增值税应税劳务的营业额不缴纳增值税;未分别核算的,由主管税务机关核定其货物的销售额:①销售自产货物并同时提供建筑业劳务的行为;②财政部、国家税务总局规定的其他情形。

除另有规定外,从事货物的生产、批发或者零售的企业、企业性单位和个体工商户,以及以从事货物生产、批发或零售为主(年货物人销售额超过50%)并兼营非应税劳务的企业、企业性单位及个体经营者发生的混合销售行为,视同销售货物,应当征收增值税。其他单位和个人发生的混合销售行为,视为销售非应税劳务,不征收增值税,而征收营业税。纳税人的销售行为是否属于混合销售行为,由国家税务总局所属征收机关确定。

(3) 兼营货物销售、应税劳务与非应税劳务。

经营活动的多样性使纳税人在经营范围内,在应税货物销售或提供应税劳务的同时,还从事应税劳务(即营业税规定的各项劳务),并且这种经营业务并不发生在同一项业务中。

税法规定,纳税人兼营非增值税应税项目的,或是不同税率或征收率的项目,兼营应税项目和免税项目,应将不同项目的货物或者应税劳务分别核算其销售额和非增值税应税项目的营业额;未分别核算的,由主管税务机关核定货物或者应税劳务的销售额。

（4）其他规定。属于征税范围的特殊项目①货物期货（包括商品期货和贵金属期货），应当征收增值税，在期货的实物交割环节纳税。②银行销售金银的业务，应当征收增值税。③典当业的死当物品销售业务和寄售业代委托人销售寄售物品的业务，均应征收增值税；④集邮商品（如邮票、首日封、邮折等）的生产以及邮政部门以外的其他单位和个人销售的，均征收增值税。对邮政部门销售集邮商品、发行报纸杂志，不征收增值税，而征收营业税。⑤基本建设单位和从事建筑安装业务的企业附设的工厂、车载斗量生产的水泥预制构件、其他构件或建筑材料，用于本单位或本企业的建筑工程的，应在移送使用时征收增值税。但其建筑现场制造的预制构件，凡直接用于本单位或本企业建筑工程的不征收增值税。⑥缝纫应当征收增值税。

2. 纳税人

凡是在中华人民共和国境内销售货物或者提供加工、修理修配劳务以及进口货物的单位和个人，为增值税的纳税人。税法将增值税纳税人分为两类：一类是一般纳税人，另一类是小规模纳税人。

（1）小规模纳税人的认定标准

①从事货物生产或者提供应税劳务的纳税人，以及以从事货物生产或者提供应税劳务为主，并兼营货物批发或者零售的纳税人，年应征增值税销售额（以下简称应税销售额）在50万元以下（含本数，下同）的；所称以从事货物生产或者提供应税劳务为主，是指纳税人的年货物生产或者提供应税劳务的销售额占年应税销售额的比重在50%以上。

②除以上条款规定以外的纳税人，年应税销售额在80万元以下的。

③年应税销售额超过小规模纳税人标准的其他个人按小规模纳税人纳税；非企业性单位、不经常发生应税行为的企业可选择按小规模纳税人纳税。

小规模纳税人不能领购和使用增值税专用发票，按简易办法计算应纳增值税额。能够认真履行纳税义务的小规模纳税人，经税务机关批准，其销售货物或提供应税劳务可由税务机关代开增值税专用发票。

（2）增值税一般纳税人的认定标准

一般纳税人是指年应税销售额，包括一个公历年度内的全部应税销售额，超过财政部规定的小规模纳税人标准的企业和企业性单位。年应税销售额未超过财政部、国家税务总局规定的小规模纳税人标准以及新开业的纳税人，可以向主管税务机关申请一般纳税人资格认定。

下列纳税人不办理一般纳税人资格认定：

①个体工商户以外的其他个人；

②选择按照小规模纳税人纳税的非企业性单位；

③选择按照小规模纳税人纳税的不经常发生应税行为的企业。

纳税人应当向其机构所在地主管税务机关申请一般纳税人资格认定。

3. 增值税税率或征收率

（1）基本税率

纳税人销售、进口货物或者提供加工、修理修配劳务，除适用低税率和征收率的个别货物外，适用税率为17%。

（2）低税率

纳税人销售或者进口下列货物，税率为13%：①粮食、食用植物油；②自来水、暖气、冷气、热水、煤气、石油液化气、天然气、沼气、居民用煤炭制品；③图书、报纸、杂志；④饲料、化肥、农药、农机、农膜；⑤国务院规定的其他货物。

(3) 纳税人出口货物，税率为零，但是，国务院另有规定的除外。

纳税人兼营不同税率的货物或者应税劳务，应当分别核算不同税率货物或者应税劳务的销售额；未分别核算销售额的，从高适用税率。税率的调整，由国务院决定。

(4) 征收率

小规模纳税人的征收率不再分为工业和商业，统一为3%。

4. 增值税的优惠政策

(1)《增值税暂行条例》规定的免税项目

①农业生产者销售的自产农产品。这是指直接从事种植业、养殖业、林业、牧业、水产业的单位和个人，销售自产的属于税法规定范围初级农产品。初级农产品，具体范围由财政部、国家税务总局确定。

②避孕药品和用具。

③古旧图书。这是指向社会收购的古书和旧书。

④直接用于科学研究、科学试验和教学的进口仪器、设备。

⑤外国政府、国际组织无偿援助的进口物资和设备。

⑥由残疾人的组织直接进口供残疾人专用的物品。

⑦销售的自己使用过的物品。这里是指个人(不包括个体经营者)销售自己使用过的除游艇、摩托车、汽车以外的货物。

⑧财政部、国家税务总局规定的其他征免税项目。

(2) 增值税起征点的规定

①销售货物的，为月销售额2 000～5 000元；

②销售应税劳务的，为月销售额1 500～3 000元；

③按次纳税的，为每次(日)销售额150～200元。

纳税人兼营免税、减税项目的，应当分别核算免税、减税项目的销售额；未分别核算销售额的，不得免税、减税。

(3) 免税权可自行放弃。

纳税人销售货物或者应税劳务适用免税规定的，可以放弃免税，依照《增值税暂行条例》的规定缴纳增值税。放弃免税后，36个月内不得再申请免税。

(三) 增值税应纳税额的计算

增值税应纳税额的计算，按照纳税人的不同，分为一般纳税人应纳税额的计算和小规模纳税人应纳税额的计算。

1. 一般纳税人的应纳税额的计算

一般纳税人实行抵扣的办法，简单地说，实际上是采用间接计算方法。计算当期应纳税额主要包括三个方面的内容，即销项税额计算、进项税额的确定和应纳税额的计算。

当期应纳税额＝当期销项税额－当期进项税额

(1) 当期销项税额的计算

销项税额是纳税人在销售货物或提供应税劳务时，按照销售额和规定的税率计算并向购买方收取的增值税额。

①销售额的确定

销售额是指纳税人在销售货物或提供应税劳务，向购买方收取的全部价款和价外费用，但不包括收取的销项税额。价外费用，包括价外向购买方收取的手续费、补贴、基金、集资费、返还利润、奖励费、违约金、滞纳金、延期付款利息、赔偿金、代收款项、代垫款项、包装费、包装物租金、储备费、优质费、运输装卸费以及其他各种性质的价外收费。但下列项目不包括在内：受托加工应征消费税的消费品所代收代缴的消费税；同时符合以下条件的代垫运输费用：一是承运部门的运输费用发票开具给购买方的；二是纳税人将该项发票转交给购买方的。同时符合以下条件代为收取的政府性基金或者行政事业性收费：一是国务院或者财政部批准设立的政府性基金，由国务院或者省级人民政府及其财政、价格主管部门批准设立的行政事业性收费；二是收取时开具省级以上财政部门印制的财政票据；三是所收款项全额上缴财政。销售货物的同时代办保险等而向购买方收取的保险费，以及向购买方收取的代购买方缴纳的车辆购置税等。

对于视同销售行为的销售额，因为没有实际收到款项或是取得索取销售额的凭据，所以其销售额的确定有一定的难度。税法规定：对视同销售行为按以下顺序确定其计税销售额。按纳税人最近时期同类货物的平均销售价格确定；按其他纳税人最近时期同类货物的平均销售价格确定；按组成计税价格确定。组成计税价格的公式为：

组成计税价格＝成本×(1＋成本利润率)

实际上就是组成计税价格等于成本加利润，只不过利润由同行业成本利润率来决定。不同行业的成本利润率国家有相关的规定。

如果企业销售的商品是征收增值税的货物，同时又是征收消费税的特殊的消费品，则其组成计税价格中应加上消费税税额。因为消费税是价内税。

组成计税价格＝成本×(1＋成本利润率)＋消费税税额

或：组成计税价格＝成本×(1＋成本利润率)/(1－消费税税率)

②销项税额的计算

销项税额＝不含税销售额×税率 或：销项税额＝含税销售额÷(1＋税率)×税率

(2) 当期进项税额的计算

进项税额为纳税人购进货物或者接受应税劳务所支付或者负担的增值税额。实际上，进项税额相对于销项税额而言，对于销售方来说，收取的销项税额就是购买方支付的进项税额。每一个一般纳税人都会发生收取销项税额和支付进项税额的业务。增值税的核心就是用纳税人收取的销项税额抵扣其支付的进项税额，其余额为纳税人实际应缴纳的增值税额。但并不是所有的进项税额都可以从销项税额中抵扣。

准予从销项税额中抵扣的进项税额

根据税法的规定，准予从销项税额当中抵扣的进项税额限于下列增值税扣税凭证上注明的增值税税款和按规定的扣除率计算的进项税额：

①纳税人购进货物或应税劳务，从销货方取得增值税专用发票抵扣联上注明的增值税税款。

②从海关取得的完税凭证上注明的增值税额。

③购进农产品，除取得增值税专用发票或者海关进口增值税专用缴款书外，按照农产品收购发票或者销售发票上注明的农产品买价和13%的扣除率计算的进项税额。

进项税额＝买价×扣除率(13%)

④购进或者销售货物以及在生产经营过程中支付运输费用的，按照运输费用结算单据上注明的运输费用金额和7%的扣除率计算的进项税额。运输费用是指运输费用结算单据上注明的运输费用(包括铁路临管线及铁路专线运输费用)、建设基金，不包括装卸费、保险费等其他杂费。进项税额计算公式：

进项税额＝运输费用金额×扣除率(7%)

不得从销项税额中抵扣的进项税额

①用于非增值税应税项目、免征增值税项目、集体福利或者个人消费的购进货物(包括固定资产)或者应税劳务。

所谓非应税项目是只提供非应税劳务、转让无形资产、销售不动产和固定资产在建工程等。纳税人新建、改建、扩建、修缮、装饰建筑物，无论财务上如何核算，均属于固定资产在建工程。所谓集体福利和个人消费是指企业内部设置的供职工使用的食堂、浴室、理发室、宿舍、幼儿园等福利设施及其设备、物品等或者以福利、奖励、津贴等形式发给职工个人的物品。

②非正常损失的购进货物及相关的应税劳务。

③非正常损失的在产品、产成品所耗用的购进货物或者应税劳务。

所谓非正常损失是指生产经营过程中正常损耗以外的损失，包括：自然灾害损失；因管理不善造成的货物被盗窃、发生霉烂变质等损失；其他非正常损失。

④国务院财政、税务主管部门规定的纳税人自用消费品。

⑤本条第①项至第④项规定的货物的运输费用和销售免税货物的运输费用。

2. 小规模纳税人应纳税额的计算

小规模纳税人销售货物或者应税劳务，实行按照销售额和征收率计算应纳税额的简易办法，并不得抵扣进项税额。应纳税额计算公式：

应纳税额＝不含税销售额×征收率 ＝含税销售额÷(1＋征收率)×征收率

(四) 增值税的征收管理与纳税申报

1. 增值税纳税义务发生的时间

(1) 销售货物或者应税劳务，为收讫销售款项或者取得索取销售款项凭据的当天；先开具发票的，为开具发票的当天。《条例》规定的收讫销售款项或者取得索取销售款项凭据的当天，按销售结算方式的不同，具体为：

①采取直接收款方式销售货物，不论货物是否发出，均为收到销售款或者取得索取销售款凭据的当天；

②采取托收承付和委托银行收款方式销售货物，为发出货物并办妥托收手续的当天；

③采取赊销和分期收款方式销售货物，为书面合同约定的收款日期的当天，无书面合同的或者书面合同没有约定收款日期的，为货物发出的当天；

④采取预收货款方式销售货物，为货物发出的当天，但生产销售生产工期超过12个月的大型机械设备、船舶、飞机等货物，为收到预收款或者书面合同约定的收款日期的当天；

⑤委托其他纳税人代销货物，为收到代销单位的代销清单或者收到全部或者部分货款的当天。未收到代销清单及货款的，为发出代销货物满180天的当天；

⑥销售应税劳务，为提供劳务同时收讫销售款或者取得索取销售款的凭据的当天；

⑦纳税人发生视同销售行为第③项至第⑧项，为货物移送的当天。

(2) 进口货物，为报关进口的当天。

(3) 增值税扣缴义务发生时间为纳税人增值税纳税义务发生的当天。

2. 增值税纳税期限

增值税的纳税期限分别为1日、3日、5日、10日、15日、1个月或者1个季度。纳税人的具体纳税期限,由主管税务机关根据纳税人应纳税额的大小分别核定;不能按照固定期限纳税的,可以按次纳税。

纳税人以1个月或者1个季度为1个纳税期的,自期满之日起15日内申报纳税;以1日、3日、5日、10日或者15日为1个纳税期的,自期满之日起5日内预缴税款,于次月1日起15日内申报纳税并结清上月应纳税款。以1个季度为纳税期限的规定仅适用于小规模纳税人。小规模纳税人的具体纳税期限,由主管税务机关根据其应纳税额的大小分别核定。

纳税人进口货物,应当自海关填发海关进口增值税专用缴款书之日起15日内缴纳税款。

3. 增值税纳税地点

(1) 固定业户应当向其机构所在地的主管税务机关申报纳税。总机构和分支机构不在同一县(市)的,应当分别向各自所在地的主管税务机关申报纳税;经国务院财政、税务主管部门或者其授权的财政、税务机关批准,可以由总机构汇总向总机构所在地的主管税务机关申报纳税。

(2) 固定业户到外县(市)销售货物或者应税劳务,应当向其机构所在地的主管税务机关申请开具外出经营活动税收管理证明,并向其机构所在地的主管税务机关申报纳税;未开具证明的,应当向销售地或者劳务发生地的主管税务机关申报纳税;未向销售地或者劳务发生地的主管税务机关申报纳税的,由其机构所在地的主管税务机关补征税款。

(3) 非固定业户销售货物或者应税劳务,应当向销售地或者劳务发生地的主管税务机关申报纳税;未向销售地或者劳务发生地的主管税务机关申报纳税的,由其机构所在地或者居住地的主管税务机关补征税款。

(4) 进口货物,应当向报关地海关申报纳税。

(5) 扣缴义务人应当向其机构所在地或者居住地的主管税务机关申报缴纳其扣缴的税款。

4. 增值税的纳税申报

纳税人应按月进行纳税申报的,申报期为次月1日起至10日止,如遇最后一日为法定节假日的,顺延1日;在申报期限内有连续3日以上法定休假日的,按休假日天数顺延。

三、消费税法律制度

(一) 消费税概述

1. 消费税的概念

消费税是对我国境内从事生产、委托加工和进口应税消费品的单位和个人,就其销售额或销售的数量,在特定的环节征收的一种税。简单地说,消费税就是针对一些特定的消费品征收的一种税。

在中华人民共和国境内,是指生产、委托加工和进口属于应当缴纳消费税的消费品的起运地或者所在地在境内。单位,是指企业、行政单位、事业单位、军事单位、社会团体及其他单位。个人,是指个体工商户及其他个人。特定的消费品的具体征税范围,由财政部、国家税务总局确定。

2. 消费税的特点

消费税是以应税消费品为课税对象的一种税，主要是与居民消费相关的最终消费品和消费行为有关，所以在应税产品的选择、税率的设计等方面，与其他流转税相比具有以下特点：

(1) 消费税的课税对象具有一定的选择性。

消费税的课税对象具有一定的选择性，其调节范围主要包括：特殊消费品、奢侈品、高能耗产品、不可再生的稀缺资源消费品；一些税基宽广、消费普遍、征收消费税不会影响人民生活水平，具有一定财政意义的普通消费品。

(2) 消费税在生产环节实行单环节征收。

我国消费税的纳税环节确定在生产环节（金银首饰除外），具有较大的隐蔽性，容易被消费者所接受，可减少消费税对社会的影响。同时，为了避免重复征税，在应税消费品脱离生产环节进入流通领域后，就不再征收，具有征收环节单一性的特点。

(3) 消费税采用产品差别税率，实行价内征收。

消费税按照产品不同来设置税目，分别制定高低不同的税率或税额，以具体规定消费税调节的范围。消费税实行价内征收，即消费税是产品价格的组成部分，税与价格互相补充，共同发挥调节经济的杠杆作用。

(4) 消费税征收方法比较灵活。

为适应不同应税消费品的情况和便于计算、计征的要求，消费税实行从价定率、从量定额和复合计征三种方法进行计算征税。对部分价格变化大，便于按价格核算的应税消费品实行从价计征；对部分价格变化小，品种、规格比较单一的大宗应税消费品实行从量计征；对烟、白酒实行从价、从量相结合的复合计征办法。

(5) 税收负担具有转嫁性。

增值税实行价外税，而消费税实行价内税，这就导致消费税无论在哪个环节征收，只要是价内计税，消费品中所含的消费税款最终都是由购买应税消费品的消费者承担。生产销售应税消费品的企业或个人虽然是纳税人，但其所缴纳的税款最终转嫁到了消费者身上。

(6) 消费税没有减免税。

消费税选择征收的消费品一般为需求弹性较大的非生活必需品，是由有相应消费能力的消费者负担的一种税，不需要通过减免税来满足不合理的消费需求。为了公平税负，确保国家财政收入，充分发挥消费税调节社会特殊消费的作用，除出口的应税消费品外，其余应税消费品一律不得减税免税。

(二) 消费税的基本法律内容

1. 消费税的征税范围

我国消费税征税范围包括五大类：

(1) 特殊消费品。主要是指过度消费会对人类健康、社会秩序、生态环境等方面造成危害的特殊消费品。如烟、酒、鞭炮、焰火等。通过对这些消费品进行征税，可以抑制其消费。

(2) 奢侈品和非生活必需品。如贵重首饰、化妆品等。通过对这些消费品进行征税，可以调节纳税人的收入水平。

(3) 高能耗及高档消费品。如小汽车、摩托车、高尔夫球等。这类消费品不仅价格昂贵，而且消耗能源较多，属于少数人消费的高档消费品，对其征税可以体现国家对高消费支出的一种特殊调节。

(4) 不可再生和替代的石油类消费品。如汽油、柴油、一次性筷子等。通过对这类消费品征税,体现出国家对稀缺资源的合理配置和消费政策,可以限制对此类消费品的消费,节约能源。

(5) 有一定财政意义的产品,如汽车轮胎等。对其征税既不影响居民基本生活,又能确保财政收入的稳定。

消费税的征税范围不是一成不变的,随着我国经济的不断发展,今后还可以根据国家消费政策和经济的发展情况及消费结构的变化作适当地调整。

2. 消费税的纳税人和扣缴义务人

(1) 纳税人

在中华人民共和国境内生产、委托加工和进口条例规定的消费品的单位和个人,以及国务院确定的销售条例规定的消费品的其他单位和个人,为消费税的纳税人。具体包括:①在我国境内生产从事应税消费品生产的单位和个人。②在我国境内从事委托加工应税消费品生产的单位和个人。委托加工是指委托方提供原材料和主要材料,受托方只收取加工费和代垫部分辅助材料加工的应税消费品。③在我国境内从事进口应税消费品的单位和个人。进口应税消费品的消费税,由从事应税消费品进口的进口人或其代理人缴纳。个人携带或邮寄进境的应税消费品的消费税,连同关税一并计征,由携带人境人或者收件人缴纳。

(2) 扣缴义务人

主要是针对纳税人委托单位加工应税消费品这一块,以委托的单位和个人作为纳税人,受托加工应税消费品的单位为代扣代缴义务人;纳税人委托个体经营者加工应税消费品的,由委托方收回后在委托方所在地缴纳消费税。

3. 消费税税目、税率

按税法规定我国现行的消费税设置了 14 个税目,具体内容和规定如下:

(1) 烟。下设三个子级科目:卷烟、雪茄和烟丝。卷烟包括各种型号、规格的国产卷烟、进口卷烟、白包卷烟、手工卷烟和未经国务院批准纳入计划的企业及个人生产的卷烟等。雪茄烟包括各种型号、规格的雪茄烟。烟丝包括以烟叶为原料加工生产的不经卷制的散装烟,如斗烟、莫合烟、烟末、水烟、黄红烟丝等。

(2) 酒及酒精。下设五个子目:白酒、黄酒、啤酒、其他酒和酒精。白酒分为粮食白酒和薯类白酒。啤酒包括各种包装和散装的啤酒。黄酒包括各种原料酿制的黄酒和酒精度超过12度及以上的土甜酒。其他酒是指除以上三类酒以外,酒精度在1度以上的各种酒。具体包括果木酒、药酒、土甜酒、其他原料白酒等。酒精包括用蒸馏办法和合成方法生产的酒精度数在95度以上的各种工业酒精、医药酒精和信用酒精。

(3) 化妆品。化妆品不包括护肤护发用品。具体包括香水、香水精、香粉、口红、指甲油、胭脂、眉笔、成套化妆品和高档护肤化妆品等。舞台、戏剧、影视演员化妆用的上妆油、卸妆油、油彩、发胶等不属于本税目的征税范围。

(4) 贵重首饰及珠宝玉石。包括两个子目:金银首饰、铂金首饰和钻石及钻石饰品。其他贵重首饰和珠宝玉石。

(5) 鞭炮、焰火。主要包括各种规格、品种的鞭炮、焰火。

(6) 成品油。下设7个子目。分别是汽油、柴油、航空煤油、石脑油、溶剂油、润滑油和燃料油。

(7) 汽车轮胎。主要是指用于各种汽车、挂车、专用车和其他机动车上的内、外胎。包括各种乘用车、载重及公共汽车、摩托车、工程车、农用拖拉机、收割机等其他机动车车胎。

(8) 摩托车。包括轻便摩托车和摩托车。

(9) 小汽车。包括小轿车、越野车和小客车。下设两个子目，乘用车和中轻型商用客车。

(10) 高尔夫球及球具。包括高尔夫球、球杆和球包等各种球具。

(11) 高档手表。

(12) 游艇。

(13) 木制一次性筷子。

(14) 实木地板

4. 消费税的纳税环节

尽管消费税最终由消费者负担，但为了防止税款流失，加强源泉控制，对消费税的纳税环节作了如下具体规定：

(1) 一般规定

消费税的纳税环节一般是确定在生产销售环节，即纳税人生产的应税消费品于销售时纳税。简单地说，消费税纳税义务人为“生产制造商”，纳税义务发生时间(即计算交纳消费税)为销售收入实现时。

(2) 特殊规定

①进口环节。税法规定，对纳税人进口的应税消费品，于报关进口时向报关地海关缴纳消费税。个人携带或邮寄进入我国的境内的应税消费品，在报关进口环节连同关税一并计算纳税。

②使用环节。税法规定，纳税人自产自用的应税消费品，用于连续生产应税消费品的不纳税；用于生产非应税消费品、在建工程、管理部门和非生产机构提供劳务，以及用于馈赠、赞助、集资、广告、样品、职工福利、奖励等的应税消费品，于移送使用时纳税。

③委托环节。委托加工的应税消费品，在这里，要注意的是有两点，一是由受托方在向委托方交货时代收代缴消费税款，也就是说，受托方生产应税消费品，由受托方缴纳，但税款由委托支付。二是委托方委托个体经营者加工应税消费品，由于个体经营者大部分没有健全的纳税手续，所以税法规定一律于委托方收回后在委托方所在地缴纳消费税。

④零售环节。这里主要指金银首饰(含镶嵌首饰)、钻石及钻石饰品在零售环节征税。简单地说，就是金银首饰的消费税纳税义务人为“零售商”，纳税义务发生时间(即计算交纳消费税)为销售收入实现时。

(三) 消费税应纳税额的计算

1. 消费税的计税依据及计算方法

消费税的计税依据分别采用从价、从量和复合计税的方法。

(1) 从价定率法应纳税额的计算

从价定率法下应纳税额的计算，取决于应税消费品的销售额和适用税率两个因素。

应纳税额＝应税消费品的销售额×适用税率

应税消费品的销售额包括销售应税消费品从购买方收取的全部从款和价外费用。价外费用是指：指价外向购买方收取的手续费、补贴、基金、集资费、返还利润、奖励费、违约金、滞纳金、延期付款利息、赔偿金、代收款项、代垫款项、包装费、包装物租金、储备费、优质费、运输装卸费以及其他各种性质的价外收费。但下列项目不包括在内：

①同时符合以下条件的代垫运输费用：一是承运部门的运输费用发票开具给购买方的；二是纳税人将该项发票转交给购买方的。

②同时符合以下条件代为收取的政府性基金或者行政事业性收费：一是由国务院或者财政部批准设立的政府性基金，由国务院或者省级人民政府及其财政、价格主管部门批准设立的行政事业性收费；二是收取时开具省级以上财政部门印制的财政票据；三是所收款项全额上缴财政。

除此之外，其他价外费用，无论是否属于纳税人的收入，均应并入销售计算纳税。

即销售额＝应税消费品销售额＋价外收费。

③不包括应向购买方收取的增值税税额。如果纳税人应税消费品的销售额中未扣除增值税税额或者因不得开具增值专用发票而发生价款和增值税税额合并收取的，在计算消费税时，应当换算为不含增值税税额的销售额。其换算公式为：

应税消费品的销售额＝含增值税的销售额÷(1＋增值税税率或征收率)

(2) 从量定额法应纳税额的计算

应纳税额＝应税消费品销售数量×适用税额标准

销售数量是指应税消费品的数量，具体为：

①销售应税消费品的，为应税消费品的移送使用数量；

②自产自用应税消费品的，为应税消费品的移送使用数量

③委托加工应税消费品的，为纳税人收回的应税消费品数量；

④进口的应税消费品，为海关核定的应税消费品进口征税数量。

(3) 复合计税法应纳税额的计算

我国消费税税法规定，对卷烟、白酒实行从量定额和从价定率相结合的复合计税法计征消费税。即：

应纳税额＝应税销售数量×定额税率＋计税销售额×比例税率

(四) 消费税的征收管理与纳税申报

1. 征收管理

(1) 纳税义务发生的时间

消费税纳税义务发生时间，根据条例第四条的规定，分列如下：

①纳税人销售应税消费品的，按不同的销售结算方式分别为：采取赊销和分期收款结算方式的，为书面合同约定的收款日期的当天，书面合同没有约定收款日期或者无书面合同的，为发出应税消费品的当天；采取预收货款结算方式的，为发出应税消费品的当天；采取托收承付和委托银行收款方式的，为发出应税消费品并办妥托收手续的当天；采取其他结算方式的，为收讫销售款或者取得索取销售款凭据的当天。

②纳税人自产自用应税消费品的，为移送使用的当天。

③纳税人委托加工应税消费品的，为纳税人提货的当天。

④纳税人进口应税消费品的，为报关进口的当天。

(2) 纳税期限

消费税的纳税期限分别为1日、3日、5日、10日、15日、1个月或者1个季度。纳税人的具体纳税期限，由主管税务机关根据纳税人应纳税额的大小分别核定；不能按照固定期限纳税的，可以按次纳税。

纳税人以1个月或者1个季度为1个纳税期的，自期满之日起15日内申报纳税；以1

日、3日、5日、10日或者15日为1个纳税期的，自期满之日起5日内预缴税款，于次月1日起15日内申报纳税并结清上月应纳税款。

纳税人进口应税消费品，应当自海关填发海关进口消费税专用缴款书之日起15日内缴纳税款。

(3) 纳税地点

纳税人销售的应税消费品，以及自产自用的应税消费品，除国务院财政、税务主管部门另有规定外，应当向纳税人机构所在地或者居住地的主管税务机关申报纳税。

委托加工的应税消费品，除受托方为个人外，由受托方向机构所在地或者居住地的主管税务机关解缴消费税税款。进口的应税消费品，应当向报关地海关申报纳税。

纳税人到外县(市)销售或者委托外县(市)代销自产应税消费品的，于应税消费品销售后，向机构所在地或者居住地主管税务机关申报纳税。

纳税人的总机构与分支机构不在同一县(市)的，应当分别向各自机构所在地的主管税务机关申报纳税；经财政部、国家税务总局或者其授权的财政、税务机关批准，可以由总机构汇总向总机构所在地的主管税务机关申报纳税。

2. 纳税申报

消费税纳税人根据《中华人民共和国消费税暂行条例》及实施细则、《中华人民共和国税收征收管理法》及实施细则向其所属主管国税税务机关办理纳税申报。

申报办理程序如下：

①采取网上申报方式的消费税纳税人，要按规定准确填写《消费税纳税申报表》，并在申报期内先将申报资料电子数据传递到主管税务机关，其纸质申报资料可于申报结束后根据主管税务机关规定的时限报送至主管税务机关。

②通过纸质实行上门申报方式的消费税纳税人，应在征期内向主管税务机关进行纳税申报，申报征收岗位人员可直接审核其纸质资料，纳税人需要报送的资料可于申报结束后根据主管税务机关规定的时限报送至主管税务机关。

四、营业税法律制度

(一) 营业税概述

1. 营业税的概念

营业税是以纳税人从事经营活动的营业额(销售额)为课税对象的税种。营业税是以在我国境内提供应税劳务、转让无形资产或销售不动产所取得的营业额为征税对象而征收的一种货物和劳务税。

2. 营业税的特点

(1) 以非货物营业额为征税对象

营业税的这一特点与营业税的征收范围以第三产业为主有关，除了对货物销售、提供加工、修理修配劳务和货物进口征收增值税外，营业税的征税范围包括交通运输、建筑安装、金融保险、邮电通信、文化体育、服务业在内的各类劳务，以及转让无形资产和销售不动产。

(2) 按行业大类设计税目税率

我国现行营业税按不同行业设置相应的税目和税率，即对同一个行业实行差别税率，主要原因在于第三产业的各个行业大多属于专业性经营业务，彼此之间的自然分工界限较为明确，加之行业之间的盈利水平存在差异，客观上要求通过征税对不同行业的盈利率进行相应的调节，以体现国家的产业政策。

(3) 计算简便，征收成本低

在我国现行营业税的征税项目中，除少部分应税项目外，大多数应税项目均以纳税人取得的营业收入全额作为计税依据，不需要扣除相应的成本、费用，加之营业税应纳税额的计算方法相当简单，既便于纳税人缴纳，也有利于税务机关节省征管成本。

(二) 营业税的主要法律规定

1. 营业税的纳税人和扣缴义务人

(1) 营业税的纳税人

在中华人民共和国境内提供应税劳务、转让无形资产和销售不动产的单位和个人为营业税的纳税人。单位以承包、承租、挂靠方式经营的，承包人、承租人、挂靠人(以下统称承包人)发生应税行为，承包人以发包人、出租人、被挂靠人(以下统称发包人)名义对外经营并由发包人承担相关法律责任的，以发包人为纳税人；否则以承包人为纳税人。中央铁路运营业务的纳税人为铁道部，合资铁路运营业务的纳税人为合资铁路公司，地方铁路运营业务的纳税人为地方铁路管理机构，基建临管线运营业务的纳税人为基建临管线管理机构。

(2) 营业税扣缴义务人

①中华人民共和国境外的单位或者个人在境内提供应税劳务、转让无形资产或者销售不动产，在境内未设有经营机构的，以其境内代理人为扣缴义务人；在境内没有代理人的，以受让方或者购买方为扣缴义务人。

②国务院财政、税务主管部门规定的其他扣缴义务人。

2. 营业税的征税范围

(1) 营业税征税范围的一般规定

根据《营业税暂行条例》及实施细则的规定，营业税的征税范围为：在中华人民共和国境内提供的应税劳务、转让无形资产或者销售不动产。

应税劳务是指属于交通运输业、建筑业、金融保险业、邮电通信业、文化体育业、娱乐业、服务业税目征收范围的劳务。加工和修理、修配，不属于应税劳务(以下称非应税劳务)。

中华人民共和国境内(以下简称境内)提供的应税劳务、转让无形资产或者销售不动产，是指提供或者接受条例规定劳务的单位或者个人在境内；所转让的无形资产(不含土地使用权)的接受单位或者个人在境内；所转让或者出租土地使用权的土地在境内；所销售或者出租的不动产在境内。

(2) 营业税征税范围的特殊规定

①视同发生应税行为

纳税人有下列情形之一的，视同发生应税行为：单位或者个人将不动产或者土地使用权无偿赠送其他单位或者个人；单位或者个人自己新建(以下简称自建)建筑物后销售，其所发生的自建行为；财政部、国家税务总局规定的其他情形。

②兼营不同税目的应税行为

纳税人兼有不同税目的应税劳务、转让无形资产或者销售不动产，应当分别核算不同税目的营业额、转让额、销售额，然后按各自的适用税率计算应纳税额；未分别核算营业额的，从高适用税率计算应纳税额。如宾馆附设餐厅、娱乐厅、健身房等就属于兼营不同税目的行为，因为宾馆、餐厅属于“服务业”税目，娱乐厅、健身房属于“娱乐业”税目。

③混合销售行为

一项销售行为如果既涉及应税劳务又涉及货物，为混合销售行为。从事货物的生产、批发或者零售的企业、企业性单位和个体工商户的混合销售行为，视为销售货物，不缴纳营业税；其他单位和个人的混合销售行为，视为提供应税劳务，缴纳营业税。货物，是指有形动产，包括电力、热力、气体在内。从事货物的生产、批发或者零售的企业、企业性单位和个体工商户，包括以从事货物的生产、批发或者零售为主，并兼营应税劳务的企业、企业性单位和个体工商户在内。如歌舞厅提供娱乐服务并销售烟酒，就发生了娱乐服务（属于营业税的征收范围）和销售烟酒（属于增值税的征收范围）及属于营业税的混合销售行为。

纳税人的下列混合销售行为，应当分别核算应税劳务的营业额和货物的销售额，其应税劳务的营业额缴纳营业税，货物销售额不缴纳营业税；未分别核算的，由主管税务机关核定其应税劳务的营业额：提供建筑业劳务的同时销售自产货物的行为；财政部、国家税务总局规定的其他情形。

④兼营应税劳务与货物或非应税劳务行为

纳税人兼营应税行为和货物或者非应税劳务的，应当分别核算应税行为的营业额和货物或者非应税劳务的销售额，其应税行为营业额缴纳营业税，货物或者非应税劳务销售额不缴纳营业税；未分别核算的，由主管税务机关核定其应税行为营业额。如书店卖书同时又租书就发生了租书（属于营业税的征收范围）和卖书（属于增值税的征收范围）的兼营应税劳务与货物的行为。

3. 营业税的税目、税率

营业税的税目按照行业、类别不同设置了 9 个税目，即交通运输业、建筑业、金融保险业、邮电通信业、文化体育业、娱乐业、服务业、转让无形资产、销售不动产。

（1）交通运输业

①陆路运输是指通过陆路运送货物或旅客的运输业务。包括：铁路运输、公路运输、缆车运输、索道运输及电车、公共汽车等其他陆路运输。

水路运输是指通过江、河、湖、川等天然、人工水道或海洋航道运送货物或旅客的运输业务。

②航空运输是指使用飞机或其他飞行器，通过空中航线运送货物或旅客的运输业务，以及通用航空业务和为这些业务提供的地面服务。

③管道运输是指通过管道设施输送气体、液体、固体物资的运输业务。

（2）建筑业

①建筑是指新建、改建、扩建各种建筑物、构筑物的工程作业。包括与建筑物相连的冷暖气、卫生通风、照明及各种设备或支柱、操作平台的安装或装设的工程作业在内。

②安装是指生产设备、动力设备、起重设备、运输设备、传动设备、医疗实验设备及其他各种设备的装配、安置工程作业，包括与设备相连的工作台、梯子、栏杆的安装或装设工程作业及被安装设备的绝缘、防腐、保温、油漆工程作业在内。

③修缮是指对建筑物、构筑物进行修补、加固、养护、改善，使之恢复原来的使用价值或延长其使用期限的工程作业。

④装饰是指对建筑物、构筑物进行修饰，使之美观或具有特定用途的工程作业。

⑤其他工程作业是指建筑、修缮、安装、装饰以外的各种工程作业。

（3）金融保险业

①金融业是指经营货币资金和信用融通的行业，包括贷款、融资租赁、金融商品转让、信

托业和其他金融业务。

②保险是指将通过契约形式集中起来的资金，用以补偿被保险人的经济利益的业务。

(4) 邮电通信业

①邮政业是指传递实物信息的业务，包括经营各种信函、包裹、汇兑、邮票发行、集邮和邮件运输、报刊发行等邮政业务活动。

②电信业是指用各种电传设备传送电信号而传递信息的业务，包括：经营电话、电报、移动电话、无线寻呼、数据传输、图文传真、卫星通信等电信业务和电信传输活动。

(5) 文化体育业

①文化业指从事文化活动的业务，包括表演、播映、其他文化业。

②体育业 指举办各种体育比赛和为体育比赛或体育活动提供场所的业务。以租赁方式为体育比赛提供场所的业务，属于"服务业——租赁业"。

(6) 娱乐业

娱乐业是指为娱乐活动提供场所和服务的业务。包括歌厅、舞厅、卡拉 OK 歌舞厅、音乐茶座、台(桌)球、高尔夫球、保龄球、游艺、网吧。

(7) 服务业

服务业指利用设备、工具、场所、信息或技能为社会提供服务的业务。包括：代理业、旅店业、饮食业、旅游业、仓储业、租赁业、广告业、其他服务业。

(8) 转让无形资产

转让无形资产的所有权或使用权的行为，包括转让土地使用权、转让商标权、转让专利权、转让非专利技术、出租电影拷贝、转让著作权和转让商誉。

(9) 销售不动产

销售不动产是指有偿转让不动产所有权的行为。包括销售建筑物或构筑物、销售其他土地附着物。单位将不动产无偿赠与他人的行为，视为销售不动产；纳税人自建住房销售给本单位职工，属于销售不动产行为，应照章征收营业税。

4. 营业税减免规定

根据《营业税暂行条例》规定，下列项目免征营业税：

(1) 托儿所、幼儿园、养老院、残疾人福利机构提供的育养服务，婚姻介绍，殡葬服务；

(2) 残疾人员个人提供的劳务；

(3) 医院、诊所和其他医疗机构提供的医疗服务；

(4) 学校和其他教育机构提供的教育劳务，学生勤工俭学提供的劳务；

(5) 农业机耕、排灌、病虫害防治、植物保护、农牧保险以及相关技术培训业务，家禽、牲畜、水生动物的配种和疾病防治；

(6) 纪念馆、博物馆、文化馆、文物保护单位管理机构、美术馆、展览馆、书画院、图书馆举办文化活动的门票收入，宗教场所举办文化、宗教活动的门票收入；

(7) 境内保险机构为出口货物提供的保险产品。

纳税人兼营免税、减税项目的，应当分别核算免税、减税项目的营业额；未分别核算营业额的，不得免税、减税。

(三) 营业税的计算缴纳

1. 营业税计税依据

营业税的计税依据又称营业税的营业额，营业额为纳税人向对方收取的全部价款和价外费用。

价外费用，包括收取的手续费、补贴、基金、集资费、返还利润、奖励费、违约金、滞纳金、延期付款利息、赔偿金、代收款项、代垫款项、罚息及其他各种性质的价外收费，但不包括同时符合以下条件代为收取的政府性基金或者行政事业性收费：由国务院或者财政部批准设立的政府性基金，由国务院或者省级人民政府及其财政、价格主管部门批准设立的行政事业性收费；收取时开具省级以上财政部门印制的财政票据；所收款项全额上缴财政。

2. 计算公式：应纳税额＝营业额×税率

纳税人提供应税劳务，转让无形资产或销售不动产价格明显偏低而有没有正当理由，主管税务机关可按下列顺序核定其营业额：

(1) 按纳税人当月提供的同类应税劳务或者销售不动产的平均价格核定；

(2) 按纳税人最近时期提供的同类应税劳务或者销售同类不动产的平均价格确定；

(3) 按计算公式核定计税价格。计算公式为：

计税价格＝营业成本或工程成本×(1＋成本利润率)÷(1－营业税税率)

公式中的成本利润率，由省，自治区，直辖市人民 政府所属税务机关确定。

(四) 营业税的征收管理

1. 营业税起征点

营业税起征点，是指纳税人营业额合计达到起征点。营业税起征点的适用范围限于个人。

营业税起征点的幅度规定如下：

①按期纳税的，为月营业额 1 000～5 000 元；

②按次纳税的，为每次(日)营业额 100 元。

省、自治区、直辖市财政厅(局)、税务局应当在规定的幅度内，根据实际情况确定本地区适用的起征点，并报财政部、国家税务总局备案。

2. 纳税义务发生时间

营业税纳税义务发生时间为纳税人提供应税劳务、转让无形资产或者销售不动产并收讫营业收入款项或者取得索取营业收入款项凭据的当天。

取得索取营业收入款项凭据的当天，为书面合同确定的付款日期的当天；未签订书面合同或者书面合同未确定付款日期的，为应税行为完成的当天。

①纳税人转让土地使用权或者销售不动产，采取预收款方式的，其纳税义务发生时间为收到预收款的当天。

②纳税人提供建筑业或者租赁业劳务，采取预收款方式的，其纳税义务发生时间为收到预收款的当天。

③纳税人发生将不动产或者土地使用权无偿赠送其他单位或者个人的，其纳税义务发生时间为不动产所有权、土地使用权转移的当天。

④纳税人发生自建行为的，其纳税义务发生时间为销售自建建筑物的纳税义务发生时间。

⑤营业税扣缴义务发生时间为纳税人营业税纳税义务发生的当天。

3. 纳税期限

营业税的纳税期限分别为 5 日、10 日、15 日、1 个月或者 1 个季度。纳税人的具体纳税期限，由主管税务机关根据纳税人应纳税额的大小分别核定；不能按照固定期限纳税的，可以按次纳税。银行、财务公司、信托投资公司、信用社、外国企业常驻代表机构的纳税期限为1个季度。

纳税人以1个月或者1个季度为一个纳税期的，自期满之日起15日内申报纳税；以5日、10日或者15日为一个纳税期的，自期满之日起5日内预缴税款，于次月1日起15日内申报纳税并结清上月应纳税款。

4. 纳税地点

营业税由税务机关征收。营业税纳税地点：

①纳税人提供应税劳务应当向其机构所在地或者居住地的主管税务机关申报纳税。但是，纳税人提供的建筑业劳务以及国务院财政、税务主管部门规定的其他应税劳务，应当向应税劳务发生地的主管税务机关申报纳税。

②纳税人转让无形资产应当向其机构所在地或者居住地的主管税务机关申报纳税。但是，纳税人转让、出租土地使用权，应当向土地所在地的主管税务机关申报纳税。

③纳税人销售、出租不动产应当向不动产所在地的主管税务机关申报纳税。

纳税人应当向应税劳务发生地、土地或者不动产所在地的主管税务机关申报纳税而自应当申报纳税之月起超过6个月没有申报纳税的，由其机构所在地或者居住地的主管税务机关补征税款。

扣缴义务人应当向其机构所在地或者居住地的主管税务机关申报缴纳其扣缴的税款。

第三节 所得税法

一、企业所得税法

（一）企业所得税概述

1. 企业所得税的概念

企业所得税是以企业的生产经营所得和其他所得为计税依据而征收的一种所得税。企业所得税法是调整国家与企业之间所得税税收关系的法律规范体系。它是调整国家与企业之间分配关系的重要法律规范，直接影响到企业的税后利润及其分配，关系到不同企业间的公平竞争及企业有效经营机制的形成，甚至影响着整个社会的稳定和发展。

2. 纳税人

根据《企业所得税法》第1条的规定，在中华人民共和国境内，企业和其他取得收入的组织（以下统称企业）为企业所得税的纳税人，依照企业所得税法的规定缴纳企业所得税。个人独资企业、合伙企业不适用企业所得税法。

《企业所得税法》按照通行的国际惯例，将纳税人分为居民企业和非居民企业。

（1）居民企业，是指依法在中国境内成立，或者依照外国（地区）法律成立但实际管理机构在中国境内的企业。居民企业应当就其来源于中国境内、境外的所得缴纳企业所得税。

（2）非居民企业，是指依照外国（地区）法律成立且实际管理机构不在中国境内，但在中国境内设立机构、场所的，或者在中国境内未设立机构、场所，但有来源于中国境内所得的企业。非居民企业应当就其来源于中国境内的所得缴纳企业所得税。

我国《企业所得税法》对居民企业的判断标准是“登记注册地标准”和“实际管理机构地标准”相结合的标准。区分居民企业和非居民企业的意义主要在于确定征税的范围以及纳税人的纳税义务。

(二) 征税对象

企业所得税的征税范围即企业所得税的征税对象，是指企业的生产、经营所得和其他所得。

1. 生产经营所得

生产经营所得是指从事制造业、采掘业、交通运输业、建筑安装业、农业、林业、畜牧业、渔业、水利业、商品流通业、金融业、保险业、邮电通讯业、服务业，以及国务院、财政、税务部门确认的其他营利事业取得的所得；还包括卫生、物资、供销、城市公用和其他行业的企业，以及一些社团组织、事业单位开展多种经营和有偿服务活动取得的经营所得。简单地说，生产经营所得可以理解成纳税人的主营所得。

2. 其他所得

指纳税人主营所得之外的其他所得，包括股息、利息、租金、转让各类资产收益、特许权使用费以及营业外收益等所得。

(三) 税率

1. 普通税率。一般来说，企业所得税的税率为25%；但非居民企业在中国境内未设立机构、场所但取得来源于中国境内的所得，或者虽设立机构、场所但取得的与其所设机构、场所没有实际联系的所得，适用税率为20%，但根据《企业所得税法实施条例》第91条的规定，该项所得暂按10%的税率征收。

2. 优惠税率。(1) 符合条件的小型微利企业，减按20%的税率征收企业所得税；(2) 国家需要重点扶持的高新技术企业，减按15%的税率征收企业所得税。

(四) 应纳税所得额的确定

企业所得税的计税依据是应纳税所得额，即纳税人每一纳税年度的收入总额，减除不征税收入、各项扣除以及允许弥补的以前年度亏损后的余额。

应纳税所得额＝收入总额－不征税收入－各项扣除－允许弥补的以前年度亏损

1. 收入总额

收入总额是指企业以货币形式和非货币形式从各种来源取得的收入。具体内容包括以下几项：

(1) 销售货物收入，是指企业销售商品、产品、原材料、周转材料(包装物、低值易耗品等)以及其他存货取得的收入。

(2) 提供劳务收入。

(3) 转让财产收入，是指企业转让固定资产、生物资产、无形资产、股权、债权等财产取得的收入。

(4) 股息、红利等权益性投资收益，是指企业因权益性投资从被投资方取得的收入。

(5) 利息收入，包括存款利息、贷款利息、债券利息、欠款利息等收入。

(6) 租金收入，是指企业提供固定资产、包装物或者其他有形资产的使用权取得的收入。

(7) 特许权使用费收入，是指企业提供专利权、非专利技术、商标权、著作权以及其他特许权的使用权取得的收入。

(8) 接受捐赠收入。

(9) 其他收入,包括企业资产溢余收入、逾期未退包装物押金收入、确实无法偿付的应付款项、已作坏账损失处理后又收回的应收款项、债务重组收入、补贴收入、违约金收入、汇兑收益等。

(10) 企业发生非货币性资产交换,以及将货物、财产、劳务用于捐赠、偿债、赞助、集资、广告、样品、职工福利或者利润分配等用途的,应当视同销售货物、转让财产或者提供劳务。

2. 不征税收入

不征税收入是指从性质和根源上不属于企业营利性活动带来的经济利益、不负有纳税义务并不作为应纳税所得额组成部分的收入。不征税收入与免税收入是不同的,不征税收入不属于营利性活动带来的经济利益,是专门从事特定目的的收入,这些收入从企业所得税原理上讲应不列为征税范围的收入范畴。而免税收入是纳税人应税收入的重要组成部分,只是国家为了实现某些经济和社会目标,在特定时期或对特定项目取得的经济利益给予的税收优惠照顾,而在一定时期又有可能恢复征税的收入范围。

根据《企业所得税法》第7条的规定,下列收入为不征税收入:(1) 财政拨款。财政拨款,是指各级人民政府对纳入预算管理的事业单位、社会团体等组织拨付的财政资金,但国务院和国务院财政、税务主管部门另有规定的除外(不包括企业按规定取得的出口退税款)。(2) 依法收取并纳入财政管理的行政事业性收费、政府性基金。(3) 国务院规定的其他不征税收入。

3. 准予扣除项目

准予扣除项目,即在计算应纳税所得额时准予从收入总额中扣除的项目。(1) 企业实际发生的与取得收入有关的、合理的支出,包括成本、费用、税金、损失和其他支出。(2) 企业发生的合理的工资薪金支出。(3) 企业依照国务院有关主管部门或者省级人民政府规定的范围和标准为职工缴纳的基本养老保险费、基本医疗保险费、失业保险费、工伤保险费、生育保险费等基本社会保险费和住房公积金。(4) 企业依照国家有关规定为特殊工种职工支付的人身安全保险费和国务院财政、税务主管部门规定可以扣除的其他商业保险费。但企业为投资者或者职工支付的除前述之外的商业保险费,不得扣除。(5) 企业在生产经营活动中发生的合理的不需要资本化的借款费用。(6) 企业在生产经营活动中发生的下列利息支出:①非金融企业向金融企业借款的利息支出、金融企业的各项存款利息支出和同业拆借利息支出、企业经批准发行债券的利息支出;②非金融企业向非金融企业借款的利息支出,不超过按照金融企业同期同类贷款利率计算的数额的部分。(7) 企业在货币交易中,以及纳税年度终了时将人民币以外的货币性资产、负债按照期末即期人民币汇率中间价折算为人民币时产生的汇兑损失,除已经计入有关资产成本以及与向所有者进行利润分配相关的部分外,准予扣除。(8) 企业在规定扣除标准之内发生的福利费支出、拨缴的工会经费、发生的职工教育经费支出、发生的与生产经营活动有关的业务招待费支出以及符合条件的广告费和业务宣传费支出。(9) 企业依照法律、行政法规有关规定提取的用于环境保护、生态恢复等方面的专项资金。但上述专项资金提取后改变用途的,不得扣除。(10) 企业参加财产保险,按照规定缴纳的保险费。(11) 企业根据生产经营活动的需要租入固定资产支付的租赁费,按照以下方法扣除:①以经营租赁方式租入固定资产发生的租赁费支出,按照租赁期限均匀扣除;②以融资租赁方式租入固定资产发生的租赁费支出,按照规定构成融资租入固定资产价值的部分应当提取折旧费用，分期扣除。(12) 企业发生的合理的劳动保护支出。(13) 非居民企业在中国境内设立的机构、场所，就其中国境外总机构发生的与该机构、场所生产经营有关的费用，能够提供总机构出具的费用汇集范围、定额、分配依据和方法等证明文件，并合理分摊的，准予扣除。(14) 企业发生的公益性捐赠支出，在年度利润总额12%以内的部分，准予在计算应纳税所得额时扣除。

4. 不得扣除的项目

根据《企业所得税法》第 10 条的规定，在计算应纳税所得额时，下列项目不得从收入总额中扣除：(1) 向投资者支付的股息、红利等权益性投资收益款项。(2) 企业所得税税款。(3) 税收滞纳金。(4) 罚金、罚款和被没收财物的损失。(5) 非公益性的捐赠以及超过扣除标准的公益性捐赠。(6) 赞助支出。(7) 未经核定的准备金支出。(8) 与取得收入无关的其他支出。

5. 亏损弥补

企业纳税年度发生的亏损，可以向以后年度结转，用以后年度的所得弥补，但结转年限最长不得超过 5 年。

有关计算应纳税所得额时的收入、扣除的具体范围、标准和资产的税务处理的具体办法，由国务院财政、税务主管部门规定。

(五) 应纳税额的计算

企业所得税的应纳税额的计算

应纳所得税额＝应纳税所得额×税率－减免税额－抵免税额

来源于境外所得已纳税额的抵免

税收抵免是指居住国政府对其居民企业来自国内外的所得一律汇总征税，但允许抵扣该居民企业在国外已纳的税额，以避免国际重复征税。

企业取得的下列所得已在境外缴纳的所得税税额，可以从其当期应纳税额中抵免，抵免限额为该项所得依照企业所得税法规定计算的应纳税额；超过抵免限额的部分，可以在以后 5 个年度内，用每年度抵免限额抵免当年应抵税额后的余额进行抵补：①居民企业来源于中国境外的应税所得；②非居民企业在中国境内设立机构、场所，取得发生在中国境外但与该机构、场所有实际联系的应税所得。

(六) 税收优惠规定

根据我国《企业所得税法》第 25 条的规定，国家对重点扶持和鼓励发展的产业和项目，给予企业所得税优惠。新《企业所得税法》统一了税收优惠政策，实行"产业优惠为主，区域优惠为辅"的新税收优惠体系，对国家重点扶持和鼓励发展的产业和项目给予优惠，引导资金和资源投入到目前国家需要鼓励和重点扶持的产业和项目，包括促进技术创新和技术进步，鼓励基础设施建设，鼓励农业发展及环境保护与节能节水、支持安全生产。

1. 免税收入。免税收入是指属于企业的应税所得但按照税法规定免予征收企业所得税的收入。根据我国《企业所得税法》第 26 条的规定，企业的下列收入为免税收入：(1) 国债利息收入。(2) 符合条件的居民企业之间的股息、红利等权益性投资收益。(3) 在中国境内设立机构、场所的非居民企业从居民企业取得与该机构、场所有实际联系的股息、红利等权益性投资收益。(4) 符合条件的非营利组织的收入。非营利性组织是不以营利为目的，提供科技、教育、文化、体育、卫生、环境保护、社会保障等各类公共服务，以满足社会公共需要为目的的组织。

2. 税款的免征、减征

根据我国《企业所得税法》第 27 条的规定，企业的下列所得，可以免征、减征企业所得税：(1) 从事农、林、牧、渔业项目的所得。(2) 从事国家重点扶持的公共基础设施项目投资经营的所得。(3) 从事符合条件的环境保护、节能节水项目的所得。(4) 符合条件的技术转让所得。(5) 非居民企业在中国境内未设立机构、场所但取得来源于中国境内的所得，或者虽设立机构、场所但取得的与其所设机构、场所没有实际联系的所得。该项所得减按 10%的税率征收企业所得税。下列所得可以免征企业所得税：①外国政府向中国政府提供贷款取得的利息所得；②国际金融组织向中国政府和居民企业提供优惠贷款取得的利息所得；③经国务院批准的其他所得。(6) 根据《企业所得税法》第 29 条的规定，民族自治地方的自治机关对民族自治地方的企业应缴纳的企业所得税中属于地方分享的部分，可以决定减征或者免征。

3. 降低税率。《企业所得税法》第 28 条的规定，降低税率的情况主要有两种：(1) 符合条件的小型微利企业，减按 20%的税率征收企业所得税。符合条件的小型微利企业，是指从事国家非限制和禁止行业，并符合下列条件的企业：①工业企业，年度应纳税所得额不超过 30 万元，从业人数不超过 100 人，资产总额不超过 3 000 万元；②其他企业，年度应纳税所得额不超过 30 万元，从业人数不超过 80 人，资产总额不超过 1 000 万元。(2) 国家需要重点扶持的高新技术企业，减按 15%的税率征收企业所得税。国家需要重点扶持的高新技术企业，是指拥有核心自主知识产权，并同时符合下列条件的企业：①产品(服务)属于《国家重点支持的高新技术领域》规定的范围；②研究开发费用占销售收入的比例不低于规定比例；③高新技术产品(服务)收入占企业总收入的比例不低于规定比例；④科技人员占企业职工总数的比例不低于规定比例；⑤高新技术企业认定管理办法规定的其他条件。

4. 加计扣除支出。企业的下列支出，可以在计算应纳税所得额时加计扣除：①开发新技术、新产品、新工艺发生的研究开发费用；②安置残疾人员及国家鼓励安置的其他就业人员所支付的工资。

5. 减计收入。企业综合利用资源，生产符合国家产业政策规定的产品所取的收入，可以在计算应纳税所得额时减计收入。减记收入，是指企业以《资源综合利用企业所得税优惠目录》规定的资源作为主要原材料，生产国家非限制和禁止并符合国家和行业相关标准的产品取得的收入，减按 90%计入收入总额。

6. 抵扣应纳税所得额。创业投资企业从事国家需要重点扶持和鼓励的创业投资，可以按投资额的一定比例抵扣应纳税所得额。抵扣应纳税所得额，是指创业投资企业采取股权投资方式投资于未上市的中小高新技术企业 2 年以上的(含 2 年)，可以按照其投资额的 70%在股权持有满 2 年的当年抵扣该创业投资企业的应纳税所得额；当年不足抵扣的，可以在以后纳税年度结转抵扣。

7. 缩短折旧年限或加速固定资产折旧

企业的固定资产由于技术进步等原因，确需加速折旧的，可以缩短折旧年限或者采取加速折旧的方法。

可以采取缩短折旧年限或者采取加速折旧的方法的固定资产包括：①由于技术进步，产品更新换代较快的固定资产；②常年处于强震动、高腐蚀状态的固定资产。

8. 税额抵免。

企业购置用于环境保护、节能节水、安全生产等专用设备的投资额，可以按一定比例实行税额抵免。此处的税额抵免，是指企业购置并实际使用《环境保护专用设备企业所得税优惠目录》、《节能节水专用设备企业所得税优惠目录》和《安全生产专用设备企业所得税优惠目录》规定的环境保护、节能节水、安全生产等专用设备的，该专用设备的投资额的10%可以从企业当年的应纳税额中抵免；当年不足抵免的，可以在以后5个纳税年度结转抵免。

9. 专项优惠政策

根据国民经济和社会发展的需要，或者由于突发事件等原因对企业经营活动产生重大影响的，国务院可以制定企业所得税专项优惠政策，报全国人民代表大会常委会备案。

10. 过渡性税收优惠

《企业所得税法》第57条第1款的规定，“本法公布前已经批准设立的企业，依照当时的税收法律、行政法规规定，享受低税率优惠的，按照国务院规定，可以在本法施行后五年内，逐步过渡到本法规定的税率；享受定期减免税优惠的，按照国务院规定，可以在本法施行后继续享受到期满为止，但因未获利而尚未享受优惠的，优惠期限从本法施行年度起计算。”《企业所得税法》第57条第2款的规定，“法律设置的发展对外经济合作和技术交流的特定地区内，以及国务院已规定执行上述地区特殊政策的地区内新设立的国家需要重点扶持的高新技术企业，可以享受过渡性税收优惠，具体办法由国务院规定。”

（七）企业所得税的征收管理

1. 企业所得税的纳税期限

企业所得税按纳税年度计算。纳税年度自公历1月1日起至12月31日止。企业在一个纳税年度中间开业，或者终止经营活动，使该纳税年度的实际经营期不足12个月的，应当以其实际经营期为一个纳税年度。企业依法清算时，应当以清算期间作为一个纳税年度。

企业所得税分月或者分季预缴，由税务机关具体核定。企业应当自月份或者季度终了之日起15日内，向税务机关报送预缴企业所得税纳税申报表，预缴税款。企业应当自年度终了之日起5个月内，向税务机关报送年度企业所得税纳税申报表，并汇算清缴，结清应缴应退税款。

企业在年度中间终止经营活动的，应当自实际经营终止之日起60日内，向税务机关办理当期企业所得税汇算清缴。企业应当在办理注销登记前，就其清算所得向税务机关申报并依法缴纳企业所得税。

2. 企业所得税的纳税地点

除税收法律、行政法规另有规定外，居民企业以企业登记注册地为纳税地点，但登记注册地在境外的，以实际管理机构所在地为纳税地点。在中国境内设立机构、场所的非居民企业，其所设机构、场所取得来源于中国境内的所得，以及发生在中国境外但与其所设机构、场所有实际联系的所得，以机构、场所所在地为纳税地点。非居民企业在中国境内未设立机构、场所但有来源于中国境内的所得，或者虽设立机构、场所但取得的与其所设机构、场所没有实际联系的所得，以扣缴义务人所在地为纳税地点。

二、个人所得税法

（一）个人所得税与个人所得税法概念

个人所得税是对个人（自然人）取得的各项应税所得征收的一种税。个人所得税法是指调整个人所得税税收关系的法律。

(二) 个人所得税纳税人

个人所得税纳税人包括中国公民、个体工商户(个人独资企业和合伙企业的投资者),以及在中国境内有所得的外籍人员和香港、澳门、台湾同胞。纳税人依据住所和居住时间两个标准,区分为居民和非居民,分别承担不同的纳税义务。

1. 居民纳税人是指在中国境内(中国大陆地区)有住所,或者无住所而在中国境内居住满一年的个人。纳税人负无限纳税义务。其所取得的应纳税所得,无论是来源于境内所得还是境外所得,都要在中国缴纳个人所得税。

2. 非居民纳税人是指在中国境内无住所又不居住,或者无住所而在境内居住不满一年的外籍人员、华侨或港、澳、台同胞。非居民纳税人负有有限纳税义务,仅就来源于境内的所得,向中国缴纳个人所得税。

(三) 个人所得税的应税项目和税率

1. 个人所得税应税项目

我国个人所得税实行分类所得税制,共分11类。

(1) 工资、薪金所得(简称工薪),是指个人因任职或受雇而取得的工资、薪金、奖金、年终加薪、劳动分红、津贴、补贴以及与任职或者受雇有关的其他所得。

工薪所得不包括:独生子女费;执行公务员工资制度未纳入基本工资总额的补贴、津贴差额和家属成员的副食品补贴;托儿补助费;差旅费补贴、误餐补助;按照省级以上规定比例提取并缴付的住房公积金、医疗保险、基本养老保险、失业保险、工伤保险和生育保险等。

(2) 个体工商户的生产、经营所得。

(3) 对企事业单位的承包经营、承租经营所得。

(4) 劳务报酬所得。

(5) 稿酬所得。

(6) 特许权使用费所得,是指个人提供专利权、商标权、著作权、非专利技术以及其他特许权的使用权取得的所得。

提供著作权的使用权取得的所得,不包括稿酬所得。

(7) 利息、股息、红利所得。

(8) 财产租赁所得。

(9) 财产转让所得。

(10) 偶然所得,是指个人得奖、中奖、中彩以及其他偶然性质的所得。

(11) 经国务院财政部门确定征税的其他所得。

2. 个人所得税税率

(1) 工资、薪金所得,适用超额累进税率,税率为3%至45%。

级数	全月应纳税所得额	税率%	速算扣除数(元)
一	不超过1 500元的	3	0
二	超过1 500元至4 500元的部分	10	105
三	超过4 500元至9 000元的部分	20	555
四	超过9 000元至35 000元的部分	25	1 005

续表

级数	全月应纳税所得额	税率%	速算扣除数(元)
五	超过 35 000 元至 55 000 元的部分	30	2 755
六	超过 55 000 元至 80 000 元的部分	35	5 505
七	超过 80 000 元的部分	45	13 505

(2) 个体工商户(个人独资企业和合伙企业)的生产、经营所得和对企事业单位的承包经营、承租经营所得，适用 5%至 35%的超额累进税率。

个体工商户个人所得税税率表

(个体工商户的生产、经营所得和对企事业单位的承包经营、承租经营所得适用)

级数	级距	税率(%)	速算扣除数
1	不超过 15 000 元的	5	0
2	超过 15 000 元至 30 000 元的部分	10	750
3	超过 30 000 元至 60 000 元的部分	20	3 750
4	超过 60 000 元至 100 000 元的部分	30	9 750
5	超过 100 000 元的部分	35	14 750

注：表中所列级距为按照税法规定减除有关费用(成本、损失)后的所得额。

(3) 稿酬所得，适用比例税率，税率为 20%，并按应纳税额减征 30%。

(4) 劳务报酬所得，适用比例税率，税率为 20%。对劳务报酬所得一次收入畸高的，可以实行加成征收，具体办法由国务院规定。

(5) 特许权使用费所得，利息、股息、红利所得，财产租赁所得，财产转让所得，偶然所得和其他所得，适用比例税率，税率为 20%。

(四) 个人所得税应纳税所得额

1. 工资、薪金所得

工资、薪金所得，以每月收入额减除费用三千五百元后的余额，为应纳税所得额。即：

应纳税所得额＝每月收入额－3 500 或 4 800(外籍人员)

对在中国境内无住所而在中国境内取得工资、薪金所得的纳税义务人和在中国境内有住所而在中国境外取得工资、薪金所得的纳税义务人，可以根据其平均收入水平、生活水平以及汇率变化情况确定附加减除费用，附加减除费用适用的范围和标准由国务院规定，按现行税法规定，附加费用为 1 300 元。

【案例】中国公民王某当月取得工资收入 5 000 元，当月个人负担住房公积金、基本养老保险金、医疗保险金、失业保险金共计 1 000 元，费用扣除额为 3 500 元，则王某当月应纳税所得额＝5 000－1 000－3 500＝500 元。应纳个人所得税税额＝500×3% ＝15 元。

2. 个体工商户的生产经营所得

应纳税所得额＝每一纳税年度的收入总额－成本、费用以及损失

3. 对企事业单位的承包经营、承租经营所得

应纳税所得额＝每一纳税年度收入总额－必要费用额

4. 劳务报酬所得

(1) 每次收入不超过 4 000 元的：应纳税所得额＝每次收入额－800

(2) 每次收入 4 000 元以上的：应纳税所得额＝每次收入额－每次收入×20%

劳务报酬所得的实际执行情况，相当于三级超额累进税率。

5. 稿酬所得、特许权使用费所得、财产租赁所得

(1) 每次收入不超过 4 000 元的：应纳税所得额＝每次收入额－800

(2) 每次收入 4 000 元以上的：应纳税所得额＝每次收入额－每次收入额×20%＝每次收入额×(1－20%)

6. 财产转让所得

应纳税所得额＝每次转让收入－财产原值－合理税费

7. 利息、股息、红利所得(无扣减项)，以每次收入额为应纳税所得额

个人将其所得对教育事业和其他公益事业捐赠的部分，按照国务院有关规定从应纳税所得中扣除。

(五) 应交个人所得税的计算

1. 工资、薪金所得，个体工商户的生产、经营所得，对企事业单位的承包经营、承租经营所得，以及适用加成征收税率的劳务报酬所得，运用速算扣除数据法计算其应纳税额。其计算公式为：应纳税额＝应纳税所得额×适用税率－速算扣除数

2. 对劳务报酬所得，每次收入的应纳税所得额在 2 万元以下的，应纳税额的计算公式为：

应纳税额＝应纳税所得额×适用税率

每次收入的应纳税所得额超过 2 万元的，应纳税额的计算公式为：

应纳税额＝应纳税所得额×适用税率－速算扣除数

3. 对稿酬所得应纳税额的计算公式为：

应纳税额＝应纳税所得额×适用税率×(1－30%)

4. 对特许权使用费所得、利息、股息、红利所得，财产租赁所得，财产转让所得，偶然所得和其他所得的计算公式为：

应纳税额＝应纳税所得额×适用税率

(六) 税收优惠

1. 下列各项个人所得，免纳个人所得税：(1) 省级人民政府、国务院部委和中国人民解放军军级以上单位，以及外国组织、国际组织颁发的科学、教育、技术、文化、卫生、体育、环境保护等方面的奖金；(2) 国债和国家发行的金融债券利息；(3) 按照国家统一规定发给的补贴、津贴；(4) 福利费、抚恤金、救济金；(5) 保险赔款；(6) 军人的转业费、复员费；(7) 按照国家统一规定发给干部、职工的安家费、退职费、退休工资、离休工资、离休生活补助费；(8) 依照我国有关法律规定应予免税的各国驻华使馆、领事馆的外交代表、领事官员和其他人员的所得；(9) 中国政府参加的国际公约、签订的协议中规定免税的所得；(10) 经国务院财政部门批准免税的所得。

2. 有下列情形之一的，经批准可以减征个人所得税：(1) 残疾、孤老人员和烈属的所得；(2) 因严重自然灾害造成重大损失的；(3) 其他经国务院财政部门批准减税的。

(七) 个人所得税征收管理

1. 自行申报

税法规定，纳税义务人有下列情形之一的，应当按照规定到主管税务机关办理纳税申报：(1) 年所得 12 万元以上的，在年度终了后 3 个月内到主管税务机关办理纳税申报；(2) 从中国境内两处或者两处以上取得工资、薪金所得的；(3) 从中国境外取得所得的；(4) 取得应纳税所得，没有扣缴义务人的；(5) 国务院规定的其他情形。

2. 代扣代缴

单位向个人支付税法规定的 9 类收入时，不论是否属于本单位人员、支付的应税所得是否达到纳税标准，支付所得的单位都应在规定的时间内向主管税务机关报送必要的纳税人涉税信息资料。

3. 纳税期限

(1) 自行申报纳税的纳税期限

①纳税人应在取得应纳税所得的次月十五日内缴入国库，并向税务机关报送纳税申报表。

②个体工商户的生产、经营所得应纳的税款，按年计算，分月预缴，由纳税义务人在次月十五日内预缴，年度终了后三个月内汇算清缴，多退少补。

③对企事业单位的承包经营、承租经营所得应纳的税款，按年计算，由纳税义务人在年度终了后三十日内缴入国库，并向税务机关报送纳税申报表。纳税义务人在一年内分次取得承包经营、承租经营所得的，应当在取得每次所得后的十五日内预缴，年度终了后三个月内汇算清缴，多退少补。

(2) 代扣代缴期限

扣缴义务人每月所扣的税款，自行申报纳税人每月应纳的税款，都应当在次月十五日内缴入国库，并向税务机关报送纳税申报表。

第四节 税收征收管理法

税收征收管理是税务机关根据税收法规对征税活动所实施的组织、指挥、控制和监督，是对纳税人履行纳税义务采用的一种管理、征收和检查行为，是税务管理的重要组成部分。税务管理是税务机关在税收征收管理中对征纳过程实施的基础性的管理制度和管理行为。税务管理包括税务登记管理、发票管理和纳税申报管理等几个部分的内容。

一、税收征管机关

根据《税收征管法》规定，我国税收征管机关包括国家税务局、地方税务局、地方财政局和海关等。

国家税务局系统主要负责下列主要税种的征收和管理：(1) 增值税；(2) 消费税；(3) 中央企业所得税；(4) 铁路、保险总公司、各银行及其金融企业的营业税、所得税；(5) 资源税；(6) 外商投资企业和外国企业的各项税收及外籍人员缴纳的个人所得税；(7) 证券交易税。

地方税务局系统主要负责下列各税的征收和管理：(1) 营业税；(2) 个人所得税；(3) 城

市建设维护税;(4) 资源税;(5) 地方企业所得税;(6) 城镇土地使用税;(7) 按地方营业税附征的教育税附加;(8) 各种行为税等。

地方财政局目前主要负责耕地占用税和契税。海关主要负责关税和海关代征税收的征收管理。

二、税务管理

税务管理包括税务登记,账簿、凭证管理和纳税申报三个部分。

(一) 税务登记

税务登记又称纳税登记,指纳税人在领取营业执照后税务机关申请办理书面登记的法律手续。从事生产、经营的纳税人(包括企业,企业在外地设立的分支机构和从事生产、经营的场所,个体户和从事生产经营的事业单位),自领取营业执照之日起 30 日内,持有关证件,向税务机关申报办理纳税登记。税务机关应当自收到申报之日起 30 日内审核并发给税务登记证件。

从事生产经营活动的纳税人,税务登记内容发生变化的,自工商等一下管理机关申请变更登记之日起 30 日内或者在向工商行政管理机关申请办理注销登记之前,持有关证件向税务机关申报变更或者注销登记。

从事生产、经营的纳税人应当按照国家有关规定,持税务登记证件,在银行或者其他金融机构开立基本存款账户和其他存款账户,并将其全部账号向税务机关报告。银行和其他金融机构应当在从事生产经营的纳税人的账户中登录税务登记证件号码,并在税务登记证件中登录从事生产、经营的纳税人的账户账号。

(二) 账簿、凭证管理

从事生产、经营的纳税人及扣缴义务人按照国务院财政、税收主管部门的规定设置账簿,根据合法、有效的凭证记账,进行核算。从事生产经营的纳税人的财务、会计制度或者财务、会计处理办法,应当报送税务机关备案。

发票管理。税务机关是发票的主管机关,负责发票的印制、领购、开具、取得、保管、缴销的管理和监督。单位和个人在购销商品、提供或者接收经营服务以及从事其他经营活动中,应当按照规定开具、使用、取得发票。增值税专门的规定,分别由省、自治区、直辖市国家税务局、地方税务局指定的企业印制。未经前款规定的税务机关指定,不得印制发票。

从事生产、经营的纳税人、扣缴义务人必须按照国务院财政、税务评理部门规定的保管期限保管账簿、记账凭证、完税凭证及其有关资料,不得伪造、变更或者擅自损毁以上资料。

(三) 纳税申报

纳税申报是指纳税人或者扣缴义务人必须在法定期限向税务机关报送纳税申请表,财务会计报表,代扣代缴、代收代缴税款报告表以及税务机关根据实际需要要求纳税人和扣缴义务人报送的其他有关资料的法律行为。纳税申报的方式包括:(1) 直接申报(上门申报)。直接申报是一种传统申报方式。(2) 邮寄申报。邮寄申报以寄出地的邮局邮戳日期为实际申报日期。(3) 数据电文申报。是指经税务机关确定的电话语音、电子数据交换和网络传输等电子方式。例如目前纳税人的网上申报,就是数据电文申报方式的一种形式。(4) 简易申报。是指实行定期定额的纳税人,经税务机关批准,通过以缴纳税款凭证代替申报或简并征期的一种申报方式。(5) 其他方式。其他方式是指除上述几种申报方式外的符合主管税务机关要求的其他申报方式。

三、税款征收

税款征收，是指国家税务机关等主体依照税收法律、法规规定，将纳税人应当缴纳的税款征收入库的一系列活动。它是税收征收管理工作的中心环节，是全部税收征收管理工作的目的和归宿。

(一) 应纳税款核定

应纳税款核定是税务机关依照自己的职权，对纳税人的应纳税额在调查测定的基础上依法确定的行为。依据《税收征管法》的规定，纳税人有下列情形之一的，税务机关有权核定其应纳税额：(1) 依据法律、行政法规的规定可以不设置账簿的；(2) 依照法律、行政法规规定可以应当设置账簿但未设置的；(3) 擅自销毁账簿或者拒不提供纳税资料的；(4) 虽设置账簿，但账目混乱或者成本资料、收入凭证、费用凭证残缺不全、难以查账的；(5) 发生纳税义务，未按照规定的期限办理纳税申报，经税务机关责令限期申报，逾期仍不申报的；(6) 纳税人申报的计税依据明显偏低，又无正当理由的。

另外，对未按照规定办理税务登记的从事生产、经营的纳税人以及临时从事经营的纳税人，由税务机关核定其应纳税额，责令缴纳；扣押后缴纳应纳税款的，税务机关必须立即解除扣押，并归还所扣押的商品、货物；扣押后仍不缴纳应纳税款的，经县以上税务局(分局)局长批准，依法拍卖或者变卖所扣押的商品、货物，以拍卖或者变卖所得抵缴税款。

核定应纳税款的方法包括：(1) 税务机关可以参照当地同类行业或者类似行业中经营规模和收入水平相近的纳税人的税负水平核定；(2) 按照营业收入或者成本加合理的费用和利润率的方法核定；(3) 按照耗用的原材料、燃料、动力等推算或者测算核定；(4) 按照其他合理的方法核定。以上一种方法不足以正确核定应纳税额时，还可以同时采用两种以上的方法核定。

(二) 税款征收方式

根据《税收征管法》及其实施细则规定，税款征收有以下五种方式：

1. 查账征收

查账征收，是指由纳税人依据账簿记载，先自行计算缴纳，事后经税务机关查账核实，如有不符合税法规定的，则多退少补。这种征收方式主要对账簿、凭证、财务会计制度比较健全，能够如实反映生产经营成果，正确计算应纳税款的纳税人采用。

2. 查定征收

查定征收，是由税务机关根据纳税人的从业人员、生产设备、耗用原材料等情况，在正常生产经营条件下，对其生产的应税产品查实核定产量和销售额，然后依照税法规定的税率征收的一种税款征收方式。一般适用于生产规模较小、账册不健全、财务管理和会计核算水平较低、产品零星、税源分散的纳税人。

3. 查验征收

查验征收，是由税务机关对纳税申报人的应税产品进行查验后征税，并贴上完税凭证、查验证或盖查验戳，从而据以征税的一种税款征收方式。主要对某些零星、分散的高税率工业产品采用。

4. 代扣代缴

代扣代缴，是指按照税法规定，负有扣缴税款义务的法定义务人，在向纳税人支付款项时，从所支付的款项中直接扣收税款的方式。如个人所得税

5. 代收代缴。代收代缴是指负有代收代缴义务的法定义务人，对纳税人应纳的税款进行代收代缴的方式。即由与纳税人有经济业务往来的单位和个人在向纳税人收取款项时，依照税收的规定收取税款并代为缴入国库。如委托加工应税消费品。

(三) 税收保全措施

税收保全措施是指税务机关在规定的纳税期之前，对有逃避纳税义务行为的纳税人，限制其处理可用作缴纳税款的存款、商品、货物等财产的一种行政强制措施。税收保全措施仅适用于从事生产、经营的纳税人，不适用于扣缴义务人和纳税担保人，也不适用于非从事生产经营的纳税人。

根据《税收征管法》第 38 条规定，税务机关采取税收保全措施的条件是：(1) 税务机关有根据认为从事生产、经营的纳税人有逃避纳税义务行为的，可在规定的纳税期之前，责令限期缴纳应纳税款；(2) 税务机关在限期内发现纳税人有明显的转移、隐匿其应纳税的商品、货物以及其他财产或应纳税收入的迹象的，可以责成纳税人提供纳税担保；(3) 纳税人不能提供纳税担保；(4) 经县以上税务局(分局)局长批准。

税收保全措施有两种：(1) 书面通知纳税人开户银行或者其他金融机构暂停支付纳税人的金额相当于应纳税款的存款；(2) 扣押、查封纳税人的价值相当于应纳税款的商品、货物或者其他财产。

(四) 税收强制执行措施

强制执行是在纳税义务人或扣缴义务人未按规定的期限缴纳或者解缴税款，纳税担保人未按照规定的期限缴纳所担保的税款，由税务机关责令限期缴纳，逾期仍未缴纳的情况下采用。根据《税收征管法》第 40 条规定，强制执行措施分为两种：一是书面通知其开户银行或其他金融机构从其存款中扣缴税款；二是扣押、查封、拍卖价值相当于应纳税款的商品、货物或者其他财产，以拍卖所得抵缴税款。

以上所称其他财产，包括纳税人的房地产、现金、有价证券等不动产和动产。税法规定个人及其所抚养家属维持生活所必需的住房和用品，不在扣押、查封、拍卖之列。但是，机动车辆、金银饰品、古玩字画、豪华住宅，或者一处以下的不属于个人及其所抚养家属维持生活所必需的住房和用品，都属于税务机关依法扣押、查封、拍卖之列。

(五) 税款征收的优先权

当税务机关征收税款的行为和债权人请求清偿债权的行为同时存在时，征收税款优先于无财产担保的税款的债权。也就是说，纳税人同时欠缴国家税款和债权人债务时，应当优先缴纳所欠国家税款。如果纳税人已经以自己的财产为债权人设定了担保，那么有财产担保的债权可于缴纳之前优先清偿。但是，税务机关征收税款优先于无财产担保债权，法律另有规定的除外；纳税人欠缴的税款发生在纳税人以其财产设定抵押、质押或者纳税人的财产被留置之前的，税收仍然当先于抵押权、质权、留置权执行。纳税人欠缴税款，同时又被行政机关决定处以罚款、没收违法所得的，税收优先于罚款、没收违法所得。

(六) 税款征收的代位权和撤销权

1. 税款征收代位权和撤销权的概念

税款征收的代位权，指因欠缴税款的纳税人有怠于行使到期债权等行为，对国家税收造成损害的，税务机关可以依照《合同法》的相关规定，向人民法院请求以自己的名义代位行使纳税人的债权和权利。税款征收的撤销权，指因欠缴税款的纳税人有放弃到期债权、无偿转让财产或者以不明显不合理的低价转让财产而受让人知道该情形等行为，对国家税收造成损害的，税务机关可以依照合同法的相关规定，请求人民法院撤销纳税人行为的权利。

2. 税务机关依法行使税款征收代位权和撤销的条件

按照《税收征管法》的规定，欠缴税款的纳税人有下列行为之一，并且对国家税收造成损害的，税务机关可以依法行使代位权、撤销权：(1) 纳税人怠于行使到期债权的；(2) 纳税人放弃到期债权的；(3) 纳税人无偿转让财产的；(4) 纳税人以明显不便不合理的低价转让财产而让人知道该情形的。

3. 行使代位权和撤销权的法律后果

税务机关依法行使税款征收的代位权和撤销权，对于国家而言，能够有力地追缴纳税人欠缴的税款，保证国家财政的需要，维护国家利益；对于税务机关自身而言，这是法律赋予的一种民事追索权，是对税务机关原有权利的一种延伸和扩展，它扩大了税务机关追缴税款范围，提高了后者行使民事权利的力度；对于欠缴税款的纳税人而言，《税收征管法》第 50 条第 2 款规定："税务机关行使代位权、撤销权的，不免除欠缴税款人尚未履行的纳税义务和应承担的法律责任。"

(七) 税款的退还、补缴和追征

1. 税款的退还，指对于纳税人多缴的税款，税务机关应依法还给纳税人。《税收征管法》第 51 条规定："纳税人超过应纳税额缴纳的税款，税务机关发现后应当立即退还；纳税人自结算缴纳之日起三年内发现的，可以向税务机关要求退还多缴的税款并加算银行同期存款利息，税务机关及时查实后应当立即退还；涉及从国库中退库的，依照法律、行政法规愿有关规定退还。"

2. 税款的补缴

税款的补缴，指由于税务机关的责任致使纳税人、扣缴义务人未缴纳或少缴纳税款的，税务、税务机关可以要求其补缴。这种情况是由于税务机关的责任所致，因此税务机关可以要求未缴或少缴税款的纳税人、扣缴义务人补缴税款，但是不得加收滞纳金，而且法律规定，税务机关要求补缴的期限是 3 年以内，超过 3 年以后则不可再要求纳税人、扣缴义务人补缴。

3. 税款的追征

税款的追征，指因纳税人、扣缴义务人的失误而未缴或少缴税款的，税务机关可以追征税款。这种情况是由于纳税人、扣缴义务人自己失误所致，如计算错误等，责任完全在于纳税人、扣缴义务人一方，因此，对于这种情况造成的未缴或少缴税款，税务机关不仅应追征税款，还应追征滞纳金。追征的期限一般是 3 年，有特殊情况的，可以延长至 5 年。

另外，对偷税、抗税、骗税的，税务机关追征其未缴或者少缴的税款、滞纳金或者所骗取的税款，不受上述规定期限的制度。

(八) 税款征收的滞纳金

纳税人、扣押义务人应按照法律、行政法规规定或者税务机关确定的期限缴纳或者解缴税款。纳税人因有特殊困难，不能按期缴纳税款的，经省、自治区直辖市国家税务局、专访税务局批准，可以延期缴纳税款，但是最长不得超过 3 个月。

纳税人未按照规定期限缴纳税款的，扣缴义务人未按照规定期限解缴税款的，税务机关除责令限期缴纳外，从滞纳税款之日起，按日加收滞纳税款万分之五的滞纳金。

四、税收检查

税收检查，是税务机关依照税收法律、行政法规的规定，对纳税人、扣缴义务人履行纳税义务或者扣缴义务及其他有关税务事项进行审查、核实、监督活动的总称。

(一) 税务检查的范围

根据《税收征管法》第 54 条规定，税务机关有权进行下列税务检查：(1) 检查账簿、记账凭证、报表和有关资料；(2) 到生产、经营场所和货物存放地检查纳税人应纳税的商品、货物或者其他财产及经营情况；(3) 责成提供与税款有关的文件、证明材料和有关资料；(4) 询问与税款有关的问题和情况；(5) 到车站、码头、机场、邮政企业及其分支机构检查纳税人托运、邮寄应纳税商品、货物或者其他财产的有关单据、凭证和有关资料；(6) 经县以上税务局(分局)局长批准，凭全国统一格式的检查存款账户许可证明，查询从事生产、经营的纳税人、扣缴义务人在银行或者其他金融机构的存款账户。

(二) 税务机关在检查中的权利和义务

根据《税收征管法》规定，税务机关调查税务违法案件时，对与案件有关的情况和资料，可以记录、录音、录像、照相和复制。税务机关对从事生产、经营的纳税人以前纳税期的纳税情况依法进行税务检查时，发现纳税人有逃避纳税义务行为，并有明显的转移、隐匿其应纳税的商品、货物以及其他财产或者应纳税的收入的迹象的，可以按照本法规定的批准权限采取税收保全措施或者强制执行措施。

税务机关派出的人员进行税务检查时，应当出示税务检查证和税务检查通知书，并有责任为被检查人保守秘密；未出示税务检查证和税务检查通知书的，被检查人有权拒绝检查。税务机关在检查时应为纳税人保守秘密，特别是商业秘密。特殊检查行为必须经县税务局(分局)局长的批准，或征得有关部门核准。

(三) 纳税人、扣缴义务人和协助查处人的义务

1. 纳税机关依法进行检查时，被检查人必须接受，并如实反映情况，提供有关资料，不得拒绝、隐瞒。

2. 在税务检查中，对税务机关超出法定范围或违反法定程序的检查，被检查者有权拒绝，被检查者的合法权益在检查中受到保护。

3. 在税务检查中，有关部门和单位应支持、协助，向税务机关如实反映被检查者与纳税有关的情况，提供有关资料及证明材料。

第五节　税收争议的解决程序

税务争议是指纳税人和其他税务当事人同税务机关在税收征收缴纳过程中产生的争执和异议。税务争议根据其法律救济程序规定的不同可分为纳税争议和其他争议。纳税争议是指纳税人、扣缴义务人、纳税担保人对税务机关确定纳税主体、征税对象、征税范围、减税、免税及退税、适用税率、计税依据、纳税环节、纳税期限、纳税地点以及税款征收方式等具体行政行为有异议而发生的争议。

解决税务争议的法律救济途径，主要有税务行政复议和税务行政诉讼。

一、税务行政复议

税务行政复议是指纳税人、扣缴义务人、纳税担保人及其他当事人不服税务机关的具体行政行为，依法向税务行政复议机关提出要求重新处理的申请，税务行政复议机关根据申请人的申请，对原处理决定重新审议，并依法根据不同情况作出维持、变更或撤销原决定的法律制度。

(一) 税务行政复议的受案范围

根据国家税务总局制定的《税务行政复议规则》，税务行政复议的范围包括：(1) 税务机关作出的征税行为；(2) 税务机关作出的税收保全措施；(3) 税务机关未及进解除保全措施，使纳税人及其他当事人合法权益遭受损失的行为；(4) 税务机关作出的强制执行措施；(5) 税务机关作出的行政处罚行为；(6) 税务机关不予依法办理或者答复的行为；(7) 税务机关作出的取消增值税一般纳税人资格的行为；(8) 收缴发票、停止发售发票；(9) 税务机关责令纳税人提供纳税担保或者不依法确认纳税担保有效的行为；(10) 税务机关不依法给予举报奖励的行为；(11) 税务机关作出的通知出境管理机关阻止出境行为；(12) 税务机关作出的其他具体行政行为。

(二) 税务行政复议申请与受理

1. 税务行政复议申请

(1) 申请人可以在知道税务机关做出具体行政行为之日起 60 日内提出行政复议申请。因不可抗力或者被申请人设置障碍等其他正当理由耽误法定申请期限的，申请期限自障碍消除之日起继续计算。

(2) 申请人申请复议前，必须先依照税务机关根据法律、行政法规确定的税额、期限，缴纳或者解缴税款及滞纳金或者提供相应担保的，在实际缴清税款和滞纳金后或者所提供的担保得到做出具体行政行为的税务机关确认之日起 60 日内提出行政复议申请。

申请人可以书面申请行政复议，也可以口头申请行政复议。口头申请的，复议机关应当当场记录申请人的基本情况、行政复议请求、申请行政复议的主要事实、理由和时间。

2. 税务行政复议受理

(1) 复议机关收到行政复议申请后，应当在 5 日内进行审查，决定是否受理。对不属于本机关受理的行政复议申请，应当告知申请人向有关复议机关提出。复议机关收到行政复议申请后未按规定期限审查并作出不予受理决定的，视为受理。

(2) 对符合规定的行政复议申请，自复议机关法制工作机构收到之日起即为受理；受理行政复议申请，应当书面告知申请人。

(3) 对应当先向复议机关申请行政复议，对行政复议决定不服再向人民法院提起行政诉讼的具体行政行为，复议机关决定不予受理或者受理后超过复议期限不作答复的，纳税人及其他当事人可以自收到不予受理决定书之日起或者行政复议期满之日起 15 日内，依法向人民法院提起行政诉讼。

(4) 纳税人及其他当事人依法提出行政复议申请，复议机关无正当理由而不予受理且申请人没有向人民法院提起行政诉讼的，上级税务机关应当责令其受理；必要时，上级税务机关也可以直接受理。

二、税务行政诉讼

税务行政诉讼是指公民、法人和其他组织认为税务机关及其工作人员的税务具体行政行为侵犯了其合法权益，依法向人民法院提起行政诉讼，由人民法院对税务具体行政行为的合法性和适当性进行审理并作出裁判的司法活动。

(一) 税务行政诉讼的受案范围

1. 对于法律、行政法规规定应当先向复议机关申请行政复议的具体行政行为，纳税当事人应当先申请行政复议；对行政复议决定不服的，再向人民法院提起行政诉讼。具体来说，对税务机关作出的征税行为，包括确认纳税主体、征税对象、征税范围、减税、免税及退税、适用税率、计税依据、纳税环节、纳税期限、纳税地点以及税款征收方式等具体行政和征收税款、加收滞纳金及扣缴义务人、受税务机关委托征收的单位作出的代扣代缴、代收代缴行为不服的，或者对税务机关不予审批减免税或者出口退税、不予抵扣税款、不予退还税款的行为不服的，应当先申请行政复议。不服行政复议决定的，再向人民法院提起行政诉讼。

2. 纳税当事人对税务机关的其他具体行政行为不服的，可以先申请行政复议，对复议不服的，再向人民法院起诉；也可以直接向人民法院起诉。

(二) 税务行政诉讼的起诉和受理

纳税当事人不服行政复议决定的，可以在收到复议决定书之日起 15 日内向人民法院提起诉讼。复议机关逾期不作决定的，申请人可以在复议期满之日起 15 日内向人民法院提起诉讼。纳税当事人直接向人民法院提起诉讼的，应当在知道作出具体行政行为之日起 3 个月内提出。纳税当事人因不可抗力或者其他特殊情况耽误法定期限的，在障碍消除后的 10 日内，可以申请延长期限，由人民法院决定。

人民法院在接到原告的起诉状后，应当在 7 日内作出受理或不予受理的裁定。原告对不予受理的裁定不服的，可在接到裁定书之日起 10 日内向上一级人民法院提出上诉，上一级人民法院的裁定为终局裁定。

(三) 税务行政诉讼的审理和判决

人民法院审理行政案件，实行合议、回避、公开审判和两审终审制度。当事人在进行行政诉讼中有权辩论。人民法院审理行政案件，不适用调节。

人民法院经过审理，根据不同情况，分别作出以下判决：

1. 具体行政行为证据确凿，适用法律、法规正确，符合法定程序的，判决维持。

2. 具体行政行为有下列情形之一的，判决撤销或者部分撤销，并可以判决被告重新作出具体行政行为：(1) 主要证据不足的；(2) 适用法律、法规错误的；(3) 违反法定程序的；(4) 超越职权的；(5) 滥用职权的。

3. 被告不履行或者履行法定职责的，判决其在一定期限内履行。

4. 行政处罚显失公平的，可以判决变更。

一般情况下，人民法院应当在立案之日起 3 个月内作出第一审判决。

当事人不服人民法院第一审判决的，有权在判决书送达之日起 15 日内向上一级人民法院提起上诉。当事人不服人民法院第一审裁定的，有权在裁定书送达之日起 10 日内向上一级人民法院提起上诉。逾期不上诉的，人民法院的第一审判决或者裁定发生法律效力。人民法院审理上诉案件，一般应当在收到上诉之日起两个月内作出终审判决。

第六节 税收法律责任

一、税收法律责任的概念

所谓税收法律责任，是指税收法律关系的主体因违反税收法律规范所应承担的法律后果。税收法律责任依其性质和形式的不同，可分为经济责任、行政责任和刑事责任；依承担法律责任主体的不同，可分为纳税人的责任、扣缴义务人的责任、税务机关及其工作人员的责任。

明确规定税收法律责任，不仅有利于维护正常的税收征纳秩序，确保国家的税收收入及时足额入库，而且有利于增强税法的威慑力，为预防和打击税收违法犯罪行为提供有力的法律武器，也有利于维护纳税人的合法权益。

二、税收法律责任的形式

根据现行规定，税收法律责任的形式主要有三种，即经济责任、行政责任和刑事责任。

(一) 经济责任

经济责任，是指对违反税法的行为人在强制其补偿国家经济损失的基础上给予的经济制裁。经济责任的承担一般是以损失的发生为前提，没有损失存在，则不产生经济补偿的现实性。因此，当纳税人、扣缴义务人未按规定时间及时、足额缴纳应纳税款或解缴所扣缴的税款而造成国家财政利益损失时，就应该承担经济责任，从经济上给国家予以补偿。

追究经济责任的主要形式有追缴税款和加收滞纳金。所谓滞纳金，是指纳税人、扣缴义务人因违反税法的规定，不按期缴纳税款或未能及时、足额缴纳税款，而应当向国家承担的货币给付义务。根据《税收征管法》的规定，纳税人未按照规定期限缴纳税款的，扣缴义务人未按照规定期限解缴税款的，税务机关除责令限期缴纳或解缴外，从滞纳税款之日起，按日加收滞纳税款万分之五的滞纳金。

(二) 行政责任

行政责任，是指对违反税法的当事人，由税务机关或由税务机关提请有关部门依照行政程序所给予的一种税务行政制裁。行政责任的追究一般以税务违法行为发生为前提，这种税务违法行为不一定造成直接的经济损失。对违反税法的当事人追究行政责任，通常是在运用经济制裁还不足以消除其违法行为的社会危害性的情况下采取的。

追究行政责任的方式具体有以下两种：第一种形式是行政处罚，具体又可分为责令限期改正，责令限期缴纳；采取税收保全措施和税收强制执行措施；罚款；吊销税务登记证，收回税务机关发给的票证，吊销营业执照等。第二种形式是行政处分，具体又可分为：警告、记过、记大过、降级、撤职、开除，这种形式只适用于直接责任人。

(三) 刑事责任

刑事责任是对违反税法行为情节严重，已构成犯罪的当事人或直接责任人所给予的刑事制裁。追究刑事责任以税务违法行为情节严重、构成犯罪为前提。如果只是一般性的税收违法行为，对行为人只追究经济责任或行政责任，或同时追究经济责任和行政责任，而不追究刑事责任。经济责任和行政责任通常是由税务机关依法追究的，而刑事责任则是由司法机关追究，刑事责任是税收法律责任中最严厉的一种制裁措施。

三、关于税收法律责任的具体规定

（一）纳税人违反税法的行为及其法律责任

1. 纳税人未按照规定的期限申报办理税务登记、变更或者注销登记的；未按照规定设置、保管账簿或者记账凭证和有关资料的；未按照规定将财务、会计制度或者财务、会计处理办法和会计核算软件报送税务机关备查的；未按照规定将其全部银行账号向税务机关报告的；未按照规定安装、使用税控装置，或者损毁或者擅自改动税控装置的，由税务机关责令限期改正，可处以 2 000 元以下的罚款；情节严重的，处 2 000 元以上 1 万元以下的罚款。

2. 纳税人不办理税务登记的，由税务机关责令限期改正；逾期不改正的，经税务机关提请，由工商行政管理机关吊销其营业执照。

3. 纳税人未按照规定使用税务登记证件，或者转借、涂改、损毁、买卖、伪造税务登记证件的，处 2 000 元以上 1 万元以下的罚款；情节严重的，处 10 000 元以上 5 万元以下的罚款。

4. 纳税人未按照规定的期限办理纳税申报和报送纳税资料的，由税务机关责令限期改正，可处以 2 000 元以下的罚款；情节严重的，可处以 2 000 元以上 1 万元以下的罚款。

5. 纳税人编造虚假计税依据的，由税务机关责令限期改正，并处 5 万元以下的罚款。

6. 纳税人不进行纳税申报，不缴或者少缴应纳税款的，由税务机关追缴其不缴或者少缴的税款、滞纳金，并处不缴或者少缴的税款 50%以上 5 倍以下的罚款。

（二）偷税行为及其法律责任

纳税人伪造、变造、隐匿、擅自销毁账簿、记账凭证，或者在账簿上多列支出或者不列、少列收入，或者经税务机关通知申报而拒不申报或者进行虚假的纳税申报，不缴或者少缴应纳税款的，是偷税。偷税是一种故意采取某些欺骗、隐瞒等手段逃避纳税义务的行为，《税收征管法》和《刑法》对偷税行为都规定了严厉的处罚措施。具体规定如下：

1. 偷税数额不满 1 万元或者偷税数额占应纳税额不到 10%的，属于一般性偷税行为，由税务机关追缴其不缴或者少缴的税款、滞纳金，并处不缴或者少缴的税款 50%以上 5 倍以下的罚款。

2. 偷税数额占应纳税额的 10%以上不满 30%并且偷税数额在 1 万元以上不满 10 万元的，或者因偷税被税务机关给予二次行政处罚又偷税的，构成偷税罪，除由税务机关追缴其偷税款外，处 3 年以下有期徒刑或者拘役，并处偷税数额 1 倍以上 5 倍以下的罚金；偷税数额占应纳税额 30%以上并且偷税数额在 10 万元以上的，处 3 年以上 7 年以下有期徒刑，并处偷税数额 1 倍以上 5 倍以下的罚金。企事业单位犯偷税罪的，判处偷税数额 5 倍以下的罚金，并对负有直接责任的主管人员和其他直接责任人员处 3 年以下有期徒刑或者拘役。

（三）欠税行为及其法律责任

欠税是指纳税人超过税务机关核定的纳税期限，未缴或少缴应纳税款的行为。一般来说，欠缴税款的纳税人主观上没有不缴税款的故意，只是由于种种原因未能按照规定的期限缴纳税款。对这种情况，税务机关只责令其限期纳税并加收滞纳金；逾期仍未缴纳的，可依法采取强制执行措施追缴纳税人未缴或少缴的税款及滞纳金。其具体法律责任如下：

1. 纳税人欠缴税款数额不满 1 万元的，除由税务机关追缴欠缴税款外，处以欠缴税款 5 倍以下的罚款。

2. 纳税人欠缴应纳税款，采取转移或隐匿财产的手段，致使税务机关无法追缴欠缴税款，数额在1万元以上不满10万元的，处3年以下有期徒刑或者拘役，并处欠缴税款1倍以上5倍以下的罚金；欠税数额在10万元以上的，处3年以上7年以下有期徒刑，并处欠缴税款1倍以上5倍以下的罚金。企事业单位有欠税行为的，判处罚金，并对负有直接责任的主管人员和其他直接责任人员处3年以下有期徒刑或者拘役。

(四) 抗税行为及其法律责任

抗税是指以暴力、威胁方法拒不缴纳税款的行为，其性质十分恶劣。抗税行为的法律责任具体规定如下：

1. 以暴力、威胁方法拒不缴纳税款，情节轻微，未构成犯罪的，由税务机关追缴其拒缴的税款、滞纳金，并处拒缴税款1倍以上5倍以下的罚款。

2. 以暴力、威胁方法拒不缴纳税款，构成犯罪的，除由税务机关追缴其拒缴的税款、滞纳金外，处3年以下的有期徒刑或者拘役，并处拒缴税款1倍以上5倍以下的罚金；情节严重的，处3年以上7年以下有期徒刑，并处拒缴税款1倍以上5倍以下的罚金。

(五) 骗取出口退税行为及其法律责任

骗取出口退税款是指企事业单位和个人采取假报商品出口等手段，骗取国家出口退税款的行为。骗取国家出口退税款的违法行为具体有以下3种形式：(1) 生产、经营出口产品的企事业单位，在出口退税申报中多报已纳税额骗取退税款；(2) 生产、经营内销产品的企事业单位通过假报出口的办法骗取退税款；(3) 不从事生产、经营的单位和个人采取伪造票证等手段骗取退税款。骗取出口退税行为应追究行政责任，由税务机关追缴其骗取的退税款，并处骗取税款1倍以上5倍以下的罚款；构成犯罪的，应依法追究刑事责任。

(六) 对其他违法行为的处罚

1. 从事生产经营活动的纳税人、扣缴义务人在规定期限内不缴或少缴税款的，由税务机关责令限期缴纳，逾期仍未缴纳的，税务机关除强制追缴其税款外可以处不缴或少缴税款5倍以下的罚款。

2. 非法制造、出售发票，根据情节严重情况，处2年以上7年以下有期徒刑，并处5至50万元的罚款，同时追究直接责任人的刑事责任。

3. 虚开增值税专用发票，伪造、出售增值税专业发票，视情节严重程度，处3年以下、3年以上至无期徒刑、死刑不等，并处2至50万元的罚金，并追究直接责任人员的刑事责任。

本章小结

税法是指国家机关制定的有关调整税收分配过程中形成的权利义务关系的法律规范总和。广义税法是指各种税收法律规范的总称(全国人民代表大会正式立法制定的税收法律、国务院制定的税收法规、由省级人民代表大会制定的地方性税收法规和由有关政府部门制定的税收规章等等)。狭义税法是指国家最高权力机关正式立法的税收法律。本章主要介绍了流转税法律制度、所得税法律制度以及税收征收管理法、税收争议的解决程序、税收法律责任等主要内容。

技能训练

一、单项选择题

1. 纳税人销售下列货物，可免征增值税的是 （ ）

A. 农用薄膜 B. 日用百货 C. 旧货 D. 自产农产品

2. 下列各项中，不属于行政处罚的是 （ ）

A. 罚金 B. 吊销许可证

C. 警告 D. 没收违法所得

3. 根据个人所得税法律制度的规定，下列个人所得税中，免征个人所得税的是 （ ）

A. 劳动分红

B. 出版科普读物的稿酬所得

C. 年中奖金

D. 转让自用 6 年唯一家庭生活用房所得

4. 下列商品中，应征收消费税的是 （ ）

A. 高尔夫车 B. 护肤护发品

C. 自酿啤酒 D. 子午线轮胎

5. 根据营业税法律制度的规定，下列各项中，不属于营业税征税范围的是 （ ）

A. 加工、修理修配业 B. 建筑安装业

C. 交通运输业 D. 邮电通信业

6. 根据企业所得税法律制度的规定，下列项目中，纳税人在计算应纳税所得额时准予扣除的是 （ ）

A. 罚金 B. 银行按规定加收的罚息

C. 税收滞纳金 D. 罚款和被没收财物的损失

二、多项选择题

1. 下列各项中，属于增值税征收范围的有 （ ）

A. 纳税人随同销售软件一并收取的软件培训费收入

B. 纳税人委托开发的委托方拥有著作权的软件所得的收入

C. 纳税人销售货物同时代办保险而向购买方收取的保险费收入

D. 印刷企业接受出版单位委托印刷有国家统一刊号的图书取得的收入

2. 某汽车生产企业总部设在上海，生产基地设在河北，则下列关于消费税纳税地点的说法正确的有 （ ）

A. 在上海纳税

B. 在河北纳税

C. 经国家税务总局批准在上海纳税

D. 经由上海、河北国税局协商决定在哪里纳税

3. 根据营业税法律制度的规定，下列项目中，免征营业税的有 （ ）

A. 医院提供的医疗服务

B. 幼儿园提供的育养服务

C. 学生勤工俭学提供的劳务

D. 残疾人员提供的劳务

4. 根据企业所得税法律制度的规定，下列收入中，不属于企业所得税免税收入的有（　　）
   A. 财政拨款
   B. 国债利息
   C. 物资及现金溢余
   D. 依法收取并纳入财政管理的政府性基金
5. 下列各项中，当事人可以直接提起行政诉讼，也可以先申请行政复议，不服行政复议决定再提起行政诉讼的有（　　）
   A. 税务机关不予审批减免税
   B. 税务机关作出税收保全措施
   C. 税务机关不予开具完税凭证的行为
   D. 税务机关通知出境管理机关阻止其出境的行为
6. 根据个人所得税法律制度的规定，下列情形中，纳税人应当自行申报缴纳个人所得税的有（　　）
   A. 年所得 12 万元以上的
   B. 从中国境外取得所得的
   C. 取得应税所得，没有扣缴义务人的
   D. 从中国境内两处或两处以上取得工资、薪金所得的

三、简答题

1. 增值税、消费税、营业税、企业所得税的征税范围的基本规定有哪些？
2. 增值税、营业税、企业所得税有哪些优惠政策？
3. 个人所得税中如何计算工资薪金所得税？
4. 简述解决税务争议的法律救济途径。
5. 税收保全措施与税收强制执行有何不同。
6. 个人所得税的应税所得项目包括哪些？它们的税率是如何规定的？

四、案例讨论

1. 淮南市的下岗工人张武听说下岗工人按有关政策可以享受税收优惠政策，就筹资开了一家“好常来”快餐店，但他仅仅办理了工商营业执照，没有办理税务登记证就开始营业了。经营三个月后，当地税务机关的工作人员查证了张武没有办理税务登记证以后，对其处以了罚款，并责令其补缴税款和滞纳金。张武认为自己是下岗工人，可以享受国家免税照顾，无须办理税务登记证。请问张武的理解正确吗？
2. 2011 年 10 月 24 日，某建筑安装企业为某化工集团安装一个新的生产车间，同时由该企业提供相应的设备材料价款 100 万元，并从化工集团取得营业外收入（主要为劳务费用）20 万元。该企业在上报产值的时候，也将设备价款 100 万元计入了安装工程产值，但在申报缴纳营业税时，该企业仅以 20 万元的营业额申报缴纳营业税 6 000 元。

   问题：(1) 该企业在实务中发生的经济业务，哪些是营业税的征税范围？

   (2) 纳税人具体有哪些？

   (3) 营业税的计税依据具体包括哪些内容？

   (4) 有无税收优惠政策？

   (5) 如何计征营业税？

第十六章 金融法

知识目标

掌握人民银行的性质、地位、职能、业务范围和货币政策；商业银行的设立、变更和业务规则；银行业、保险业、证券业监督管理的主要内容、监管措施与程序规定。

能力目标

能运用有关金融法律规定分析具体案例，提高自己分析解决问题的能力，以增强金融法律意识和判断能力。

案例导入：金融法是国家实施金融调控的有力工具

某省为了促进地方经济的发展，为地方企业提供资金支持，经省长办公会议决定成立一家地方商业银行，注册资本为12亿人民币，拟在省辖市和12个县城设立分支机构。现提出以下假设问题：(1) 该商业银行是否只要省政府批准即可成立？(2) 该商业银行成立之初就得到公众认可，存款数额即达到6亿人民币，行长为扩大资金，决定不向人民银行交存存款准备金，其决定是否合法？(3) 人民银行向该商业银行再贴现880万元有无根据？(4) 为了扶持省某重点企业，该省某主要领导要求人民银行某支行向某重点企业贷款500万元，出于压力该支行发放了500万元贷款，其贷款是否合法？(5) 如该商业银行与一家房地产公司联合开发某楼盘，将承担什么法律后果？

案例分析

(1) 该商业银行仅有省政府批准不能成立。根据《商业银行法》第11条规定，设立商业银行，应当经国务院银行业监督管理机构审查批准。第16条规定，经批准设立的商业银行，由国务院银行业监督管理机构颁发经营许可证，并凭该许可证向工商行政管理部门办理登记，领取营业执照。所以，该商业银行要成立，应经银监会批准获得经营许可证，到工商行政管理部门领取营业执照之后，才取得法人资格。

(2) 该商业银行不交存存款准备金的决定不合法。根据《商业银行法》第32条规定，商业银行应当按照中国人民银行的规定，向中国人民银行交存存款准备金，留足备付金。

(3) 人民银行向该商业银行再贴现880万元有根据。根据《人民银行法》第23条规定，中国人民银行为执行货币政策，可以运用包括为在中国人民银行开立账户的银行业金融机构办理再贴现在内的货币政策工具。因为再贴现是中国人民银行执行货币政策的工具之一，通过调整再贴现率，影响商业银行借入资金的成本，刺激或抑制资金需求，达到调节货币供应量，实现预定的货币政策目标。

(4) 人民银行向省某重点企业发放了500万元贷款，违反了《人民银行法》第30条“中国人民银行不得向地方政府、各级政府部门提供贷款，不得向非银行金融机构以及其他单位和个人提供贷款，但国务院决定中国人民银行可以向特定的非银行金融机构提供贷款的除外”之规定。

(5) 该商业银行与一家房地产公司联合开发某楼盘，违反《商业银行法》第 43 条规定，商业银行在中华人民共和国境内不得从事信托投资和证券经营业务，不得向非自用不动产投资或者向非银行金融机构和企业投资，但国家另有规定的除外。根据《商业银行法》第 74 条规定，将承担行政责任，构成犯罪的将承担刑事责任。即商业银行违反国家规定从事信托投资和证券经营业务、向非自用不动产投资或者向非银行金融机构和企业投资的，由国务院银行业监督管理机构责令改正，有违法所得的，没收违法所得，违法所得五十万元以上的，并处违法所得一倍以上五倍以下罚款；没有违法所得或者违法所得不足五十万元的，处五十万元以上二百万元以下罚款；情节特别严重或者逾期不改正的，可以责令停业整顿或者吊销其经营许可证；构成犯罪的，依法追究刑事责任。

第一节　金融法概述

一、金融与金融市场

(一) 金融

金融，就是货币资金的融通。金融法意义上的金融，是指以银行等金融机构为中介的货币资金的信用融通活动，包括货币的发行、流通与回笼，存款的吸收、提取和贷款的发放、收回、票据的承兑与贴现、有价证券的发行与交易，国内、国际货币的支付结算、汇兑往来，财产的信托、融资租赁和保险，金融期货、期权等。

金融是以信用为基础，以市场为条件，以金融机构为中介的货币资金融通活动。根据信用基础、融通市场和中介机构的不同，金融形态按照标准可以进为不同的分类，但其中最基本的分类是将金融分为直接金融和间接金融。根据金融机构在资金融通中的不同作用，金融可以分为直接金融和间接金融。直接金融，是指货币资金的供求双方当事人通过股票、债券、基金等各种证券的发行、交易，投资者直接将资金融通给证券发行人(政府或企业)的资金融通行为。金融机构在证券的发行与交易中只起到一个承销或包销的中介作用，资金融通活动所形成的法律关系主要是证券发行人与投资者之间的债权债务关系或投资收益关系。间接金融，则是货币资金供求双方当事人以银行或者非银行金融机构为媒介而发生的资金借贷行为，即最终贷款人(存款人)通过银行或非银行金融机构间接地把货币资金借贷给自己需求者(贷款人)，金融机构分别与存款人、贷款人形成存贷款法律关系。

金融本身是一种经济活动，在市场经济中，参与经济活动的主体(政府、企业和个人)由于生产经营活动季节性和周期性的货币盈余和赤字，而运用各种金融工具相互调节资金余缺的信用活动。它是随着货币、信用和银行等专业金融机构的出现和发展而产生、发展的，是商品经济高度发达的产物。与商品经济一样，金融也受到价值规律、供求关系的内在作用，但与一般商品经济不同的是金融与各国的政治、历史、文化的高度相关性，各国的金融历史表明，各种政治事件、内外战争、经济危害甚至金融个案的处理等对金融制度的发展有着重要的影响，因此，金融，从某种意义上而言，更是政治、法律和危机的塑造物，近现代金融从产生之初就始终是受到管制和调控的经济活动。

（二）金融市场

金融市场是货币资金供应者和需求者双方以信用为基础、以金融机构为中介进行资金融通的场所。广而言之，金融市场是实现货币借贷和资金融通、各种票据和有价证券交易、汇兑、信托、融资租赁、保险等活动的场所，其构成十分复杂，是由许多不同的市场组成的一个庞大体系。但是，一般根据金融市场上交易工具的期限，把金融市场分为货币市场和资本市场两大类。货币市场是融通短期资金的市场，资本市场是融通长期资金的市场。货币市场和资本市场又可以进一步分为若干不同的子市场。货币市场包括金融同业拆借市场、回购协议市场、商业票据市场、银行承兑汇票市场、短期政府债券市场、大面额可转让存单市场等。资本市场包括中长期信贷市场和证券市场。中长期信贷市场是金融机构与工商企业之间的贷款市场；证券市场是通过证券的发行与交易进行融资的市场，包括债券市场、股票市场、基金市场、保险市场、融资租赁市场等。

一个完备的金融市场，一般应具有四个因素：(1) 资金供应者和资金需求者。他们是金融交易和活动的参加者，包括政府、金融机构、企事业单位、个人和其他经济组织等。(2) 信用工具。这是借贷资本在金融市场上交易的对象。如各种债券、股票、票据、可转让存单、借款合同、抵押契约等，是金融市场上实现投资、融资活动必须依赖的标的。(3) 信用中介。这是指一些充当资金供求双方的中介人，起着联系、媒介和代客买卖作用的机构，如银行、投资公司、证券交易所、证券商和经纪人等。(4) 价格。金融市场的价格指它所代表的利率或收益率的总和。

金融市场是统一市场体系的一个重要组成部分，属于要素市场。它与消费品市场、生产资料市场、劳动力市场、技术市场、信息市场、房地产市场、旅游服务市场等各类市场相互联系，相互依存，共同形成统一市场的有机整体。在整个市场体系中，金融市场是最基本的组成部分之一，是联系其他市场的纽带。因为在现代市场经济中，无论是消费资料、生产资料的买卖，还是技术和劳动力的流动等，各种市场的交易活动都要通过货币的流通和资金的运动来实现，都离不开金融市场的密切配合。从这个意义上说，金融市场的发展对整个市场体系的发展起着举足轻重的制约作用，市场体系中其他各市场的发展则为金融市场的发展提供了条件和可能。

二、金融法

（一）金融法的概念与调整对象

金融法是调整金融活动中所发生的各种社会关系的法律规范的总称。详言之，金融法是调整以银行等金融机构为中介的货币流通和资金信用融通活动中各种主体之间所产生的各种社会关系的法律，是金融活动的基本行为规范。

金融法的调整对象是金融关系，即银行或其他非银行金融机构在从事金融业务和金融管理活动过程中，与其他政府机构、市场主体和个人之间发生的各种经济关系。通常将金融关系分为两类：一类是作为平等主体之间的金融交易关系；另一类是不平等主体之间的国家金融监管调控关系。

1. 金融交易关系

金融交易关系是指银行、非银行金融机构和其他非金融机构主体之间因金融活动而发生的各种经济关系。主要包括：(1) 因间接金融活动而发生在银行等金融机构与资金供求双方当事人(存贷款主体)之间的资金融通关系,如存款关系、贷款关系、拆借关系等;(2) 因直接金融活动而发生在证券、信托等非银行金融机构与投、融资主体(政府、企业和个人)之间的证券(股票、债券、基金等)发行、交易和服务关系,如证券发行买卖关系、证券交易关系、证券发行的承销关系等;(3) 银行等金融机构为他人提供金融中介服务而与其他主体发生的金融中介服务关系,如结算、汇兑、信托、代理、咨询、理财等关系。

2. 金融监管调控关系

金融监管调控关系是指国家及其授权的金融主管机关在对金融机构、金融业务以及金融市场进行监督管理和金融调控过程中形成的金融监管关系和金融调控关系。主要包括:(1) 金融监管关系。金融监管关系是指国家及其授权的金融监管机关对金融机构、金融业务及金融市场实施监管而产生的关系。包括金融监管机构对各类银行和非银行金融机构的设立、变更与终止的主体资格及其组织的监管关系;对各类金融机构从事各种金融业务的行为的监管关系。(2) 金融调控关系。金融调控关系是指国家及其授权的金融主管机关以味道币值、促进经济增长为目的,对金融市场实施调节和控制而产生的关系。金融调控以中央银行制定和实施货币政策为主导,通过货币发行、回笼和调整基准利率、准备金率等,调整货币流通量和市场利率水平,同各类金融机构和非金融机构之间形成货币发行、货币流通管理、调控关系。

可见,金融关系既反映由政府对金融活动的调控与监管所体现的国家干预性质,又反映金融业务活动的平等、自愿、有偿的民商法性质,这两种性质交织于某种金融关系之中。正是由于金融关系的复杂性决定了对它的法律调整可以运用经济法、民法、行政法、刑法等多个法律部门从不同角度进行调整。

(二) 金融法的基本原则

金融法的基本原则是指金融法在调整金融关系时应当遵循的行为准则。它是金融法本质和基本精神的集中体现,是由一国金融立法所确立的贯穿于金融立法、执法和司法全过程的根本准则。当然,在不同国家甚至在同一国家的不同历史时期,因经济发展水平、货币金融政策目标的不同,金融法的基本原则也不尽相同。根据我国现行的金融法律法规,结合我国现阶段经济发展水平和金融政策目标,我国金融法的基本原则主要有:

1. 保持货币币值稳定,促进经济增长原则

现代金融学理论和实践表明,货币币值稳定是经济持续、稳定和协调发展的前提。尽管通过增发货币刺激经济,能取得经济的繁荣,但这种繁荣是一时的,是以经济的大起大落,通货膨胀和经济危机为代价。因此,稳定货币,抑制通货膨胀,促进经济的发展是金融宏观调控的基本任务,也是市场经济内在规律的要求。我国《中国人民银行法》第 3 条确认了该原则。即货币政策目标是保持货币币值的稳定,并以此促进经济增长。

2. 维护金融稳定原则

金融是现代经济的核心和枢纽,金融安全关系到一国的经济、社会乃至国家的安全。而金融行业却是一个时刻面临多种风险威胁的高风险行业,充满了各种金融风险,诸如信用风险、利率风险、市场风险、流动性风险、法律风险、政治风险、购买力风险、清算风险等等不一而足。一种风险的发生往往会引起连锁反应,形成“多米诺骨效应”,使局部金融风险诱发为全国甚至全球危机,乃至经济危机。由于金融行业的高风险性质和其在现代经济中所具有的重大影响,各国不断加强金融监管,规范金融主体的行为,通过建立诸如存款准备金制度、再贷款制度、破产接管制度、存款保险制度等方面的规则与程序,有效防范和化解金融风险,

维护金融稳定、有序和协调发展。对此，我国《中国人民银行法》第 2 条规定："中国人民银行在国务院领导下，制定和执行货币政策，防范和化解金融风险，维护金融稳定。"

（三）金融法的体系

金融法的体系是根据金融法的调整对象，由调整不同领域金融关系的法律、法规、规章等法律规范所组成的层次分明的有机联系的整体。为此，我国金融法体系主要由以下部分构成：

1. 金融机构组织法

金融组织法是指用以确定银行和其他金融机构的性质、法律地位、职责权限、机构设置、业务范围及其业务活动规则的法律规范的总称。以金融机构的不同性质和业务范围为标准，金融机构组织法可以划分为中央银行组织法、商业银行组织法、政策性银行组织法、非金融机构组织法和外资金融机构组织法等。在我国，规范上述金融机构的组织关系的法律规范有《中国人民银行法》、《商业银行法》、《保险法》、《证券法》、《金融机构管理规定》、《外资银行管理条例》等。

2. 金融调控法

金融调控法是调整中央银行在控制与调节货币供应量、利率、贷款量等过程中发生的金融宏观调控关系的法律规范的总称。一般而言，金融调控法律规范主要集中在一国的中央银行法之中。我国金融调控法的主要法律规范是《中国人民银行法》。为执行货币政策、防范和化解金融风险、维护金融稳定，我国在《商业银行法》、《中华人民共和国银行业监督管理法》（以下简称《银行业监督管理法》）中对存、贷款利率，同业拆借，境外借款，系统性银行业风险等作了规定；为执行货币政策、保护国际收支平衡，我国在《中华人民共和国外汇管理条例》（以下简称《外行管理条例》）中对调整人民币汇率和调控外汇市场作了规定。

3. 金融监管法

金融监管法是调整金融业监督管理关系的法律规范系统。金融监管法主要针对金融微观活动进行监督管理。2004 年 2 月 1 日起施行的《银行业监督管理法》，连同《证券法》、《保险法》、《中华人民共和国信托法》（以下简称《信托法》）、《中华人民共和国证券投资基金法》（以下简称《证券投资基金法》）、《外汇管理条例》等有关证券、保险、信托、基金外汇流通监管等内容的规定构成了我国金融监管法的体系。

4. 金融交易法

金融交易法，又称为金融业务法，是调整金融机构在从事经济活动中发生的金融交易关系的法律规范系统。金融机构经营者的金融市场行为受金融交易法的调整。金融交易法涉及所有的金融市场关系，是金融法中最基本的内容。在我国《商业银行法》、《保险法》、《证券法》、《外汇管理条例》、《证券投资基金法》等法律法规构成金融交易法的体系。

第二节　金融调控法

一、金融调控法概述

金融调控法是调整中央银行在控制与调节货币供应量、利率、贷款量等过程中发生的金融宏观调控关系的法律规范的总称。

各国对金融调控的主要机关是一国的中央银行。金融调控以中央银行制定和实施货币政策为主导，通过货币发行、回笼和调整基准利率、准备金率等调节货币流通量和市场利率水平，同各类金融机构和非金融机构之间形成货币发行、货币流通管理、调控的关系。金融调控法集中体现在一国的中央银行法中。由于中央银行的各项金融调控、货币政策的实施，需要各类金融机构在其具体业务中加以执行，因而，在《商业银行法》、《银行业监督管理法》中，为执行货币政策、防范和化解金融风险、维护金融稳定，对存贷款利率、同业拆借、境外借款、系统性银行风险等作了具体规定。为保持国际收支平衡，我国《外汇管理条例》对调整人民币汇率和外汇市场调控关系等作了具体规定。此外，由于政策性银行从事政策性融资业务，充当政府发展经济、调整产业结构、进行宏观调控的手段与工具，其政策导向也是金融调控的重要内容。上述各项规定都是我国金融调控法的主要形式。

二、中央银行法

（一）中央银行法的概述

1. 中央银行的性质、法律地位

中国人民银行的性质是指中国人民银行区别于其他金融机构的根本属性，具体指中国人民银行是属于国家行政机关，还是企业或其他市场主体，或是二者兼而有之。一般而言，中央银行既是特殊的金融机构，又是特殊的国家行政机关。说它是特殊的金融机构，虽然它也经营特定的金融业务与服务，但在经营目标、经营对象以及人员管理等方面不同于普通银行，即不以营利为目的，而以调控经济、监管金融、稳定社会为己任；不经营普通商业银行业务，其业务对象不是普通的工商企业、单位和个人，而是国家、政府、银行和其他金融机构；高级管理人员不由股东选任，而是由政府或议会任命，任命程序与政府机构行政首长的任命程序相同。说其是特殊的国家行政机关，是因为它不同于其他普通的国家行政机关，是办理金融业务的具有特殊地位的国家行政机关。普通的国家行政机关履行职能主要靠行政手段，中央银行履行职能主要靠经济手段，通过调节和控制货币信用活动来实现。中央银行不同于其他普通的国家行政机关还表现在，中央银行在履行职能时有自己的收入，并实行资产负债管理。中央银行由于其职能的重要性和业务的特殊性，一般具有相对独立性，其货币政策的制定和执行、人事组织管理等方面，既要接受政府一定程度的管制，又因金融活动自身的运行规律而不能完全听命于政府。

根据《人民银行法》第 2 条和第 8 条规定，人民银行是我国的中央银行，是国务院领导下的特殊国家机关；其全部资本由国家出资，可以依法开展业务。

中国人民银行的法律地位是指中国人民银行与政府和其他部门的关系，其实质是中国人民银行的独立性问题。我国人民银行的法律地位是由其性质和国家政治体制决定的。根据《人民银行法》第 2 条和第 7 条等的规定，中国人民银行是在国务院领导下、具有相对独立性的国家金融调控与监管。一方面，中国人民银行直接隶属于国务院，是国务院的一个职能部门。该法第 2 条规定，中国人民银行在国务院领导下，制定和执行货币政策，防范和化解金融风险，维护金融稳定。第 5 条第 1 款、第 10 条、第 12 条规定货币委员会的设立及其工作程序、正副行长的任免、重要事项的决定等要接受国务院的行政管辖。另一方面，中国人民银行享有相对独立性。该法第 6 条规定，中国人民银行应当向全国人民代表大会常务委员会提出有关货币政策情况和金融业运行情况的工作报告。第 7 条规定，中国人民银行在国务院领导下依法独立执行货币政策，履行职责，开展业务，不受地方政府、各级政府部门、社会团体和个人的干涉等。

2. 中国人民银行的职能与职责

《人民银行法》第 2 条规定，中国人民银行是中华人民共和国的中央银行。根据《人民银行法》第 2 条规定，中国人民银行的基本职能是制定和执行货币政策，防范和化解金融风险，维护金融稳定。

中国人民银行的职责是中国人民银行职能的具体化。第 4 条则具体规定了人民银行的 13 项职责：(1) 发布与履行与其职责有关的命令和规章；(2) 依法制定和执行货币政策；(3) 发行人民币，管理人民币流通；(4) 监督管理银行间同业拆借市场和银行间债券市场；(5) 实施外汇管理，监督管理银行间外汇市场；(6) 监督管理黄金市场；(7) 持有、管理、经营国家外汇储备、黄金储备；(8) 经理国库；(9) 维护支付、清算系统的正常运行；(10) 指导、部署金融业反洗钱工作，负责反洗钱的资金监测；(11) 负责金融业的统计、调查、分析和预测；(12) 作为国家的中央银行，从事有关的国际金融活动；(13) 国务院规定的其他职责。中国人民银行为执行货币政策，可以依照本法第四章的有关规定从事金融业务活动。

其中，第(1)、(4)、(5)、(6)、(10) 项职能是中央银行监管职能的具体化；第(2)、(3)、(7) 项职能是中央银行调控职能的具体化；第(8)、(9)、(11)、(12) 项职能以及本法第四章的有关规定从事金融业务活动是中央银行服务职能的具体化。

3. 中央银行的组织机构

《人民银行法》就人民银行的领导机构、外部分支机构和咨询机构的设置作了原则规定，对内部职能机构则未作规定。

(1) 领导机构。根据《人民银行法》第 10 条和第 11 条规定，中国人民银行设立行长 1 人，副行长若干人。行长根据国务院总理提名，由全国人大决定；人大闭会期间，由全国人大常委会决定，由国家主席任免。副行长由国务院总理任免。人民银行实行行长负责制，行长领导人民银行工作，副行长协助行长工作。

(2) 分支机构。中国人民银行的分支机构是中国人民银行的派出机构，不具有法人资格，其履行职责须根据中国人民银行的授权进行，人民银行对分支机构实行集中统一领导和管理。根据《人民银行法》第 13 条规定，中国人民银行的分支机构根据总行授权，负责本辖区的金融监督管理，承办有关业务。

为强化中央银行的独立性，1998 年 12 月中国人民银行撤销了以前按行政区域在各省、自治区、直辖市设置省级分行的做法，根据地域关联性、经济金融总量和金融监管的要求(亦即履行职责的需要)，在全国 9 个中心城市设立了 9 个跨省、自治区、直辖市的分行(包括天津、沈阳、上海、南京、济南、武汉、广州、成都和西安分行)，并在北京、重庆设立了人民银行营业管理部，承担原北京分行、重庆分行的管理职能。2003 年因人民银行金融监管职能的分离，人民银行又对分支机构的设立进行了调整，除保留 1998 年设立的九个区行和北京、重庆人民银行营业管理部外，在分行下设立了 20 个省会(首府)城市中心支行、5 个副省级城市中心支行、305 个地(市)中心支行以及 1778 个县(市)支行。

(3) 咨询机构。依据《中国人民银行法》第 12 条和 1997 年 4 月 15 日国务院发布的《中国人民银行货币政策委员会条例》的规定，人民银行还设有货币政策委员会，作为其制定货币政策的咨询议事机构。其基本职责是：在综合分析国家宏观经济形势的基础上，依据国家宏观经济调控目标，讨论货币政策事项，并提出建议。

(二)中央银行的货币政策

1. 货币政策的概念及其目标

货币政策,又称金融政策,是指中央银行为实现宏观经济调控目标而采用的各种调节货币供应量或信用规模的方针、政策和措施的总称,是一国宏观经济政策的重要组成部分。人民银行作为发行的银行、政府的银行、银行的银行,其主要职能就是协助政府制定并实施货币政策。因此,货币政策是中央银行完成其任务和实现其职责的核心所在。

在市场经济条件下,中央银行要实现国家宏观经济调控目标,主要是通过其直接控制的各种货币政策工具的运用,利用市场机制的传导作用,间接影响市场经济主体的行为和国民经济的运行。详言之,就是中央银行运用经济、法律和行政手段,通过对整个国家经济运行中的货币供应量、信用量、利率、汇率等金融市场宏观经济指标的调节和控制,进而影响社会总需求和总供给,对市场经济参与者的经济活动实施间接控制,进而达到国家宏观经济的调控目标。

货币政策的内容,按其运行机制,分为货币政策最终目标、中介目标、操作目标、货币政策工具、传导机制、政策效应和监测等。其运行过程是:中央银行运用货币政策工具改变基础货币、短期利率等货币政策操作目标,影响货币供应量(中介目标发生变化),再通过货币政策传导机制,对市场经济主体的经济活动和国民经济的运行产生影响(货币政策效应),实现货币政策最终目标。货币政策内容,按其实施的措施,可分为信贷政策、利率政策、外汇政策及金融监管政策等。还可按其在宏观经济中发挥的作用,可以分为紧缩性货币政策、扩张性货币政策、中性货币政策。按货币政策操作原则,可以分为单一规则货币政策、反周期货币政策、相机决策货币政策。

货币政策目标是中央银行实施货币政策所要达到的对宏观经济产生的预期效果。根据中央银行对货币政策的影响力和影响速度,货币政策分为三个层次,即货币政策的最终目标、中介目标和操作目标。最终目标是指一国中央银行采取货币政策所要达到的总目标,是中央银行制定和执行货币政策的出发点和归宿点,通常包括稳定物价、充分就业、经济增长、平衡国际收支四项。中介目标是货币政策的操作目标和最终目标之间的过渡性指标,一般包括货币供应量和信用总量。操作目标是指受货币政策工具直接作用的金融变量指标,一般包括短期利率和基础货币中的准备金。

《人民银行法》第3条规定,货币政策目标是保持货币币值的稳定,并以此促进经济增长。可见,人民银行首要的和直接的货币政策目标是保持货币币值的稳定,在稳定货币币值的前提下,促进经济增长。这充分表明了稳定币值与经济增长之间的关联性和依存性。

2. 货币政策工具

货币政策工具是中央银行为实现货币政策目标而采取的手段。根据货币政策工具的调节职能和效果,货币政策工具分为一般性工具、选择性工具和补充性货币工具三种。其中一般性货币工具指中央银行所采用的、对整个金融系统的货币信用扩张与紧缩产生全面性或一般性影响的手段,包括存款准备金制度、再贴现政策和公开市场业务;选择性货币工具是中央银行用来调整特定信贷业务或特定信用活动的货币工具,主要包括证券市场信用管理、消费者信用控制、不动产信用控制和优惠利率等;补充性货币工具是对信用直接和间接控制的货币政策工具,分为直接控制工具和间接控制工具两类,前者包括信用分配、直接干预、流动性比率、利率最高限额、特种存款等,后者包括道义劝说和窗口指导等。

《人民银行法》第23条规定,中国人民银行为执行货币政策,可以运用下列货币政策工具：(1) 要求银行业金融机构按照规定的比例交存存款准备金；(2) 确定中央银行基准利率；(3) 为在中国人民银行开立账户的银行业金融机构办理再贴现；(4) 向商业银行提供贷款；(5) 在公开市场上买卖国债、其他政府债券和金融债券及外汇；(6) 国务院确定的其他货币政策工具。根据该法第 23 条规定，中国人民银行可以运用以下货币工具：

(1) 存款准备金制度

存款准备金制度是指中央银行依据法律所赋予的权力，要求商业银行和其他金融机构按规定的比率在其吸收的存款总额中提取一定的金额缴存中央银行，并借以间接地对社会货币供应量进行控制的制度。提取的资金被称为存款准备金，准备金占存款总额的比率被称为存款准备率或存款准备金率。存款准备金分为法定准备金和超额准备金两种，其中法定准备金是以法律规定的形式缴存中央银行的存款准备金。超额准备金是指银行为应付可能的提款所安排的除法定准备金之外的准备金，它由两个部分组成，一是存入中央银行的准备金，主要用于银行间的结算和清算以及补充现金准备，二是商业银行营运资金中的准备金，主要用于满足客户的现金需要。

存款准备金制度的主要作用：首先在于保证商业银行存款支付和资金清偿能力；其次便于中央银行调节和控制信贷规模，影响货币供应量。即通过调整存款准备金率，当存款准备金率降低，商业银行可派生的存款增加，扩大了货币的供应量；当存款准备金率提高，则产生收缩，货币供应量减少。最后有利于增强中央银行信贷资金宏观调控能力。

我国的存款准备金制度是根据 1983 年 9 月《国务院关于中国人民银行专门行使中央银行职能的决定》重新恢复建立的。1998 年 3 月 24 日，人民银行发布《关于改革存款准备金制度的通知》，对存款准备金制度进行了重大改革，现行存款准备金制度要内容包括：①存款准备金制度的实施对象。我国所有吸收一般存款(相对财政性存款而言的存款)的金融机构，都有按规定比例和期限缴存存款准备金的义务。②规定和调整存款准备金率。存款准备金率由人民银行规定、调整、公布，并组织其分支机构具体实施。自 1984 年起我国存款准备金率进行了 42 次调整，截止于 2011 年 6 月 20 日，大型金融机构的存款准备金率达到 21.50%，中小金融机构达到 18.00%。③存款准备金的考核与计提。我国对各商业银行、中国农业发展银行、非银行金融机构的法定存款准备金按旬考核。当旬第 5 日至下旬第 4 日每日营业终了时，各金融机构按统一法人存入的准备金存款余额，与上旬末该机构一般存款余额之比，不得低于 6%。各金融机构应按旬于旬后 5 日内将汇总的全行(或全系统)旬末一般存款余额表，报送人民银行。④存款准备金违规行为的处罚。对存款准备金率不足 6%的金融机构，人民银行对其不足部分按每日万分之六的比例处以罚息；金融机构分支机构在人民银行准备金存款账户出现透支，人民银行按有关规定处罚；金融机构不按时报送一般存款余额表和按月报送月末日计表的，按《商业银行法》第 78 条规定处罚。以上处罚可以并处。

(2) 中央银行基准利率

基准利率是指中国人民银行对商业银行及其他银行业金融机构确定的存贷款基础利率，又称为法定利率。基准利率在利率体系中起主导作用，它的水平和变动决定其他各种利率的水平和变化由于《中国人民银行法》第 23 条第 3 项、第 4 项将中央银行再贴现和向商业银行提供贷款(再贷款)分别单列为货币政策工具，因此，我国的基准利率不能简单地理解为再贷款和再贴现利率，而应理解为人民银行制定和调整的各种利率(法定利率)。1999 年 3 月 2 日人民银行发布的《人民币利率管理规定》第 5 条规定的利率，包括人民银行对金融机构存、贷款利率和再贴现利率；金融机构存、贷款利率；优惠贷款利率；罚息利率；同业存款利率；利率浮动幅度；其他利率等。

(3) 再贴现政策

再贴现政策，是指中央银行通过调整其对金融机构办理票据再贴现的再贴现率，来扩大或缩小金融机构的信贷量，从而促使信用扩张或收缩的政策措施。各国关于再贴现业务的规定主要包括：规定再贴现票据的种类、规定再贴现业务的对象、规定再贴现率的制定与调整等。

我国开办再贴现业务始于 1986 年 4 月 16 日人民银行发布的《票据再贴现试行办法》，当时的适用范围较小。1994 年 7 月 7 日发布的《再贴现办法》、1997 年 3 月 5 日发布的《中国人民银行对国有独资商业银行总行开办再贴现业务暂行办法》、1997 年 5 月 22 日发布的《商业汇票承兑、贴现与再贴现管理办法》对票据再贴现的种类、再贴现对象和期限等作了规定。

(4) 再贷款政策。再贷款是指中央银行对商业银行的贷款。再贷款主要以发行货币、财政性存款、存款准备金为资金来源。人民银行通过再贷款控制和调节商业银行的信贷活动，从而控制和调节货币供应量和信用总量。

按《中国人民银行法》第 27 条及 1993 年 3 月人民银行发布的《中国人民银行对金融机构贷款管理暂行办法》的规定，人民银行对商业银行的贷款为短期信用贷款，只能用于解决商业银行的临时资金不足，不得用于放款和证券投资。贷款期限最长不得超过 1 年，具体分为 20 天内、3 个月内、6 个月内、1 年期四个档次，其利率由人民银行根据经济政策和货币政策的需要确定和调整。

为确保货币政策调控权集中于人民银行总行，加强对人民银行分行短期再贷款的管理，规范业务操作，1999 年 1 月 6 日人民银行发布了《中国人民银行分行短期再贷款管理暂行办法》，规定人民银行分行为解决辖区内商业银行的资金头寸不足只能发放不超过 3 个月的短期再贷款，具体分为 3 个月内、20 天内和 7 天内三个档次，并对分行的短期贷款实行“限额控制、授权操作”的管理原则。

(5) 公开市场业务

按《中国人民银行法》的规定，我国的公开市场业务是指人民银行在公开市场上买卖国债和其他政府债券及外汇，以吞吐基础货币，从而控制和调节货币供应量的业务活动。它具有公开性、公平性、灵活性、主动性等优点，是我国值得大力发展和完善的一种政策工具。

人民银行设立公开市场业务操作室，从 1996 年 4 月 1 日起正式开始运作。按《中国人民银行法》的规定，公开市场业务由人民银行总行操作，操作的工具只能是国债、政府债券和外汇。其他有价证券，如公司债券、股票等不能用来操作。1997 年 3 月 29 日人民银行发布《公开市场业务暨一级交易商管理暂行规宦 L 规定了公开市场业务交易的品种(包括政策性金融债券、中央银行融资券、国债等)、对象(包括商业银行、证券公司、信托投资公司)、方式(买卖、回赎)等具体事项。

(6) 其他货币政策工具。《中国人民银行法》第 23 条第 1 款第 6 项规定：“国务院确定的其他货币政策工具。”目前我国经常使用的这类政策工具主要有：贷款额度控制、特种存款、证券市场信用控制、消费和不动产信用控制及窗口指导等。

(三) 中央银行的金融监管权

随着 1992 年中国证监会、1998 年保监会和 2003 年银监会的相继成立，人民银行对证券业、保险业和银行业的市场准入、日常业务监管等监督管理职责剥离出去，人民银行的职能定位在维护金融稳定和宏观调控方面。但毕竟金融监管与货币政策、金融稳定有着密切联系，2003 年新修订的《人民银行法》在第 5 章“金融监督管理”中仍赋予了人民银行一定的金融监督管理权。具体为：

1. 监测、调控权。《人民银行法》第 31 条规定，中国人民银行依法监测金融市场的运行情况，对金融市场实施宏观调控，促进其协调发展。

2. 检查监督权。《人民银行法》第 33 条规定，中国人民银行有权对金融机构以及其他单位和个人的下列行为进行检查监督：(1) 执行有关存款准备金管理规定的行为；(2) 与中国人民银行特种贷款有关的行为；(3) 执行有关人民币管理规定的行为；(4) 执行有关银行间同业拆借市场、银行间债券市场管理规定的行为；(5) 执行有关外汇管理规定的行为；(6) 执行有关黄金管理规定的行为；(7) 代理中国人民银行经理国库的行为；(8) 执行有关清算管理规定的行为；(9) 执行有关反洗钱规定的行为。

3. 检查监督建议权。《人民银行法》第 33 条规定，中国人民银行根据执行货币政策和维护金融稳定的需要，可以建议国务院银行业监督管理机构对银行业金融机构进行检查监督。国务院银行业监督管理机构应当自收到建议之日起三十日内予以回复。

4. 特定情况下的检查监督权。《人民银行法》第 34 条规定，当银行业金融机构出现支付困难，可能引发金融风险时，为了维护金融稳定，中国人民银行经国务院批准，有权对银行业金融机构进行检查监督。

5. 要求银行业金融机构提交财务会计、统计报表和资料权。《人民银行法》第 35 条规定，中国人民银行根据履行职责的需要，有权要求银行业金融机构报送必要的资产负债表、利润表以及其他财务会计、统计报表和资料。

6. 编制和公布金融统计数据权。《人民银行法》第 36 条规定，中国人民银行负责统一编制全国金融统计数据、报表，并按照国家有关规定予以公布。

为保障人民银行金融监管职责的履行，协调与其他金融监管机构的关系，该法在第 9 条、第 35 条和第 37 条规定了“国务院建立金融监督管理协调机制”，中国人民银行应当“和国务院银行业监督管理机构、国务院其他金融监督管理机构建立监督管理信息共享机制”、“应当建立、健全本系统的稽核、检查制度，加强内部的监督管理”。

为保证人民银行对金融机构以及其他单位和个人的检查监督权落到实处，金融机构以及其他单位和个人如违反本法第 32 条规定，将依法承担相应的法律责任。《人民银行法》第 46 条规定，本法第三十二条所列行为违反有关规定，有关法律、行政法规有处罚规定的，依照其规定给予处罚；有关法律、行政法规未作处罚规定的，由中国人民银行区别不同情形给予警告，没收违法所得，违法所得五十万元以上的，并处违法所得一倍以上五倍以下罚款；没有违法所得或者违法所得不足五十万元的，处五十万元以上二百万元以下罚款；对负有直接责任的董事、高级管理人员和其他直接责任人员给予警告，处五万元以上五十万元以下罚款；构成犯罪的，依法追究刑事责任。

【案例 15-1】 中国人民银行不得作为保证人

凯达塑胶制品有限公司（以下简称凯达公司），系中外合资经营企业，主要生产和销售塑胶玩具。凯达公司与某包装租赁有限公司（以下简称包装公司）签订了租赁塑胶玩具生产线的融资租赁合同，约定承租方支付出租方租金共 200 万美元。出租方同时提出需由银行提供担保。当地县政府因急于发展外向型经济，遂指令中国人民银行某县支行（以下简称县支行)予以担保,县支行向包装公司出具了《不可撤销的经济担保书》。融资租赁合同签订后,包装公司交付了租赁设备,而凯达公司仅支付租金18万美元。偿还期限届满,包装公司向承租人和担保人催收租金和滞纳金未果。遂以县支行为第一被告向人民法院提起诉讼,请求法院判令县支行承担凯达公司应支付的逾期租金及滞纳金折合人民币1 500余万元的连带责任。问:(1) 人民银行能否作为保证人?(2) 违法作为保证人应当承担什么法律责任?

【案例分析】

(1) 县支行出具的《不可撤销的经济担保书》无效。县支行出具的《不可撤销的经济担保书》是一种保证担保方式,《人民银行法》第30条第2款规定,中国人民银行不得向任何单位和个人提供担保。《担保法》第8条同样规定,国家机关不得为保证人。中国人民银行作为金融调控的国家机关,不具备作为保证人的资格。故县支行向包装公司提供的《不可撤销的经济担保书》不具有法律效力,该保证行为无效。

(2) 对无效的保证行为,县支行应承担过错责任。根据《担保法》第5条的规定:"担保合同被确认无效后,债务人、担保人、债权人有过错的,应当根据其过错各自承担相应的民事责任。"由于保证行为无效,县支行不承担《不可撤销的经济担保书》约定的保证责任。但是,由于其明知或者应知自己不能为他人提供担保,却仍然为他人的租赁合同提供担保,其主观上存在过错;凯达公司与包装公司明知或者应当知道县支行不能作为担保人,却仍然要求并接受其作为担保人,在主观上也存在过错。因此包装公司的经济损失,应当由县支行和凯达公司、包装公司根据各自过错的大小分别承担相应的责任。同时,《人民银行法》第48条规定,中国人民银行对单位和个人提供担保的,对负有直接责任的主管人员和其他直接责任人员,依法给予行政处分;构成犯罪的,依法追究刑事责任;造成损失的,负有直接责任的主管人员和其他直接责任人员应当承担部分或者全部赔偿责任。

三、政策性银行法

(一) 政策性银行法的概述

1. 政策性银行的概念与特征

政策性银行是指由政府创立、参股或保证的,不以盈利为目的,为贯彻、配合政府经济政策或产业政策,在特定的业务领域内,直接或者间接地从事政策性融资活动,充当政府发展经济、促进社会进步、进行宏观经济管理的专门金融机构。与商业银行相比,有其自身的特征:

(1) 由政府创立。大多数国家的政策性银行由政府创立、参股或保证,以政府为后盾,与政府保持着密切的关系。

(2) 不以盈利为目的。政策性银行的经营活动不以盈利为目的,而是贯彻、配合政府的社会经济政策或意图。这是由创立政策性银行的宗旨和政策性银行业务本身的性质决定的。这是政策性银行与非政策性金融机构的本质区别。

(3) 融资渠道特定。财政拨款、发行政策性金融债券是其主要的资金来源,不面向社会公众吸收存款。

(4) 业务领域和服务对象特定。银行的业务领域主要是农业、住房业、进出口贸易、中小企业、经济技术开发等基础部门或领域。这些部门或领域的共同特点是不易得到商业性金融机构的资金融通,需要政府设置专门的金融机构予以特殊的资金支持,以形成最佳的资源配置。政策性银行的名称往往与其特定的业务领域和服务对象相匹配。如农业发展银行，服务于农业领域。

（5）一般不设立分支机构。因政策性银行不以盈利为目的，保本微利的经营目标决定了它必须减少具有成本，同时它不面向公众吸收存款，因而一般不像商业银行那样普遍设立分支机构，其业务多由商业银行代理。

2. 政策性银行的职能

政策性银行既有商业银行的一般职能，也有商业银行所不具有的职能，即特殊职能。一般职能使政策性银行具备了银行的性质，而特殊职能则使政策性银行具备了贯彻、配合政府政策或意图的前提条件。

（1）一般职能。政策性银行的一般职能与商业银行一样，也具有金融中介职能。政策性银行通过其负债业务，吸收资金，再通过资产业务将资金投入到所需单位或项目，从而担负起金融中介的职能，实现资金从贷出者到借入者之间的融通。与商业银行不同的是它不吸收社会的活期存款，其贷款业务的资金来源主要是国家财政资金或在金融市场上筹集。

（2）特殊职能。政策性银行的特殊职能可以概括为倡导性职能、选择性职能、补充性职能和服务性职能。特殊职能的综合作用是政策性银行主动、积极地贯彻实施政府的宏观经济政策，尤其是产业政策。倡导性职能指政策性银行以直接的资金投放或间接地吸引民间或私人金融机构从事符合政府政策意图的放款，以发挥其引导资金流向的作用。选择性职能是指政策性银行对其融资领域或部门的确定，是有选择的而不是任意的，选择的是市场机制不予选择的领域，即商业银行不愿融资的领域。弥补性职能指政策性银行的金融活动客观上弥补了商业银行金融活动的不足，对商业银行为主体的金融体系的职能是一种完善。如，对投资回收期限过长、投资回报率低的项目进行融资补充，对于成长中的扶持性产业给予优惠利率放宽投资。服务性职能是指政策性银行以其专业性银行特征以及在其服务领域内拥有的专业技术人才和积累的实践经验，为企业提供各方面的金融和非金融服务，为政府经济政策和产业政策提供参谋和咨询服务。如进出口银行为机电产品和高新技术产品进出口信用提供偿付保证，提供国际商情，分析汇率风险。

3. 政策性银行法

政策性银行法是规定政策性银行的组织和行为的法律规范的总称。它主要由政策性银行的宗旨、性质、地位、业务领域与方式、组织形式和组织机构的设立、变更和终止等内容构成。

由于政策性银行既不同于政府的银行即中央银行，也不同于商业银行，加之其服务对象或领域特定，有关国家或国际组织一般采取单独立法，针对某一特定的服务领域制定单独的法律。如美国的《联邦住房放款银行法》，德国的《复兴开发银行法》，日本的《日本开发银行法》、《输出入银行法》，国际货币基金组织的《国际复兴开发银行协定》等。

我国在1994年进行金融体制改革时，成立了国家开发银行、中国农业发展银行和中国进出口银行三家政策性银行，但组织管理和业务开展的依据除了《中国人民银行法》、《银行业监督管理法》和《信贷资金管理暂行办法》的相关法律法规的规定外，更多的是依据各自的章程和内部规定。为了进一步规范政策性银行的组织和管理，制定相应的政策性银行法是必要的。

（二）我国的政策性银行

1. 国家开发银行

国家开发银行成立于1994年3月17日，是一家以国家重点建设为主要融资对象的政策性投资开发银行，主要办理国家重点建设(包括基本建设和技术改造)的政策性贷款、投资及贴息业务的政策性银行。其设立宗旨是为了更有效地集中资金保证国家重点建设，缓解经济发展的“瓶颈”制约，增强国家对固定资产投资的宏观调控能力，进一步深化投融资体制的改革。

国家开发银行是直属国务院领导的政策性金融机构，在金融业务上接受人民银行的指导和监督。其主要任务是按照国家的法律、法规和方针、政策，筹集和引导社会资金，支持国家基础设施、基础产业和支柱产业的大中型基本建设和技术改造等政策性项目及配套工程的建设，从资金来源上对固定资产投资总量进行控制和调节，优化投资结构，提高经济效益，促进国民经济持续、快速、健康发展。

国家开发银行的资金来源于五个方面：(1) 财政部拨付的500亿注册资金、预算内经营性建设基金和贴息资金；(2) 向国内金融机构发行的金融债券和向社会发行的财政部担保的建设债券；(3) 吸收与贷款项目有关的存款；(4) 我国政府和国际金融组织的贷款、在国外发行的债券、国际商业贷款；(5) 人民银行的再贷款。

按照有关规定，国家开发银行经营和办理下列业务：(1) 管理和运用国家核拨的预算内经营性建设基金和贴息资金；(2) 向国内金融机构发行金融债券和向社会发行财政部担保建设债券；(3) 办理有关的外国政府和国际金融组织贷款的转贷，经国家批准在国外发行债券，根据国家利用外资计划筹借国际商业贷款等；(4) 向国家基础设施、基础产业和支柱产业的大中型基本建设和技术改造等政策性项目及其配套工程发放政策性贷款；(5) 办理建设项目贷款评审、咨询和担保等业务，外合资伙伴，提供投资机会和投资信息；(6) 经批准的其他业务。国家开发银行在办理上述政策性金融业务时，要实行独立核算，自主、保本经营，责权利统一，建立投资约束和风险责任机制。

2. 中国农业发展银行

中国农业发展银行成立于1994年11月18日，是一家以承担国家粮棉油储备、农副产品收购、农业开发等方面的政策性贷款为主要业务的政策性银行。其成立的宗旨是为了完善农村金融服务体系，更好地贯彻落实国家的产业政策和区域发展政策，促进农业和农村经济的健康发展。

中国农业发展银行是直属国务院领导的政策性金融机构，是独立的法人组织，实行独立核算，自主、保本经营，企业化管理。其主要任务是：按照国家的法律、法规和方针、政策，以国家信用为基础，筹集农业政策性信贷资金，承担国家规定的农业政策性金融业务，代理财政性支农资金的拨付，为农业和农村经济服务。

按照国务院《关于金融体制改革的决定》和《中国农业发展银行章程》的规定，中国农业发展银行的注册资本为200亿元人民币。其资金来源主要有：(1) 对金融机构发行的金融债券；(2) 财政支农资金；(3) 使用农业政策性贷款企业的存款；(4) 对因季节性等原因出现先支后收的临时性需要，人民银行可视情况对中国农业发展银行总行发放少量短期贷款。

中国农业发展银行的业务范围包括：(1) 办理由国务院确定、人民银行安排资金并由财政部予以贴息的粮食、棉花、油料、猪肉、食糖等主要农副产品的国家专项储备贷款；(2) 办理粮、棉、油、肉等农副产品的收购贷款及粮油调销、批发贷款；办理承担国家粮、油等产品政策性加工任务企业的贷款和棉麻系统棉花初加工企业的贷款；(3) 办理国务院确定的扶贫贴息贷款、老少边穷地区发展经济贷款、贫困县县办工业贷款、农业综合开发贷款以及其他财政贴息的农业方面的贷款；(4) 办理国家确定的小型农、林、牧、水利基本建设和技术改造贷款;(5) 办理中央和省级政府的财政支农资金的代理拨付,为各级政府设立的粮食风险基金开立专户并代理拨付;(6) 发行金融债券;(7) 办理业务范围内开户企事业单位的存款;(8) 办理开户企事业单位的结算;(9) 境外筹资;(10) 经国务院和人民银行批准的其他业务。

3. 中国进出口银行

中国进出口银行成立于1994年7月1日,是直属国务院领导的政策性金融机构,具有法人资格,实行自主、保本经营,企业化管理。在业务上接受财政部、对外贸易经济合作部、人民银行的指导和监督。其任务主要是为机电产品和成套设备等资本性货物进出口提供政策性金融支持。

中国进出口银行的资金来源:中国进出口银行的注册资本为33.8亿元人民币,其资本金由财政部核拨,资金来源主要是财政专项资金和对金融机构发行的金融债券,也可从国际金融市场筹措资金,人民银行不提供资金。

中国进出口银行的主要业务范围有:(1) 为机电产品和成套设备等资本性货物进出口提供卖方信贷、买方信贷;(2) 与机电产品出口信贷有关的外国政府贷款、混合贷款、出口信贷的转贷,以及中国政府对外国政府贷款、混合贷款的转贷;(3) 国际银行间的贷款,组织或参加国际、国内银团贷款;(4) 出口信用保险、出口信贷担保、进出口保险和保理业务;(5) 在境内发行金融债券和在境外发行有价证券(不含股票);(6) 经批准的外汇经营业务;(7) 参加国际进出口银行组织及政策性金融保险组织;(8) 进出口业务咨询和项目评审,为对外经济技术合作和贸易提供服务;(9) 经国家批准和委托办理的其他业务。如为中国银行的成套机电产品出口信贷办理贴息及出口信用担保。

四、外汇管理法

(一) 外汇管理法的基本问题

1. 外汇的含义

外汇具有动态和静态两方面的含义。动态意义的外汇是"国际汇兑"的简称,即将一国货币换成另一国货币,以便清偿国际间的债权债务的活动;静态意义的外汇是指以外币表示的用于国际结算的支付手段。我国《外汇管理条例》是从静态意义来界定外汇的,其第3条规定,外汇是指下列以外币表示的可以用作国际清偿的支付手段和资产:(1) 外国货币,包括纸币、铸币;(2) 外币支付凭证,包括票据、银行存款凭证、邮政储蓄凭证等;(3) 外币有价证券,包括政府债券、公司债券、股票等;(4) 特别提款权、欧洲货币单位;(5) 其他外汇资产。

2. 外汇管理的概念及其类型

外汇管理,又称"外汇管制",是指一国依法对所辖境内的外汇收支、买卖、借贷、转移以及国际间结算、外汇汇率和外汇市场所实施的行政限制性措施。外汇管理的目的在于稳定本国货币的对外汇率的基本稳定;防范外汇风险,保护国内市场不受外来商品和资本的冲击,促进经济发展;平衡本国国际收支。

根据各国对经常性项目和资本性项目下的外汇交易管理的宽严程度,外汇管理分为三种类型:(1) 全面的外汇管理,即对经常项目和资本项目都实行管制;(2) 部分外汇管理,即对经常项目的外汇交易不实行或基本不实行外汇管制,但对资本项目的外汇交易进行一定的限制;(3) 自由的外汇管理,即对经常项目和资本项目的外汇交易不实行普遍和经常性的限制。我国目前的外汇管理体制基本上属于第 2 种类型，即对经常性项目实行可兑换，对资本项目实行比较严格的管制。但我国外汇管理体制改革的总目标是在经常项目可兑换的基础上，创造条件，逐步放开，推进资本项目可兑换，进而实现人民币的完全可兑换。

3. 外汇管理法

外汇管理法是调整在外汇管理活动过程中发生的社会关系的法律规范的总称。它是监管外汇市场的法律依据，又是金融调控法体系中的主要制度。通过外汇管理法监管外汇市场，促进与保持汇率稳定，实现货币政策目标，因而监外汇管理法是我国金融调控法体系中的重要制度。

我国在改革开放之初的 1980 年就制定了《中华人民共和国外汇管理暂行条例》(以下简称《外汇管理条例》)及配套的细则；1996 年 1 月颁布并于同年 4 月 1 日开始施行《中华人民共和国外汇管理条例》，1997 年 1 月 14 日和 2008 年 8 月 1 日对该条例进行了两次修改。2008 年修改后的《外汇管理条例》共 8 章 54 条，包括总则、经常项目外汇管理、资本项目外汇管理、金融机构外汇业务管理、人民币汇率和外汇市场管理、监督管理、法律责任和附则。

(二) 外汇管理的主要内容

1. 外汇管理机关和管理对象

根据《外汇管理条例》第 2 条规定，我国外汇管理的机关是国家外汇管理局及其分局、支局。外汇管理的对象，根据该条例第 4 条规定，包括境内机构、境内个人的外汇收支或者外汇经营活动，以及境外机构、境外个人在境内的外汇收支或者外汇经营活动。其中，境内机构是指中国境内的企事业单位、国家机关、社会团体、部队等，包括外商投资企业；个人是指中国公民和在中国居住满 1 年的外国人。

2. 经常性项目外汇管理

经常项目是指本国与外国进行经济交易而经常发生的项目，包括对外贸易收支、非贸易往来和无偿转让。其中，对外贸易收支是指通过本国海关进出口货物而发生的外汇收支；非贸易往来，又称劳务收支或无形贸易收支，包括货运、港口供应与劳务、旅游收支、投资收支和其他非贸易往来收支；无偿转让，又称为单方面转移，包括本国与国际组织、外国政府之间相互的无偿援助和捐赠，以及私人的侨汇和年金、个人或团体赠与等居民的其他外汇收入。

根据《外汇管理条例》第 5 条规定，国家对经常性国际支付和转移不予限制。即从立法上确立了经常性项目可兑换制度。第 13 条规定，经常项目外汇收入，可以按照国家有关规定保留或者卖给经营结汇、售汇业务的金融机构。这一规定，取消了以往经常性项目外汇收入强制结汇的要求。第 14 条规定，经常项目外汇支出，应当按照国务院外汇管理部门关于付汇与购汇的管理规定，凭有效单证以自有外汇支付或者向经营结汇、售汇业务的金融机构购汇支付。为了保证经常项目外汇收支具有真实、合法的交易基础，第 12 条规定要求经营结汇、售汇业务的金融机构应当按照国务院外汇管理部门的规定，对交易单证的真实性及其与外汇收支的一致性进行合理审查。外汇管理机关有权对前款规定事项进行监督检查。

3. 资本项目外汇管理

资本项目外汇是指国际收支中因资本输出和输入而产生的资产与负债的增减项目资本，包括直接投资、各类贷款、证券投资等项目资本。《外汇管理条例》第 3 章规定了对资本项目的外汇管理。

(1) 直接投资管理，实行批准登记制度。第 16 条和第 17 条规定，境外机构、境外个人在境内直接投资，经有关主管部门批准后，应当到外汇管理机关办理登记。境内机构、境内个人向境外直接投资应当按照国务院外汇管理部门的规定办理登记。国家规定需要事先经有关主管部门批准或者备案的,应当在外汇登记前办理批准或者备案手续。

(2) 证券投资管理,实行登记制度。第16条和第17条规定,境外机构、境外个人在境内从事有价证券或者衍生产品发行、交易,应当遵守国家关于市场准入的规定,并按照国务院外汇管理部门的规定办理登记。境内机构、境内个人从事境外有价证券、衍生产品发行、交易,应当按照国务院外汇管理部门的规定办理登记。国家规定需要事先经有关主管部门批准或者备案的,应当在外汇登记前办理批准或者备案手续。

(3) 其他投资管理。包括:第一,国家对外债实行规模管理。借用外债应当按照国家有关规定办理,并到外汇管理机关办理外债登记。国务院外汇管理部门负责全国的外债统计与监测,并定期公布外债情况。第二,提供对外担保,应当向外汇管理机关提出申请,由外汇管理机关根据申请人的资产负债等情况作出批准或者不批准的决定;国家规定其经营范围需经有关主管部门批准的,应当在向外汇管理机关提出申请前办理批准手续。申请人签订对外担保合同后,应当到外汇管理机关办理对外担保登记。经国务院批准为使用外国政府或者国际金融组织贷款进行转贷提供对外担保的,不适用前款规定。第三,银行业金融机构在经批准的经营范围内可以直接向境外提供商业贷款。其他境内机构向境外提供商业贷款,应当向外汇管理机关提出申请,外汇管理机关根据申请人的资产负债等情况作出批准或者不批准的决定;国家规定其经营范围需经有关主管部门批准的,应当在向外汇管理机关提出申请前办理批准手续。向境外提供商业贷款,应当按照国务院外汇管理部门的规定办理登记。第四,资本项目外汇收入保留或者卖给经营结汇、售汇业务的金融机构,应当经外汇管理机关批准,但国家规定无需批准的除外。资本项目外汇支出,应当按照国务院外汇管理部门关于付汇与购汇的管理规定,凭有效单证以自有外汇支付或者向经营结汇、售汇业务的金融机构购汇支付。

相关链接:

对外担保相关规定

对外担保是我国境内担保机构对境外债权人承担的或负有的债务,因其可能影响我国的国际收支平衡,因而对外担保属于我国外汇管理法律的调整范畴。根据中国人民银行2010年9月1日修订施行的《境内机构对外担保管理办法》第2条规定,对外担保,是指中国境内机构(境内外资金融机构除外,以下简称担保人)以保函、备用信用证、本票、汇票等形式出具对外保证,以《中华人民共和国担保法》中第34条规定的财产对外抵押或者以《中华人民共和国担保法》第四章第一节规定的动产对外质押和第二节第75条规定的权利对外质押,向中国境外机构或者境内的外资金融机构(债权人或者受益人,以下称债权人)承诺,当债务人(以下称被担保人)未按照合同约定偿付债务时,由担保人履行偿付义务。对外担保包括:(1) 融资担保;(2) 融资租赁担保;(3) 补偿贸易项下的担保;(4) 境外工程承包中的担保;(5) 其他具有对外债务性质的担保。

在我国,不是所有的个人和组织都可以对外担保,只有符合条件的机构才具有对外担保资格。《境内机构对外担保管理办法》第4条规定,对外担保人范围:(1) 经批准有权经营对外担保业务的金融机构(不含外资经营机构);(2) 具有代为清偿能力的非金融企业法人,包括内资企业和外商投资企业。除经国务院批准为使用外国政府或者国际经济组织贷款贷款进行转贷外，国家机关和事业单位不得对外担保。

国家对对外担保实行审批和登记制度。根据《境内机构对外担保管理办法》第 17 条规定，担保人未经批准擅自出具对外担保，其对外出具担保合同无效。

担保人未经批准擅自出具对外担保或者担保人出具对外担保后未办理担保登记的，由外汇局根据情节，给予警告、通报批评、暂停或者撤销担保人对外担保业务。

4. 金融机构外汇业务管理

(1) 经营外汇资格。金融机构经营或者终止经营结汇、售汇业务，应当经外汇管理机关批准；经营或者终止经营其他外汇业务，应当按照职责分工经外汇管理机关或者金融业监督管理机构批准。

(2) 经营外汇业务的规则。经营外汇业务的金融机构应当按照国务院外汇管理部门的规定为客户开立外汇账户，并通过外汇账户办理外汇业务。经营外汇业务的金融机构应当依法向外汇管理机关报送客户的外汇收支及账户变动情况。外汇管理机关对金融机构外汇业务实行综合头寸管理，具体办法由国务院外汇管理部门制定。金融机构的资本金、利润以及因本外币资产不匹配需要进行人民币与外币间转换的，应当经外汇管理机关批准。

5. 人民币汇率和外汇市场的管理

人民币汇率实行以市场供求为基础的、有管理的浮动汇率制度；经营结汇、售汇业务的金融机构和符合国务院外汇管理部门规定条件的其他机构，可以按照国务院外汇管理部门的规定在银行间外汇市场进行外汇交易。

外汇市场交易应当遵循公开、公平、公正和诚实信用的原则；国务院外汇管理部门依法监督管理全国的外汇市场；国务院外汇管理部门可以根据外汇市场的变化和货币政策的要求，依法对外汇市场进行调节。

【案例 15-2】 对外担保不当应当承担不利法律后果

1997 年 11 月，广东省 F 市某丝织厂（简称丝织厂）与香港 S 有限公司（简称 S 公司）签订经丝加工、织造丝绸和印染丝绸三份来料加工协议：由 S 公司提供设备，价值 22 327 659 瑞士法郎。除丝织厂支付定金 167 万瑞士法郎外，其余款项由 S 公司向银行时期贷款。S 公司作价的提供设备的价款由丝织厂从收到的加工费中分 5 年偿还，协议期 10 年。协议签订后，S 公司分别与某（香港）金融有限公司、三菱信托银行香港分行、万裕银行澳门分行签订了贷款合同。上述三家金融机构向 S 公司提供了 20 657 万瑞士法郎的贷款，利率为 7.25%。丝织厂、F 市某贸易公司和 F 市外经委于 1998 年 10 月 15 日向三家贷款人出具了保证书，保证在借款人不能按期还款时无条件偿还贷款。问：该对外担保是否有效？

【案例分析】

本案中对外担保合同无效。因为根据《境内机构对外担保管理办法》第 4 条规定，除经国务院批准为使用外国政府或者国际经济组织贷款贷款进行转贷外，国家机关和事业单位不得对外担保。故本案中 F 时外经委不具有对外担保的资格，而且丝织厂和 F 市某贸易公司违反《境内机构对外担保管理办法》第 17 条规定，担保人未经批准擅自出具对外担保，因三家保证人违反国家的强制性规定，其签订的对外担保协议无效。根据《担保法》规定，保证合同无效的，保证人不承担保证责任。

第三节 商业银行法

一、商业银行法的概述

(一) 商业银行的概念及特征

根据《商业银行法》第 2 条的规定，商业银行是指依照《中华人民共和国商业银行法》和《中华人民共和国公司法》设立的吸收公众存款、发放贷款、办理结算等业务的企业法人。由此可见，商业银行是依法成立，以营利为目的的法人组织，是经营货币金融业的特殊企业。它具有以下特征：

1. 商业银行是依法成立的法人组织。商业银行是依据《中华人民共和国商业银行法》和《中华人民共和国公司法》设立的，有自己的名称和独立的财产，在民事活动中，能够以自己的名义享有权利和承担义务，并以自己的财产独立承担民事责任的民事主体，因此它是法人组织。

2. 商业银行是以营利为目的的企业法人。“商业”即表明它是以追求利益的实现为前提的，它所从事的存、贷款，办理结算等业务都是以营利为目的，这一点使其与中央银行和政策性银行相区别。

3. 商业银行是以吸收存款、发放贷款、办理结算等金融业务为主体的企业法人。商业银行的业务范围使得它成为金融机构中唯一接受活期存款的机构，因此它的服务对象是企业或公众，这一点使其区别于中央银行；商业银行经营的对象是货币，作为特殊商品，要受到国家法律的种种限制，使它又区别于其他企业法人。

商业银行在实现国民经济运行中的货币供应量、信用量、利率、汇率及金融市场等宏观经济指标方面，通过吸收公众存款、发放贷款、办理票据贴现等业务，配合中央银行对金融宏观经济指标进行调节和控制，进而影响社会总需求与社会总供给，达到防范和化解金融风险、维护金融运行的稳定与健康的目的。由于商业银行是金融市场上的重要主体，直接影响着国家对金融市场的宏观调控，因而有必要对相关的商业银行法律制度予以专门介绍。

(二) 商业银行的经营原则

根据《商业银行法》第 4、5、6、7、8、9 条规定，商业银行的经营原则包括：(1) 商业银行业务原则，即安全性、流动性和效益性原则；(2) 商业银行与客户之间平等、自愿、公平和诚实信用的原则；(3) 保障存款人的合法权益不受任何单位和个人侵犯的原则；(4) 开展信贷业务，严格审查借款人资信，实行担保，保障按期收回贷款的原则；(5) 商业银行开展业务应当合法，不得损害国家利益和社会公共利益的原则；(6) 商业银行应当公平竞争，不得从事不正当竞争的原则。

(三) 商业银行法的概念

商业银行法，指调整商业银行组织关系和经营业务关系的法律规范系统。1995 年 5 月 10 日由第八大届全国人大会第六次常务委员会上通过的《全国人民代表大会常务委员会关于修改〈中华人民共和国商业银行法〉的决定》作出了修改。修改后的《商业银行法》已于 2004 年 2 月 1 日起施行。《商业银行法》明确规定了商业银行的设立、组织机构、对存款人的保护、贷款和其他业务的基本规则、财务会计、监督管理、接管与终止等内容，为我国商业银行的健康发展提供了法律保证。

二、商业银行的设立和组织机构

（一）商业银行的设立

1. 设立商业银行的条件

根据《商业银行法》第 12 条规定，设立商业银行应当具备以下条件：(1) 有符合《商业银行法》和《公司法》规定的章程；(2) 有符合法律规定最低限额的注册资金；(3) 有具备任职专业知识和业务工作经验的董事、高级管理人员；(4) 有健全的组织机构和管理制度；(5) 有符合要求的营业场所、安全防范措施和与业务有关的其他设施。设立商业银行，还应当符合其他慎行条件。

2. 商业银行的注册资本

《商业银行法》规定，设立全国性商业银行的注册资金最低限额为 10 亿元人民币，设立城市商业银行的注册资金最低限额为 1 亿元人民币，设立农村商业银行的注册资金最低限额为 5 000 万元人民币。注册资金应当是实缴资本。国务院银行业监督管理机构根据审慎监管的要求可以调整注册资本最低限额，但不得少于前述规定的限额。

3. 商业银行的设立程序

设立商业银行，申请人应当经国务院银行业监督管理机构的审查批准。经审查符合条件的，申请人应填写正式申请表，并提交法律规定的文件、资料。对正式批准设立的商业银行，由国务院银行业监督管理委员会颁发经营许可证。申请人凭该经营许可证，向工商行政管理机关办理注册登记，领取营业执照。

4. 商业银行分支机构的设立

商业银行根据业务需要可以在中华人民共和国境内设立分支机构。设立分支机构必须经国务院银行业监督管理机构审查批准。商业银行在中华人民共和国境内外设立分支机构，应当按照规定拨付与其经营规模相适应的营运资金额。拨付给分支机构营运总金额的总和，不得超过总行资本金总额的 60%。商业银行对分支机构实行全行统一核算、统一调度资金，分级管理的财务制度。商业银行分支机构不具有法人资格，在总行授权范围内依法开展业务，其行为产生的民事责任由总行承担。

（二）商业银行的组织形式

《商业银行法》第 17 条第 1 款规定："商业银行的组织形式、组织机构适用《中华人民共和国公司法》的规定。"因此，商业银行的组织形式应采取《公司法》中要求的有限责任公司和股份有限公司的形式。

（三）商业银行的组织机构和人员管理

按照《商业银行法》和《公司法》的规定，商业银行设股东会（股东大会）、董事会、监事会。董事会可聘任总经理。国有独资商业银行不设立股东会，设立监事会。监事会的产生办法由国务院规定。监事会对国有独资商业银行的信贷质量、资产负债比例、国有资产保值增值等情况以及高级管理人员违反法律、行政法规或者章程和损害银行利益的行为进行监督。根据《商业银行法》第 27 条的规定，下列人员不得担任商业银行的董事、高级管理人员：(1) 因犯有贪污、贿赂、侵占财产、挪用财产或者破坏社会经济秩序罪，被判处刑罚，或者因犯罪被剥夺政治权利的；(2) 担任过因经营不善破产清算的公司、企业的董事长或者厂长、经理，并对该公司、企业的破产负有个人责任者；(3) 担任因犯法而被吊销营业执照的公司、企业的法定代表人，并负有个人责任者；(4) 个人所负数额较大的债务到期未清偿的。

相关链接：

商业银行与一般公司企业法人的区别

商业银行是指依照《中华人民共和国商业银行法》和《中华人民共和国公司法》设立的吸收公众存款、发放贷款、办理结算等业务的企业法人。企业法人是指依法设立的，从事经营性活动并具有独立的法律人格的组织。二者的区别表现在：

1. 设立的依据不同：一般公司企业法人的设立，除股份有限公司、法律行政法规规定须经政府审批的外，采取准则主义，即只要满足公司法或企业法规定的条件即可，无须审批。而商业银行的设立，除了满足《公司法》和《商业银行法》规定外；必须经过国务院银行业监督管理机构的批准。

2. 设立的条件不同。商业银行的设立条件比一般公司企业法人的设立条件更为严格，主要表现为：(1) 商业银行的最低注册资本高于一般的企业法人，而且不能分期缴纳；(2) 人员资格要求不同，商业银行除了满足一般公司企业法人的董事、高级管理人员的消极条件外，还必须具备专业任职资格；(3) 经营条件要求不同，一般公司企业法人只要具备一定的营业场所和相应的生产经营设备即可，而商业银行的设立还必须满足中国人民银行规定的营业场所的条件、安全防范措施及其他与业务有关的设施。

3. 审批机构不同，一般公司企业法人设立需要审批的，其审批机构是政府主管部门或政府授权的部门。而商业银行的设立，须经国务院银行业监督管理机构审批。

三、商业银行的业务范围与业务规则

(一) 商业银行的业务范围

我国《商业银行法》第 3 条规定，商业银行可以经营下列部分或者全部业务：(1) 吸收公众存款；(2) 发放短期、中期和长期贷款；(3) 办理国内外结算；(4) 办理票据承兑与贴现；(5) 发行金融债券；(6) 代理发行、代理兑付、承销政府债券；(7) 买卖政府债券、金融债券；(8) 从事同业拆借；(9) 买卖、代理买卖外汇；(10) 从事银行卡业务；(11) 提供信用证服务及担保；(12) 代理收付款项及代理保险业务；(13) 提供保管箱服务；(14) 经国务院银行业监督管理机构批准的其他业务。经营范围由商业银行章程规定，报国务院银行业监督管理机构批准。商业银行经中国人民银行批准，可以经营结汇、售汇业务。

(二) 商业银行的业务规则

1. 存款业务基本规则

《商业银行法》对商业银行存款业务基本规则的规定，主要体现在对存款人合法权益的保护方面。对此，《商业银行法》第 29 至 33 条作了具体规定：(1) 商业银行办理个人储蓄存款业务，应当遵循存款自愿、取款自由、存款有息、为存款人保密的原则。对个人储蓄存款，商业银行有权拒绝任何单位或者个人查询、冻结、扣划，但法律另有规定的除外；(2) 对单位存款，商业银行有权拒绝任何单位或者个人冻结、扣划，但法律另有规定的除外；(3) 商业银行应当按照中国人民银行规定的存款利率的上下限，确定存款利率，并予以公告；(4) 商业银行应当按照中国人民银行的规定，向中国人民银行交存存款准备金，留足备付金；(5) 商业银行应当保证存款本金和利息支付，不得拖延、拒绝支付存款本金和利息。

2. 贷款业务基本规则

贷款业务规则的宗旨是保障信贷资产的安全性、营利性和流动性。《商业银行法》规定了9项贷款业务规定：

(1) 贯彻国家产业政策规则。商业银行应根据国民经济和社会发展的需要，在国家产业政策指导下开展贷款业务。

(2) 审贷分离、分级审批规则。为确保贷款的安全，商业银行贷款，应当对借款人的借款用途、偿还能力、还款方式等情况进行严格审查。商业银行贷款，应当实行审贷分离、分级审批的制度。

(3) 贷款担保规则。商业银行贷款，借款人应当提供担保。商业银行应当对保证人的偿还能力，抵押物、质物的权属和价值以及实现抵押权、质权的可行性进行严格审查。经商业银行审查、评估，确认借款人资信良好，确能偿还贷款的，可以不提供担保。

(4) 借款合同规则。商业银行贷款，应当与借款人订立书面合同。合同应当约定贷款种类、借款用途、金额、利率、还款期限、还款方式、违约责任和双方认为需要约定的其他事项。

(5) 确定贷款利率规则。商业银行应当按照中国人民银行规定的贷款利率的上下限，确定贷款利率。

(6) 禁用信用贷款规则。商业银行不得向关系人发放信用贷款；向关系人发放担保贷款的条件不得优于其他借款人同类贷款的条件。所称关系人是指：①商业银行的董事、监事、管理人员、信贷业务人员及其近亲属；②前项所列人员投资或者担任高级管理职务的公司、企业和其他经济组织。

(7) 自主贷款规则。任何单位和个人不得强令商业银行发放贷款或者提供担保。商业银行有权拒绝任何单位和个人强令要求其发放贷款或者提供担保。

(8) 有偿与归还规则。借款人应当按期归还贷款的本金和利息。借款人到期不归还担保贷款的，商业银行依法享有要求保证人归还贷款本金和利息或者就该担保物优先受偿的权利。商业银行因行使抵押权、质权而取得的不动产或者股权，应当自取得之日起二年内予以处分。借款人到期不归还信用贷款的，应当按照合同约定承担责任。

(9) 资产负债比例规则。商业银行贷款，应当遵守下列资产负债比例管理的规定：资本充足率不得低于8%；贷款余额与存款余额的比例不得超过75%；流动性资产余额与流动性负债余额的比例不得低于25%；对同一借款人的贷款余额与商业银行资本余额的比例不得超过10%；国务院银行业监督管理机构对资产负债比例管理的其他规定。

【案例15-3】 商业银行发放贷款应当遵守贷款的业务规则

某国有机械公司为解决流动资金短缺问题，向当地银行申请了150万元的贷款。某商业银行考虑某国有机械公司的总经理是该银行副经理的爱人，对150万元的贷款的要求，其中70万元不要求提供担保，80万元要求其提供抵押或质押担保。为此该公司就以机器设备等向银行办理了抵押，并以国库券，财产保险单以及该公司国有土地使用权等向银行担保80万元贷款；并将国库券，财产保险单和《国有土地使用证》等交由银行保管。双方于是签订了借款合同。6个月后，该公司未能如约归还银行贷款本息，银行向有关部门提出依法处理抵押物和质押物的请求。问：某商业银行的贷款是否存在问题。

【案例分析】

某商业银行的贷款存在以下问题：(1) 违法发放信用贷款70万元，不符合《商业银行法》的规定。根据《商业银行法》第40条规定，商业银行不得向关系人发放信用贷款；向关系人发放担保贷款的条件不得优于其他借款人同类贷款的条件。该银行考虑某国有机械公司的总经理是该银行副经理的爱人，发放了70万元的信用贷款即违反了第40条规定。(2)该银行接受财产保险单、划拨的国有土地使用权为余下80万元提供抵押担保，不符合《担保法》、《物权法》规定。根据《担保法》第75条规定，可以质押的权利有汇票、支票、本票、债券、存款单、仓单、提单；依法可以转让的股份、股票；依法可以转让的商标专用权，专利权、著作权中的财产权；以及依法可以质押的其他权利。《物权法》第223条在《担保法》第75条的基础上，增加了可以转让的基金份额、应收账款，可以作为权利质押。而本案中的财产保险单仅是某国有机械公司与保险公司订立有保险合同的书面凭证，不具有财产转让性，因而不能作为质押标的。对于国有土地使用权抵押，根据《担保法》和《物权法》的规定，应当办理抵押登记，抵押权自登记时设立。本案中，该商业银行只是接受了国有土地使用权，而没有办理登记手续，因而，其行使抵押权不及与该国有土地使用权。

3. 中间业务

中间业务，指商业银行不运用自有资金，只代替客户承办交付、收取和其他委托事项而收取手续费的业务。中间业务与负债业务、资产业务不同，它属表外业务，但它们共同构成了现代商业银行的三大业务。

我国《商业银行法》还规定，商业银行办理票据承兑、汇兑、委托收款等结算业务，应当按照规定的期限兑现，收付入账，不得压单、压票或者违反规定退票。商业银行发行金融证券应当依法报经批准。商业银行办理业务，提供服务，按照中国人民银行的规定收取手续费。

4. 同业拆借的业务规则

商业银行进行同业拆借，应当遵守中国人民银行规定的期限，拆借的期限最长不超过四个月；禁止利用拆入资金发放固定资产贷款或用于投资；拆出资金限于交足存款准备金，留足备付金和归还中国人民银行到期贷款之后的闲置资金；拆入资金只能用于和归还中国人民银行到期贷款之后的闲置资金；拆入资金只能用于票据结算、联行清算头寸的不足和解决临时性周转资金的需要。

5. 禁止投资风险项目

根据《商业银行法》第43条规定，商业银行在中华人民共和国境内不得从事信托投资和证券经营业务，不得向非自用不动产投资或者向非银行金融机构和企业投资，但国家另有规定的除外。

四、商业银行的监督管理

商业银行的监督管理主要指中国人民银行对商业银行执行货币政策情况以及可能出现的金融风险的监督检查，银行业监督管理机构对商业银行业务的监管，也包括商业银行自身的稽核检查以及国家对商业银行的审计监督。

(一) 商业银行的自我监管

商业银行的自我监管是商业银行监督管理的基础。《商业银行法》对商业银行的自我监管作了如下规定：

1. 建立健全内部管理制度。商业银行应当按照有关规定，制定本行的业务规则，建立、健全本行的风险管理和内部控制制度。

2. 稽核检查制度。商业银行应当建立、健全本行对存款、贷款、结算、呆账等各项情况的稽核、检查制度。商业银行对分支机构应当进行经常性的稽核和检查监督。

3. 建立健全会计制度。商业银行应当按照规定向国务院银行业监督管理机构、中国人民银行报送资产负债表、利润表以及其他财务会计、统计报表和资料。

(二) 中国人民银行的监督管理

根据《商业银行》第 62 条规定，中国人民银行有权依照《中华人民共和国中国人民银行法》第 32 条、第 34 条的规定对商业银行进行检查监督。具体包括：(1) 执行有关存款准备金管理规定的行为；(2) 与中国人民银行特种贷款有关的行为；(3) 执行有关人民币管理规定的行为；(4) 执行有关银行间同业拆借市场、银行间债券市场管理规定的行为；(5) 执行有关外汇管理规定的行为；(6) 执行有关黄金管理规定的行为；(7) 代理中国人民银行经理国库的行为；(8) 执行有关清算管理规定的行为；(9) 执行有关反洗钱规定的行为。

当银行业金融机构出现支付困难，可能引发金融风险时，为了维护金融稳定，中国人民银行经国务院批准，有权对银行业金融机构进行检查监督。

(三) 银行业监督管理机构的监督管理

有关银行业监督管理机构对商业银行的监督管理将在本章第四节《金融监督管理法》中详细阐述。

(四) 审计机关的审计监督

对商业银行进行审计监督是商业银行监督管理的重要内容。《审计法》第 2 条规定国务院各部门和地方各级人民政府及其各部门的财政收支，国有的金融机构和企业事业组织的财务收支，以及其他依照本法规定应当接受审计的财政收支、财务收支，依照本法规定接受审计监督。

相关链接：

银监会、中国人民银行对商业银行监管的权限划分

银监会与中国人民银行对商业银行都有监督管理的权力，理论上有着明确的分工，但在实际中职权划分并非界限清晰，存在交叉。前者侧重于微观监管，维护金融机构的合法文件运营及自由公平的金融竞争环境；后者主要关注宏观调控权的行使，主要通过制定和执行货币政策来实现，目的是维护宏观金融秩序的稳定。

银监会与中国人民银行对商业银行提供虚假的或者隐瞒重要事实的财务会计报告、报表和统计报表的违法行为都有权查处；但银监会对未经批准设立商业银行、分支机构、分立、变更、终止；未经任职资格审查任命董事、高级管理人员的；严重违反审慎经营规则的；违反规定从事未经批准或者未备案的业务活动的；违反规定提高或者降低存款利率、贷款利率的；违反《商业银行法》第 43 条业务限制的；违法提供贷款的等违法行为单独行使监督处罚权。而中国人民银行依据《中国人民银行法》第 32 条对商业银行违反规定同业拆借；未按规定的比例交存存款准备金的；未经批准在银行间债券市场发行、买卖金融债券或者到境外借款的等违法行为单独行使监督管理权。

由于二者的职权有交叉和关联，《银行业监督管理法》第 6 条规定，国务院银行业监督管理机构应当和中国人民银行、国务院其他金融监督管理机构建立监督管理信息共享机制。《人民银行法》第 35 条规定，中国人民银行应当和国务院银行业监督管理机构、国务院其他金融监督管理机构建立监督管理信息共享机制。

五、商业银行法中的法律责任

（一）商业银行的法律责任

第一，商业银行无故拖延、拒绝支付存款本金和利息等给存款人或其他客户造成损害的，应当承担迟延履行的利息及其他民事责任并由国务院银行业监督管理机构责令改正，有违法所得的，没收违法所得，违法所得5万元以上的，并处违法所得1倍以上5倍以下罚款；没有违法所得或者违法所得不足5万元的，处5万以上50万以下罚款。

第二，违反国家规定从事信托投资和证券经营业务，向非自用不动产投资或者向非银行金融机构和企业投资的，或者向关系人发放信用贷款或者发放担保贷款的条件优于其他贷款人同类贷款的条件的，由国务院银行业监督管理机构责令改正，有违法所得的，没收违法所得，违法所得50万元以上的，并处违法所得1倍以上5倍以下罚款；没有违法所得或者违法所得不足50万元的，处50万元以上200万元以下罚款；情节特别严重或者逾期不改正的，可以责令停业整顿或者吊销其经营许可证；构成犯罪的，依法追究刑事责任。

第三，拒绝或者阻碍中国人民银行检查监督，提供虚假或者隐瞒重要事实的财务会计报告、报表和统计报表，未按照中国人民银行规定的比例缴存存款准备金的，由中国人民银行责令改正，并处20万元以上50万元以下罚款；情节特别严重或者逾期不改正的，中国人民银行可以建议国务院银行业监督管理机构责令停业整顿或者吊销其经营许可证；构成犯罪的，依法追究刑事责任。

（二）商业银行工作人员的法律责任

1. 商业银行工作人员利用职务上的便利，索取、收受贿赂或者违反国家规定收受各种名义的回扣、手续费，构成犯罪的，依法追究刑事责任；尚不构成犯罪的，应当给予纪律处分。

2. 商业银行工作人员利用职务上的便利，贪污、挪用、侵占本行或者客户资金，构成犯罪的，依法追究刑事责任；尚不构成犯罪的，应当给予纪律处分。

3. 商业银行工作人员违反本法规定，玩忽职守，构成损失的，应当给予纪律处分；构成犯罪的，依法追究刑事责任。违反规定徇私向亲属、朋友发放贷款或者提供担保构成损失的，应当承担全部或者部分赔偿责任。

4. 商业银行违反本法规定的，国务院银行业监督管理机构可以区别不同情形，取消其直接负责的董事、高级管理人员一定期限直至终身的责任资格，禁止直接负责的董事、高级管理人员和其他责任人员一定期限直至终身从事银行业工作。

（三）其他机构、人员的法律责任

1. 未经批准在名称中使用“银行”字样、未经批准购买商业银行股份总额5%以上股份、将单位的资金以个人名义开立账户储存的，由国务院银行业监督管理机构责令改正，有违法所得的，没收违法所得，违法所得5万元以上的，并处违法所得1倍以上5倍以下罚款；没有违法所得或者违法所得不足5万元的，处5万元以上50万元以下罚款。

2. 未经国务院银行业监督管理机构批准，擅自设立商业银行，或者非法吸收公众存款、变相吸收公众存款，构成犯罪的，依法追究刑事责任，并由国务院银行业监督管理机构予以取缔。伪造、变造、转让商业银行经营许可证，构成犯罪的，依法追究刑事责任。

3. 单位或者个人强令商业银行发放贷款或者提供担保的，应当对直接负责的主管人员和其他直接责任人员或者个人予以纪律处分；造成损失的，应当承担全部或者部分赔偿责任。

第四节 金融监督管理法

一、金融监管法的概述

（一）金融监管的概念

金融监管是指金融监管主体对金融监管机构对象所采取的检查、督促和领导、组织、协调、控制的活动。金融机构有广义和狭义之分。广义的金融监管包括金融监管机关对金融机构及其金融活动的监管，金融机构、金融行业协会的自律监管以及社会中介组织的监管。狭义的金融监管仅指金融监管机关对金融机构及其金融活动的监管。

（二）金融监管的目标与原则

1. 金融监管的目标

金融监管的目标是指金融监管机构通过金融监管所要达到的目的。根据《中国人民银行法》、《商业银行法》、《保险法》、《证券法》、《银行业监督管理法》等金融法律法规有关条款的规定，可以归纳出我国金融监管的主要目标。

（1）维护金融体系的安全。金融业是高风险行业，一家金融机构如因经营管理不善或竞争失败，往往会引起骨牌反应，产生第二次波及效应和一连串银行倒闭的“第三者效应”。而一国金融体系的安全受到危险，则会破坏国民经济的发展。因此，金融监管机构应采取行之有效的措施防范和化解金融风险，维护金融体系的安全。

（2）保护存款者的利益。金融机构作为货币信用的中介机构，其主要资金来源是吸收存款者的存款。如果存款人的利益得不到保护，则会使广大社会公众丧失对金融体系的信心，金融业无疑将丧失生存和发展的前提。此外，金融业涉及面广，关系千家万户，倘若出现信用危机，有可能影响社会秩序的稳定。因此，加强金融监管，保护存款者利益，是金融业得以稳健发展的重要前提。

（3）维护并促进金融业的公平竞争。公平竞争是市场经济条件下保持金融业健康发展和金融秩序稳定的关键。金融监管机构一方面要通过金融监管手段保护金融机构的机会均等和平等地位，制止各种不正当竞争行为；另一方面制止和打破金融垄断，保证金融市场的效率。

2. 金融监管的原则

金融监管不是万能的，有其自身的缺陷，如监管不当则会导致监管成本的上升、金融机构效率的丧失等。因此，金融监管主体实施金融监管必须在法定的原则框架范围内进行，才能实现金融监管的目标。金融监管主体在金融监管过程中所应遵循的基本准则就是金融监管原则。依据《中国人民银行法》、《商业银行法》、《保险法》、《证券法》、《银行业监督管理法》等金融法律法规规定，金融监管应遵循以下几项原则。

（1）依法监管原则。金融监管机构必须依照法定的职权和程序行使监管权，才能保证监管的权威性、严肃性、有效性以及防止监管权力的滥用。对此，《人民银行法》第31条、《银行业监督管理法》第4条、《证券法》第7条以及《保险法》第9条都有明确规定。

（2）公开、公正原则。公开原则要求金融监管主体在实施金融监管活动时，应向社会公众及相关当事人及时全面地公开信息，提高监管的透明度；公正原则要求金融监管主体在实施金融监管过程中必须站在公平正直的立场上，客观公正地对待各方当事人，保证交易各方在交易过程中的平等地位，维护各方当事人的合法权益。

(3) 适度监管原则。强调金融监管并非否认和干涉金融机构的经营自主权，而是通过创设某种制度或规则使金融机构得以稳健经营。金融监管必须适度，一方面要保证金融机构经营自主权，并使其始终充满经营活力；另一方面对金融机构的经营活动予以适当约束和规制，真正维系金融体系的安全和金融秩序的稳定。概言之，就是要正确处理好政府监管与市场之间的关系。

(4) 效率原则。金融监管的效率原则包括两个方面，一是金融监管的经济效率，即金融监管不应导致金融机构效率的丧失，不应压制金融机构间的正当竞争，而应当通过鼓励、引导和规范来提高金融业的整体效率；二是金融监管的行政效率，即金融监管机构以尽可能少的成本支出达到金融监管的目标。

(5) 统一监管原则。金融监管应将整个金融业和金融市场作为一个整体来看待，进行统一监管，各监管机构在监管职责上应分工明确，各司其职，又要协调配合，避免监管交叉重叠或监管漏洞的存在。

(三) 我国金融监管立法与监管体制

我国现行的金融监管立法由《人民银行法》、《商业银行法》、《保险法》、《证券法》、《银行业监督管理法》、《外资金融机构管理条例》等法律法规构成，其中均规定了金融监管问题。其中 2003 年 12 月 27 日第十届全国人大常委会第六次会议通过，并于 2006 年 10 月 31 日修改的《中华人民共和国银行业监督管理法》是我国第一部专门性的金融监管法律。

我国于 1998 年进行了金融监管体制改革，形成了以中国人民银行为核心的“一行三会”的分业监管体制，即以中国人民银行、中国银行监督管理委员会、中国证券监督管理委员会和中国保险监督管理委员会为主体的金融监管体制。中国人民银行处于核心地位，是全国金融业的最高主管机关，它不仅负责银行业和信托业的监管，还要从宏观上对证券业和保险业的监管予以指导，以保证整个金融业的健康发展；银监会负责对银行业金融机构及其业务活动的监管；证监会负责证券机构及其业务活动的监管；保监会负责保险公司及其业务活动的监管。在分业监管的体制下建立了金融监管的协调机制和监管的信息共享机制。

二、银行业监督管理法

(一) 银行业监督管理法的概述

1. 银行业监管的含义

银行业监管是指对银行金融机构等的设立、市场准入与退出和经营活动所进行的监督、管理行为。它有广义和狭义两种理解。从狭义上讲，银行业监管，是指国家金融监管机构对银行业金融机构的组织及其业务活动进行监督和管理的总称。广义的银行业监管则不仅包括国家金融监管机构对银行业金融机构的外部监管或他律监管，也包括银行业金融机构的内部监管或自律监管。本教材取狭义理解。

2. 银行业监管法的概念和银行业监管立法

银行业监管法是调整银行业监督管理关系的法律规范系统。《银行业监督管理法》是我国银行业监管法的主要表现形式，是政府金融监管机构对银行业实行监督管理的基本法律依据。

我国银行业监督管理的法律规范主要体现在《银行业监督管理法》，但在《中国人民银行法》、《商业银行法》也有部分银行监督管理法律规范。还有与之配套的行政法规、部门规章，如国务院发布的《外资金融机构管理条例》(2001 年 12 月)以及中国银监会先后发布的《商业银行资本充足率管理法》、《商业银行与内部人和股东关联交易管理办法》(2004 年 4 月)、《外资金融机构管理条例实施细则》(2004 年 7 月)、《商业银行市场风险管理指引》、(2004 年 12 月)、《流动资金贷款管理暂行办法》(2010 年 12 月)等中包含的有关银行业监管的法律规范，共同构成了具体的银行业监管法律制度。

(二) 我国银行业监督管理的对象、目标

1. 我国银行业监督管理的对象

根据《银行业监督管理法》第 2 条规定，国务院银行业监督管理机构负责对全国银行业金融机构及其业务活动监督管理的工作。依此，我国银行业监督管理的对象包括：(1) 银行业金融机构。银行业金融机构，是指在中华人民共和国境内设立的商业银行、城市信用合作社、农村信用合作社等吸收公众存款的金融机构以及政策性银行。(2) 非银行业金融机构。非银行业金融机构是指在中华人民共和国境内设立的金融资产管理公司、信托投资公司、财务公司、金融租赁公司以及经国务院银行业监督管理机构批准设立的其他金融机构。(3) 经中国银监会批准在境外设立的金融机构。(4) 前述金融机构在境外的业务活动。

2. 我国银行业监督管理的目标

根据《银行业监督管理法》第 3 条规定，银行业监督管理的目标是：(1) 促进银行业的合法、稳健运行，维护公众对银行业的信心。(2) 银行业监督管理应当保护银行业公平竞争，提高银行业竞争能力。

(三) 中国银监会的监管职责

银行业监督管理机构的基本职责是根据《银行业监督管理法》和国务院的授权，统一监管银行业金融机构，维护银行业的合法、稳健运行。具体而言，其主要职责包括(1) 制定和发布相应的行政规章、命令。(2) 银行业金融机构的市场准入管理。(3) 银行业金融机构的经营业务监管。银行业金融机构的审慎经营规则，既可以有法律、行政法规规定，也可以有国务院银行业监督管理机构依照法律、行政法规规定。审慎经营规则，包括风险管理、内部控制、资本充足率、资产质量、损失准备金、风险集中、关联交易、资产流动性等内容。(4) 对银行业金融机构的宏观管理。

(四) 银行业市场准入监管和业务监管

1. 市场准入监管

鉴于银行业的特殊性，绝大多数国家都对银行业规定了不同于其他公司的严格的市场准入限制。我国《银行业监督管理法》第 16—20 条规定了银行业市场准入监管是银监会的法定职责：依照法律、行政法规规定的条件和程序，审查批准银行业金融机构的设立、变更、终止以及业务范围；对申请设立银行业金融机构，或者银行业金融机构变更持有资本总额或者股份总额达到规定比例以上的股东的，国务院银行业监督管理机构应当对股东的资金来源、财务状况、资本补充能力和诚信状况进行审查；对银行业金融机构业务范围内的业务品种，应当按照规定经国务院银行业监督管理机构审查批准或者备案；对银行业金融机构的董事和高级管理人员实行任职资格管理；对未经国务院银行业监督管理机构批准，任何单位或者个人设立银行业金融机构或者从事银行业金融机构的业务活动的予以取缔并追究法律责任。

《银行业监督管理法》第39、48条以及《金融机构撤销条例》等规章规定了银监会可以对违法经营、经营管理不善的银行业金融机构予以撤销，确立了银行业金融机构的市场退出制度。在《商业银行法》对商业银行及其分支机构的设立、变更及高级管理人员任职资格进行规定的基础上，《银行业监督管理法》对违反法律、行政法规以及国家有关银行业监督管理规定的银行业金融机构中直接负责的董事、高级管理人员，禁止直接负责的董事、高级管理人员和其他直接责任人员一定期限直至终身从事银行业工作。

国务院发布的《外资银行管理条例》、银监会的《境外金融机构投资入股中资金融机构管理办法》等对文字进入中国银行业的市场准入监管进行了具体规定。

2. 业务监管

银监会对银行业金融机构的业务监管包括两个方面：

(1) 业务合规监管。业务合规监管是对银行业金融机构开展业务活动是否符合法律法规的规定的监督管理。主要依据《商业银行法》、《外资银行法》等法律法规中有关银行业金融机构从事业务行为的规定进行监管。

(2) 风险监管。对银行业金融机构的风险控制和审慎经营，我国相关法律和银监会制定的监管规章都有具体的规定。如《商业银行房地产贷款风险管理指引》、《商业银行市场风险管理指引》等一系列规章，从不同的方面予以细化，力求将银行业金融机构的风险控制在安全、稳健的范围之内。

(五) 银行业监管的措施

根据《银行业监督管理法》第4章的规定，监督管理措施可分为两类：一是一般监督管理措施；二是接管重组和撤销。

1. 一般监督管理措施

(1) 要求报送报表及相关材料。银行监督管理机构根据履行职责的需要，有权要求银行业金融机构按照规定报送资产负债表、利润表和其他财务会计、统计报表、经营管理资料以及注册会计师出具的审计报告。这是进行经常性监督的一种重要手段。

(2) 现场检查。银行业监督管理机构根据审慎监管的要求，可以采取下列措施进行现场检查：①进入银行业金融机构进行检查；②询问银行业金融机构的工作人员，要求其对有关检查事项作出说明；③查阅、复制银行业金融机构与检查事项有关的文件、资料，对可能被转移、隐匿或者毁损的文件、资料予以封存；④检查银行业金融机构运用电子计算机管理业务数据的系统。

进行现场检查，应当经银行业监督管理机构负责人批准。现场检查时，检查人员不得少于二人，并应当出示合法证件和检查通知书；检查人员少于二人或者未出示合法证件和检查通知书的，银行业金融机构有权拒绝检查。

(3) 监督管理约谈。银行业监督管理机构根据履行职责的需要，可以与银行业金融机构董事、高级管理人员进行监督管理谈话，要求银行业金融机构董事、高级管理人员就银行业金融机构的业务活动和风险管理的重大事项作出说明。

(4) 责令依法披露信息。银行业监督管理机构应当责令银行业金融机构按照规定，如实向社会公众披露财务会计报告、风险管理状况、董事和高级管理人员变更以及其他重大事项等信息。

(5) 对违规行为进行处理、处罚。银行业金融机构违反审慎经营规则的，国务院银行业监督管理机构或者其省一级派出机构应当责令限期改正;逾期未改正的,或者其行为严重危及该银行业金融机构的稳健运行、损害存款人和其他客户合法权益的,经国务院银行业监督管理机构或者其省一级派出机构负责人批准,可以区别情形,采取下列措施:①责令暂停部分业务、停止批准开办新业务;②限制分配红利和其他收入;③限制资产转让;④责令控股股东转让股权或者限制有关股东的权利;⑤责令调整董事、高级管理人员或者限制其权利;⑥停止批准增设分支机构。

银行业金融机构整改后,应当向国务院银行业监督管理机构或者其省一级派出机构提交报告。国务院银行业监督管理机构或者其省一级派出机构经验收,符合有关审慎经营规则的,应当自验收完毕之日起三日内解除对其采取的前款规定的有关措施。

【案例 15-4】 银行业监督管理应当依法进行监管

2008 年 7 月 4 日,某省会所在地的市银监局接到举报,称该市一家商业银行为了吸引储户存款,只要储户在该银行的各个网点每存 1 万元,除了享有正常的存款利息外,还可以获得 50 元的额外奖励。市银监局接到举报后,为了摸清将情况,决定对该银行的十个网点同时进行检查。因人手不够,便从其他商业银行抽调工作人员协助,组成 10 个检查组,每组由一名银监局工作人员和一名抽调人员组成。进入网点时只是向工作人员说其是银监局的工作人员,即开始查阅有关账簿。经调查,该举报属实,考虑到该家商业银行是刚进入本市的,只要求其写出书面检查,保证今后不再发生类似行为,即结案。问:该市银监局的做法是否合法?

【案例分析】

市银监局的做法不合法。主要表现在以下 3 个方面:(1) 参与检查的人员不合法。根据《银行业监督管理法》第 9 条规定,银行业监督管理机构从事监督管理工作的人员,应当具备与其任职相适应的专业知识和业务工作经验。而本案检查人员中有从有关商业银行抽调的工作人员,与本法对银行业监督管理机构从事监督管理工作人员的任职要求不符。(2) 现场检查的程序不合法。根据《银行业监督管理法》第 34 条规定,进行现场检查,应当经银行业监督管理机构负责人批准。现场检查时,检查人员不得少于二人,并应当出示合法证件和检查通知书;检查人员少于二人或者未出示合法证件和检查通知书的,银行业金融机构有权拒绝检查。本案检查人员只是口头告知,没有出示合法证件和检查通知书,属于违法行为。(3) 对该家商业银行的处理结果不合法。因为根据《商业银行法》第 47 条规定,商业银行不得违反规定提高或者降低利率以及采用其他不正当手段,吸收存款,发放贷款。如存在不正当竞争行为,银监会应当按照《银行业监督管理法》第 45 五条规定,责令改正,有违法所得的,没收违法所得,违法所得五十万元以上的,并处违法所得一倍以上五倍以下罚款;没有违法所得或者违法所得不足五十万元的,处五十万元以上二百万元以下罚款;情节特别严重或者逾期不改正的,可以责令停业整顿或者吊销其经营许可证;构成犯罪的,依法追究刑事责任。显然,本案,该家银行以额外给予每个储户 50 元的好处费,吸引存款,属于不正当竞争行为,应当责令改正,没收违法所得,并处罚款。

2. 接管、重组和撤销

(1) 接管、重组

《商业银行法》第 64—67 条以及《银行业监督管理法》第 38 条、第 40 条规定了商业银行接管的条件和规则。

商业银行的接管是指国务院银行业监督管理机构在商业银行已经或者可能发生信用危

机，严重影响存款人和其他客户合法权益时，对该银行采取的整顿或重组等措施，是商业银行法中的特有制度。

商业银行接管的目的，根据《商业银行法》第 64 条第 2 款规定，接管的目的是对被接管的商业银行采取必要措施，以保护存款人的利益，恢复商业银行的正常经营能力。

国务院银行业监督管理机构接管商业银行的条件。根据《商业银行法》第 64 条和《银行业监督管理法》第 38 条规定，有下列情形之一的，国务院银行业监督管理机构接管商业银行：(1) 银行业金融机构已经发生信用危机，严重影响存款人和其他客户合法权益的；(2) 银行业金融机构可能发生信用危机，严重影响存款人和其他客户合法权益的。

当银行业金融机构出现上述情形之一的，国务院银行业监督管理机构可以依法对该银行实行接管或者促成机构重组。接管和机构重组依照有关法律和国务院的规定执行。

接管应由中国银监会界定并组织实施。自接管开始之日，由接管组织形式被接管银行的经营管理权力，但被接管银行的债权、债务关系不因接管而变化。接管期限届满，中国银监会可以决定延期，但接管期限最长不得超过 2 年。有下列情形之一的，接管中止：一是接管决定规定的期限届满或者中国银监会决定的接管延期届满；二是接管期限届满前，该被接管银行已经恢复正常经营能力；三是接管期限届满前，该被接管银行被合并或者被依法宣告破产。

(2) 撤销

撤销是商业银行出现法定的撤销事由时，银行业监管机构依法组成清算组进行债权债务的清算后，使该银行主体资格消灭的行为和结果。它是较为严厉的一种监管措施。

根据《商业银行法》第 70 条和《银行业监督管理法》第 39 条规定，商业银行撤销的事由包括：(1) 被吊销经营许可证的；(2) 银行行业金融机构有违法经营、经营管理不善等情形，不予撤销将严重危害金融秩序、损害公众利益的，国务院银行业监管机构有权予以撤销。

撤销对银行业金融机构来说，是非常严厉的一种行政处罚措施，必须依法进行。2001 年 11 月 14 日，国务院发布了《金融机构撤销条例》，该条例自 2001 年 12 月 15 日起施行。该条例共有 7 章，规定了金融机构撤销的决定、清算、债务清偿、注销登记、法律责任等，是中国银监会实施撤销金融机构具体操作的法律依据。根据该条例规定，银行业金融机构被撤销的，中国银监会应当及时组成清算组进行清算。清算期间清算组行使被撤销的金融机构的管理职权，清算组组长行使被撤销的金融机构的法定代表人的职权，被撤销的金融机构在进行清算时，应当先支付个人储蓄存款本金和合法利息，然后清偿法人和其他组织债务；清偿债务后的剩余财产，按照股东的出资比例或持有的股份比例进行分配。

(3) 接管、重组和撤销的措施

《银行业监督管理法》第 40、41 条规定了国务院银行业监督管理机构对接管、重组和撤销可以采取相应的行政措施：

银行业金融机构被接管、重组或者撤销的，国务院银行业监督管理机构有权要求该银行业金融机构的董事、高级管理人员和其他高级管理人员按照国务院银行业监督管理机构的要求履行职责。

在接管、机构重组或者撤销清算期间，经国务院银行业监督管理机构负责人批准，对直接负责的董事、高级管理人员和其他直接责任人员可以采取下列措施：(1) 直接负责的董事、高级管理人员和其他直接责任人员出境将对国家造成重大损失的，通知出境管理机构依法阻止其出境；(2) 申请司法机关禁止其转移、转让财产或者对其财产设定其他权利。

经国务院银行业监督管理机构或者其省一级派出机构负责人批准，银行业监督管理机构有权查询涉嫌金融违法的银行业金融机构及其工作人员以及关联人的账户；对涉嫌转移或者隐匿违法资金的，经银行业监督管理机构负责人批准，可以申请司法机关对该资金予以冻结。

三、保险业监督管理法

（一）保险业监督管理法的概述

所谓保险业监管，是指国家保险业监督管理部门依法对保险业和保险市场实施监督和管理活动的总称。保险业同银行业、证券业都是金融业的组成部分，因其技术性和风险性较高，对保险业进行监管是金融监管的一种类型，属于国家对特殊行业的特殊监管，因而适用于有关监管的一般原理。依据金融监管的一般原理，对保险业的监管，不仅包括对整个保险行业的规模、运行等方面的监管，而且还包括对整个保险市场上的市场主体及其市场行为的监管。上述各类监管，同样需要依法进行，因而就需要有专门的保险监管法规范。

保险业监督管理法是调整国家对保险业进行监督管理的过程中发生的经济关系的法律规范的总称。保险业监督管理法主要包括有关保险组织的设立、经营、管理、监督、破产、结算和清算等内容。我国虽然没有制定专门的《保险监管法》，但在《保险法》、《中华人民共和国外资保险公司管理条例》等法律、法规中，都有有关保险监管的法律规范。此外，中国保监会还制定了《保险公司管理规定》、《保险保障基金管理办法》、《保险经纪机构管理规定》、《保险代理机构管理规定》等规章，其中包含了大量的保险监管的内容。

（二）中国保险业监督管理机构及其职责

根据《保险法》第 9 条规定，国务院保险监督管理机构依照本法负责对保险业实施监督管理。为深化金融保险体制改革，切实加强保险业监管，防范和化解保险业风险，中国保险监督管理委员会（简称中国保监会）于 1998 年 11 月 18 日成立。中国保监会根据国务院授权履行监管职能，依法统一监管全国保险市场，维护保险业的合法、稳健运行。中国保监会内设 15 个职能机构，在全国各省、直辖市、自治区、计划单列市设置保监局，作为自己的派出机构。中国保监会对派出机构实行垂直领导、统一管理。各派出机构直接对中国保监会负责，在中国保监会授权范围内行使监管职权。

中国保监会的主要职责是：拟定有关商业保险的政策法规和行业发展规划；依法对保险企业的经营活动进行监督管理和业务指导，维护保险市场秩序，依法查处保险企业违法违规行为，保护被保险人利益；培育和发展保险市场，推进保险业改革，完善保险市场体系，促进保险企业公平竞争；建立保险业风险的评价与预警系统，防范和化解保险业风险，促进保险企业稳健经营与业务的健康发展等。

（三）中国保监会的监管对象与监管内容

1. 监管对象

根据《保险法》和《中华人民共和国外资保险公司管理条例》的规定，中国保监会的监管对象主要包括：（1）保险公司及其分支机构（包括外资保险公司）；（2）保险集团公司、保险控股公司；（3）保险资产管理公司；（4）外国保险机构的代表机构；（5）保险代理人、保险经纪人、保险公估机构；（6）境内保险机构和非保险机构在境外设立的保险机构；（7）保险机构的高级管理人员和保险从业人员；（8）保险业协会；（9）其他参与保险活动的人。

2. 监管内容

(1) 市场准入监管。出于对保险市场的结构变化可能产生的相关风险的考虑，保险市场准入的监管涉及保险公司的市场准入、市场进入和市场退出等问题，具体体现为保险公司的设立、变更、终止等，即机构设置、从业人员资质和重要险种的审批许可以及其他险种的备案管理、保险机构的分立与合并、保险机构和从业人员的退出监管等。

(2) 业务监管。保险分为财产保险和人身保险。相应地，从事两类保险的公司的经营范围由保险监督管理机构依法核定。保险公司只能在被核定的业务范围内从事保险经营活动，且不得兼营本法及其他法律、行政法规规定以外的业务。为保障各类保险机构业务稳健运营，保监会依法对保险公司保证金、各项准备金、保险保障基金的提取和核算，保险公司资金运用、偿付能力等进行监督和管理；查处保险违法和犯罪行为；针对各类风险情况采取整顿、接管和救助等措施。

(四) 保险市场准入的监管

1. 保险公司的设立、变更、终止的监管

根据《保险法》第 68 条规定：设立保险公司应当具备以下条件：主要股东具有持续盈利能力，信誉良好，最近三年内无重大违法违规记录，净资产不低于人民币 2 亿元；有符合本法和《中华人民共和国公司法》规定的章程；有符合本法规定的注册资本；有具备任职专业知识和业务工作经验的董事、监事和高级管理人员；有健全的组织机构和管理制度；有符合要求的营业场所和与经营业务有关的其他设施；法律、行政法规和国务院保险监督管理机构规定的其他条件。

《保险法》第 69 条规定，设立保险公司，其注册资本的最低限额为人民币 2 亿元。国务院保险监督管理机构根据保险公司的业务范围、经营规模，可以调整其注册资本的最低限额，但不得低于本条第一款规定的限额。保险公司的注册资本必须为实缴货币资本。

申请设立保险公司，应当向国务院保险监督管理机构提出书面申请，并提交有关材料。国务院保险监督管理机构对设立保险公司的申请进行审查，自受理之日起 6 个月内作出批准或者不批准筹建的决定，并书面通知申请人。决定不批准的，应当书面说明理由。

申请人应当自收到批准筹建通知之日起 1 年内完成筹建工作；筹建期间不得从事保险经营活动。筹建工作完成后，申请人具备《保险法》第 68 条规定的设立条件的，可以向国务院保险监督管理机构提出开业申请。国务院保险监督管理机构应当自受理开业申请之日起 60 日内，作出批准或者不批准开业的决定。决定批准的，颁发经营保险业务许可证；决定不批准的，应当书面通知申请人并说明理由。

经批准设立的保险公司，由批准部门颁发经营保险业务许可证，并凭经营保险业务许可证向工商行政管理机关办理登记，领取营业执照。保险公司自取得经营保险业务许可证之日起 6 个月内无正当理由未办理公司设立登记的，其经营保险业务许可证自动失效。

保险公司在中华人民共和国境外设立子公司、分支机构、代表机构，应当经国务院保险监督管理机构批准。外国保险机构在中华人民共和国境内设立代表机构，应当经国务院保险监督管理机构批准。代表机构不得从事保险经营活动。

如果保险公司在经营过程中，出于经营的需要，要变更有关事项的，须经保险监督管理机关批准，不得任意变更。《保险法》第 84 条规定："保险公司有下列情形之一的，应当经保险经营管理机构批准：①变更名称；②变更注册资本；③变更公司或者分支机构的营业场所；④撤销分支机构；⑤公司分立或者合并；⑥修改公司章程；⑦变更出资额占有限责任公司资本总额百分之五以上的股东;⑧国务院保险监督管理机构规定的其他情形。”

根据《保险法》的规定,保险公司在因分立、合并需要,股东会、股东大会决议或者公司章程规定的解散事由出现时,经国务院保险监督管理机构批准后解散。经营有人寿保险业务的保险公司,除因分立、合并或者被依法撤销外,不得解散。保险公司解散,应当依法成立清算组进行清算。

保险公司有《中华人民共和国企业破产法》第 2 条规定情形的,经国务院保险监督管理机构同意,保险公司或者其债权人可以依法向人民法院申请重整、和解或者破产清算;国务院保险监督管理机构也可以依法向人民法院申请对该保险公司进行重整或者破产清算。破产财产在优先清偿破产费用和共益债务后,按照下列顺序清偿:(1) 所欠职工工资和医疗、伤残补助、抚恤费用,所欠应当划入职工个人账户的基本养老保险、基本医疗保险费用,以及法律、行政法规定应当支付给职工的补偿金;(2) 赔偿或者给付保险金;(3) 保险公司欠缴的除第 1 项规定以外的社会保险费用和所欠税款;(4)普通破产债权。破产财产不足以清偿同一顺序的清偿要求的,按照比例分配。破产保险公司的董事、监事和高级管理人员的工资,按照该公司职工的平均工资计算。

经营有人寿保险业务的保险公司被依法撤销或者被依法宣告破产的,其持有的人寿保险合同及责任准备金必须转让给其他经营有人寿保险业务的保险公司;不能同其他保险公司达成转让协议的,由国务院保险监督管理机构指定经营有人寿保险业务的保险公司接受转让。转让或者有国务院保险监督管理机构定接受转让前述规定的人寿保险合同及责任准备金的,应当维护被保险人、受益人的合法权益。保险公司依法终止其业务活动,应当注销其经营保险业务许可证。

2. 保险代理人和保险经纪人的监管

保险代理人是根据保险人的委托,向保险人收取佣金,并在保险人授权的范围内代为办理保险业务的机构或者个人。保险代理机构包括专门从事保险代理业务的保险专业代理机构和兼营保险代理业务的保险兼业代理机构。

保险经纪人是基于投保人的利益,为投保人与保险人订立保险合同提供中介服务,并依法收取佣金的机构。

根据《保险法》规定,保险监督管理机构对保险代理人和保险经纪人的监管,主要包括以下三个方面:

第一,执业规则。保险代理机构、保险经纪人应当具备国务院保险监督管理机构规定的条件,取得保险监督管理机构颁发的经营保险代理业务许可证、保险经纪业务许可证。保险专业代理机构、保险经纪人凭保险监督管理机构颁发的许可证向工商行政管理机关办理登记,领取营业执照。保险兼业代理机构凭保险监督管理机构颁发的许可证,向工商行政管理机关办理变更登记。其中,以公司形式设立保险专业代理机构、保险经纪人,其注册资本最低限额适用《中华人民共和国公司法》的规定。国务院保险监督管理机构根据保险专业代理机构、保险经纪人的业务范围和经营规模,可以调整其注册资本的最低限额,但不得低于《中华人民共和国公司法》规定的限额。保险专业代理机构、保险经纪人的注册资本或者出资额必须为实缴货币资本。保险专业代理机构、保险经纪人分立、合并、变更组织形式、设立分支机构或者解散的,应当经保险监督管理机构批准。

保险专业代理机构、保险经纪人的高级管理人员,应当品行良好,熟悉保险法律、行政法规,具有履行职责所需的经营管理能力,并在任职前取得保险监督管理机构核准的任职资格。个人保险代理人、保险代理机构的代理从业人员、保险经纪人的经纪从业人员，应当具备国务院保险监督管理机构规定的资格条件，取得保险监督管理机构颁发的资格证书。

保险代理机构、保险经纪人应当有自己的经营场所，设立专门账簿记载保险代理业务、经纪业务的收支情况。同时，它们应当按照国务院保险监督管理机构的规定缴存保证金或者投保职业责任保险。未经保险监督管理机构批准，保险代理机构、保险经纪人不得动用保证金。

第二，禁止行为规则。保险代理人、保险经纪人及其从业人员在办理保险业务活动中不得有下列行为：①欺骗保险人、投保人、被保险人或者受益人；②隐瞒与保险合同有关的重要情况；③阻碍投保人履行本法规定的如实告知义务，或者诱导其不履行本法规定的如实告知义务；④给予或者承诺给予投保人、被保险人或者受益人保险合同约定以外的利益；⑤利用行政权力、职务或者职业便利以及其他不正当手段强迫、引诱或者限制投保人订立保险合同；⑥伪造、擅自变更保险合同，或者为保险合同当事人提供虚假证明材料；⑦挪用、截留、侵占保险费或者保险金；⑧利用业务便利为其他机构或者个人牟取不正当利益；⑨串通投保人、被保险人或者受益人，骗取保险金；⑩泄露在业务活动中知悉的保险人、投保人、被保险人的商业秘密。

第三，财务监管。保险监督管理机构有权检查保险代理人和保险经纪人的业务状况财务状况及资金运用状况，有权要求保险代理人和保险经纪人在规定的期限内提供有关的书面报告和资料。保险代理人和保险经纪人应当依法接受监督检查。

3. 公估人的监管

根据《保险法》第 88 条规定，保险公司聘请或者解聘会计师事务所、资产评估机构、资信评级机构等中介服务机构，应当向保险监督管理机构报告；解聘会计师事务所、资产评估机构、资信评级机构等中介服务机构，应当说明理由。对受聘的评估机构就是公估人。

（五）保险业务经营的监管

1. 保险业务经营的一般性监管

保险业务经营的一般监管，是保险监督管理机构对保险公司日常的经营活动实行的常规和年度检查制度。主要包括保险机构设立或变更事项的审批手续、申报材料、资本金及各种准备金、账簿、凭证及各种资料、业务经营和财务情况、报表、营业场所和安全设施等。

2. 保险经营规则的监管

保险公司应当严格遵守保险经营规则，依法提取或转结各项准备金，办理再保险，依法运用保险金。主要包括：

（1）保险业务范围。保险法规定，保险人不得兼营人身保险业务和财产保险业务。但是，经营财产保险业务的保险公司经国务院保险监督管理机构批准，可以经营短期健康保险业务和意外伤害保险业务。保险公司应当在国务院保险监督管理机构依法批准的业务范围内从事保险经营活动。

（2）保险条款和保险费率的审批和备案

对于关系社会公众利益的保险险种、依法实行强制保险的险种和新开发的人寿保险险种等的保险条款和保险费率，应当报国务院保险监督管理机构批准。国务院保险监督管理机构审批时，应当遵循保护社会公众利益和防止不正当竞争的原则。其他保险险种的保险条款和保险费率，应当报保险监督管理机构备案。保险条款和保险费率审批、备案的具体办法，由国务院保险监督管理机构依照前款规定制定。

如果保险公司使用的保险条款和保险费率违反法律、行政法规或者国务院保险监督管理机构的有关规定的，由保险监督管理机构责令停止使用，限期修改；情节严重的，可以在一定期限内禁止申报新的保险条款和保险费率。

(3) 对保险公司偿付能力的监管

偿付能力是保险公司对其承担的保险责任在发生赔款给付时所具有的经济补偿能力。保险公司能否履行合同所规定的义务，关键在于其是否有足够的偿付能力。偿付能力监管是促进保险企业稳健经营、防范风险的重要手段。因此，以偿付能力为核心的监管理念得到各国普遍认同和贯彻执行。为此，我国保险法对保险企业的偿付能力和保险准备金作了具体规定。

①提取未到期责任准备金。所谓未到期责任准备金，是指保险公司为承担未了结的预期保险责任而依法律规定从保险费收入中提取的准备资金。《保险法》第98条规定，保险公司应当根据保障被保险人利益、保证偿付能力的原则，提取各项责任准备金。保险公司提取和结转责任准备金的具体办法，由国务院保险监督管理机构制定。

②提取公积金。公积金是指公司为增强自身的资产实力、扩大经营规模以及预防亏损，依照法律和公司章程的规定，从公司税后利润中提取的累积资金。《保险费》第99条规定，保险公司应当依法提取公积金。

③提存保险保障基金。保险保障基金，是指保险公司依照保险监督管理机构的规定，每年按照比例提取并交存的累积资金。《保险费》第100条规定，保险公司应当缴纳保险保障基金。保险保障基金应当集中管理，并在下列情形下统筹使用：在保险公司被撤销或者被宣告破产时，向投保人、被保险人或者受益人提供救济；在保险公司被撤销或者被宣告破产时，向依法接受其人寿保险合同的保险公司提供救济；国务院规定的其他情形。保险保障基金筹集、管理和使用的具体办法，由国务院制定。

④具有最低偿付能力。最低偿付能力是指保险公司的实际资产减去实际负债后的差额，不低于保险监督管理机构规定的金额；低于规定金额的，应当增加资本金，补足差额。《保险法》第101条规定，保险公司应当具有与其业务规模和风险程度相适应的最低偿付能力。保险公司的认可资产减去认可负债的差额不得低于国务院保险监督管理机构规定的数额；低于规定数额的，应当按照国务院保险监督管理机构的要求采取相应措施达到规定的数额。

⑤自留保险费的限制。为了确保保险公司的偿付能力，《保险法》第102条规定，经营财产保险业务的保险公司当年自留保险费，不得超过其实有资本金加公积金总和的四倍。

⑥单一危险的控制。《保险法》第103、104条规定，保险公司对每一危险单位，即对一次保险事故可能造成的最大损失范围所承担的责任，不得超过其实有资本金加公积金总和的百分之十；超过的部分应当办理再保险。保险公司对危险单位的划分应当符合国务院保险监督管理机构的规定。保险公司对危险单位的划分方法和巨灾风险安排方案，应当报国务院保险监督管理机构备案。

⑦再保险规则。《保险法》第105条规定，保险公司应当按照国务院保险监督管理机构的规定办理再保险，并审慎选择再保险接受人。

对偿付能力不足的保险公司，国务院保险监督管理机构应当将其列为重点监管对象，并可以根据具体情况采取下列措施：责令增加资本金、办理再保险；限制业务范围；限制向股东分红；限制固定资产购置或者经营费用规模；限制资金运用的形式、比例；限制增设分支机构；责令拍卖不良资产、转让保险业务；限制董事、监事、高级管理人员的薪酬水平；限制商业性广告；责令停止接受新业务。

如果保险公司未依照本法规定提取或者结转各项责任准备金，或者未依照本法规定办理再保险，或者严重违反本法关于资金运用的规定的，由保险监督管理机构责令限期改正，并可以责令调整负责人及有关管理人员。

(4) 保险资金投资的监管

对保险资金投资的监管主要体现在资金的投向和数量上，即规定保险公司的投资限于哪些方面，投资的比例。根据《保险法》第106条规定，保险公司的资金运用必须稳健，遵循安全性原则。保险公司的资金运用限于下列形式：银行存款；买卖债券、股票、证券投资基金份额等有价证券；投资不动产；国务院规定的其他资金运用形式。保险公司资金运用的具体管理办法，由国务院保险监督管理机构依照前两款的规定制定。经国务院保险监督管理机构会同国务院证券监督管理机构批准，保险公司可以设立保险资产管理公司。保险资产管理公司从事证券投资活动，应当遵守《中华人民共和国证券法》等法律、行政法规的规定。

【案例15-5】 保险公司运营应当遵守保险经营规则

某省财产保险公司随着其市场占有份额的不断提高，其经济效益和社会效益得到社会认可。为了增强公司的竞争力，董事会决定将公司盈余利润进行购买A公司的1 000万元的债券，问：该公司决定是否合法？

【案例分析】

该公司的决定合法。根据《保险法》第106条规定，保险公司的资金运用必须稳健，遵循安全性原则。保险公司的资金运用限于下列形式：银行存款；买卖债券、股票、证券投资基金份额等有价证券；投资不动产；国务院规定的其他资金运用形式。所以，该公司的决定不违反《保险法》的规定。

(5) 强制整顿保险公司

整顿保险公司，是指保险监督管理机构对责令保险公司限期改正而不改正的违法行为采取的一种强制监管措施。目的通过整顿，使保险公司彻底纠正其违法行为，恢复正常的经营活动。

根据《保险法》的规定，强制整顿启动须具备两个条件：(1) 保险公司未依照本法规定提取或者结转各项责任准备金，或者未依照本法规定办理再保险，或者严重违反本法关于资金运用的规定的；(2) 保险监督管理机构依法作出限期改正的决定后，保险公司逾期未改正的。只要具有以上条件，国务院保险监督管理机构就可以决定选派保险专业人员和指定该保险公司的有关人员组成整顿组，对公司进行整顿。整顿决定应当载明被整顿公司的名称、整顿理由、整顿组成员和整顿期限，并予以公告。

整顿的法律后果：(1) 整顿组有权监督被整顿保险公司的日常业务。被整顿公司的负责人及有关管理人员应当在整顿组的监督下行使职权。(2) 整顿过程中，被整顿保险公司的原有业务继续进行。但是，国务院保险监督管理机构可以责令被整顿公司停止部分原有业务、停止接受新业务，调整资金运用。(3) 被整顿的保险公司有《中华人民共和国企业破产法》第二条规定情形的，国务院保险监督管理机构可以依法向人民法院申请对该保险公司进行重整或者破产清算。

整顿的结束：被整顿保险公司经整顿已纠正其违反本法规定的行为，恢复正常经营状况的，由整顿组提出报告，经国务院保险监督管理机构批准，结束整顿，并由国务院保险监督管理机构予以公告。

(6) 强制接管保险公司

接管保险公司,是指保险监督管理机构对保险公司出现法定的事由,损害社会公共利益,可能严重危及或者已经严重危及公司的偿付能力时实施的一种强制监管措施。接管的目的是恢复正常经营能力,保护被保险人的利益。

接管的条件:只要保险公司有下列情形之一的,国务院保险监督管理机构可以对其实行接管:公司的偿付能力严重不足的;违反本法规定,损害社会公共利益,可能严重危及或者已经严重危及公司的偿付能力的。

接管的法律后果:(1) 被接管的保险公司的债权债务关系不因接管而变化;(2) 被接管的保险公司有《中华人民共和国企业破产法》第二条规定情形的,国务院保险监督管理机构可以依法向人民法院申请对该保险公司进行重整或者破产清算。

接管期限:接管期限届满,国务院保险监督管理机构可以决定延长接管期限,但接管期限最长不得超过二年。

接管的终止有两种情况:(1) 接管期限届满,被接管的保险公司已恢复正常经营能力的,由国务院保险监督管理机构决定终止接管,并予以公告。(2) 被接管的保险公司有《中华人民共和国企业破产法》第二条规定情形的,国务院保险监督管理机构可以依法向人民法院申请对该保险公司进行重整或者破产清算。

(六) 保险监督管理监管的监管措施

1. 保险监督管理监管的监管措施及程序

(1) 一般性监管措施

根据《保险法》第 155 条规定,保险监督管理机构依法履行职责,可以采取下列措施:①对保险公司、保险代理人、保险经纪人、保险资产管理公司、外国保险机构的代表机构进行现场检查;②进入涉嫌违法行为发生场所调查取证;③询问当事人及与被调查事件有关的单位和个人,要求其对与被调查事件有关的事项作出说明;④查阅、复制与被调查事件有关的财产权登记等资料;⑤查阅、复制保险公司、保险代理人、保险经纪人、保险资产管理公司、外国保险机构的代表机构以及与被调查事件有关的单位和个人的财务会计资料及其他相关文件和资料;对可能被转移、隐匿或者毁损的文件和资料予以封存;⑥查询涉嫌违法经营的保险公司、保险代理人、保险经纪人、保险资产管理公司、外国保险机构的代表机构以及与涉嫌违法事项有关的单位和个人的银行账户;⑦对有证据证明已经或者可能转移、隐匿违法资金等涉案财产或者隐匿、伪造、毁损重要证据的,经保险监督管理机构主要负责人批准,申请人民法院予以冻结或者查封。

(2) 一般性监管措施实施的程序

保险监督管理机构采取第 155 条第(一)项、第(二)项、第(五)项措施的,应当经保险监督管理机构负责人批准;采取第(六)项措施的,应当经国务院保险监督管理机构负责人批准。

保险监督管理机构依法进行监督检查或者调查,其监督检查、调查的人员不得少于二人,并应当出示合法证件和监督检查、调查通知书;监督检查、调查的人员少于二人或者未出示合法证件和监督检查、调查通知书的,被检查、调查的单位和个人有权拒绝。

2. 对保险公司董事、监事和高级管理人员的监管措施

一是保险监督管理机构根据履行监督管理职责的需要,可以与保险公司董事、监事和高

级管理人员进行监督管理谈话，要求其就公司的业务活动和风险管理的重大事项作出说明。

二是保险公司在整顿、接管、撤销清算期间，或者出现重大风险时，国务院保险监督管理机构可以对该公司直接负责的董事、监事、高级管理人员和其他直接责任人员采取以下措施：①通知出境管理机关依法阻止其出境；②申请司法机关禁止其转移、转让或者以其他方式处分财产，或者在财产上设定其他权利。

第五节　证券法

一、证券法的概述

（一）证券的概念、种类与特征

1. 证券的概念和种类

证券是以一定的专用纸单或其他载体，借助文字、图形、数字等记载并代表特定民事权利的书证。其含义：一是指民事权利的表现形式或物质载体；二是指物质载体所表明的民事权利。因此，证券是民事权利与民事权利载体的结合物。

按照不同的标准，证券可以划分不同类型。依我国《证券法》第 2 条规定，证券分为股票、债券、证券投资基金券以及其他经国务院依法认定的证券。

(1) 股票。股票是股份有限公司签发的证明股东权利义务的要式有价证券。根据股东权益和风险大小的不同，可以分为优先股、普通股及普通和优先混合股；根据票面上是否记载有股东姓名，可以分为记名股票和无记名股票；根据投资人身份和上市地点不同，可以分为境内上市内资股（A 股）、境内上市外资股（B 股）和境外上市外资股（包括 H 股、N 股、S 股）三类。股票具有权利性、非返还性、风险性和流通性等特点。

(2) 债券。债券是企业、金融机构或政府为募集资金向社会公众发行的、保证在规定时间内向债券持有人还本付息的有价证券。根据发行人的不同，债券分为政府债券、金融债券和公司债券。由于债券是一种到期还本付息的有价证券，因而具有风险性小和流通性强的特点。

(3) 证券投资基金券。证券投资基金是一种利益共存、风险共担的集合证券投资方式，即通过发行基金份额，集中投资者的资金，由基金托管人托管，由基金管理人管理和运用资金，从事股票、债券等金融工具投资，并将投资收益按基金投资者的投资比例进行分配的一种间接投资方式。证券投资基金券是指基金发起人向社会公众发行的，表明持有人对基金享有资产所有权、收益分配权和其他相关权利，并承担相应义务的有价证券。

(4) 经国务院依法认定的其他证券。经国务院依法认定的其他证券是指立法上尚未规定，但具有证券性质和特点，需将其纳入证券范围调整的证券品种。这是一个弹性规定，用以应对不断发展的证券市场的发展需要，可能出现新的证券品种而设定的。

2. 证券的特征

(1) 证券是一种投资凭证。证券是投资者权利的载体，投资者的权利是通过证券记载，并凭借证券获取相关权益的。

(2) 证券是一种财产权益凭证。证券体现一定的财产权利，如股票体现的是股权，债券代表着债权。证券是一种有待证实的资本,证券虽在兑现前可以为持券人带来不特定的或约定的收益,但这种收益的大小取决于股市行情或义务人的经济状况。

(3) 证券是一种可转让的权利凭证。即证券具有流通性和变现性,其持有者可以随时将证券转让出售,以实现自身权利。

相关链接:

股票与债券的区别

1. 主体地位不同。股票的发行主体仅限于股份有限公司,其他任何形式的企业组织都不能发行股票。而债券的发行主体则无限制,既可以是不同性质的公司,也可以是非公司企业,乃至国家或政府。因而,持有公司股票的主体,享有股东权,债券的持有人不享有股东权。

2. 利益的收取方式和顺序不同。就利益收取方式而言,股票的收益方式是股息,支付多少取决于公司的经营状况;债券的收益方式是债券利息,利息的多少通常是预先确定的。就支付的顺序而言,债券利息的支付先于股息,即在债券利息未全额支付前,公司不能向股东分派股息。

3. 风险大小不同。股票的风险大于债券。债券是一种还本付息的有价证券,一旦到期,发行人须偿还本金支付利息。股票则是一种永久性投资,只能转让不能退股。在公司发生亏损或破产时,股票的持有人不但不能得到预期股息,而且可能会损失本金。

4. 资本性质不同。股票是公司筹集资本而发行的,其发行获得的资本作为公司财产而发生作用。因此即使公司长期没有对股东派发股息也不能作为申请宣告公司破产的法定理由。而债券通过发行获得的资本是一种借入资本,发行人与持有人是一种借贷关系。当公司没有按照约定期限偿还本息时,债权人可以债务人不能清偿到期债务为由申请法院宣告公司破产。

5. 期限限制不同。股票是一种永久性投资,没有法定的还本期限。只有在公司解算或破产且清偿了全部债务后,股票持有人才可就剩余财产按规定获得受偿。债券则是一种有期限的借款凭证,约定了明确的还本付息期限。

(二) 证券市场

证券市场是股票、公司债券、金融债券、政府债券等有价证券及其衍生产品(如期货、期权等)发行和交易的场所。其实质是通过自由竞争的方式,根据供需关系来决定有价证券价格的一种交易机制。它由证券发行市场和证券交易市场两部分组成。证券发行市场,又称一级市场,它是通过发行证券进行筹资活动的市场。其功能在于一方面为资本的需求者提供募集资金的渠道,另一方面为资本的供应者提供投资的场所。通过证券发行市场,投资者的闲散资金转化为生产资本。证券交易市场,又称二级市场,是指对已经发行的证券进行买卖、转让的市场。其功能在于为证券持有人提供了随时卖掉所持证券进行变现的机会,同时又为新的投资者提供投资机会。通过证券交易市场,投资者持有的证券实现了流通。

(三) 证券法的概念、适用范围

1. 证券法的概念

证券法是调整在证券发行、交易和国家对证券市场进行监管的过程中所发生的社会关系的法律规范系统。证券法所调整的社会关系,既有证券发行人、证券投资人和证券商之间平等的证券发行关系、交易关系、服务关系,又有国家证券监督管理机构在对证券市场参与者进行组织协调、监督等活动的过程中发生的监管关系。

根据证券法所调整的社会关系，对于证券发行人、证券投资人和证券商之间因证券的发行、交易所形成的发行关系、交易关系、服务关系，是平等主体之间的财产关系，应当遵循民商法的交易规则，属于民商法范畴。证券市场不仅存在市场的缺陷，而且证券市场是一个高风险、投机性强，涉及面广的特殊市场，为发挥证券市场的资金融通功能，促进社会资本合理流动，保护投资者的利益，就需要国家对证券市场加以干预，进行适度的监管。因此，国家证券监督管理机构在对证券市场参与者进行组织协调、监督等活动的过程中发生的监管关系属于证券监督管理法的调整对象，因其调整对象和调整方法的特殊性，区别于证券交易法的民商法性质，构成经济法的重要组成部分。此外，证券业在涉及国民经济运行的货币供应量、金融市场等宏观经济方面，通过其证券发行、交易业务，运行证券市场机制配合中国人民银行进行公共市场操作，其对金融宏观经济指标的调节和控制，也可以影响社会总需要与社会总供给。故，证券法是经济法中的宏观调控法的组成部分。

2. 适用范围

我国 2005 年修订的《证券法》第 2 条规定："在中华人民共和国境内，股票、公司债券和国务院依法认定的其他证券的发行和交易，适用本法；本法未规定的，适用《中华人民共和国公司法》和其他法律、行政法规的规定。政府债券、证券投资基金份额的上市交易，适用本法；其他法律、行政法规另有规定的，适用其规定。证券衍生品种发行、交易的管理办法，由国务院依照本法的原则规定。"

二、证券监督管理法的概念、基本原则

(一) 证券监督管理法的概念

证券监管，也称为证券市场监管，是指证券市场监督管理主体运用行政、经济和法律的手段对证券发行、交易以及证券经营机构等主体及其行为进行监督管理的活动，包括代表政府的证券监管机关的政府监管和证券交易所、证券业协会等机构的自律性监管。

证券监督管理法是指调整国家对证券市场进行监管管理所形成的社会关系的法律规范的总称。我国监督管理法主要由一系列规范股票、债券、基金的发行与交易行为，以及规范证券交易所、证券公司、证券服务机构、基金管理公司等市场主体的法律、法规和规章组成，初步形成了以《公司法》、《证券法》为核心的比较完整的证券法律法规体系。

(二) 证券监督管理法的基本原则

证券监督管理的基本原则，是证券法所确立的贯穿于整个证券监督管理活动过程的，具有普遍指导意义的行为准则，是证券监督管理法的精神体现。

1. 公开、公平、公正原则

公开、公平、公正原则表明了证券市场的社会性和整体性特征，也表明了"三公原则"不是体现个体本位的民法原则，而属于体现社会本位的经济法原则。公开要求发行人需将所有关于发行人及其发行证券的信息或资料完全公开，不得有虚假、误导和重大遗漏，以供投资者在投资前进行投资判断。只有以公开为基础，才能实现公平和公正。证券监管正是通过体现公开原则的信息强制披露制度，为投资者创造一个透明的投资环境，以达到保护投资者利益的目的。

公平指证券关系中双方当事人的地位是平等的，证券发行和交易按平等、自愿、有偿的原则进行，无论是机构投资者还是个人投资者都要公平对待给付，不得利用其优势压制对

方，损害对方利益，公平原则是商品交易价值规律的基本要求。证券监管的目的之一就是保障投资者在证券市场上公平进行交易。

公正主要表现为法律所确认的标准和规则公正，同一规则适用于所有的当事人进行证券的发行和交易，在同一次证券发行和交易中，对所有的投资者的条件、机会都是相同的，不得因人而异。证券管理监督人员对任何证券发行、交易当事人都要一视同仁，执行同一规则，禁止一切操纵市场、内幕交易等不公正交易行为的发生。

2. 适度高效监管原则

由于证券市场存在缺陷，容易发生过度投机、操纵行情、内幕交易、官商勾结和欺诈舞弊等扰乱市场的行为，需要政府加以介入，以克服其自身不能解决的缺陷。但政府监管的度需要把握，监管过宽或过严会抑制市场机制对资源的基础性配置作用；过窄或过松会达不到监管的效果。依此，政府对证券市场的监管应当限于市场失灵的领域。只有在需要干预的领域内监管，才是有效益的。

3. 政府监管和自律监管相结合的原则

证券市场是又投资者、证券商、上市公司、交易所和政府等多方参与的市场，这一特征决定了证券市场监管必须采取政府监管与行业自律监管相结合的原则。证券市场作为市场体系的重要组成部分，其垄断性远高于其他市场，而且证券市场参与者多，投机性强、敏感度高，不受地域限制，是一个具有高风险的市场，且其风险又具有突发性强、影响面广、传导速度快的特点，为防止证券市场高风险的发生，维护证券市场的有序运行，需要政府对其加以调控和监管。但政府监管有缺陷，而证券业自律组织中拥有一批优秀的专家，他们有敏锐的市场感觉，容易察觉违法者利用虚假信息操纵市场以及利用现有法律空隙逃避监管，在执法检查、自律监控方面要比政府更有效率，更具有灵活性和预防性，能够填补政府监管的不足或漏洞。因此，证券监管必须发挥政府监管和行业自律监管的作用，实现二者的监管互补。

三、中国证券业监督管理机构及其职责

根据《证券法》的规定，中国证监会的基本职能是依法对全国证券市场实行集中统一监督管理，维护证券市场秩序，保障其合法运行。中国证监会的职责主要包括：依法制定有关证券市场监管的规章、规则，并依法行使审批或者核准权；依法对证券的发行、上市、交易、登记、存管、结算，进行监督管理；依法对证券发行人、上市公司、证券公司、证券投资基金管理公司、证券服务机构、证券交易所、证券登记结算机构的证券业务活动，进行监督管理；依法制定证券业务人员的资格标准和行为准则，并监督实施；依法监督检查证券发行、上市和交易的信息公开情况；依法对证券业协会的活动进行指导和监督；依法对违反证券市场监管法律、行政法规的行为进行查处；法律、行政法规规定的其他职责。中国证监会还可以和其他国家或者地区的证券监督管理机构建立监督管理合作机制，实施跨境监督管理。

为了使中国证监会依法履行职责时，《证券法》第 180 条赋予其有权采取下列措施：(1) 对证券发行人、上市公司、证券公司、证券投资基金管理公司、证券服务机构、证券交易所、证券登记结算机构进行现场检查；(2) 进入涉嫌违法行为发生场所调查取证；(3) 是询问当事人和被调查事件有关的单位和个人，要求其对与被调查事件有关的事项作出说明；(4) 查阅、复制与被调查事件有关的财产权登记、通讯记录等资料；(5) 查阅、复制当事人和被调查事件有关的单位和个人的证券交易记录、登记过户记录、财务会计资料及其他相关文件和资料；对可能被转移、隐匿或者毁损的文件和资料，可以予以封存；(6) 查询当事人和被调查事件有关的单位和个人的资金账户、证券账户和银行账户，对有证据证明有转移或者隐

匿违法资金、证券等涉案财产或者隐匿、伪造、毁损重要证据的，经中国证监会主要负责人批准，可以冻结或者查封；(7) 在调查操纵证券市场、内幕交易等重大证券违法行为时，经中国证监会主要负责人批准，可以限制被调查事件当事人的证券买卖，但限制的期限不得超过15个交易日；案情复杂的，可以延长15个交易日。

《证券法》第181条规定，中国证监会依法履行职责必须遵循的法定程序。国务院证券监督管理机构依法履行职责，进行监督检查或者调查，其监督检查、调查的人员不得少于二人，并应当出示合法证件和监督检查、调查通知书。监督检查、调查的人员少于二人或者未出示合法证件和监督检查、调查通知书的，被检查、调查的单位有权拒绝。

四、中国证券监管的内容

(一) 证券发行的监管

证券发行是指证券的发行人为筹集资本或资金，向投资者签发代表一定权利的有价证券，将自投资者手中的闲置资金转化为建设资金或经营资本。简而言之，就是发行人将自己所发行的证券发售给投资者的行为。它是证券交易的前提，没有证券的发行，就不可能有证券交易。证券发行规范的是投资人和发行人的关系。

1. 证券发行的审核制度

《证券法》第10条规定，公开发行证券，必须符合法律、行政法规规定的条件，并依法报经国务院证券监督管理机构或者国务院授权的部门核准；未经依法核准，任何单位和个人不得公开发行证券。有下列情形之一的，为公开发行：(1) 向不特定对象发行证券的；(2) 向特定对象发行证券累计超过二百人的；(3) 法律、行政法规规定的其他发行行为。非公开发行证券，不得采用广告、公开劝诱和变相公开方式。发行人申请公开发行股票、可转换为股票的公司债券，依法采取承销方式的，或者公开发行法律、行政法规规定实行保荐制度的其他证券的，应当聘请具有保荐资格的机构担任保荐人。保荐人应当遵守业务规则和行业规范，诚实守信，勤勉尽责，对发行人的申请文件和信息披露资料进行审慎核查，督导发行人规范运作。保荐人的资格及其管理办法由国务院证券监督管理机构规定。

我国《公司法》、《证券法》针对我国实际情况，对股票、公司债券的发行条件作出了颇具特色的规定。

【案例15-6】 证券公开发行的认定

某电网集团是根据国家电力体制改革部署组建的以电网经营为主的企业。该集团在2003年初与另外三家资金雄厚的股份有限公司投资设立某电力股份有限公司(以下简称电力公司)。2003年3月，经证券监督委员会批准，该电力公司向社会公众公开发行股份，股本总额达700万元。为了募集资金，扩大市场份额，2006年6月，该电力公司的股东大会决定向全国电力行业定向募集资金，并制定了募集办法。该办法规定募集人数至少在400人以上。为此，电力公司便在电力行业内部发行股票。问：(1) 该电力公司股票的发行是属于哪种证券发行方式？(2) 证券监督管理委员会是否有权干预？

【案例分析】

(1) 该电力公司股票的发行属于《证券法》规定的发行方式中的公开发行。公开发行是指向社会公众发行，由于涉及不特定公众的利益，国家从维护投资者的合法利益角度对公开发行行为加以监管。非公开发行主要指向一定数量的特定对象发行证券，因涉及人数较少，且投资者对发行人的情况较为了解，对社会影响较小，国家对这种发行一般不予监管。《证券法》第 10 条对公开发行做了界定，有三种情形之一的就属于公开发行。本案中，该电力公司虽为定向募集，但募集人数达到 400 人以上，属于《证券法》规定的公开发行的类型。需要依法报经国务院证券监督管理机构或者国务院授权的部门核准。

(2) 根据《证券法》第 10 条规定，证监会有权对该电力公司的发行行为予以干涉。证监会可以依据《证券法》第 188 条规定规定，对该电力公司未经法定机关核准擅自公开或者变相公开发行证券的行为，责令其停止发行，退还所募资金并加算银行同期存款利息，处以非法所募资金金额百分之一以上百分之五以下的罚款。

2. 公开发行股票的条件

股票发行一般有两种：一种是设立新公司而首次发行股票，即设立发行，二是扩大已有的公司规模而发行新股即增资发行。对于不同种类的股票发行，法律规定了不同的发行条件。

(1) 设立发行股票的条件

设立股份有限公司，可以采取发起设立也可以采取募集设立的方式。采用募集方式设立股份有限公司，由发起人认购公司应发行股份的一部分，其余股份向社会公开募集或者向特定对象募集。募集设立股份有限公司申请公开发行股票，应当符合《公司法》规定的条件和经国务院批准的国务院证券监督管理机构规定的其他条件。《公司法》对募集设立股份有限公司的条件作了规定，主要包括：注册资本为在公司登记机关登记的“实收”股本总额；应当有 2 人以上 200 人以下为发起人，其必须有半数以上的发起人在中国境内有住所；发起人认购的股份不得少于公司股份总数的 35%，但法律、行政法规另有规定的，从其规定。应当指出，《公司法》规定的上述条件只是募集设立股份有限公司的最低条件，而采用公开募集方式设立股份有限公司，涉及公众投资者利益的保护，因此法律授权证券监管部门根据实际情况规定相应的发行条件，报经国务院批准。

(2) 增资发行新股的条件

股份有限公司成立后公开发行股份，即公开发行新股，必须具备《证券法》第 13 条规定的条件：①具备健全且运行良好的组织机构；②具有持续盈利能力，财务状况良好；③最近 3 年财务会计文件无虚假记载，无其他重大违法行为；④经国务院批准的国务院证券监督管理机构规定的其他条件。

非公开发行新股，应当符合经国务院批准的国务院证券监督管理机构规定的条件，并报国务院证券监督管理机构核准。

(3) 股票发行的程序

由于股票发行的方式不同，其发行程序不尽相同。依照《证券法》的规定，股票发行大体有以下步骤：申请→审核→公开信息→核准决定的撤销→签订股票承销协议→备案。

3. 债券的发行条件和程序

债券的发行因发行主体不同分为政府债券发行和企业债券发行。《证券法》对政府债券的发行不予规范。因此，本节所讲的债券发行仅为公司和企业债券发行的条件。

根据《证券法》第 16 条规定，公开发行公司债券，应当符合下列条件：(1) 股份有限公司的净资产不低于人民币三千万元，有限责任公司的净资产不低于人民币六千万元；(2) 累计债券余额不超过公司净资产的百分之四十；(3) 最近三年平均可分配利润足以支付公司债券一年的利息；(4) 筹集的资金投向符合国家产业政策；(5) 债券的利率不超过国务院限定的利率水平；(6) 国务院规定的其他条件。公开发行公司债券筹集的资金，必须用于核准的用途，不得用于弥补亏损和非生产性支出。上市公司发行可转换为股票的公司债券，除应当符合第一款规定的条件外，还应当符合本法关于公开发行股票的条件，并报国务院证券监督管理机构核准。

《证券法》第18条规定了公司债券发行的禁止性条件，即有下列情形之一的，不得再次公开发行公司债券：(1) 前一次公开发行的公司债券尚未募足；(2) 对已公开发行的公司债券或者其他债务有违约或者延迟支付本息的事实，仍处于继续状态；(3) 违反本法规定，改变公开发行公司债券所募资金的用途。

根据《证券法》规定，公司发行债券的程序为：申请→审核→公开信息→核准决定的撤销→签订债券承销协议→备案。

（二）证券交易的监管

证券交易是依法公开发行的股票、公司债券及其他证券，在依法设立的证券交易所上市交易或者在国务院批准的其他证券交易场所转让。可见，证券交易分为证券上市交易和证券在国务院批准的其他证券交易场所转让两种类型。凡是在证券交易所交易的证券，称为上市证券，包括股票上市交易和债券上市交易。证券的发行公司称为上市公司。证券上市就成为连接证券发行与证券交易的媒介，证券由一级市场进入交易的二级市场。

根据《证券法》第48条规定，申请证券上市交易，应当向证券交易所提出申请，由证券交易所依法审核同意，并由双方签订上市协议。证券在证券交易所上市交易，应当采用公开的集中交易方式或者国务院证券监督管理机构批准的其他方式。证券交易当事人买卖的证券可以采用纸面形式或者国务院证券监督管理机构规定的其他形式。证券交易以现货和国务院规定的其他方式进行交易。第48条规定，申请股票、可转换为股票的公司债券或者法律、行政法规规定实行保荐制度的其他证券上市交易，应当聘请具有保荐资格的机构担任保荐人。

为了保证上市证券的流通性和交易的安全，公司发行的证券必须具备一定的条件方可上市交易。因此，对证券上市交易的监管主要体现在证券的交易市场准入和退出交易方面。

1. 证券上市交易准入

(1) 股票上市交易的条件

虽然国家鼓励符合产业政策并符合上市条件的公司股票上市交易，但股票上市交易仍需符合法定的条件。根据《证券法》第50条规定，规定股份有限公司申请股票上市应具备的条件主要有：①股票经国务院证券监督管理机构批准已向社会公开发行股票；②公司股本总额不少于人民币3 000万元；③向社会公开发行的股份达公司股份总数的25%以上；公司股本总额超过人民币4亿元的，其向社会公开发行股份的比例为10%以上；④公司最近3年无重大违法行为，财务会计报告无虚假记载；⑤证券交易所可以规定高于前述上市条件，并报国务院证券监督管理机构批准。国家鼓励符合产业政策并符合上市条件的公司股票上市交易。股票上市交易，除满足上述条件外，还可能要符合证券交易所所规定的上市条件。但证券交易所规定的条件，根据《证券法》规定，证券交易所可以规定高于前款规定的上市条件，并报国务院证券监督管理机构批准。

(2) 公司债券上市的条件

根据《证券法》第57条规定，公司申请公司债券上市交易，应当符合下列条件：①公司债券的期限为一年以上；②公司债券实际发行额不少于人民币五千万元；③公司申请债券上市时仍符合法定的公司债券发行条件。

公司申请其证券上市不仅应具备上述实质性条件，还必须履行法定的程序。根据我国法律的规定，证券上市采取自愿申请制度，由公司自主决定其已发行的证券是否申请在证券交易所上市交易。申请证券上市交易，应当向证券交易所提出申请，由证券交易所依法审核同意，并由双方签订上市协议；另外，证券交易所根据国务院授权的部门的决定安排政府债券上市交易。申请股票、可转换为股票的公司债券或者法律、行政法规规定实行保荐制度的其他证券上市交易，还应当聘请具有保荐资格的机构担任保荐人。证券上市交易申请经证券交易所审核同意后，签订上市协议的公司应当在规定的期限内公告证券上市的有关文件，并将其置备于指定场所供公众查阅。

2. 证券上市交易的退市规定

证券上市后，因上市公司自身的经营状况恶化或其他条件发生变化，不再符合上市条件时，为保护投资者利益和维护证券市场的秩序，证监会或证券交易所有权决定该上市公司暂停或终止上市。

(1) 股票上市交易的暂停和终止

《证券法》第55条规定，上市公司有下列情形之一的，由证券交易所决定暂停其股票上市交易：①公司股本总额、股权分布等发生变化不再具备上市条件；②公司不按照规定公开其财务状况，或者对财务会计报告作虚假记载，可能误导投资者；③公司有重大违法行为；④公司最近三年连续亏损；⑤证券交易所上市规则规定的其他情形。

《证券法》第56条规定，上市公司有下列情形之一的，由证券交易所决定终止其股票上市交易：①公司股本总额、股权分布等发生变化不再具备上市条件，在证券交易所规定的期限内仍不能达到上市条件；②公司不按照规定公开其财务状况，或者对财务会计报告作虚假记载，且拒绝纠正；③公司最近三年连续亏损，在其后一个年度内未能恢复盈利；④公司解散或者被宣告破产；⑤证券交易所上市规则规定的其他情形。

(2) 债券上市交易的暂停和终止

《证券法》第60条规定，公司债券上市交易后，公司有下列情形之一的，由证券交易所决定暂停其公司债券上市交易：①公司有重大违法行为；②公司情况发生重大变化不符合公司债券上市条件；③发行公司债券所募集的资金不按照核准的用途使用；④未按照公司债券募集办法履行义务；⑤公司最近两年连续亏损。

《证券法》第61条规定，公司有前条第①项、第④项所列情形之一经查实后果严重的，或者有前条第②项、第③项、第⑤项所列情形之一，在限期内未能消除的，由证券交易所决定终止其公司债券上市交易。公司解散或者被宣告破产的，由证券交易所终止其公司债券上市交易。

对证券交易所作出的不予上市、暂停上市、终止上市决定不服的，可以向证券交易所设立的复核机构申请复核。

【案例15-7】 证券上市交易必须符合法定条件

广州市某建设投资公司发行公司债券募集说明书摘要如下：债券名称为2003年广州市某建设投资公司公司债券；发行总额为8 000万元人民币；债券期限为5年，自2002年4月1日起至2007年3月31日止；发行价格为本期债券面值为100元，平价发行，以1 000元为一个认购单位，认购金额须是1 000元的整数倍且不少于1 000元；利率为固定利率债券，票面年利率为6.70%，在债券存续期限内固定不变，采用单利按年计息，不计复利，逾期不计利息。2007年5月10日，该公司的债券实际发行额为4 890万元。同日，该公司向某证券交易所提交公司债券上市申请。问:某证券交易所能否同意其上市申请?

【案例分析】

根据《证券法》第57条规定,对照广州市某建设投资公司发行公司债券募集说明书所载情况,原定发行债券总额为8000万元,但实际发行额为4890万元,低于《证券法》第57条规定的债券上市交易条件之一,即不符合发行最低5000万元的规模条件。因此,某证券交易所不能同意其上市申请。

(三) 信息披露制度——证券市场监管的核心

证券信息持续公开制度是证券市场公开原则的具体体现,它要求证券发行人及其他义务人在证券发行、上市时以及上市后,应将与证券发行情况以及上市后有关的一切情况真实、准确、完整、及时地向社会公开,任何投资者都有权通过合法途径获得有关的资料,以供其作出投资判断。实现证券信息持续公开制度,旨在保护投资者的利益,强化对发行人和上市公司的社会监督,有效地防止证券欺诈行为。

1. 信息披露的基本要求

根据《证券法》第63条规定,发行人、上市公司依法披露的信息,必须真实、准确、完整,不得有虚假记载、误导性陈述或者重大遗漏。

2. 信息披露的内容与方式

经国务院证券监督管理机构核准依法公开发行股票,或者经国务院授权的部门核准依法公开发行公司债券,应当公告招股说明书、公司债券募集办法。依法公开发行新股或者公司债券的,还应当公告财务会计报告。

上市公司和公司债券上市交易的公司,应当在每一会计年度的上半年结束之日起两个月内,向国务院证券监督管理机构和证券交易所报送记载以下内容的中期报告,并予公告:(1) 公司财务会计报告和经营情况;(2) 涉及公司的重大诉讼事项;(3) 已发行的股票、公司债券变动情况;(4) 提交股东大会审议的重要事项;(5) 国务院证券监督管理机构规定的其他事项。

上市公司和公司债券上市交易的公司,应当在每一会计年度结束之日起四个月内,向国务院证券监督管理机构和证券交易所报送记载以下内容的年度报告,并予公告:(1) 公司概况;(2) 公司财务会计报告和经营情况;(3) 董事、监事、高级管理人员简介及其持股情况;(4) 已发行的股票、公司债券情况,包括持有公司股份最多的前十名股东的名单和持股数额;(5) 公司的实际控制人;(6) 国务院证券监督管理机构规定的其他事项。

发生可能对上市公司股票交易价格产生较大影响的重大事件,投资者尚未得知时,上市公司应当立即将有关该重大事件的情况向国务院证券监督管理机构和证券交易所报送临时报告,并予公告,说明事件的起因、目前的状态和可能产生的法律后果。

3. 相关主体对信息披露的法律义务与责任

根据《证券法》第68条规定,上市公司董事、高级管理人员应当对公司定期报告签署书面确认意见。上市公司监事会应当对董事会编制的公司定期报告进行审核并提出书面审核意见。上市公司董事、监事、高级管理人员应当保证上市公司所披露的信息真实、准确、完整。

第69条规定,发行人、上市公司公告的招股说明书、公司债券募集办法、财务会计报告、上市报告文件、年度报告、中期报告、临时报告以及其他信息披露资料,有虚假记载、误导性陈述或者重大遗漏,致使投资者在证券交易中遭受损失的,发行人、上市公司应当承担赔偿责任；发行人、上市公司的董事、监事、高级管理人员和其他直接责任人员以及保荐人、承销的证券公司，应当与发行人、上市公司承担连带赔偿责任，但是能够证明自己没有过错的除外；发行人、上市公司的控股股东、实际控制人有过错的，应当与发行人、上市公司承担连带赔偿责任。

4. 证监会依法对信息披露进行监督

《证券法》第71条规定，国务院证券监督管理机构对上市公司年度报告、中期报告、临时报告以及公告的情况进行监督，对上市公司分派或者配售新股的情况进行监督，对上市公司控股股东和信息披露义务人的行为进行监督。

(四) 限制和禁止的证券交易行为

由于证券交易所涉及的金额比较大，当事人较多，同时其业务具有较强的技术性，因而证券交易中的违法行为、不正当的证券交易行为往往更具有隐蔽性和破坏性，因而我国《证券法》第三章第四节专门规定了禁止的交易行为。

1. 限制证券交易行为

(1) 对证券交易客体的限制

《证券法》第37条规定，证券交易当事人依法买卖的证券，必须是依法发行并交付的证券，非依法发行的证券，不得买卖。《证券法》第38条规定："依法发行的股票、公司债券及其他债券，法律对其转让期限有限制性规定的，在限定的期限内不得买卖。"

《公司法》第142条第1款规定，发行人持有的公司股份，自公司成立之日起一年内不得转让。公司公开发行股份前已发行的股份，自公司股票在证券交易所上市一年内不得转让。

(2) 禁止参与股票交易的人员

《证券法》第43条规定，证券交易所、证券公司和证券登记结算机构的从业人员、证券监督管理机构的工作人员以及法律、行政法禁止参与股票交易的其他人员，在任期或者法定限期内，不得直接或者以化名、借他人名义持有、买卖股票，也不得收受他人赠送的股票。任何人在成为上述所列人员时，其原已持有的股票，必须依法转让。

(3) 中介机构人员特定时期的禁止行为

《证券法》第45条规定，为股票发行出具审计报告、资产评估报告或者法律意见书等文件的证券服务机构和人员在该股票承销期内和期满后六个月内，不得买卖该种股票。除前款规定外，为上市公司出具审计报告资产评估报告或者法律意见书等文件的证券服务机构和人员，自接受上市公司委托之日起至上述文件公开后五日内，不得买卖该种股票。

(4) 对短线交易的限制和归入权

所谓短线交易，根据我国《证券法》第47条规定，指上市公司董事、监事、高级管理人员，持有上市股份5%以上的股东，将其持有的该公司的股票在买入后6个月内卖出，或者在卖出后6个月内又买入的行为。对于短线交易的行为，因此所得收益归公司所有，公司董事会应当收回其所得利益，即由公司行使归入权，但是，证券公司因包销购入后剩余股票而持有5%以上股份的，卖出该股票不受6个月时间限制。

(五) 禁止的证券交易行为

1. 内幕交易的行为

(1) 内幕交易的概念

内幕交易，又称内部交易、内线交易或者知情交易，指证券交易内幕信息的知情人和非法获取信息的人利用内幕信息买卖其所持有的该公司的证券、泄露该信息或建议他人买卖该证券的行为。

内幕交易行为是一种不正当竞争行为，它是内幕知情人员利用自己掌握的内幕信息买卖证券，或者建议他人买卖证券，达到获取利润或避免损失的目的。这种行为不仅侵犯了广大投资者的利益，违反了证券发行与交易中的公开、公平、公正原则，而且还会扰乱证券市场秩序。

(2) 内幕交易人员的范围

根据《证券法》第 74 条的规定，下列人员为证券交易内幕信息的知情人员 ：发行人的董事、监事、高级管理人员；持有公司 5%以上股份的股东及其董事、监事、高级管理人员，公司的实际控制人及其董事、监事、高级管理人员；由于所任公司职务可以获取公司有关内幕信息人员；证券监督管理机构工作人员以及由于法定职责对证券的发行、交易进行管理的其他服务人员；国务院证券管理机构规定的其他人。

(3) 内幕信息的认定

内幕信息，指证券交易活动中涉及公司的经营、财政或者对该公司证券的市场价格有重大影响的尚未公开的信息。根据《证券法》第 75 条的规定，内幕信息包括：本法第 67 条第 2 款所列重大事件；公司分配股利或者增资的计划；公司股权结构的重大变化；公司债务担保的重大变更；公司营业用主要资产的抵押、出售或者报废一次超过该资产的 30%；上市公司的收购的有关方案；国务院证券监督管理机构认定的对证券交易价格有显著影响的其他有关重要信息。

(4) 从事内幕交易行为的法律责任

《证券法》第 76 条规定，内幕交易行为给投资者造成损失的，行为人应当依法承担赔偿责任。

《证券法》第 202 条规定，证券交易内幕信息的知情人或者非法获取内幕信息的人，在涉及证券的发行、交易或者其他对证券的价格有重大影响的信息公开前，买卖该证券，或者泄露该信息，或者建议他人买卖该证券的，责令依法处理非法持有的证券，没收违法所得，并处以违法所得一倍以上五倍以下的罚款；没有违法所得或者违法所得不足三万元的，处以三万元以上六十万元以下的罚款。单位从事内幕交易的，还应当对直接负责的主管人员和其他直接责任人员给予警告，并处以三万元以上三十万元以下的罚款。证券监督管理机构工作人员进行内幕交易的，从重处罚。

【案例 15-8】 从事内幕交易行为应当承担民事赔偿责任、行政责任、刑事责任

2007 年 2 月 11 日，杭萧钢构原证券办主任陈玉兴(2006 年 12 月辞职)从他人处得到杭萧钢构"安哥拉项目"的信息后，当即将此消息电话告知与他合作炒股的王向东。按照陈玉兴的指令，王向东 2 月 12 日一早买入"杭萧钢构"2 776 996 股。当日下午，陈玉兴进一步向杭萧钢构公司证券办副主任、证券事务代表罗高峰了解"安哥拉项目"消息。次日上午，王向东按照陈玉兴的指令买入"杭萧钢构"股票 2 398 600 股。同年 2 月 13 日下午，罗高峰将合同已草签的情况告知陈玉兴。随后，陈玉兴指示王向东于 2 月 14 日再次以涨停价买入"杭萧钢构"1 787 300 股。3 月 15 日，陈玉兴从罗高峰处得知证券监督管理机构要调查杭萧钢构公司。3 月 16 日，王向东按陈玉兴的指示，将"杭萧钢构"股票全部卖出，非法获利 4 037 万元。问：罗高峰、陈玉兴和王向东的行为是否构成内幕交易？应当如何处罚？

【案例分析】

罗高峰、陈玉兴和王向东的行为构成内幕交易行为。根据《证券法》对内幕人员、内幕信息的界定，罗高峰作为杭萧钢构公司证券办副主任，是证券交易内幕信息的知情人，在涉及证券的发行、交易或者其他对证券的价格有重大影响的信息公开前，故意泄露信息给陈玉兴，陈玉兴非法获取内幕信息并指使王向东大量买入"杭萧钢构"股票，又高价抛出，非法获利 4 037 万元，属于典型的内幕交易行为。

根据《证券法》规定，罗高峰、陈玉兴和王向东内幕交易行为给投资者造成损失的，应当依法承担赔偿责任。同时，证监会应当没收他们违法所得，并处以违法所得一倍以上五倍以下的罚款；由于三人的行为触犯我国刑法，应当对罗高峰以故意泄露内幕信息罪追究刑事责任，对陈玉兴和王向东以内幕交易罪追究刑事责任。

2. 操纵证券市场的行为

(1) 操纵证券市场行为的概念

操纵证券市场，指以获得利益或者减少损失为目的，利用手中掌握的资金等优势影响证券市场价格，制造证券市场假象，诱导或者致使投资者在不了解事实真相的情况下做出证券投资决定，扰乱证券市场秩序的行为。

市场操纵行为是一种扭曲证券价格机制，破坏证券市场自由竞争关系，严重损害中小投资者合法权益，扰乱经济市场秩序的行为，是证券法严厉禁止的行为。

(2) 操纵证券市场行为的表现

根据《证券法》第 77 条规定，操纵市场的行为包括：①单独或者通过合谋，集中资金优势、持股优势或者利用信息优势联合或者连续买卖，操纵证券交易价格或者证券交易量；②与他人串通，以事先约定的时间、价格和方式互相进行证券交易，影响证券交易价格或者证券交易量；③在自己实际控制的账户之间进行证券交易，影响证券交易价格或者证券交易量；④以其他手段操纵证券市场。

(3) 操纵证券市场的法律责任

《证券法》第 77 条规定，操纵证券市场行为给投资者造成损失的，行为人应当依法承担赔偿责任。

《证券法》第 203 条规定，违反本法规定，操纵证券市场的，责令依法处理非法持有的证券，没收违法所得，并处以违法所得一倍以上五倍以下的罚款；没有违法所得或者违法所得不足三十万元的，处以三十万元以上三百万元以下的罚款。单位操纵证券市场的，还应当对直接负责的主管人员和其他直接责任人员给予警告，并处以十万元以上六十万元以下的罚款。

3. 虚假陈述和信息误导的行为

虚假陈述和信息诱导，指国家工作人员、传播媒介从业人员和有关人员编造、传播虚假信息，扰乱证券交易市场的行为。禁止证券交易所、证券公司、证券登记结算机构、证券交易服务机构、社会中介机构及其从业人员、证券业协会、证券监督管理机构及其工作人员，在证券交易活动中作出虚假陈述或者信息误导。各种传播媒介传播证券交易信息必须真实、客观，禁止误导。

4. 欺诈客户行为

(1) 欺诈客户行为的概念

欺诈客户，指证券公司及其从业人员在证券交易及相关活动中，为了谋取不法利益，违背客户的真实意思进行代理的行为，以及诱导客户进行不必要的证券交易的行为。

在证券交易活动中，证券公司受客户的委托，代理客户进行证券买卖，证券公司与客户之间是一种行纪关系，证券公司应当对客户尽信赖义务和善良管理人的义务，诚实信用地履行委托义务。证券公司的从业人员在其履行职责时，与证券公司之间是一种职务代理关系，证券公司对客户所负有的义务也就是其从业人员应当对客户履行的义务。

(2) 欺诈客户行为的表现

《证券法》第79条规定，在证券交易中，禁止证券公司及其从业人员进行以下损害客户利益的欺诈行为：①违背客户的委托为其买卖证券；②不在规定时间内向客户提供交易的书面确认文件；③挪用客户所委托买卖的证券或者客户账户上的资金；④私自买卖客户账户上的证券，或者假借客户的名义买卖证券；⑤为谋取佣金收入，诱使客户进行不必要的证券买卖；⑥其他违背客户真实意思表示、损害客户利益的行为。

(3) 欺诈客户行为人法律责任

《证券法》第79条规定，欺诈客户行为给客户造成损失的，行为人应当依法承担赔偿责任。

《证券法》第210条规定，证券公司违背客户的委托买卖证券、办理交易事项，或者违背客户真实意思表示，办理交易以外的其他事项的，责令改正，处以一万元以上十万元以下的罚款。给客户造成损失的，依法承担赔偿责任。

【案例15-9】 证券公司从事欺诈客户行为应当承担相应的法律责任

安徽某大学退休职工张某1993年在国元证券有限公司合肥寿春路第一证券营业部开户并从事股票交易。1994年9月7日，张某购买外高桥转配股4 760股，1996年8月20日购买武凤凰转配股8 400股后，由于当时行情低迷，张某一直持股观望，没有进行股票交易。2007年5月28日，因股市行情好转，张某去寿春路证券营业部要求卖出所持的全部股票，但工作人员告知资料遗失，无法进行交易。事后，张某到相关部门查询，得知其所持有的股票已于2000年8月1日和2000年9月1日被寿春路营业部全部卖出。问：(1) 寿春路营业部的行为是否构成欺诈客户？(2) 国元证券公司是否应当承担责任？

【案例分析】

(1) 寿春路营业部的行为构成欺诈客户行为。根据《证券法》规定，寿春路营业部未经张某同意和委托，擅自为其买卖证券，属于《证券法》规定的违背客户的委托为其买卖证券的行为。(2) 国元证券应当承担下列责任：给张某造成损失，应当承担赔偿责任；证监会可以责令其改正，处以一万元以上十万元以下的罚款。

本章小结

金融法是调整金融关系和金融管理关系的法律规范的总称，是国家宏观调控法的重要组成部分。由金融法的调整对象所决定，金融法由金融机构组织法、金融经营法、金融调控法和金融监管法等组成。其中，金融组织法主要阐述中央银行的法律地位、职责，商业银行的设立、组织机构和业务规则；金融调控法主要阐释中央银行制定和实施货币政策，通过货币发行、回笼和调整基准利率、准备金率等调节货币流通量和市场利率水平，同各类金融机构和非金融机构之间形成货币发行、货币流通管理、调控的关系；金融监管法主要阐述金融监管体系、监管机构的职责、监管内容以及监管措施等内容；金融经营法主要讲述商业银行的业务活动规则、证券发行、交易中的各种规则等法律规定。无论是金融调控还是金融监管都必须遵循基本原则，运用金融调控手段和监管措施，确保金融稳定，实现宏观调控目标。

技能训练

一、单项选择题

1. 中国人民银行的宏观调控职能集中表现在 （ ）
   A. 货币政策 B. 垄断货币发行权 C. 确定基本利率 D. 经理国库
2. 根据我国《银行业监督管理法》的规定，在我国境内设立的下列哪一机构不属于银行业监督管理的对象？ （ ）
   A. 农村信用合作社 B. 财务公司 C. 信托投资公司 D. 证券公司
3. 根据《商业银行法》的规定，商业银行不得向关系人发放信用贷款。下列哪一类人属于该规定所指的关系人？ （ ）
   A. 商业银行的董事、监事、管理人员、信贷业务人员及其近亲属
   B. 与商业银行有业务往来的非银行金融机构的董事、监事和高级管理人员
   C. 甲商业银行的上级主管部门的负责人及其近亲属
   D. 商业银行的客户企业的董事、监事和高级管理人员
4. 保险公司因法定或公司章程约定的事由出现的，经________解算 （ ）
   A. 由股东会依法作出决议后 B. 由保险监督管理机构批准后
   C. 由国务院批准后 D. 由中国人民银行批准后
5. 对于下列有关证券交易的问题，哪一个不正确 （ ）
   A. 股票交易是不是只能在证券交易所进行
   B. 证券交易能不能以期货方式进行
   C. 证券公司向客户融资进行证券交易是否为法律所禁止
   D. 证券交易所自主调整的交易收费标准是否违法

二、多项选择题

1. 关于中国人民银行的职能的说法，正确的有 （ ）
   A. 垄断货币发行权 B. 经理国库，管理外汇和黄金储备
   C. 对商业银行和其他金融机构进行监管 D. 作为全国商业银行的最后贷款人
2. 商业银行用于同业拆借的拆入资金限用于 （ ）
   A. 解决临时性周转资金的需要 B. 弥补票据结算、联行汇差头寸的不足
   C. 发放股东资产贷款 D. 投资政府债券
3. 商业银行出现信用危机严重影响存款人利益时，可由银行业监督管理机构对其实行接管。下列有关商业银行接管的表述，哪些符合我国现行法律的规定？ （ ）
   A. 非经接管程序，商业银行不得解散或破产
   B. 实行接管后，商业银行的债权债务由接管组织概括承受

C. 接管的期限最长不超过2年

D. 自接管之日起，由接管组织行使商业银行的经营管理权力

4. 依据《保险法》的规定，下列关于保险代理人的说法正确的有 ( )

A. 个人保险代理人在代为办理人寿保险业务时，不得同时接受两个以上保险人的委托

B. 个人保险代理人取得保险监督管理机构颁发的资格证书

C. 保险代理人在办理保险业务活动中不得欺骗保险人、投保人、被保险人或者受益人

D. 保险代理人根据保险人的授权代为办理保险业务的行为，由保险人承担责任

5. 甲股份有限公司债券上市交易后因出现法定情形被暂停上市。下列哪些表述符合暂停上市的规定? ( )

A. 甲公司最近2年连续亏损

B. 甲公司的法定代表人发生变更

C. 甲公司发生重大违法行为

D. 甲公司未按照公司债券募集办法的规定履行义务

三、简答题

1. 简述政策性银行的特点。
2. 简述商业银行法对存款人业务的规定。
3. 简述保险公司的接管。
4. 简述股票上市交易的条件。

四、案例讨论

1. A市发展银行是一家股份制的全国性商业银行，实有资产20亿人民币。为拓展业务该行的业务员张某找到本市的光明实业总公司。2003年5月30日，张某向光明实业总公司的总经理王某暗示，如王某愿意在发展银行开户存款，将让王某获利。王某当即提出要购买发展银行的股票。后张某与行长商议决定将发展银行第二大股东孙某所持的3亿元股票转让给王某，王某答应如能持有发展银行3亿元的股票，将在发展银行开户存款5亿元。2003年9月，双方如约履诺，发展银行自行说服孙某将其所持的3亿元股票转让给王某，王某也在发展银行开立光明实业总公司的账户存款5亿元。为答谢王某，发展银行在2003年10月20日购买光明实业公司的上市股票100万股计500万元，并暗中给王某1万元的“辛苦费”。2003年11月5日，王某又在发展银行开立个人账户，存入公司流动资金50万元。2004年12月，银行业监督管理委员会对A市发展银行进行检查时，发现许多违法行为。问：本案中，发展银行的做法违法了哪些法律规定？应承担什么责任？

2. 某上市公司决定通过发行新股筹集资金，用以扩大生产规模。在董事会草拟的方案中有以下内容：本次发行面值人民币7 000万元的新股，全部向社会募集；委托某证券公司独家代销，代销期为96天；为保证发行工作顺利进行，准备向证券监督管理机构、证券交易所有关人员每人送1 000股；为降低发行成本，决定不聘请具有保荐资格的机构担任保荐人。请根据上述材料分析该方案存在的错误。

第十七章 价格法

知识目标

了解价格法的概念、价格法调整的关系，掌握价格法的基本制度。

能力目标

要求学生运用价格法的相关知识，分析判断经营者的行为是否构成价格违法及承担的相应的责任，以提高识别价格违法行为的能力。

案例导入：上海某房地产公司价格欺诈案

上海某房地产在2006年10月12日《新闻晨报》A24版、《新民晚报》B31版上发布“上海康城四期海之皇庭”商品房广告上，按室号对20套商品房逐一标示了“原单价6 765元/m²”、“原总价713 708元”等的内容。上海市物价局认为房产商品具有特殊性，不可能完全相同，因此该房地产公司有虚构原价之嫌。通过调查取证又进一步确认，报纸广告中的房产未以原价成交过，故该公司广告中标示的“原单价”、“原总价”是虚假的，属于《中华人民共和国价格法》第十四条第（四）项规定的“利用虚假的价格手段，诱骗消费者与其进行交易”的价格欺诈行为。

问题：

（1）处罚对象如何确定？

（2）是否存在“虚构原价”？

案例分析

（1）应以某房地产公司为处罚对象

行政处罚中，主体确定的正确与否，关系到整个案件的合法性。在本案中，上海康城四期A块楼盘的开发、销售、广告宣传分属三家不同公司负责，因此仅从报纸广告看，无法确定其中涉及的价格应由哪家公司认可并负责，而这直接关系到本案当事人的确定。因此，在调查中，上海市物价局着重对三家公司之间的关系、责任情况展开调查取证。从调查情况看，该房地产公司委托上海置国房地产咨询有限公司负责上海康城四期A块住宅物业的策划销售代理工作，同时委托上海山英企业营销咨询有限公司进行广告宣传。经调查确认，该楼盘的定价是由上海置国房地产咨询有限公司根据市场情况，提出建议销售价格，由某房地产公司最终确定。报纸广告由上海山英企业营销咨询有限公司负责发布，但需经该房地产公司确认。也就是说，在上海康城四期A块的房产销售中，所有涉及到的价格问题均由该房地产公司最终确定。上述事实有《销售策划合同书》、《广告代理合同》、《调查询问笔录》等为证。因此，本案将该房地产公司确定为当事人。

(2) 某房地产公司构成虚构原价的价格欺诈行为

根据《上海市房地产市场明码标价的实施细则》,买卖或有偿转让房屋应当明码标价,采用一房一价或基价及其增减幅度等方法公开标示价格。在本案中,某房地产公司采取的是一房一价,即按室号逐一明码标价的方式。按照这种标示方法,每户房产的价格是独立的,互相之间不存在关联,因此不可能存在原价。在办案中,检查人员调取了该公司已销售房产的《上海市商品房预售合同》和《上海市房地产业销售统一发票》,并对有关人员进行了调查询问,进一步确定当事人在房产销售中,从未以报纸广告中所刊登的"原单价"、"原总价"成交过,最终认定当事人的行为构成价格欺诈。

(3) 启示:总体而言,价格主管部门对房地产领域的价格违法行为查处不多,对于不动产销售中价格欺诈的表现、特点和规律还不够了解。作为一个成功案例,本案带给我们许多思考。本案中,某房地产公司虚构原价是可以认定的,但如果案情稍微加以改变,出现以下两种情形,是否仍可认定为价格欺诈。①假设经营者在销售房产时,按照《上海市房地产市场明码标价的实施细则》,对价格采取标示基价及增减幅度的方式,并确实以此价格成交了部分房产,是否存在"原价";②假设经营者销售商品时,以标示"原价"成交,并开具发票,但之后买方又进行了退货,这时是否存在"原价"。实际上,后一种情况在房地产销售中已经出现,如何处理目前还没有统一的意见,需要深入研究。

第一节 价格法概述

一、价格法概述

(一) 价格

价格是商品价值的货币表现,它是商品的经营者与消费者之间的经济关系的反映,同时也是反映市场供求关系、资源配置状况的基本信号。价格信号的正常显示和传递是市场机制得以健康运转的基本条件。价格有狭义和广义之分。狭义上的价格是指商品的价格和经营性服务的收费标准;广义上的价格除了上述所提到的以外还包括各种生产要素的价格,如劳动力价格、工资,资金价格、利率、汇率等。我国《价格法》调整的是狭义上的价格。

价格构成,又称价格结构,是指构成商品、服务的各个要素及其在价格中的组成状况。具体的价格构成应包括生产商品和提供服务的社会平均成本、税收、利润及流通费用。

价格改革在我国总体改革中的地位十分重要,价格体制改革不仅涉及每个人的切身利益,而且直接影响到社会的稳定。价格也是宏观经济调控的重要手段,在经济调节起着非常重要的作用。

随着价格改革的深入,我国除少数不适宜通过市场形成价格的商品及服务项目由政府定价及政府指导价外,大多数商品及服务项目的价格均由市场调节,由经营者自主确定。

(二) 价格法的概念与调整对象

1. 价格法的概念

价格法是调整价格关系的法律规范的总称。价格法有广义和狭义之分。广义的价格法,是所有调整在国家宏观调控和市场规制过程中形成的价格关系的法律规范的总称;狭义上的价格法，是指我国全国人大常委会通过并于1998年5月1日起施行的《中华人民共和国价格法》。我国从1979年开始进行价格体制改革至今，一直都很重视价格法制的建设和理论研究。从1995年起政府开始逐步推行价格管理的规范化、法制化，并寻求相应的法律支撑，颁布了一系列的价格法律规范。特别是在《价格法》颁布后，1998年至1999年国家计委先后颁布了涉及低价倾销产品方面的行政规定与办法，并与《反不正当竞争法》、《消费者权益保护法》、《产品质量法》等相配套，构建起一系列较为完善的价格运行法律制度，成为经济法中的一个重要独立的子部门法。价格法律制度的根本要求就是要尽力保证价格信息的准确、客观，禁止人为地操纵、控制价格，以及当价格出现不正常波动时，如何利用政府的宏观调控手段，促使价格保持平稳，进而促进国家宏观经济的稳定发展。

2. 价格法的调整对象

价格法的调整对象是价格关系。所谓价格关系是在价格的制定、执行和监督过程中发生的经济关系。具体而言，我国价格法主要调整以下几种价格关系：

(1) 各级价格主管部门及其他有关部门和经营者之间，在制定和执行价格方针、政策和法律过程中所发生的各种关系。

(2) 各级价格主管部门、其他有关部门、经营者和公民之间在确定作价原则，制定、调整和执行商品价格和非商品收费中发生的价格关系。

(3) 各级价格主管部门、其他有关部门、经营者和公民之间在价格监督和检查过程中所发生的价格关系。

(4) 各种商品的生产者和经营者相互之间以及他们与消费者之间因相互提供商品和服务而发生的价格关系。

(三) 价格法的作用

价格法是国家运用法律手段进行宏观调控，加强价格管理，规范价格行为，发挥价格合理配置资源的作用，稳定市场物价水平，保护消费者和经营者合法权益，促进社会主义市场经济健康发展的重要手段。其作用表现为：

1. 规范市场主体的价格行为，维护价格持续

随着价格改革的深入进行，价格决策主体日趋多元化，分散化。这种状况的存在需要有统一的规则来对市场主体的价格行为予以规范。《价格法》通过法律形式规定了各级价格主管部门与主体的权利、义务，使价格形成方式更加规范。

2. 创造公平竞争环境，优化价格形成机制

在市场经济条件下，价格在资源配置方面起着重要的指导作用，为了使价格能灵活地反映市场供求关系，从而更好地配置资源，需要塑造一个使价格合理平稳运行的公平合理的市场环境。价格法规范了价格形成的原则、方式和程序，禁止了不正当市场竞争行为，为确保价格形成环境良性化发挥重要功能。

3. 保护经营者和消费者的正当权益，协调生产和消费的关系

市场经济呼吁以法律手段切实维护市场经营主体的正当权益，只有这样企业才能建立一个有活力、健康的经营机制。价格问题牵涉到广大消费者的切身利益。价格法限制、禁止非法的价格行为，保护经营者正当竞争的权益与消费者利益，协调消费与生产的关系，使国民经济健康发展。

4. 规范、加强和改善宏观经济调控，稳定市场价格总水平

市场机制以利益机制刺激活力，有极大的灵活性，但同时，其调节机制又有自发、盲目、

滞后以及整体运行不稳定的一面，尤其是在市场化改革期间经济有起伏波动显著的特点。由此应加强和改善宏观调控，保持总供给与总需求的基本平衡、保持经济稳定，避免经济过热及通货膨胀。价格法规范了政府的价格行为，明确了宏观调控的模式及手段，为主要用经济手段协调国民经济运行，以保证其稳定、健康发展创造了条件。

二、价格法的立法宗旨和适用范围

（一）价格法的立法宗旨

《价格法》第1条明确规定其立法宗旨是，规范价格行为，发挥价格合理配置资源的作用，稳定市场价格总水平，保护消费者经营者的合法权益，促进社会主义市场经济健康发展。

（二）适用范围

1.《价格法》适用于中华人民共和国境内发生的价格行为。但根据《香港特别行政区基本法》的规定，《价格法》不适用于香港特别行政区。

2.《价格法》适用的价格仅指商品价格和服务价格，

3. 国家行政机关的收费是国家行政机关行使行政职能，依法向特定对象实施特定管理，提供特定服务收取的费用，因其内容较为复杂，《价格法》仅作了原则规定，即国家行政机关的收费，应当依法进行，严格控制收费项目，限定收费范围和标准，但收费的具体管理办法由国务院另行规定。

三、价格法的地位

价格法属于经济法。价格法与经济法中的计划法、反垄断法、反不正当竞争法等关系密切。价格法通过规范政府和市场主体的价格行为，改善国家宏观调控，保障市场机制的公平和效率，保障经营者和消费者的合法权益，从而实现价格法的经济社会功能。

第二节　价格法的基本制度

一、价格调控制度

价格是市场竞争中的重要诱导信号，同时反映社会总供给与总需求的关系，影响宏观经济的总量、结构、国际收支甚至就业，因而成为国家进行宏观经济调控的重要手段之一。规范国家运用价格手段进行宏观调控行为的法律总称为价格调控制度。

（一）价格调控宗旨

《价格法》第26条规定，国家根据国民经济发展的需要和社会承受能力，确定市场价格总水平调控目标，列入国民经济和社会发展计划，并综合运用货币、财政、投资、进出口等方面的政策和措施，予以实现。该条就表明我国价格宏观调控法律制度的宗旨：总量平衡、结构优化、国际收支平衡和充分就业，是宏观调控的目标，也是价格调控的宗旨。

经济学的常识告诉我们，价格是供求关系的反映。但是，国家宏观调控中的货币、财政、投资、进出口政策和调控手段，能够不同程度地影响社会总供给和总需求。因此，要实现宏观经济的目标，各类宏观调控手段和措施应密切配合，共同实现经济社会的良性运行和协调发展。

(二) 价格调控制度

我国的《价格法》与其他相关法律法规和规章,已经构筑了比较全面的价格调控制度体系。其中,价格监测制度、重要商品储备制度、重要农产品保护价制度、价格特别干预制度等是相对成熟的制度。

1. 价格监测制度

要实现价格宏观调控目标,保障价格总水平的基本稳定,就必须加强市场价格监测。价格监测,是指价格监测机构对政府价格主管部门确定的重要商品、服务价格的变动进行跟踪、采集、分析和公布的活动。价格监测制度,包括价格监测报表制度、市场价格动态监测制度、专题价格监测制度、价格监测公布制度、价格监测分析预测制度、价格监测工作制度和考核制度等。价格监督的信息要及时向政府及其主管部门报告,价格监测报告的内容包括:被监测商品和服务价格变化情况;被监测商品和服务价格趋势预报、预警;与被监测商品和服务价格有关的其他内容。

2. 重要商品储备制度

为增强政府宏观调控能力,保障市场价格的基本稳定,保证重要商品的供给,应当建立和完善重要商品储备制度。所谓重要商品,是指对经济和社会稳定作用重大的商品。重要商品目录会不断调整,但粮食、食油、生猪、食糖、食盐等主副食品,化肥、农膜、农药、成品油农资、成品油和棉花等生产和生活资料,是基本的重要商品。

为保障重要商品的储备,需要建立贷款资金和费用的补贴制度、储备商品委托管理制度、储备商品和自营商品动态更新制度等。

3. 重要农产品保护价制度

根据《价格法》的规定,建立健全农产品价格保护制度,完善粮食等主要农产品价格形成机制,对稳定"三农",促进经济社会的稳定和发展,意义重大。农产品价格基本由市场供求形成,国家主要通过储备、进出口等措施进行间接调控。2004 年以来,国家又对稻谷和小麦实行了最低收购价政策,并不断提高最低收购价水平,对保障国家粮食安全发挥了重要作用。由于农产品价格波动剧烈、工农产品比价不尽合理、农产品价格水平总体偏低,还需要不断完善重要农产品保护价制度。一方面,要健全农产品价格保护制度,完善农产品市场调控体系;另一方面,完善粮食等主要农产品价格形成机制,关键是理顺比价关系。

4. 价格特别干预制度

在突遭重大自然灾害、突发公共事件时,往往会导致经济供求关系发生重大而剧烈的变化,从而使重要商品和价格发生剧烈波动,如不及时干预,就会给经济的正常运行和社会稳定带来不可预测的影响。因此,《价格法》规定了价格干预措施和价格紧急措施。

当重要商品和服务价格显著上涨或者有可能显著上涨,国务院和省、自治区、直辖市人民政府可以对部分价格采取限定差价率或者利润率、规定限价、实行提价申报制度和调价备案制度等干预措施。省、自治区、直辖市人民政府采取前款规定的干预措施,应当报国务院备案。在 2003 年"非典"期间,许多省、市、自治区对相关药品、器械和生活物资的价格均实行过价格干预措施。

当市场价格总水平出现剧烈波动等异常状态时,国务院可以在全国范围内或者部分区域内采取临时集中定价权限、部分或者全面冻结价格的紧急措施。

当实行干预措施、紧急措施的情形消除后,应当根据权限和程序及时解除干预措施、紧急措施。

二、价格规制制度

（一）政府定价和政府指导价制度

1. 政府定价和政府指导价的概念

现代市场经济是市场在国家宏观调控下对资源配置起基础作用的体制。在市场经济体制下，绝大多数商品和服务的价格由市场形成。但由于还存在经济的周期性波动，存在垄断和不正当竞争，因而还需要国家的宏观调控和市场规制。国家宏观调控和市场规制的重要方式，就是对极少数商品和服务的价格形成机制进行干预。因此，《价格法》第3条规定："国家实行并逐步完善宏观经济调控下主要由市场形成价格的机制。价格的制定应当符合价值规律，大多数商品和服务价格实行市场调节价，极少数商品和服务价格实行政府指导价或者政府定价。"

所谓市场调节价，是指由经营者自主制定，通过市场竞争形成的价格。所谓政府指导价，是指依照价格法的规定，由政府价格主管部门或者其他有关部门，按照定价权限和范围规定基准价及其浮动幅度，指导经营者制定的价格。所谓政府定价，是指依照价格法的规定，由政府价格主管部门或者其他有关部门，按照定价权限和范围制定的价格。

2. 政府定价的范围

根据《价格法》第18条规定，下列商品和服务价格，政府在必要时可以实行政府指导价或者政府定价：(1) 与国民经济发展和人民生活关系重大的极少数商品价格；(2) 资源稀缺的少数商品价格；(3) 自然垄断经营的商品价格；(4) 重要的公用事业价格；(5) 重要的公益性服务价格。当然，随着具体商品和服务的垄断程度、资源稀缺程度和重要程度的变化，上述实行政府指导价和政府定价的商品和服务范围也会改变。

3. 政府定价的原则和依据

政府制定或调整价格应当遵循公平、公正和效率的原则。制定政府指导价、政府定价，应当依据有关商品或者服务的社会平均成本和市场供求状况、国民经济与社会发展要求以及社会承受能力，实行合理的购销差价、批零差价、地区差价和季节差价。与国际市场联系紧密的，还应当参考国家市场价格。

4. 政府定价权限

政府指导价、政府定价的定价权限和具体适用范围，以中央的和地方的定价目录为依据。中央定价目录由国务院价格主管部门制定、修订，报国务院批准后公布；地方定价目录由省、自治区、直辖市人民政府价格主管部门按照中央定价目录规定的定价权限和具体适用范围制定，经本级人民政府审核同意，报国务院价格主管部门审定后公布；省、自治区、直辖市人民政府以下各级人民政府不得制定定价目录。

5. 政府定价程序

根据《价格法》和相关法规、规章的规定，政府定价的程序是启动、初步审议、（列入听证目录的价格举行）价格听证、集体审议、（影响全国的重要商品和服务价格方案报国务院）批准、公布、定期检测与跟踪调查。

（二）经营者价格行为规则制度

1. 经营者定价的原则和依据

在市场经济体制下，绝大多数商品和服务的价格由市场机制形成。市场形成价格，即由经营者定价。经营者应当遵循公平、合法和诚实信用的原则，根据生产经营成本和市场供求状况定价。

2. 经营者的价格权利

经营者进行价格活动，享有下列权利：(1) 自主制定属于市场调节的价格；(2) 在政府指导价规定的幅度内制定价格；(3) 制定属于政府指导价、政府定价产品范围内的新产品的试销价格，特定产品除外；(4) 检举、控告侵犯其依法自主定价权利的行为。

3. 经营者的价格义务

经营者依法承担下列价格义务：(1) 合法经营，合理定价，合法获利。(2) 准确记录与核定商品和服务的生产经营成本。(3) 执行依法制定的政府指导价、政府定价和法定的价格干预措施、紧急措施。(4) 明码实价。

4. 经营者价格违法行为

根据我国《价格法》及相关规章的规定，经营者不得有下列价格违法行为：(1) 固定价格、限定转售价格；(2) 掠夺性定价；(3) 哄抬价格；(4) 价格欺诈；(5) 价格歧视；(6) 垄断高价、垄断低价；(7) 其他价格违法行为，包括：不执行政府指导价、政府定价；不执行法定的价格干预措施、紧急措施；违反明码标价规定；拒绝提供价格监督检查所需资料或者提供虚假资料，等等。

【案例 17-1】 某互联信息服务分公司价格欺诈案

2006 年 5 月 31 日，根据一消费者的投诉，厦门市物价局依法对某互联信息服务分公司短信服务收费情况进行检查。该分公司于 2006 年 5 月 26 日至 29 日举办“订新浪彩信，幸运伴你过佳节”短信业务活动，通过中国移动通信平台向移动手机用户发送内容为“为感谢您一直以来的支持，特为您奉献实拍美女、精美壁纸以及最新美女绝对隐私等资讯，回复 M 免费获取核心资料”的短信。厦门地区共有 30 名移动用户回复 M 到 888870 后，就收到 1862 回复“您已成功定制新浪公司提供的经典美女(超值版)服务，资费为 20 元/月，如需退订请发送短信 CX0000 或发彩信 0000”的短信内容，并被移动公司从账户上划走 20 元。

该分公司对以上事实没有异议，但辩解说该活动是针对曾经订阅过新浪业务和为新浪会员的彩信用户进行的。短信内容只是告知用户进入的程序方式。

【案例分析】

(1) 该分公司隐瞒了必须付出 20 元/月会员费的价格附加条件，用户一回复 M 到 888870，即形成定制彩信上行记录，并被移动公司以此为消费记录从手机用户的账户上划走 20 元。也就是手机用户想免费下载图铃，就必须先交 20 元/月的会员费。即使用户在 72 小时内退订成功，移动公司也仅是以话费的形式返还。同时用户回复 M 和发送取消订阅短信，同样要支付 0.1 元/条的短信费，变相增加了用户的话费支出。因此，该分公司构成《禁止价格欺诈行为的规定》第六条第(八)项“收购、销售商品和提供服务带有价格附加条件时，不标示或者含糊标示附加条件的”的价格违法行为。根据《价格法》和《价格违法行为行政处罚规定》的规定，厦门市物价局对该分公司处以 20 000 元罚款。

(2) 有关启示：随着科学技术的发展，电子计算机储存的数据和资料等进入了证据领域，但用户手机上的短信内容能否作为案件证据一直存在争议，而手机上的短信内容在本案中又起着至关重要的作用，因此使短信内容成为合法证据必须突破传统方式。本案的成功之处在于，检查人员首先让投诉人将短信转发到检查人员的手机上，然后在移动公司和该互联信息服务分公司客服人员面前现场演示订制过程，并将所有短信内容输出打印成纸质证据，由当事人盖章签字确认。此外，在本案调查过程中，调查人员注意了对几个关键问题的询问，并进行了录音和录像，进一步增强了证据的证明力。

三、价格管理制度

国务院价格主管部门统一负责全国的价格工作；国务院其他有关部门在各自的职责范围内，负责有关的价格工作；县级以上地方各级人民政府价格主管部门负责本行政区域内的价格工作；县级以上地方各级人民政府其他有关部门在各自的职责范围内，负责有关的价格工作。

价格主管部门的职责是根据价格法律法规的规定，依法规范市场主体的价格行为，发挥价格合理配套资源的作用，稳定市场价格总水平，保护消费者和经营者的合法权益，促进社会主义市场经济健康发展。

四、价格的监督制度

（一）价格的政府监督制度

1. 监督检查的主体。价格监督检查的主体是县级以上各级人民政府价格主管部门。

2. 监督检查的职权。包括：(1) 询问权。可询问当事人或者有关人员，并要求其提供证明材料和与价格违法行为有关的其他资料；(2) 查询、复制权。可查询、复制与价格违法行为有关的账簿、单据、凭证、文件及其他资料，核对与价格违法行为有关的银行资料；(3) 检查财物权。检查与价格违法行为有关的财物，必要时可以责令当事人暂停相关营业；(4) 证据保全权。在证据可能灭失或者以后难以取得的情况下，可以依法先行登记保存，当事人或者有关人员不得转移、隐匿或者销毁。

经营者有配合政府部门价格监督检查的义务。政府部门价格工作人员不得泄露当事人的商业秘密。

（二）价格的社会监督制度

消费者组织、职工价格监督组织、居民委员会、村民委员会等组织以及消费者，有权对价格行为进行社会监督。政府价格主管部门应当充分发挥群众的价格监督作用。新闻单位有权进行价格舆论监督。

对价格违法行为进行举报，是监督的保障。政府价格主管部门应当对举报者给予鼓励，并负责为举报者保密。县级以上各级价格主管部门应当依法受理举报，根据职责权限进行调查、处理。

第三节　违反价格法的法律责任

一、价格违法责任

（一）经营者的法律责任

1. 经营者不执行政府指导价、政府定价以及不执行法定的价格干预措施、紧急措施，责令改正，没收违法所得，可以并处违法所得 5 倍以下的罚款；没有违法所得的，可处相应罚款；情节严重的，责令停业整顿。

2. 经营者有《价格法》第 14 条所列禁止行为的，责令其改正，没收违法所得，可并处违法所得 5 倍以下罚款；无违法所得的，予以警告，可并处罚款；情节严重的责令停业整顿，或由工商行政管理机关吊销营业执照。有关法律对《价格法》第14条所列行为的处罚及处罚机关另有规定的，按照有关法律规定执行。

3. 经营者违反明码标价规定，责令改正，没收违法所得，可以并处5 000元以下的罚款。

4. 经营者因价格违法行为致使消费者或其他经营者多付价款的，责令限期退还；难于查找多付价款的消费者、经营者的，责令公告查找；公告期限满仍无法退还的价款，以违法所得论处。

5. 经营者被责令暂停相关营业而不停止的，或转移、隐匿、销毁依法登记保存的财物，处相关营业所得或者转移、隐匿、销毁的财物价值1倍以上3倍以下的罚款。

6. 拒绝提供价格监督检查所需资料或提供虚假资料，责令改正，给予警告；逾期不改的，可处5万元以下罚款，对直接负责的主管人员和其他直接责任人员给予纪律处分。

(二) 政府及其工作人员的价格违法责任

地方各级人民政府或者各级人民政府有关部门违反价格法的规定，超越定价权限和范围擅自制定、调整价格或者不执行法定的价格干预措施、紧急措施的，责令改正，并可以通报批评；对直接负责的主管人员和其他直接责任人员，依法给予行政处分。

政府部门的价格工作人员泄露国家秘密、商业秘密以及滥用职权、徇私舞弊、玩忽职守、索贿受贿，构成犯罪的，依法追究刑事责任；尚不构成犯罪的，依法给予处分。

【案例17-2】 山东某啤酒企业低价倾销案

2007年5月9日和5月28日某啤酒有限公司(以下简称A公司)两次向山东省某市物价局举报某啤酒有限公司(以下简称B公司)存在低价倾销行为，称：B公司自2006年11月起采取赠酒、瓶盖投奖、累积奖励等多种方式低价倾销，抢占某市啤酒市场，损害了举报人的经济利益，要求调查处理。经查，B公司成立之初就确定了市场战略，即2007年至2010年为市场导入期，通过低价占领市场，2010年开始为市场成熟期，实现销量与利润双丰收。经计算，B公司在经营过程中，雪花淡爽12度等品种啤酒的实际售价低于其进货成本。随着销量的增加，亏损额也不断增加，2006年销售2.8万KL，亏损976万元，2007年1月至5月销售1.9万KL，亏损730万元。

【案例分析】

根据《关于制止低价倾销行为的规定》第二条的规定，低价倾销行为是指经营者在依法降价处理商品之外，为排挤竞争对手或独占市场以低于成本的价格倾销商品，扰乱正常生产经营秩序，损害国家利益或者其他经营者合法权益的行为。据此，构成低价倾销应同时具备三个要件，并且不属于法定除外情节。三个要件包括：1. 主观上具有排挤竞争对手，独占市场的目的；2. 客观表现为以低于个别成本的价格倾销商品；3. 结果是损害国家利益或者其他经营者的合法权益。法定除外情节主要有销售积压商品、过季或者临近换季的商品、鲜活商品和因依法清偿债务、破产、转产、歇业等原因需要以低于成本的价格销售商品等。经调查，山东省物价局认定B公司的行为不属于《关于制止低价倾销行为的规定》第六条所列除外情形，且符合低价倾销的三个要件，构成低价倾销。

B公司排挤竞争对手，独占市场的目的十分明显。如前所述，B公司成立之初，就确定了通过低价占领市场的策略。在调查询问过程中，B公司的工作人员对此表示承认并记录在案。客观上B公司确实以低于成本的价格销售商品。《关于制止低价倾销的规定》第四条和第七条分别使用了“经营成本”和“进货成本”两个概念，究竟适用哪个条款测定企业的个别成本还存在争议。按经营成本计算，个别成本应包括购进商品进货成本和由经营费用、管理费用、财务费用构成的流通费用。据此，该公司在经营过程中8个品种的啤酒实际折让率高于盈亏临界点的折让率，导致上述产品扣除折让后的销售价格低于其经营成本。按进货成本计算：该公司5个品种的啤酒实际折让率高于盈亏临界点的折让率，导致其上述产品扣除折让后的销售价格低于其进货成本。因此，无论如何计算，B公司以低于个别成本的价格销售商品的事实是可以确定的。B公司的行为损害了国家利益与其他经营者的合法权益。通过调查发现，B公司在过去两年中出现大面积亏损，给国家税收造成了损害。同时，由于其低价倾销，直接影响到A公司的市场份额和盈利水平，2006年该公司2个品种出现亏损，可以认定B公司损害了其他经营者的合法权益。

本案启示：1. 查处低价倾销的关键在于测定企业的个别成本。在低价倾销的几个构成要件中，以低于个别成本的价格倾销商品是一个核心要件。根据《关于制止低价倾销行为的规定》第四条的规定，个别成本有多种计算标准，生产企业一般以生产成本为准，经营性企业一般以经营成本为准。但该法第七条第(一)项又使用了“进货成本”的概念。这样，计算经营企业的个别成本应以“经营成本”还是“进货成本”为准就有了争议。这其实是对法律的理解问题，当对某一个法律条文存在两种以上的理解时，该如何处理呢？山东省物价局从保护管理相对人和提高行政决定公信力的角度出发，采用了对相对人有利的解释，即按照进货成本计算。B公司低价倾销的商品从8种减为5种，处罚决定的可接受性提高了，相对人表示愿意接受处罚并改正违法行为。2. 低价倾销的构成要件中暗含着对损害程度的要求。在会议讨论过程中，与会代表结合各地查处的一些低价倾销案件进行了讨论，比较一致的意见是，不能仅仅根据低于成本销售商品这一点就推定低价倾销的存在。在过去办案中，一些地方把商家短期内低于成本销售商品的促销行为定性为低价倾销，现在看来是不妥的。只有当经营者在较长时间内持续的以低于成本的价格销售商品，给与之相竞争的经营者带来实质性损害或者存在实质性损害威胁时，才能认定构成倾销。《中华人民共和国反倾销条例》第二条就规定：“进口产品以倾销方式进入中华人民共和国市场，并对已经建立的国内产业造成实质损害或者产生实质损害威胁，或者对建立国内产业造成实质阻碍的，依照本条例的规定进行调查，采取反倾销措施。”可见，《反倾销条例》对损害的程度是有要求的。《反倾销条例》虽然只适用于外贸领域，但对国内贸易中的低价倾销查处工作也有一定的借鉴意义。

技能训练

一、选择题

1. 依照《价格法》的规定，由政府价格主管部门或者其他有关部门，按照定价权限和范围规定基准价及其浮动幅度，指导经营者制定的价格，称为（　　）

   A. 市场调节价　　B. 政府指导价　　C. 政府定价　　D. 经营者定价

2. 根据《反不正当竞争法》和《价格法》的规定，没有正当理由，以低于成本价格销售商品，属于违法行为。下列各项中，可以构成以低于成本价格销售商品的正当理由的有（　　）

   A. 降价处理鲜活商品　　B. 降价处理季节性商品

   C. 降价处理积压商品　　D. 因清偿债务、转产、歇业降价销售商品

二、简答题

1. 价格法的作用。
2. 价格调控制度的主要内容。
3. 经营者价格违法行为的主要表现形式。

第十八章　产业政策法概述

知识目标

了解产业政策法概念、特征和地位，掌握产业政策法的基本制度体系。

能力目标

要求学生能深刻体会到建立我国产业政策法的重要性，并能对完善我国产业政策法进行深入的思考。

案例导入：运用法律手段推动产业结构调整和升级

日本在产业结构调整充分运用法律手段方面取得了成功经验。日本政府通过制定适应不同发展阶段的产业政策及相应的法律或政令等，在战后迅速实现了经济复兴和向世界经济大国的迈进。通过制定和实施振兴法重点扶植战略产业的发展，对加速经济发展和推动产业结构升级具有重要作用；加强行业法规建设，通过行业立法加快传统工业改组改造；日本通过制定行业振兴法、衰退行业的特安法和改善特定产业结构法，顺利实现了产业结构调整。

日本产业政策的推行和产业结构的调整，主要是通过经济政策的法制化进行的。这可分为两类：一类是制定“一般法”，如通过对反垄断法的修改，放松对控股公司的限制，促进企业兼并和联合，实现经济规模，提高竞争力；另一类是制定“特别法”，如通过制定各种振兴法、产业结构改善法等，直接影响产业发展。如果根据法律的作用，可将日本有关产业政策的法律分为三大类：第一类是对扶持、保护、促进战略产业和新兴产业发展，通产省制定并经国会通过振兴法；第二类是对需要加以援助以顺利压缩过剩设备、转移人员的衰退产业，制定萧条产业临时措施法；第三类是对介于前两者之间，需调整其结构的特定产业，制定改善结构法。这些产业临时措施法有效期一般为5年左右。通过以上的案例请同学们分析：怎样通过立法推动我国产业结构调整和升级?

案例分析

衰退产业是由于技术进步或需求发生变化等因素致使市场需求减少，生产能力过剩且无增长潜力的产业。衰退产业的基本特征是无增长潜力。衰退产业的出现与产业的不断升级有直接的关系。一般来说，产业的每一升级，都会带来某些产业变成衰退产业。衰退产业是一个相对概念，相对某一地区的某一特定历史时期是衰退产业。例如，纺织业在中国70年代还称得上是上升产业，但到今天只能称之为衰退产业。日本在战后最早出现的衰退产业是煤炭业，以后是纺织业、造船业、有色金属业、石油化工业等等，对此，日本制定了各种调整和援助法律。

衰退产业按其产生的原因划分，大体有两类。一类可以称之为有形衰退产业或自然衰退产业，主要指采掘工业，随着资源的日趋减少乃至枯竭，必然要走向衰退。另一类可以称之为无形衰退产业或非自然衰退产业，主要指一些传统产业，随着产业结构的不断演进和升级，新兴产业和高新技术产业的逐步涌现，传统产业如果不及时进行更新改造或调整，同样将走向衰退。援助衰退产业制度就是法律规定的关于发展和调整、促进衰退产业的技术进步及衰退产业的替代产业的发展壮大的各种手段和措施的总和。有必要根据不同产业的不同特点制定相应的法律，实行各种援助政策，调整设备、调整内部结构，促使其顺利地缩减过剩设备，缩小规模和顺利转移资本与劳力，实行整体产业结构的不断调整。

制定产业结构政策发展战略产业和新兴产业，在详细研究发展可行性的前提条件下，同样也要依法进行。

反思中国产业结构的演变，应该强调立法的重要性。目前我国正处在新的发展阶段，正在对经济结构进行战略性调整，应重视发挥产业政策及相应法律的作用，产业结构调整政策的制定及实施必须步入有法可依的轨道。可以借鉴日本的经验，注意运用法律手段实现结构调整目标，避免不负责任的独断专行，更不能朝令夕改。产业结构调整和升级决策一经作出，就必须落实，产生相应的法律效力。决策者必须对其决策行为负责，决策失误应承担相应的法律责任。

通过行业法规推动产业结构调整，促进行业发展，要从以下几个方面入手：首先，必须明确产业结构调整和优化的原则。产业结构政策要强调微观基础；产业结构政策的制定和实施必须保证市场对资源配置的基础性作用；通过规定国家或政府在宏观调控中的地位、作用、职责权限、法律责任以规范决策行为，保证决策的科学性、稳定性和权威性。其次，必须在尊重客观规律的前提下明确我国产业结构调整的目标及路径。随着一国工业化的进程，产业结构变迁大致要按照轻纺工业到石油、化工、家用电器、电力、钢铁、汽车、机械制造业再到微电子技术、信息技术、航空航天、光电子技术、办公自动化设备、信息处理系统、生物工程、新能源和新材料等高新技术产业这样的路径发展。最后，详细规定并动态调整产业结构立法的内容，应加快建立保护国内产业的法律体系，制定适应于对传统工业进行改组改造要求的法律法规，如制定纺织、机械、煤炭、钢铁、汽车等行业的结构改善促进法；对能源产业则应当制定石油、天然气等方面的法律法规等。

第一节　产业政策法概述

一、产业政策概述

（一）产业的概念

产业是关于生产经营活动中提供同一产品或者同一劳务的各个企业、行业、部门的总称。在社会经济发展历史中，“产业”的内涵随着经济的发展而变化。产业作为一个概念最初由重农学派提出，主要是指农业。后来随着资本主义机器大生产的发展，产业的内涵主要是指工业。目前理论界一般认为，产业不仅包括第一、第二产业，而且包括第三产业。

（二）产业政策的概念

产业政策一词源于20世纪六七十年代的日本，是人们对日本60年代以来高速经济增长的成功经验总结基础上形成的，70 年代开始出现在日本的官方文件中，此后，逐渐在各国推广并被广泛接受。现在，产业政策已成为各国干预经济的重要手段。

产业政策是指一个国家或地区为实现其一定时期的经济和社会发展目标，而制定的相应的发展、限制产业的目标以及保障实现这些目标的各项政策所组成的政策体系。产业政策一般以各产业为直接对象，保护和扶植某些产业，调整和整顿产业组织，其目的是改善资源配置，实现经济稳定与增长，增强国际竞争力，改善与保护生态环境等。因此，产业政策是市场经济条件下政府宏观经济调控政策的重要方面。

政府制定和实施产业政策首先源于产业结构调整的需要。产业结构调整的目标是实现产业结构优化，而产业结构优化主要体现在产业协调和产业升级两方面。按照产业经济学的理论，不同的经济发展阶段，各产业的增长速度及其对经济增长的作用也不同，这就要求根据经济发展阶段的不同在各产业之间建立相对的主次关系以及发展的轻重缓急关系，形成产业间的动态平衡，这就是产业协调。而产业升级主要是指，在经济发展的进程中，使产业结构中代表先进技术的新产业成长壮大，并用高新技术改造传统产业，从而推动整个产业结构提升到一个全新的高水平上。无论是产业协调还是产业升级，从根本上说，都首先是市场机制自我调整的过程，即各经济主体依据市场供求关系的变化，自主地调整要素的投入，以实现市场资源在各产业之间的最优配置。但由于市场调节机制有其局限性，因此必须在市场调节的基础上加入政府调节的作用，由政府根据现有产业结构的状况和对产业结构变动的预测，调整各产业之间的比例关系，实现产业结构优化。这就是政府的产业结构政策。它主要包括主导产业的选择和支持、弱小产业的扶持、衰退产业的调整等，以此指导产业发展和产业结构调整，以促进经济持续、稳定、协调的增长。

因此，产业政策的实质是国家和政府对经济活动的一种自觉干预，以实现特定的经济、社会目的，这种干预包括对产业的规划、调整、保护、扶持、限制等。它具有明显的政策性，是一种政治性的制度安排，直接目的在于充当贯彻国家经济发展战略的工具，履行国家的经济职能，保证产业合理、有序、高效的发展。由于这种干预会使资源的配置方向发生转变，因而必须论证这种干预的合理性，即其能够更多地增进社会福利。从产业政策的目标来看，产业政策对社会整体利益的维护在国际层面上是用来增强和维持本国经济整体在国际竞争中的有利地位，体现了国家之间的经济竞争。

(三) 产业政策的内容

一般而言，产业政策的内容主要包括产业政策的目的和手段两个方面。

1. 产业政策的目标

产业政策的目标是指国家制定和实施产业政策所要达到的预期目的或效果。由于不同国家经济发展水平不同，即使是同一国家在不同的经济发展阶段，其产业政策的目标侧重也不同，总的来说，主要有以下几个方面：(1) 产业增长与发展目标，常见于经济振兴期或高速增长期，政府采取保护，扶植和培育等措施，促进本国产业的高速增长，从而带动本国经济的快速发展；(2) 产业结构调整目标，政府通过对产业结构的调整，协调产业间的相互关系，实现产业结构的合理化与高级化，使产业资源得到合理而有效的配置，从而为本国经济的进一步发展打下结实的基础；(3) 产业组织协调目标，政府通过协调与调整产业组织关系，解决产业内部企业间的矛盾，使产业保持良好的竞争与协作关系，限制产业垄断和企业垄断，建立良好的产业活动秩序。

2. 产业政策手段

产业政策手段是指一国政府为了实现既定的产业政策目标而采取的方式或方法。产业政策目标决定产业政策手段的选择与组合，为了实现一定的产业目标，政府可以选择采取一种或者多种产业手段。具体包括：(1) 刺激性手段。政府利用财政、金融、税收、外汇等价值手段，通过对干预对象利益关系的调控或输出利益信号来改变或影响被干预对象的经济行为，从而使其行为方式服从导向产业目标。(2) 强制性手段。政府利用其特有的行政权力，如审批制、配额制、许可制、专营制等对各产业做出强制性干预，影响产业的资源配置和运行态势，纠正违规的产业行为，实现预定的产业目标。(3) 诱导性手段。政府通过发布有关经济信息、劝诫、诱导、协商、教育等办法，影响被干预对象的价值判断，从而使其行为有利于产业政策目标的发展。(4) 法律性手段。国家通过立法、执法、司法来保证产业发展环境的优化、产业之间和产业内部关系的协调，保证产业政策得以完整的贯彻实施。以上手段，应当以法律性手段为主，其他手段都必须依法行使。

二、产业政策法的概念和特征

(一) 产业政策法的概念

产业政策法是调整产业政策制定和实施过程中产生的经济关系的法律规范的总称。简单地说，产业政策法就是规范和保障产业政策的法。它包括体现产业政策实体性内容的法律规范与产业政策制定和实施程序的法律规范。前者规定国家整体上或某类产业的基本发展方向、发展目标与重点及产业政策实施保障措施。例如，我国的《90 年代国家产业发展纲要》，从整体上对上述内容做了规范；而我国《农业法》则主要规定农业产业发展中的基本问题。后者将产业政策的制定和实施纳入法制化的轨道，保障其正确的制定和实施。产业政策法是产业实体法与产业程序法的统一与结合。通过产业政策的宏观调控，促进产业结构合理化，促进资源合理配置，实现国民经济持续、快速、健康发展。

产业政策制定和实施之所以要依法调整，这是由产业政策在市场经济中的重要作用决定的。它体现和贯彻的是国家作为社会总代表所集中起来的关于产业方面的国家意志，它作用于国家各产业，对国家的产业规划、产业结构、产业技术、产业布局等都具有一定的调控力和约束力。

(二) 产业政策法的特征

作为经济法的一个组成部分，产业政策法具有经济法的一般特征，如经济性或专业性、政策性、行政主导性和综合性等。当然，产业政策法在体现经济法的一般特征时又有自己的方式，从而形成了其在经济法中的一些特殊性。从产业政策法的基本性质、内容和各国的产业政策立法、执法情况看，产业政策法至少具有以下几个方面的鲜明特征。

1. 政策性。这是产业政策法在内容方面的特征。产业政策法实际上就是产业政策的法律化。产业政策法的政策性特征主要表现为产业政策法的制定、修改与国家的经济政策密切相关，这决定了产业政策法具有较大的变动性和灵活性，不同的国家以及同一个国家的不同时期的产业政策法在内容和侧重点上往往差别很大。有关产业政策法一般具有较明显的时限性和阶段性，如日本产业政策法所规定的产业政策，无论是支持、发展性的扶持政策，还是救济、援助性的调整政策，都是有一定期限的，很多临时措施法的有效期为 5 年，也有的是 10 年。正是这个原因，很多法律在名称上就冠以“临时措施法”，如《机械工业振兴临时措施法》、《电子工业振兴临时措施法》等。同时，产业政策法在实施过程中往往也会受到政策变化的影响。

2. 社会本位性。这是产业政策法在实质方面的特征。产业政策法保护的既不是单纯的国家利益、政府利益,也不是完全的社会个体的利益,而是同这两者既有密切联系又有明显区别的社会公共利益,即广大人民群众所享受的利益。虽然政府应当是社会公共利益的代表,但政府并非没有其自身的独立利益。"政府在法定的限度内追求自身 预算束的宽松、程序约束的简化、职责履行责任的减轻和模糊化,甚至是办公条件的改善等等,都是司空见惯的常见现象。"在产业政策的制定与实施过程中,一般说来,政府代表的是社会共同利益,但这并非在任何时候都能够自动实现的,而需要在产业政策法中得到体现和保障。以社会利益为本位的产业政策法的调整,包括对某些行业、企业进行规划、引导、扶持、保护和限制等,其所要达到的直接目的都是为了维护社会整体利益,而不是直接为了某个或某些私人(企业)的利益,尽管它在客观上和间接地会对个体利益产生某种积极或消极的影响。产业政策法的社会本位性体现了经济法追求实质正义的基本价值。

3. 综合性。这是产业政策法在形式方面的特征。产业政策法的综合性,首先表现为由产业政策本身的综合性决定的产业政策法的内容的综合性。产业政策明显是综合的而不是单一的,以此为内容的产业政策法也必然具有综合性。其次,产业政策法的综合性表现为其调整方法和实施手段的综合性。产业政策法的调整方法是多种多样的,除传统的民事、行政和刑事的以外,还包括奖励;产业政策法的保障措施也是多种多样的,有人将其分为三大类:一是间接诱导的手段,它包括财政、税收、金融、价格、外贸、政府采购等;二是直接管制手段,它包括了鼓励、允许、限制、禁止等方面,有时还配有配额制、许可制、对工资与价格的直接管制等;三是行政、信息指导手段,它以经济展望、劝告及提供其他信息为表现式样。此外,产业政策法的综合性还表现为其既包括实体规范,又包括程序规范,两方面结合在一起构成完整的产业政策法律制度。

4. 协调性。产业政策法的协调性有两方面的含义:一方面,产业政策法的协调性体现为协调产业法和其他各项法律制度的配套实施。由于产业政策要通过多种政策手段才能实现,一项产业政策至少要涉及包括财政、货币、对外贸易、收入分配、竞争和反垄断政策的相互综合运用,与此相关的法律制度就显得十分复杂,只有注重众多法律制度相互之间的配套使用,才能使产业政策法与相关法律制度在互动中取得实施。这种配套进行和互动在产业立法中的主要表现,就是产业政策法一般采取了按行业、部门立法的形式;有关产业政策法的执法,也采取了按部门相互协调分别执法的形式。另一方面,产业政策法的协调性还体现在产业政策法本身的具体内容中。例如,在产业结构法中,要注意新兴产业与夕阳产业、支柱产业与一般产业的协调发展,以实现对不同产业的鼓励、促进、限制或者禁止。在产业组织法中,要注意大中小企业的协调发展,充分发挥各种类型企业的作用,避免出现"失衡"的状况。在区域经济协调发展法中,要注意发达地区与落后地区、沿海沿边地区与内陆地区的协调发展,充分发挥各个地方的地区优势,等等。

5. 灵活性。产业政策法以国家的产业政策为其基本的规范内容。由于产业政策具有很强的阶段性,所以产业政策法较之其他宏观调控法,在立法和执法以及法律的表现形式等诸多方面,具有很强的灵活性,这种灵活性的特点决定了产业政策法以行政法规为其基本的表现形式。当然,对于重要的产业政策,应采取法律的形式;同时,对产业政策的制定和修改规定统一和严格的程序,是十分必要的。

三、我国产业政策法的立法的现状

我国在改革开放以前事实上也存在产业政策,但没有应用产业政策这个名词,更谈不上严格意义上的产业政策法。我国比较明确和自觉地提出和实行产业政策是从20世纪80年代后半期开始的。1986年在《国民经济和社会发展第七个五年计划》中第一次正式使用了“产业政策”的概念,并对产业发展提出了系统、具体的规划和政策。1987年党的“十三大”报告中提出:“计划管理的重点应转向制定产业政策,通过综合运用各种经济杠杆,促进产业政策的实现”。1989年3月15日《国务院关于当前产业政策要点的决定》颁布,这是我国第一个正式的关于产业政策的规范性文件。1993年党的十四届三中全会通过的《中共中央关于建立社会主义市场经济体制若干问题的决定》明确提出“制定和实施产业政策作为政府管理国民经济的重要职能和调控手段”。为贯彻党的十四大精神和十四届三中全会决定,根据我国经济发展的现状和趋势,1994年4月,国务院颁布了《90年代国家产业政策纲要》,作为今后制定各项产业政策的指导和依据。1996年4月八届全国人大四次会议通过的《国民经济和社会发展“九五”计划和2010年远景目标纲要》提出了一系列具体的产业政策。自20世纪90年代以来,国家陆续制定了一些包含或体现相关产业政策性质的法律、法规、规章和其他规范性文件。例如《中共中央、国务院关于加快发展第三产业的决定》(1992);《科学技术进步法》(1993);《汽车工业产业政策》(1994);《指导外商投资方向暂行规定》(1995,后被2002年《指导外商投资方向规定》所取代)、《外商投资产业指导目录》(1995,后分别被1997年和2002年发布的《外商投资产业指导目录》所取代)、《促进科技成果转化法》(1996);《水利产业政策》(1997);《中共中央、国务院关于加强技术创新发展高科技,实现产业化的决定》(1999)、《关于当前调整农业产业结构的若干意见》(1999)、《鼓励软件业和集成电路产业发展的若干政策》(2000)、《关于加快发展环保产业的意见》(2000)、《中西部地区外商投资优势产业目录》(2001)、《“十五”期间加快发展服务业若干政策措施的意见》(2001)、《国家产业技术政策》(2002)、《清洁生产促进法》(2002)、《中小企业促进法》(2002)、《促进产业结构调整暂行规定》(2005)、《产业结构调整指导目录》(2005)、《外商投资产业指导目录》(2007年修订)、《钢铁产业调整和振兴规划》、《汽车产业调整和振兴规划》、《纺织产业调整和振兴规划》等十大产业振兴规划(2009)。

以上情况表明,我国在改革开放以来的经济管理活动中越来越重视利用产业政策,并且其法律化程度也在逐步提高,这对调整我国产业结构,提高产业组织素质和产业技术水平,从而促进经济增长方式的转变起了多方面的积极作用。

四、产业政策法律体系

与前述产业政策主要由产业结构政策、产业组织政策、产业技术政策和产业布局政策所构成相一致,产业政策法的基本制度体系也主要由产业结构政策法律制度、产业组织政策法律制度、产业技术政策法律制度和产业布局政策法律制度所构成。其中,产业结构政策法律制度和产业组织政策法律制度是产业政策法基本制度体系中两个最主要、最基本的方面。

(一)产业结构政策法律制度

产业结构政策法是指政府依据本国的产业结构演化趋势,为推进产业结构优化升级而制定的产业政策。产业结构政策针对产业间的资源配置结构优化与调控问题,其实质在于从推动产业结构的合理演进中求得经济增长和资源配置效率的改善。产业结构政策按照政策目标和措施不同,可以划分为多种不同的类型,主要有主导产业选择和支持政策、弱小产业扶植政策和衰退产业调整政策。产业结构政策法律制度就是对这些方面的产业政策进行法律调整而形成的。

（二）产业组织政策法律制度

产业组织政策是指政府为了获得理想的市场绩效而制定的干预产业的市场结构和市场行为的政策。产业组织政策针对产业内的资源配置结构优化与调控问题，其实质是政府通过协调产业组织中规模经济与竞争活力之间的矛盾（即所谓的“马歇尔冲突”），以建立正常的市场秩序，提高市场绩效。产业组织政策主要包括竞争（反垄断）政策、直接规制政策和中小企业政策。产业组织政策法律制度就是对这些方面的产业政策进行法律调整而形成的。

（三）产业技术政策法律制度

产业技术政策是政府制定的促进产业技术进步的政策，是政府对产业的技术进步、技术结构选择和技术开发进行的预测、决策、规划、协调、推动、监督和服务等方面的综合体现。其主要内容包括产业技术发展的目标、主攻方向、重点领域、实现目标的策略和措施，是保障产业技术适度和有效发展的重要手段。产业间的技术结构是供给结构的一个因素，是产业结构的一个侧面，产业技术政策的一些方面可以在产业结构政策的框架中讨论，但是由于它尚不能完全包容在产业结构政策之中，并且由于在知识经济初见端倪的今天产业技术的重要性日益显现，因此产业技术政策完全可以构成产业政策中的一个单独的部分。产业技术政策法律制度就是对这些方面的产业政策进行法律调整而形成的。

（四）产业布局政策法律制度

产业布局政策是指政府为实现产业空间分布和组合合理化而制定的政策。产业布局的合理化，实质上是地区分工协作的合理化、资源地区配置和利用的合理化。产业布局政策一般有经济发展、社会稳定、生态平衡和国家安全等方面的目标。虽然产业布局政策是国家社会发展政策的重要部分，确实不能完全包容在产业政策中，但其主要和直接的方面是涉及产业的经济因素，因此还是可以在产业政策的框架中加以讨论。例如，我国作出的西部大开发的战略决策虽然不能仅仅归为产业政策，但它确实带有明显的产业政策的性质。产业布局政策主要包括区域产业扶持政策、区域产业调整政策和区域产业保护政策等内容。产业布局政策法律制度就是对这些方面的产业政策进行法律调整而形成的。

五、产业政策法的立法模式

当今世界，产业政策法的立法模式主要有两种：一为倾斜型产业政策立法模式，二为竞争型产业政策立法模式。前者以日本为代表，后者以美国为代表。

（一）倾斜型产业政策立法模式

倾斜型产业政策立法模式重视产业结构的法律调整，多见于一些后发国家。它往往在法律中规定，国家要集中必要的资源、资金和技术力量，实行倾斜性投入和扶持，以加快本国主导产业的超常发展，力求以最小的成本、最快的速度，达到缩短同发达国家差距或增强国际竞争优势的目的。日本在 20 世纪 80 年代以前是个后发国家。二战以后，日本经济发展经历了经济复兴时期、高速增长时期、全面赶超时期和结构转换时期。在每个时期，日本都不断制定稳定产业发展的有关法律法规，以集中力量有秩序地恢复和加快特定产业的发展。这些产业政策法既有统筹性，又有动态连贯性。

（二）竞争型产业政策立法模式

竞争型产业政策立法模式倾向于产业组织的法律调整，集中于调整竞争关系与防止垄断方面，多见于一些先行国家。它强调要充分发挥市场的作用，为各类产业创造一种公平竞争的政策环境，使产业结构的调整顺应市场需求结构发展的趋势，让企业在市场机制作用下自觉地进行生产要素的优化组合和更新换代，尽可能不采取强制性的行政手段。在美国，他们重视反垄断这类产业组织政策及其法律化，而产业结构政策及其法律化被认为没有多大积极意义。美国虽曾制定过一些涉及产业结构政策方面的法律，如《农业贸易发展与援助法》(1954 年)、《产业复兴法》(1933 年)，但这些产业政策法都是特殊的、偶然的、零碎的，因此，它不具有典型性。中国的国情与上述两国均有所不同。一方面，产业结构存在下列严重问题：农业基础薄弱；一般加工能力严重过剩；主导产业不明显，“夕阳产业”问题突出；重复建设和地区布局同构化严重；产业融合度低，高度化层次低，出口贸易初级化等。同时，产业结构出现了三个制约的“瓶颈”现象：一是农业对工业的制约；二是基础工业和基础设施对加工工业的制约；三是上游工业对下游工业的制约。另一方面，产业组织上存在集中度低、企业规模小、规模不经济等严重现象。因此，中国的产业政策立法模式应不同于美、日等国的立法模式，我们既要重视产业结构立法，也要重视产业组织立法，双轨齐下。只有这样，才能优化我国的产业结构，提升我国的产业竞争力。

六、产业政策法的保障措施

产业政策法的保障措施，是指保障产业政策法所规定的产业政策实施的手段。历史经验表明，产业政策的最大难点就在于政策手段的选择与配合，它比确立产业政策目标更复杂。因此，要想取得较好的产业政策效果，必须根据产业政策目标的要求，适当地选择和组合各种产业政策手段变量。一般而言，产业政策的实施手段随着时间的推移及经济的发展水平的提高而有所变动。以日本为例，二战后初期及 50 年代，产业政策的实施手段主要有分配生产资料、价格补贴、价格管制、外汇管制、政府的复兴金融公库贷款等；60 年代高度增长时期，产业政策的实施手段主要有行政指导、财政和金融诱导等；自 70 年代开始，主要政策手段从利用税收、贷款、政策补助等“硬性”手段调整为提供信息指导的“软性”手段。这种信息指导的具体形式主要是定期发布的“长期经济展望”；80 年代中、后期以后，日本政府进一步加强了对企业的信息指导，连续不断地发表“经济展望”等综合资料；同时实行了一系列旨在缓和国际贸易摩擦、保持持续增长势头的出口自我限制、扩大内需等方面的行政性规定。从总体上而言，产业政策法的保障措施有三大类：一是间接诱导手段，它包括财政、税收、金融、价格、外贸、政府采购等；二是直接管制手段，它包括了鼓励、允许、限制、禁止等方面，有时还配有配额制、许可制、对工资与价格的直接控制等；三是行政、信息指导手段，它以经济展望、劝告及提供其他信息为表现形式。由此也可见，产业政策实施手段有些是其政策所特有的手段，有些是借用其他政策手段，尤其是财政手段和金融手段，而且这两个手段又是产业政策目标得以实现的重要手段。但是，我们不能由此误认为应把财政政策与金融政策隶属于产业政策之下。

我国正处于由传统计划体制向市场经济过渡的发展中，所以，应采取以直接介入性调控方式为主，逐渐加大诱导性调控的力度。实际情况也是如此。在 20 世纪 90 年代，我国产业政策的实施手段中运用最多、最频繁的是直接管制手段。如为解决汽车重复建设的问题，国家规定，1995 年底以前，不再批准新的轿车、轻型车项目；再如纺织业的限产压锭、煤炭行业的限产关井等；又如国家经贸委发布《淘汰落后生产能力、工艺和产品的目录》(第一批、第二批)，规定各地区、各部门和有关企业要制定规划，采取有力措施，限期坚决淘汰本目录所列的生产能力、工艺和产品，一律不得进口、新上、转移、生产和采用本目录所列的生产能力、工艺和产品。目前，我国正在加大间接诱导手段的应用力度。例如，在《鼓励软件产业和集成电路产业发展的若干政策》(2000年)中，国家规定了投融资手段、政府采购手段等间接诱导手段；在《当前国家鼓励发展的环保产业设备(产品)目录》(第一批)中规定了财政、税收等间接诱导手段。今后，我国还应采用行政、信息指导手段来保障产业政策法的实施。

第二节　产业结构法律制度

一、产业结构的概念及分类

产业结构是指国民经济中各个物质资料生产部门(包括部门内的分部门)之间的组合与构成的情况，以及它们在社会生产总体中所占的比重，实质上是生产资料和劳动力在各产业部门之间的按比例分配。

产业分类的方法很多，有三次产业分类法、标准产业分类法、生产结构分类法，以及按资源密集度所进行的分类等，各种方法都有其所长，也有其所短。根据不同的目的任务，可以选取不同的分类方法。一般而言，多使用三次产业分类法及标准产业分类法。

三次产业分类法是现代西方经济学中的一个分支——经济成长论所提出的对国民经济各部门进行产业划分的方法(或者是指对国民经济全部活动或部分活动进行分类的方法)；也是近代西方国家对产业结构的一种分类方法。按这种分类方法，第一(次)产业的产品基本上是直接从自然界取得的；第二(次)产业的产品是通过对自然物质资料(农产品和采掘业产品)，及工业品原料进行加工而取得的；第三(次)产业在本质上乃是服务性产业，即第一、第二(次)产业以外的非直接的物质生产部门。其范围大体包括：商业与贸易、金融与保险、旅游与娱乐、仓储与运输、文教与卫生、信息与通讯、科研与咨询、旅馆与饮食、修理、理发、美容和其他劳务性服务等等行业，其中有的是为生产服务的，有的是为社会发展服务的，也有的则是为人们的生活服务的。可见，产品的性质和生产过程的特征是这一分类法的依据和标准。在我国通常称为“第一产业”、“第二产业”、“第三产业”。

标准产业分类法是为了统一各国国民经济统计口径而由联合国制定的。因而，这种分类法具有权威性、完整性及广泛的适用性，也是研究产业结构常用的产业分类方法之一。联合国于1971年颁布了《全部经济活动国际标准产业分类索引》，将全部经济活动共分十大类。在大类之下又分若干中类和小类。这十大类是：农业、狩猎业、林业和渔业；矿业和采石业；制造业；电力、煤气、供水业；建筑业；批发与零售业、餐馆与旅店业；运输业、仓储业和邮电业；金融业、不动产业、保险业及商业性服务性；社会团体、社会及个人的服务；不能分类的其他活动。

我国的三次产业划分是：第一产业：农业(包括种植业、林业、牧业和渔业)。第二产业：工业(包括采掘业，制造业，电力、煤气、水的生产和供应业)和建筑业。第三产业：除第一、第二产业以外的其他各业。根据我国的实际情况，第三产业可分为两大部分：一是流通部门，二是服务部门。具体可分为四个层次：第一层次：流通部门，包括交通运输、仓储及邮电通信业，批发和零售贸易、餐饮业。第二层次：为生产和生活服务的部门，包括金融、保险业，地质勘查业、水利管理业，房地产业，社会服务业，农、林、牧、渔服务业，交通运输辅助业，综合技术服务业等。第三层次：为提高科学文化水平和居民素质服务的部门，包括教育、文化艺术及广播电影电视业，卫生、体育和社会福利业，科学研究业等。第四层次：为社会公共需要服务的部门，包括国家机关、政党机关和社会团体以及军队、警察等。

二、产业结构法的概念

产业结构法是关于促进产业结构合理化，规定各产业部门在国民经济和社会发展中的地位，确定国家进行宏观调控的基本手段的法律规范的总称。其目的在于对产业结构进行宏观调控，充分利用市场机制，促进资源合理配置，实现国民经济持续、快速、健康地发展。产业结构法可分为整体产业结构规划制度，包括产业结构整体规划的原则、程序、权利义务和法律责任等规范；保护战略产业制度；调整、援助衰退产业制度等。因此，产业结构立法包括综合性立法和单项立法。

三、综合性产业结构法

我国综合性的产业结构法尚未制定为国家的基本法律，1994 年国务院颁布《90 年代国家产业政策纲要》(以下简称《纲要》)以及与此相配套的《当前国家重点鼓励发展的产业、产品和技术目标》，《国民经济和社会发展第十二个五年规划纲要》提出“优化结构、改善品种质量、增强产业配套能力、淘汰落后产能，发展先进装备制造业，调整优化原材料工业，改造提升消费品工业，促进制造业由大变强”的目标，是我国全面的综合性产业结构规划。其内容是：

(一) 产业结构长期政策的规定

即根据产业发展的演变规律，特别是现阶段发展水平和进一步发展的需求，提出较长一段时期内产业发展的目标和方向，如《纲要》中规定我国 20 世纪 90 年代的产业发展目标的方向是：大力加强基础产业，加快发展支柱产业，带动国民经济的全面振兴，合理调整对外经济贸易结构，加快高新技术产业发展的步伐，继续大力发展第三产业。《国民经济和社会发展第十二个五年规划纲要》提到推进重点产业结构调整的任务和目标。

(二) 对战略产业保护和扶植的规定

这是产业结构法的核心内容。所谓战略产业，是指具有较高需求弹性和收入弹性，能够带动国民经济其他部门发展的产业。有关的保护措施主要有：限制所保护的同类外国产品的进口，限制外国私人直接投资等。扶植的政策形势也比较多，主要有财政投资、倾斜金融、倾斜税收以及行政干预等。

(三) 对衰退产业的调整、援助规定

对衰退产业及时地进行援助和调整，有利于减少经济损失和社会动乱。对衰退产业的调整援助，主要包括限制进口，财政补贴，减免税等。

四、单项产业结构法

为了贯彻国家总的产业结构政策，需要对各个产业结构进行单独立法。我国已有的基本法律有《农业法》、《铁路法》、《民用航空法》等。与此相关的主要问题是：

(1) 对于需要重点扶持或重点限制的产业制定单项法律章程或法规。需要限制的产业是指供给远大于需求的产业。需要扶持的产业主要有两类：一类是国民经济中薄弱环节或基础环节的产业，如农业、交通邮电、能源等；另一类是可以带动国民经济现代化或者全面发展的关键产业，如机械电子、石油化工、汽车制造和建筑业等。对于这两类扶持产业的具体产业部门的产业结构法律规范，有的表现为全国人大制定的基本法律(如《农业法》、《建筑

法》等),有的表现为国务院颁布的行政法规(如 1997 年国务院颁布的《水利产业政策》)。

(2) 市场经济条件下,各个产业部门的产业结构立法应反映依法运用经济手段优化产业结构的特点,即依法对不同的产业,采取有差异的财政、税收、信贷、利率、工资等经济手段,同时政府也要采取引导、协调的方式,必要时还要依法采取行政手段。

(3) 各个产业部门的产业结构优化经济政策的依法运用,涉及到与这些经济政策相关的经济法律(如财政法、金融法等)的协调一致问题。为此,有必要将产业结构政策通过基本法律的形式加以规范化。如农业法、交通运输法、公用事业法等,这些法律除了调整统一产业结构关系,还调整该产业内部的管理关系,因而谓之产业管理法。其主要内容,包括产业发展的基本方针和政策,产业内部各个企业遵循的共同准则和标准,产业管理体制和政府有关产业管理部门的职权和职责,有关产业的自律组织(行业协会)及职权等。由于在市场经济条件下,不同的产业有不同的经济活动特点,因而有不同的产业规则及相应的法律规范。这些产业法律规范也划分为以下几类:

一是关于农业的产业管理法律规范,包括我国《农业法》中的农业产业管理法律规范,以及关于种植业、林业、畜牧业、渔业等行业单行法律、法规中的有关法律规范。

二是关于工业的产业管理法律规范,包括就工业中各业的共同问题制定的适用工业各业的工业产业的管理法律规范,以及根据工业中各业的特殊问题,分业制定各业的产业管理法律规范(如纺织业、轻工业、汽车业等各业的产业管理法律规范)和根据各业中的某一方面,制定有关法律规范(如计算机软件著作权这一信息产业管理法律规范)等。

三是关于第三产业管理法律规定,包括物流的产业管理法律规范(如饮食业、物质供销和仓储业、邮电通信、交通运输业管理法律规范)、为生产和生活服务部门的产业管理法律规范(如金融保险业、房地产业、公用事业产业、居民服务业、旅游业产业管理法律规范)。

目前我国处在新的发展阶段,正在对经济结构进行战略性调整,应充分发挥产业结构法的作用。通过制定和实施振兴法重点扶植战略产业的发展,鼓励和扶持技术创新和新型产业发展,推动产业结构升级;加快制定淘汰落后产能产业的法律规范,建立劣势企业的退出机制,压缩过剩生产能力及设备,对难以维持和对国民经济有较大影响的衰退产业提供帮助,防止大量工厂倒闭和工人失业引起的严重的社会问题。今后应通过加强单项产业规划和产业法律来引导生产发展。加快传统工业改造、推动产业结构调整、促进产业发展、规范产业竞争。

第三节 产业组织法律制度

产业组织是指同一产业内部各企业间在进行经济活动时所形成的相互联系及其组合形式。因各产业及企业间相互联系机制和形式的不同,对资源利用效率及产出效益都有直接的影响,因而利用经济政策改善产业组织,实现产业组织的合理化,并借此达到资源有效利用,收益公平分配等经济政策一般目标,便成为产业组织政策的首要任务。

一、产业组织政策的概念及分类

(一)产业组织政策的概念

所谓产业组织政策，是指政府为实现这一目标而对某一产业或企业采取的鼓励或限制性的政策措施。同时，因一般认为良好产业组织的形成需以市场结构合理、竞争适度为条件，因而，产业组织法也被称为“禁止垄断政策”或“促进竞争政策”。

(二)产业组织政策的分类

1. 从政策导向角度看，各国已有的产业组织政策通常分为两类：一是竞争促进政策，鼓励竞争、限制垄断，主要有反垄断政策或反托拉斯政策、反不正当竞争行为政策及中小企业政策等，它着眼于维持正常的市场秩序；二是产业合理化政策，主要适用于自然垄断产业鼓励专业化和规模经济，它着眼于限制过度竞争，直接表现为政府的规制政策。

2. 从政策对象看，产业组织政策可分为市场结构控制政策和市场行为控制政策两类：市场结构控制政策是从市场结构方面禁止或限制垄断的政策，如控制市场集中度、降低市场进入壁垒等。市场行为控制政策是从市场行为角度防范或制止限制竞争和不公正交易行为的发生，以及诈骗、行贿等不道德商业行为的发生。

二、产业组织政策的主要内容

产业组织政策的主要内容可分为两方面：

1. 充分利用规模经济

规模经济是指产品产量处在适度规模时因单位产品费用水平相对下降而获得的经济利益，是生产的社会化和专业化的结果。这种规模经济的形成，靠市场虽也可渐次获得，但毕竟耗费时日。要加速企业生产的专业化发展，建立大批量生产的组织体系，只有动用经济政策的力量，对经济规模的形成适时引导，才能实现对规模经济利益的取得。

2. 促进有效竞争

有效竞争是指企业间通过提高质量、降低价格、提供优质服务等正当竞争手段而进行的有利于增进社会福利的竞争，是相对于无效竞争而言的。虽都是竞争，但这两种竞争结果却是截然不同的。一个是对社会经济利益提高的促进，一个却是对社会资源的空耗。产业组织政策的实施，便是要限制无效竞争，促进有效竞争，从组织上保证资源的充分利用。

三、产业组织政策的目标及实施手段

(一)产业组织政策的目标

1. 一般目标

产业组织的一般目标是维护市场的有效竞争，以提高产业内部的资源配置效率。有效竞争是指产业组织处于既能够保持产业内部各企业之间的适度竞争，又能获得规模经济的效益，即可以兼容竞争活力和规模经济效益的竞争。

2. 具体目标

企业达到并有效利用经济规模，市场供应主要有达到经济规模的企业承担；从长期看，各产业的资本利润率比较均等；较快的技术进步；不存在过多的销售费用；产品的质量和服务水平较高，并具有多样性；能有效利用资源。

3. 结构目标

尽管市场上卖主数目足以消除单个企业对价格的影响，但要达到符合经济规模的要求；

企业规模比较均等,单个企业不能操纵市场;不存在人为的企业进入或退出市场的障碍。

4. 行为目标

企业独立作出价格、产量和营销决策,不存在窜谋;企业不能使用提高效率以外的方法消除和排挤竞争对手。

5. 绩效目标

利润不高于其他行业从事同样风险程度生产经营活动可以获得的水平;促销开支和产品差异化程度在适度范围以内;企业经营具有效率;企业对技术进步能及时作出反应。

(二) 产业组织政策的实施手段

1. 控制市场结构

对各个产业的市场结构变动实行监测、控制和协调,防止不合理的市场结构的产生。具体措施包括:降低市场集中度,依法分割处于垄断地位的企业,降低进入壁垒,减少不合理的产品差异化;建立企业合并预审制度,对中小企业实行必要的扶植;在某些产业实行规制政策,防止过度竞争。

2. 调整市场行为

禁止和限制竞争者的共谋、卡特尔及不正当的价格歧视;对卖方价格、质量实行广泛监督,增强市场信息透明度;对非法商业行为进行控制和处置。

3. 直接控制市场绩效

对资源分配方面存在市场缺陷的产业,通过政府的干预(如直接投资)弥补市场机制缺陷;对赢利不多和风险较大的重大技术开发项目提供资金援助;增加教育、科研和技术推广的公共投资;禁止滥用稀缺资源。

第四节 产业技术法律制度

一、产业技术的概念及特征

产业技术是技术演化到产业层面的存在形态。美国技术哲学家卡尔米切姆把作为过程的技术的表现形式归结为:发明、设计、制造和使用。远德玉教授将其进一步解读为技术构想、技术发明、设计技术和生产技术。技术构想历经客观化、物质化后被纳入到生产劳动过程中,其形态表现为生产技术,而为完成技术的最终目的,必须实现生产技术的体系化,即与多种相匹配的生产技术综合,进而认为产业技术是生产技术的体系化。作为过程的技术在其自身不断展开中完成其形态的转变,同时也完成了知识产业化的过程,作为知识的技术在嵌入产业系统的过程中,不但完成了知识物化的过程,同时其结构、功能和内涵上被赋予了产业的规定性。知识的生成是在一定的语境中完成的。

产业技术的基本特征主要表现在:(1) 产业技术是体系化了的技术;(2) 产业技术是社会化了的技术;(3) 产业技术具有直接生产力功能;(4) 与生产技术相比,产业技术是具有独特性的技术。

二、产业技术法概念及内容

产业技术政策是指国家制定的用以引导、促进和干预产业技术进步的政策的总和。它以产业技术进步为直接的政策目标，是保障产业技术适度和有效发展的重要手段。产业技术政策包括两方面的内容：一是产业技术结构的选择和开发政策，主要涉及具体的技术标准，规定各产业的技术发展方向，鼓励采用先进技术等方面；二是促进资源向技术开发领域投入政策，主要包括技术引进政策、促进技术开发政策和基础技术研究的自主与组织政策。产业技术法是产业技术政策的法律化。我国制定和颁布的《科技进步法》，是产业技术政策的综合性法律，具有基本法律的性质。该法以及相关法律的主要内容有：

1. 国家推行科学技术的基本方针，经济建设和社会发展依靠科学技术，科学技术工作要面向经济建设和社会发展。

2. 国家推行科学技术进步的措施制度表现在以下几个方面：

(1) 科学技术规划制度，即制定科学技术规划，确定科学技术的重大项目保证科学技术进步与经济和社会发展相协调。

(2) 建立科学技术与经济有效结合的机制。在对经济建设有重大意义的基础上，国家选择性的组织科学研究和技术开发，建立和发展技术市场，推动技术成果商品，鼓励科学研究，技术开发，推广应用技术成果，改造传统产业。

(3) 组织科技力量，实施高科技研究并推广其成果建立高新技术开发区，对从事高科技产品开发、生产的企业和科研机构实行优惠政策。

(4) 对从事基础研究和其他重要科技开发的机构和科技工作者在经费、实验手段等方面给予支持，并保障他们的合法权益。

(5) 健全科技进步保障措施。逐步提高国家科技经费投入的总体水平；鼓励企业增加科技研究和开发的投入，企业的技术开发费计入成本费用，国家在信贷、税收方面支持科技成果的商品化。

(6) 发展对国民经济的技术进步起先导作用的产业，鼓励技术先进的部门、行业、地区和企业向技术相对落后的部门、行业、地区和企业进行技术转移。

(7) 加强政府在科技引进方面的指导作用，以税收、外汇等优惠政策和支持以多种方式引进先进科技。

(8) 建立科学技术进步奖励制度。

三、产业技术法的重要性

1. 促进技术进步是政府本身的职能要求

由于技术、知识具有公共产品的属性，政府应当是公共产品的重要提供者，因此，政府有责任积极参与经济发展过程中的技术进步活动，保证和促进这种公共产品的供给。

2. 单纯依靠市场机制分配资源难以满足技术发展的需要

(1) 技术开发的成本与技术进步的收益之间存在非对称性，个人技术成本高，但个人收益往往低于社会收益，影响私人技术开发投资的积极性；

(2) 技术开发存在着较大的商业风险和技术风险，这种风险一般难以通过加价等方式转移，使得一些生产者宁愿等待别人的开发成果而不愿意自己开发；

(3) 技术开发过程一般不可分割，需要一定的投入规模，中小企业难以承担。所以，政府有必要为满足技术发展的要求而干预资源分配，进行必要的投入。

3. 基础科学技术的研究需要国家的投入和组织

这是因为基础科学技术的研究和开发是技术进步不可缺少的前提，而基础科学技术研究和开发投资多、周期长、见效慢，很难成为直接获取收益的经济活动，私人企业往往不愿从事基础研究，需要国家出面组织，投入资金。

4. 迅速增强本国的技术力量需要政府干预

鼓励技术创新、支持技术研究和开发，保护本国的技术，是取得和维护本国技术处于领先地位的重要途径；引进、消化、吸收、改造国外先进技术，是低成本采用先进技术，加快本国技术进步的捷径。这些都需要政府制定正确的技术政策，采取相应的措施。

第五节 区域经济协调发展法律制度

一、区域经济的概念

区域经济是根据社会劳动地域分工的不同而形成的各具特色的区域经济综合体。区域经济，又称地区经济，是在经济结构关系或经济空间的地域分异过程中形成的一个具有地方化特点的地域经济综合体或地域生产综合体。

由于区域经济的发展都受到自然条件、社会经济条件和技术经济政策等因素的制约，不同区域的经济发展水平存在差异，造成各区域经济发展的不平衡。在我国，造成区域发展不协调的因素是多方面的，除了自然地理和资源等方面的客观因素外，倾斜的区域政策是导致东部与中西部差距扩大的重要因素之一。从总体上看，改革开放以后，我国实行的是非均衡的区域发展战略。在 90 年代中期以前，东部沿海地区较中西部地区得到更多的制度创新方面的鼓励和对外开放方面的政策优惠，包括财税、投资、外资外贸、金融、证券等。

世界各国的经济发展表明，在市场经济条件下，区域差距不会自动缩小，相反会越来越大，需要政府积极地加以干预。政府干预经济是一种与市场自发调节相对应的力量和手段，促进区域经济协调发展。为了保障政府对区域经济干预的有效性，只有以法律来规范政府的统筹区域发展，正确认识政府的作用和局限，才能把握好政府干预地区差距的调控度，处理好公平与效率、政府与市场、中央政府与地方政府这几方面的关系。用法律规定政府调控区域发展的组织机构、政策工具和手段、法定程序等，实现调控区域发展的法律化、规范化、稳定化，必将极大地促进我国的区域协调发展。

二、区域经济协调发展法概述

(一) 区域经济协调发展法的概念

区域经济协调发展法是区域经济政策的法律化。所谓区域经济政策，是指政府旨在改善一国范围内经济的空间结构所制定的公共干预的准则及所有的公共干预行为。政府制定和实施区域经济政策的目的，是纠正市场机制造成的国民经济结构的某些缺陷，以达到提高经济效率和实现社会公平的总目标。区域经济政策直接体现产业布局政策，其目标是实现产业结构布局的合理化，是产业政策的重要组成部分，而区域经济政策的法律化——区域经济协调发展法，具有产业法律制度的基本特征。

(二) 我国区域经济协调发展法律制度的概况

改革开放以来，我国采取了向东部沿海地区实行优惠政策的地区倾斜政策，并在有关法律和行政法规中作了相应的规定，虽然这有利于发挥东部沿海地区的经济技术优势，使改革开放政策能够在东部沿海地区先行突破，因而在一定时期是必要的，但是却拉大了东部和中西部的经济差距，不利于中西部经济资源的合理利用和国民经济整体均衡发展，进而成为制约我国经济发展和市场化改革法定程序的重要因素。1996 年，党中央和国务院提出“坚持区域经济协调发展，逐步缩小地区发展差距”的战略方针，并制定了一系列旨在促进地区经济合理布局和协调发展的具体政策措施。1999 年召开的中央经济工作会议提出了实施西部大开发的基本思路和战略重点，西部大开发战略正式启动。西部大开发战略的提出，标志着我国区域发展战略在取向和结构上有了新的变化。2002 年 11 月党的十六大召开，报告第一次正式提出支持东北等老工业基地加快调整与改造。2003 年 10 月，十六届三中全会通过的《中共中央关于完善社会主义市场经济体制若干问题的决定》。大会明确提出了坚持以人为本，树立全面、协调、可持续的发展观，促进经济社会和人的全面发展，强调按照统筹城乡发展、统筹区域发展、统筹经济社会发展、统筹人与自然和谐发展、统筹国内发展和对外开放的要求，推进改革和发展。2004 年 3 月，温家宝总理在第十届全国人大第二次会议上作政府工作报告，明确指出：促进区域协调发展，是我国现代化建设中的一个重大战略问题。要坚持推进西部大开发，振兴东北地区等老工业基地，促进中部地区崛起，鼓励东部地区加快发展，形成东中西互动、优势互补、相互促进、共同发展的新格局。《国民经济和社会发展第十二个五年规划纲要》提出实施区域发展总体战略，充分发挥不同地区比较优势，促进生产要素合理流动，深化区域合作，推进区域良性互动发展，逐步缩小区域发展差距。这些政策措施构成我国区域经济协调发展法的基本内容。

三、区域经济协调发展法的基本内容

1. 区域经济发展规划制度

在《国民经济和社会发展第十二个五年规划纲要》中，明确规定了国家“促进区域协调互动发展。实施区域发展总体战略和主体功能区战略，把实施西部大开发战略放在区域发展总体战略优先位置，充分发挥各地区比较优势，促进区域间生产要素合理流动和产业有序转移，在中西部地区培育新的区域经济增长极，增强区域发展的协调性。”这一区域经济协调发展的方向和目标，并就如何编制和实施经济协调发展规划，作了原则规定。

2. 区域经济发展财政制度

对欠发达地区、贫困地区进行财政倾斜，提高中央财政支出中用于支持这些地区的比重，实行规范的财政转移支付制度，以及健全相关的财政补贴、税收减免、扶贫资金使用和管理等制度。

3. 区域经济发展金融制度

对欠发达地区在信贷资金使用上放宽条件，以及优惠利率贷款对中西部地区农业综合开发、基础设施、资源综合开发项目重点发放，切实落实外债清偿责任制。

4. 区域经济发展投资和开发制度

建立中央和地区投资基金，重点支持经济欠发达地区的农业综合开发、基础设施、资源综合开发、扶贫开发项目的建设，鼓励发达地区和外商向经济欠发达地区投资等，建立专门的区域开发权威机构，专门负责区域经济开发政策的贯彻落实。

5. 区域经济发展贸易制度

对欠发达地区的生产用进口品规定比较低的关税以及放松配额限制，鼓励外商向这些地区投资和从事贸易活动，并给予相关的优惠政策。

6. 区域经济发展市场制度

制定适当的有利于市场公平竞争和规范经营的市场规则，特别是对本地区内人民生活需求稳定，而供给容易波动的产品(如欠发达地区的农产品)，要制定相应的保护性市场规则。

7. 区域经济发展劳动力制度

建立和健全有利于经济欠发达地区劳动力原地重新分配的制度，并在相关的职业培训、教育政策、大中专学生的分配政策上给予配套落实等。

8. 区域经济发展立法制度

国家通过中央一级(全国人大及其常委会和国务院)的立法，将上述各项区域经济发展制度法律化，并借鉴外国的成功立法经验(如日本制定的《欠发达地区工业促进法》、《北海道开发法》等)，制定区域经济协调发展的全国性和综合性法律和行政法规，并在其他的法律和行政法规中设立相关规范。而且，在不违反宪法和基本法律原则的前提下，国家要通过地方一级的立法(如省级立法、特区立法、民族自治地区立法)，下放必要的宏观调控权和市场规制权，使欠发达地区从本地实际出发，制定有利于地区经济振兴的特别法律，从中获得特殊的利益。

技能训练

一、单项选择题

1. 以要素密集度为基准来选择重点产业，产业发展的中期一般以　(　　)

A. 劳动密集型产业　　B. 技术(或智力)密集型产业

C. 资本密集型产业　　D. 服务密集型产业

2. 西部地区基础设施和基础产业的发展应是________的。　(　　)

A. 常规式　　B. 飞跃式　　C. 跨越式　　D. 超前式

3. 综合反映一国经济发展水平和经济资源配置状况的是　(　　)

A. 资金状况　　B. 技术状况　　C. 现有产业状况　　D. 资源状况

4. 对于按行政区划分经济区组织国民经济生产，其优缺点叙述错误的是　(　　)

A. 有利于调动各级政府的积极性

B. 容易人为割裂区际经济联系

C. 不利于在全国范围内实现劳动地域分工

D. 能够反映我国宏观布局的总趋势和大致轮廓

5. ________是我国加快实现工业化和现代化的必然选择。　(　　)

A. 市场化　　B. 全球化　　C. 城市化　　D. 信息化

二、多项选择题

1. 产业政策的主要内容包括　(　　)

A. 产业结构政策　　B. 产业组织政策

C. 产业布局政策　　D. 产业开发政策

2. 产业组织政策的目标包括　(　　)

A. 充分利用规模经济　　B. 利用规模经济

C. 发挥竞争活力　　D. 充分发挥竞争活力

3. 我国自然垄断行业的________向外资和民间资本开放。 ( )

A. 某些领域　　B. 全部领域　　C. 适当　　D. 尽量

4. 西部地区产业发展应从资源依赖型转变为主要依靠________等要素的市场导向型。 ( )

A. 人才　　B. 资金　　C. 信息　　D. 技术

5. 突破行政区划界限，以中心城市和交通要道为依托划分形成的跨省(市、区)的经济区域包括 ( )

A. 以上海为龙头的长江沿岸经济带

B. 以珠江三角洲和闽东南地区为主的东南沿海经济区

C. 以辽东半岛、山东半岛、京津冀为主的环渤海经济圈

D. 以欧亚大陆桥和京九铁路大干线为纽带的经济带

三、简答题

1. 产业政策的体系。
2. 加快产业结构调整方法。
3. 产业技术政策的内容。

参考答案

第一章　经济法基础理论

一、单项选择题

1. D 2. B 3. D 4. D 5. C

二、多项选择题

1. ABC 2. ABCD 3. AD 4. ABC 5. ABCD

三、简答题

1. 答:经济法的特征是指经济法存在的识别性标志,它是经济法各组成部分的内在一致性、相似性,以及经济法与其他法律部门尤其是传统的民商法、行政法等部门法之间的差异性。其表现为:(1) 经济性;(2) 行政主导性;(3) 综合性;(4) 法律政策性。

2. 答:经济法的调整对象是经济法所调整的社会关系。其特征:(1) 经济法所调整的社会经济关系是有国家参与的、以国家为一方主体的经济关系。在这一经济关系中主体之间不是平等的关系,不是一种协商、自愿关系,而是一种管理关系,一种调整、规制关系,带有很明显的强制性。经济法的这一特征使之与以平等、自愿为原则,调整平等主体之间的民商事关系的民法和商法区别开来。(2) 经济法所调整的社会经济关系是以国家为一方主体与其他主体发生的经济关系。在这一关系中,作为一方主体,不论是国家行政机关还是国家权力机关,也不论是中央一级机关还是地方机关,它们都是代表国家维护社会公共利益行使权力。经济法的这一主体特征以及它所调整特定的经济关系的内容特征,使之与调整各级国家行政机关之间的行政管理关系的行政法相区别。

3. 答:经济法与行政法的区别表现在:(1) 立法宗旨不同。经济法强调国家对经济的干预,以追求社会整体利益为立法宗旨,属于公私交融的社会法范畴;行政法则强调依法行政,以追求国家的政治利益为立法宗旨,属于公法范畴。(2) 调整对象不同。经济法调整市场规制关系和宏观调控关系,是一种经济管理关系;行政法调整的是国家机关与公民、法人或其他组织之间因行政管理而产生的各种行政关系,是一种行政管理关系。(3) 调整方法不同。行政法主要采取命令与服从的行政调整方法。经济法的调整方法主要体现为各种调节或监管措施,除行政手段外大量采用经济政策、经济杠杆、奖励与惩罚等各种引导方法。(4) 目的不同。行政法的任务和职能主要在于保障国家行政权运行的科学性、民主性和合法性,维护行政管理秩序。行政法一般不注重影响社会经济结构和运行,不以特定的社会经济效益为其最终目的。经济法从其产生之初就旨在保障国民经济的良性运行。

四、分析要点

1. 市场经济条件下,市场调节(即价值规律对经济的调节作用)是社会经济内在的基础性调节机制。但是,市场调节会存在明显的缺陷,如外部性、滞后性等。材料中小汽车拥有量的增加,所带来的外部性,是市场机制无法解决的,为克服市场失灵,国家(政府)干预通过相关法律,采取禁止、许可等措施对企业的经济活动施加直接影响的行为。

2. 民商法是市场调节机制的基本法律保障,其奉行个体本位,主要维护当事人双方的个体利益;国家干预机制的运行需要经济法予以保障,经济法奉行社会本位,维护的是社会公共利益,如材料中的环境保护、公众出行便捷等公共利益等。

3. 国家干预社会经济是在市场调节基础上进行的,应当注意适度、适当、适时,做到与市场调节结合运用,实现社会经济的良性运行。因此,既需要肯定和确认国家干预,还需要限制和规范国家干预。

第二章　经济法律关系

一、单项选择题

1. A　2. C　3. D　4. A　5. C

二、多项选择题

1. ABCD　2. ABCD　3. ACD　4. ACD　5. ACD

三、简答题

1. 答:经济法律关系,是指在国家宏观调控下,对社会主义市场经济活动过程中所形的以物质利益为内容的经济权利和经济义务关系。它具有以下特征:(1) 主体的特征。经济法律关系的主体特征,主要表现在两个方面:第一,凡是与经济管理活动过程有关的国家机关、企业、事业单位等,都可以作为经济法律关系的主体,经济法律关系主体的一方,在很多情况下是国家经济管理机关。第二,社会经济组织的内部机构,如职能科室、生产单位等,也是经济法律关系的主体。(2) 内容的特征。经济法律关系中的权利义务是以物质利益为核心的,是在生产、交换、分配、消费的经济各个环节中,和在国家的宏观调控下一定的市场经济活动中所形成的法律关系。(3) 客体的特征。经济法的调整对象决定了国家宏观调控时的经济管理关系的客体是一种具体的管理对象,这就决定了管理对象是经济法律关系的最重要和最普遍的客体。(4) 形式的特征。经济法律关系它是以法定书面的形式表示的法律关系。

2. 答:经济法律关系是由主体、客体、内容三个要素组成的。主体,是指在参与经济法律关系,依法享有一定经济权利和承担一定经济义务的当事人。包括国家机关、社会组织、经济组织的内部职能机构或者下属单位。内容是指经济法律关系主体享有的经济权利和承担的经济义务。客体是指经济法律关系的主体享有经济权利和承担经济义务所共同指向的对象。包括物、行为、无形财产。3. 答:所谓经济法律事实,是指能够引起经济法律关系发生、变更和终止的客观情况。经济法律关系则是经济法律事实的结果。根据经济法律事实对经济法主体的意志是否有关,可以将其分为行为和事件两类。4. 答:经济法律责任,亦即违反经济法的责任,是指由经济法规定,在经济法主体违反法定经济义务时必须承担的法律后果。包括经济责任、行政责任和刑事责任。所谓经济责任,就是经济法律关系主体不正确行使权利或违反义务时,依法应承担的法律后果。行政责任是指对一般违反经济法的单位和个人所进行的处分。刑事责任是指人民法院对情节严重的违反经济法的单位或者直接责任人员所给予的刑事制裁。

3. 略。

4. 略。

四、案例讨论

(1) 本案被告叶国军、河北王跃文、中元公司、华龄出版社因其不正当竞争行为与原告王跃文之间分别成立不正当竞争的法律关系及四被告之间的共同侵权法律关系。

其经济关系的主体为本案的原、被告。其经济关系的客体为其主体间权利义务指向的对象,在本案中就是原告王跃文的智力成果即其作为名作家其署名所附带的经济效益。其经济关系的内容为主体间的权利义务关系。包括四被告因不正当竞争侵害原告合法权益而承担的对原告停止侵权的义务,河北王跃文、中元公司连带赔偿原告王跃文经济损失10万元的义务,被告华龄出版社就被告河北王跃文、中元公司上述赔偿义务负连带赔偿责任,河北王跃文、中元公司、华龄出版社之间的连带赔偿责任以及原告相应享有的要求各被告履行义务的权利。

(2) 由本案可见经济法律关系是经济因素与国家因素的融合,尤其是公平竞争受到不正当竞争行为侵害之后产生的维护公平竞争法律关系是典型的经济法律关系。

举例:如政府间转移支付法律关系,中国人民银行对汇率的管理等。

第三章 经济法主体制度的基本原理

一、单项选择题

1. B 2. C 3. C 4. A 5. C

二、多项选择题

1. ABCD 2. ABCD 3. ABD 4. CD 5. ABC

二、简答题

1. 答:经济法主体亦称经济法律关系的主体,是在国家调整本国经济运行过程中,参与管理、生产经营和消费等经济法律关系,并享有经济权利(权力),承担经济义务的国家机关、社会组织和个人。经济法主体是经济法律关系构成的主体性要素,是经济活动的直接参与者,也是经济法律关系中最积极、最活跃的要素,经济法主体对经济活动具有主观能动性。在现代市场经济中,基本的经济参与者是生产和消费的交换双方和经济活动的监管主体(第三方)。交换双方是实现商品使用价值的组织和个人,第三方则是保障商品交换顺利进行的组织和个人。在基本参与者之外,随着专业化程度加深,还会派生出其他附属参与者,比如中介人、行业协会。

2. 答:经济法主体的特征有:(1) 经济法主体是经济法律关系的直接参与者。(2) 经济法主体的一方主体必然是享有经济管理权力的国家及其政府,与向对方存在着管理与被管理的关系。(3) 经济法主体依法享有权利(权力),同时应当依法承担义务(职责)。(4) 经济法主体具有直接的经济利益性。

3. 答:经济法管理主体权力的行使也必须尽到相应的责任。各类经济法管理主体在享有职权的同时,也要履行相关的职责。这些职责主要包括贯彻经济管理法定原则、依法管理、不滥用或超越管理权、不得放弃管理权等。

三、案例讨论

该案例涉及到的法律关系有:李某假冒商标侵害商标权人的侵权法律关系,王某与李某对邓某的侵权法律关系。邓某可向王某或李某提出赔偿。我国《产品质量法》规定,因为产品存在缺陷造成人身、他人财产损害的,受害人可向产品的生产者要求赔偿,也可向产品的销售者要求赔偿。李某的假冒商标的行为受刑法和经济法的调整,王某与李某对邓某的侵权及赔偿关系属于民法范畴。

第四章 市场管理主体

一、单项选择题

1. D 2. C 3. D 4. A 5. B

二、多项选择题

1. AC 2. ABCD 3. BC 4. ABC 5. BD

三、简答题

1. 市场管理主体的特征

(1) 地位法定。市场管理主体在维护市场秩序、调控宏观经济运行、保障被管理者权益等各方面都发挥着重要作用,此地位决定了市场管理主体的设置、权限的划分与行使等只能依据法律的规定进行。

(2) 享有宏观调控权、市场管理权、经济监督权和经济法规制定权。市场管理主体对市场经济活动的管理主要通过行使经济管理职权来进行,经济管理职权主要包括宏观调控权、市场管理权、经济监督权和经济法规制定权,享有这些经济管理职权是市场管理主体发挥其市场管理作用的基础。

(3) 宏观调控和微观调控相结合。市场管理主体对经济的管理主要通过宏观调控和微观调控相结合来进行,通过宏观调控确保经济发展的方向正确、结构合理、运行平稳,通过微观调控确保各市场主体都能依法从事经营活动,确保微观经济活动的合法、有效和稳定。

(4) 权责一致性。市场管理主体不仅享有各项市场管理的职权,同时也承担相应的管理责任,如滥用职权或有其他违法违纪行为，应承担相应的民事、行政及刑事责任。

2. 要实现统一监督，首先，要制定和实施统一的、适用于各类市场和所有交易活动的市场监管法律政策；其次，应将各部门各地区的法律规范协调一致，不能相互矛盾或冲突；再次，必须精简机构，机构过多不符合市场经济和行政改革的发展方向，机构越多越庞杂，社会支出越多，国民经济运行的成本越高，也容易滋生腐败现象；最后，要理顺体制，体制是运行的保障，再好的法律、制度和监管人员，也会因不合理的体制而难以发挥作用，甚至偏离监管活动的目标。

3. 市场管理主体民事侵权行为的构成要件包括：

(1) 侵权行为的主体是市场管理国家机关及其工作人员。受委托行使市场管理职权的机关或公民，也被视为市场管理国家机关及国家机关工作人员。

(2) 侵权行为的发生必须是执行市场管理公务所致。如果不是在执行职务中或是与执行职务无关的侵权行为则不适用职务侵权行为的规定。但如果法律规定有为某种预防或防止义务而不为反而参与，则认为这是与其职务有关的行为，对因此造成他人损害的，也属于职务侵权行为。

(3) 须是执行职务中的不当行为。所谓不当行为，是指执行职务中违反法律规定，损害了公民、法人的合法权益的行为。如果依法剥夺、限制公民、法人的某些利益则不构成侵权。对违反执行职务的注意义务情况，既表现为执行职务不当或滥用职权的作为行为，也表现为应当作为而不作为的情形。

(4) 必须造成公民、法人或其他组织合法权益的损失。对合法权益的损失，包括财产损失和人身损失。财产损失只限于直接财产损失，间接财产损失不在国家赔偿范围之列。人身损失主要是指对公民生命健康权和人身自由权的损害。对于单纯的精神损害，国家不予赔偿，但应承担消除影响、恢复名誉、赔礼道歉的民事责任。

(5) 不当职务行为与损害后果之间有因果关系。公民、法人或其他组织因遭受侵权行为，赔偿义务机关赔偿损失后，应当责令有故意或者重大过失的工作人员或者受委托的组织或者个人承担部分或者全部赔偿费用。对有故意或重大过失的责任人员，有关机关应当依法给予行政处分，构成犯罪的，应当依法追究其刑事责任。

四、案例讨论

(1) A县法院有权应受理此案。因为A县政府红头文件面向企业，对象特定，是具体行政行为且该具体行政行为侵犯了A县机床附件厂经营自主权属于行政诉讼受案范围。

(2) A县法院无须服从县政府意见。因为作为国家审判机关，县法院独立行使行政案件审判权，不受行政机关、其他组织及公民的干涉。

第五章　市场经济活动主体

一、单项选择题

1. D　2. B　3. B　4. A　5. B

二、多项选择题

1. BC　2. ABCD　3. ABCD　4. ABD　5. ABD

三、简答题

1. 答：(1) 营利性。公司是以营利为目的的经营组织，其营利性有两层含义：①设立公司的目的是为了获取利润；②公司应连续地从事同一性质的经营活动。(2) 社团性。社团性亦称联合性，是指公司作为社团法人应为人的结合，其股东和股权具有多元性。(3) 法人性。公司作为法人必须具备以下条件：①必须依法设立；②必须有独立的财产；③能够独立地承担民事责任。法人性是公司区别于合伙企业的主要特征。

2. 答：大陆法系国家的公司法普遍确认了公司资本的三项基本原则，即资本确定原则、资本维持原则和资本不变原则，并称之为"资本三原则"。(1) 资本确定原则，是指公司在设立时必须在章程中对公司的资本总额作出明确规定，并须由股东全部认足。(2) 资本维持原则又称资本充实原则，是指公司在其存续过程中,应经常保持与其资本额相当的财产。(3) 资本不变原则,是指公司的资本一经确定,即不得随意改变,如需增加或减少资本,必须严格按法定程序进行。

3. 答:我国《公司法》第 23 条规定设立有限责任公司,应当具备下列条件:(1) 股东符合法定人数;(2) 股东出资达到法定资本最低限额;(3) 股东共同制定公司章程;(4) 有公司名称,建立符合有限责任公司要求的组织机构;(5) 有公司住所。

4. 答:外商投资企业具有以下基本特征:(1) 外商投资企业是外商直接投资举办的企业。直接投资是指投资者将资金投入企业,并不同程度地参与企业的经营决策,通过企业盈利分配获取投资收益的投资方法。其相对于间接投资而言,具有更大的稳定性。(2) 外商投资企业是吸引外国私人投资举办的企业。私人投资是指以公司、企业和其他经济组织或者个人的名义进行的投资。它与政府的对外援助不同,具有民间经济技术合作的色彩。(3) 外商投资企业是依照中国的法律和行政法规,经中国政府批准,在中国境内设立的企业。按照我国的法律和行政法规规定,设立外商投资企业必须经中国政府批准,并在中国境内设立。外商投资企业设立后,必须遵守中国的法律;同时,也受中国法律的保护。

四、案例讨论

(1) 7 个发起人中有 4 个住所地在境外的发起人不符合法律规定。《公司法》第 79 条规定,设立股份有限公司,应当有二人以上二百人以下为发起人,其中须有半数以上的发起人在中国境内有住所。而本题设立中的公司 7 个发起人中只有 3 个在中国境内有住所,没有超过半数或达到半数。

(2) 公司的注册资本是 8 000 万元,其中 7 个发起人认购 2 500 万元不符合法律规定。因为在募集设立的情况下,发起人认购的股份不得少于公司股份总数的 35%,而本案中发起人认购 2 500 万元,没有达到 35%的比例要求。该设立中的公司最多向社会公开募集的股份为 5 200 万元。

(3) 所有的出资必须是货币是不符合法律规定的。为了保证资本的确定和充实,公司法规定,发起人除可以用货币出资,也可以用实物、工业产权、非专利技术、土地使用权等可以用货币估价并可以依法转让的非货币财产作价出资外,其他股东必须是货币出资。当然,对作为出资的实物、工业产权、非专利技术或者土地使用权,必须进行评估作价,核实财产,并折合为股份。不得高估或者低估作价。

(4) 发起人决定成立专门小组,自己发行股份不符合法律规定。《公司法》第 88 条规定,发起人向社会公开募集股份,应当由依法设立的证券公司承销,签订承销协议。因此发起人是不能自己发行股份的。

(5) 认股人在缴纳股款后,在任何情况下,都不可以要求发起人返还股款是不符合法律规定的。因为根据《公司法》第 90 条第 2 款的规定,发行的股份超过招股说明书规定的截止期限尚未募足的,或者发行股份的股款缴足后,发起人在三十日内未召开创立大会的,认股人可以按照所缴股款并加算银行同期存款利息,要求发起人返还。

(6) 创立大会可根据需要,结合市场情况由发起人决定召开的时间是不符合法律规定的。因为《公司法》第 90 条第 1 款规定,发行股份的股款缴足后,必须经依法设立的验资机构验资并出具证明。发起人应当自股款缴足之日起三十日内主持召开公司创立大会。创立大会由发起人、认股人组成。可见,创立大会的时间并不是完全由发起人决定的,发起人要根据法律规定在股款募足验资后的 30 日内决定创立大会的召开时间。

(7) 如果公司不能设立,发起人和缴足股款的认股人会共同承担相应的法律责任是不符合法律规定的。因为公司法规定,股份有限公司的发起人应当承担下列责任:①公司不能成立时,对设立行为所产生的债务和费用负连带责任;②公司不能成立时,对认股人已缴纳的股款,负返还股款并加算银行同期存款利息的连带责任;③在公司设立过程中,由于发起人的过失致使公司利益受到损害的,应当对公司承担赔偿责任。因此,当公司不能设立,应由发起人承担相应的法律责任,其他认股人不承担公司设立失败的责任。

第六章　市场规制法的基本原理

一、单项选择题

1. A　2. A　3. B　4. D　5. A

二、多项选择题

1. BC　2. ABCD　3. ACD　4. ABCD　5. ABC

三、简答题

1. 答:市场规制法就是调整市场规制关系的法律规范的总称。其特征表现在:(1) 调整对象的特定性;(2) 法律目的的特定性;(3) 适用范围的特定性;(4) 调整方式的特定性。

2. 答:市场规制法的调整对象是指市场规制法所调整的社会关系。市场规制法调整国家运用公权力直接干预市场,调节市场结构,规范市场行为,维护市场秩序,保护和促进公平自由竞争的过程中产生的各种经济关系为其调整对象,这种经济关系简称为市场规制关系。具体包括:(1) 市场竞争关系;(2) 市场交易关系;(3) 规制机关的市场规制行为关系等方面。

3. 答:市场规制的基本原则是指贯穿于市场规制法之中的,人们在市场规制法的立法、执法、守法过程中必须遵循的根本准则或者说根本指导思想。具体包括以下几个具体原则:(1) 尊重市场客观规律,依法适度管理原则。(2) 统一规制,分级监管的原则(3) 维护公平竞争的原则。(4) 保护弱者和消费者合法权益的原则。(5) 违法行为法定原则。

4. 答:市场规制法的作用:(1) 创造公平竞争的市场环境,协调经营者相互之间的利益关系。(2) 维护消费者的合法权益,协调经营者与消费者之间的利益关系。(3) 为政府对市场进行管理提供法律依据,规范和约束政府管理市场的行为。(4) 促进社会主义市场经济体制的建立和完善,推动社会主义市场经济的发展。

四、案例讨论

(1) 国家干预的原因有:第一,市场经济是竞争经济。基于市场主体的唯利性,市场主体为了追求自身利益最大化,往往采取不正当竞争手段获取利益,损害了正当经营者的合法权益,扭曲了公平竞争机制,扰乱了市场竞争秩序。一旦竞争机制受阻,社会资源不能合理配置,社会进步的动力将会削弱。第二,不正当竞争行为或垄断行为除了对竞争机制造成破坏外,还会损害消费者的合法权益。没有消费,就没有生产。市场缺陷的存在需要政府对市场是适度干预,以保障市场机制作用得以正常发挥。就本案而言,乙商品厂违反诚实信用原则和公认的商业道德准则,利用广告宣传,使消费者误认为“福康”营养液是新一代产品,致使甲食品厂“幸福”营养液滞销,属于不正当竞争行为。若不制止,将会使公平自由的竞争秩序遭到破坏。因此,国家应当对乙食品厂的行为加以制止。

(2) 乙食品厂的行为属于《反不正当竞争法》规定所禁止不正当竞争行为中的虚假宣传行为。《反不正当竞争法》第 8 条规定,经营者不得利用广告或者其他方法,对商品的质量、制作成分、性能、用途、生产者、有效期限、产地等作引人误解的虚假宣传。

(3) 根据《反不正当竞争法》第 3 条规定,县级以上人民政府工商行政管理部门对不正当竞争行为进行监督检查;法律、行政法规规定由其他部门监督检查的,依照其规定。因此,工商行政管理部门对乙食品厂利用广告对商品的质量、制作成分、性能、用途、生产者、有效期限、产地等作引人误解的虚假宣传,应当依据该法第 24 条规定进行处罚,责令其停止违法行为,消除影响,可以根据情节处以一万元以上二十万元以下的罚款。

第七章　反不正当竞争法律制度

一、单项选择题

1. C　2. B　3. A　4. C　5. D　6. C　7. D　8. A　9. D　10. A

二、案例讨论

1. A 厂的行为属于侵害 B 厂商业秘密的不正当竞争行为。根据《反不正当竞争法》第 10 条的规定，A 厂不仅以不正当手段获取权利人 B 厂的商业秘密，同时还实施了使用以不正当手段获取的商业秘密的行为。《反不正当竞争法》第 25 条已明确规定了侵犯商业秘密不正当竞争行为的法律责任，监督检查部门应当责令停止违法行为，可以根据情节处以 1 万元以上 20 万元以下的罚款。

2. (1) 根据规定，经营者不得利用广告或者其他方法，对商品的质量，制作成分，性能，用途，生产者，有效期限，产地等作引人误解的虚假宣传。经营者不得捏造，散布虚伪事实，损害竞争对手的商业信誉，商品声誉。根据上述事实和法律规定，甲厂的行为既是一种引人误解的不正当竞争行为，同时也是一种诋毁他人商誉的不正当竞争行为。

(2) 根据规定，经营者利用广告或者其他方法，对商品作虚假宣传，监督检查部门应当责令停止违法行为，消除影响，可以根据情节处以 1 万元以上 20 万元以下的罚款。工商行政管理机关依据上述规定，应责令甲厂停止播放和刊登广告，通过电视台和报纸说明事实真相，向乙厂声明道歉，并可在法定幅度内处以罚款。

(3) 根据规定，经营者违反法律规定，给被侵害的经营者造成损害的，应当承担损害赔偿责任。被侵害的经营者损失难以计算的，赔偿额为侵权人在侵权期间因侵权所获得的利润；并应承担被侵害经营者因调查该经营者侵害其合法权益的不正当竞争行为所支付的合理费用。依据上述规定，乙厂的近 10 万元损失可以要求甲厂赔偿。

第八章　反垄断法

一、单项选择题

1. D　2. B　3. A　4. C　5. A

二、多项选择题

1. ABCD　2. ABD　3. AD　4. CD　5. ACD

三、问答题

1. 答：所谓垄断协议是指两个或两个以上的经营者以协议、决议或者其他联合行为的方式实施的排除、限制市场竞争的协议。其特点为：(1) 垄断协议的主体是两个或者两个以上的经营者；(2) 垄断协议的表现形式是协议、决定或者其他协同行为；(3) 垄断协议具有排除、限制竞争的目的或者产生排除、限制竞争的效果。

2. 答：所谓市场支配地位是指经营者在相关市场内具有能够控制商品价格、数量或者其他交易条件，或者能够阻碍、影响其他经营者进入相关市场能力的市场地位。我国反垄断法对市场支配地位的判断采用综合判断标准，即以市场份额为主，兼顾其他因素的认定标准。《反垄断法》第 18 条规定，认定经营者具有市场支配地位，应当依据下列因素：(1) 该经营者在相关市场的市场份额，以及相关市场的竞争状况；(2) 该经营者控制销售市场或者原材料采购市场的能力；(3) 该经营者的财力和技术条件；(4) 其他经营者对该经营者在交易上的依赖程度；(5) 其他经营者进入相关市场的难易程度；(6) 与认定该经营者市场支配地位有关的其他因素。

3. 答：反垄断法上的经营者集中，是指从事商品生产、经营或者提供服务的自然人、法人和其他组织间通过合并、收购资产或者股份、委托经营或联营以及人事兼任等方式，形成一个或多个经营者对其他经营者全部或部分获得控制权，导致相关经营者之间相互关系发生持久变动的行为。反垄断执法机构审查经营者集中应当考虑以下因素：(1) 参与集中的经营者在相关市场的市场份额及其对市场的控制力；(2) 相关市场的市场集中度；(3) 经营者集中对市场进入、技术进步的影响；(4) 经营者集中对消费者和其他有关经营者的影响；(5) 经营者集中对国民经济发展的影响；(6) 国务院反垄断执法机构认为应当考虑的影响市场竞争的其他因素。

4. 答：滥用行政权力排除、限制竞争是指行政机关和法律法规授权的具有管理公共事务职能的组织滥用行政权力排除、限制竞争的行为。根据《反垄断法》规定，滥用行政权力排除、限制竞争行为的表现有：(1) 指定交易；(2) 地区封锁；(3) 限制跨地区招投标；(4) 限制跨地区投资；(5) 强制从事垄断协议；(6) 抽象行政垄断行为。

四、案例讨论

(1) 该案某市质量技术监督局的行为已经构成滥用行政权力排除限制竞争。

根据我国《反垄断法》第 33 条规定，行政机关和法律、法规授权的具有管理公共事务职能的组织不得滥用行政权力，实施下列行为，妨碍商品在地区之间的自由流通表现之二，对外地商品规定与本地同类商品不同的技术要求、检验标准，或者对外地商品采取重复检验、重复认证等歧视性技术措施，限制外地商品进入本地市场；政府及其所属部门不得滥用行政权力，限制外地商品进入本地市场，或者本地商品流向外地市场。某质量技术监督局的行为显然已经违反上述规定，构成了行政性垄断。

(2) 技术监督局应该承担相应的法律责任。

根据我国《反垄断法》第 51 条规定，行政机关和法律、法规授权的具有管理公共事务职能的组织滥用行政权力，实施排除、限制竞争行为的，由上级机关责令改正；对直接负责的主管人员和其他直接责任人员依法给予处分。反垄断执法机构可以向有关上级机关提出依法处理的建议。如果该行政性垄断行为给生产洗涤产品的外资企业作出了损失，该外资企业可以依据《反垄断法》第 50 条规定，经营者实施垄断行为，给他人造成损失的，依法承担民事责任。

第九章　消费者权益保护法律制度

一、多项选择题

1. ABCE　2. AC　3. ABCD　4. BCDE　5. DE　6. AC

二、简答题

1. 根据《中华人民共和国消费者权益保护法》第七到第十五条分别规定了消费者的九项权利，即安全保障权、知情权、自主选择权、公平交易权、请求赔偿权、结社权、知识获取权、受尊重权、监督批评权。

2.《中华人民共和国消费者权益保护法》(以下简称《消费者权益保护法》)第十六条至第二十五条的规定了经营者的十项义务即履行法定义务及约定义务、接受监督的义务、保证商品和服务安全的义务、提供真实信息的义务、标明真实名称和标记的义务、出具凭证或单据的义务、保证质量的义务、履行“三包”或其他责任的义务、不得单方作出对消费者不利规定的义务以及不得侵犯消费者人格权的义务。

3. (1) 向消费者提供消费信息和咨询服务；(2) 参与有关行政部门对商品和服务的监督、检查；(3) 就有关消费者合法权益问题，向有关行政部门反映、查询，提出建议；(4) 受理消费者投诉，并对投诉事项进行调查、调解；(5) 对商品和服务的质量问题提请鉴定部门鉴定；(6) 支持受损害的消费者起诉；(7) 通过大众传播媒介对损害消费者合法权益的行为予以揭露批评。

4. (1) 与经营者协商和解；(2) 请求消费者协会调解；(3) 向有关行政部门申诉；(4) 根据与经营者达到的仲裁协议提请仲裁机构仲裁；(5) 向人民法院提起诉讼。

三、案例讨论

1. 答：法院应当支持刘、张二人的诉讼请求，依法维护二人的合法权益。

我国消费者权益保护法规定，消费者在购买、使用商品和接受服务时，享有其人格尊严、民族习惯得到尊重的权利。

本案中，某百货商场对刘、张二人强行搜身检查的行为违反了消费者权益保护法的规定，侵犯了消费者的受尊重权，依法应当承担责任。

2. 答：北京某商场应当退回陈某购鞋款，并赔偿陈某由此而产生的合理费用。

消费者权益保护法规定，经营者提供商品或者服务，按照国家规定或者与消费者的约定，承担包修、包换、包退或者其他责任的，应当按照国家规定或者约定履行，不得故意拖延或者无理拒绝。并且规定经营者提供商品或服务造成消费者财产损害的，应当按照消费者的要求退还货款和服务费用，或者以赔偿损失等方法承担民事责任。

本案中，北京某百货商场与陈某约定了"三包"质量责任，但其无故拖延，不履行其应当承担的责任，违反了法律规定，给陈某造成了一定的损失，因此该商场应当依法承担退还货款和赔偿由此而产生的合理费用的民事责任。

第十章　产品质量法律制度

一、单项选择题

1. A　2. A　3. D　4. A　5. D

二、多项选择题

1. ABC　2. ABC　3. AD　4. AC　5. AB

三、简答题

1. 略，见前述教材内容。

2. 略，见前述教材内容。

3. 答：产品质量侵权责任与产品质量违约责任都是行为人实施民事违法行为应承担的法律责任，但因责任基础不同而有很大的区别：

(一) 两种责任的性质不同

产品质量侵权责任是因侵权损害的发生而产生的债权债务关系，它所侵犯的是财产权、人身权等绝对权利；而产品质量违约责任是以合同关系为前提，违约人是因违反合同而承担责任，债权债务关系设立在前，违约行为发生在后，所侵犯的是合同双方的相对权利。

(二) 责任主体不同

产品质量侵权责任的主体有三种：生产者，销售者，运输者、仓储者。生产者，也称产品制造者，生产者在产品责任主体中居于核心的位置。销售者是产品责任中处于中间地位的人，一头连结着生产者，另一头连结着消费者。《民法通则》第122条规定："运输者、仓储者对此负有责任的，产品制造者、销售者有权要求赔偿损失。"因此运输者、仓储者是产品质量侵权责任的次位主体。《产品质量法》第42条规定：(1) 由于销售者的过错使产品存在缺陷，造成他人人身、财产损害的，销售者应当承担赔偿责任；(2) 销售者不能指明缺陷产品的生产者也不能指明缺陷产品的供货者的，应当承担赔偿责任。这是我国法律上对产品责任的次位主体的确认。而产品质量违约责任的责任主体是销售者，权利主体是用户或消费者，即合同的双方当事人，其他人无权提起产品质量违约责任之诉。

(三) 归责原则和免责要件不同

产品质量侵权责任属于特殊侵权责任，《民法通则》第122条所规定的产品质量责任属于无过错责任或称严格责任，即无论产品制造者、销售者主观上有无过错，均应对产品所造成的损害承担民事责任。《产品质量法》在规定产品责任的同时，也允许生产者、销售者行使抗辩权以获免责。第41条规定了生产者的免责条件：(1) 未将产品投入流通的；(2) 产品投入流通时，引起损害的缺陷尚不存在的；(3) 将产品投入流通时的科学技术水平尚不能发现缺陷的存在的。而销售者的免责条件，是其能够证明产品缺陷并非出于自己的过错，且能够指明缺陷产品的生产者或供货者。产品质量违约责任适用《民法通则》的一般归责原则，其免责范围比产品质量侵权责任要广。

(四) 适用的法律不同

《民通通则》第122条规定:“产品质量不合格造成他人财产、人身损害的,产品的制造者、销售者应当依法承担民事责任。”这是对产品质量侵权责任的法律规定,这种民事责任带有一种鲜明的民事赔偿责任属性,但又不限于民事赔偿责任;而产品质量违约责任(又称瑕疵担保责任)本质上是合同责任,即当事人之间存在着合同关系,一方当事人违反合同而依法应承担的民事责任,合同责任适用债的有关规定。产品质量侵权责任适用《民法通则》以及《产品质量法》的有关规定;产品质量违约责任有约定的按约定处理,无约定的适用《民法通则》有关债的规定和《合同法》的有关规定。

(五)诉讼时效不同

《产品质量法》第45条规定:因产品存在缺陷造成损害要求赔偿的诉讼时效期间为2年,自当事人知道或者应当知道其权益受到损害时起计算。因产品存在缺陷造成损害要求赔偿的请求权,在造成损害的缺陷交付最初消费者满10年丧失;但是,尚未超过明示的安全使用期的除外。产品质量违约责任的诉讼时效为一年,即用户、消费者在产品售出后一年内要求销售者承担瑕疵担保责任,即修理、更换、退货、赔偿。

(六)举证责任不同

产品质量违约责任纠纷是合同责任,构成违约责任须具备主观过错的要件,尽管这种过错的确定采用推定形式确定,无需受害人举证,违约一方须提出反证才能推翻这一推定。而产品质量侵权责任纠纷一般由受害人举证证明加害方有过错。受害人在侵权纠纷中的举证责任显然比违约纠纷的举证责任要重

4. 略,见前述教材内容。

四、案例讨论

(1)答:被告某商场的第一条答辩理由不成立,产品质量法规定的诉讼时效是2年,我国规定特别法优于一般法。

(2)答:被告某商场的第二条答辩理由不成立,因产品存在缺陷造成人身、他人财产损害的,受害人可以向产品的生产者要求赔偿,也可以向产品的销售者要求赔偿。

(3)答:《产品质量法》第44规定,因产品存在缺陷造成受害人人身伤害的,侵害人应当赔偿医疗费、治疗期间的护理费、因误工减少的收入等费用;造成残疾的,还应当支付残疾者生活自助具费、生活补助费、残疾赔偿金以及由其扶养的人所必需的生活费等费用;造成受害人死亡的,并应当支付丧葬费、死亡赔偿金以及由死者生前扶养的人所必需的生活费等费用。《侵权责任法》第22条规定,侵害他人人身权益,造成他人严重精神损害的,被侵权人可以请求精神损害赔偿。王某可以要求商场赔偿医疗费、治疗期间的护理费、误工费、残疾者生活自助具费、生活补助费、残疾赔偿金以及精神损害赔偿。

(4)某商场赔偿后,对某省长江电器厂享有追偿权。本案例中,造成王女士受伤是由于电吹风的质量缺陷所致,某商场并无过错,损害赔偿最终责任人是生产者。《产品质量法》规定,属于产品的生产者的责任,产品的销售者赔偿的,产品的销售者有权向产品的生产者追偿。

第十一章 房地产市场法律制度

一、单项选择题

1. B 2. A 3. C 4. B 5. A

二、多项选择题

1. ACD 2. AB 3. ABC 4. ACD 5. ABCD

三、简答题

1.(1)总登记。(2)初始登记。(3)新建登记。(4)变更登记。(5)他项权利登记。(6)注销登记。

2.(1)协议出让。(2)招标。(3)拍卖。

3.(1)有自己的名称和组织机构。(2)有固定的经营场所。(3)有符合国家规定的注册资本。(4)有足够的专业技术人员。(5)法律、行政法规规定的其他条件。

4.(1)权属有 争议的房地产。(2)用于教育、医疗、市政等公共福利事业的房地产。(3)列入 文物保

护的建筑物和有重要纪念意义的其他建筑物。(4) 已依法公告列入拆迁范 围的房地产。(5) 被依法查封、扣押、监管工者以其他形式限制的房地产。(6) 依法不得抵押的其他房地产。

四、案例讨论

1. (1) 该房地产转让合同“旺达纺织厂将一房屋转让给该私人企业，房屋的所有权归该私营企业，房屋所占土地的使用权仍由旺达纺织厂持有”的约定违反了《城市房地产管理法》所确定的“房地产转让、抵押时，房屋的所有权和该房屋占用范围内的土地使用权同时转让、抵押”的原则，即房地合一原则，因此该条款无效。(2) 本案所涉及的房地产转让属于以划拨方式取得的土地使用权的房地产的转让。以划拨方式取得的土地使用权原则上不允许进入房地产市场，作为例外情况，我国法律对符合以下条件的以划拨方式取得的土地使用权和地上建筑物、其他附着物可以转让：第一，土地使用者是企业、公司、其他经济组织或个人；第二，领有国有土地使用证；第三，具有地上建筑物、其他附着物合法产权证明；第四，依照规定签订土地使用权出让合同，向当地市\县人民政府补交土地使用权出让金或者以转让所获收益抵交土地使用权出让金。

2. (1) 鸿图房地产开发公司与大展房地产开发公司的土地使用权转让合同无效。因为，以出让方式获得的土地使用权必须符合规定的条件才能转让。这些条件是：第一，按照出让合同约定已经支付全部土地使用权出让金，并取得土地使用权证书；第二，按照出让合同约定进行投资开发，属于房屋建设工程的，完成开发投资总额的25%以上，属于成片开发的，形成工业用地或者其他建设用地条件。鸿图房地产开发公司通过出让获得土地使用权后，在仅完成开发投资总额的15%的情况下转让土地使用权，显属非法炒卖土地使用权，转让合同当然无效。(2) 该市土地管理部门的处罚合法。违反法律规定转让土地使用权的，由县级以上人民政府土地管理部门没收违法所得，可以并处罚款。

第十二章　会计法和审计法

一、单项选择题

1. B　2. B　3. D　4. A　5. A

二、多项选择题

1. BC　2. BCD　3. BD　4. ABCD　5. AB

三、简答题

1. 答：会计法立法宗旨：(1) 规范会计行为，保证会计资料真实、完整；(2) 加强经济管理和财务管理，提高经济效益；(3) 维护社会主义市场经济秩序。

2. 答：财政部门对各单位下列事项实施监督：(1) 是否依法设置会计账簿；(2) 会计凭证、会计账簿、财务会计报告和其他会计资料是否真实、完整；(3) 会计核算是否符合《会计法》和国家统一的会计制度的规定；(4) 从事会计工作的人员是否具备会计从业资格。

3. 答：我国审计机关的权限：

(1) 审计机关有权要求被审计单位按照规定报送预算或者财务收支计划、预算执行情况、决算、财务报告等有关资料。

(2) 审计机关有权检查被审计单位的会计凭证、会计账簿、会计报表以及其他与财政收支或者财务收支有关的资料和资产。

(3) 审计机关有权就审计事项的有关问题向有关单位和个人进行调查，并取得有关证明材料。

(4) 审计机关经县级以上人民政府审计机关负责人批准，有权查询被审计单位在金融机构的账户。

(5) 审计机关有权制止被审计单位正在进行的违反国家规定的财政收支、财务收支行为；制止无效的，经县级以上人民政府审计机关负责人批准，通知财政部门和有关主管部门暂停拨付与此有关的款项，已经拨付的，暂停使用。

(6) 审计机关认为被审计单位所执行的上级主管部门有关财政收支、财务收支的规定与法律、行政法规相抵触的，应当建议有关主管部门纠正；有关主管部门不予纠正的，审计机关应当提请有权处理的机关依法处理。

(7) 审计机关对被审计单位转移、隐匿、篡改、毁弃会计凭证、会计账簿、财务会计报告等行为，有权予以制止，必要时经县级以上人民政府审计机关负责人批准，有权封存有关资料和违反国家规定取得的资产。

(8) 审计机关可以向政府有关部门通报或者向社会公布审计结果。

4. 根据《审计法》的规定，审计工作一般经过四个阶段：准备阶段、实施阶段、报告阶段、审定和决定阶段。

四、案例讨论

1. (1) 李强与张友办理会计工作交接中有不符合规定之处。

监交人不符合规定，《会计法》规定：一般会计人员办理交接手续，由会计机构负责人(会计主管人员)监交。

(2) 李强的处理不符合规定。

原始凭证所记载的各项内容均不得涂改；原始凭证记载的内容有错误的，应当由开具单位重开或更正，更正工作须由原始凭证出具单位进行，并在更正处加盖出具单位印章。原始凭证金额出现错误的不得更正，只能由原始凭证开具单位重新开具。原始凭证开具单位应当依法开具准确无误的原始凭证，对于填制有误的原始凭证，负有更正和重新开具的法律义务，不得拒绝。据此，李强对 2 张虽分别更改了数量和用途但已由原出具单位更正过的发票可以报销，但对另外 1 张更改了金额的发票应予以退回，要求采购人员到原始凭证开具单位重新开具。

(3) 张友的说法不正确。

交接工作完成后，移交人员所移交的会计凭证、会计账簿、财务会计报告和其他会计资料是在其经办会计工作期间内发生的，移交人员应当对这些会计资料的真实性、完整性负责，即便接替人员在交接时因疏忽没有发现所接会计资料在真实性、完整性方面的问题，如事后发现仍应由原移交人员负责，原移交人员不应以会计资料已移交而推脱责任。故张友应对其经办会计工作期间内的有关账目问题承担责任。

2. (1) 公司董事长兼总经理李亮认为中外合资经营企业不受《会计法》约束的观点不正确。

中外合资经营企业无权拒绝财政部门对其会计工作的监督检查。《会计法》规定，国家机关、社会团体、公司、企业事业单位和其他组织必须依照会计法的规定办理会计事务；县级以上人民政府财政部门为各单位会计工作的监督检查部门，对各单位会计工作行使监督检查权。

(2) 该公司由出纳员临时保管会计档案的做法不符合规定。

《会计法》规定，出纳员不得兼管稽核、会计档案保管和收入、费用、债权债务账目的登记工作。

(3) 公司董事会做出关于对外报送财务会计报告的决定不符合会计法律制度规定。

《会计法》规定，公司对外报出的财务会计报告应当由单位负责人和主管会计工作的负责人、会计机构负责人签名并盖章；设置总会计师的，还应由总会计师签名并盖章。

第十三章　宏观调控法概述

一、单项选择题

1. B　2. C　3. A　4. D　5. A

二、多项选择题

1. ABD　2. ABC　3. ABCD　4. AD　5. ABCDE

三、简答题

答：宏观调控法的基本原则，是体现宏观调控法基本精神，并对宏观调控法的制定和实施具有指导意义的准则。宏观调控法的基本原则主要有：

1. 合法性原则：合法性原则主要表现在调控主体的职权合法和调控程序合法两个方面。

2. 效益性原则：效益性原则是指宏观调控应当有助于维护国家的经济总体效益，宏观调控的目的就是激励、促进和保护宏观经济利益的提高，宏观调控措施的制定和实施，都必须以国家的宏观经济利益为出发点和归宿。

3. 间接调控原则：间接调控原则是指宏观调控应以间接干预为主，宏观调控主体一般不得直接干预市场活动主体的生产经营活动。

4. 适度性原则：宏观调控的适度性原则，又称有限干预原则，是指宏观调控应该在尊重市场规律的基础上有限制的依法进行。

第十四章　财政法法律制度

一、单项选择题

1. D　2. A　3. B　4. A　5. C　6. B

二、多项选择题

1. ABCD　2. ACD　3. AB　4. ABCD

三、简答题

1. 答：财政又称国家财政、公共财政，是国家凭借其权力对国民收入进行的分配和再分配的经济活动。

财政的职能有：

(1) 分配职能。指财政通过收支活动，对由市场机制条件下形成的不公平的收入进行再分配，以实现社会公认的收入公平的社会目标。

(2) 资源配置职能。指财政通过收支活动，调节和影响社会资源配置的方向和数量，使社会总资源得到最有效的利用，以满足社会全体成员在生产和生活上的需要。

(3) 宏观调控职能。指国家财政在参与社会产品分配时，由于引起有关各方在生产要素分布和国民收入占有份额上发生变化，从而对对国民经济运行状况进行引导、调节和控制。

(4) 监督职能。指财政在分配与调节社会产品货票国民收入的过程中，对国家财政管理相对人的财政收支与财务收支的合法性、真实性、有效性，依法实施监督检查。

2. 答：国家预算，又称政府预算或公共预算，是政府对会计年度内的收入和支出的预先估算，包括中央预算和地方预算。

国家预算应遵循预算民主原则、预算法定原则和预算公开原则。预算民主原则，是指预算应当反映大多数人的意愿，由人民选举产生的权力机关审批通过。预算法定原则，是指预算的主体、内容、程序、时间等必须由法律事先加以规定，预算的编制、审批、执行、变更、调整、决算等整个预算过程必须依法进行，否则就要承担相应法律责任。预算公开原则是指预算的依据以及预算的编制、审批、执行、决算的整个过程和批准的预算内容都必须依法通过相应方式向社会公开。

第十五章　税收法律制度

一、单项选择题

1. D　2. A　3. D　4. C　5. A　6. B

二、多项选择题

1. AD　2. BC　3. ABCD　4. ACD　5. BCD　6. ABCD

三、简答题

略

四、案例讨论

1. 张武的理解不正确。根据《税务登记管理办法》的规定，凡有法律、法规规定的应税收入、应税财产或应税行为的各类纳税人，均应当办理税务登记；凡从事生产经营，实行独立经济核算，并经工商行政管理机关批准开业和发给营业执照的，应自领取营业执照之日起 30 日内，向生产、经营地或者纳税义务发生她的主管税务机关申报办理税务登记。张武作为下岗职工开的快餐店虽然可以享受税收优惠的照顾，但应该先办理税务登记，再持税务登记证到当地主管税务机关办理减免税手续，方可享受税收优惠。

2. 根据《营业税暂行条例实施细则》第十八条规定，纳税人从事建筑、修缮装饰工程作业，无论与对方如何结算，其营业额均应包括工程所用原料及其他物资和动力的价款在内。纳税人从事安装工程作业，凡所安装设备的价值作为安装工程产值的，设备价款应计入营业额。该企业应以劳务费用 20 万元加上设备价款 100 万元作为安装工程总值，即以 120 万元为计税依据计缴营业税 3.6 万元(120×3%)。根据《征管法》规定，限期补缴营业税税金 3 万元(3.6—0.6)，并处以所偷税款一倍的罚款。

第十六章　金 融 法

一、单项选择题

1. A　2. D　3. A　4. B　5. B

二、多项选择题

1. ABCD　2. AB　3. CD　4. ABCD　5. ACD

三、简答题

1. 答：政策性银行的特点：(1) 由政府创立。大多数国家的政策性银行是由政府创立、参股或保证，以政府为后盾，与政府保持着密切的关系。(2) 不以盈利为目的。政策性银行的经营活动不以盈利为目的，而是贯彻、配合政府的社会经济政策或意图。这是由创立政策性银行的宗旨和政策性银行业务本身的性质决定的。这是政策性银行与非政策性金融机构的本质区别。(3) 融资渠道特定。财政拨款、发行政策性金融债券是其主要的资金来源，不面向社会公众吸收存款。(4) 业务领域和服务对象特定。银行的业务领域主要是农业、住房业、进出口贸易、中小企业、经济技术开发等基础部门或领域。(5) 一般不设立分支机构。

2. 答：商业银行法对存款人业务的规定有：(1) 商业银行办理个人储蓄存款业务，应当遵循存款自愿、取款自由、存款有息、为存款人保密的原则。对个人储蓄存款，商业银行有权拒绝任何单位或者个人查询、冻结、扣划，但法律另有规定的除外。(2) 对单位存款，商业银行有权拒绝任何单位或者个人冻结、扣划，但法律另有规定的除外。(3) 商业银行应当按照中国人民银行规定的存款利率的上下限，确定存款利率，并予以公告。(4) 商业银行应当按照中国人民银行的规定，向中国人民银行交存存款准备金，留足备付金。(5) 商业银行应当保证存款本金和利息支付，不得拖延、拒绝支付存款本金和利息。

3. 答：保险公司的接管，根据《保险法》规定：(1) 接管的条件：只要保险公司有下列情形之一的，国务院保险监督管理机构可以对其实行接管：公司的偿付能力严重不足的；违反本法规定，损害社会公共利益，可能严重危及或者已经严重危及公司的偿付能力的。(2) 接管的法律后果：(1) 被接管的保险公司的债权债务关系不因接管而变化；(2) 被接管的保险公司有《中华人民共和国企业破产法》第二条规定情形的，国务院保险监督管理机构可以依法向人民法院申请对该保险公司进行重整或者破产清算。(3) 接管期限：接管期限届满，国务院保险监督管理机构可以决定延长接管期限，但接管期限最长不得超过二年。

4. 答：根据《证券法》第 50 条规定，股份有限公司申请股票上市应具备的条件有：(1) 股票经国务院证券监督管理机构批准已向社会公开发行股票；(2) 公司股本总额不少于人民币 3 000 万元；(3) 向社会公开发行的股份达公司股份总数的 25%以上；公司股本总额超过人民币 4 亿元的，其向社会公开发行股份的比例为 10%以上；(4) 公司最近 3 年无重大违法行为，财务会计报告无虚假记载；(5) 证券交易所可以规定高于前述上市条件，并报国务院证券监督管理机构批准。国家鼓励符合产业政策并符合上市条件的公司股票上市交易。证券交易所可以规定高于前款规定的上市条件，并报国务院证券监督管理机构批准。

四、案例讨论

1. A 市发展银行存在如下违法行为并应当承担相应的法律责任。(1) 发展银行业务员张某向光明实业总公司的总经理王某暗示，如王某愿意在发展银行开户存款，将让王某获利。此举动违反了《商业银行法》第 47 条“商业银行不得违反规定提高或者降低利率以及采用其他不正当手段，吸收存款，发放贷款。”

之规定，属于采取其他不正当手段，吸收存款，应当定性为不正当竞争行为。银监会应当根据《商业银行法》第74条规定，责令其改正，没收违法所得，违法所得五十万元以上的，并处违法所得一倍以上五倍以下罚款。(2) 该发展银行将股东孙某所持的发展银行3亿元股票转让给王某，属于《商业银行法》第24条规定的"商业银行变更持有资本总额或者股份总额百分之五以上的股东"应当经国务院银行业监督管理机构批准的事项，而该发展银行未经银监会批准即变更股东和转让股份，显然违反了该法的第24条规定，银监会应当根据《商业银行法》第79条规定，责令该行改正。(3) 该发展银行购买光明实业公司500万元的股票，违反了《商业银行法》第43条"商业银行在中华人民共和国境内不得从事信托投资和证券经营业务，不得向非自用不动产投资或者向非银行金融机构和企业投资，但国家另有规定的除外。"之规定。对此，银监会应当依据该法第74条规定，责令其改正，有违法所得的，没收违法所得，违法所得五十万元以上的，并处违法所得一倍以上五倍以下罚款；情节特别严重或者逾期不改正的，可以责令停业整顿或者吊销其经营许可证。如果构成犯罪的，应当移送司法机关依法追究其刑事责任。(4) 王某在发展银行开立个人账户，存入公司流动资金50万元，违反了《商业银行法》第48条"任何单位和个人不得将单位的资金以个人名义开立账户存储"之规定，银监会应当根据该法第79条规定，没收王某的违法所得。

2. 该方案存在以下4个错误之处：(1) 根据《证券法》第32条规定，向不特定对象发行的证券票面总值超过人民币五千万元的，应当由承销团承销。承销团应当由主承销和参与承销的证券公司组成。因此，委托某证券公司独家代销是不符合法律规定的；(2)《证券法》第33条规定，证券的代销、包销期限最长不得超过九十日。故本案中承销期为96天也是违反法律规定的；(3)《证券法》第43条规定，证券交易所、证券公司和证券登记结算机构的从业人员、证券监督管理机构的工作人员以及法律、行政法规禁止参与股票交易的其他人员，在任期或者法定限期内，不得直接或者以化名、借他人名义持有、买卖股票，也不得收受他人赠送的股票。任何人在成为前款所列人员时，其原已持有的股票，必须依法转让。本案中，该公司打算向证券交易所的从业人员、证券监督管理机构的工作人员赠送1000股是违法的；(4)《证券法》第11条规定，发行人申请公开发行股票、可转换为股票的公司债券，依法采取承销方式的，或者公开发行法律、行政法规规定实行保荐制度的其他证券的，应当聘请具有保荐资格的机构担任保荐人。本案中为降低发行成本不聘请具有保荐资格的机构担任保荐人，与法律是相悖的。

第十七章　价格法

一、选择题

1. B 【解析】根据《价格法》的规定，所谓政府指导价，是指依照价格法的规定，由政府价格主管部门或者其他有关部门，按照定价权限和范围规定基准价及其浮动幅度，指导经营者制定的价格。所谓市场调节价，是指由经营者自主制定，通过市场竞争形成的价格。所谓政府定价，是指依照价格法的规定，由政府价格主管部门或者其他有关部门，按照定价权限和范围制定的价格。

2. ABCD 【解析】《价格法》第十一条规定：经营者不得以排挤竞争对手为目的，以低于成本的价格销售商品。

有下列情形之一的，不属于不正当竞争行为：

(1) 销售鲜活商品；

(2) 处理有效期限即将到期的商品或者其他积压的商品；

(3) 季节性降价；

(4) 因清偿债务、转产、歇业降价销售商品。

《反不正当竞争法》第十四条规定：经营者不得有下列不正当价格行为：在依法降价处理鲜活商品、季节性商品、积压商品等商品外，为了排挤竞争对手或者独占市场，以低于成本的价格倾销，扰乱正常的生产经营秩序，损害国家利益或者其他经营者的合法权益。

二、简答题

1. 答：(1) 规范市场主体的价格行为，维护价格持续。(2) 创造公平竞争环境，优化价格形成机制。

(3) 保护经营者和消费者的正当权益,协调生产和消费的关系。(4) 规范、加强和改善宏观经济调控,稳定市场价格总水平。

2. 答:我国的《价格法》与其他相关法律法规和规章,已经构筑了比较全面的价格调控制度体系。其中,价格监测制度、重要商品储备制度、重要农产品保护价制度、价格特别干预制度等是相对成熟的制度。

3. 答:根据我国《价格法》及相关规章的规定,经营者的价格违法行为的主要表现形式有:(1) 固定价格、限定转售价格。(2) 掠夺性定价。(3) 哄抬价格。(4) 价格欺诈。(5) 价格歧视。(6) 垄断高价、垄断低价。(7) 其他价格违法行为,包括:不执行政府指导价、政府定价;不执行法定的价格干预措施、紧急措施;违反明码标价规定;拒绝提供价格监督检查所需资料或者提供虚假资料。

第十八章　产业政策法概述

一、单项选择题

1. C　2. C　3. C　4. D　5. D

二、多项选择题

1. ABCD　2. AD　3. AC　4. ACD　5. ABCD

三、简答题

1. (1) 产业结构政策;(2) 产业组织政策;(3) 产业技术政策;(4) 产业布局政策。

2. 第一,走新型工业化道路,加快工业结构升级步伐。第二,加快现代服务业发展,优化服务业结构。第三,加快科技创新,提高自主创新能力。第四,引导产业集群发展,促进区域经济协作。第五,大力发展循环经济,积极推进节能减排。

3. 产业技术政策的内容包括:

(1) 产业技术进步的指导性政策。即政府确定产业技术的发展目标、具体规划和指导各技术进步主体的行为的相关政策。

(2) 产业技术进步的组织政策。即政府主持或参与旨在加速推进产业技术进步的各种组织制度与组织形式的安排。

(3) 产业技术进步的奖惩政策。为了建立起切实有效的技术进步激励机制,使企业成为技术创新主体,政府通过制定直接或间接的经济刺激和制裁政策,对民间科研机构、企业的研究开发以及技术引进、扩散工作进行劝诱和鼓励,对技术进步迟缓者或缺乏技术进步具体规划和措施者实施经济惩罚。

参考文献

[1] 漆多俊. 经济法基础理论. 武汉：武汉大学出版社，2008.
[2] 王全兴. 经济法基础理论专题研究. 北京：中国检察出版社，2002.
[3] 史际春. 经济法. 北京：中国人民大学出版社，2005.
[4] 李昌麒，刘瑞复. 经济法. 北京：法律出版社，2004.
[5] 徐孟州. 经济法学原理与案例教程. 北京：中国人民大学出版社，2010.
[6] 邱本. 自由竞争与秩序调控——经济法的基础建构与原理阐析. 北京：中国政法大学出版社，2001.
[7] 吕忠梅，刘大洪. 经济法的法学与法经济学分析. 北京：中国检察出版社，1998.
[8] 财政部会计资格评价中心. 经济法基础. 北京：经济科学出版社，2010.
[9] 杨紫烜. 经济法. 北京：北京大学出版社，2003.
[10] 顾功耘，罗培新. 经济法前沿问题. 北京：北京大学出版社，2010.
[11] 顾功耘. 经济法教程. 北京：北京大学出版社，2010.
[12] 顾功耘. 公司法学案例教程. 北京：知识产权出版社，2005.
[13] 王保树，崔勤之. 中国公司法原理（第二版）. 北京：社会科学文献出版社，2006.
[14] 赵旭东. 公司法实例与法理. 北京：法律出版社，2007.
[15] 施天涛. 公司法论（第二版）. 北京：法律出版社，2006.
[16] 李援. 李援解读食品安全法. 北京：中国社会出版社，2011.
[17] 张穹. 反垄断法理论研究. 北京：中国法制出版社，2007.
[18] 尚明. 反垄断法理论与中外案例评析. 北京：北京大学出版社，2008.
[19] 尚明. 对企业滥用市场支配地位的反垄断法规制. 北京：法律出版社，2007.
[20] 全国人大常委会法制工作委员会经济法室. 中华人民共和国反垄断法条文说明、立法理由及相关规定. 北京：北京大学出版社，2007.
[21] 王晓晔. 中华人民共和国反垄断法详解. 北京：知识产权出版社，2008.
[22] 曹康泰. 中华人民共和国反垄断法解读. 北京：中国法制出版社，2007.
[23] 李延荣. 房地产法原理与案例教程. 北京：中国人民大学出版社，2009.
[24] 符启林. 房地产法. 北京：法律处版社，2009.
[25] 李延荣. 房地产法研究. 北京：中国人民大学出版社，2008.
[26] 王伯庭. 房地产疑难问题法律解析. 长春：吉林人民出版社，2002.
[27] 王武元. 房地产交易法律问题研究. 北京：法律处版社，2003.
[28] 张冬云. 税法. 大连：东北财经大学出版社，2008.
[29] 樊勇. 增值税制度与操作实务. 北京：清华大学出版社，2009.
[30] 宗淑娟. 税法实务. 北京：北京交通大学出版社. 2010.

[31] 王磊，楮颖. 新编税收实务. 大连：大连理工大学出版社. 2010.
[32] 王淑焕. 产品质量法教程. 北京：中国政法大学出版社，1993.
[33] 陈璐. 产品责任. 北京：中国法制出版社，2010.
[34] 国家技术监督局政策法规司. 中华人民共和国产品质量法讲座. 北京：世界图书出版公司，1993.
[35] 刘剑文. 财税法学. 北京：高等教育出版社，2004.
[36] 项怀诚. 中国财政管理. 北京：中国财政经济出版社，2001.
[37] 王兴运. 消费者权益保护法条文释义与典型案例. 西安：陕西人民出版社，2007.
[38] 全国人大常委会法律工作委员会. 中华人民共和国会计法阐释及法律适用. 北京：中国经济出版社，1999.
[39] 全国人大常委会法律工作委员会. 中华人民共和国审计法释义. 北京：法律出版社，2006.
[40] 林清新. 会计法实务与案例评析. 北京：中国工商出版社，2003.
[41] 刘文华，孟雁北. 经济法练习题集. 北京：中国人民大学版社，2010.
[42] 强力，王志诚. 中国金融法. 北京：中国政法大学出版社，2010.
[43] 陶广峰. 金融法. 北京：中国人民大学出版社，2009.
[44] 范健，王建文. 证券法. 北京：法律出版社，2010.
[45] 史际春. 经济法教学参考书. 北京：中国人民大学出版社，2003.
[46] 姜昕. 产业政策法. 北京：中国社会出版社，2008.
[47] 蒋照侠. 产业组织问题研究—理论政策实践. 北京：中国经济出版社，2007.
[48] 杜朝辉. 现代产业组织学理论与政策. 北京：高等教育出版社，2005.